LES FRONTIÈRES MARITIMES EN ASIE

Collection « Inter-National »

Cette collection a pour vocation de présenter les études les plus récentes sur les institutions, les politiques publiques et les forces politiques et culturelles à l'œuvre aujourd'hui. Au croisement des disciplines juridiques, des sciences politiques, des relations internationales, de l'histoire et de l'anthropologie, elle se propose, dans une perspective pluridisciplinaire, d'éclairer les enjeux de la scène mondiale et européenne.

Dernières parutions

Marija PAVIĆEVIĆ, *La diplomatie migratoire de la Serbie*, 2025
Alain CHARDONNENS (trad., présent. et annot.), *Volodymyr Zelensky. Discours des premières semaines de guerre (24 février – 25 mars 2022)*, 2025.
Hugo GONZALEZ, *IA. La course entre la Chine et les États-Unis*, 2025
Bernard MOMMER, *Natural resources and globalization: petroleum and Venezuela as examples,* 2025.
Eduard TOKARSKIY, *La Russie au conseil de sécurité de l'ONU (1991-2017)*, 2024.
Giacomo MANTOVAN, *Les dieux manqués de l'Eelam, Militance, défaite et exil des combattants des Tigres Tamouls (Sri Lanka)*, 2024.
Vladimir POL, *Les relations Union européenne-Inde. Vingt ans de partenariat stratégique*, 2024.
Carole GRIMAUD, *Les étudiants face à la guerre russe en Ukraine. Perception et interprétation des informations*, 2024.
Fátima SA E MELO FERREIRA, Lúcia Maria BASTOS PEREIRA DAS NEVES et Joëlle CHASSIN (*coord.*), *Langages de l'identité et de la différence dans le monde ibéro-américain (1770-1890)*, 2024.
Sergio MOLINA GARCIA, *La relation franco-espagnole lors de la convergence socialiste (1982-1995)*, 2024.
Leila BOUSSAID, *Migrations et droit international*, 2024.
Georges LABRECQUE, *Les frontières maritimes en Afrique*, 2024.
Darío Varela FERNANDEZ, *Charles Lesca (1887-1949) au service de l'hispanisme, du fascisme et de la collaboration*, 2024.
Hervé BAUDU, *Les routes maritimes arctiques. Enjeux économiques et géopolitiques*, édition enrichie, 2024.
Nadji RAHMANIA (dir.), *La Roumanie dans l'Espace Schengen : réalité ou utopie ?*, 2024.
Bernard MOMMER, *Ressources naturelles et mondialisation : le pétrole et le Venezuela*, 2023.
Frans KRAJCBERG et Claude MOLLARD, *Le cri de la terre. De manifeste en manifeste,* 2023.
Odile DANIEL-TRAVAILLARD, *Mémoire d'Albanie. De la dictature stalinienne à la transition démocratique*, 2023.

Georges Labrecque

LES FRONTIÈRES MARITIMES EN ASIE

L'Harmattan

Du même auteur, chez L'Harmattan

. *Le frontiere marittime in Africa,* L'Harmattan Italia, 2025, 362 p.
. *Les frontières maritimes en Afrique*, 2024, 308 p.
. *Les cours d'eau internationaux. Étude jurisprudentielle*, 2019, 328 p.
. *Géopolitique. Comprendre les enjeux territoriaux interétatiques*, 2018, 441 p.
. *Archéologie de la pensée sexiste. Du Moyen Âge au XXIe siècle*, 2017, 477 p.
. *Archéologie de la pensée sexiste. L'Antiquité*, 2016, 366 p.
. *Les différends territoriaux en Amérique latine*, 2011, 315 p.
. *Les différends territoriaux en Europe*, 2009, 350 p.
. *Les différends internationaux en Asie*, 2007, 306 p.
. *Les différends territoriaux en Afrique*, 2005, 482 p.
. *Les frontières maritimes internationales*, 2e édition, 2004, 531 p.
. *Les frontières maritimes internationales*, 1998, 443 p.

Du même auteur, chez d'autres éditeurs

. *Le recours à la force contre les États*, 2019, 304 p.
. *International Law of the Sea*, 2015, 612 p.
. *À qui l'Arctique ? Droit international des frontières maritimes*, 2012, 679 p.
. *La force et le droit. Jurisprudence de la Cour internationale de Justice*, 2008, 646 p.
. *L'affaire du golfe du Maine*, 1995, 247 p.

5-7, rue de l'École-Polytechnique – 75005 Paris

www.editions-harmattan.fr

ISBN : 978-2-336-52701-7
EAN : 9782336527017

SIGLES ET ABRÉVIATIONS

ACDI	*Annuaire canadien de droit international*
ADFM	*Les accords de délimitation des frontières maritimes*
ADM	*Annuaire du droit de la mer*
ADMO	*Annuaire de droit maritime et océanique*
AFDI	*Annuaire français de droit international*
AFPC	American Foreign Policy Council
AGNU	Assemblée générale des Nations Unies
AIDI	*Annuaire de l'Institut de Droit International*
AJIL	*American Journal of International Law*
APJOLP	*Asia-Pacific Journal of Ocean Law and Policy*
ASEAN	The Association of Southeast Asian Nations
AYBIL	*Asian Yearbook of International Law*
BIICL	British Institute of International and Comparative Law
ASJIL	*Asian Journal of International Law*
BSB	*Boundary and Security Bulletin*
BDM	*Bulletins du droit de la mer*
BYBIL	*British Yearbook of International Law*
CCHAIL	*Collected Courses of the Hague Academy of International Law*
CDI	Commission du droit international
CÉI	Communauté des États indépendants
CGQ	*Cahiers de géographie du Québec*
CIJ	Cour internationale de Justice
CJIL	*Chinese Journal of International Law*
CJTL	*Columbia Journal of Transnational Law*
CLCS	Commission on the Limits of the Continental Shelf
CLPC	Commission des limites du plateau continental
CNRS	Centre national de la recherche scientifique
CNUDM	Convention des Nations Unies sur le droit de la mer

CMI	Countries Maritime Issues
COLR	*China Oceans Law Review*
CPA	Cour permanente d'arbitrage
CPJI	Cour permanente de Justice internationale
CS	Conseil de sécurité
CSICL	*Cambridge Studies in International and Comparative Law*
CUP	Cambridge University Press
CWRJIL	*Case Western Reserve Journal of International Law*
CYIL	*Canadian Yearbook of International Law*
DJILP	*Denver Journal of International Law and Policy*
DMF	*Le droit maritime français*
EJIL	*The European Journal of International Law*
EMAM	*Eastern Mediterranean Affairs Magazine*
EMSI	Eastern Mediterranean Studies Initiative
ERM	*Espaces et ressources maritimes*
FAO	Food and Agriculture Organization
GIELR	*Georgetown International Environmental Law Review*
GJ	*Geographical Journal*
GJICL	*Georgia Journal of International and Comparative Law*
GYBIL	*German Yearbook of International Law*
HYBIL	*Hague Yearbook of International Law*
HILJ	*Harvard International Law Journal*
IBRU	International Boundary Research Unit
IBS	International Boundary Study
ICLQ	*International and Comparative Law Quarterly*
IFRI	Institut français des relations internationales
IILSS	International Institute for Law of the Sea Studies
IISS	The International Institute for Strategic Studies
IJFMR	*International Journal for Multidisciplinary Research*
IJIL	*Indonesian Journal of International Law*

IJMCL *International Journal of Marine and Coastal Law*

ILM *International Legal Materials*

ILR *International Law Reports*

IMB *International Maritime Boundaries*

IMBO *International Maritime Boundaries Online*

IRICL *The Italian Review of International and Comparative Law*

JDI *Journal de droit international*

JMLC *Journal of Maritime Law and Commerce*

JMM *Journal de la marine marchande*

JTMS *Journal of Territorial and Maritime Studies*

JYBIL *Japanese Yearbook of International Law*

KJICL *Korean Journal of International and Comparative Law*

LGDI Librairie générale de droit et de jurisprudence

LJIL *Leiden Journal of International Law*

LS *Limits in the Seas*

LSB *Law of the Sea Bulletins*

MSMZMD Maritime Space : Maritime Zones and Maritime Delimitation

MP *Marine Policy*

MPEIL *Max Planck Encyclopedias of International Law*

NILR *Netherlands International Law Review*

NISCSS National Institute for South China Sea Studies

OCLJ *Ocean and Coastal Law Journal*

ODIL *Ocean Development and International Law*

OGLTR *Oil and Gas Law and Tax Review*

OMI Organisation maritime internationale

ONU Organisation des Nations Unies

OUA Organisation de l'Unité africaine

OUP Oxford University Press

OYB *Ocean Yearbook*

PG	*Political Geography*
POD	Publications on Ocean Development
PUF	Presses universitaires de France
PUL	Presses de l'Université Laval
QIL	*Questions of International Law*
RCADI	*Recueil des cours de l'Académie de droit international de La Haye*
RDN	*Revue Défense Nationale*
RGDIP	*Revue générale de droit international public*
RIS	*Revue internationale et stratégique*
RQDI	*Revue québécoise de droit international*
RSA	*Recueil des sentences arbitrales*
RTNU	*Recueil des traités des Nations Unies*
RTSN	*Recueil des traités de la Société des Nations*
SDN	Société des Nations
UNTS	*United Nations Treaty Series*
USDS	United States Department of State
VJTL	*Vanderbilt Journal of Transnational Law*
WMBA	*World Maritime Boundaries Atlas*

SOMMAIRE

INTRODUCTION GÉNÉRALE

L'Asie est baignée par des espaces maritimes nombreux et divers (Méditerranée orientale, golfe Persique, mer Rouge, Caspienne, océan Indien, mers d'Asie du Sud-Est et du Nord-Est, Pacifique, Arctique) qui sont exploités pour leurs ressources principalement halieutiques et minérales ; outre des détroits stratégiques (Ormuz, Bab-el-Mandeb, Malacca et Taïwan) qui sont d'une importance vitale pour les échanges commerciaux, tout en étant des cibles pour les activités illicites – notamment la piraterie, le terrorisme, l'immobilisation et l'arraisonnement de navires.

Parce que « la terre domine la mer », les États côtiers de ce continent, plus nombreux que les États sans littoral, jouissent de leur souveraineté territoriale, acquise selon divers modes, laquelle leur permet aussi d'exercer certaines juridictions sur les espaces maritimes au large – eaux intérieures, eaux archipélagiques, mer territoriale, zone contiguë, zone économique exclusive et plateau continental –, conformément aux dispositions de la Convention des Nations Unies sur le doit de la mer, désignée aussi par le sigle CNUDM, et à laquelle sont parties tous les États côtiers d'Asie, sauf la Turquie, l'Iran, les Émirats arabes unis, la Syrie, Israël, le Cambodge et la Corée du Nord, les autres États côtiers non parties étant les États-Unis, le Salvador, la Colombie, le Venezuela, le Pérou, la Libye et l'Érythrée.

Et lorsque l'exercice concurrent de deux États sur leurs zones maritimes respectives produit des chevauchements, tout particulièrement sur leurs plateaux continentaux élargis, le processus de délimitation maritime, compte tenu des circonstances pertinentes et des méthodes équitables de délimitation, peut être envisagé, soit par accord bilatéral – dans les cas de loin les plus nombreux –, soit par recours à un tribunal – la Cour internationale de Justice (la CIJ), le Tribunal international du droit de la mer (le TIDM) ou un tribunal d'arbitrage.

Des États côtiers pour la plupart

Parmi les 193 États membres de l'Organisation des Nations Unies (l'ONU) et les 2 États non membres invités en qualité d'observateurs (Vatican et Palestine)[1], 172 sont parties à la CNUDM – par signature et/ou ratification, adhésion, succession, confirmation formelle[2]. De ces 193 États, sont sans littoral 41 États – ou même 44 si l'Azerbaïdjan, le Turkménistan et le Kazakhstan sont considérés, à tort ou à raison, comme des États côtiers, baignés qu'ils sont par la Caspienne, bien que la CNUDM ne s'applique pas à cette mer fermée, tandis que ces trois États, de même que la Russie et l'Iran,

[1] https://www.un.org/fr/about-us/growth-un-membership-1945-present ; https://www.un.org/fr/about-us/non-member-states.

[2] https://treaties.un.org/pages/ViewDetailsIII.aspx?src=TREATY&mtdsg_no=XXI-6&chapter=21&Temp=mtdsg3&clang=_fr.

ont signé en 2018 une convention s'y apparentant : la Convention sur le statut juridique de la mer Caspienne.

L'Asie (*figure 1*) comprend 47 États[3] reconnus par la communauté internationale, et même 49 si on y inclut l'État transcontinental de Russie et l'île de Taïwan – considérée par la Chine comme une province chinoise mais État *de facto* qui entretient des relations diplomatiques et commerciales avec de nombreux États – ; mais on doit y exclure la République turque de Chypre du Nord (la RTCN), reconnue par la seule Turquie. Contrairement à l'Afrique, la plupart des 49 pays d'Asie sont côtiers, soit 44, y compris quelques-uns qui sont archipélagiques (notamment les deux plus grands du monde que sont l'Indonésie et les Philippines).

Les États sans littoral[4] (Afghanistan, Arménie, Bhoutan, Laos, Mongolie et Népal) et ceux dits géographiquement désavantagés[5] (Bahreïn, Émirats arabes unis, Irak, Jordanie, Koweït, Qatar et Singapour) sont intéressés, eux aussi, aux espaces maritimes dans la mesure où la CNUDM leur reconnaît non seulement un droit de transit à la mer et depuis la mer à travers les territoires des États qui les enclavent mais aussi, à certaines conditions, un droit aux ressources biologiques dans les zones économiques exclusives (les ZÉE) des États côtiers de la même région ou sous-région.

Ces ZÉE, de même que les eaux intérieures, les mers territoriales, les zones contiguës et les plateaux continentaux, sont délimités ou à délimiter entre les États côtiers qui ont des côtes adjacentes ou des côtes qui se font face. Dans les cas où les côtes sont adjacentes, les frontières maritimes se trouvent alors en aval des frontières terrestres ou fluviales, lesquelles sont dans plusieurs cas protégées par des murs ou des clôtures[6]. Et il va sans dire que si ces frontières

---

[3] Afghanistan, Arabie saoudite, Arménie, Azerbaïdjan, Bahreïn, Bangladesh, Bhoutan, Birmanie, Brunei, Cambodge, Chine, Corée du Nord, Corée du Sud, Émirats arabes unis, Géorgie, Inde, Indonésie, Irak, Iran, Israël, Japon, Jordanie, Kazakhstan, Kirghizistan, Koweït, Laos, Liban, Malaisie, Maldives, Mongolie, Népal, Oman, Ouzbékistan, Pakistan, Palestine, Philippines, Qatar, Singapour, Sri Lanka, Syrie, Tadjikistan, Thaïlande, Timor oriental, Turkménistan, Turquie, Viet Nam et Yémen.

[4] La CNUDM définit sans plus de précision l'État sans littoral comme « tout État qui ne possède pas de côte maritime » (art. 124, par. 1a).

[5] La CNUDM les définit comme étant « des États côtiers, y compris les États riverains d'une mer fermée ou semi-fermée que leur situation géographique rend tributaires de l'exploitation des ressources biologiques des zones économiques exclusives d'autres États de la sous-région ou région pour un approvisionnement suffisant en poisson destiné à l'alimentation de leur population ou d'une partie de leur population, ainsi que des États côtiers qui ne peuvent prétendre à une zone économique exclusive propre » (art. 70, par. 2).

[6] World Population Review (2024) *Countries with Border Walls* : https://worldpopulationreview.com/country-rankings/countries-with-border-walls ; Papin, Delphine et Tertrais, Bruno (2021) *L'atlas des frontières,* p. 54-83 ; Billard, Hugo et Encel, Frédéric (2021) *Atlas des frontières. Retour des fronts, essor des murs* ; Briot, Ninon, Bouron, Jean-Benoît et Lostie, Pauline (2021) Carte à la une. Les frontières disputées et conflictuelles dans le monde, *Géoconfluences* ; Rosière, Stéphane (2020) *Frontières de fer. Le cloisonnement du monde* ; Rosière, Stéphane (2017) Les frontières internationales entre matérialisation et dématérialisation, *Anti-atlas Journal*, n° 2 ; Amilhat Szary, Anne-Laure et Cattaruzza, Amaël

sont ou ont été disputées – par exemple entre l'Iran et l'Irak, l'Inde et le Pakistan, le Cambodge et la Thaïlande, les deux Corées –, la délimitation maritime risque d'être plus compliquée, ne serait-ce que parce que le point initial de la frontière maritime coïncide le plus souvent avec le point terminal de la frontière terrestre ou fluviale. En outre, la souveraineté territoriale sur des formations insulaires peut être un objet de différends entre États – par exemple entre le Japon et la Russie, la Chine et les Philippines –, ce qui exacerbe les difficultés dans la négociation même des frontières maritimes.

Des frontières terrestres héritées

Au moment de leur indépendance politique, les États d'Asie, comme ceux d'Afrique et d'Amérique latine, ont généralement hérité des frontières terrestres[7] tracées par des puissances étrangères – Portugal, Espagne, Pays-Bas, Grande-Bretagne, France, empire Ottoman, États-Unis – , et si ces frontières ont été souvent disputées, parfois reconnues *de facto* par les nouveaux États d'Asie, ces derniers ont eu une histoire politique fort différente et n'ont pas connu un équivalent de l'Acte de Berlin de 1885 conclu notamment pour régler les contestations relatives aux prises de possession nouvelles en Afrique et pour établir les conditions liées à l'acquisition de la souveraineté territoriale[8].

Les États d'Asie n'ont pas connu non plus un équivalent de la Charte de l'Organisation de l'Unité africaine (25 mai 1963 à Addis-Abeba), laquelle consacre notamment le « [r]espect de la souveraineté et de l'intégrité territoriale de chaque État et de son droit inaliénable à une existence indépendante » (art. 3, par. 3), principe qui sera réaffirmé l'année suivante dans une résolution portant sur les Litiges entre États africains au sujet des frontières et adoptée lors de la conférence des chefs d'État et de gouvernement, tenue au Caire (17 au 21 juillet 1964) : « Considérant que les problèmes frontaliers sont un facteur grave et permanent de désaccord, (…) [la conférence] déclare solennellement que tous les États membres s'engagent à respecter les frontières existant au moment où ils ont accédé à l'indépendance » (préambule et par. 2).

Par ailleurs, les États d'Asie, à titre de membres de l'ONU, sont soumis aux dispositions de la Charte, adoptée le 26 juin 1945, qui affirme que les membres

---

(2017) Frontières de guerre, frontières de paix : nouvelles explorations des espaces et temporalités des conflits, *L'Espace Politique*, n° 33-3 ; Vallet, Elizabeth (2014) *Borders, Fences and Walls : State of Insecurity ?*

[7] Labrecque, Georges (2018) *Géopolitique. Comprendre les enjeux territoriaux interétatiques*, p. 143-190 ; Foucher, Michel (1991) *Fronts et frontières. Un tour du monde géopolitique*, p. 295-402.

[8] Acte général de la conférence de Berlin pour régler la liberté du commerce dans les bassins du Congo et du Niger ainsi que les occupations nouvelles de territoires sur la côte occidentale d'Afrique.

« s'abstiennent, dans leurs relations internationales, de recourir à la menace ou à l'emploi de la force, soit contre l'intégrité territoriale ou l'indépendance politique de tout État, soit de toute autre manière incompatible avec les buts des Nations Unies » (art. 2, par. 4).

L'importance de l'intégrité territoriale est visée par de nombreux autres textes, notamment des résolutions de l'Assemblée générale, par exemple la 1514 (XV) du 14 décembre 1960[9] : « Toute tentative visant à détruire partiellement ou totalement l'unité nationale et l'intégrité territoriale d'un pays est incompatible avec les buts et les principes de la Charte des Nations Unies » (art. 6) ; de même que la résolution 2625 (XXV) du 24 octobre 1970 : « Rappelant le devoir des États de s'abstenir, dans leurs relations internationales, d'user de contrainte d'ordre militaire, politique, économique ou autre, dirigée contre l'indépendance politique ou l'intégrité territoriale de tout État[10] » (préambule).

Cette obligation des États sera réitérée dans la CNUDM elle-même : « Dans l'exercice de leurs droits et l'exécution de leurs obligations en vertu de la Convention, les États Parties s'abstiennent de recourir à la menace ou à l'emploi de la force contre l'intégrité territoriale ou l'indépendance politique de tout État, ou de toute autre manière incompatible avec les principes du droit international énoncés dans la Charte des Nations Unies » (art. 301).

Un *uti possidetis* maritime ?

Le principe de l'intangibilité des frontières – appelé par les juristes l'*uti possidetis juris* – a été reconnu d'abord au cours du XIXe siècle pour les frontières terrestres des nouvelles républiques indépendantes de l'Amérique du Sud qui héritaient des limites administratives de l'empire colonial, puis pour celles des nouveaux États d'Afrique dans les années 1960, et encore pour celles des États issus de la dissolution de la Yougoslavie et de l'URSS en 1991, de même que de la Tchécoslovaquie en 1992.

Les tribunaux ont eu l'occasion d'examiner des questions relatives à l'*uti possidetis,* maritime aussi bien que terrestre, et même concernant des espaces maritimes et la souveraineté sur des îles, notamment dans les affaires suivantes en Amérique, en Afrique, en Asie et en Europe : *Argentine/Chili*[11] au sujet du canal de Beagle (sentence arbitrale en 1977) ; *El Salvador/Honduras (Nicaragua intervenant)*[12], golfe de Fonseca (arrêt de la CIJ en 1992) ;

---

[9] Déclaration sur l'octroi de l'indépendance aux pays et aux peuples coloniaux.

[10] Déclaration relative aux principes du droit international touchant les relations amicales et la coopération entre les États conformément à la Charte des Nations Unies.

[11] *Affaire concernant un litige entre la République argentine et la République du Chili relatif au canal de Beagle*, sentence, RSA, vol. 21.

[12] *Différend frontalier terrestre, insulaire et maritime*, arrêt, CIJ Recueil 1992.

Nicaragua c. Honduras[13], souveraineté sur des îles et délimitation maritime (arrêt de la CIJ en 2007) ; *Libye/Tunisie*[14], délimitation maritime (arrêt de la CIJ en 1982) ; *Guinée/Guinée-Bissau*[15], délimitation maritime (sentence arbitrale en 1985) ; *Burkina Faso/Mali*[16], frontière terrestre (arrêt de la CIJ en 1986) ; *Guinée-Bissau/Sénégal*[17], délimitation maritime (sentence arbitrale en 1989) ; *Cameroun c. Nigeria*[18], souveraineté sur une presqu'île et délimitation lacustre, terrestre et maritime (arrêt de la CIJ en 2002) ; *Inde/Pakistan*[19], frontière terrestre (sentence arbitrale en 1968) ; *Égypte/Israël*[20], démarcation terrestre (sentence arbitrale en 1988) ; *Érythrée/Yémen*[21], souveraineté sur des îles et délimitation maritime (sentences arbitrales en 1998 et 1999) ; *Bangladesh c. Inde*[22], délimitation terrestre et maritime (sentence arbitrale en 2014) ; *Croatie/Slovénie*[23], délimitation terrestre et maritime (sentence arbitrale en 2017).

On reviendra brièvement sur trois de ces décisions rendues en matière d'*uti possidetis*... Dans l'affaire *Burkina Faso/Mali*, la CIJ affirme que le but évident de ce principe « est d'éviter que l'indépendance et la stabilité des nouveaux États ne soient mises en danger par des luttes fratricides nées de la contestation des frontières à la suite du retrait de la puissance administrante », d'autant que ce *statu quo* territorial « apparaît souvent comme une solution de sagesse visant à préserver les acquis des peuples qui ont lutté pour leur indépendance et à éviter la rupture d'un équilibre qui ferait perdre au continent africain le bénéfice de tant de sacrifices » (par. 25).

Dans l'affaire *Guinée-Bissau/Sénégal*, un tribunal d'arbitrage eut à examiner le contenu d'un échange de notes, en 1960, entre la France pour le Sénégal et le Portugal pour la Guinée portugaise (l'actuelle Guinée-Bissau), aux termes duquel les deux États concluaient un accord de délimitation maritime au-delà de la mer territoriale. Le tribunal décida, non sans une forte

---

[13] *Différend territorial et maritime entre le Nicaragua et le Honduras dans la mer des Caraïbes*, arrêt, CIJ Recueil 2007.

[14] *Plateau continental*, arrêt, CIJ Recueil 2002.

[15] *Délimitation de la frontière maritime entre la Guinée et la Guinée-Bissau*, sentence, RSA, vol. 19.

[16] *Différend frontalier*, arrêt, CIJ Recueil 1986.

[17] *Affaire de la délimitation de la frontière maritime entre la Guinée-Bissau et le Sénégal*, sentence, RSA, vol. 20.

[18] *Frontière terrestre et maritime entre le Cameroun et le Nigéria*, arrêt, CIJ Recueil 2002.

[19] *Case Concerning the Indo-Pakistan Western Boundary Between India and Pakistan*, Award, RSA, vol. 17.

[20] *Affaire concernant l'emplacement des balises frontalières à Taba*, sentence, RSA, vol. 20.

[21] *Territorial Sovereignty and Scope of the Dispute* ; *Maritime Delimitation*. Awards, Case No. 1996-04, PCA.

[22] *Bay of Bengal Maritime Boundary Arbitration between Bangladesh and India*, Award, Case No. 2010-16, PCA.

[23] *In the matter of an arbitration under the arbitration agreement between the Government of the Republic of Croatia and the Government of the Republic of Slovenia*, Award, Case No. 2012-04, PCA.

dissidence, que le principe de l'*uti possidetis* s'appliquait aussi aux frontières maritimes, le tribunal mentionnant des cas de frontières maritimes asiatiques (Malaisie, Philippines et Brunei) fondées sur des lignes tracées à l'époque coloniale, le tribunal écrivant en outre que cet accord faisait droit dans les relations entre les deux États « en ce qui concerne les seules zones mentionnées dans cet Accord, à savoir la mer territoriale, la zone contiguë et le plateau continental » (par. 88), compte tenu du fait que ces trois zones maritimes étaient connues et définies dans les conventions de Genève[24] du 29 avril 1958, tandis que la notion de zone économique exclusive n'est apparue qu'en 1982 avec l'adoption de la CNUDM.

Plus récemment, dans l'arbitrage *Croatie/Slovénie*, la Cour permanente d'arbitrage (la CPA) a décidé que la baie de Piran était une baie juridique et que ses eaux étaient des eaux intérieures de la Yougoslavie avant la dissolution de cet État. Constatant l'accord des Parties quant à l'applicabilité du principe de l'*uti possidetis*, la Cour écrit : « The Tribunal recalls that the fundamental principle applicable to the establishment of land boundaries between sovereign States is consent. If the States agree upon the location of the boundary as a matter of international law, the agreed location is the boundary. (…) The Tribunal is required to decide the matter from the legal, and not from the historical or political or sociological perspective. (…) [The] Parties agree that the Tribunal shall apply the principle of *uti possidetis*, which stipulates that the present land boundary between the two States is the same as the pre-independence boundary between the two Republics when they were constituent republics of the SFRY » (par. 334-336). Plus loin, le Tribunal affirme : « In the absence of any provision on the delimitation of internal waters in the Conventions concerning the law of the sea, such delimitations are to be made on the basis of the same principles as are applicable to the delimitation of land territories. In the present case, that delimitation must thus be made on the basis of *uti possidetis* » (par. 886).

Outre les tribunaux, le principe de l'*uti possidetis* a été considéré par certaines organisations régionales : par exemple, la Convention conclue en 2018 par les cinq États riverains de la Caspienne[25] évoque des instruments précédents, notamment d'anciens traités conclus entre l'Iran et l'URSS, outre qu'elle affirme en tout premier lieu : « Respect for the sovereignty, territorial integrity, independence and sovereign equality of States » (art. 3, par. 1).

Déjà le 1er août 1975, avait été conclu par les membres de l'OSCE l'Acte final d'Helsinki[26], signé par 35 États, principalement européens, mais aussi les États-Unis, le Canada, l'URSS et la Turquie : « Les États participants tiennent mutuellement pour inviolables toutes leurs frontières (…) et s'abstiennent donc maintenant et à l'avenir de tout attentat contre ces frontières » (par. III),

---

[24] Convention sur la mer territoriale et la zone contiguë ; Convention sur le plateau continental.
[25] Convention on the Legal Status of the Caspian Sea.
[26] Conférence sur la Sécurité et la Coopération en Europe (Acte final d'Helsinki).

principes qui seront réaffirmés dans la Déclaration d'Helsinki[27], les 5-9 juillet 2015 : « Soulignant la nécessité de redoubler d'efforts pour régler de façon pacifique et négociée les conflits prolongés dans l'espace de l'OSCE, en s'abstenant de recourir à la menace ou à la force et en respectant l'intégrité territoriale et la souveraineté des pays impliqués, dans leurs frontières internationalement reconnues » (chapitre 1, par. 4).

Les chefs d'État du Bélarus, de la Russie et de l'Ukraine, réunis à Minsk le 8 décembre 1991, signèrent un accord qui prévoit notamment ce qui suit : « The High Contracting Parties acknowledge and respect each other's territorial integrity and the inviolability of existing borders within the Commonwealth. They guarantee openness of borders, freedom of movement of citizens and freedom of transmission of information within the Commonwealth[28] » (art. 5).

Quelques jours plus tard, soit le 21 décembre, réunies à Alma Alta, huit autres Républiques (Azerbaïdjan, Arménie, Kazakhstan, Kirghizistan, Moldavie, Tadjikistan, Turkménistan et Ouzbékistan) signèrent un protocole à l'Accord de Minsk et firent une déclaration dans laquelle il était mentionné, au cinquième paragraphe de son préambule : « Recognizing and Respecting each other's territorial integrity and the inviolability of existing borders[29] ». Le 22 janvier 1993, les nouvelles Républiques adoptaient une Charte qui prévoyait notamment « inviolability of state frontiers, recognition of existing frontiers and renouncement of illegal acquisition of territories[30] » (art. 3).

Par ailleurs, les nombreux débats consacrés alors aux frontières révélèrent la préoccupation des nouvelles républiques à ce sujet : « En d'autres mots, seul l'accord pouvait garantir le *statu quo* concernant la question des frontières en cas de démembrement de l'Union, et non pas l'*uti possidetis*[31] ». L'importance de l'accord est illustrée notamment par la Turquie et la Géorgie qui ont conclu, le 14 juillet 1997, un protocole aux termes duquel les deux États « confirmaient » la frontière maritime délimitée auparavant entre l'URSS et la Turquie en vertu des instruments successifs signés les 17 avril

---

27 https://www.oscepa.org/en/meetings/annual-sessions/2015-annual-session-helsinki.

28 Agreement Establishing the Commonwealth of Independent States.

29 Protocol to the Agreement Establishing the Commonwealth of Independent States signed at Minsk on 8 December 1991 by the Republic of Belarus, the Russian Federation (RSFSR) and Ukraine.

30 Charter of the Commonwealth of Independent States.

31 Weerts, Laurence (1999) Heurts et malheurs du principe de l'*uti possidetis* : le cas du démembrement de l'URSS, p. 79-142, *in* Corten, O. *et al.*, éd., *Démembrements d'États et délimitations territoriales : l'uti possidetis en question(s).*

1973[32], 23 juin 1978[33], 11 septembre 1980[34] et, enfin, les 23 décembre 1986 et 6 février 1987[35] : la Turquie et la Géorgie « have agreed to confirm, in accordance with the foregoing legal instruments, the maritime boundaries between the Turkish and Georgian territorial waters in the Black Sea[36] ».

L'importance internationale accordée à la stabilité des frontières est reconnue non seulement par les tribunaux et plusieurs organisations régionales mais aussi par le droit conventionnel, notamment la Convention de Vienne de 1969 sur le droit des traités, qui prévoit : « Un changement fondamental de circonstances ne peut pas être invoqué comme motif pour mettre fin à un traité ou pour s'en retirer s'il s'agit d'un traité établissant une frontière » (art. 62, par. 2, al. a) ; de même que la Convention de Vienne de 1978 sur la succession d'États en matière de traités : « Une succession d'États ne porte pas atteinte en tant que telle : a) à une frontière établie par un traité ; ni b) aux obligations et droits établis par un traité et se rapportant au régime d'une frontière » (art. 11).

Par ailleurs, le principe de l'*uti possidetis*, loin de faire l'unanimité chez les commentateurs, a été fortement critiqué, notamment en ce qui concerne certaines frontières en Asie, et il a été qualifié de « trigger for intrastate violence and forced migration[37] », l'auteur mentionnant la sécession du Bangladesh et la persécution des Rohingya au Myanmar, tout en appelant de ses vœux plus de travaux de recherche sur les « lignes » coloniales, en particulier Goldsmith (Iran/Pakistan) et Radcliffe (Inde/Bangladesh).

Autre exemple concernant les frontières d'Israël, il a été affirmé que la doctrine était largement reconnue comme obligatoire en droit international coutumier et qu'elle constituait un point de départ indispensable à une discussion sur les frontières. Pourtant, ajoutent ces commentateurs, son application au cas d'Israël « is straightforward », puisque ce serait reconnaître à cette doctrine que cet État a hérité des frontières sous le mandat de la Palestine en mai 1948 et qu'il détient une souveraineté territoriale sur l'ensemble des zones actuellement disputées (Cisjordanie, Jérusalem-Est,

---

32 Protocol between the Government of the Republic of Turkey and the Government of the Union of Soviet Socialist Republics concerning the establishment of the Maritime Boundary between the Soviet and Turkish Territorial Waters in the Black Sea.

33 Agreement between the Government of the Republic of Turkey and the Government of the Union of Soviet Socialist Republics concerning the Delimitation of the Continental Shelf Between the Republic of Turkey and the Union of Soviet Socialist Republics in the Black Sea.

34 Protocols and other relevant documents between the Government of the Republic of Turkey and the Government of the Union of Soviet Socialist Republics concerning the demarcation of the Maritime Boundary.

35 Protocol between the Government of the Republic of Turkey and the Government of Georgia on the Confirmation of the Maritime Boundaries between them in the Black Sea.

36 Protocol between the Government of the Republic of Turkey and the Government of Georgia on the Confirmation of the Maritime Boundaries between them in the Black Sea.

37 Jain, Vanshaj Ravi (2019) *Frozen frontier : uti possidetis and the decolonization of South Asia*, p. 1.

Gaza) : « This result is contrary to the common political wisdom but fully in line with application of the law in other contexts. It is likely that a future peace agreement between Israel and the Palestinians will reflect the parties' presumed desire to accommodate Palestinian self-determination, as well as the right of states to modify existing *uti possidetis juris* borders by agreement. *Uti possidetis juris* is not, therefore, the last word on matters[38] ».

La souveraineté territoriale : « la terre domine la mer »

Le droit international de la délimitation maritime (*chapitre 1*) s'intéresse d'abord à la souveraineté territoriale[39], qui peut être définie comme l'exercice exclusif, sur un territoire, de la totalité des pouvoirs étatiques (législatifs, exécutifs et judiciaires). Cette souveraineté, qui constitue un préalable à la délimitation, s'acquiert selon divers modes devant être distingués, notamment la découverte, l'occupation, la prescription, la cession, l'adjudication, la contiguïté géographique et l'autodétermination. Par ailleurs, il y a lieu de distinguer entre cette souveraineté et ce qu'on peut appeler les compétences territoriales limitées : la zone d'influence, le protectorat, le mandat, la tutelle, le condominium, la cession de bases stratégique, le territoire international et la servitude.

La formule « la terre domine la mer », souvent utilisée par les tribunaux internationaux et les plaideurs – notamment dans l'affaire *Qatar c. Bahreïn*[40] de 2001 –, signifie précisément que c'est grâce à sa souveraineté territoriale sur son territoire terrestre qu'un État côtier peut se prévaloir des droits reconnus par la CNUDM en exerçant ses juridictions sur ses zones maritimes. D'ailleurs, dans l'une des toutes premières affaires entendues par la CIJ – *Royaume-Uni c. Norvège* –, les juges affirmaient déjà, dans leur arrêt de 1951, que « c'est la terre qui confère à l'État riverain un droit sur les eaux qui baignent ses côtes[41] ».

Plus tard, dans l'affaire *RFA/Pays-Bas et RFA/Danemark* de 1969, et donc avant même l'adoption de la CNUDM en 1982, la CIJ reprendra la notion selon laquelle la mer a été *territorialisée* et elle affirmera que « le droit de l'État riverain sur son plateau continental a pour fondement la souveraineté qu'il exerce sur le territoire dont ce plateau continental est le prolongement naturel sous la mer. (…) De cette notion de rattachement découle l'idée (…) que les droits de l'État riverain existent *ipso facto* et *ab initio*…[42] »

---

[38] Bell, Abraham and Kontorovich, Eugene (2016) Palestine, *Uti Possidetis Juris*, and the Borders of Israel, *Arizona Law Review*, vol. 58, p. 692.

[39] Lythgoe, Gail (2024) *The Rebirth of Territory*.

[40] *Délimitation maritime et questions territoriales entre Qatar et Bahreïn*, fond, arrêt, CIJ Recueil 2001.

[41] *Pêcheries*, arrêt, CIJ Recueil 1951, par. 2.

[42] *Plateau continental de la mer du Nord*, arrêt, CIJ Recueil 1969, par. 39.

Par ailleurs, la CNUDM contient des dispositions très nettes qui montrent le lien entre ces deux espaces, par exemple au sujet de la mer territoriale : « 1. La souveraineté de l'État côtier s'étend, au-delà de son territoire et de ses eaux intérieures et, dans le cas d'un État archipel, de ses eaux archipélagiques, à une zone de mer adjacente désignée sous le nom de mer territoriale. 2. Cette souveraineté s'étend à l'espace aérien au-dessus de la mer territoriale, ainsi qu'au fond de cette mer et à son sous-sol » (art. 2).

Ce lien terre-mer est encore plus évident dans la disposition suivante : « Le plateau continental d'un État côtier comprend les fonds marins et leur sous-sol au-delà de sa mer territoriale sur toute l'étendue du prolongement naturel du territoire terrestre de cet État jusqu'au rebord externe de la marge continentale, ou jusqu'à 200 milles marins des lignes de base à partir desquelles est mesurée la largeur de la mer territoriale, lorsque le rebord externe de la marge continentale se trouve à une distance inférieure » (art. 76, par. 1). Bien sûr, certains États asiatiques – notamment ceux baignés par les océans Indien et Pacifique, de même que ceux en mers de Chine méridionale et orientale – sont directement intéressés par cette disposition qui leur reconnaît des droits à un plateau continental élargi, ces droits ayant d'ailleurs été affirmés dans certaines décisions récentes de tribunaux internationaux.

Un droit largement jurisprudentiel

Le droit international de la délimitation maritime est un droit largement jurisprudentiel dans la mesure où le droit conventionnel – principalement la CNUDM – ne dit que peu de chose sur la délimitation comme telle, puisque la seule méthode qui y est prévue est celle de l'équidistance, et encore ne concerne-t-elle que la mer territoriale à défaut « de titres historiques ou d'autres circonstances spéciales » (art. 15). Aussi, les tribunaux, de même que la pratique des États, ont élaboré d'autres méthodes – perpendiculaire à la direction générale des côtes, ligne géométrique ou astronomique, ligne du thalweg – dans l'application de la norme fondamentale afin d'aboutir à une délimitation équitable, compte tenu des circonstances pertinentes – notamment géographiques, mais aussi, dans une moindre mesure, circonstances économiques, géomorphologiques, navigationnelles, environnementales, historiques, géopolitiques et celles dites relatives à conduite des parties.

Les tribunaux jouent en effet un rôle important en matière délimitation maritime, bien que le nombre de frontières maritimes actuellement délimitées par voie juridictionnelle au-delà de la mer territoriale de 12 milles marins[43]

[43] Nous excluons les affaires qui avaient pour objet la délimitation de la seule mer territoriale : (2009-2017) *In the matter of an arbitration under the arbitration agreement between the Government of the Republic of Croatia and the Government of the Republic of Slovenia* ; (1971-1977) *Affaire concernant un litige entre la République argentine et la République du Chili*

soient sans commune mesure avec celles établies par accords bilatéraux (à peine 30 sur un total approximatif de 200), l'Asie n'en comptant que 3, mais 5 si l'on inclut 2 frontières délimitées dans les espaces maritimes intercontinentaux que sont l'océan Indien et la mer Rouge.

En Asie, les tribunaux internationaux ont été appelés, en matière de souveraineté territoriale et/ou de délimitation maritime, à rendre des décisions dans des affaires d'autant plus importantes qu'elles sont relativement peu nombreuses : l'arbitrage *Érythrée/Yémen*[44], introduit conjointement devant la CPA, qui rendit une première sentence en 1998 sur la souveraineté territoriale, puis une seconde l'année suivante sur la délimitation maritime ; l'affaire *Bahreïn c. Qatar*[45], introduite unilatéralement et décidée en 2001 par la CIJ, la Cour se prononçant à la fois sur la souveraineté sur certaines îles ou autres formations disputées *et* sur la délimitation maritime ; l'affaire *Indonésie/Malaisie*[46], portée par compromis devant la CIJ qui rendit en 2002 un arrêt sur la souveraineté territoriale ; les affaires de souveraineté territoriale *Malaisie/Singapour*[47], la première, introduite unilatéralement devant la CPA (sentence en 2005), puis d'autres, introduites devant la CIJ (un arrêt en 2008 et deux ordonnances en 2018) ; l'affaire *Bangladesh/Myanmar*[48], introduite conjointement devant le TIDM (arrêt en 2012 au sujet du point terminal de la frontière terrestre et de la délimitation maritime) ; l'affaire *Bangladesh c. Inde*[49], portée unilatéralement devant la CPA (sentence en 2014 concernant la délimitation terrestre et maritime) ; l'affaire *Philippines c. Chine*[50], portée unilatéralement par les Philippines devant la CPA (sentence en 2016 – non reconnue par la Chine –, selon laquelle, *inter alia*, les revendications de la Chine en mer de Chine méridionale n'incluaient pas un droit à un « titre historique » sur les eaux de cette mer) ; les affaires de souveraineté territoriale et de délimitation maritime impliquant Maurice, d'abord l'affaire *Maurice c.*

---

relatif au canal de Beagle ; (1931-1933) *Délimitation des eaux territoriales entre l'île de Castellorizo et les Côtes d'Anatolie (Italie/Turquie)* ; (1908-1909) *Affaire des Grisbadarna. Délimitation d'une certaine partie de la frontière maritime entre la Norvège et la Suède.*

[44] *Territorial Sovereignty and Scope of the Dispute* ; *Maritime Delimitation.* Awards, Case No. 1996-04, PCA.

[45] *Délimitation maritime et questions territoriales entre Qatar et Bahreïn*, fond, arrêt, CIJ Recueil 2001.

[46] *Souveraineté sur Pulau Ligitan et Pulau Sipadan*, arrêt, CIJ Recueil 2002.

[47] *Land Reclamation by Singapore in and around the Straits of Johor,* Award on Agreed Terms, Case No. 2004-05, PCA ; *Souveraineté sur Pedra Branca/Pulau Batu Puteh, Middle Rocks et South Ledge*, arrêt, CIJ Recueil 2008 ; *Demande en revision de l'arrêt du 23 mai 2008 en l'affaire relative à la* Souveraineté sur Pedra Branca/Pulau Batu Puteh, Middle Rocks et South Ledge, radiation du rôle, CIJ Recueil 2018 ; *Demande en interprétation de l'arrêt du 23 mai 2008 en l'affaire relative à la* Souveraineté sur Pedra Branca/Pulau Batu Puteh, Middle Rocks et South Ledge, radiation du rôle, CIJ Recueil 2018.

[48] *Délimitation de la frontière maritime dans le golfe du Bengale*, arrêt, TIDM Recueil 2012.

[49] *Bay of Bengal Maritime Boundary Arbitration between Bangladesh and India*, Award, Case No. 2010-16, PCA.

[50] *The South China Sea Arbitration*, Award, Case No. 2013-19, PCA.

Royaume-Uni[51] introduite unilatéralement et dans laquelle la CPA rendit sa sentence en 2015, puis un avis consultatif de la CIJ[52] en 2019, enfin, un arrêt du TIDM[53] en 2023. Rappelons par ailleurs l'affaire de la délimitation du plateau continental *Grèce c. Turquie*[54], la CIJ ayant décidé dans un arrêt de 1978 qu'elle n'avait pas compétence pour décider de l'affaire sur le fond.

Mentionnons aussi que de nombreuses autres affaires impliquant des régions d'Asie ont été tranchées en matière de souveraineté territoriale exclusivement, y compris sur des îles et sur l'espace aérien, de même que de délimitation et/ou de démarcation terrestre, affaires qui remontent au moins à l'arbitrage *Pays-Bas/États-Unis*[55] de 1928 au sujet de l'île indonésienne connue maintenant sous le nom de Miangas.

Ajoutons qu'au 1er janvier 2025, quatre affaires de souveraineté territoriale et/ou de délimitation terrestre et maritime étaient encore pendantes devant la CIJ : *Guyana c. Venezuela,*
introduite en 2018 ; *Guatemala/Belize*[56], en 2019 ; *Gabon/Guinée équatoriale*[57], en 2021 ; *Belize c. Honduras*[58], en 2022.

Bien sûr, le règlement juridictionnel, pour éminent et important qu'il soit, n'est pas l'unique ni le plus fréquent moyen de résoudre un différend. En effet, l'accord bilatéral offre de nombreux cas de résolution de conflit sur la souveraineté territoriale exclusivement, de même que de résolution de conflits sur la souveraineté territoriale *et* la délimitation maritime, conjointement ou successivement.

Des zones maritimes « territorialisées »

Ces zones soumises à la délimitation maritime – certaines eaux intérieures, eaux archipélagiques, mer territoriale, zone contiguë, zone économique exclusive et plateau continental – doivent être elles-mêmes distinguées, d'abord parce que les droits y rattachés ne sont pas les mêmes, mais aussi parce que les règles juridiques applicables à leur délimitation – conventions, coutume, principes généraux de droit, décisions des tribunaux et doctrine – ne sont pas nécessairement identiques. Dans la majorité des cas, les limites extérieures des zones sous juridiction nationale (lignes de dévolution ou de territorialisation) sont établies unilatéralement et précèdent la délimitation de

---

[51] *Chagos Marine Protected Area Arbitration*, Award, Case No. 2011-03, PCA.

[52] *Effets juridiques de la séparation de l'archipel des Chagos de Maurice en 1965*, avis consultatif, CIJ Recueil 2019.

[53] *Différend relatif à la délimitation de la frontière maritime entre Maurice et les Maldives dans l'océan Indien*, arrêt, TIDM Recueil 2023.

[54] *Plateau continental de la mer Égée*, compétence de la Cour, arrêt, CIJ Recueil 1978.

[55] *Island of Palmas case*, Award, Case No. 1925-01, PCA.

[56] *Revendication territoriale, insulaire et maritime du Guatemala.*

[57] *Délimitation terrestre et maritime et souveraineté sur des îles.*

[58] *Souveraineté sur les cayes de Sapodilla.*

la frontière qui, elle, est établie par un processus qui ne peut être que bilatéral ou juridictionnel (judiciaire ou arbitral).

Puisque les limites extérieures de chacune de ces zones sont mesurées et établies à partir du littoral, il faut, avant d'examiner successivement les types de juridiction dont elles font l'objet, déterminer les eaux intérieures – qui sont sous la souveraineté de l'État côtier – et observer les configurations de la côte, en distinguant, les eaux baignant une côte découpée, les eaux baignant une côte bordée d'îles, une baie, une baie historique (le concept de baie historique s'inscrit dans une expression plus large encore, celle des eaux historiques, largement discutées dans l'arbitrage *Philippines c. Chine*), l'embouchure d'un fleuve, les eaux deltaïques, les récifs, enfin les constructions artificielles – configurations qui, à certaines conditions, justifient l'utilisation de lignes de base droites plutôt que de lignes de base dites normales, lesquelles sont la laisse de basse mer le long de la côte. Ces lignes droites, souvent contestées, sont très largement utilisées dans la pratique des États, notamment par la Chine, Taïwan, le Japon, le Myanmar (l'ancienne Birmanie), l'Iran, la Russie et la Syrie.

L'État archipel peut tracer des lignes de base droites sous certaines conditions, notamment que le tracé de ces lignes ne s'écarte pas sensiblement du contour général de l'archipel. Si les deux principaux États archipélagiques de la planète (l'Indonésie et les Philippine) satisfont aux conditions requises, d'autres États (par exemple les Maldives) revendiquent encore sans succès ce statut. L'État archipel exerce sa souveraineté sur ses eaux archipélagiques, laquelle s'étend à l'espace aérien surjacent ainsi qu'au fond des eaux et au sous-sol. Les navires et aéronefs jouissent d'un droit de passage archipélagique similaire au droit de passage en transit dans les détroits, puisqu'il ne peut être suspendu par l'État côtier.

La mer territoriale est d'une largeur maximale de 12 milles marins calculée depuis les lignes de base, laquelle se trouve accrue lorsque des hauts-fonds découvrants sont en deçà de la limite extérieure de ces 12 milles. L'État côtier y exerce une souveraineté qui n'est pas absolue, puisqu'il doit reconnaître un « droit de passage inoffensif », qui doit être par ailleurs « continu et rapide », ce qui n'interdit pas l'arrêt et le mouillage à cause d'incidents ordinaires de navigation ou qui s'imposent par suite d'un cas de force majeure. Ce droit peut être soumis à des voies de circulation désignées par l'État et assorties de dispositifs de séparation du trafic. Une condition supplémentaire est imposée aux sous-marins et autres submersibles, qui sont « tenus de naviguer en surface et d'arborer leur pavillon », de même qu'aux navires à propulsion nucléaire ainsi qu'à ceux transportant des substances radioactives ou « intrinsèquement dangereuses ou nocives », lesquels doivent être munis de documents spéciaux. Pourtant, l'État côtier peut suspendre temporairement l'exercice de ce droit de passage afin d'assurer sa sécurité.

La zone contiguë est adjacente à la mer territoriale et peut s'étendre à 24 milles marins des lignes de base. L'État côtier peut y exercer « le contrôle nécessaire » pour prévenir et réprimer les infractions à ses lois et règlements en matière de douane, de fiscalité, de santé et d'immigration, commises sur son territoire ou dans sa mer territoriale. En outre, l'État côtier peut procéder à l'enlèvement d'objets archéologiques et historiques trouvés au fond de la mer, mais sans préjudice des droits des propriétaires identifiables.

Dans sa zone économique exclusive, d'une largeur maximale de 200 milles marins, l'État côtier exerce une juridiction exclusive pour l'exploitation des ressources biologiques et non biologiques, la recherche scientifique, l'installation d'îles artificielles, la production d'énergie (à partir de l'eau, des courants et des vents) et la protection du milieu marin. L'État côtier doit favoriser une exploitation optimale des ressources biologiques tout en fixant le volume admissible des captures pour éviter une surexploitation, et si sa capacité d'exploitation est inférieure à ce volume, il autorise à certaines conditions d'autres pays, tout particulièrement les États sans littoral ou géographiquement désavantagés de la même région ou sous-région, à en exploiter le reliquat selon une part appropriée. Par ailleurs, l'État côtier est tenu d'assurer à tous les autres, aussi bien sans littoral que côtiers, les libertés de navigation et de survol, de même que la faculté d'installer des câbles sous-marins, des oléoducs et des gazoducs.

Sur son plateau continental, l'État côtier exerce des droits souverains en matière d'exploration et d'exploitation des ressources naturelles, ces droits étant non seulement exclusifs mais aussi indépendants de l'occupation effective ou fictive et de toute proclamation expresse. Le plateau continental est défini comme l'ensemble des fonds marins et leur sous-sol au-delà de sa mer territoriale, sur toute l'étendue du prolongement naturel du territoire terrestre de l'État jusqu'au rebord externe de la marge continentale ou jusqu'à 200 milles marins des lignes de base. Dans ce dernier cas, le tracé de la limite doit, dans les 10 ans de la ratification de la CNUDM, être communiqué à la Commission des limites du plateau continental (la CLPC), laquelle a le pouvoir d'adresser des recommandations qui sont définitives et de caractère obligatoire. L'État côtier est tenu d'acquitter des contributions au titre de l'exploitation des ressources non biologiques au-delà de 200 milles marins, à partir de la sixième année de production. Les contributions sont versées à l'Autorité, qui les répartit selon des critères de partage équitables, compte tenu notamment des besoins des États en développement les moins avancés ou sans littoral. Les règles relatives aux limites extérieures ne préjugent pas de la question de la délimitation du plateau continental entre États. En date du 1er janvier 2025, 14 des 106 soumissions individuelles ou conjointes faites à la CLPC provenaient d'États asiatiques (Russie, Myanmar, Japon, Indonésie, Inde, Sri Lanka, Viet Nam, Malaisie, Pakistan, Philippines, Yémen).

Mentionnons enfin deux autres zones qui, par ailleurs, ne sont pas soumises à la juridiction de l'État côtier et, *a fortiori*, à la délimitation : la Zone internationale des fonds marins, un patrimoine commun de l'humanité, au-delà des limites extérieures des plateaux continentaux ; la haute mer, au-delà des limites extérieures des 200 milles marins, ouverte à tous les États, y compris ceux sans littoral, et affectée, nous dit la CNUDM, à des fins pacifiques et consacrant, sous certaines conditions, diverses libertés (navigation, survol, installation de câbles et de pipelines sous-marins, construction d'îles artificielles, pêche, recherche scientifique), tout en interdisant nommément certaines activités illicites (piraterie, trafic de stupéfiants, migrations clandestines, transport d'esclaves, diffusion d'émissions non autorisées) – outre de nouvelles dispositions en matière de protection de l'environnement aux termes d'un texte international[59] adopté le 19 juin 2023.

Des frontières maritimes aussi diverses que nombreuses

Anciennes ou récentes, elles appartiennent à différents acteurs dans différentes régions. Outre la distinction entre frontière délimitée par accord bilatéral (frontière *agréée*) et celle délimitée par voie juridictionnelle (frontière *décidée*), les distinctions suivantes seront proposées selon trois catégories de typologies… Typologies génétiques : frontière *virtuelle* ou *actuelle*, *naturelle* ou *artificielle*, *de facto* ou *de jure*, *endogène* ou *exogène*, *uni-séquentielle* ou *multi-séquentielle*, *achevée* ou *inachevée*, *permanente* ou *provisoire* ; typologies fonctionnelles : frontière *terrestre* ou *maritime*, *internationale* ou *interne*, *intercontinentale* ou *intracontinentale*, *uni-fonctionnelle*, *multi-fonctionnelle* ou *omni-fonctionnelle*, *dissymétrique* ou *symétrique* ; frontière-*règlement* ou frontière-*arrangement*, *attributive* ou *distributive*, frontière-*ligne* ou frontière-*zone*, *froide* ou *chaude*, *reconnue* ou *contestée* ; typologies morphologiques : frontière *dédoublée* ou *par ligne unique*, *continue* ou *discontinue*, entre côtes *adjacentes* ou *opposées*, *simple* ou *composite*.

Bien sûr, une frontière peut avoir à elle seule plus d'un qualificatif : par exemple la frontière Inde/Sri Lanka[60], délimitée aux termes de plusieurs accords successifs (1974 et 1976), est à la fois *exogène* pour partie, *omni-fonctionnelle*, *multi-séquentielle*, et *attributive*, outre qu'elle est *inachevée* dans la mesure où cette frontière pourrait être prolongée, compte tenu des

---

[59] Accord se rapportant à la Convention des Nations Unies sur le droit de la mer et portant sur la conservation et l'utilisation durable de la diversité biologique marine des zones ne relevant pas de la juridiction nationale.

[60] Accord entre le Sri Lanka et l'Inde relatif à la détermination des limites dans les eaux historiques entre les deux pays et aux questions connexes ; Accord entre le Sri Lanka et l'Inde relatif à la détermination des limites maritimes entre les deux pays dans le golfe de Mannar et le golfe du Bengale et aux questions connexes ; Accord entre le Sri Lanka, l'Inde et les Maldives relatif à la détermination du point de jonction des limites maritimes des trois pays dans le golfe de Mannar ; Accord supplémentaire entre le Sri Lanka et l'Inde sur l'extension des limites maritimes entre les deux pays dans le golfe de Mannar de la position 13 m au point de jonction des limites maritimes entre le Sri Lanka, l'Inde et les Maldives (point T).

revendications respectives des parties concernant un plateau continental élargi.

Typologies génétiques

La frontière maritime est *actuelle* ou *virtuelle*, selon qu'elle a été délimitée formellement par accord ou décision d'un tribunal, ou qu'elle n'est pas encore établie (par exemple entre l'Azerbaïdjan et l'Iran, le Cambodge et le Viet Nam). Dans le golfe Persique, la plupart des frontières sont *actuelles*, tandis qu'elles sont *virtuelles* pour la plupart dans les mers d'Asie du Nord-Est.

La distinction entre frontière *naturelle* ou *artificielle*, très critiquée en matière terrestre, est proposée pour les frontières maritimes, par exemple dans l'accord Indonésie/Australie[61], qui aurait retenu, comme facteur pertinent de délimitation, la présence de la fosse de Timor. Par ailleurs, le principal chenal navigable a été pris en compte dans le traité Indonésie/Singapour[62] de 1973, de même que dans l'accord Malaisie/Singapour[63] de 1995.

La frontière est *de facto* ou *de jure*, celle du premier type pouvant devenir du deuxième type comme dans l'affaire *Libye/Tunisie*[64] délimitée par la CIJ en 1982, la Cour ayant décidé que la limite maritime tracée naguère par l'Italie aux fins de la pêche aux éponges, utilisée par la suite pour l'octroi de permis d'hydrocarbures et observée tacitement pendant des années, devait inspirer une partie de la frontière. Par contre, dans l'affaire *Bangladesh/Myanmar*, le TIDM a décidé, dans son arrêt[65] de 2012, que le Bangladesh n'avait pas fait la preuve de l'existence d'un accord tacite ou *de facto* portant sur la frontière.

Celle délimitant, aux termes de l'accord de 1986, la ZÉE et le plateau continental[66] URSS/Corée du Nord deviendra, lors de la dissolution de l'Union soviétique en 1991, une frontière *exogène* quant à la Russie, de même que la frontière URSS/Turquie, qui sera *exogène* pour les nouvelles républiques, notamment la Géorgie qui « confirmera », dans un accord de 1997 avec la Turquie[67], la frontière maritime délimitée auparavant entre

[61] Accord entre le Gouvernement du Commonwealth d'Australie et le Gouvernement de la République d'Indonésie instituant certaines lignes délimitant les fonds marins dans la zone des mers de Timor et d'Arafura, complétant l'accord du 18 mai 1971.

[62] Traité entre la République de Singapour et la République d'Indonésie relatif à la délimitation des mers territoriales des deux pays dans le détroit de Singapour.

[63] Agreement between the Government of Malaysia and the Government of the Republic of Singapore to Delimit Precisely the Territorial Waters Boundary in Accordance with the Straits Settlements and Johore Territorial Waters Agreement.

[64] *Plateau continental,* CIJ Recueil 1982.

[65] *Délimitation de la frontière maritime dans le golfe du Bengale*, arrêt, TIDM Recueil 2012, p. 4.

[66] Agreement between the Union of Soviet Socialist Republics and the Democratic People's Republic of Korea on the Delimitation of the Economic Zone and the Continental Shelf.

[67] Protocol between the Government of the Republic of Turkey and the Government of Georgia on the Confirmation of the Maritime Boundaries between them in the Black Sea.

l'URSS et la Turquie en vertu des instruments successifs de 1973, 1978, 1980, 1986 et 1987. Autre exemple de frontières maritimes *exogènes* : celles de la mer territoriale Brunei/Malaisie[68] puisqu'elles ont été délimitées en 1958, avant même leur indépendance politique, par des ordres-en-conseil du gouvernement britannique.

La délimitation du plateau continental Iran/Émirats arabes unis[69] en 1974 est *uni-séquentielle*, tandis que celle du plateau continental Thaïlande/Indonésie[70] est *multi-séquentielle* puisqu'elle a été réalisée suivant trois accords successifs conclus respectivement en 1971, 1975 et 1978.

Une autre distinction à faire est celle entre frontière *achevée* et frontière *inachevée*, un exemple de cette dernière étant la frontière Chine/Viet Nam délimitant, aux termes de l'accord de 2000, la mer territoriale, la ZÉE et le plateau continental[71] dans le golfe du Tonkin, les parties ayant convenu par ailleurs, dans l'accord subséquent de 2011, de poursuivre les négociations concernant la délimitation dans l'embouchure de ce golfe[72]. Est aussi inachevée la frontière délimitée en 2014 entre l'Indonésie et les Philippines en mer de Célèbes[73], puisque cette ligne ne commence pas au point terminal de la frontière terrestre, étant donné la dispute relative à l'île Miangas, encore que sa souveraineté a été décidée en 1928 aux termes d'une sentence arbitrale[74] attribuant l'île aux Pays-Bas plutôt qu'aux États-Unis. La frontière peut être inachevée pour d'autres raisons : tripoints à établir avec des États tiers ; modifications dans les fonctions de certaines frontières qui, au départ, ne délimitaient que le seul plateau continental et qui seront appliquées de surcroît à la délimitation de la zone économique exclusive – notamment les frontières délimitées avant l'adoption de la Convention de 1982 sur le droit de la mer, frontières qui seront prolongées au-delà de la limite des 200 milles

---

[68] British Orders in Council, UK Statutory Instruments, 1958, n° 1517-1518.

[69] Offshore Boundary Agreement between Iran and Dubai.

[70] Agreement between the Government of the Kingdom of Thailand and the Government of the Republic of Indonesia relating to the Delimitation of a Continental Shelf Boundary between the two Countries in the Northern Part of the Straits of Malacca and in the Andaman Sea ; Agreement between the Government of the Kingdom of Thailand and the Government of the Republic of Indonesia relating to the Delimitation of the Seabed Boundary between the two Countries in the Andaman Sea ; Agreement between the Government of the Kingdom of Thailand, the Government of the Republic of India and the Government of the Republic of Indonesia concerning the Determination of the Trijunction Point and the Delimitation of the Related Boundaries of the three Countries in the Andaman Sea.

[71] Accord entre la République Populaire de Chine et la République Socialiste du Viet Nam relatif à la délimitation des mers territoriales, des zones économiques exclusives et des plateaux continentaux des deux pays dans le golfe Beibu/golfe Bac Bo.

[72] Accord sur les principes de base applicables au règlement des questions maritimes entre la République socialiste du Viet Nam et la République populaire de Chine.

[73] Agreement between the Republic of the Philippines and the Republic of Indonesia Concerning the Delimitation of the Exclusive Economic Zone Boundary.

[74] *Island of Palmas case,* Award, Case No. 1925-01, PCA.

marins à la lumière des recommandations de la Commission des limites du plateau continental.

En principe, la frontière est intangible, et la doctrine *rebus sic stantibus* (le changement fondamental de circonstances) ne peut être invoquée pour y mettre fin unilatéralement. Elle est donc *permanente*, sauf que l'accord de délimitation peut être abrogé ou remplacé de consentement entre les parties[75], et à moins qu'il n'ait été convenu qu'elle serait *provisoire* comme dans l'accord Indonésie/Australie[76] de 1981, lequel a instauré une « ligne provisoire de surveillance des pêches ». En 1990, les États-Unis et l'URSS[77] ont conclu un accord de délimitation, mis en vigueur provisoirement pour une durée indéterminée. Par ailleurs, certaines zones d'exploitation conjointe ont été instaurées provisoirement, notamment aux termes de l'accord Corée du Sud/Japon[78] de 1974.

Typologies fonctionnelles

Certaines délimitations ont porté à la fois sur la frontière *terrestre* (en partie ou en totalité) et sur la frontière *maritime* : Arabie saoudite/Qatar[79] (accords de 1965, 2001 et 2008) ; Irak/Koweït[80] (rapports 1992-1993 d'une commission de démarcation des Nations Unies) ; Arabie saoudite/Yémen[81] (traité de 2000).

La frontière peut être *internationale* ou *interne*. On retrouve celle du dernier type dans des États fédéraux, notamment les États-Unis où des lignes de base ont été examinées par des tribunaux[82], mais aussi le Canada[83] avec les

---

[75] Convention de Vienne sur le droit des traités, art. 62.

[76] Memorandum of Understanding between the Government of the Republic of Indonesia and the Government of Australia Concerning the Implementation of a Provisional Fisheries Surveillance and Enforcement Arrangement.

[77] Agreement between the United States of America and the Union of Soviet Socialist Republics on the maritime boundary.

[78] Agreement between Japan and the Republic of Korea concerning Joint Development of the Southern Part of the Continental Shelf Adjacent to the Two Countries.

[79] Agreement on the Delimitation of the Offshore and Land Boundaries between the Kingdom of Saudi Arabia and Qatar; Minutes of meeting concerning land border demarcation and maritime border designation between Saudi Arabia and Qatar in Dawhat Salwa ; Procès-verbal conjoint du 5 juillet 2008 sur les frontières terrestres et maritimes, complétant l'Accord du 4 décembre 1965 entre l'État du Qatar et le Royaume d'Arabie saoudite sur la délimitation des frontières maritimes et terrestres.

[80] Demarcation of the International Boundary between the Republic of Iraq and the State of Kuwait by the United Nations. Iraq-Kuwait Boundary Demarcation Commission.

[81] International Border Treaty between the Republic of Yemen and the Kingdom of Saudi Arabia.

[82] *United States v. California*, 381 U.S. 139, 167-169 (1965) ; *Louisiana Boundary Case*, 394 U.S. 11, 36-38 (1969) ; *Alabama and Mississippi Boundary Case*, 470 U.S. 93, 99 (1985).

[83] Labrecque, Georges (2015) *International Law of the Sea*, p. 335-343.

arbitrages *Newfoundland and Labrador v. Nova Scotia*[84] de 2001 et 2002 dans lesquels les parties avaient demandé au tribunal de décider selon les règles du droit international. Dans le golfe Persique, un tribunal d'arbitrage[85] a rendu une sentence en 1981 concernant la délimitation terrestre et maritime entre les émirats de Sharjah et de Dubai[86].

Quelques frontières sont *intercontinentales* plutôt qu'*intracontinentales* si elles délimitent les espaces maritimes de deux États appartenant à des continents différents : sentences arbitrales de 1998 et 1999 dans les affaires *Érythrée/Yémen*[87] ; délimitation Timor oriental/Australie[88], selon les instruments successifs de 2002, 2003, 2006 et 2017 ; délimitation Russie/États-Unis[89] aux termes de l'accord de 1990 ; frontière Israël/Chypre[90] en 2010.

Certaines frontières sont *omni-fonctionnelles* si elles délimitent la mer territoriale, par exemple la frontière Israël/Jordanie[91] (accord de 1996), *a fortiori* si elles délimitent à la fois la mer territoriale, la ZÉE et le plateau continental, comme la frontière Oman/Yémen en mer d'Arabie[92] (traité de 2003) ; elles sont *multi-fonctionnelles* si elles délimitent à la fois le plateau continental et la ZÉE (accord de 1997 Thaïlande/Viet Nam[93]) ; et *uni-fonctionnelles* si elles ne délimitent que le plateau ou la ZÉE (accord de 1969

---

[84] *Awards of the Tribunal in the First and Second Phases of an Arbitration Concerning Portions of the Limits of the Parties' Respective Offshore Areas* : https://www.cnsopb.ns.ca/sites/default/files/resource/phaseii_award_english.pdf.

[85] IILSS (2022) The 1981 Arbitration concerning the Border between the Emirates of Dubai and Sharjah : https://iilss.net/the-1981-arbitration-concerning-the-border-between-the-emirates-of-dubai-and-sharjah/ ; Charney, Jonathan I. and Alexander, Lewis M. (1998) Dubai-Sharjah, *in IMB*, vol. 3, p. 2385.

[86] *Award in the Matter of an Arbitration Concerning the Border Between the Emirates of Dubai and Sharjah*, Judgment of 19 October 1981, *ILR*, vol. 91.

[87] *Territorial Sovereignty and Scope of the Dispute* ; *Maritime Delimitation.* Awards, Case No. 1996-04, PCA.

[88] Timor Sea Treaty between the Government of East Timor and the Government of Australia ; Agreement between the Government of Australia and the Government of the Democratic Republic of Timor-Leste relating to the Unitization of the Sunrise and Troubadour fields ; Treaty on Certain Maritime Arrangements in the Timor Sea ; Comprehensive Package Agreement.

[89] Agreement between the United States of America and the Union of Soviet Socialist Republics on the maritime boundary.

[90] Agreement between the Government of the State of Israel and the Government of the Republic of Cyprus on the Delimitation of the Exclusive Economic Zone.

[91] Maritime Boundary Agreement between the Government of the State of Israel and the Government of the Hashemite Kingdom of Jordan.

[92] Accord relatif à la délimitation de la frontière maritime entre le sultanat d'Oman et la République du Yémen.

[93] Accord du 9 août 1997 entre le Gouvernement du Royaume de Thaïlande et le Gouvernement de la République socialiste du Viet Nam sur la délimitation de la frontière maritime entre les deux pays dans le golfe de Thaïlande.

Iran/Qatar[94] dont le titre même indique que la frontière ne délimite que le plateau continental).

Le mémorandum Indonésie/Australie[95] de 1981 instaure une frontière *dissymétrique* plutôt que *symétrique* puisque cette frontière sépare deux espaces maritimes soumis à des juridictions différentes : la zone économique exclusive de l'Indonésie et la zone de pêche de l'Australie.

La frontière-*règlement* porte exclusivement sur la délimitation sans plus de considérations, tandis que la frontière-a*rrangement* prévoit, outre les coordonnées géographiques et, les cas échéants, les méthodes de délimitation, des dispositions transitoires et/ou l'instauration de zones d'exploitation conjointe. Dans une note communiquée à l'ONU en 1998, le Cambodge déclare que l'accord de délimitation Thaïlande/Viet Nam de 1997 constitue une violation de sa souveraineté[96], mais il se dit disposé à collaborer avec ses voisins pour que la question fasse l'objet le plus tôt possible d'un arrangement provisoire ou d'un règlement définitif. En 2002, un accord Timor oriental/Australie[97] concernant la Joint Petroleum Development Area (JPDA) mentionne expressément que l'article 83 de la CNUDM requiert des États leur coopération en vue de conclure des arrangements pratiques en attendant la conclusion d'un accord formel de délimitation, les parties concluant en 2006 un autre traité qui vise, dans son titre même, des arrangements[98]. Dans l'accord Chine/Viet Nam[99] de 2011, les parties conviennent de prendre en compte des facteurs comme l'histoire, de développer leur compréhension commune et d'accélérer les négociations relatives à la délimitation dans l'embouchure du golfe du Tonkin, tout en examinant la question de la coopération pour un développement conjoint. Dans l'arbitrage *Philippines c. Chine,* le tribunal a fait observer, dans sa première sentence[100] de 2015, que le recours au règlement des différends n'est pas empêché par certaines déclarations des parties ou par accords tels que le Code de conduite Chine/ASEAN en mer de Chine méridionale ou le Traité d'amitié et de coopération en Asie du Sud-Est. Les cinq États riverains de la Caspienne signaient en 2018 une convention[101] relative au statut juridique de cet espace maritime, laquelle mentionne qu'on

[94] Agreement concerning the boundary line dividing the continental shelf between Iran and Qatar.

[95] Memorandum of Understanding between the Government of the Republic of Indonesia and the Government of Australia Concerning the Implementation of a Provisional Fisheries Surveillance and Enforcement Arrangement.

[96] IBRU (1998) *BSB,* n° 37 p. 103.

[97] Timor Sea Treaty between the Government of East Timor and the Government of Australia.

[98] Treaty between Australia and the Democratic Republic of Timor-Leste on certain maritime arrangements in the Timor Sea.

[99] Accord sur les principes de base applicables au règlement des questions maritimes entre la République socialiste du Viet Nam et la République populaire de Chine.

[100] *The South China Sea Arbitration,* Award on Jurisdiction and Admissibility, Case No. 2017-06, PCA.

[101] Convention on the Legal Status of the Caspian Sea.

prend en considération l'atmosphère de coopération et de bonne entente entre les parties, compte tenu notamment des arrangements existants. L'accord de délimitation Libye/Turquie[102] de 2019 prévoit que tout différend sera réglé selon l'article 33 de la Charte des Nations Unies et que les parties coopéreront pour en arriver à un arrangement sur l'exploitation des ressources naturelles trouvées de part et d'autre de la frontière.

Par ailleurs, on pourrait distinguer entre frontière-*ligne* et frontière-*zone*. Plusieurs *zones* conjointes d'exploitation de la pêche et/ou des minéraux ont été établies ou reconnues en sus de frontières délimitées en Asie, notamment aux termes des sentences *Érythrée/Yémen*[103] (1998-1999) et des accords suivants : Arabie saoudite/Bahreïn[104] (1958) ; Corée du Sud/Japon[105] (1974) ; Malaisie/Thaïlande[106] (1979 et 1990), Indonésie/Australie[107] (1981 et 1989) ; Chine/Viet Nam[108] (2000) ; Timor oriental/ Australie[109] (2002, 2003, 2006 et 2018). Par ailleurs, à défaut d'accord frontalier, une zone conjointe d'exploitation peut être établie comme l'ont fait l'Arabie saoudite et le Soudan[110] en 1974.

---

[102] Mémorandum d'accord entre le Gouvernement de la République turque et le Gouvernement d'entente nationale de Libye sur la délimitation des zones de juridiction maritime en Méditerranée.

[103] *Territorial Sovereignty and Scope of the Dispute* ; *Maritime Delimitation.* Awards, Case No. 1996-04, PCA.

[104] Bahrain-Saudi Arabia boundary agreement.

[105] Agreement between Japan and the Republic of Korea concerning Joint Development of the Southern Part of the Continental Shelf Adjacent to the Two Countries.

[106] Memorandum of Understanding between the Kingdom of Thailand and Malaysia on the delimitation of the continental shelf boundary between the two countries in the Gulf of Thailand ; Agreement between the Government of Malaysia and the Government of the Kingdom of Thailand on the Constitution and Other Matters Relating to the Establishment of the Malaysia-Thailand Joint Authority.

[107] Exchange of Notes constituting an Agreement between the Government of Australia and the Government of the Democratic Republic of Timor-Leste concerning Arrangements for Exploration and Exploitation of Petroleum in an Area of the Timor Sea between Australia and East Timor.

[107] Memorandum of Understanding between the Government of the Republic of Indonesia and the Government of Australia Concerning the Implementation of a Provisional Fisheries Surveillance and Enforcement Arrangement ; Treaty between Australia and the Republic of Indonesia on the zone of Cooperation in an Area between the Indonesia Province of East Timor and Northern Australia.

[108] Agreement on Fishery Co-operation in the Tonkin Gulf between the Government of the People's Republic of China and the Government of the Socialist Republic of Vietnam.

[109] Timor Sea Treaty between the Government of East Timor and the Government of Australia ; Agreement between the Government of Australia and the Government of the Democratic Republic of Timor-Leste relating to the Unitization of the Sunrise and Troubadour fields ; Treaty on Certain Maritime Arrangements in the Timor Sea.

[110] Accord entre le gouvernement de la République démocratique du Soudan et le gouvernement du Royaume d'Arabie Saoudite relatif à l'exploitation conjointe de ressources naturelles du fond et du sous-sol de la mer Rouge dans la zone commune.

À la différence de la frontière *distributive* qui concerne exclusivement le partage d'espaces maritimes, une frontière sera qualifiée d'*attributive* celle délimitée aux termes d'un accord qui règle de surcroît et en concomitance un différend relatif à la souveraineté sur des formations insulaires : Arabie saoudite/Bahreïn[111] en 1958, Arabie saoudite/Iran[112] en 1968 et Qatar Émirats arabes unis (Abu Dhabi)[113] en 1969.

La frontière peut être *froide* (comme la frontière Chypre/Royaume-Uni[114] de 1960), ou *chaude* si les deux États signataires ont rompu leurs relations diplomatiques ou, *a fortiori*, s'ils font usage des armes l'un contre l'autre, par exemple Israël/Liban[115] après avoir conclu un accord de délimitation maritime en 2022.

Si la plupart des frontières sont *reconnues* par les États voisins et la communauté internationale, d'autres sont *contestées*, à tort ou à raison, par exemple la délimitation Kazakhstan/Azerbaïdjan[116] délimitée en 2001 mais contestée par l'Iran ; de même que les frontières Turquie/RTCN[117] en 2011 et Turquie/Libye[118] en 2019 auxquelles se sont opposées d'autres États de la Méditerranée orientale.

Typologies morphologiques

Le mémorandum Indonésie/Australie de 1981[119] instaure une frontière en partie *dédoublée* plutôt que *par ligne unique* puisque la ligne séparant le plateau continental et celle séparant la zone de pêche ne coïncident pas.

La frontière peut être *continue* ou *discontinue*. Elle est du deuxième type, notamment dans le cas d'une formation insulaire dont la souveraineté

---

[111] Continental Shelf Boundary : Bahrain/Saudi Arabia.

[112] Agreement concerning the sovereignty over the islands of Al-Arabiyah and Farsi and the delimitation of the boundary line separating submarine areas between the Kingdom of Saudi Arabia and Iran.

[113] Agreement between Qatar and Abu Dhabi on the settlement of maritime boundaries and ownership of islands.

[114] Treaty between the United Kingdom of Great Britain and Northern Ireland, the Hellenic Republic, the Republic of Turkey and the Republic of Cyprus concerning the Establishment of the Republic of Cyprus.

[115] Échange de lettres constituant un accord maritime entre l'État d'Israël et la République libanaise.

[116] Agreement between the Republic of Kazakhstan and the Republic of Azerbaijan on Delimitation of the Seabed of the Caspian Sea between the Republic of Kazakhstan and the Republic of Azerbaijan.

[117] Continental Shelf Delimitation Agreement Between Turkey and TRNC.

[118] Mémorandum d'accord entre le Gouvernement de la République turque et le Gouvernement d'entente nationale de Libye sur la délimitation des zones de juridiction maritime en Méditerranée.

[119] Memorandum of Understanding between the Government of the Republic of Indonesia and the Government of Australia Concerning the Implementation of a Provisional Fisheries Surveillance and Enforcement Arrangement.

territoriale est disputée, par exemple l'île Abu Musa, occupée par l'Iran depuis le 30 novembre 1971 mais revendiquée par les Émirats arabes unis[120].

La frontière maritime entre côtes *adjacentes* est « en aval » de la frontière terrestre, de sorte que si cette dernière fait l'objet de différends entre deux États, ne serait-ce qu'au sujet de la localisation de son point terminal, il devient plus difficile d'en venir à un accord de délimitation maritime, par exemple dans le cas du Pakistan qui partage des frontières terrestres contestées avec l'Inde et l'Iran respectivement, et qui n'a pas conclu d'accords de délimitation maritime avec ces deux États. Par ailleurs, il arrive que la situation soit mixte, par exemple la frontière Inde/Sri Lanka (accords de 1974 et 1976)[121], puisque la frontière est entre côtes *opposées* dans le détroit de Palk, tandis qu'elle est entre côtes *adjacentes* en mer de Bengale.

La frontière est *composite* plutôt que *simple* si elle est établie par une ligne combinant plusieurs méthodes de délimitation plutôt qu'une seule – équidistance stricte ou modifiée, perpendiculaire à la direction générale des côtes, ligne astronomique (méridien, parallèle ou azimut), ligne géométrique (arc de cercle ou bissectrice), ligne du thalweg) –, par exemple la frontière Bangladesh/Myanmar délimitée en 2012 par le TIDM[122] selon une équidistance (stricte et ajustée), un arc de cercle et un azimut.

Des régions maritimes à distinguer

Outre le *chapitre 1* de l'ouvrage, consacré au droit international de la délimitation maritime (modes juridiques de l'acquisition territoriale, sources du droit, circonstances pertinentes à la délimitation et méthodes équitables de délimitation), les autres chapitres portent respectivement sur chacune des régions maritimes de l'Asie.

Dans le golfe Persique, mer semi-fermée et verrouillée par le stratégique détroit d'Ormuz (*chapitre 2*), la délimitation est relativement ancienne et très avancée, cette délimitation ne visant, il va sans dire, que la mer territoriale et le seul plateau continental en-deçà de 200 milles marins, étant donné l'étroitesse relative du golfe. Toutes ces frontières ont été délimitées par accords bilatéraux, à l'exception de celle du plateau continental Qatar/Bahreïn établie en 2001 par une décision de la CIJ, et de la frontière de la mer

---

[120] Offshore Boundary Agreement between Iran and Dubai.

[121] Accord entre le Sri Lanka et l'Inde relatif à la détermination des limites dans les eaux historiques entre les deux pays et aux questions connexes ; Accord entre le Sri Lanka et l'Inde relatif à la détermination des limites maritimes entre les deux pays dans le golfe de Mannar et le golfe du Bengale et aux questions connexes ; Accord supplémentaire entre le Sri Lanka et l'Inde sur l'extension des limites maritimes entre les deux pays dans le golfe de Mannar de la position 13 m au point de jonction des limites maritimes entre le Sri Lanka, l'Inde et les Maldives (point T).

[122] *Délimitation de la frontière maritime dans le golfe du Bengale*, arrêt, TIDM Recueil 2012.

territoriale Irak/Koweït tracée en 1992 et 1993 par une commission des Nations Unies.

La mer Rouge (*chapitre 3*) est aussi une mer semi-fermée et verrouillée par deux passages importants, le canal de Suez et le Bab-el-Mandeb. Elle ne baigne que quelques États riverains et possède donc très peu de frontières maritimes. En effet, deux seulement, interrégionales, sont délimitées, la première, aux termes de deux sentences arbitrales qui décident d'abord, en 1998, de la souveraineté territoriale sur des formations insulaires disputées par l'Érythrée et le Yémen, la deuxième, en 1999, traçant la frontière entre les deux États selon une ligne médiane appropriée entre des côtes opposées. La seconde frontière a fait l'objet d'un accord conclu entre l'Égypte et l'Arabie saoudite en 2016. Par ailleurs une entente entre le Soudan et l'Arabie saoudite, conclue en 1974, porte sur l'instauration d'une zone d'exploitation conjointe.

En Méditerrané orientale (*chapitre 4*), quelques frontières, parfois contestées par des États tiers, ont été tracées malgré des relations politiques souvent médiocres, notamment par Chypre avec le Royaume-Uni en 1960, l'Égypte en 2003, le Liban en 2007 et Israël en 2010. La Turquie a délimité sa frontière avec la République turque de Chypre du Nord en 2011 et avec la Libye en 2019, puis, l'année suivante, un accord a été signé entre l'Égypte et la Grèce, de même qu'entre Israël et le Liban en 2022.

En mer Caspienne (*chapitre 5*), à laquelle la CNUDM ne s'applique pas, des accords de délimitation du plateau ont été signés par le Kazakhstan et la Russie en 1998 et 2002, l'Azerbaïdjan et le Kazakhstan en 2001, l'Azerbaïdjan et la Russie en 2002, de même qu'entre le Kazakhstan et le Turkménistan en 2014 et 2021.

Dans l'océan Indien (*chapitre 6*), trois frontières, Bangladesh/Myanmar en 2012, Bangladesh/Inde en 2014 et Maldives/Maurice en 2023 ont été délimitées par voie juridictionnelle, tandis que de nombreuses autres l'ont été par voie d'accords bilatéraux entre l'Inde et, respectivement, le Sri Lanka en 1974 et 1976, les Maldives en 1976, la Birmanie en 1986 et la Thaïlande en 1978, cette dernière ayant conclu des accords avec l'Indonésie en 1971 et 1975, et avec la Birmanie en 1980, tandis qu'Oman délimitait sa frontière avec le Yémen en 1992 et 2003, le Pakistan en 2000 et l'Iran en 2015.

Dans les mers et détroits d'Asie du Sud-Est – mers de Chine méridionale, de Célèbes, des Philippines, de Timor et d'Arafura, détroits de Malacca et de Singapour – (*chapitre 7*), toutes les frontières ont été délimitées par voie d'accord bilatéral ou trilatéral, notamment par l'Indonésie avec la Malaisie en 1969, 1970 et 2023 ; Singapour en 1974, 2009 et 2014 ; l'Australie en 1971, 1972, 1973 et 1997 ; le Viet Nam en 2003 et 2022 ; les Philippines en 2014 ; tandis que Singapour conclut des traités avec la Malaisie en 1995 et 2005, outre que ces deux États ont été parties dans deux affaires concernant la souveraineté territoriale sur des formations insulaires. D'autres accords concernant des zones conjointes d'exploitation et la délimitation sont conclus entre l'Australie et le Timor oriental en 2002, 2003, 2006, 2017 et 2018 ; la

Malaisie et la Thaïlande en 1979 ; la Malaisie et Brunei en 1958 et 2009 ; le Viet Nam et la Thaïlande en 1997 ; la Chine et le Viet Nam en 1993, 2000 et 2011 ; et c'est sans compter deux arbitrages entre les Philippines et la Chine.

Dans les mers et détroits d'Asie du Nord-Est – principalement mers de Chine orientale, mer Jaune, du Japon, d'Okhotsk et de Béring, détroits de Taiwan, de Corée, de La Pérouse, des Kouriles et de Béring – (*chapitre 8*), on ne dénombre jusqu'à maintenant que trois délimitations maritimes, étant donné d'importants conflits de délimitation terrestre et de souveraineté territoriale insulaire[123]. Des accords sont par ailleurs conclus en 1974 entre la Corée du Sud et le Japon[124] concernant une zone d'exploitation conjointe et la délimitation, entre la Corée du Nord et l'URSS en 1985 et 1986 au sujet de la délimitation terrestre et maritime, de même qu'entre cette dernière et les États-Unis en 1990 en matière de délimitation.

[123] Yamazaki, Takashi (2024) Contextualizing Borders in East Asia : An Introduction, *Geopolitics,* 02 January ; Park, Choon-Ho, p. 297-304, Central Pacific and East Asian Maritime Boundaries, p. 297-304, *in* Charney, J.I. and Alexander, L.M., eds (1993) *IMB,* vol. 1.

[124] IILSS (2023) Maritime Matters in Japan : Law of the Seas and Security, *in CMI* : https://iilss.net/maritime-matters-in-japan-law-of-the-seas-and-security/ ; IILSS (2023) About Sea of Okhotsk, facts and maps, *in* WMBA : https://iilss.net/about-sea-of-okhotsk-facts-and-maps/.

Chapitre 1

LE DROIT INTERNATIONAL DE LA DÉLIMITATION MARITIME

La norme fondamentale[125] en matière de délimitation maritime a été exprimée comme suit par la Cour internationale de Justice (la CIJ) dans son arrêt *Canada/États-Unis*[126] du 12 octobre 1984 :

> Aucune délimitation maritime entre États dont les côtes sont adjacentes ou se font face ne peut être effectuée unilatéralement par l'un de ces États. Cette délimitation doit être recherchée et réalisée au moyen d'un accord faisant suite à une négociation menée de bonne foi et dans l'intention réelle d'aboutir à un résultat positif. Au cas où, néanmoins, un tel accord ne serait pas réalisable, la délimitation doit être effectuée en recourant à une instance tierce dotée de la compétence nécessaire pour ce faire.
>
> Dans le premier cas comme dans le second, la délimitation doit être réalisée par l'application de critères équitables et par l'utilisation de méthodes pratiques aptes à assurer, compte tenu de la configuration géographique de la région et des autres circonstances pertinentes de l'espèce, un résultat équitable[127].

L'énoncé de cette norme, repris par la suite dans d'autres affaires de délimitation maritime, est constitué de trois éléments principaux qui seront tour à tour examinés : les sources du droit applicable à la délimitation (*section 1.3*), les circonstances pertinentes à la délimitation (*1.4*) et les méthodes équitables de délimitation (*1.5*). Mais il faut au préalable rappeler les modes juridiques de l'acquisition territoriale (*1.1*), laquelle fonde l'État côtier à exercer sa souveraineté ou ses juridictions exclusives sur certaines zones maritimes qui sont assujetties au processus de délimitation dans la mesure où elles se trouvent en situation de chevauchement par suite de l'exercice de la territorialisation des États côtiers voisins (*1.2*).

Plus spécifiquement, la souveraineté territoriale (*section 1.1*) peut, ou a pu, être acquise selon divers modes qu'il convient de distinguer : décision pontificale, mariage, succession *ab intestat* ou testamentaire, découverte, occupation, prescription, cession, adjudication, conquête, accroissement

---

[125] Selon la Convention de Vienne de 1969 sur le droit des traités, « une norme impérative du droit international général est une norme acceptée et reconnue par la communauté internationale des États dans son ensemble en tant que norme à laquelle aucune dérogation n'est permise et qui ne peut être modifiée que par une nouvelle norme du droit international général ayant le même caractère » (art. 53).

[126] Labrecque, Georges (1995) *L'affaire du golfe du Maine. Contribution à l'étude systématique des frontières maritimes internationales.*

[127] *Délimitation de la frontière maritime dans la région du golfe du Maine*, arrêt, CIJ Recueil 1984, par. 112.

naturel, continuité ou contiguïté, autodétermination et, enfin, *uti possidetis*. Par ailleurs, certaines compétences limitées, qui ne confèrent pas la souveraineté territoriale, ont été invoquées pour justifier divers droits d'usage sur un territoire : zone d'influence, zone d'intérêts spéciaux, protectorat, mandat, tutelle, condominium, cession à bail, cession de bases stratégiques, territoire international et servitude.

Les zones maritimes sous juridiction nationale (*section 1.2*) doivent être distinguées puisque les domaines de juridiction rattachés à chacune varient de l'une à l'autre et que les règles de délimitation ne sont pas toujours les mêmes : certaines eaux intérieures, eaux archipélagiques, mer territoriale, zone contiguë, zone économique exclusive et plateau continental, tandis que la haute mer et la Zone internationale des fonds marins ne sont pas soumises à la juridiction de l'État côtier.

Après avoir évoqué les moyens pacifiques de règlement des différends, prévus dans la Charte des Nations Unies, de même que les sources du droit international, telles qu'elles sont mentionnées dans le Statut de la Cour internationale de Justice (*section 1.3*), nous distinguons ces sources en ce qu'elles concernent directement la délimitation maritime : principales conventions internationales et notamment la Convention sur le droit de la mer (la CNUDM), coutume, principes généraux de droit, jurisprudence et doctrine.

Puisque la seule méthode de délimitation prévue par cette convention – l'équidistance – peut être remplacée dès lors qu'on se trouve en présence de « circonstances spéciales », il convient de distinguer entre ces diverses circonstances pertinentes à la délimitation (*section 1.4*), telles qu'elles ont été considérées par la jurisprudence, la doctrine et la pratique des États, et bien que les facteurs d'ordre géographique prédominent sur tous les autres types : géomorphologie et géologie, navigation, biogéographie et environnement, histoire, économie, géopolitique et géostratégie, enfin, conduite des parties.

Outre l'équidistance, les tribunaux internationaux, de même que les États dans leurs accords bilatéraux, ont élaboré diverses méthodes de délimitation ou des combinaisons de méthodes (*section 1.5*), afin d'obtenir des résultats équitables, compte tenu de la diversité des situations géographiques particulières : équidistance stricte ou simplifiée, équidistance modifiée, perpendiculaire à la direction générale des côtes, ligne astronomique, ligne géométrique, prolongement de la frontière terrestre ou celui de la frontière de la mer territoriale, enfin, ligne du thalweg ou du principal chenal navigable. En sus ou au lieu du tracé d'une ligne de délimitation, on peut établir une zone indivise de partage, une zone divise de partage, une zone en profondeur, une zone de tolérance, une zone d'exclusion ou une zone de protection.

1.1 Un préalable à la délimitation : la souveraineté territoriale

Pas plus qu'entre le Maroc et le Sahara occidental, on ne saurait imaginer des accords de délimitation maritime entre, d'une part, Israël et l'Égypte, et, d'autre part, la Palestine tant et aussi longtemps que cette dernière n'aura pas obtenu clairement son autodétermination externe, y compris sur le territoire de la bande de Gaza, à supposer même que cela se produise un jour, encore qu'Israël lui reconnaisse depuis avril 2019, en dépit du blocus, une zone de pêche de 6 à 15 milles marins[128]. De même, la frontière maritime entre deux États dont les côtes sont adjacentes ne pourra être que difficilement délimitée s'il subsiste un litige quant à la délimitation ou la démarcation de leur frontière terrestre – par exemple entre l'Iran et l'Irak ou entre les deux Corées –, *a fortiori* lorsque d'importantes superficies territoriales, de part et d'autre de cette frontière, sont disputées entre ces États. Quand un tribunal a prononcé sur l'illégalité d'une occupation ou d'une annexion, comme dans l'avis consultatif du 25 février 2019 de la CIJ relatif à Maurice[129], la délimitation maritime de ce petit État insulaire avec les Maldives a pu enfin être réalisée à la faveur de l'arrêt du Tribunal international du droit de la mer (le TIDM) du 28 avril 2023[130].

Bien sûr, tout État cherche à exercer sa souveraineté territoriale, y compris, le cas échéant, sur des poussières d'îles et de rochers, parfois dénuées d'importance économique ou même stratégique par elles-mêmes, mais souvent disputées par deux, trois, quatre, voire cinq autres États, là où la délimitation devient pratiquement inextricable. Dans des situations plus simples, quand la souveraineté territoriale est revendiquée par deux États seulement sur quelques îles bien identifiées et bien définies – tant par leur statut juridique que par leur nature géographique –, les parties ou une juridiction saisie peuvent procéder en deux étapes, en réglant d'abord la question de la souveraineté, puis ensuite celle de la délimitation. Parfois aussi, ces deux questions peuvent être réglées en une seule étape, l'une des parties pouvant faire une concession en abandonnant à l'autre partie sa revendication sur une île, moyennant une délimitation avantageuse pour la première.

Quand on observe une carte récente du monde politique, et plus particulièrement les océans et les mers, on peut être étonné de constater que dans de multiples cas, des îles sises à proximité relative des côtes de certains États sont pourtant sous la souveraineté territoriale d'autres États bien plus éloignés, par exemple l'île française de Mayotte entre le Madagascar et le

---

[128] Pironet, Olivier (2019) À Gaza, un peuple en cage, *Le Monde diplomatique*, septembre, p. 1 et 20-21.

[129] *Effets juridiques de la séparation de l'archipel des Chagos de Maurice en 1965*, avis consultatif, CIJ Recueil 2019.

[130] *Différend relatif à la délimitation de la frontière maritime entre Maurice et les Maldives dans l'océan Indien*, arrêt, TIDM Recueil 2023.

Mozambique, ou l'îlot espagnol au Persil à quelques centaines de mètres du Maroc.

Ainsi, l'exercice de la souveraineté territoriale constitue, en quelque sorte, un préalable à l'exercice de juridictions sur des zones maritimes, et le règlement des litiges relatifs à cette souveraineté est en effet en amont du règlement d'une délimitation maritime. Pourtant, dans certains cas, deux parties ne se priveront pas d'une délimitation pour le seul motif qu'une île, quelque part, est disputée par elles, et choisiront plutôt de laisser inachevée cette frontière à proximité de l'île contestée.

Un tribunal international, dans les litiges les plus complexes, peut être appelé à examiner les deux questions (souveraineté territoriale *et* délimitation maritime) dans une même affaire, auquel cas il lui arrive de procéder en deux étapes en rendant deux décisions, par exemple dans les deux arbitrages *Érythrée/Yémen*[131] de 1998 et 1999, mais il tranche habituellement ces questions en une seule étape, à moins, bien sûr, qu'il ait à décider d'abord des exceptions préliminaires du défendeur et qu'il se dise compétent pour trancher ensuite sur le fond.

Que le territoire soit défini comme « l'espace légalement attribué à l'État[132] » ou comme « la limite matérielle de l'action effective des gouvernants[133] », ou encore « la sphère de compétence spatiale de l'État, le cadre de validité de l'ordre étatique[134] », le territoire revêt pour le juriste la plus grande importance puisqu'il constitue l'une des conditions mêmes de l'existence de cet État et, par la suite, de sa reconnaissance internationale, le cas échéant, les frontières étant les limites mêmes de ce territoire. Quand le territoire acquis est baigné par la mer, ce sont également les zones maritimes sous juridiction nationale qui accroissent à l'État, et, à l'inverse, si un territoire côtier est perdu, la mer aussi est perdue : c'est ce qui arriva à l'Éthiopie quand elle perdit l'Érythrée en 1993[135].

Toute limite à l'exercice de la souveraineté territoriale ne se présume pas, mais une disposition conventionnelle entre les parties peut la prévoir, qui doit cependant être interprétée restrictivement. Hormis la limite conventionnelle à l'exercice de la souveraineté, le droit coutumier interdit que le territoire de l'État soit utilisé à des fins illégales, comme la CIJ le disait déjà dans son premier arrêt, en 1949, dans l'affaire du *Détroit de Corfou*, en décidant que le mouillage d'un champ de mines en eaux albanaises « n'a pu échapper à la connaissance du Gouvernement albanais », cette connaissance entraînant des obligations qui sont fondées sur certains principes, « tels que des

---

[131] *Territorial Sovereignty and Scope of the Dispute* ; *Maritime Delimitation.* Awards, Case No. 1996-04, PCA.

[132] Thierry, Hubert *et al.* (1986) *Droit international public*, 5e édition, p. 249.

[133] Duguit, cité par Rousseau, Charles (1967) *Droit international public*, p. 139.

[134] *Idem*, p. 140.

[135] International Mapping (2024) *Sovereign Limits* : https://sovereignlimits.com/boundaries/eritrea-ethiopia-land.

considérations élémentaires d'humanité, plus absolues encore en temps de paix qu'en temps de guerre, le principe de la liberté des communications maritimes et l'obligation, pour tout État, de ne pas laisser utiliser son territoire aux fins d'actes contraires aux droits d'autres États[136] ».

Encore faut-il que l'État côtier détienne véritablement la souveraineté. Il convient alors de distinguer entre les modes juridiques d'acquisition territoriale (*sous-section 1.1.1*) – lesquels confèrent la souveraineté –, et ce que le professeur Rousseau appelle les compétences territoriales limitées quand un État jouit de l'usage d'un territoire à certaines fins sans y exercer pour autant la souveraineté (*1.1.2*).

1.1.1 Les modes juridiques d'acquisition territoriale

Outre quelques ouvrages portant exclusivement ou principalement sur les modes juridiques d'acquisition du territoire[137], la plupart des publications de droit international public consacrent quelques pages, parfois un chapitre entier, à cette question[138]. À l'instar de la doctrine, la jurisprudence a eu de nombreuses occasions pour l'examiner. À la lecture de l'une ou l'autre de ces sources du droit international[139], on observe assez rapidement que certains des modes s'inspirent directement du droit interne, notamment du droit privé, particulièrement l'occupation, la cession, la prescription et l'adjudication, encore que dans ce dernier cas, il existe des distinctions fondamentales – la règle du *stare decisis* n'existant pas dans les décisions des tribunaux internationaux, lesquelles ne sont pas susceptibles d'exécution forcée, encore qu'une partie peut se plaindre au Conseil de sécurité en cas de défaut de la partie adverse de donner suite à une décision[140], et la saisine demeurant souvent soumise à la souveraineté de l'État.

Évoquons d'abord très brièvement certains des modes juridiques originaires ou dérivés d'acquisition territoriale qui ne présentent plus aujourd'hui qu'un intérêt historique[141]. D'autres modes sont par ailleurs invoqués encore

---

[136] *Détroit de Corfou,* fond, arrêt, CIJ Recueil 1949, p. 22.

[137] Crawford, James (2007) *The Creation of States in International Law,* 2nd edition ; Jennings, R.Y. (1963) *The Acquisition of Territory in International Law.*

[138] Forteau, Mathias, Miron, Alina et Pellet, Alain (2022) *Droit international public*, 9e édition ; Shaw, Malcolm N. (2021) *International Law*, 9th edition ; Crawford, James (2019) *Brownlie's Principles of Public International Law*, 9th edition ; Brownlie, Ian (2008) *Principles of Public International Law*, 7th edition.

[139] Statut de la Cour internationale de Justice, art. 38.

[140] Charte des Nations Unies, art. 94, par. 2.

[141] En 1493, Alexandre VI promulgue une bulle pontificale par laquelle le monde est divisé en deux parties, le Portugal ayant la priorité des découvertes à l'est, l'Espagne à l'ouest, ces deux puissances concluant l'année suivante le Traité de Tordesillas visant à repousser de 370 lieues à l'ouest la ligne qui passait d'abord à 100 lieues du Cap-Vert. Quant au mariage, il a pu être l'occasion d'un transfert de territoire, au Moyen Âge et à la Renaissance, entre les familles royales, par exemple la cession du territoire de Tanger, donné en 1662 par la reine Catherine

régulièrement, à tort ou à raison, dans la pratique diplomatique et devant les tribunaux internationaux – la découverte (*sous-section 1.1.1.1*), l'occupation (*1.1.1.2*), la prescription (*1.1.1.3*), la cession (*1.1.1.4*), l'adjudication (*1.1.1.5*), la conquête et l'annexion (*1.1.1.6*), la continuité et la contiguïté (*1.1.1.7*), l'autodétermination (*1.1.1.8*), l'*uti possidetis* (*1.1.1.9*), enfin l'expansion naturelle du territoire (*1.1.1.10*).

1.1.1.1 La découverte

On estime aujourd'hui que la découverte n'a jamais vraiment constitué, à elle seule, un titre conférant incontestablement la souveraineté territoriale, mais plutôt ce que les juristes anglo-saxons appellent un « *inchoate title* » – un commencement de titre à peine suffisant pour écarter un moment des prétentions concurrentes. La notion même de découverte, l'étendue spatiale qu'elle visait, la difficulté d'en faire la preuve, les imprécisions et même les erreurs de sa description géographique, le défaut d'assentiment de l'État bénéficiaire ou son acceptation tardive, tout cela contribuait à conférer un titre imparfait et à exacerber les rivalités.

Qui avait priorité de la découverte d'un territoire ? Le premier qui l'avait entrevu, cartographié, en avait fait un récit de voyage ? Ou bien le premier qui y était débarqué, l'avait survolé, l'avait sommairement exploré, y avait planté une croix, comme geste de prise de possession symbolique, érigé un drapeau, construit un monument commémoratif ou édifié une fortification ? La découverte cédera le pas à l'occupation effective, ainsi que l'explique le professeur Rousseau : « Si les États ont admis le principe de l'occupation plutôt que celui de la priorité de la découverte, c'est (...) parce que l'occupation est quelque chose qui se voit, tandis que la découverte laisse peu de traces. Ici c'est la nécessité d'assurer la sécurité des relations internationales qui est le véritable fondement de l'institution[142] ».

Dans l'arbitrage *États-Unis/Pays-Bas* de 1928, l'arbitre unique écrit : « ...the mere fact of seeing land, without any act, even symbolical, of taking possession, involved *ipso jure* territorial sovereignty and not merely an 'inchoate title', a *jus ad rem*, to be completed eventually by an actual and durable taking of possession within a reasonable time, the question arises whether sovereignty yet existed at the critical date...[143] ».

---

du Portugal à Charles II. Autre exemple : la dévolution d'un territoire par succession ou par testament, le cas le plus extraordinaire étant probablement celui du legs du Congo entier à la Belgique que le roi Léopold II détenait à titre personnel.

[142] Rousseau, Charles (1977) *Droit international public*, vol. III (les compétences), p. 163.

[143] *Island of Palmas Case*, Award, Case No. 1925-01, PCA.

1.1.1.2 L'occupation

Les règles relatives à la découverte comportant de sérieuses difficultés d'application et des problèmes de preuve, les principaux États de l'Europe, de même que les États-Unis et l'Empire ottoman signent, le 26 février 1885, l'Acte général de la Conférence de Berlin, aux fins notamment de « régler, dans un esprit de bonne entente mutuelle, les conditions les plus favorables au développement du commerce et de la civilisation dans certaines régions d'Afrique, et assurer à tous les peuples les avantages de la libre navigation ... » (préambule). Cet instrument prévoit que deux conditions doivent être réalisées pour l'acquisition de la souveraineté territoriale : la puissance a l'obligation d'assurer « l'existence d'une autorité suffisante pour faire respecter les droits acquis et, le cas échéant, la liberté du commerce et du transit » (art. 35) ; à cette condition de fond s'ajoute une condition de forme selon laquelle la prise de possession d'un territoire sur les côtes du continent africain doit être notifiée aux autres puissances, afin qu'elles puissent faire valoir, le cas échéant, leurs réclamations respectives (art. 34).

Ces règles juridiques s'appliquent à une *terra nullius*, c'est-à-dire à un territoire sans maître, puisqu'on n'y trouve pas d'organisation politique et sociale suffisante, ainsi que la CIJ aura l'occasion de l'expliquer notamment dans son avis consultatif de 1975 dans une affaire relative au *Sahara occidental*, laquelle intéressait au premier chef le peuple sahraoui, de même que le Maroc et la Mauritanie, puissances occupantes de ce territoire après le retrait des troupes espagnoles : « En l'espèce, (...) au moment de la colonisation le Sahara occidental était habité par des populations qui, bien que nomades, étaient socialement et politiquement organisées en tribus et placées sous l'autorité de chefs compétents pour les représenter. (...) en colonisant le Sahara occidental, l'Espagne n'a pas agi comme un État qui établirait sa souveraineté sur une *terra nullius*[144] ».

Bien sûr, l'effectivité ne saurait être invoquée à l'encontre d'un titre valable, et ce n'est qu'à défaut de titre, que le tribunal aura à décider laquelle des Parties a établi la preuve d'une possession effective fondant la souveraineté territoriale[145]. Cette question a été fort bien étudiée dans l'affaire *Burkina Faso/Mali*, alors que la Cour a eu l'occasion de distinguer comme suit entre le titre juridique et l'effectivité :

> Dans le cas où le fait correspond exactement au droit, où une administration effective s'ajoute à l'*uti possidetis juris*, l'effectivité n'intervient en réalité que pour confirmer l'exercice du droit né d'un

---

[144] *Sahara occidental*, avis consultatif, CIJ Recueil 1975, par. 81.

[145] Distefano, G. (2002) *L'ordre international entre légalité et effectivité. Le titre juridique dans le contentieux territorial*. Voir aussi Kohen, M.-G. (2004) La relation titres/effectivités dans le contentieux territorial à la lumière de la jurisprudence récente, *RGDIP*, vol. 108, n° 4, p. 561-593.

titre juridique. Dans le cas où le fait ne correspond pas au droit, où le territoire objet du différend est administré effectivement par un État autre que celui qui possède le titre juridique, il y a lieu de préférer le titulaire du titre. Dans l'éventualité où l'effectivité ne coexiste avec aucun titre juridique, elle doit inévitablement être prise en considération. Il est enfin des cas où le titre juridique n'est pas de nature à faire apparaître de façon précise l'étendue territoriale sur laquelle il porte. Les effectivités peuvent alors jouer un rôle essentiel pour indiquer comment le titre est interprété dans la pratique[146].

Dans l'affaire *Qatar c. Bahreïn*, la CIJ a eu l'occasion de réexaminer la notion d'effectivité : « Certaines catégories d'activités invoquées par Bahreïn, telles que le forage de puits artésiens, pourraient en soi être considérées comme discutables en tant qu'actes accomplis à titre de souverain. La construction d'aides à la navigation, en revanche, peut être juridiquement pertinente dans le cas de très petites îles. En l'espèce, compte tenu de la taille de Qit'at Jaradah, les activités exercées par Bahreïn sur cette île peuvent être considérées comme suffisantes pour étayer sa revendication selon laquelle celle-ci se trouve sous sa souveraineté[147] ».

Et encore, dans l'affaire *Indonésie/Malaisie*, la CIJ dit que « si les activités invoquées par la Malaisie, tant en son nom propre qu'en tant qu'État successeur de la Grande-Bretagne, sont modestes en nombre, elles présentent un caractère varié et comprennent des actes législatifs, administratifs et quasi judiciaires. Elles couvrent une période considérable et présentent une structure révélant l'intention d'exercer des fonctions étatiques à l'égard des deux îles, dans le contexte de l'administration d'un ensemble plus vaste d'îles[148] ».

1.1.1.3 La prescription

Ce mode d'acquisition territoriale, bien connu en droit interne en matière de propriété, a ceci en commun avec l'occupation que dans les deux cas, l'État qui veut s'en prévaloir doit exercer un contrôle effectif, mais la prescription se distingue de l'autre mode en ce qu'elle a pour objet un territoire qui n'est pas *terra nullius*, l'État pouvant alors fonder sa prétention en établissant la preuve que sa possession est publique, paisible, non interrompue, de longue durée et à titre de souverain. Bien sûr, la partie qui se prévaut de ce mode d'acquisition doit apporter la preuve que ces conditions ont été réalisées. Or, dans l'affaire *Botswana/Namibie*, la CIJ estime, dans son arrêt de 1999, que la Namibie « n'a pas prouvé avec le degré de précision et de certitude nécessaire que des actes d'autorité étatique susceptibles de fonder autrement

---

[146] *Différend frontalier*, arrêt, CIJ Recueil 1986, par. 63.

[147] *Délimitation maritime et questions territoriales entre Qatar et Bahreïn*, fond, arrêt, CIJ Recueil 2001, par. 197.

[148] *Souveraineté sur Pulau Ligitan et Pulau Sipadan*, arrêt, CIJ Recueil 2002, par. 148.

l'acquisition d'un titre par prescription selon les conditions qu'elle a énoncées auraient été accomplis par ses prédécesseurs ou par elle-même sur l'île » disputée par les deux États[149].

Autre distinction entre l'occupation et la prescription, et puisque cette dernière consiste dans l'acquisition d'un territoire qui appartient déjà formellement à un autre État, la condition liée à la possession paisible est plus importante que dans le cas de l'occupation, et la prescription ne peut être établie que par la reconnaissance ou l'absence de protestation, laquelle peut se manifester sous diverses formes (objections par la voie diplomatique, déclarations devant les organisations internationales, recours à une instance juridictionnelle, application des lois nationales au territoire en litige).

La possession doit être non interrompue, c'est-à-dire continue, y compris à la *date critique,* soit celle à laquelle la question de la souveraineté aura à être examinée par le tribunal. Par exemple, dans l'arbitrage *Égypte/Israël*[150] de 1988, cette date est celle de l'entrée en vigueur du mandat britannique en Palestine.

Une autre difficulté liée à la mise en œuvre de ce mode d'acquisition est la notion de possession de longue durée, le droit international conventionnel étant muet à cet égard, contrairement au droit interne, par exemple au Québec où la prescription est de 10 ans pour les immeubles et 3 ans pour les meubles[151]. Quant à la jurisprudence internationale, on ne peut que constater la diversité des cas d'espèce. Dans l'affaire de l'*Île de Palmas* (ou Miangas), l'arbitre Max Hubert dit, dans sa sentence de 1928, que l'exercice de la souveraineté doit avoir « déjà existé (…) comme continu et pacifique assez longtemps pour assurer à toute Puissance qui se serait considérée comme possédant la souveraineté sur l'île, ou comme ayant un droit à la souveraineté, une possibilité raisonnable (…) de constater l'existence d'un état de choses contraire à ses droits réels ou prétendus[152] ».

1.1.1.4 La cession

L'histoire diplomatique des États fourmille d'exemples de territoires acquis par actes de cession (achat, échange ou même pour services rendus), instruments qui sont parfois joints à des traités de paix, mais qui peuvent aussi intervenir sur une base consensuelle – synallagmatique diraient les civilistes. Parmi les exemples les mieux connus, on peut mentionner l'achat de la Louisiane par les États-Unis à la France aux termes du traité[153] du 30 avril

---

[149] *Île de Kasikili/Sedudu*, arrêt, CIJ Recueil 1999, par. 94 et 99.
[150] *Affaire concernant l'emplacement des balises frontalières à Taba*, sentence, RSA, vol. 20, p. 1-118.
[151] Code civil du Québec, art. 2917-2920.
[152] Traduction libre. *Island of Palmas Case*, Award, Case No. 1925-01, PCA, p. 38-39.
[153] Traité d'achat de la Louisiane.

1803, de même que le traité[154] du 30 mars 1867 aux termes duquel la Russie cédait aux États-Unis l'Alaska et ses îles adjacentes.

Encore faut-il, dans tous les cas, que le cédant ait d'abord la souveraineté sur le territoire cédé, car ce serait autrement enfreindre la règle formulée par la maxime *non dat qui non habet* – qui existe également en droit interne[155]. Bien sûr, à l'instar du contrat en droit interne, le traité de cession lui-même doit être valide, comme tout autre type de traité, et conclu en conformité avec les règles édictées à Vienne dans la Convention sur le droit des traités (art. 46 à 53), à défaut de quoi sa nullité peut être prononcée, ou son annulation peut être demandée, selon qu'il s'agit, dans le premier cas, de nullité absolue (pour contrainte par menace ou usage de la force), dans le second, de nullité relative (dol, erreur de fait substantielle, corruption d'un représentant de l'État, défaut de compétence pour conclure le traité, excès de pouvoirs).

La preuve du défaut de validité incombant à la partie qui l'allègue, la Guinée-Bissau, dans l'affaire de la délimitation maritime *Guinée-Bissau/Sénégal*, a tenté sans succès d'établir devant un tribunal d'arbitrage[156] que l'accord franco-portugais de délimitation maritime de 1960 lui était inopposable pour causes d'inexistence et de nullité, notamment l'incompatibilité de l'accord avec des normes internationales du *jus cogens*, dont le droit des peuples à disposer d'eux-mêmes, alors que le processus de libération était déjà en cours lors de la conclusion de l'accord de 1960, ce qui restreignait donc le *jus tractatus* de l'État colonisateur, le demandeur ajoutant que l'accord constituait une aliénation de territoire et que, par ailleurs, le Portugal et la France, à titre de puissances coloniales, ne disposaient plus de la plénitude de la souveraineté nécessaire pour conclure. La Guinée-Bissau invoquait également la violation du droit interne (constitutionnel) portugais, étant donné que l'accord de 1960 avait été conclu sans le consentement de l'Assemblée nationale portugaise. Dans l'affaire *Libye/Tchad* de 1994, la Libye a également fait défaut de convaincre la CIJ que son manque d'expérience en tant que jeune État sur la scène internationale constituait une cause d'annulation du traité frontalier conclu avec la France en 1955[157].

La cession de territoires habités, qui n'a plus lieu, soulèverait aujourd'hui la question du droit des peuples à l'autodétermination.

---

[154] Treaty concerning the Cession of the Russian Possessions in North America by his Majesty the Emperor of all the Russias to the United States of America.

[155] Le Code civil du Québec prévoit que la vente de la chose d'autrui peut être frappée de nullité (art. 1713-1715).

[156] *Délimitation de la frontière maritime Guinée-Bissau/Sénégal*, sentence du 31 juillet 1989, RSA, vol. 20, notamment les par. 51, 59 et 69 à 76.

[157] *Différend territorial*, arrêt, CIJ Recueil 1994, par. 36.

1.1.1.5 L'adjudication

Appelé à trancher dans une affaire de souveraineté territoriale et/ou de délimitation maritime, le tribunal (CIJ, TIDM ou tribunal d'arbitrage) est souvent confronté à l'examen de l'un ou de plusieurs des modes d'acquisition territoriale, tels qu'ils sont distingués en doctrine. Bien sûr, rien n'empêche les parties, sauf à en faire la preuve, de soumettre plus d'un mode d'acquisition, y compris l'adjudication d'une affaire opposant précédemment ces mêmes parties. La décision d'un tribunal vient « cristalliser », en quelque sorte, un titre sur un territoire disputé.

En matière de délimitation maritime, on compte, disions-nous, relativement très peu d'affaires impliquant des États d'Asie, mais ce continent a connu de nombreuses affaires, parfois anciennes, de souveraineté territoriale exclusivement, y compris sur des îles et sur l'espace aérien, de même que de délimitation ou de démarcation terrestre, notamment les affaires suivantes : *Pays-Bas c. Portugal*[158] concernant l'île de Timor, portée unilatéralement devant la CPA, qui rendit sa sentence en 1914 ; frontière terrestre *Irak/Turquie*[159], qui fit l'objet d'un avis consultatif de la Cour permanente de Justice internationale (la CPJI) en 1925 ; *Pays-Bas/États-Unis*[160], au sujet de l'île de Palmas (ou Miangas), affaire portée conjointement et entendue par un tribunal d'arbitrage qui rendit sa sentence en 1928 ; *Portugal c. Inde*[161], arrêt de la CIJ rendu en 1960 concernant un droit de passage ; *Cambodge c. Thaïlande*[162], affaire concernant la souveraineté territoriale sur un temple à proximité de la frontière terrestre, introduite par voie unilatérale devant la CIJ qui rendit une première décision en 1962 puis une seconde en 2013 ; arbitrage *Inde c. Pakistan*[163] de 1968 au sujet de la frontière terrestre ; *Pakistan c. Inde*[164], une affaire de détournement d'avion, la CIJ décidant en 1972 qu'elle était compétente ; *Pakistan c. Inde*[165] concernant des prisonniers de guerre, la CIJ radiant l'affaire pour désistement en 1973 ; *Grèce c. Turquie*[166], dans un différend au sujet de la frontière maritime en mer Égée concernant le plateau continental de la mer Égée, la CIJ se disant incompétente dans son arrêt de 1978 ; arbitrage *Israël/Égypte*[167] de 1988 concernant la démarcation de la

[158] *Boundaries in the Island of Timor*, Award, Case No. 1913-01, PCA.
[159] *Article 3, paragraphe 2, du traité de Lausanne,* avis consultatif, CPJI, série B, n° 12.
[160] *Island of Palmas case,* Award, Case No. 1925-01, PCA.
[161] *Droit de passage sur territoire indien*, fond, arrêt, CIJ Recueil 1960.
[162] *Temple de Préah Vihéar*, arrêt, CIJ Recueil 1962 ; *Demande en interprétation de l'arrêt du 15 juin 1962 en l'affaire du* Temple de Préah Vihéar, arrêt, CIJ Recueil 1973.
[163] *The Indo-Pakistan Western Boundary (Rann of Kutch) Between India and Pakistan*, Award, RIAA, vol. 17.
[164] *Appel concernant la compétence du Conseil de l'OACI*, arrêt, CIJ Recueil 1972.
[165] *Procès de prisonniers de guerre pakistanais*, ordonnance du 15 décembre 1973, CIJ Recueil 1973.
[166] *Plateau continental de la mer Égée*, compétence de la Cour, arrêt, CIJ Recueil 1978.
[167] *Affaire concernant l'emplacement des balises frontalières à Taba*, sentence, RSA, vol. 20.

frontière terrestre ; affaire *Portugal c. Australie*[168], relative au statut du Timor et portée unilatéralement devant la CIJ qui rendit son arrêt sur les exceptions préliminaires en 1995, outre les recommandations d'une commission de conciliation émises en 2018 au sujet de la mer de Timor[169] ; *Pakistan c. Inde*[170], concernant la destruction d'un aéronef pakistanais, la CIJ décidant en 2000 qu'elle n'avait pas compétence ; avis consultatif de la CIJ rendu en 2004 et relatif au mur construit illégalement par Israël[171], *Géorgie c. Russie*[172], la Géorgie alléguant des actes commis par la Russie sur le territoire géorgien en violation de la CIEDR[173], la CIJ décidant en 2011 qu'elle n'avait pas compétence ; affaire *Philippines c. Chine*[174], concernant les « droits historiques » invoqués par la Chine en mer de Chine méridionale, affaire introduite unilatéralement devant la CPA, qui rendit sa sentence en 2016, après avoir rejeté, l'année précédente, une requête pour exceptions préliminaires ; arbitrage *Ukraine c. Russie*[175], introduit en 2016 devant la CPA au sujet de droits côtiers ; avis consultatif de la CIJ en 2019[176], concernant l'archipel des Chagos ; affaire *Ukraine c. Russie* introduite en 2019 devant le TIDM[177] et la CPA[178] et relative à la détention de navires en mer Noire et à l'arrestation de leur équipage, la CPA rendant la même année une sentence rejetant des exceptions préliminaires ; affaire *Arabie saoudite, Bahreïn, Égypte et Émirats arabes unis c. Qatar*[179], au sujet de l'OACI, la CIJ rendant un arrêt sur le fond en 2020 ; *Ukraine c. Russie*[180], la CIJ décidant, dans son arrêt du 31 janvier 2024, que la Russie a agi illégalement en mettant en place son système d'éducation en Crimée après 2014 ; avis consultatif de la CIJ du

---

[168] *Timor oriental,* arrêt, CIJ Recueil 1995.

[169] *Compulsory Conciliation Commission between Timor-Leste and Australia on the Timor Sea*, Report and Recommendations, Case No. 2016-10, PCA.

[170] *Incident aérien du 10 août 1999*, compétence de la Cour, arrêt, CIJ Recueil 2000.

[171] *Conséquences juridiques de l'édification d'un mur dans le Territoire palestinien occupé*, avis consultatif, CIJ Recueil 2004.

[172] *Application de la convention internationale sur l'élimination de toutes les formes de discrimination raciale*, exceptions préliminaires, arrêt, CIJ Recueil 2011.

[173] Convention internationale sur l'élimination de toutes les formes de discrimination raciale.

[174] *The South China Sea Arbitration,* Award, Case No. 2013-19, PCA.

[175] *Dispute Concerning Coastal State Rights in the Black Sea, Sea of Azov, and Kerch Strait,* Case No. 2017-06, PCA.

[176] *Effets juridiques de la séparation de l'archipel des Chagos de Maurice en 1965*, avis consultatif, CIJ Recueil 2019.

[177] *Affaire relative à l'immobilisation de trois navires militaires ukrainiens*, mesures conservatoires, ordonnance du 25 mai 2019, TIDM, affaire n° 26.

[178] *Dispute Concerning the Detention of Ukrainian Naval Vessels and Servicemen,* Case No. 2019-28, PCA.

[179] *Appel concernant la compétence du Conseil de l'OACI en vertu de l'article 84 de la convention relative à l'aviation civile internationale*, arrêt, CIJ Recueil 2020.

[180] *Application de la convention internationale pour la répression du financement du terrorisme et de la convention internationale sur l'élimination de toutes les formes de discrimination raciale,* arrêt, CIJ Recueil 2024.

19 juillet 2024 concernant la politique israélienne en Palestine[181], la Cour disant qu'Israël a agi illégalement par sa présence continue en Palestine ; enfin, affaires *Arménie c. Azerbaïdjan* et *Azerbaïdjan c. Arménie,* concernant la Convention sur la discrimination raciale et dans lesquelles la CIJ a rendu un jugement sur les exceptions préliminaires le 12 novembre 2024[182].

On dénombre aussi deux autres affaires contentieuses portées unilatéralement devant la CIJ et encore en instance au 1er janvier 2025 : *Palestine c. États-Unis*[183], affaire introduite en 2018 et concernant l'ambassade américaine à Jérusalem ; *Ukraine c. Russie,* affaire introduite en 2022 au sujet de la Convention sur le génocide[184].

1.1.1.6 La conquête et l'annexion

Depuis l'adoption de la Charte des Nations Unies, signée à San Francisco le 26 juin 1945 et entrée en vigueur le 24 octobre suivant, la conquête – entendons par voie militaire –, suivie ou non de l'annexion, ne constitue plus un mode juridique d'acquisition territoriale.

L'une des dispositions les plus pertinentes de la Charte est certes celle de l'article 2, par. 4, qui dispose : « Les Membres de l'Organisation s'abstiennent, dans leurs relations internationales, de recourir à la menace ou à l'emploi de la force, soit contre l'intégrité territoriale ou l'indépendance politique de tout État, soit de toute autre manière incompatible avec les buts des Nations Unies » – cette règle étant non seulement d'origine coutumière, mais aussi une règle fondamentale – *jus cogens*, défini comme « une norme impérative du droit international général (...) acceptée et reconnue par la communauté internationale des États dans son ensemble en tant que norme à laquelle aucune dérogation n'est permise et qui ne peut être modifiée que par une nouvelle norme du droit international général ayant le même caractère[185] ». Bien sûr, l'usage de la force est autorisé en légitime défense, conformément aux dispositions de l'article 51 de la Charte :

> Aucune disposition de la présente Charte ne porte atteinte au droit naturel de légitime défense, individuelle ou collective, dans le cas où un Membre des Nations Unies est l'objet d'une agression armée, jusqu'à ce que le Conseil de sécurité ait pris les mesures nécessaires pour maintenir la paix et la sécurité internationales. Les mesures prises par des Membres dans l'exercice de ce droit de légitime défense

---

[181] *Conséquences juridiques découlant des politiques et pratiques d'Israël dans le Territoire palestinien occupé, y compris Jérusalem-Est,* avis consultatif, CIJ Recueil 2024.

[182] *Application de la convention internationale sur l'élimination de toutes les formes de discrimination raciale,* exceptions préliminaires, arrêt, CIJ Recueil 2024.

[183] *Transfert de l'ambassade des États-Unis à Jérusalem.*

[184] *Allégations de génocide au titre de la convention pour la prévention et la répression du crime de génocide.*

[185] Convention de Vienne sur le droit des traités, art. 53.

sont immédiatement portées à la connaissance du Conseil de sécurité et n'affectent en rien le pouvoir et le devoir qu'a le Conseil, en vertu de la présente Charte, d'agir à tout moment de la manière qu'il juge nécessaire pour maintenir ou rétablir la paix et la sécurité internationales.

L'article 2 a été interprété largement par la jurisprudence[186] pour englober, outre l'intégrité du territoire (terrestre), celle de la mer territoriale et de l'espace aérien, de même que les « droits souverains » de l'État côtier sur son plateau continental.

Dans l'affaire *Cameroun c. Nigeria* de 2002, le requérant alléguait que le défendeur avait tenté de modifier par la force le tracé de la frontière en violant le principe fondamental du respect des frontières héritées de la colonisation *(uti possidetis juris)* et qu'il avait utilisé la force pour occuper militairement des parcelles du territoire camerounais[187]. Dans l'affaire *Congo c. Ouganda* de 2005, la Cour dira que le défendeur, en occupant une partie du territoire congolais et en soutenant activement (...) des forces irrégulières qui opéraient sur le territoire congolais, a violé le principe du non-recours à la force dans les relations internationales et le principe de non-intervention[188] ».

Dans d'autres affaires, où le requérant invoquait également une violation de l'article 2, la Cour ne s'est pas prononcée sur le fond pour avoir accueilli des exceptions préliminaires ou parce qu'un désistement est intervenu à la faveur d'un règlement des parties : affaires *Libye c. Royaume-Uni* et *États-Unis* de 2003 dans lesquelles il était demandé à la Cour de dire que les défendeurs étaient tenus de mettre fin et de renoncer immédiatement à « toute violation de la souveraineté, de l'intégrité territoriale et de l'indépendance politique de la Libye[189] » ; affaire *Congo c. Rwanda* de 2001, dans laquelle le demandeur a prié la Cour de dire que la RDC avait droit d'obtenir « le dédommagement de tous actes de pillages, destructions, massacres, déportations de biens et des personnes et autres méfaits qui sont imputables au Rwanda[190] ».

Les dispositions pertinentes de la Charte des Nations Unies ont inspiré ensuite la Résolution 2625 de l'Assemblée générale, adoptée le 4 novembre 1970, qui dispose : « Le territoire d'un État ne peut faire l'objet d'une occupation militaire résultant de l'emploi de la force contrairement aux dispositions de la Charte. Le territoire d'un État ne peut faire l'objet de l'acquisition par un autre État à la suite du recours à la menace ou à l'emploi

---

[186] Labrecque, Georges (2019) *Le recours à la force contre les États.*

[187] Conclusions finales du Cameroun, lors de la procédure orale. Citées dans *Frontière terrestre et maritime entre le Cameroun et le Nigéria*, arrêt, CIJ Recueil 2002, par. 27.

[188] *Activités armées sur le territoire du Congo,* arrêt, CIJ Recueil 2005, dispositif, par. 345, alinéa 1.

[189] *Questions d'interprétation et d'application de la convention de Montréal de 1971 résultant de l'incident aérien de Lockerbie*, ordonnance du 14 avril 1992, CIJ Recueil 2003, par. 7.

[190] *Activités armées sur le territoire du Congo*, désistement, CIJ Recueil 2001.

de la force. Nulle acquisition territoriale obtenue par la menace ou l'emploi de la force ne sera reconnue comme légale...[191] ».

De même serait nul tout traité de cession territoriale conclu à la suite d'une guerre d'agression, cet instrument étant nul parce que contraire à la Convention sur le droit des traités, qui dispose : « Est nul tout traité dont la conclusion a été obtenue par la menace ou l'emploi de la force en violation des principes de droit international incorporés dans la Charte des Nations Unies » (art. 52).

Mentionnons aussi quelques-unes des nombreuses résolutions de l'Assemblée générale des Nations Unies et de son Conseil de sécurité concernant la politique d'annexion et de « colonisation » d'Israël en Cisjordanie, notamment la résolution 242 du 22 novembre 1967 : « 1. Affirme que l'accomplissement des principes de la Charte exige l'instauration d'une paix juste et durable au Moyen-Orient qui devrait comprendre l'application des deux principes suivants : i) Retrait des forces armées israéliennes des territoires occupés lors du récent conflit ; ii) Cessation de toutes assertions de belligérance ou de tous états de belligérance et respect et reconnaissance de la souveraineté, de l'intégrité territoriale et de l'indépendance politique de chaque État de la région et de leur droit de vivre en paix à l'intérieur de frontières sûres et reconnues à l'abri de menaces ou d'actes de force... ».

L'invasion du Koweït par l'Irak, le 2 août 1990, a fait également l'objet d'une résolution du Conseil de sécurité, la 662 du 9 août 1990 : « Déclare que l'annexion du Koweït par l'Irak, quels qu'en soient la forme et le prétexte, n'a aucun fondement juridique et est nulle et non avenue ». Et encore, le 28 août 2024, la résolution 2749 du Conseil de sécurité au sujet du Liban : « Notant avec une vive inquiétude l'escalade des échanges de tirs de part et d'autre de la Ligne bleue depuis le 8 octobre 2023, en violation de la cessation des hostilités et des autres dispositions de la résolution 1701 (2006), et soulignant qu'une nouvelle escalade emporte un risque élevé de conflit généralisé (...) Réaffirmant son ferme attachement à l'intégrité territoriale, à la souveraineté et à l'indépendance politique du Liban... » (préambule).

1.1.1.7 La continuité et la contiguïté

Quelle proportion d'un espace géographique faut-il occuper pour acquérir la souveraineté territoriale sur un ensemble plus vaste ? Selon le principe dit de la continuité géographique, la souveraineté territoriale sur un territoire emporterait celle sur un territoire adjacent, par exemple celle sur une région côtière s'étendrait à l'hinterland. Par analogie, le principe de la contiguïté permettrait à un État côtier d'étendre sa souveraineté sur les îles les plus rapprochées de son territoire.

---

[191] Déclaration relative aux principes du droit international touchant les relations amicales et la coopération entre les États.

Dans l'affaire *Érythrée/Yémen*, décidée en 1998 dans sa première phase – celle de la souveraineté territoriale –, le tribunal d'arbitrage a émis des réserves sur cette notion tout en estimant qu'il existait une présomption selon laquelle une île à proximité d'une côte appartient à l'État détenant la souveraineté sur cette côte : « Thus, the authorities speak of 'entity' or 'natural unity' in terms of a presumption or a probability and moreover couple it with proximity, contiguity, continuity, and such notions, well known in international law as not in themselves creative of title, but rather a possibility or presumption for extending to the area in question an existing title already established in another, but proximate or contiguous, part of the same 'unity'[192]».

1.1.1.8 L'autodétermination

Si plusieurs auteurs placent le droit à l'autodétermination dans la liste des modes juridiques d'acquisition du territoire, il serait peut-être mieux avisé de parler, dans ce cas, de conservation ou d'intégrité du territoire plutôt que d'acquisition, le territoire du nouvel État conservant les limites qui étaient les siennes avant la sécession ou le démembrement, par application du principe de l'*uti possidetis*, aussi bien maritime que terrestre. Si le démembrement partiel ou la sécession réduit le territoire de l'unité d'origine, rien n'empêche un nouvel État de s'unir à un autre, ce qui accroît d'autant leur étendue commune.

Les questions de l'autodétermination et de l'*uti possidetis* ont fait couler beaucoup d'encre, l'examen de la première se trouvant en amont de la seconde. Qu'est-ce qui constitue un peuple ? Le droit des peuples à l'autodétermination, tel qu'il est consacré par la Résolution 1514 des Nations Unies de 1960, peut-il être invoqué par un peuple qui n'est pas dans une situation coloniale ? Si les opinions des auteurs varient beaucoup sur ces questions – certains ne cachant pas leurs propres opinions politiques dans les débats publics –, les tribunaux internationaux ont été plus constants dans leurs décisions, depuis les avis consultatifs de la CIJ dans les affaires du *Sud-Ouest africain* et du *Sahara occidental*.

1.1.1.9 L'*uti possidetis*

Dans l'avis consultatif relatif au *Sahara occidental*, la CIJ estime que les renseignements portés à sa connaissance « montrent l'existence, au moment de la colonisation espagnole, de liens juridiques d'allégeance entre le sultan du Maroc et certaines des tribus vivant sur le territoire du Sahara occidental », tandis que ces renseignements « n'établissent l'existence d'aucun lien de

192 *Territorial Sovereignty and Scope of the Dispute*, Award, Case No. 1996-04, PCA, par. 462.

souveraineté territoriale entre le territoire du Sahara occidental d'une part, le Royaume du Maroc ou l'ensemble mauritanien d'autre part », la Cour n'ayant donc pas constaté l'existence de liens juridiques de nature à modifier l'application de la Résolution 1514 « quant à la décolonisation du Sahara occidental et en particulier l'application du principe d'autodétermination grâce à l'expression libre et authentique de la volonté des populations du territoire[193] ». De l'examen des diverses résolutions des Nations Unies relatives à la décolonisation[194], la Cour en vient à la conclusion que le droit à l'autodétermination, qui constitue un élément de base des questions qui lui sont adressées, laisse néanmoins à l'Assemblée générale « une certaine latitude quant aux formes et aux procédés selon lesquels ce droit doit être mis en oeuvre[195] ».

Dans son avis consultatif de 2004 relatif au mur construit par Israël[196], la CIJ rappelle l'adoption, le 24 octobre 1970, de la Résolution 2625 (XXV) des Nations Unies dans laquelle il est considéré que les États ont 'le devoir de s'abstenir de recourir à toute mesure de coercition qui priverait de leur droit à l'autodétermination (...) les peuples'. L'article 1er commun aux deux pactes de 1966[197] réaffirme ce droit des peuples à disposer d'eux-mêmes, obligation étant faite aux États parties de respecter ce droit. La Cour rappelle qu'elle a appliqué elle-même aux peuples non autonomes le principe de l'autodétermination dans les affaires de l'*Afrique du Sud en Namibie*[198] et du *Sahara occidental*[199].Cette notion[200] est définie depuis longtemps par les

[193] *Sahara occidental*, avis consultatif, CIJ Recueil 1975, par. 162.

[194] Résolution 2229 (XXI) par laquelle l'Espagne est invitée « à arrêter le plus tôt possible, en conformité avec les aspirations de la population autochtone (...) et en consultation avec les Gouvernements marocain et mauritanien et toute autre partie intéressée, les modalités de l'organisation d'un référendum qui sera tenu sous les auspices de l'Organisation des Nations Unies » ; Résolution 3162 (XXVIII) de 1973, par laquelle l'Assemblée générale déclare déplorer que la mission de l'ONU n'ait pas pu encore se rendre dans le territoire, alors que le Maroc et la Mauritanie ont acquiescé à la tenue d'un référendum sous le contrôle de l'ONU, tout en soutenant, lors des résolutions adoptées de 1966 à 1973, que le Sahara occidental faisait partie de leur territoire et que, par ailleurs, l'Espagne ne respectait pas les recommandations de l'Assemblée générale ; Résolution 3292, qui a introduit une modification significative en invitant la puissance administrante « à surseoir au référendum » qu'elle a envisagé d'organiser au Sahara.

[195] *Sahara occidental*, avis consultatif, CIJ Recueil 1975, par. 71.

[196] *Conséquences juridiques de l'édification d'un mur dans le territoire palestinien occupé*, avis consultatif, CIJ Recueil 2004.

[197] Pacte international relatif aux droits économiques, sociaux et culturels ; Pacte international relatif aux droits civils et politiques.

[198] *Conséquences juridiques pour les États de la présence continue de l'Afrique du Sud en Namibie (Sud-Ouest africain) nonobstant la résolution 276 (1970) du Conseil de sécurité*, avis consultatif du 21 juin 1971, CIJ Recueil 1971, par. 52-53.

[199] Avis consultatif du 16 octobre 1975, CIJ Recueil 1975, par. 162.

[200] Lalonde, Suzanne (2015) The role of the *uti possidetis* principle in the resolution of maritime boundary disputes, p. 248-272, *in* Chinkin, Christine and Baetens, Freya, eds, *Sovereignty, Statehood and State Responsibility. Essays in Honour of James Crawford* ; Lalonde, Suzanne

tribunaux internationaux. Dans l'affaire *Guinée-Bissau/Sénégal*[201], les deux Parties reconnaissaient le principe de l'*uti possidetis* et, à ce titre, le demandeur ne contestait pas le fait que les frontières terrestres avaient été délimitées par un instrument conclu en 1886 entre deux puissances coloniales de l'époque – le Portugal et la France[202]. La Guinée-Bissau affirmait par ailleurs que l'*uti possidetis* ne pouvait être appliqué à la délimitation des espaces maritimes et qu'il n'existait pas de cas où la question de la succession d'État avait été soulevée en matière de frontières maritimes. Le tribunal d'arbitrage rappela, au contraire, des cas de frontières asiatiques (Malaisie, Philippines et Brunei) qui illustrent sur leurs cartes des lignes remontant à l'époque coloniale et qui n'en sont pas moins considérées comme des limites maritimes.

Pourtant, dans une très forte opinion dissidente, l'un des arbitres dira que les dirigeants africains, en donnant droit de cité à l'*uti possidetis*, ne prenaient en considération que la question de l'intangibilité des frontières terrestres : « Seule la crainte des États africains nouvellement indépendants de voir cette situation potentiellement explosive faire éclater des États encore fragiles après les reflux coloniaux a poussé les dirigeants (...) 'à ratifier' sagement, une seconde fois en quelque sorte, l'Acte général de la Conférence de Berlin (...). On n'avait jamais songé aux frontières maritimes, qui ne pouvaient intéresser qu'un horizon différent, le milieu aquatique, où par définition ces problèmes ethniques ne se posaient pas[203] ». Le 12 novembre 1991, un jugement de la CIJ rejettera la demande de la Guinée-Bissau visant à faire déclarer nulle la sentence[204].

Le principe de l'*uti possidetis*, outre le contexte de la décolonisation, est également reconnu dans les cas de dissolution, comme celles de la Yougoslavie et de l'URSS. Une spécialiste rappelle qu'une loi relative aux sécessions avait été adoptée par le Soviet suprême à la suite des premières déclarations d'indépendance – celles des républiques baltes dans les années 1990 : « The provisions of this law envisaged three scenarios that might lead to the modification of the boundaries of the secessionist republics : (1) if the

(2002) *Determining Boundaries in a Conflicted World. The Role of* Uti possidetis ; Corten, O. *et al.*, éd. (1999) *Démembrements d'États et délimitations territoriales* : *l'uti possidetis en question(s)* ; Weerts, Laurence (1999) Heurts et malheurs du principe de l'*uti possidetis* : le cas du démembrement de l'URSS, p. 79-142, *in* Corten, O. *et al.*, éd., *Démembrements d'États et délimitations territoriales* : *l'uti possidetis en question(s)* ; Sanches Rodriguez, Luis Ignacio (1997) L'*uti possidetis* et les effectivités dans les contentieux territoriaux et frontaliers, *RCADI*, vol. 263, p. 153-381 ; Shaw, Malcolm (1996) The Heritage of States : The Principle of 'Uti Possidetis Juris' Today, *BYBIL*, vol. 67, p. 75-154.

[201] *Affaire de la délimitation de la frontière maritime entre la Guinée-Bissau et le Sénégal*, sentence, RSA, vol. 20.

[202] Convention de 1886 relative à la délimitation des possessions françaises et portugaises dans l'Afrique occidentale.

[203] Opinion dissidente du juge Bedjaoui, par. 28.

[204] *Sentence arbitrale du 31 juillet 1989*, arrêt, CIJ Recueil 1991.

status of territories transferred after accession to the USSR had to be resolved ; (2) if the *oblast* or *okrug* of the secessionist republics asked to remain within the Soviet Union ; and (3) if minority groups asked to remain within the union « – la spécialiste mentionnant aussi une déclaration de Boris Eltsine, en août 1991 : « The Russian Federation does not question the constitutional right of every state and people to self-determination. However, there is the problem of borders, a problem that can and may remain unsettled only given the existence of relations of alliance codified in an appropriate treaty. In the event that these relations are broken off, the RSFSR reserves the right to raise the question of reviewing its borders[205] ».

1.1.1.10 L'expansion naturelle du territoire

Elle peut résulter de l'alluvionnement d'un cours d'eau, comme dans le cas du Rio Grande, lequel a donné lieu à l'arbitrage *Mexique/États-Unis*[206] dans laquelle le tribunal a rappelé dans sa sentence du 15 juin 1911 que la frontière fluviale se déplaçait avec le déplacement graduel du cours d'eau. L'expansion territoriale peut résulter aussi de l'apparition d'une île à la suite d'une éruption volcanique sous-marine, comme l'île Shurtsee au large des côtes islandaises, ou les îlots au large de Madras, en Inde, entre 1840 et 1860.

1.1.2 Les compétences territoriales limitées

À défaut de pouvoir acquérir la souveraineté territoriale en agrandissant son territoire ou en obtenant un autre territoire, un État peut avoir néanmoins certains droits quant à l'usage de ces territoires et posséder sur ceux-ci ce qu'on a appelé des droits territoriaux mineurs ou une compétence territoriale limitée (selon la formule du professeur Rousseau)[207]. Tout inappropriée que soit l'analogie avec le droit privé interne, on a dit parfois que la souveraineté territoriale pouvait être comparée au droit de propriété (*usus, fructus* et *abusus*), tandis que la compétence territoriale limitée ressemblait à celle du locataire, de l'usufruitier ou de l'usager. Voyons donc tour à tour quelles sont ces compétences limitées : la zone d'influence (*sous-section 1.1.2.1*), le protectorat (*1.1.2.2*), le mandat (*1.1.2.3*), la tutelle (*1.1.2.4*), le condominium (*1.1.2.5*), la cession de bases stratégiques (*1.1.2.6*), la cession à bail (*1.1.2.7*), le territoire international (*1.1.2.8*), enfin, la servitude (*1.1.2.9*).

---

[205] Lalonde, Suzanne (2002) *Determining Boundaries in a Conflicted World. The Role of* Uti possidetis, p. 219-220.
[206] *Chamizal Arbitration*, Award, RIAA, vol. 11, p. 309-347.
[207] Rousseau, Charles (1967) *op. cit.*, p. 140-144.

1.1.2.1 La zone d'influence

Elle a été définie comme « un espace territorial sur lequel est reconnu à un État, ordinairement par un traité bilatéral, un titre particulier pour y établir son autorité et en acquérir la souveraineté, l'autre État devant s'abstenir de l'en empêcher ou d'y exercer une activité concurrente[208] ». L'État bénéficiaire, loin de détenir un titre de souveraineté territoriale sur la zone d'influence, « ne possède qu'un titre privilégié, appelé éventuellement à se préciser à l'avenir[209] ». La zone d'influence, souvent projetée sur un hinterland à partir d'un titre de souveraineté territoriale sur une région côtière, ne requiert donc pas d'effectivité de l'État bénéficiaire, et le titre privilégié qui y est attaché n'est pas opposable aux tiers.

Les sphères d'influence respectives entre deux puissances ont fait l'objet de nombreux accords, notamment en Afrique à la fin du XIXe siècle, et plus particulièrement entre la France et la Grande-Bretagne, mais aussi en Asie, notamment au début du XXe siècle : le 15 janvier 1896, déclaration conjointe France/Grande-Bretagne concernant les régions du Mékong et de la Ménam[210] ; le 31 août 1907, accord entre la Grande-Bretagne et la Russie concernant la Perse (l'Iran), l'Afghanistan et le Tibet[211] ; le 8 avril 1904, entre la Grande-Bretagne et la France au sujet du Siam (la Thaïlande) qui, dans le contexte de l'entente cordiale, « déclarent d'un commun accord que l'influence de la Grande-Bretagne sera reconnue par la France sur les territoires situés à l'ouest du bassin de la Meinam, et celle de la France sera reconnue par la Grande-Bretagne sur les territoires situés à l'est de la même région, toutes les possessions siamoises à l'est et au sud-est de la zone susvisée et les îles adjacentes relevant ainsi de l'influence française et, d'autre part, toutes les possessions siamoises à l'ouest de cette zone et du golfe du Siam, y compris la péninsule malaise et les îles adjacentes, relevant de l'influence anglaise. Les deux Parties contractantes, écartant d'ailleurs toute idée d'annexion d'aucun territoire siamois, et résolues à s'abstenir de tout acte qui irait à l'encontre des dispositions des traités existants, conviennent que, sous cette réserve, et en regard de l'un et de l'autre, l'action respective des deux Gouvernements s'exercera librement sur chacune des deux sphères d'influence ainsi définies[212] ».

208 Rousseau, Charles (1977) *op. cit.*, p. 199.
209 *Idem*, p. 200.
210 Déclaration conjointe des gouvernements de France et du Royaume-Uni.
211 Convention Between Great Britain and Russia.
212 Accord franco-britannique du 8 avril 1904.

1.1.2.2 Le protectorat

On a qualifié ainsi le régime juridique convenu habituellement par accord bilatéral entre deux États, un État protecteur, qui assure la défense, la représentation et les responsabilités internationales d'un État protégé qui n'en conserve pas moins son chef d'État et toutes ses institutions, y compris sa législation et son système judiciaire.

Dans l'arbitrage *Pays-Bas/États-Unis*[213] de 1928, l'arbitre unique établit une distinction entre protectorats internationaux et coloniaux en disant que seuls les premiers étaient de véritables protectorats. En 1888, le sultanat de Brunei devint un protectorat de la Grande-Bretagne, de même que Bahreïn en 1892 ; en 1949, le Bhoutan accepta la protection de l'Inde, laquelle protégea aussi le Népal en 1950. En Afrique, il y eut notamment les protectorats de la France en Tunisie en 1881 et au Maroc en 1912.

Notons enfin que la jurisprudence internationale, par exemple la CIJ dans l'affaire *Cameroun c. Nigeria* de 2002, a eu l'occasion d'affirmer que les traités de protection ne comportent pas comme tels de cession et ne confèrent donc pas l'acquisition territoriale[214].

1.1.2.3 Le mandat

Cette compétence territoriale limitée, qui n'a rien à voir avec l'institution de droit privé[215], avait été instituée par la Société des Nations, au lendemain de la Première Guerre mondiale, aux fins de confier à des puissances le soin d'administrer les territoires des États vaincus. Ainsi, furent détachés de la Turquie l'Irak, la Palestine et la Transjordanie que la Grande-Bretagne administra sous mandat, tandis que la France administra la Syrie et le Liban, aux termes du traité de Sèvres[216] du 10 août 1920 : « Les Hautes Parties contractantes sont d'accord pour que la Syrie et la Mésopotamie soient (...) provisoirement reconnues comme États indépendants, à la condition que les conseils et l'aide d'un mandataire guident leur administration jusqu'au moment où elles seront capables de se conduire seules » (art. 94).

La puissance mandataire avait non seulement des droits mais aussi des devoirs, notamment celui de respecter l'intégrité du territoire sous mandat et de s'abstenir de toute annexion ou de toute cession. Le Pacte de la Société des Nations, intégré dans le Traité de Versailles en 1919, stipule les règles relatives au mandat international pour porter secours aux « peuples non encore capables de se diriger eux-mêmes dans les conditions particulièrement

---

[213] *Island of Palmas Case*, Award, Case No. 1925-01, PCA.
[214] *Frontière terrestre et maritime entre le Cameroun et le Nigéria*, arrêt, CIJ Recueil 2002.
[215] Code civil du Québec, art. 2130-2185.
[216] Traité de paix entre les Puissances alliées et associées et la Turquie.

difficiles du monde moderne » et dont le bien-être et le développement « forment une mission sacrée de civilisation » (art. 22).

La CIJ aura une première occasion d'examiner ces règles dans un premier avis consultatif demandé par l'Assemblée générale des Nations Unies et concernant le *Statut international du Sud-Ouest africain* (ancien territoire occupé par l'Allemagne et Namibie actuelle), la Cour affirmant, dans son avis de 1950, que le mandat ne comporte – pas plus que le traité de protection – ni cession ni transfert de souveraineté territoriale[217]. Deux autres avis consultatifs seront donnés par la CIJ, respectivement en 1955 et en 1956, sur des questions plus spécifiques relatives à l'administration de ce territoire[218], puis deux affaires contentieuses, similaires, sont ensuite introduites au sujet de ce même Sud-Ouest africain (*Éthiopie c. Afrique du Sud* ; *Liberia c. Afrique du Sud*), mais la CIJ, après avoir rejeté les exceptions préliminaires de l'Afrique du Sud, rejette la demande, sur le fond, des deux requérants[219].

Enfin, dans un autre avis rendu en 1971, la CIJ déclarera illégale la présence continue de l'*Afrique du Sud en Namibie* malgré une résolution expresse du Conseil de sécurité lui interdisant cette occupation. La Cour dit aussi, dans le dispositif, que l'Afrique du Sud « a l'obligation de retirer immédiatement son administration de la Namibie et de cesser ainsi d'occuper le territoire », et que les États Membres des Nations Unies « ont l'obligation de reconnaître l'illégalité » de cette présence[220].

1.1.2.4 La tutelle

Institution similaire à celle du mandat et inspirée par les mêmes considérations, la tutelle a été confiée par la Charte des Nations Unies (art. 75-85), à la fin de la Deuxième Guerre mondiale, à certaines puissances sur des territoires appartenant auparavant à des États vaincus. Ainsi, le Japon perdra sa tutelle en faveur des États-Unis.

Dans l'affaire *Cameroun c. Royaume-Uni*, portée devant la CIJ en 1963, la demande était analogue à celles du Liberia et de l'Éthiopie contre l'Afrique du Sud, sauf que dans le premier cas, les obligations dont on reprochait l'inexécution ne provenaient plus d'un mandat mais d'une tutelle.

---

[217] À la question suivante soumise à la Cour, celle-ci répondit par la négative et que seul le Conseil de la S.D.N. avait compétence : 'L'Union sud-africaine a-t-elle compétence pour modifier le statut international du Territoire du Sud-Ouest africain ou, dans le cas d'une réponse négative, qui a compétence pour déterminer et modifier le statut international du territoire ?' (*Statut international du Sud-Ouest africain*, avis consultatif, CIJ Recueil 1950, p. 129).

[218] *Sud-Ouest africain - Procédure de vote*, avis consultatif du 7 juin 1955 ; *Admissibilité de l'audition de pétitionnaires par le Comité du Sud-Ouest africain (1955-1956)*, avis consultatif du 1er juin 1956.

[219] *Sud-Ouest africain*, arrêt, CIJ Recueil 1966.

[220] *Conséquences juridiques pour les États de la présence continue de l'Afrique du Sud en Namibie (Sud-Ouest africain) nonobstant la résolution 276 (1970) du Conseil de sécurité*, avis consultatif, CIJ Recueil 1971, par. 133.

Contrairement au cas précédent, la Cour ne s'est pas prononcée sur le fond, puisqu'elle a accueilli les exceptions préliminaires du Royaume-Uni et que les circonstances depuis l'introduction de la demande avaient rendu toute décision sans objet. Ainsi, la Cour a été dispensée de devoir expliquer les règles juridiques relatives à la tutelle sur cet ancien territoire allemand, notamment les dispositions de la Charte des Nations Unies prévoyant la succession aux mandats[221]. Dans l'affaire *Nauru c. Australie*, introduite devant la CIJ en 1989, une décision sur le fond n'a pu être rendue puisque la Cour a constaté un désistement à la suite d'un accord à l'amiable entre les parties[222].

1.1.2.5 Le condominium

Le condominium peut être défini comme « l'exercice conjoint, sur pied d'égalité, par deux ou plusieurs États de l'autorité politique et judiciaire sur un territoire déterminé, ainsi soustrait à tout exercice exclusif de compétence étatique », l'auteur ajoutant que le condominium « se définit précisément par l'indivision territoriale qu'il institue[223] ». Puisque chacun des États ne peut exercer une compétence exclusive sur un territoire indivis, on ne saurait parler de souveraineté territoriale au sens strict, pas plus qu'on ne saurait parler, en droit privé, de propriété individuelle sur les espaces communs d'une copropriété[224]. Il est vrai que le condominium, sous sa forme coloniale, a eu pour objet de limiter l'ambition territoriale de certaines puissances antagonistes et de geler pour un temps leurs revendications.

Peut-on assimiler à des condominiums certains espaces maritimes, tels que la haute mer, la Zone internationale des fonds marins (ce patrimoine commun de l'humanité), l'espace extra-atmosphérique ou même la présence de gisements d'hydrocarbures ? Cela nous paraît être une interprétation trop large et indue de l'expression, mais la suggestion, en tout cas, a été faite, sous la rubrique *res communis*, que l'auteur insère, avec les précautions d'usage, dans la liste des modes d'acquisition territoriale[225]. Rarissimes aujourd'hui, d'importants et de longs condominiums, notamment l'anglo-égyptien de 1899-1956 sur le Soudan, ont subsisté dans le passé.

1.1.2.6 La cession de bases stratégiques

Posons la question d'emblée : qu'adviendra-t-il du statut juridique de la base militaire américaine de Diego Garcia en territoire britannique depuis

---

[221] *Cameroun septentrional*, arrêt, CIJ Recueil 1963.
[222] *Certaines terres à phosphates à Nauru*, désistement, CIJ Recueil 1993.
[223] Rousseau, Charles (1977) *op. cit.*, p. 22.
[224] Code civil du Québec, art. 1012-1109.
[225] Aust, Anthony (2010) *Handbook of International Law*, 2nd edition, p. 40.

l'avis consultatif du 25 février 2019 de la CIJ selon lequel « le processus de décolonisation de Maurice n'a pas été validement mené à bien lorsque ce pays a accédé à l'indépendance en 1968 à la suite de la séparation de l'archipel des Chagos » et que, conséquemment, « le Royaume-Uni est tenu, dans les plus brefs délais, de mettre fin à son administration de l'archipel des Chagos »[226] ? Or, selon un article publié par BBC[227] au début d'octobre 2024, le Royaume-Uni s'engagerait à céder à Maurice la souveraineté territoriale sur Chagos à la condition que la base militaire continue d'être utilisée pour une période de 99 ans.

Parmi les nombreuses autres bases stratégiques (américaines, françaises, chinoises et autres à travers le monde)[228], mentionnons celles du Royaume-Uni à Chypre[229], de même que celle de la France aux Émirats arabes unis[230], en vertu de l'accord du 26 mai 2009, lequel affirme que, « [d]ans le respect (...) du principe de non-ingérence dans les affaires intérieures » (préambule), la France « s'engage à participer à la défense de la sécurité, de la souveraineté, de l'intégrité territoriale et de l'indépendance de l'État des Émirats arabes unis » (art. 4, par. 1).

D'un point de vue juridique, la cession de bases stratégiques doit être distinguée de l'occupation en temps de paix, et est différente *a fortiori* de l'occupation en temps de guerre, car cette cession a pour objet de permettre le stationnement de forces étrangères sur une parcelle territoriale demeurant sous la souveraineté de l'État de séjour qui accorde à l'État bénéficiaire l'usage de certaines facilités logistiques pour un temps qui doit être limité. Par conséquent, il ne s'agit pas d'un partage de la compétence territoriale entre ces deux États.

1.1.2.7 La cession à bail

En pareil cas, « [l]'État cédant est titulaire de la souveraineté territoriale et garde vocation à en récupérer la plénitude à l'issue d'un délai convenu ou en fonction des circonstances. Ici, la cession n'emporte donc pas transfert de la souveraineté territoriale mais suspension de son exercice par son titulaire initial[231] ».

---

226 *Effets juridiques de la séparation de l'archipel des Chagos de Maurice en 1965*, avis consultatif, CIJ Recueil 2019, par. 183.

227 Harding, Andrew (2024) UK will give sovereignty of Chagos Islands to Mauritius[227], *BBC*, 3 October : https://www.bbc.com/news/articles/c98ynejg4l5o.

228 Paglia, Morgan (2020) *Les bases de la puissance. Enjeux géopolitiques et stratégiques des bases militaires avancées*, Focus stratégique, nº 97, *IFRI*, 40 p.

229 Treaty between the United Kingdom of Great Britain and Northern Ireland, the Hellenic Republic, the Republic of Turkey and the Republic of Cyprus concerning the Establishment of the Republic of Cyprus.

230 Accord entre le Gouvernement de la République française et le Gouvernement des Émirats arabes unis relatif à la coopération en matière de défense.

231 Daillier, Patrick, Forteau, Mathias et Pellet, Alain (2009) *Droit international public*, p. 537.

On peut évoquer le contexte des « traités inégaux » dans lesquels la Chine a été impliquée dans plusieurs cessions à bail : avec le Portugal, le 1er décembre 1887 au sujet de Macao[232] ; avec la Russie, le 27 mars 1898, au sujet de Port-Arthur[233] ; et avec la Grande-Bretagne, le 9 juin 1898, concernant Hong Kong[234].

Plus récemment, le traité de paix israélo-jordanien[235] du 26 octobre 1994 est particulièrement intéressant dans la mesure où il concerne à la fois un « régime spécial » pour 25 ans sur les zones de Naharayim/Baqura et Zofar/Al-Ghamr et l'établissement du Jourdain comme frontière entre les deux pays, outre que ce traité prévoit des négociations pour la délimitation de la frontière maritime : « They recognize and will respect each other's sovereignty, territorial integrity and political independence » (art. 2, par. 1). « They recognize and will respect each other's right to live in peace within secure and recognized boundaries » (art. 2, par. 2). « The international boundary between Jordan and Israel is delimited with reference to the boundary definition under the Mandate… » (art. 3, par. 1). « The boundary (…) is the permanent, secure and recognized international boundary between Jordan and Israel, without prejudice to the status of any territories that came under Israeli military government control in 1967 » (art. 3, par. 2). Les parties s'engagent, dès la signature du traité, à négocier pour conclure, dans les neuf mois, un accord de délimitation maritime (art. 3, par. 7).

Rappelons enfin deux cas fort connus, ceux de Guantanamo et du canal de Panama. Les 16 et 23 février 1903, intervenait entre Cuba et les États-Unis un accord[236] stipulant notamment : « La République de Cuba loue aux États-Unis pour le temps nécessaire à l'établissement de bases navales et charbonnières, les territoires terrestres et maritimes situés dans l'île de Cuba (…) à Guantanamo » (art. 1). « Les navires faisant commerce avec Cuba jouissent du libre passage dans les eaux comprises dans la présente cession » (art. 2). « Bien que de leur côté, les États-Unis reconnaissent que la pleine souveraineté de la République de Cuba se poursuit sur les territoires terrestres et maritimes ci-dessus, la République de Cuba, pour sa part, consent à ce que, pendant la période où les États-Unis occuperont ces territoires (…), les États-Unis exerceront leur complète juridiction et leur pouvoir sur et dans ces territoires, y compris le droit d'acquérir (…) tout terrain ou autre propriété qui y est situé, par achat ou expropriation en indemnisant totalement les propriétaires » (art. 3). L'accord de février 1903 sera abrogé et remplacé par

---

[232] Treaty of Amity and Commerce Between Portugal and China.
[233] Convention between Russia and China for Lease to Russia of Port Arthur, Talienwan, and the Adjacent Waters.
[234] Convention Between the United Kingdom and China respecting an Extension of Hong Kong Territory.
[235] Treaty of Peace Between the Hashemite Kingdom of Jordan and the State of Israel.
[236] Accord entre les États-Unis d'Amérique et la République de Cuba pour la location [lease] par les États-Unis de terres à Cuba afin d'y établir des bases navales et charbonnières.

le traité[237] du 29 mai 1934 aux termes duquel Cuba s'engage, entre autres choses, à ne pas autoriser une puissance étrangère à établir sur l'île une base navale.

Quelques mois après la conclusion de l'accord Cuba/États-Unis de 1903, ces derniers concluent, le 18 novembre 1903, un traité avec le Panama[238] – lequel sera abrogé le 7 septembre 1977[239] – et qui se lit notamment comme suit : « ...the President of the United States is authorized to acquire within a reasonable time the control of the necessary territory of the Republic of Colombia, and the sovereignty of such territory being actually vested in the Republic of Panama... » (préambule). « The United States guarantees and will maintain the independence of the Republic of Panama » (art 1). « The Republic of Panama grants to the United States in perpetuity the use, occupation and control of a zone of land and land under water for the construction, maintenance, operation, sanitation and protection of said Canal... » (art. 2). « The Canal, when constructed, and the entrances thereto shall be neutral in perpetuity... » (art. 18).

1.1.2.8 Le territoire international

Le professeur Rousseau est d'avis que cette expression a deux acceptions différentes. Selon l'une d'elles, l'État continue de détenir un titre exclusif de souveraineté, le régime n'étant international que dans la mesure où la compétence de cet État « cesse d'être discrétionnaire pour devenir internationalement réglementée, voire limitée, par l'effet d'une convention multilatérale à laquelle cet État est partie[240] » (par exemple le régime institué pour le bassin conventionnel du Congo[241] en 1885). Selon l'autre acception, le territoire internationalisé est soustrait à toute compétence étatique exclusive et soumis à un régime d'administration directe exercé par une autorité internationale (par exemple la zone de Tanger de 1924 à 1956).

1.1.2.9 La servitude internationale

Elle a été définie comme un « droit réel fondé sur un accord entre deux ou plusieurs États par lequel le territoire d'un des États est assujetti à l'usage permanent d'un autre État pour un but spécifié[242] ». On a dit aussi de la servitude internationale qu'elle constituait « une restriction à l'indépendance

[237] Treaty of Relation Between Cuba and the United States.
[238] Convention for the Construction of a Ship Canal (Hay-Bunau-Varilla Treaty).
[239] Panama Canal Treaty.
[240] Rousseau, Charles (1977) *op. cit.*, p. 414.
[241] Acte général de la conférence de Berlin du 26 février 1985.
[242] Définition de Helen Reid, citée par Rousseau, Charles (1977) *op. cit.*, p. 45.

d'un État déterminé[243] ». Elle a été examinée par les tribunaux internationaux, notamment en matière de droit de pêche et de passage.

Elle a été interprétée comme la concession expresse d'un droit souverain par la Cour permanente d'arbitrage, dans sa sentence du 7 septembre 1910, dans l'*Affaire anglo-américaine des pêcheries de l'Atlantique,* dans laquelle la Cour avait à déterminer la nature et la portée des droits de pêche concédés, dans un ancien traité[244], par la Grande-Bretagne aux États-Unis dans les eaux de Terre-Neuve – la Cour ayant décidé que ce traité n'avait pas établi formellement une servitude internationale mais plutôt une simple obligation[245].

Dans l'affaire *Portugal c. Inde*, la CIJ, dans son arrêt du 12 avril 1960, dit que « le Portugal avait en 1954 un droit de passage entre les enclaves de Dadra et de Nagar-Aveli et l'arrondissement côtier de Damao et entre ces enclaves elles-mêmes, sur le territoire indien intermédiaire, dans la mesure nécessaire à l'exercice de la souveraineté portugaise sur ces enclaves et sous la réglementation et le contrôle de l'Inde, pour les personnes privées, les fonctionnaires civils et les marchandises en général », mais que « le Portugal n'avait en 1954 ce droit de passage ni pour les forces armées, ni pour la police armée, ni pour les armes et munitions[246] ».

Dans l'affaire *Érythrée/Yémen*[247], le tribunal d'arbitrage écrit, dans sa sentence du 9 octobre 1998 : « In the first place, the conditions that prevailed during many centuries with regard to the traditional openness of southern Red Sea marine resources for fishing, its role as means for unrestricted traffic from one side to the other, together with the common use of the islands by the populations of both coasts, are all important elements capable of creating certain 'historic rights' which accrued in favour of both parties through a process of historical consolidation as a sort of 'servitude internationale' falling short of territorial sovereignty ».

Cette notion de passage n'est pas sans évoquer, chez les civilistes, la disposition suivante du Code civil du Québec selon laquelle « [l]a servitude discontinue est celle dont l'exercice requiert le fait actuel de son titulaire, comme la servitude de passage à pied ou en voiture » (art. 1179).

Il est par ailleurs intéressant d'observer que le nouveau droit de la mer, dans la Convention de 1982, prévoit expressément que les États enclavés ont non seulement un droit de transit sur le territoire qui les enclave, de même qu'un droit d'accès à la mer, mais aussi un droit à des quotas de pêche dans les zones économiques exclusives des États côtiers se trouvant dans la même région ou sous-région maritime[248].

---

243 Rousseau, Charles (1967) *op. cit.*, p. 143.
244 Traité du 20 octobre 1818.
245 *The North Atlantic Coast Fisheries Case*, Award, Case No. 1909-01, PCA.
246 *Droit de passage sur territoire indien*, fond, arrêt, CIJ Recueil 1960, p. 45-46.
247 *Territorial Sovereignty and Scope of the Dispute,* Award, Case No. 1996-04, PCA, par. 126.
248 Convention sur le droit de la mer, art. 69 et 125.

1.2 Les zones maritimes soumises à la délimitation

Un État côtier ne peut faire valoir que les seuls droits souverains et juridictions exclusives expressément reconnus par le droit de la mer, notamment la CNUDM.

L'État jouissant de la souveraineté territoriale (*section 1.1*) n'hésite pas à exercer des recours contre ceux qui pratiquent illégalement des activités (pêche, pollution et autres) dans ses zones sous juridiction nationale, notamment dans sa zone économique exclusive, en s'adressant aux tribunaux internationaux, tout particulièrement le TIDM[249] à la suite d'immobilisations de navires et/ou d'arrestations des équipages.

Les zones maritimes que tout État côtier est fondé à établir sous sa souveraineté ou ses juridictions exclusives peuvent elles-mêmes être soumises à une délimitation par voie bilatérale ou juridictionnelle si l'exercice des droits qui y sont reconnus produit des zones de chevauchement entre deux États dont les côtes sont opposées ou adjacentes[250]. Avant d'examiner les diverses méthodes de délimitation (*section 1.5*) de ces zones de chevauchement, il faut d'abord distinguer chacune des zones maritimes (*figure 2*), d'abord parce que les droits y rattachés ne sont pas les mêmes, mais aussi parce que les règles de délimitation peuvent différer.

Dans l'affaire *Qatar c. Bahreïn*, la CIJ, dans son arrêt de 2001, a eu l'occasion de montrer l'importance de distinguer entre eaux intérieures et mer territoriale : « Bahreïn n'étant pas fondé à appliquer la méthode des lignes de base droites (...), les eaux s'étendant entre les îles Hawar et les autres îles bahreïnites constituent, non des eaux intérieures de Bahreïn, mais la mer territoriale de cet État. Bahreïn n'étant pas fondé à appliquer la méthode des lignes de base droites (...), les eaux s'étendant entre les îles Hawar et les autres îles bahreïnites constituent, non des eaux intérieures de Bahreïn, mais la mer territoriale de cet État[251] ».

Les diverses zones maritimes sont non seulement l'objet même de la délimitation maritime – elles sont, en quelque sorte, l'assiette même à délimiter, selon une terminologie de droit privé interne. On a d'ailleurs fait observer que la nature ou le régime de chacune de ces zones était « particulièrement pertinent dans l'optique du processus de négociation et

---

[249] Kittichaisaree, Kriangsak (2021) *The International Tribunal for the Law of the Sea.*

[250] Ces zones de chevauchement existent presque toujours entre côtes adjacentes, tandis qu'entre côtes opposées, on trouve un chevauchement des mers territoriales entre côtes éloignées de moins de 24 milles marins, un chevauchement des zones contiguës entre côtes à moins de 48 milles, encore un chevauchement des ZÉE et des plateaux continentaux entre côtes à moins de 400 milles marins. Dans les cas de plateaux continentaux étendus, on peut même trouver des zones de chevauchement entre côtes à plus de 400 milles.

[251] *Délimitation maritime et questions territoriales entre Qatar et Bahreïn*, fond, arrêt, CIJ Recueil 2001, par. 223.

l'établissement de la frontière maritime[252] ». Nous examinerons donc, tour à tour, les eaux intérieures (*sous-section 1.2.1*), les eaux archipélagiques (*1.2.2*), la mer territoriale (*1.2.3*), la zone contiguë (*1.2.4*), la zone économique exclusive (*1.2.5*) et le plateau continental (*1.2.6*).

Dans la majorité des cas, les limites extérieures des zones sous juridiction nationale (lignes de dévolution ou de territorialisation) sont établies unilatéralement et précèdent la délimitation de la frontière qui, elle, est établie par un processus qui ne peut être que bilatéral ou juridictionnel (judiciaire ou arbitral). Les zones de chevauchement sont omniprésentes à travers le monde, notamment dans les mers semi-fermées, puisque tous les États côtiers de la planète, sauf de rares exceptions, réclament l'une ou l'autre des zones maritimes sous juridiction nationale.

Puisque les limites extérieures de chacune de ces zones sont mesurées et établies à partir du littoral, il faut, avant d'examiner successivement les types de juridiction dont elles font l'objet, déterminer les eaux intérieures (*1.2.1*) et observer les configurations de la côte, en distinguant, dans un premier temps, les situations géographiques suivantes : les eaux baignant une côte découpée (*sous-section 1.2.1.1*), les eaux baignant une côte bordée d'îles (*1.2.1.2*), une baie (*1.2.1.3*), une baie historique (*1.2.1.4*), l'embouchure d'un fleuve (*1.2.1.5*), les eaux deltaïques (*1.2.1.6*), les récifs (*1.2.1.7*), enfin les constructions artificielles (*1.2.1.8*).

À défaut de la présence de l'une de ces particularités, on doit appliquer la règle générale selon laquelle « la ligne de base normale (...) est la laisse de basse mer le long de la côte telle qu'elle est indiquée sur les cartes marines à grande échelle reconnues officiellement par l'État côtier », ainsi qu'il est mentionné à la CNUDM, art. 5[253].

La géographie étant ce qu'elle est, la règle générale – « la ligne de base normale (...) est la laisse de basse mer » – devient, en réalité, une règle d'exception, puisque l'État côtier a tendance à faire valoir l'une des particularités susmentionnées, auquel cas il « peut en fonction des différentes situations [[254]], établir les lignes de base selon une ou plusieurs des méthodes prévues dans les articles précédents » (art. 14).

---

[252] Nations Unies (2001) *Manuel sur la délimitation des frontières maritimes*, p. 8.

[253] Les règles relatives aux lignes de base dans cette convention reprennent substantiellement celles qu'on trouvait déjà dans la Convention sur la mer territoriale et la zone contiguë. Bien avant, la Convention anglo-française de 1839 sur la pêche constitue le premier traité qui mentionne l'usage de lignes de base, mais il s'agissait exclusivement de lignes de base normales, soit la laisse des basses eaux.

[254] Parce que le système de lignes de base droites, même lorsqu'il est correctement utilisé, a pour effet de circonscrire comme eaux intérieures des superficies importantes d'espaces maritimes, on fait souvent valoir qu'il doit s'appliquer « in
limited geographical circumstances » : Roach, J. Ashley (2021) *Excessive Maritime Claims* 4th ed. Voir aussi Sohn, Louis B. (1993) Baseline Considerations, p. 153-161, *in* Charney, J.I. *et al.*, eds, *International Maritime Boundaries*, vol. 1 ; Scovazzi, T. *et al.*, eds (1989) *Atlas of the Straight Baselines* ; USDS (1992) United States Responses to Excessive National Maritime

Ces lignes de base droites sont très largement utilisées dans la pratique des États, elles ont fait l'objet de nombreuses études et plusieurs des États qui les ont décrétées ont vu leurs revendications contestées, notamment la Chine (Paracels[255] et le long de la côte continentale[256]), de même que Taïwan[257], la Thaïlande[258], la Corée Sud[259], le Japon[260], le Pakistan[261], l'Égypte[262], l'Iran[263], Oman[264], la Russie[265], le Viet Nam[266], les Maldives[267], la Syrie[268], ainsi que la Birmanie[269] qui a décrété la plus longue ligne de base droite (222 milles marins) dans le monde, laquelle ferme le golfe de Martaban.

Les limites extérieures des zones sous juridiction nationale sont calculées à partir des lignes de base en deçà desquelles les eaux sont considérées comme intérieures (art. 8, par.1) et, par conséquent, assujetties à la souveraineté de l'État au même titre que les lacs et cours d'eau se trouvant sur son territoire (art. 2, par. 1)[270].

En outre, le tracé des lignes de base droites permet à l'État côtier[271] de gagner des espaces maritimes parfois considérables, notamment dans le cas des archipels, mais l'exercice illégal et abusif de cet acte unilatéral vient compliquer nécessairement le processus bilatéral de délimitation des

---

Claims, *LS*, n° 112 ; USDS (1987) Developing Standard Guidelines for Evaluating Straight Baselines, *LS*, n° 106.

[255] USDS (2022) People's Republic of China : Maritime Claims in the South China Sea, *LS*, n° 150.

[256] USDS (2014) China Maritime Claims in the South China Sea, *LS*, n° 143 ; USDS (1996) Straight Baselines Claim : China, *LS*, n° 117 ; USDS (1978) Straight Baselines : People's Republic of China, *LS*, n° 43.

[257] USDS (2005) Taiwan's Maritime Claims, *LS*, n° 127.

[258] USDS (2000) Thailand Straight Baseline Claims, *LS*, n° 122.

[259] USDS (1998) Straight Baseline and Territorial Sea Claims : South Korea, *LS*, n° 121 ; USDS (1979) Straight Baselines : Republic of Korea, *LS*, n° 82.

[260] USDS (1998) Straight Baseline and Territorial Sea Claims : Japan, *LS*, n° 120.

[261] USDS (1996) Straight Baseline Claim : Pakistan, *LS*, n° 118.

[262] USDS (1994) Straight Baseline Claims : Albania and Egypt, *LS*, n° 116.

[263] USDS (1994) Iran's Maritime Claims, *LS*, n° 114.

[264] USDS (1992) Straight Baseline Claims : Djibouti and Oman, *LS*, n° 113 ; USDS (1975) Straight Baselines : Oman (Hypothetical), *LS*, n° 61.

[265] USDS (1987) Straight Baselines : USSR (Pacific Ocean, Sea of Japan, Sea of Okhotsk, and Bering Sea), *LS*, n° 107.

[266] USDS (1983) Straight Baselines : Vietnam, *LS*, n° 99.

[267] USDS (1978) Maritime Boundary India-Maldives and Maldives claimed 'Economic Zone', *LS*, n° 78.

[268] USDS (1973) Straight Baselines : Syria, *LS*, n° 53.

[269] USDS (1970) Straight Baselines : Burma, *LS*, n° 14.

[270] Notons que dans certains cas, le droit de passage inoffensif est pourtant garanti aux termes de l'art. 8, par. 2.

[271] Aux États-Unis, la Cour Suprême a décidé que le choix d'établir des lignes de base droites en vertu de la Convention sur la mer territoriale et la zone contiguë de 1958 relève du gouvernement central : *United States v. California*, 381 U.S. 139, 167-169 (1965) ; *Louisiana Boundary Case*, 394 U.S. 11, 36-38 (1969) ; *Alabama and Mississippi Boundary Case*, 470 U.S. 93, 99 (1985).

frontières[272], surtout lorsque les côtes sont opposées plutôt qu'adjacentes, et tout particulièrement quand l'un seul des deux États côtiers entend se prévaloir de ces droites.

1.2.1 Les eaux intérieures

La CNUDM prévoit des règles générales mais aussi des règles spécifiques à divers types de configurations géographiques qu'il faut donc analyser brièvement tour à tour. D'ailleurs, dans les cas où deux États partagent des côtes adjacentes, il peut arriver qu'une partie de la frontière maritime sépare les eaux intérieures en-deçà des lignes de base droites. À l'inverse, ces lignes de base droites ne sont pas nécessairement utilisées comme points de base pour la délimitation maritime[273].

1.2.1.1 Eaux baignant une côte découpée

Ainsi qualifiée mais sans plus de précision[274], la côte « profondément échancrée et découpée » peut être comprise dans un sens absolu ou relatif. Dans un sens absolu, une échancrure longue de quatre milles marins ne devrait pas être qualifiée de profonde si elle se trouve sur le rivage d'un État continental occupant une grande superficie terrestre, tandis qu'une pareille échancrure sur une île d'une longueur de huit milles est certes profonde.

La côte peut faire l'objet de lignes de base droites, mais sous certaines conditions : des « points appropriés » doivent être choisis, ce qui exclut les hauts-fonds découvrants, « à moins que des phares ou des installations similaires émergées en permanence n'y aient été construits ou que le tracé de telles lignes de base droites n'ait fait l'objet d'une reconnaissance internationale générale » ; en outre, ces lignes ne doivent être tirées « de manière telle que la mer territoriale d'un autre État se trouve coupée de la haute mer ou d'une zone économique exclusive » ; enfin, ces tracés ne doivent pas « s'écarter sensiblement de la direction générale de la côte et les étendues de mer situées en deçà doivent être suffisamment liées au domaine terrestre pour être soumises au régime des eaux intérieures ».

Par ailleurs, il peut être tenu compte « des intérêts économiques propres à la région considérée dont la réalité et l'importance sont manifestement

---

[272] Prescott, Victor and Schofield, Clive (2005) *The Maritime Political Boundaries of the World*, 2nd edition, p. 143-144.

[273] Nations Unies (2001) *op. cit.*, p. 3.

[274] Des critères d'ordre géographique ont été proposés dans les brochures suivantes : Roach, J. Ashley and Smith, Robert W. (2000) Straight Baselines : The Need for a Universally Applied Norm, *ODIL*, vol. 31, issue 1, p. 47 ; USDS (1987) *Developing Standard Guidelines for Evaluating Straight Baselines*, *LS*, n° 106.

attestées par un long usage[275] ». Ces intérêts ne peuvent être invoqués que si l'une ou l'autre des conditions est réalisée : échancrures ou chapelet d'îles.

1.2.1.2 Eaux baignant une côte bordée d'un chapelet d'îles

Des lignes de base droites peuvent alors y être tracées aux mêmes conditions que dans le cas des côtes échancrées et découpées, outre le fait que le chapelet d'îles doit se trouver « à proximité immédiate » de la côte[276]. Les notions de chapelet d'îles et de proximité immédiate n'étant pas définies dans la CNUDM, on peut les interpréter dans un sens absolu ou relatif[277].

1.2.1.3 Baie

La baie est définie juridiquement[278] comme étant « une échancrure bien marquée dont la pénétration dans les terres par rapport à sa largeur à l'ouverture est telle que les eaux qu'elle renferme sont cernées par la côte et qu'elle constitue plus qu'une simple inflexion de la côte » (art. 10, par. 2). La CNUDM précise que l'échancrure doit être importante à ce point qu'on puisse tracer, à l'intérieur de la baie, un demi-cercle dont le diamètre est constitué de la droite imaginaire tirée en travers de l'entrée entre les laisses de basse mer. En outre, la baie ne peut être fermée que si la distance entre les laisses est d'au plus 24 milles marins[279] ou si, dans le cas où les îles se trouvent dans l'axe de la ligne de fermeture, la longueur du diamètre ne dépasse pas ce maximum quand on calcule la somme des longueurs des droites entre ces îles.

Dans le cas où la distance entre les laisses de basse mer est supérieure au maximum prévu, une ligne de base droite de 24 milles peut cependant être tracée à l'intérieur de la baie et sans qu'il soit tenu compte des points d'entrée naturels (art. 10, par. 3, 4 et 5). La Convention stipule que les dispositions relatives à ce type de configurations géographiques ne concernent que les baies dont un seul État est riverain (art. 10, par. 1).

1.2.1.4 Baie historique

Il est mentionné dans la CNUDM que les dispositions relatives aux baies ne s'appliquent pas aux baies dites « historiques » (art. 10, par. 6). Elle ne donne par ailleurs ni définition juridique de ces dernières ni critère d'ordre géographique qui permettrait, sous certaines conditions, de les fermer par une

---

[275] Convention sur le droit de la mer, art. 7, par. 5.

[276] Convention sur le droit de la mer, art. 7, par. 1.

[277] Guillaume, Gilbert (2019) Îles, rochers et hauts-fonds découvrants en droit de la mer, *AFDI*, vol. 65, p. 513-526.

[278] Consulter à ce sujet Westerman, G.S. (1987) *The Juridical Bay*.

[279] Cette distance correspond au double de la largeur de la mer territoriale.

ligne de base droite. Une baie historique peut être ainsi qualifiée, même si les atlas lui assignent un autre vocable. Le concept de baie historique[280] s'inscrit dans une expression plus large encore, celle des eaux historiques[281], largement discutées dans l'arbitrage *Philippines c. Chine*[282], qui peuvent être alors celles d'un golfe, d'un archipel, d'un estuaire, d'un détroit, d'un fjord, d'un canal[283].

La CDI elle-même a renoncé à définir la notion d'eaux historiques : « Nul ne conteste qu'il existe des cas où un État a un titre historique valide à certaines eaux adjacentes à ses côtes mais, quand il s'agit de définir ce titre avec plus de précision, de déterminer ses rapports avec les règles de droit international relatives à la délimitation du domaine maritime d'un État ou d'établir les circonstances dans lesquelles le titre historique peut prendre naissance, l'accord est loin d'être complet. Il n'est donc pas possible, bien que cela eût été pratique, de commencer par donner une définition des 'eaux historiques'[284] ».

Trois conditions, cumulatives, sont nécessaires : l'État qui veut se prévaloir de ce statut exceptionnel doit pouvoir faire la preuve qu'il exerce sur les eaux de la baie une souveraineté effective par l'application de lois et de règlements concernant divers champs d'activités ; cette souveraineté, exprimée clairement, ouvertement et exclusivement, l'a été de façon continue, pacifique et prolongée ; enfin, elle fait l'objet, de la part des États tiers et notamment des voisins, d'une reconnaissance expresse, ou, du moins, tacite par tolérance ou absence de protestation. Selon la CDI, un quatrième facteur est parfois mentionné. D'après certains auteurs, « il faut également prendre en considération la question de savoir si la revendication est justifiée par la

---

[280] Kaminski, Tomasz (2022) The Legal Status of Historic Bays in the Light of the Works of the League of Nations Committee of Experts for the Progressive Codification of International Law, *Journal of the History of International Law*, vol. 24, issue 1, p. 36-61 ; IILSS (2021) *What is the meaning of Historic Bays on the law of the sea and LOSC* : https://iilss.net/what-is-the-meaning-of-historic-bays-on-tle-law-of-the-sea-and-losc/ ; Roach, J.A. (2021) Historic Bays, Historic Waters and Historic Rights, p. 45-72, *in* Roach, J.A., *Excessive Maritime Claims* ; Clark, M.W. (1994) *Historic Bays and Waters* : *A Regime of Recent Beginnings and Continued Usage*.

[281] IILSS (2021) *Historic Title and Historic Rights as a Relevant Circumstances in delimitation process in law of the sea and customary international law* ; Symmons, C. (2019) *Historic Waters and Historic Rights in the Law of the Sea* : *A Modern Re-Appraisal*, 2nd ed. ; Mirasola, Christopher (2016) Historic Waters and Ancient Title : Outdated Doctrines for Establishing Maritime Sovereignty and Jurisdiction, *JMLC*, vol. 47, issue 1, p. 29-76 ; Sakamoto, Shigeki (2015) *Historic Waters and Rights Revisited* : *UNCLOS and Beyond ?* ; Rosenne, S. (2007) Historic Waters in the Third U.N. Conference on the Law of the Sea, p. 497-511, *in* Rosenne, S., *Essays on International Law and Practice* ; Zou, K. (2001) Historic Rights in International Law and in China's Practice, *ODIL*, vol. 32, issue 2, p. 149-168 ; CDI (1960) *Régime juridique des eaux historiques, y compris les baies historiques.*

[282] *The South China Sea Arbitration*, Award, Case No. 2013-19, PCA.

[283] O'Connell, D.P. and Shearer, I.A., eds (1982) *The International Law of the Sea*, vol. I, p. 417-438.

[284] CDI (1960) Régime juridique des eaux historiques, y compris les baies historiques, par. 33.

nécessité économique, la sécurité nationale, l'intérêt vital ou un motif analogue[285] » (par. 81).

Avant même l'adoption de la CNUDM, des tribunaux internationaux ont eu l'occasion d'examiner cette question de « droits historiques ». Dans l'arrêt du 18 décembre 1951 rendu par la CIJ dans l'affaire *Royaume-Uni c. Norvège*[286], la Cour « estime que les données historiques fournies (...), bien qu'elles souffrent trop souvent d'un défaut de localisation précise, donnent un certain poids à l'idée de la survivance de droits traditionnels réservés aux habitants du Royaume sur des lieux de pêche (...). De tels droits, fondés sur les besoins vitaux de la population et attestés par un usage fort ancien et paisible, peuvent être pris en légitime considération, dans un tracé qui, par ailleurs, apparaît à la Cour comme étant resté modéré et raisonnable[287] ».

La question sera réexaminée par la CIJ dans son arrêt du 24 février 1982, dans l'affaire *Tunisie/Libye*. La Cour, rappelle d'abord que le projet de convention de la troisième Conférence sur le droit de la mer tenue de 1973 à 1982 ne contient pas de dispositions détaillées quant au régime des eaux historiques : « ... les notions d''eaux historiques' et de 'baies historiques' n'y sont pas définies et leur régime juridique n'y est pas précisé. Certaines références aux 'baies historiques', aux 'titres historiques' ou à des raisons historiques peuvent cependant être assimilées à des réserves aux règles énoncées dans le reste du projet. Il paraît clair que la question reste régie par le droit international général, lequel ne prévoit pas de régime unique pour les 'eaux historiques' ou les 'baies historiques', mais seulement un régime particulier pour chaque cas concret et reconnu d''eaux historiques' ou de 'baies historiques'[288] ».

Par ailleurs, dans d'autres affaires, on a reconnu comme historiques des baies partagées par deux États. En effet, cela été clairement exprimé dans l'affaire du golfe de Fonseca (*El Salvador/Honduras*)[289], décidée par la CIJ dans son arrêt du 11 septembre 1992, de même que dans l'arbitrage de la baie de Piran (*Slovénie/Croatie*)[290] dans la sentence du 29 juin 2017. En outre, en Asie, ont été considérés comme des baies historiques le golfe de Martaban dans la partie nord de la mer d'Andaman en Birmanie, de même que le golfe de Mannar, la baie et le détroit de Palk entre l'Inde et le Sri Lanka, qui ont conclu par ailleurs un accord de délimitation[291] les 26 et 28 juin 1974.

---

[285] *Idem*, par. 88.

[286] Labrecque, Georges (2009) *Les différends territoriaux en Europe*, p. 107-119.

[287] *Affaire des pêcheries*, arrêt, CIJ Recueil 1951, p. 142.

[288] *Plateau continental*, arrêt, CIJ Recueil 1982, p. 73-74.

[289] *Différend frontalier terrestre, insulaire et maritime*, arrêt, CIJ Recueil 1992.

[290] *In the matter of an arbitration under the arbitration agreement between the Government of the Republic of Croatia and the Government of the Republic of Slovenia,* Award, Case No. 2012-04, PCA.

[291] Accord entre le Sri Lanka et l'Inde relatif à la détermination des limites dans les eaux historiques entre les deux pays et aux questions connexes.

À l'inverse, d'autres baies revendiquées comme « historiques » ont vu leur statut contesté, notamment par les États-Unis, parce que les trois conditions n'étaient pas réalisées : par exemple, le golfe de Syrte au large de la Libye, fermé par une ligne de base droite de 300 milles marins[292], de même que le golfe de Pierre le Grand en mer du Japon et au large de la région stratégique de Vladivostok, fermé par une ligne qui va de l'embouchure du fleuve Tumen au cap Povorotny[293], et qui a par ailleurs été délimité par un accord URSS/Corée du Nord[294] le 22 janvier 1986. Dans l'Arctique et le Pacifique Nord, les mers russes (des Laptev, de Sibérie orientale et d'Okhotsk) ont fait l'objet de revendications contestées[295], de même que les golfes de Siam[296] et d'Aqaba[297].

1.2.1.5 Embouchure d'un fleuve

La ligne de base droite est tracée « à travers l'embouchure du fleuve entre les points limites de la laisse de basse mer sur les rives », mais cette ligne ne peut être utilisée que si le fleuve « se jette dans la mer sans former d'estuaire » (art. 9 de la CNUDM). La présence d'un estuaire, si faible soit-il, empêcherait-il l'établissement d'une ligne de base droite ? Peut-on procéder par analogie avec la disposition relative aux baies et reporter en amont de l'estuaire le tracé d'une ligne ? Pourtant, la règle n'édicte pas de longueur maximale dans ce tracé. Cette règle est moins restrictive que celle consacrée aux baies puisqu'elle ne requiert pas qu'un seul État soit impliqué. Une ligne droite pourrait donc être tracée pour fermer un fleuve-frontière entre deux États.

1.2.1.6 Eaux deltaïques

Plusieurs segments peuvent être tracés s'ils sont établis à partir de points appropriés le long de la laisse de basse mer la plus avancée, et à la condition que la côte soit « extrêmement instable en raison de la présence d'un delta et d'autres caractéristiques naturelles » (art. 7, par. 2). Un delta[298] peut être qualifié d'extrêmement instable, bien qu'il n'accuse ni progression ni régression. D'ailleurs, la règle prévoit en outre que « même en cas de recul ultérieur de la laisse de basse mer, ces lignes de base droites restent en vigueur tant qu'elles n'ont pas été modifiées par l'État côtier... » (*ibidem*). On peut

[292] USDS (1992) United States Responses to Excessive National Maritime Claims, *LS*, n° 112.
[293] USDS (1987) Straight Baselines : USSR (Pacific Ocean, Sea of Japan, Sea of Okhotsk, and Bering Sea), *LS*, n° 107.
[294] Agreement between the Union of Soviet Socialist Republics and the Democratic People's Republic of Korea on the Delimitation of the Economic Zone and the Continental Shelf.
[295] USDS (1992) United States Responses to Excessive National Maritime Claims, *LS*, n° 112.
[296] USDS (1971) Straight Baselines : Thailand, *LS*, n° 31.
[297] Bouchez, Leo J. (1964) *The Regime of Bays in International Law.*
[298] Paskof, Roland (2014) *Les littoraux*, 3e édition, p. 176-208.

penser ici aux deltas du Nil, de l'Indus, du Gange-Brahmapoutre, de l'Irrawaddy et du Mékong.

1.2.1.7 Récifs

« Lorsqu'il s'agit de parties insulaires d'une formation atollienne ou d'îles bordées de récifs frangeants » (art. 6), la ligne de base est la laisse de basse mer sur le récif, côté large. Dans l'arrêt *Qatar c. Bahreïn*[299] du 16 mars 2001, la CIJ a eu l'occasion d'examiner la question des récifs, et plus encore dans la sentence arbitrale *Philippines c. Chine*[300] du 12 juillet 2016, le mot récif y étant mentionné 1549 fois, le tribunal disant dans le dispositif (par. 1202) que la Chine a enfreint de nombreuses obligations, notamment en érigeant des structures artificielles sur plusieurs de ces récifs et en faisant défaut de préserver l'environnement marin.

1.2.1.8 Constructions artificielles

« [L]es installations permanentes faisant partie intégrante d'un système portuaire qui s'avancent le plus vers le large sont considérées comme faisant partie de la côte » (art. 11), encore que leur longueur relativement réduite ait très peu d'effet sur les limites extérieures des zones sous juridiction nationale. Par contre, lors de la délimitation d'une frontière entre États qui ont des côtes adjacentes, l'effet peut être non négligeable. Servant par ailleurs d'appui au tracé d'une ligne de base droite[301], ces constructions englobent alors des eaux intérieures, ce qui peut être important d'un point de vue stratégique. Mais les installations « situées au large des côtes et les îles artificielles ne sont pas considérées comme des installations portuaires permanentes » (art. 11). Cette dernière disposition vise notamment les rades. Pourtant, lorsque ces dernières « servent habituellement au chargement, au déchargement et au mouillage des navires » (art. 12), elles sont considérées comme faisant partie de la mer territoriale, qu'elles soient situées partiellement ou entièrement à l'extérieur de sa limite extérieure.

Notons ici que les îles artificielles, installations et ouvrages peuvent être entourés d'une zone de sécurité d'une largeur maximale de 500 mètres. Par ailleurs, ces constructions artificielles n'ont pas le statut d'îles et n'ont donc pas de mer territoriale qui leur soit propre. De plus, leur présence est sans

---

[299] *Délimitation maritime et questions territoriales entre Qatar et Bahreïn*, fond, arrêt, CIJ Recueil 2001.

[300] *The South China Sea Arbitration*, Award, Case No. 2013-19, PCA.

[301] Bien que l'utilisation d'une ligne ne soit pas prévue explicitement, la règle pourrait s'inférer des dispositions de l'article 50 relatives aux lignes de fermeture établies en conformité avec l'article.

incidence sur la délimitation de la mer territoriale, de la zone économique exclusive et du plateau continental (art. 60, par. 5 et 8).

1.2.2 Les eaux archipélagiques

L'État archipel[302] est défini comme étant « constitué entièrement par un ou plusieurs archipels et éventuellement d'autres îles » (art. 46 *a*), ce qui interdit donc à tout État continental d'établir des lignes de base archipélagiques.

Quant à l'archipel, il est défini comme « un ensemble d'îles, y compris des parties d'îles, les eaux attenantes et les autres éléments naturels qui ont les uns avec les autres des rapports si étroits qu'ils forment intrinsèquement un tout géographique, économique et politique, ou qui sont historiquement considérés comme tels » (art. 46 b). L'île[303] est définie juridiquement comme « une étendue de terre entourée d'eau qui reste découverte à marée haute », laquelle génère, comme tout territoire terrestre, une mer territoriale, une zone contiguë, une zone économique exclusive et un plateau continental, à moins qu'elle ne soit constituée de « rochers qui ne se prêtent pas à l'habitation humaine ou à une vie économique propre », auxquels cas ils ne génèrent qu'une mer territoriale (art. 121).

C'est à partir des lignes de base archipélagiques droites que l'État établit les limites extérieures des zones qui se retrouvent sous sa souveraineté ou sa juridiction exclusive (art. 48). Comme ces lignes génèrent des espaces maritimes importants et sans commune mesure avec la superficie terrestre des îles, elles ne peuvent être tracées que si trois conditions sont cumulativement réalisées : la longueur de chacune des lignes, entre les points extrêmes des îles les plus éloignées et des récifs découvrants de l'archipel, ne doit pas dépasser 100 milles marins[304] ; le rapport de la superficie des eaux à celle des terres doit être compris entre 1 à 1 et 9 à 1 (art. 47, par. 1) ; le tracé des lignes « ne doit pas s'écarter sensiblement du contour général de l'archipel » (art. 47, par. 3).

Ce tracé est soumis à d'autres conditions accessoires : les lignes ne peuvent être tirées vers ou depuis des hauts-fonds découvrants, « à moins que des phares ou des installations similaires émergées en permanence n'y aient été construits ou que le haut-fond ne soit situé, entièrement ou en partie, à une

---

[302] Miron, Alina (2017) Les eaux archipélagiques, p. 457-477, *in* Forteau, Mathias et Thouvenin, Jean-Marc, dir., *op. cit.,* ; Herman, L. (1985) The Modern Concept of the Off-Lying Archipelago in International Law, *ACDI*, p. 172-199 ; Lattion, R. (1984) *L'archipel en droit international* ; Vassiliades, M. (1980) L'État-archipel, une notion plus politique que juridique, *Revue de défense nationale*, p. 99-110.

[303] Consulter à ce sujet Pichel, Christine (2022) *Le régime des iles, rochers et hauts-fonds découvrants en droit international* ; Dipla, H. (1984) *Le régime juridique des îles dans le droit international de la mer* ; de même que Jayewardene, H.W. (1990) *The Regime of Islands in International Law.*

[304] Une disposition exceptionnelle prévoit néanmoins que 3 % d'entre elles peuvent avoir une longueur maximale de 125 milles (art. 47, par. 2).

distance de l'île la plus proche ne dépassant pas la largeur de la mer territoriale » ; ces lignes ne doivent avoir pour effet de couper la mer territoriale d'un autre État de la haute mer ou de sa zone économique exclusive ; dans le cas où « une partie des eaux archipélagiques d'un État archipel est située entre deux portions du territoire d'un État limitrophe », les droits et intérêts traditionnels de celui-là subsistent et doivent être respectés (art. 47, par. 4-6).

On a estimé que les deux principaux États archipélagiques de la planète, l'Indonésie[305] et les Philippines[306], satisfaisaient aux conditions requises au tracé de lignes de base droites archipélagiques, après avoir vu leur statut contesté[307].

L'État archipel exerce sa souveraineté sur ses eaux archipélagiques, « quelle que soit leur profondeur ou leur éloignement de la côte », et cette souveraineté s'étend, comme dans le cas de la mer territoriale, à l'espace aérien surjacent ainsi qu'au fond des eaux et au sous-sol (art. 49, par. 1 et 2). Pourtant, le principe connaît deux exceptions principales. À la différence du droit de passage inoffensif dans la mer territoriale, les navires et aéronefs jouissent d'un droit de passage archipélagique, entendu comme « l'exercice sans entrave (...) à seule fin d'un transit continu et rapide » (art. 53, par. 3).

Ce régime, semblable à celui du droit de passage en transit dans les détroits, doit donc être distingué du droit de passage inoffensif, puisqu'il ne peut être suspendu par l'État côtier et que, de surcroît, les sous-marins étrangers ne sont pas tenus de naviguer en surface et d'arborer leur pavillon. Cette dernière disposition ne vise que les zones où l'État archipélagique a désigné des voies de circulation, lesquelles « doivent suivre tous les chenaux servant normalement à la navigation, étant entendu qu'il n'est pas nécessaire d'établir entre un point d'entrée et un point de sortie donnés plusieurs voies de commodité comparable » (art. 53, par. 4). Ailleurs, dans les eaux archipélagiques, c'est le droit de passage inoffensif qui s'applique (art. 52, par. 1).

1.2.3 La mer territoriale

Parce qu'elle constitue la zone maritime la plus rapprochée des côtes, la mer territoriale a souvent une valeur stratégique et traditionnellement très importante[308]. D'ailleurs, chacun des 152 États côtiers de la planète, à

---

[305] USDS (2014) Indonesia : Archipelagic and other Maritime Claims and Boundaries, *LS*, n° 141.

[306] USDS (2014) Philippines : Archipelagic and other Maritime Claims and Boundaries, *LS*, n° 142.

[307] USDS (1978) Straight Baselines : Indonesia, *LS*, n° 35 ; USDS (1973) Straight Baselines : Philippines, *LS*, n° 33.

[308] Aquilina, K. (2014) Territorial Sea and the Contiguous Zone, p. 26-70, *in* Attard, D. *et al.*, dir., *The IMLI Manual on International Maritime Law* ; Schofield, C. (2014) Defining the 'Boundary' between Land and Sea : Territorial Sea Baselines in the South China Sea, p. 21-54,

l'exception peut-être de la Bosnie-Herzégovine et du Monténégro, s'est prévalu des dispositions de la CNUDM en adoptant une mer territoriale. La très grande majorité de ces États ont fixé à 12 milles marins leurs limites extérieures, en conformité avec la disposition de l'article 3 ou même avant 1982.

Au début des années 2010, on ne dénombrait que onze États qui avaient établi ces limites à une distance différente de 12 milles[309], laquelle était moindre dans trois cas[310], mais supérieure dans huit cas[311], ce qui constituait autant d'actes unilatéraux non conformes à la Convention, ce qui venait compliquer par ailleurs le processus de délimitation.

La largeur de la mer territoriale se trouve accrue lorsque des hauts-fonds découvrants sont en deçà de la limite extérieure de 12 milles, puisque c'est la laisse de basse mer sur ces hauts-fonds qui peut servir au calcul[312]. Par ailleurs, pour estimer si ces hauts-fonds se trouvent ou non en-deçà de la limite de 12 milles, il ne devrait pas être tenu compte de la ligne de fermeture d'une baie.

La souveraineté de l'État côtier, reconnue au-delà de son territoire et de ses eaux intérieures, s'étend non seulement à la mer territoriale, mais aussi au fond de cette mer et à son sous-sol, de même qu'à l'espace aérien surjacent (art. 2, par. 1 et 2). Pourtant cette souveraineté n'est pas absolue, puisque l'État doit céder à tous les autres un « droit de passage inoffensif », qui doit être, de surcroît, « continu et rapide », ce qui n'interdit pas par ailleurs l'arrêt et le mouillage, « mais seulement s'ils constituent des incidents ordinaires de navigation ou s'imposent par suite d'un cas de force majeure ou de détresse » (art. 18). Le droit de passage peut être soumis à des voies de circulation désignées par l'État et assorties de dispositifs de séparation du trafic (art. 22). Une condition supplémentaire est imposée aux sous-marins et autres submersibles, qui sont « tenus de naviguer en surface et d'arborer leur pavillon » (art. 20), de même qu'aux navires à propulsion nucléaire ainsi qu'à ceux transportant des substances radioactives ou « intrinsèquement dangereuses ou nocives », lesquels doivent être munis des documents prévus

---

in Jayakumar, S. *et al.*, dir., *The South China Sea Disputes and law of the Sea* ; Slim, H. (2004) La mer territoriale, p. 69-76, *in* INDEMER, *Le processus de délimitation maritime, étude d'un cas fictif*.

[309] Nations Unies (2010) Droit de la mer, *Tableau des revendications de juridiction à des zones maritimes*, n° 73 : https://www.un.org/Depts/los/doalos_publications/LOSBulletins/bulletinfr/bull73fr.pdf.

[310] 3 milles pour la Jordanie, 6 milles pour la Grèce et la Turquie en mer Égée. Si l'on examine les diverses situations en détail, l'on peut observer que certains États adoptent la limite de 12 milles pour l'ensemble de leurs côtes, tout en prévoyant des cas d'exceptions dans certains secteurs (notamment des détroits ou des îles) où la limite traditionnelle a été conservée : par exemple, plusieurs îles sous la souveraineté du Royaume-Uni, de l'Australie ou de la Papouasie-Nouvelle-Guinée, de même que certains détroits du Japon.

[311] 30 milles pour le Togo ; 200 milles pour El Salvador, le Pérou, le Bénin, la Somalie, le Liberia (à 12 depuis 2013) et l'Équateur (à 12 depuis 2012).

[312] Convention sur le droit de la mer, art. 13, par. 2.

par les accords internationaux[313] pour ces types de navires (art. 23). Pourtant, l'État côtier peut suspendre temporairement l'exercice de ce droit de passage, dans le but d'assurer sa sécurité (art. 23), dérogation qui n'est pas permise dans les détroits internationaux (art. 25, par. 3).

Des dispositions spéciales sont prévues pour les États riverains de détroits internationaux, notamment leur droit, quand le requiert la sécurité des navires, de désigner des voies de circulation et de prescrire des dispositifs de séparation du trafic, mais ils ne doivent pas entraver le passage en transit, lequel ne peut être suspendu (art. 41 et 44).

1.2.4 La zone contiguë

L'État côtier peut établir une zone adjacente à sa mer territoriale, la zone dite contiguë[314], laquelle ne peut s'étendre au-delà de 24 milles marins des lignes de base.

L'État côtier peut, dans cette zone, exercer « le contrôle nécessaire » en vue de prévenir et de réprimer les infractions à ses lois et règlements en matière de douane, de fiscalité, de santé et d'immigration, commises sur son territoire ou dans sa mer territoriale (art. 33, par. 1). De plus, l'État côtier peut procéder à l'enlèvement d'objets archéologiques et historiques découverts au fond de la mer, dans la zone contiguë, mais sans préjudice des droits des propriétaires identifiables (art. 303). Dans la plupart des cas, ses limites extérieures ont été fixées à la largeur maximale, tandis que certains États ont choisi une largeur moindre, par exemple le Bangladesh et l'Arabie saoudite qui l'ont établie à 18 milles.

1.2.5 La zone économique exclusive

Appelée aussi zone des 200 milles quand la situation géographique le permet, la zone économique exclusive (la ZÉE) prend le nom de zone de pêche quand l'État côtier n'entend exercer ses compétences exclusives que dans cette seule activité. L'État côtier exerce dans sa ZÉE une juridiction exclusive dans divers domaines : exploitation des ressources biologiques et non biologiques, recherche scientifique, installation d'îles artificielles, production

---

313 Voir Espaliu Berdud, Carlos (2006) *Le passage inoffensif des navires de guerre étrangers dans la mer territoriale.*

314 Aznard, M. (2014) The Contiguous Zone as an Archeological Maritime Zone, *IJMCL*, vol. 29, issue 1, p. 1-51 ; Courcelle-Labrousse, V. (2013) Le contrôle en zone contiguë : la notion de frontière territoriale au regard des pouvoirs de l'administration des douanes et de l'application de la loi pénale dans l'espace, *DMF*, p. 471-480 ; Gutierrez-Castillo, V.L. (2002) La zone contiguë dans la Convention des Nations Unies sur le droit de la mer, *ADM*, p. 149-164 ; Nations Unies (1995) *Le droit de la mer. Évolution récente de la pratique des États.*

d'énergie à partir de l'eau, des courants et des vents, protection du milieu marin (art. 56)[315].

Des 152 États côtiers de la planète, 127, au début des années 2010, avaient établi une ZÉE[316], tandis que 15 seulement s'en tenaient à une zone de pêche. Par ailleurs, 11 États avaient proclamé à la fois l'une et l'autre[317], alors que 20 États n'avaient ni l'une ni l'autre[318]. La majorité des ZÉE ont été établies à la limite maximale, soit 200 milles marins, y compris pour les États non signataires de la CNUDM, mais certaines limites ont été mentionnées comme référant à des coordonnées géographiques[319] ou à une ligne de délimitation avec un État voisin[320]. Les zones de pêche ont été, dans la plupart des cas, établies à 200 milles marins, ou bien à une distance moindre[321] ou encore selon des coordonnées géographiques[322].

Il revient à l'État côtier de favoriser « une exploitation optimale des ressources biologiques » et de fixer « le volume admissible des captures », tout en tenant compte des « données scientifiques les plus fiables » dont il dispose, afin d'éviter que le maintien des ressources « ne soit compromis par une surexploitation ». À cet égard, les informations scientifiques disponibles et les statistiques relatives aux captures, « sont diffusées et échangées régulièrement » par l'intermédiaire des organisations internationales compétentes, sous-régionales, régionales ou mondiales (art. 61 et 62, par. 1). La CNUDM prévoit aussi que l'État côtier doit déterminer sa « capacité d'exploitation » et que si cette dernière est inférieure à l'ensemble du volume admissible des captures, il autorise d'autres pays, tout particulièrement les États sans littoral ou géographiquement désavantagés de la même région ou sous-région, à exploiter « le reliquat du volume admissible » selon une part appropriée (art. 62, par. 2).

La participation des autres pays, convenue par voie d'accord, ne peut être exigée des États côtiers « dont l'économie est très lourdement tributaire de l'exploitation des ressources biologiques de leur zone économique exclusive », et elle doit être arrêtée en tenant compte de certaines circonstances : la nécessité d'éviter tous les abus préjudiciables aux communautés de pêcheurs ou à l'industrie de la pêche des États côtiers ; les besoins alimentaires de la population des États bénéficiaires ; l'effort déjà

---

[315] Goodman, Camille (2022) *Coastal State Jurisdiction over Living Resources in the Exclusive Economic Zone.*

[316] Les 25 États sans ZÉE incluaient chacun des 6 États ayant établi une mer territoriale de 200 milles marins.

[317] Belgique, Croatie, Danemark, Finlande, Irlande, Libye, Norvège, Espagne, Tunisie, Royaume-Uni, Tanzanie.

[318] Ces 20 États incluaient chacun des 6 États ayant établi une mer territoriale de 200 milles marins.

[319] Belgique, Estonie, Allemagne, Liban, Pays-Bas.

[320] Finlande, Géorgie, Iran, Lettonie, Lituanie, Libye, Pologne, Suède, Tunisie.

[321] Algérie, 32 et 52 milles ; Malte, 25.

[322] Croatie, Finlande, Espagne, Libye.

consenti à d'autres États. Par ailleurs, les États développés sans littoral ou géographiquement désavantagés n'ont un droit de participation que dans les zones maritimes des États qui sont, eux aussi, développés (art. 62, 69, 70 et 71).

Certaines dispositions sont consacrées à diverses catégories de ressources biologiques : grands migrateurs, mammifères marins, espèces anadromes et catadromes, sédentaires (art. 64 à 68).

Dans sa zone économique exclusive, l'État côtier n'a pas que des droits, mais aussi des obligations, notamment celles d'assurer à tous les autres, aussi bien sans littoral que côtiers, les libertés de navigation et de survol, de même que la faculté d'installer des câbles sous-marins, des oléoducs et des gazoducs (art. 58).

1.2.6 Le plateau continental

Contrairement au critère exclusif de distance établi pour les limites extérieures de la mer territoriale, de la zone contiguë, de la zone de pêche et de la ZÉE, les limites du plateau continental[323], qui varient beaucoup dans la pratique des États (art. 77, par. 1 et 4), sont établies juridiquement selon divers facteurs : distance, bien sûr, mais aussi bathymétrie, géomorphologie et sédimentologie (*figure 3*). Ces différentes méthodes répondent à la diversité des situations géographiques à travers le monde, puisque, dans certaines régions, le plateau continental géographique est peu important, tandis qu'il est très développé ailleurs.

L'État côtier « exerce des droits souverains » sur son plateau continental en matière d'exploration et d'exploitation des ressources naturelles, celles-ci incluant les organismes vivants qui appartiennent aux espèces sédentaires (art. 77, par. 1 et 4), lesquelles sont définies comme étant « les organismes qui, au stade où ils peuvent être pêchés, sont soit immobiles sur le fond ou au-dessous du fond, soit incapables de se déplacer autrement qu'en restant constamment en contact avec le fond ou le sous-sol » (art. 68 et 77, par. 4). Ces droits sont non seulement exclusifs mais aussi « indépendants de l'occupation effective ou fictive, aussi bien que de toute proclamation expresse » (art. 77, par. 2 et 3).

Le plateau de l'État est désormais défini comme l'ensemble des « fonds marins et leur sous-sol au-delà de sa mer territoriale, sur toute l'étendue du prolongement naturel du territoire terrestre de cet État jusqu'au rebord externe de la marge continentale, ou jusqu'à 200 milles marins des lignes de base à partir desquelles est mesurée la largeur de la mer territoriale, lorsque le rebord externe de la marge continentale se trouve à une distance inférieure » (art. 76, par. 1) (hypothèse 1). La marge est constituée des fonds marins qui

---

[323] Labrecque, Georges (2015) *International Law of the Sea*, p. 148-155.

correspondent au plateau, au talus et au glacis, ainsi que leur sous-sol (art. 76, par. 3).

Si le rebord externe de la marge est à plus de 200 milles marins, l'État côtier a la faculté de choisir, parmi diverses méthodes de calcul, celle qui l'avantage. Ainsi, peut-il établir ce rebord selon une ligne tracée « par référence aux points fixes extrêmes où l'épaisseur des roches sédimentaires est égale au centième au moins de la distance entre le point considéré et le pied du talus » (art. 76, par. 4*a*) (hypothèse 2). La ligne peut aussi être établie « par référence à des points fixes situés à 60 milles marins au plus du pied du talus continental » (*ibidem*) (hypothèse 3). Dans ces deux derniers cas, qui sont des variantes de la formule dite irlandaise, la Convention crée une présomption selon laquelle le pied « coïncide avec la rupture de pente la plus marquée à la base du talus » (art. 76, par. 4*b)*. Par ailleurs, les lignes tracées dans les deux derniers cas doivent se trouver soit à une distance n'excédant pas 350 milles marins (hypothèse 4), soit 100 milles marins de l'isobathe de 2 500 mètres (hypothèse 5). S'il se trouve par ailleurs une dorsale sous-marine, la limite extérieure ne peut être établie à plus de 350 milles (hypothèse 6), mais est sans effet la présence de hauts-fonds, qu'ils se présentent sous forme de plateaux, seuils, crêtes, bancs ou éperons (art. 76, par. 5 et 6).

Dans tous les cas où la limite extérieure se trouve à plus de 200 milles marins[324], la ligne ne peut être constituée de droites excédant 60 milles marins, et le tracé de cette limite doit être communiqué, dans les 10 ans de la ratification de la CNUDM[325], à la CLPC (art. 76, par. 8) – organisme créé en vertu de l'annexe II –, laquelle a le pouvoir d'adresser aux États côtiers des recommandations (*ibidem*) relatives à ces limites, recommandations qui sont « définitives et de caractère obligatoire » dans la mesure où l'État a fait appel à la CLPC[326]. Bien que peu d'États aient pu jusqu'à maintenant établir avec

---

[324] Kunoy, Bjorn (2022) The Delimitation of Outer Continental Shelf Areas : A Critical Analysis of Courts' and Tribunals' Heterogeneous Approaches, *ACDI*, vol. 59, p. 200-232 ; Bush, S.V. (2016) *Establishing Continental Limits beyond 200 Nautical Miles by the Coastal State : a Right of Involvement for Other States* ; Mossop, J. (2016) *The Continental Shelf Beyond 200 Nautical Miles : Rights and Responsibilities* ; Nordquist, M.H. (2013) *The Regulation of Continental Shelf Development : Rethinking International Standards* ; Tassin, V. (2013) *Les défis de l'extension du plateau continental* ; Macnab, Ron (2008) Submarine Elevations and Ridges : Wild Cards in the Poker Game of UNCLOS Article 76, *ODIL*, vol. 39, issue 2, p. 223-234 ; Suarez, S.V. (2008) *The Outer Limits of the Continental Shelf : Legal Aspects of their Establishment* ; Nordquist, M.H. *et al.* (2004) *Legal and Scientific Aspects of Continental Shelf Limits* ; INDEMER (2004) *Le plateau continental étendu aux termes de la Convention des Nations Unies sur le droit de la mer du 10 décembre 1982* ; Macnab, Ron (2004) The Case for Transparency in the Delimitation of the Outer Continental Shelf in Accordance with UNCLOS Article 76, *ODIL*, vol. 35, issue 1, p. 1-17 ; Cook, P.J. and Carleton, C.M. (2000) *Continental Shelf Limits* ; Pharand, D. and Leanza, U., dir. (1993) *The Continental Shelf and the EEZ. Delimitation and Legal Regime.*

[325] Kunoy, Bjorn (2010) Disputed Areas and the 10-Year Time Frame : A Legal Lacuna ?, *ODIL*, vol. 41, issue 1, p. 112-130.

[326] Jensen, O. (2014) *The Commission on the Limits of the Continental Shelf and Legitimacy.*

précision ces limites, la majorité d'entre eux ont fait connaître la méthode qu'ils privilégiaient.

En contrepartie des droits reconnus à l'État concernant l'exploration et l'exploitation de son plateau continental, certaines obligations sont stipulées, notamment celle d'acquitter, en nature ou en espèces, des contributions au titre de l'exploitation des ressources non biologiques au-delà de 200 milles marins, à partir de la sixième année de production d'un site donné[327]. Est dispensé de telles contributions tout État en développement qui est importateur net d'un minéral extrait de son plateau continental, mais pour ce minéral seulement (art. 87, par. 3). Les contributions sont versées à l'Autorité, « qui les répartit entre les États Parties selon des critères de partage équitables, compte tenu des intérêts et besoins des États en développement, en particulier des États en développement les moins avancés ou sans littoral » (art. 82, par. 4).

Les règles concernant les limites extérieures « ne préjuge[nt] pas de la question de la délimitation du plateau continental entre États dont les côtes sont adjacentes ou se font face » (art. 76, par. 10) et, « dans le cas où il existe un différend terrestre ou maritime, la Commission n'examine pas la demande présentée par un État partie à ce différend et ne se prononce pas sur cette demande[328] ». Il faut ajouter par ailleurs que la Commission peut être autorisée expressément par les Parties au différend, nonobstant cette disposition.

Si la Commission n'est pas autorisée, il ne reste plus aux parties qu'à choisir entre la négociation d'une solution, le recours à un tribunal international et le défaut d'émettre des permis d'exploration dans la zone contestée.

Assez curieusement, plusieurs États côtiers n'ont pas exprimé de revendications relatives aux limites extérieures de leur plateau. Il est vrai, disions-nous, que la juridiction de l'État est indépendante de toute proclamation expresse. Toujours est-il que la plupart des États ayant exprimé leur choix ont fait valoir les critères combinés marge continentale/200 milles marins (ils sont au nombre de 81), tandis que 3 seulement ont retenu exclusivement le critère marge continentale[329], 4 celui de 200 milles[330], 8 ont référé à une ligne de délimitation[331], et 2 à des coordonnées géographiques[332]. Plus significativement encore, plusieurs États ont renoncé aux possibilités offertes par la CNUDM de 1982 et ont choisi d'établir les limites extérieures selon les critères de la Convention sur le plateau continental de 1958 : en effet,

---

327 Le taux de contribution, fixé, la sixième année, à 1% de la valeur ou du volume de la production, augmente ensuite d'un point de pourcentage par année jusqu'à la douzième année (Convention sur le droit de la mer, art. 82, par. 2).

328 Règlement intérieur de la Commission des limites du plateau continental, annexe I, al. 5*a*).

329 Bangladesh, Nicaragua, Syrie.

330 Cambodge, Équateur, Madagascar, Pérou.

331 Algérie, Belgique, Bulgarie, Croatie, Lituanie, Géorgie, Iran, Slovénie.

332 Estonie, Koweït.

2 États ont retenu le critère exploitabilité et 12 autres les critères combinés profondeur 200 mètres/exploitabilité[333].

Parmi les 35 États qui n'ont pas déclaré leur préférence, on peut noter les États parties à une décision en matière de délimitation maritime (notamment l'Érythrée, la Libye et la Tunisie), leur plateau étant alors limité, bien sûr, par la ligne que le tribunal a tracée. On trouve aussi dans cette liste des États riverains d'une mer semi-fermée que leur situation géographique elle-même limite quant à l'étendue d'un plateau, de même que des États qui ont peu ou prou de façade maritime, ainsi que de petits États insulaires ou archipélagiques et même des États ayant déclaré avoir un plateau continental mais n'ayant pas spécifié ses limites.

Que les limites aient été déclarées ou non, il est évident que les zones de chevauchement de plateaux continentaux sont fort nombreuses, plus nombreuses encore que celles des ZÉE, puisque les limites des plateaux peuvent être établies à des distances supérieures aux 200 milles marins. Il faudra pourtant attendre encore longtemps avant d'avoir un tableau précis et complet des diverses situations à travers le monde, le temps que la CLPC ait achevé sa très lourde tâche à la lumière des expertises scientifiques menées conjointement ou individuellement par les principaux intéressés.

Selon un tableau publié par les Nations Unies et mis à jour en date du 7 octobre 2024, 95 soumissions, individuelles ou conjointes, avaient été présentées à la Commission, dont 34 ont déjà fait l'objet de recommandations[334]. Outre ces 95 soumissions, 11 soumissions révisées ont été soumises dont 6 ont reçu des recommandations. De ces 106 soumissions, 14 proviennent d'États asiatiques : en 2008, Birmanie, Japon et Indonésie, les deux premiers ayant reçu des recommandations ; en 2009, Inde, Sri Lanka, Viet Nam, Malaisie, Pakistan, Philippines et Yémen, des recommandations ayant été reçues par le Pakistan, le Japon et les Philippines ; en 2017, Oman ; enfin, en 2024, Philippines et Viet Nam. Et c'est sans compter 4 soumissions de la Russie dont trois ont fait l'objet de recommandations.

Par ailleurs, les tribunaux internationaux ont déjà été saisis d'affaires de délimitation au-delà des limites des plateaux continentaux, notamment quelques affaires impliquant des États d'Asie : *Bangladesh/Myanmar*, décidée en 2012 par le TIDM[335] ; *Bangladesh c. Inde*, en 2014 par la CPA[336] ; *Maurice/Maldives*, en 2023 par le TIDM[337].

---

[333] Danemark, Finlande, Allemagne, Grèce, Chypre, Italie, Malte, Maroc, Pays-Bas, Soudan, Suède, Venezuela.

[334] https://www.un.org/Depts/los/clcs_new/commission_submissions.htm.

[335] *Délimitation de la frontière maritime dans le golfe du Bengale,* arrêt, TIDM Recueil 2012.

[336] *Bay of Bengal Maritime Boundary Arbitration between Bangladesh and India,* Award, Case No. 2010-16, PCA.

[337] *Différend relatif à la délimitation de la frontière maritime entre Maurice et les Maldives dans l'océan Indien*, arrêt, TIDM Recueil 2023.

1.3 Les règles juridiques applicables à la délimitation maritime

Puisque la territorialisation des zones maritimes (*section 1.2*) a très souvent pour effet de créer, entre deux États, certains chevauchements, la délimitation de ces zones (eaux intérieures dans certains cas, mer territoriale, zone contiguë, zone économique exclusive, plateau continental) doit être envisagée et effectuée en conformité avec les règles juridiques applicables[338].

L'énoncé de la norme fondamentale rappelle implicitement les moyens de règlement pacifique des différends, tels qu'ils sont énumérés à l'article 33 de la Charte des Nations Unies, de même que cet énoncé évoque les sources du droit international, ainsi qu'on les trouve à l'article 38 du Statut de la Cour internationale de Justice. Nous adopterons la démarche de la Cour dans l'affaire *Canada/États-Unis*[339] en examinant d'abord le droit applicable spécifiquement à la délimitation maritime, mais non sans avoir au préalable mentionné les règles générales prévues aux articles 33 et 38. La Charte des Nations Unies se lit comme suit à l'article 33 :

> 1. Les parties à tout différend dont la prolongation est susceptible de menacer le maintien de la paix et de la sécurité internationales doivent en rechercher la solution, avant tout, par voie de négociation, d'enquête, de médiation, de conciliation, d'arbitrage, de règlement judiciaire, de recours aux organismes ou accords régionaux, ou par d'autres moyens pacifiques de leur choix.
>
> 2. Le Conseil de sécurité, s'il le juge nécessaire, invite les parties à régler leur différend par de tels moyens.

La négociation, nommée en tout premier lieu, « est à la base de toutes relations internationales[340] », ainsi que l'a rappelé la CIJ dans son arrêt *Mer du Nord* de 1969, et elle est fondée sur la bonne foi des deux parties, qui sont reconnues comme égales dans l'exercice de leur souveraineté. Si, en dépit de telle négociation, les parties sont incapables d'en arriver à un accord, il leur est loisible de recourir à une tierce partie (notamment un tribunal d'arbitrage ou une instance judiciaire) pour la solution de leur différend. En matière de délimitation maritime, on peut observer que la grande majorité des frontières établies dans le monde jusqu'à ce jour l'ont été par voie d'accord bilatéral,

---

338 Emre Acikgonul, Yunus and Lucas, Edward R. (2020) Developments in Maritime Delimitation Law over the Last Decade : Emerging Principles in Modern Case Law, *ACDI*, vol. 57, p. 156-222. Voir aussi Yee, Sienho (2023) Between the "Standard Methodology" *in* Delimitation Dispute Settlement and the UNCLOS : Some 40th Anniversary Reflections, *CJIL*, vol. 22, issue 1, p. 1-9.

339 *Délimitation de la frontière maritime dans la région du golfe du Maine*, arrêt, CIJ Recueil 1984.

340 *Plateau continental de la mer du Nord*, arrêt, CIJ Recueil 1969, p. 3.

constituant ainsi une riche pratique des États[341] – ce qui témoigne de l'importance accordée par la Charte à la négociation. Une partie peut aussi souhaiter que le règlement d'un litige le soit par une organisation régionale : par exemple, c'était le choix exprimé par le Belize dans son différend frontalier avec le Guatemala, mais le secrétaire de l'Organisation des États américains (OÉA) recommanda lui-même que l'affaire fût renvoyée devant la CIJ[342], l'affaire étant encore pendante au 1er janvier 2025[343].

Quant au Statut de la Cour internationale de Justice, il énumère à l'article 38 les sources du droit international :

> La Cour, dont la mission est de régler conformément au droit international les différends qui lui sont soumis, applique : les conventions internationales, soit générales, soit spéciales, établissant des règles expressément reconnues par les États en litige ; la coutume internationale comme preuve d'une pratique générale acceptée comme étant le droit ; les principes généraux de droit reconnus par les nations civilisées ; sous réserve de la disposition de l'Article 59, les décisions judiciaires et la doctrine des publicistes les plus qualifiés des différentes nations, comme moyen auxiliaire de détermination des règles de droit.

On ne saurait trouver, dans cet article 38, de hiérarchie systématique entre les catégories de sources énumérées, sauf qu'il est fait mention de la doctrine et des décisions judiciaires comme étant un moyen auxiliaire de détermination du droit[344], en conséquence de quoi on peut raisonnablement présumer que les autres sources ont une plus grande importance. Pourtant, force est de constater que le droit international de la délimitation maritime est un droit largement jurisprudentiel, compte tenu de la grande généralité des quelques règles conventionnelles prévues dans ce domaine, et quoique l'article 59 puisse laisser croire le contraire puisque « [l]a décision de la Cour n'est obligatoire que pour les Parties en litige et dans le cas qui a été décidé ».

Chacune de ces sources doit être distinguée brièvement : conventions internationales (*sous-section 1.3.1*), coutume (*1.3.2*), principes généraux de droit (*1.3.3*), jurisprudence (*1.3.4*), doctrine (*1.3.5*). Il convient pourtant de mentionner d'emblée que ces sources sont souvent associées dans un même cas. Ainsi une frontière établie partiellement par voie juridictionnelle est souvent prolongée ou mise en œuvre par accord bilatéral subséquent des

---

[341] Voir notamment United Nations (2024) *Maritime Space : Maritime Zones and Maritime Delimitation.*

[342] (2010) Chronique des faits internationaux, *RGDIP*, vol. 114, n° 1, p. 161-162.

[343] *Revendication territoriale, insulaire et maritime du Guatemala.*

[344] On a fait remarquer que la distinction entre la jurisprudence et la doctrine n'était pas très importante dans la mesure où les juges sont nommés parmi les praticiens et les universitaires les plus éminents (Thirlway, Hugh, 2006, The Sources of International Law, p. 129, *in* Evans, Malcolm D., ed., *International Law*, 2nd edition).

parties, par exemple quand elles ont convenu par un accord bilatéral[345], le 10 novembre 1986, de se conformer à l'arrêt de la CIJ dans l'affaire *Libye/Malte.*

1.3.1 Les principales conventions internationales

À la suite des deux instruments adoptés en 1958 (Convention sur la mer territoriale et la mer contiguë[346] et Convention sur le plateau continental[347]), est signée en 1982 la Convention sur le droit de la mer (la CNUDM)[348], laquelle entrera en vigueur en 1994. Cet instrument contient des règles générales quant à la zone économique exclusive et le plateau continental, des règles spécifiques eu égard à la mer territoriale, cependant qu'il est muet quant à la zone contiguë. Les règles générales sont énoncées aux articles 74 et 83 : « La délimitation de la zone économique exclusive [et du plateau continental] entre États dont les côtes sont adjacentes ou se font face est effectuée par voie d'accord conformément au droit international tel qu'il est visé à l'article 38 du Statut de la Cour internationale de Justice, afin d'aboutir à une solution équitable ». La règle spécifique de l'article 15, applicable à la délimitation de la mer territoriale, combine équidistance et circonstances spéciales et se lit comme suit :

> Lorsque les côtes de deux États sont adjacentes ou se font face, ni l'un ni l'autre de ces États n'est en droit, sauf accord contraire entre eux, d'étendre sa mer territoriale au-delà de la ligne médiane dont tous les points sont équidistants des points les plus proches des lignes de base à partir desquelles est mesurée la largeur de la mer territoriale de chacun des deux États. Cette disposition ne s'applique cependant pas dans le cas où, en raison de l'existence de titres historiques ou d'autres circonstances spéciales, il est nécessaire de délimiter autrement la mer territoriale des deux États.

1.3.2 La coutume

Elle est généralement définie par la doctrine comme étant constituée nécessairement de deux éléments sans lesquels on ne saurait en faire valoir l'existence : la répétition d'un usage constant aussi bien dans le temps que dans l'espace (l'élément de fait) ; la croyance, expresse ou tacite, par l'en-

---

345 Agreement between the Great Socialist People's Lybian Arab Jamahariya and the Republic of Malta implementing Article III of the Special Agreement and the Judgment of the International Court of Justice.

346 Nations Unies (1966) *RTNU*, vol. 516.

347 *Idem,* vol. 499.

348 Disponible sur le site des Nations Unies : https://treaties.un.org/doc/publication/CTC/Ch_XXI_6_french_p.pdf.

semble des sujets de droit, que cet usage répond à une nécessité juridique, ce que les juristes appellent l'*opinio juris* (l'élément psychologique).

La coutume est souvent codifiée dans le droit conventionnel, par exemple la notion de ZÉE, qu'on trouve dans la nouvelle Convention sur le droit de la mer. Ce concept pourrait être opposé à un État non partie à cet instrument juridique, non pas, bien sûr, en tant que règle conventionnelle mais à titre de règle coutumière.

Par ailleurs, toutes les règles conventionnelles ne sont pas nécessairement coutumières, et la méthode de l'équidistance prévue dans la Convention sur le plateau continental de 1958 n'a pas le caractère obligatoire d'une règle coutumière[349], comme le dit la CIJ dans l'affaire *Libye/Malte* de 1985, quand elle affirme que si elle n'a aucun doute sur l'importance de la pratique des États en matière de délimitation, « cette pratique ne suffit pas à prouver l'existence d'une règle prescrivant le recours à l'équidistance ou à toute autre méthode tenue pour obligatoire[350] ». La doctrine arrive aux mêmes conclusions, un commentateur disant, par exemple, que les accords de délimitation prévoyant l'équidistance sont insuffisants, « malgré les lignes de force qu'ils dessinent[351] », à construire un régime coutumier de la délimitation, étant donné la singularité de chaque cas, le choix de cette méthode par libre volonté des États et par absence d'*opinio juris*, enfin, le fait que cette méthode n'est pas toujours utilisée malgré sa prééminence.

Rappelons aussi que la nouvelle Convention sur le droit de la mer n'a pas retenu la méthode de l'équidistance pour la délimitation du plateau continental et de la ZÉE. Par ailleurs, les tribunaux internationaux estiment que les règles de délimitation prévues aux articles 74 et 83 sont d'origine coutumière. Il est donc nécessaire de se demander s'il existe une coutume – cet accord tacite de volontés – en cas d'absence de dispositions conventionnelles ou d'inapplication de celles-ci.

Une coutume peut naître d'actes unilatéraux s'ils sont réitérés et s'ils ne suscitent aucune opposition de la part des États. Autrement, la seule volonté de l'un d'eux ne saurait constituer une source de droit international.

1.3.3 Les principes généraux de droit

Ces principes, qui ne sont pas énumérés dans le Statut, peuvent être définis par ailleurs comme des principes communs aux systèmes de droit interne des différents États et faciles à transposer dans l'ordre international, par exemple la bonne foi, les droits acquis, la continuité et l'indépendance de l'État, la

---

[349] *Délimitation du plateau continental entre le Royaume-Uni de Grande-Bretagne et d'Irlande du Nord et la République française*, décision du 30 juin 1977, RSA, vol. 18.

[350] *Plateau continental (Libye/Malte)*, arrêt, CIJ Recueil 1985, par. 44.

[351] Lucchini, Laurent et Voelckel, Michel (1996) *Droit de la Mer,* tome 2, vol. 1 : *La délimitation*, p. 175-176.

réparation due par suite de dommages. Ces principes étant reconnus, ils font partie intégrante du droit positif et ne doivent pas être confondus avec le droit naturel.

En matière de délimitation du plateau continental, la notion de prolongement naturel a été souvent plaidée, à tort ou à raison, comme un principe de droit, notamment dans l'affaire de la *Mer du Nord*, la CIJ disant : « Ce n'est pas vraiment ou pas seulement parce qu'elles sont proches de son territoire que des zones sous-marines relèvent d'un État riverain. Elles en sont proches certes, mais cela ne suffit pas pour conférer un titre – pas plus que la simple proximité ne constitue en soi un titre au domaine terrestre (...). En réalité le titre que le droit international attribue *ipso jure* à l'État riverain sur son plateau continental procède de ce que les zones sous-marines en cause peuvent être considérées comme faisant véritablement partie du territoire sur lequel l'État riverain exerce déjà son autorité[352] ».

Pourtant, l'importance attribuée à ce principe dans les affaires précédentes sera atténuée dans l'affaire *Libye/Tunisie,* la Cour disant alors que si on avait attribué, dans l'arrêt précédent, un certain rôle à la notion de prolongement naturel dans la délimitation de zones de plateau, c'était que la situation géographique s'y prêtait : « Mais, alors que l'idée de prolongement naturel du territoire terrestre définissait, en termes généraux, l'objet physique ou l'assise des droits de l'État côtier, elle ne serait pas forcément suffisante ni même appropriée en elle-même pour préciser l'étendue exacte des droits d'un État par rapport à ceux d'un État voisin[353] ». La Cour arrive aussi à la conclusion que la notion de prolongement naturel est inapplicable comme principe sans pour autant l'exclure comme circonstance pertinente[168].

Quant à l'équité, elle peut être définie comme « l'application des principes de la justice à une espèce donnée[354] ». Elle est visée par l'article 38, *in fine*, qui prévoit que la Cour a la faculté, « si les Parties sont d'accord, de statuer *ex aequo et bono* ». L'équité est alors un moyen de corriger l'application trop stricte de la règle de droit, d'en compléter le contenu, ou bien de l'écarter tout simplement[355]. Puisque la CNUDM dispose que la délimitation de la ZÉE et du plateau continental doit « aboutir à une solution équitable » (art. 74 et 83), il faut s'interroger sur le contenu de cette expression – et la jurisprudence, y compris celle précédant l'instrument de 1982, est précieuse à cet égard.

---

[352] *Plateau continental de la mer du Nord*, arrêt, CIJ Recueil 1969, par. 43.

[353] *Plateau continental (Libye/Tunisie)*, arrêt, CIJ Recueil 1982, par. 44.

[354] Rousseau, Charles (1967) *Droit international public*, p. 89.

[355] Pour une étude doctrinale de la notion d'équité en matière de délimitation maritime, voir notamment : Meledje, Djedjro (1996) L'équité dans les délimitations marines, *ERM*, n° 10, p. 162-189 ; Miyoshi, Masahiro (2002) Considerations of Equity in Maritime Boundary Cases Before the International Court of Justice, p. 1087-1101, *in* Ando, Nisuke *et al.*, eds, *Liber Amicorum Judge Shigeru Oda*, vol. 2 ; Schachter, Oscar (2002) Linking Equity and Law in Maritime Delimitation, p. 1163-1168, vol. 2, *in* Ando, Nisuke *et al.*, eds, *op. cit.*

L'équité ne doit être prise en considération que « telle qu'elle s'exprime dans son aspect *infra legem,* c'est-à-dire cette forme d'équité qui constitue une méthode d'interprétation du droit et en est l'une des qualités[356] », ainsi que la CIJ l'a affirmé en 1986 dans une affaire de frontière terrestre (*Burkina Faso/Mali*). Dans l'affaire *Libye/Tunisie* de 1982, la CIJ dit que la Cour « doit appliquer les principes équitables comme partie intégrante du droit international et peser soigneusement les diverses considérations qu'elle juge pertinentes, de manière à aboutir à un résultat équitable[357] ».

1.3.4 Les décisions des tribunaux

L'article 38 du Statut de la Cour internationale de Justice mentionne les décisions judiciaires comme étant des sources auxiliaires – cette disposition générale ne visant pas exclusivement la CIJ mais couvrant toutes les instances juridictionnelles (tribunaux d'arbitrage et TIDM), probablement aussi certains tribunaux de droit interne[358]). Il est vrai que le rôle du juge est d'interpréter la règle de droit, de la dire, et non de la créer. Pourtant, le droit de la délimitation maritime est un droit largement jurisprudentiel – un commentateur ayant affirmé que la jurisprudence dans ce domaine était « créatrice de droit » et qu'on assistait à « l'accomplissement par le juge d'une fonction qui déborde sensiblement celle qui lui est normalement dévolue[359] ».

Outre l'article 38 du Statut, la CNUDM prévoit, dans sa Partie XV, divers modes de règlement juridictionnels des différends et dispose qu'un choix de la procédure est offert devant l'un ou l'autre des tribunaux suivants (art. 287) : CIJ, TIDM constitué conformément à l'annexe VI, tribunal arbitral (annexe VII), tribunal arbitral spécial (annexe VIII, pour une ou plusieurs des catégories de différends qui y sont spécifiés).

Encore faut-il que le tribunal soit saisi, les deux parties devant y consentir, ce qui évoque une fois de plus l'importance de la négociation comme moyen pacifique de règlement des conflits[360], ce qui rappelle aussi que le recours juridictionnel « n'est qu'un succédané au règlement direct et amiable de ces conflits entre les parties[361] ». En d'autres termes, nous dit le droit de la délimitation maritime, négociez un règlement, à défaut de quoi les tribunaux

---

356 *Différend frontalier*, arrêt, CIJ Recueil 1986, par. 29.

357 *Plateau continental (Libye/Tunisie)*, arrêt, CIJ Recueil 1982, par. 71.

358 *Award of the Tribunal in the Second Phase of the Arbitration between Newfoundland and Labrador and Nova Scotia,* 2002, *ILR*, vol. 128, p. 425.

359 Lucchini, Laurent (2006) La Délimitation des Frontières maritimes dans la Jurisprudence Internationale : Vue d'Ensemble, p. 8, *in* Lagoni, Rainer et Vignes, Daniel, eds, *Maritime Delimitation.* Voir aussi Meese, Richard (1998) Délimitations maritimes : règlement juridictionnel et conciliation internationale, *ADM*, vol. 3.

360 Charte des Nations Unies, art. 33.

361 *Trafic ferroviaire entre la Lituanie et la Pologne*, avis consultatif du 15 octobre 1931, CPJI, série A/B nº 42, p. 116. Les arrêts, avis consultatifs et ordonnances de la CPJI sont disponibles sur le site : https://www.icj-cij.org/fr/cpji.

pourront être saisis qui sauront pallier à la généralité des règles conventionnelles en s'inspirant non seulement de leurs propres précédents mais aussi de la riche pratique des États dans le choix d'une méthode de délimitation appropriée.

Importantes, certes, les décisions des tribunaux le sont d'autant plus que le droit conventionnel est plutôt vague et qu'elles sont relativement peu nombreuses. Bien sûr, elles ne sont pas à l'abri de la critique, et même si l'évolution de la jurisprudence a donné « clarté et visibilité pour les plaideurs éventuels », il s'agit d'une œuvre inachevée marquée par « une certaine volatilité normative[362] ». On pourrait certes faire la litanie des critiques : « ... une jurisprudence largement imprévisible, émanant de juges et d'arbitres qui feignent de s'appuyer sur des principes de droit mais qui, faute de règles substantielles suffisamment précises tirées du droit international général, sont souvent réduits en fait à statuer en opportunité[363] ». Et encore : « ... les tribunaux internationaux ont hésité des années avant de fixer un processus clair et des règles satisfaisantes[364] », ou bien : « ... a very high degree of generality and abstraction[365] ».

Il est vrai aussi que le droit international est un droit sans gendarme et que l'exécution de la décision contre un État récalcitrant ne saurait être forcée, contrairement à la procédure prévue dans la plupart des systèmes de droit interne. Par ailleurs, la Charte des Nations Unies prévoit que le Conseil de sécurité peut être saisi lorsqu'une partie fait défaut de se conformer à une décision de la Cour[366]. Il faut ajouter que dans la plupart des cas de délimitation maritime portés devant un tribunal par compromis des parties, il est avéré que la décision a été respectée, y compris par les grandes puissances et même par les parties qui n'ont pas eu gain de cause[367], la sentence arbitrale *Philippines c. Chine*[368] du 12 juillet 2016 constituant un cas d'exception.

---

[362] Lucchini, Laurent (2006) *op.cit.*, p. 10-11.

[363] Combacau, Jean et Sur, Serge (2004) *Droit international public*, 6e édition, p. 421.

[364] Lucchini, Laurent (2006) *op. cit.*, p. 1.

[365] Churchill, R.R. (2004) The Role of the International Court of Justice in Maritime Boundary Delimitation, p. 125-142, *in* Oude Elferink, Alex G. and Rothwell, Donald R., eds, *Oceans Management in the 21st Century : Institutional Frameworks and Responses.*

[366] « 1. Chaque Membre des Nations Unies s'engage à se conformer à la décision de la Cour internationale de Justice dans tout litige auquel il est partie. 2. Si une partie à un litige ne satisfait pas aux obligations qui lui incombent en vertu d'un arrêt rendu par la Cour, l'autre partie peut recourir au Conseil de sécurité et celui-ci, s'il le juge nécessaire, peut faire des recommandations ou décider des mesures à prendre pour faire exécuter l'arrêt » (art. 94).

[367] Phan, Hao Duy (2019) International Courts and State Compliance : An Investigation of the Law of the Sea Cases, *ODIL*, vol. 50, nº, 1, p. 70-90 ; Paulson, Colter (2004) Compliance with Final Judgments of the International Court of Justice since 1987, *AJIL*, vol. 98, nº 3, p. 434-461.

[368] *The South China Sea Arbitration*, Award, Case No. 2013-19, PCA.

Au cours des ans, les tribunaux internationaux – notamment la CIJ[369] – ont été de plus en plus sollicités en matière de souveraineté territoriale et/ou de délimitation maritime, et c'est sans compter certains litiges qui ont été réglés par d'autres voies – la médiation et la conciliation (par exemple en 2016-2018 dans les affaires *Timor oriental/Australie*[370]) – modes de règlement qui s'apparentent, à certains égards, au recours juridictionnel, même s'ils doivent être soigneusement distingués, notamment parce qu'ils n'ont pas de force obligatoire.

1.3.5 La doctrine

Considérée comme une source auxiliaire, « la doctrine des publicistes les plus qualifiés » n'est pas une œuvre de création du droit positif ; mais elle en favorise l'élaboration par un travail d'analyse et de systématisation. Si les auteurs ont parfois tendance à émettre des opinions qui favorisent la position du pays auquel ils appartiennent, leurs critiques et leurs commentaires n'en demeurent pas moins importants pour la compréhension des règles conventionnelles et des coutumes, ainsi que pour la portée des décisions rendues par les tribunaux. Dégagés du travail judiciaire, les auteurs sont en mesure de mener des études approfondies sur des sujets particuliers. De nombreux ouvrages ont été consacrés au droit international de la mer[371], de même qu'à la délimitation maritime en particulier[372], et c'est sans compter tous ceux portant sur l'Asie spécifiquement ; ainsi qu'une multitude d'articles.

---

[369] Stoica, Victor (2021) *Remedies before the International Court of Justice : A Systemic Analysis.*

[370] *Compulsory Conciliation Commission between Timor-Leste and Australia on the Timor Sea*, Report and Recommendations, Case No. 2016-10, PCA.

[371] Parmi les plus récents : Klein, Nathalie and Parlett, Kate (2023) *Judging the Law of the Sea* ; Nguyen, Lan Ngoc (2023) *The Development of the Law of the Sea by UNCLOS Dispute Settlement Bodies* ; Rothwell, Donald R. and Stephens, Tim (2023) *The International Law of the Sea* ; Tanaka, Yoshifumi (2023) *The International Law of the Sea* ; Churchill, Robin, Lowe, Vaughan and Sander, Amy (2022) *The law of the sea* ; Rozemarijn, J. and Holst, Roland (2022) *Change in the Law of the Sea. Context, Mechanisms and Practice* ; Vincent, Philippe (2020) *Droit de la mer* ; Rothwell, Donald R., Oude Elferink Alex G., Scott, Karen N. and Stephens, Tim, eds (2017) *The Oxford Handbook of the Law of the Sea* ; Forteau, Mathias et Thouvenin, Jean-Marc, dir. (2017) *op. cit.* ; Labrecque, Georges (2015) *International Law of the Sea* ; Attard, David, Fitzmaurice, Malgosia and Martinez, Norman, eds (2014) *The IMLI Manual on International Maritime Law. The Law of the Sea* ; Harrission, J. (2011) *Making the Law of the Sea. A Study of Development in International Law of the Sea* ; Pancracio, Jean-Paul (2010) *Droit de la mer* ; Casado Raigon, R. et Cataldi, G., éd. (2009) *L'évolution et l'état actuel du droit international de la mer. Mélanges de droit de la mer offerts à Daniel Vignes* ; Anderson, David (2008) *Modern Law of the Sea. Selected Essays.*

[372] Parmi les plus récents : Horna, Angel (2022) *Law of the Sea and Maritime Delimitation* ; Lando, Massimo (2019) *Maritime Delimitation as a Judicial Process* ; Quindimil Lopez, Jorge Antonio (2017) *Maritime Delimitation, Oxford Bibliographies* ; Lagoni, Rainer and Vignes, Daniel, eds (2006) *Maritime Delimitation.*

1.4 Les circonstances pertinentes à la délimitation

Si les tribunaux n'arrivent pas toujours à la conclusion qu'il existe, dans une affaire donnée, des circonstances spéciales (ou pertinentes) justifiant de corriger une ligne d'équidistance tracée à titre provisoire, ils n'hésitent pas à procéder à un tel ajustement dans les cas contraires – comme dans la décision *Bangladesh/Myanmar*[373] rendue en 2012 par le TIDM.

Les tribunaux se demandent donc s'il existe des circonstances pertinentes à la délimitation des frontières maritimes : la configuration et la longueur des côtes respectives, les activités traditionnelles en matière de pêche et de chasse, les besoins économiques des communautés côtières, la présence de glace dans la zone à délimiter, les gisements d'hydrocarbures, connus ou présumés, les questions stratégiques, la conduite des parties, l'existence de limites *de facto*, etc. Si la jurisprudence et la doctrine ont examiné avec force détails ces facteurs de délimitation, la pratique des États dans les accords bilatéraux est très laconique sur cette question – les accords mentionnant assez peu souvent ces facteurs, encore qu'ils soient parfois invoqués en préambule dans des énoncés plutôt généraux.

La CNUDM prévoit que la méthode de l'équidistance est remplacée dès lors que l'on se trouve en présence de « circonstances spéciales » (art. 15). Leur étude est donc fondamentale puisqu'elle permet au juge de conserver comme frontière la ligne d'équidistance tracée provisoirement dans les cas où de tels facteurs ne sont pas présents dans l'affaire, tandis que dans les cas contraires, le juge ajustera ou déplacera la ligne d'équidistance, compte tenu de ces facteurs, et afin d'en arriver à un résultat équitable. Mais il n'y a pas là de règle mathématique, et sur cette question, « le juge se garde d'être trop disert[374] », a-t-on fait observer à bon droit.

Plus généralement, la délimitation d'une frontière doit être réalisée par l'application de critères équitables, « compte tenu de la configuration géographique de la région et des autres circonstances pertinentes de l'espèce[375] ». On a fait d'ailleurs remarquer que dans la pratique des États, les circonstances d'ordre géographique étaient, dans la plupart des cas, les éléments principaux pris en compte, tandis que les autres facteurs (historiques, économiques, politiques, stratégiques, etc.) « sont normalement utilisés pour préciser une ligne tracée précédemment sur la base de considérations géographiques[376] ».

---

[373] *Délimitation de la frontière maritime dans le golfe du Bengale*, arrêt, TIDM Recueil 2012.
[374] Lucchini, Laurent (2006) *op. cit.*, p. 8.
[375] *Délimitation de la frontière maritime dans la région du golfe du Maine*, arrêt, CIJ Recueil 1984, par. 112.
[376] Nations Unies (2001) *Manuel sur la délimitation des frontières maritimes*, p. 24.

Avant d'examiner tour à tour les divers types de facteurs pertinents à la délimitation, tels qu'on les retrouve dans la jurisprudence internationale[377] et dans la pratique des États, il convient d'établir une double distinction entre, d'une part, ces facteurs et le contexte dans lequel ils sont évoqués, et, d'autre part, l'approche différente selon que la délimitation est opérée par voie d'accord bilatéral ou par recours juridictionnel[378].

S'agissant de la première distinction, il suffira de mentionner ici que l'une des motivations principales des États dans la négociation d'un accord de délimitation – les ressources – n'implique pas nécessairement que celles-ci (leur existence prouvée ou présumée, leur importance et leur emplacement) soient une considération influant sur le tracé de la ligne de délimitation.

Quant à la seconde distinction, les considérations permettant de déboucher sur un accord peuvent être totalement étrangères à l'objet même de la délimitation (par exemple des accommodements de bon voisinage ou des intérêts liés à la navigation), d'autant que les négociations ayant précédé l'accord sont habituellement tenues dans le secret, tandis que le tribunal doit s'en tenir aux règles, ainsi que l'a rappelé la CIJ, dans l'affaire *Libye/Malte* de 1985, quand elle dit, au sujet de la liste non limitative des circonstances à considérer, que « seules pourront intervenir celles qui se rapportent à l'institution du plateau continental[379] ».

Les divers types de facteurs ont été invoqués par les plaideurs avec un succès inégal. Par exemple, dans l'affaire *Libye/Tunisie* de 1982, la Cour a considéré la direction générale des côtes, les caractéristiques géomorphologiques du plateau continental, la position de la frontière terrestre, de même que certaines limites maritimes reconnues tacitement par les Parties.

Après l'adoption de la CNUDM, la CIJ demeure tout aussi occupée. Dans l'affaire *Libye/Malte* de 1985, on a examiné notamment la question de la proportionnalité entre les longueurs des côtes respectives des Parties. Dans l'arbitrage *Guinée/Guinée Bissau* de 1985, le tribunal d'arbitrage a considéré la question de savoir si une ligne prévue dans un ancien traité colonial pouvait constituer une frontière maritime. Dans l'arbitrage *Érythrée/Yémen* de 1999, le tribunal a confirmé, nonobstant toute délimitation formelle, l'existence d'un régime traditionnel de pêche donnant aux nationaux de ces deux États un libre accès à l'ensemble de la région. Dans l'affaire *Qatar c. Bahreïn*[380] de 2001, la

---

[377] Ces divers types de facteurs sont également invoqués dans la jurisprudence interne : par exemple, dans l'affaire *Mississippi v. Louisiana*, les deux Parties ont fait valoir des arguments géomorphologiques et économiques : *Consultant's Report on the Mississippi/Louisiana CEIP Delimitation Line.* Mentionné dans Charney, J.I. (1989) The Delimitation of Ocean Boundaries, p. 41 et note 135, *in* Dallmeyer, D.G. and De Vorsey, L., eds, *Rights to Oceanic Resources : Deciding and Drawing Maritime Boundaries.*

[378] Lucchini, Laurent et Voelckel, Michel (1996) *op. cit.*, p. 158-160.

[379] *Plateau continental (Libye/Malte)*, arrêt, CIJ Recueil 1985, par. 48 *in fine*.

[380] *Délimitation maritime et questions territoriales entre Qatar et Bahreïn,* fond, arrêt, CIJ Recueil 2001, par. 197.

CIJ écrit : « Certaines catégories d'activités invoquées par Bahreïn, telles que le forage de puits artésiens, pourraient en soi être considérées comme discutables en tant qu'actes accomplis à titre de souverain. La construction d'aides à la navigation, en revanche, peut être juridiquement pertinente dans le cas de très petites îles ». Dans l'affaire *Cameroun c. Nigeria* de 2002, la Cour a examiné la question de savoir si la présence de concessions pétrolières et l'existence de puits de pétrole constituaient une circonstance pertinente susceptible de justifier l'ajustement d'une ligne d'équidistance.

On le voit, les facteurs sont nombreux et variés, mais ils ne sont pas tous juridiquement pertinents, et ceux qui le sont peuvent l'être à des degrés divers[381]. Par exemple, ces facteurs n'ont pas la même pertinence selon que la zone à délimiter concerne exclusivement le plateau continental, ou à la fois le plateau continental et la ZÉE. Dans le premier cas, on ne saurait douter de la pertinence des facteurs géomorphologiques et géologiques, tandis que dans le second cas, il serait approprié de les « mettre en balance » avec d'autres circonstances qui concernent la colonne d'eau, notamment les ressources halieutiques. Par ailleurs, seraient dénués de pertinence des facteurs intéressant exclusivement la mer territoriale, de même que des activités continuant d'être assujetties au régime de la haute mer.

S'« il n'y a pas de limites juridiques aux considérations que les États peuvent examiner » (géographiques, géomorphologiques, environnementales, historiques, économiques, géopolitiques et autres), force est de constater d'emblée, à l'instar de certains auteurs[382], que les facteurs d'ordre strictement géographique ont eu, plus que tous les autres, la faveur de la jurisprudence, à un point tel que les tribunaux répètent que « le droit ne doit pas refaire la géographie[383] » et que l'importance de celle-ci est « cardinale ».

Si l'importance des facteurs d'ordre géographique (*section 1.4.1*) prime, à tort ou à raison, sur tous les autres types, ceux-ci, loin d'être exclus *a priori*, sont régulièrement examinés dans la jurisprudence et la doctrine : la géomorphologie et la géologie (*1.4.2*), la navigation (*1.4.3*), la biogéographie et l'environnement (*1.4.4*), l'histoire (*1.4.5*), l'économie (*1.4.6*), la géopolitique et la géostratégie (*1.4.7*), enfin, la conduite des parties (*1.4.8*).

---

[381] Evans, Malcolm D. (1991) Maritime Delimitation and expanding categories of relevant circumstances, *ICLQ*, vol. 40, nº 1, p. 1-33.

[382] Voir notamment Forteau, Mathias et Thouvenin, Jean-Marc, dir. (2017) *op. cit.*, p. 581-582 ; Rosenne, Shabtai (1996) Geography in International Maritime Boundary-Making, *PG*, vol. 15, nºs 3-4, p. 389-396 ; Thamsborg, M. (1995) In Search of an Objective Approach to the Identification of Certain Geographical Parameters (Jan Mayen Case), *NJIL*, vol. 64, p. 647-681 ; Weil, Prosper (1993) Geographic Considerations in Maritime Delimitation, p. 115-130, *in* Charney, J.I. *et al.*, eds, *op. cit.*, vol. 1 ; Smith, Robert W. (1989) Geographic Considerations in Maritime Boundary Delimitations, *in* Dallmeyer, D.G. and De Vorsey, L., eds, *op. cit.* ; Evans, Malcolm (1989) *Relevant Circumstances and Maritime Delimitation* ; Smith, Robert W. (1982) A Geographical Primer to Maritime Boundary-Making, *ODIL*, vol. 12, nº 1, p. 1-22.

[383] Labrecque, Georges (2009) Le droit ne doit pas refaire la géographie, p. 269-281, *in* Forest, Patrick, dir., *Géographie du droit*.

1.4.1 La géographie

Distinguons par ailleurs, parmi les facteurs d'ordre géographique, les sous-catégories suivantes : le contexte régional (*1.4.1.1*), la masse continentale (*1.4.1.2*), la frontière terrestre (*1.4.1.3*), les côtes (*1.4.1.4*), enfin la présence d'îles (*1.4.1.5*).

1.4.1.1 Le contexte régional

La délimitation d'une frontière maritime s'inscrit nécessairement dans un cadre régional donné, et les tribunaux ont l'habitude de rechercher quelle est la zone pertinente de délimitation et quelles sont les côtes pertinentes de délimitation, ce qui leur permet notamment de vérifier si la frontière envisagée est conforme au critère de la proportionnalité – cet outil de travail, à la fois qualitatif et quantitatif, dans la quête d'une solution équitable[384]. Dans l'affaire *Guinée/Guinée-Bissau* de 1985, le Tribunal estimera qu'une délimitation équitable « ne peut ignorer les autres délimitations déjà effectuées ou à effectuer dans la région[385] ». Dans l'affaire *Libye/Tunisie* de 1982, la CIJ dira : « De toute évidence, dans cette recherche, la première étape – qui est aussi l'étape essentielle – consiste à définir avec plus de précision la zone en litige entre les Parties et la région à prendre en considération aux fins de la délimitation[386] ».

D'ailleurs, un État tiers a la faculté de présenter devant la CIJ une requête en intervention lorsque ses droits risquent d'être affectés par une décision[387]. Par exemple, la Guinée équatoriale a eu l'autorisation d'intervenir dans l'affaire *Cameroun c. Nigeria*[388], décidée par la CIJ en 2002. Existe-t-il des modèles régionaux ? On a répondu par la négative[389], encore qu'on puisse relever, dans certaines régions, une méthode de délimitation privilégiée, par exemple la ligne astronomique (méridien, parallèle ou azimut) dans l'océan Indien.

---

384 Ida, Ryuichi (2002) The Role of Proportionality in Maritime Delimitation Revisited : The Origin and Meaning of the Principle from the Early Decisions of the Court, p. 1037-1053, *in* Ando, Nisuke *et al.*, eds, *Liber Amicorum Judge Shigeru Oda*, vol. 2.

385 *Délimitation de la frontière maritime entre la Guinée et la Guinée-Bissau*, sentence, RSA, vol. 19, par. 93.

386 *Plateau continental (Libye/Tunisie)*, arrêt, CIJ Recueil 1982, par. 72.

387 Statut de la Cour internationale de Justice, art. 62 ; Règlement de la Cour internationale de Justice, art. 81.

388 *Frontière terrestre et maritime entre le Cameroun et le Nigéria*, ordonnance du 21 octobre 1999.

389 Weil, Prosper (1993) Geographic Considerations in Maritime Delimitation, p. 129-130, *in* Charney, J.I. *et al.*, eds, *op. cit.*, vol. 1.

1.4.1.2 La masse continentale

La notion de prolongement naturel de la masse continentale a été invoquée sans succès par la Libye dans l'affaire *Libye/Tunisie* de 1982, cette dernière faisant valoir comme suit que « [l]e prolongement naturel du territoire terrestre d'un État dans et sous la mer, qui établit son titre *ipso jure* au plateau continental attenant, est déterminé par toute la structure physique de la masse terrestre indiquée principalement par la géologie. (...) La direction du prolongement naturel est déterminée par le rapport général, géologique et géographique, entre le plateau continental et la masse terrestre continentale, et non par la direction occasionnelle ou accidentelle d'une section particulière du littoral[390] ».

1.4.1.3 La frontière terrestre

Parce que le point initial de la frontière maritime coïncide très souvent avec le point terminal de la frontière terrestre, il va sans dire que celle-ci a déjà une importance à ce seul titre. Ajoutons que la contestation même d'une frontière terrestre rend problématique sinon impossible la délimitation de la frontière maritime. C'est le cas notamment de la frontière terrestre Égypte/Soudan qui rend impossible le tracé de la frontière maritime entre ces deux États, aussi longtemps que persistera le litige concernant la souveraineté sur le triangle de Halayeb. Par ailleurs, dans l'affaire *Cameroun c. Nigeria*, les Parties ont demandé à la CIJ de décider de la souveraineté sur la péninsule de Bakassi, laquelle avait nécessairement un impact sur le point de départ de la frontière maritime. La frontière terrestre, et notamment son point terminal, ont été pris en considération dans les décisions *Bangladesh/Myanmar* de 2012[391] et *Bangladesh c. Inde*[392] de 2014.

Autrement, la frontière terrestre internationale peut constituer non seulement un facteur pertinent de délimitation, mais aussi une méthode de délimitation en tant que son prolongement en mer selon la même direction ou une direction similaire. L'application de la méthode ne pose pas trop de difficultés quand l'ensemble ou la majeure partie d'une frontière terrestre correspond à une ligne astronomique, mais des difficultés d'interprétation surgissent quand cette frontière terrestre est constituée de segments orientés différemment.

---

[390] *Plateau continental (Libye/Tunisie)*, arrêt, CIJ Recueil 1982, par. 15.

[391] *Délimitation de la frontière maritime dans le golfe du Bengale*, arrêt, TIDM Recueil 2012, p. 4.

[392] *Bay of Bengal Maritime Boundary Arbitration between Bangladesh and India,* Award, Case No. 2010-16, PCA.

1.4.1.4 Les côtes

Puisque la frontière – tant celle tracée par voie d'accord bilatéral que celle par voie juridictionnelle – doit passer nécessairement quelque part entre les côtes respectives de deux États maritimes voisins, on conçoit aisément que ces côtes constituent, avec les îles, une circonstance géographique de la plus haute importance[393]. Ce que les tribunaux appellent parfois la géographie côtière peut être examiné sous divers aspects : direction générale, relation d'opposition ou d'adjacence, configuration (concavité ou convexité), longueur.

Lorsque la méthode de délimitation utilisée est la perpendiculaire, il va sans dire que cette droite suppose que soit préalablement établie la direction générale des côtes, laquelle implique une difficulté particulière – celle de savoir si cette direction doit être envisagée à une échelle macro- ou micro-géographique, ainsi que l'a expliqué le tribunal d'arbitrage dans l'affaire *Guinée/Guinée-Bissau* de 1985. La notion de direction générale des côtes avait été estimée auparavant dans l'affaire *Libye/Tunisie* de 1982.

La relation entre les côtes, selon qu'elles se trouvent en situation d'opposition ou d'adjacence, constitue un autre aspect des côtes en tant que circonstances pertinentes à la délimitation. Puisque les règles de délimitation de la zone économique exclusive et du plateau continental sont identiques « entre États dont les côtes sont adjacentes ou se font face », on peut alors se demander pourquoi la CNUDM, à l'instar des instruments de 1958, mentionne l'une et l'autre de ces situations géographiques (adjacence et opposition). Dans l'affaire *Libye/Tunisie* de 1982, la CIJ a fait observer que la côte tunisienne suit, à l'ouest de Ras Ajdir, la même direction que la côte libyenne pour ensuite s'orienter *grosso modo* du sud-ouest au nord-est, de sorte que le changement radical d'orientation de cette côte semble modifier la relation existant entre la Libye et la Tunisie qui, États limitrophes au départ, tendraient à devenir des États se faisant face.

Quant à la configuration générale des côtes, la question a été examinée notamment dans les affaires *Bangladesh/Myanmar*[394] de 2012 et *Bangladesh c. Inde*[395] de 2014. La longueur des côtes a une double importance, car non seulement constitue-t-elle une circonstance géographique pertinente à la délimitation, mais elle donne en outre l'opportunité d'estimer, une fois cette délimitation effectuée, le résultat équitable de celle-ci puisqu'elle constitue un élément essentiel des tests de proportionnalité. Quant aux côtes, elles sont

---

[393] Voir notamment Ishii, Yurika (2020) Relevant Coasts and Relevant Area in the Maritime Delimitation of the EEZ and Continental Shelf, *ODIL*, vol. 51, issue 4, p. 307-329.

[394] *Délimitation de la frontière maritime dans le golfe du Bengale*, arrêt, TIDM Recueil 2012.

[395] *The Bay of Bengal Maritime Boundary Arbitration between Bangladesh and India*, Award, Case No. 2010-16, PCA.

mesurées suivant la laisse de basse mer ou, si la situation géographique le permet, selon des lignes de base droites.

1.4.1.5 Les îles

Entre les côtes respectives de deux États se trouvent très souvent des îles, des rochers et/ou des hauts-fonds découvrants, qui viennent compliquer le processus de délimitation, notamment quand ces formations sont, comme on dit, « du mauvais côté » d'une ligne d'équidistance. La jurisprudence et la pratique des États fourmillent d'exemples où il s'agissait de se demander si leur présence devait avoir un effet entier, partiel ou nul. La doctrine elle-même a consacré de nombreuses études aux îles[396].

Elles sont si souvent omniprésentes dans le processus de délimitation qu'il vaut peut-être mieux éviter d'en faire une catégorie à part parmi les facteurs d'ordre géographique en les examinant plutôt dans les sections consacrées respectivement à chacun des types de facteurs, de même que lors de l'examen de la méthode de délimitation que constitue l'équidistance modifiée.

1.4.2 La géomorphologie et la géologie

Quelques temps forts, si l'on peut dire, paraissent marquer l'importance relative des facteurs géophysiques – entendus dans un sens large qui englobe la géomorphologie, la géologie, la bathymétrie et la présence de thalwegs, de fosses sous-marines et d'interruptions de plateaux continentaux. Ces facteurs géophysiques ne concernent pas seulement la délimitation mais aussi les limites extérieures de la marge continentale après recommandation de la Commission des limites du plateau continental (CLPC) dans les cas où les États intéressés prétendent que leurs limites se trouvent à plus de 200 milles.

Si l'on a pu dire que l'affaire *Libye/Malte* de 1985 avait sonné le glas de ce type de facteurs – le plateau continental perdant son importance au profit de celui de la distance –, ces facteurs seront très probablement rediscutés et incontestablement pertinents pour les délimitations de frontières des plateaux continentaux élargis.

Dans l'affaire *Libye/Tunisie* de 1982, la Cour rejeta ce type d'arguments en affirmant que la notion de prolongement naturel n'est utile aux fins d'une délimitation que dans la mesure où l'une des caractéristiques invoquées constituerait une rupture telle qu'elle devrait être considérée comme la limite de deux plateaux continentaux distincts, la Cour estimant par ailleurs que la caractéristique la plus significative – le sillon tripolitain – ne peut être prise en

---

[396] Voir notamment Rothwell, Donald R. (2022) *Islands and International Law* ; Guillaume, Gilbert (2019) Îles, rochers et hauts-fonds découvrants en droit de la mer, *AFDI*, vol. 65, p. 513-526 ; Anderson, David (2017) Some Aspects of the Regime of Islands in the Law of the Sea, *IJMCL*, vol. 32, issue 2, p. 316-331.

considération puisque cette vallée sous-marine ne présente de relief très accusé que dans une zone située au-delà de la région à considérer aux fins de la délimitation.

Par ailleurs, il semble que l'Indonésie et l'Australie, dans leur accord de délimitation du 9 octobre 1972, aient tenu compte de la présence de la fosse de Timor[397].

1.4.3 La navigation

Intimement liées aux facteurs de sécurité – on peut penser aux menaces induites par le terrorisme –, les circonstances relatives à la navigation sont mentionnées, ou, à tout le moins, présumées dans plusieurs accords de délimitation conclus notamment par des États baignés par des zones maritimes stratégiquement importantes. Ainsi, dans certains cas, l'accord prévoit explicitement que l'équidistance a été ajustée pour tenir compte de la navigation, en particulier pour la délimitation de la mer territoriale et « même si le passage des navires est garanti, en principe, par le droit de passage inoffensif des deux côtés de la ligne de délimitation », ainsi qu'on l'a fait justement remarquer[398]. Ainsi, pour la mer territoriale, les intérêts liés à la navigation pourraient avoir dans certains contextes une considération « cardinale »[399], tandis qu'on pourrait difficilement concevoir la pertinence de ces intérêts pour la délimitation du plateau continental puisqu'il n'y a pas de lien entre le plateau et la navigation[400].

Dans l'arbitrage *Guinée/Guinée-Bissau* de 1985, ces facteurs – même si cela n'est pas mentionné expressément[401] – ont été pris en compte pour le tracé du premier segment de la frontière maritime, lequel suit le thalweg d'un cours d'eau, soit « la passe des Pilotes jusqu'à l'embouchure du Cajet[402] », si bien que la frontière n'entrave pas le libre accès de la Guinée-Bissau au chenal Orango que la revendication de la Guinée obstruait.

Les arbitrages *Érythrée/Yémen*, décidés en deux étapes (1998 pour la souveraineté territoriale sur certaines îles et 1999 pour la délimitation maritime) offrent un exemple fort intéressant montrant que les intérêts de la communauté internationale en matière de navigation peuvent être considérés

---

[397] Accord entre le Gouvernement du Commonwealth d'Australie et le Gouvernement de la République d'Indonésie instituant certaines lignes délimitant les fonds marins dans la zone des mers de Timor et d'Arafura, complétant l'accord du 18 mai 1971.

[398] Nations Unies (2001) *op. cit.*, p. 36.

[399] Antunes, Nuno M. (2003) *Towards the Conceptualization of Maritime Delimitation. Legal and Technical Aspects of a Political Process,* p. 319-321.

[400] Evans, Malcolm D. (1989) *op. cit.*, p. 183.

[401] Kwiatkowska, Barbara (1993) *op. cit.*, p. 99, *in* Charney, J.I. *et al.*, eds (1993-2002) *op. cit.*, vol. 1.

[402] *Délimitation de la frontière maritime entre la Guinée et la Guinée-Bissau*, sentence, RSA, vol. 19, par. 111 (a).

comme un tout, outre les intérêts des seules parties. Le tribunal rejeta la méthode de délimitation de l'enclave proposée par l'une des parties et insista sur l'importance d'une méthode simple – en l'occurrence l'équidistance – dans le voisinage immédiat d'une voie de navigation majeure[403], soit l'approche du détroit de Bab-el-Mandeb, d'autant que les parties elles-mêmes avaient reconnu leurs responsabilités quant à la sécurité dans une région du monde particulièrement sensible. Nonobstant la délimitation, le tribunal entérina le régime traditionnel de pêche garantissant aux deux parties un libre accès à l'ensemble de la zone et précisa : « There must be free access to and from the islands concerned – including unimpeded passage through waters in which, by virtue of its sovereignty over the islands, Yemen is entitled to exclude all third Parties ...[404] ».

Les facteurs liés à la navigation sont, bien sûr, particulièrement importants dans les détroits internationaux. Ces facteurs seraient probablement examinés dans les délimitations éventuelles Djibouti/Érythrée et Djibouti/Yémen, à proximité du détroit Bal-el-Mandeb, de même que celle entre le Maroc et l'Espagne, près du détroit de Gibraltar.

1.4.4 La biogéographie et l'environnement

On peut observer que l'importance de l'environnement semble émerger de la jurisprudence récente, y compris en matière de délimitation terrestre (et fluviale), comme dans l'arrêt rendu par la CIJ en 1999 dans l'affaire *Botswana/Namibie*[405], laquelle a donné lieu à des opinions individuelles et dissidentes particulièrement stimulantes.

1.4.5 L'histoire

Parmi les circonstances susceptibles d'écarter l'adoption d'une ligne d'équidistance ou d'en justifier un ajustement, les facteurs d'ordre historique paraissent constituer une catégorie à part dans la mesure où la règle prévue par la CNUDM de 1982 pour la délimitation de la mer territoriale dispose que la méthode de la médiane ne s'applique pas « dans le cas où en raison de l'existence de titres historiques ou d'autres circonstances spéciales, il est nécessaire de délimiter autrement la mer territoriale des deux États[406] », alors que dans la Convention sur la mer territoriale et la zone contiguë de 1958, aucune mention n'est faite de ces titres historiques[407]. Rien, dans l'instrument

---

403 *Maritime Delimitation,* Award, Case No. 1996-04, PCA, par. 128.
404 *Idem*, par. 107.
405 *Île de Kasikili/Sedudu*, arrêt, CIJ Recueil 1999.
406 Convention sur le droit de la mer, art. 15.
407 Convention sur la mer territoriale et la zone contiguë, art. 6.

de 1982, n'est dit de ce genre de circonstances[408], et la question se pose alors de savoir si les facteurs d'ordre historique peuvent néanmoins être invoqués dans des zones se trouvant au-delà de la mer territoriale.

Il faut mentionner que ces titres[409], en tant que circonstances spéciales, ne se distinguent pas aisément des autres catégories de facteurs, notamment ceux d'ordre économique, de telle sorte que l'on pourrait classer les droits traditionnels de pêche dans la catégorie économique aussi bien que dans l'historique. Il faut rappeler également que les limites extérieures des baies ou des eaux dites historiques peuvent être considérées comme des questions relevant des lignes de base droites à partir desquelles sont calculées, le cas échéant, les limites des autres zones sous juridiction nationale. La CNUDM prévoit d'ailleurs que dans le tracé de ces droites, « il peut être tenu compte, pour l'établissement de certaines lignes de base, des intérêts économiques propres à la région considérée dont la réalité et l'importance sont manifestées par un long usage » – disposition qui servira d'argument, à tort ou à raison, dans plusieurs affaires, y compris des affaires de délimitation. Cet instrument prévoit aussi que les dispositions relatives aux lignes de fermeture des baies ne s'appliquent pas aux baies dites historiques, mais la Convention ne donne ni définition ni critère permettant de les identifier.

Les facteurs d'ordre historique évoquent diverses situations où des activités sont consolidées dans le temps (régime de pêche traditionnelle, entretien d'un chenal de navigation, octrois d'exploration et d'exploitation pétrolières, exercice de diverses juridictions jusqu'à une certaine ligne). Des dispositions sont souvent détaillées concernant la protection des pêches traditionnelles dans l'ensemble de la zone délimitée ou dans une partie seulement de cette zone, mais il semble assez peu probable qu'un ajustement important à la ligne d'équidistance ait été consenti sur la base exclusive de ces considérations, et l'on peut en dire autant de la jurisprudence. Par ailleurs, la confirmation d'un régime traditionnel de pêches, loin de nuire au processus de délimitation, peut en faciliter la négociation.

Dans l'arrêt *Libye/Tunisie* de 1982, la Cour a retenu, comme premier segment de la frontière, une ligne orientée à 26 degrés, tracée en 1913 par l'Italie aux fins de la pêche aux éponges, laquelle « acquit le caractère d'une sorte de *modus vivendi* tacite[410] », la Cour ajoutant par ailleurs que les éléments d'un tel *modus vivendi*, « reposant uniquement sur le silence ou l'absence de protestation (...) ne suffisent pas à prouver l'existence d'une limite maritime reconnue entre les deux Parties[411] ». La Cour estime néanmoins que dans le présent cas, cette ligne, utilisée ensuite pour l'octroi de

[408] Convention sur le droit de la mer, art. 74 et 83.

[409] On a insisté sur la distinction entre titres historiques et droits historiques – les premiers ne pouvant être l'objet d'une délimitation puisqu'il n'existe pas de chevauchements de titres : Antunes, Nuno M. (2003) *op. cit.*, p. 321.

[410] *Plateau continental (Libye/Tunisie)*, arrêt, CIJ Recueil 1982, par. 93.

[411] *Idem*, par. 95.

permis d'hydrocarbures, « qui a été observée tacitement pendant des années et qui coïncide en outre avec la perpendiculaire à la côte au point frontière appliquée dans le passé comme limite maritime *de facto*, paraît être à la Cour d'une grande importance pour la délimitation[412] ». Aussi, dit-elle, les titres historiques doivent être respectés et préservés.

La Cour a rejeté par ailleurs une ligne proposée par la Libye, adoptée dans sa législation interne en 1955 aux fins de l'exploration et de l'exploitation des hydrocarbures et orientée franc nord, de même qu'elle n'a accordé aucune valeur à une ligne de la Tunisie orientée à 45 degrés et prévue dans une loi concernant la protection de ses pêcheries, cette ligne étant inopposable à la Libye « même à titre de simple ébauche de frontière maritime entre les deux États[413] ».

Dans l'arbitrage *Érythrée/Yémen*, le tribunal décida, dans une première phase, de la souveraineté territoriale sur certaines îles disputées en disant que leur usage et leur possession doivent être appréciés dans l'histoire relativement récente : « In the end neither Party has been able to persuade the Tribunal that the history of the matter reveals the juridical existence of an historic title, or of historic titles, of such long-established, continuous and definitive lineage to these particular islands, islets and rocks as would be a sufficient basis for the Tribunal's decision[414] ». Ce dernier dit aussi que la souveraineté attribuée sur les îles à l'une ou à l'autre des Parties « is not inamical to, but rather entails, the perpetuation of the traditional fishing regime in the region[415] ».

Par ailleurs, les activités traditionnelles peuvent être invoquées, avec ou sans succès, par l'une ou l'autre des parties en tant que conduite ou pratique ultérieure à un traité. Par exemple, dans une affaire qui concernait la souveraineté territoriale sur une île et la frontière dans un cours d'eau, la CIJ a estimé, dans son arrêt *Botswana/Namibie* de 1999, que « l'utilisation ouverte et paisible, pendant des années » d'une île par les membres d'une tribu « n'est pas constitutive d'une 'pratique ultérieurement suivie dans l'application du traité'[416] ».

Au risque de généraliser à outrance, on pourrait être tenté d'affirmer que toute frontière maritime entre États à côtes adjacentes répond, en quelque sorte, à des facteurs historiques dans la mesure où son point initial coïncide, dans la très grande majorité des cas, avec le point terminal de la frontière terrestre. Or, celle-ci s'inscrit dans les vicissitudes de l'histoire, et parfois dans une histoire sanglante. Quand le point terminal de la frontière terrestre se trouve dans le thalweg d'un cours d'eau qui se déplace avec le temps (affaire

---

412 *Idem*, par. 96.
413 *Idem*, par. 90.
414 *Territorial Sovereignty and Scope of the Dispute*, Award, Case No. 1996-04, PCA, par. 449.
415 *Idem*, par. 526.
416 La CIJ cite ici la Convention sur le droit des traités, art. 31, par. 3, al. *b)*. *Île de Kasikili/Sedudu*, arrêt, CIJ Recueil 1999, par. 75.

Guinée/Guinée-Bissau de 1985), la frontière elle-même se déplace, tandis qu'elle demeure dans l'ancien lit si la migration du cours d'eau se produit brusquement, par exemple à la suite d'un séisme.

Quant aux affaires où des lignes en mer ont été invoquées par les parties, les tribunaux ont été réticents à leur attribuer les effets juridiques d'une frontière maritime. Par exemple, dans l'affaire *Guinée/Guinée-Bissau* de 1985, le tribunal d'arbitrage en arriva à la conclusion que la ligne établie par le traité franco-portugais de 1886[417] ne pouvait constituer une frontière maritime comme telle, puisque son objet était de diviser les possessions territoriales en Afrique de l'Ouest. Ainsi le tribunal n'eut pas à examiner la question de savoir si l'*uti possidetis* – bien connu en matière de délimitation terrestre – s'appliquait également aux frontières maritimes[418]. Le tribunal retint néanmoins pour une portion de la frontière (jusqu'à 12 milles de l'île d'Alcatraz) la ligne de 1886 en estimant qu'elle pouvait constituer une circonstance pertinente dans la mesure où cette ligne *de facto* n'avait été chevauchée, jusqu'en 1958, ni par la France ni par le Portugal.

Dans une autre affaire où la Guinée-Bissau était de nouveau impliquée (*Guinée-Bissau c. Sénégal*), la question de l'*uti possidetis* maritime sera posée autrement puisque le tribunal d'arbitrage dira, dans sa sentence de 1989, que l'échange de notes, en 1960, entre le Portugal et la France[419] a bel et bien établi la frontière maritime entre les deux nouveaux États africains (mer territoriale, zone contiguë et plateau continental), sauf que la zone économique exclusive – notion juridique inconnue en 1960 – n'a pas été délimitée par cet instrument. La Guinée-Bissau, qui demandera ensuite la nullité de la sentence, n'aura pas plus de succès devant la CIJ qui rejette en 1991 sa demande[420].

1.4.6 L'économie

L'accès aux ressources est une considération fondamentale, et souvent la plus importante, dans la négociation d'un accord de délimitation ou, à défaut, dans le recours juridictionnel.

Ces ressources, de même que leur situation géographique, sont-elles pour autant une circonstance pertinente à la délimitation et susceptible de justifier l'ajustement d'une ligne d'équidistance ? La richesse ou la pauvreté relative d'un État constitue-t-elle un facteur pertinent ? Disons d'emblée que ces deux questions doivent être distinguées et qu'elles apportent des réponses différentes. Si la jurisprudence a répondu assez uniformément par la négative

---

[417] Convention relative à la délimitation des possessions françaises et portugaises dans l'Afrique occidentale.

[418] *Délimitation de la frontière maritime entre la Guinée et la Guinée-Bissau*, sentence, RSA, vol. 19, par. 85.

[419] Échange de notes entre la France et le Portugal concernant la frontière maritime entre le Sénégal et la Guinée portugaise.

[420] *Délimitation maritime entre la Guinée-Bissau et le Sénégal*, arrêt, CIJ Recueil 1991.

à la seconde question, elle paraît divisée quant à la première, tandis que la pratique des États – telle qu'elle est reflétée dans les accords de délimitation – révèle dans plusieurs cas que les facteurs économiques constituent non seulement la motivation essentielle[421] et le leitmotif de la négociation et de la conclusion des accords de délimitation mais aussi une prise en compte pour un ajustement de la ligne d'équidistance.

Dans son arrêt *Libye/Tunisie* de 1982, la CIJ a décidé que les considérations économiques constituent des « facteurs quasiment extrinsèques, puisque variables et pouvant à tout moment faire pencher la balance d'un côté ou de l'autre de façon imprévisible, selon les heurs ou malheurs des pays en cause[422] ». Aussi, la Cour a-t-elle rejeté l'argumentation de la Tunisie selon laquelle on devait tenir compte de sa pauvreté relative – la Cour précisant qu'un pays pauvre aujourd'hui peut devenir prospère demain à la faveur de la découverte d'une nouvelle ressource économique. Par ailleurs, elle estime que la présence d'un puits de pétrole dans la zone où doit être effectuée la délimitation constitue un élément à considérer.

Dans l'affaire *Libye/Malte* de 1985, la CIJ rejettera les arguments de Malte qui invoquait notamment l'absence de ressources énergétiques, l'étendue limitée de ses activités de pêche et ses besoins de pays insulaire en voie de développement – la Cour estimant que « [d]e telles considérations sont tout à fait étrangères à l'intention qui sous-tend les règles applicables du droit international[423] ».

Dans l'affaire *Guinée/Guinée-Bissau* de 1985, le Tribunal d'arbitrage a observé que les deux Parties étaient des États en développement confrontés à de graves difficultés économiques, chacun aspirant légitimement à tirer de ses ressources de justes profits au bénéfice de son peuple. Le Tribunal dit néanmoins ne pas pouvoir fonder une délimitation sur l'évaluation de données changeantes en fonction de facteurs parfois aléatoires. Tout en souhaitant une coopération des Parties en vue de leur développement, le Tribunal estime qu'il n'a pas le pouvoir de compenser les inégalités économiques des États en modifiant une délimitation fondée à son avis sur des considérations objectives. De même, les juges n'ont pas accordé, dans l'arbitrage *Érythrée/Yémen* de 1999, une importance telle aux facteurs économiques qu'elle devrait suggérer une délimitation particulière.

La CIJ a décidé que les concessions et les puits de pétrole, dans l'affaire *Cameroun c. Nigeria* de 2002, « ne peuvent être pris en compte que s'ils reposent sur un accord exprès ou tacite entre les parties[424] » – le président de

---

[421] Nations Unies (2001) *op. cit.*, p. 34-38.
[422] *Plateau continental (Libye/Tunisie)*, arrêt, CIJ Recueil 1982, par. 107.
[423] *Plateau continental (Libye/Malte)*, arrêt, CIJ Recueil 1985, par. 50.
[424] *Frontière terrestre et maritime entre le Cameroun et le Nigéria*, arrêt, CIJ Recueil 2002, par. 304.

la Cour tenant par ailleurs à faire observer que la frontière respecte, pour sa majeure partie, l'emplacement des installations pétrolières existantes[425].

1.4.7 La géopolitique et la géostratégie

Dans l'affaire *Guinée/Guinée-Bissau* de 1985, les Parties ont invoqué une circonstance liée à la sécurité dont le tribunal d'arbitrage dit qu'elle « n'est pas sans intérêt, bien qu'il convienne de souligner que ni la zone économique exclusive ni le plateau continental ne sont des zones de souveraineté », le Tribunal ajoutant par ailleurs qu'il « a tenu à ce que chaque État contrôle les territoires maritimes situés en face de ses côtes et dans leur voisinage », afin de ne pas compromettre son droit au développement et à la sécurité[426]. La CIJ adopte une approche similaire quand elle fait observer d'abord, dans l'arrêt *Libye/Malte* de 2005, qu'aucune des Parties n'a soulevé « la question de savoir si le droit attribue actuellement des compétences particulières sur son plateau continental dans le domaine de la défense, y compris pour l'implantation d'ouvrages militaires », la Cour ajoutant que la limite adoptée par elle « ne sera proche de la côte de l'une ou l'autre Partie au point que les questions de sécurité entrent particulièrement en ligne de compte en l'espèce[427] ». Dans cette même affaire, Malte a établi une distinction – jugée non pertinente par la Cour – entre l'État insulaire et l'île dépendante politiquement d'un État continental, en disant que le droit international attribue dans la délimitation un effet qui varie suivant leur taille, leur situation géographique, leur population et leur économie.

Dans la pratique des États, certains accords de délimitation laissent présumer que des considérations relatives à la sécurité – réelle ou perçue – ont certes été déterminantes dans les négociations et peut-être aussi dans la délimitation elle-même. La sécurité a pu jouer un rôle dans l'accord de délimitation Gambie/Sénégal de 1975 car les deux frontières[428] paraissent coïncider respectivement avec des parallèles de latitude, mais une carte à très grande échelle ferait voir que la ligne méridionale, à proximité du littoral, s'écarte du parallèle pour emprunter, du point terminal de la frontière terrestre, une direction sud-ouest puis nord-ouest pour éviter de passer trop près des côtes de la Gambie[429].

---

[425] *Idem,* Déclaration du Président de la Cour, par. 9.

[426] *Délimitation de la frontière maritime entre la Guinée et la Guinée-Bissau*, sentence, RSA, vol. 19, par. 124.

[427] *Plateau continental (Libye/Malte)*, arrêt, CIJ Recueil 1985, par. 51.

[428] *Frontières maritimes* : *Gambie/Sénégal.*

[429] Prescott, J.R.V. (1985) *The Maritime Political Boundaries of the World*, p. 324.

1.4.8 La conduite des parties

Ce qu'il est convenu d'appeler la conduite des parties peut constituer en certains cas une circonstance pertinente à la délimitation des frontières – circonstance invoquée dans certaines affaires africaines avec peu ou prou de succès, notamment en matière de pratique pétrolière.

Ainsi, dans l'affaire *Libye/Malte* de 1985, Malte n'a pas su convaincre la CIJ que la méthode de délimitation par une ligne médiane était d'une grande pertinence, Malte affirmant que des concessionnaires étaient dispensés de procéder à des forages au-delà de la limite nord de certaines concessions octroyées par la Libye. Dans l'affaire *Botswana/Namibie* de 1999, la CIJ a décidé que l'utilisation paisible d'une île par les membres d'une tribu, pendant de longues années, ne constituait pas une pratique ultérieurement suivie dans l'application d'un traité.

Dans l'affaire *Cameroun c. Nigeria* de 2002, la CIJ a été appelée à examiner la valeur juridique de la conduite des parties concernant la souveraineté territoriale de la péninsule de Bakassi. Plus récemment, dans l'affaire *Ghana/Côte d'Ivoire* de 2017, le TIDM a décidé de ne pas ajuster la ligne d'équidistance tracée provisoirement puisqu'il n'existait aucune circonstance pertinente – configuration des côtes, emplacement des ressources pétrolières, conduite des parties – justifiant un tel ajustement.

1.5 Les méthodes équitables de délimitation

Concernant la délimitation de la mer territoriale entre États dont les côtes se font face ou sont adjacentes, la CNUDM prévoit que « ni l'un ni l'autre de ces États n'est en droit, sauf accord contraire entre eux, d'étendre sa mer territoriale au-delà de la ligne médiane dont tous les points sont équidistants des points les plus proches des lignes de base à partir desquelles est mesurée la largeur de la mer territoriale de chacun de ces États », mais cette disposition ne s'applique pas « dans le cas où, en raison de l'existence de titres historiques ou d'autres circonstances spéciales, il est nécessaire de délimiter autrement la mer territoriale des deux États » (art. 15). Contrairement à la mer territoriale, la Convention ne prévoit aucune méthode de délimitation de la zone contiguë.

Quant à la délimitation de la zone économique exclusive et à celle du plateau continental, la CNUDM énonce des règles identiques : « La délimitation de la zone économique exclusive [et du plateau continental] entre États dont les côtes sont adjacentes ou se font face est effectuée par voie d'accord conformément au droit international tel qu'il est visé à l'article 38 du Statut de la Cour internationale de Justice, afin d'aboutir à une solution équitable » (art. 74 et 83).

Aussi, a-t-on pu parler de presque vide juridique en matière de délimitation. Par ailleurs, d'autres sources du droit international – décisions des tribunaux internationaux et doctrine – ont contribué largement, ainsi que la pratique des États, à l'élaboration de diverses méthodes, et même de combinaisons de méthodes[430], qui entendent répondre aux particularités des situations géographiques et qui répondent à l'objectif de poursuivre des résultats équitables, bien que des accords bilatéraux puissent être inspirés par les seules considérations politiques. Il faut rappeler aussi que le règlement relatif à la souveraineté territoriale – par exemple l'emplacement de la frontière terrestre à l'embouchure d'un cours d'eau, la souveraineté sur des îles, etc. – constitue dans la grande majorité des cas un préalable au tracé d'une ligne de délimitation, plusieurs exemples étant cités chez certains auteurs[431].

Si les circonstances géographiques prédominent nettement sur les autres types de circonstances pertinentes à la délimitation, de même la méthode de l'équidistance a eu jusqu'à maintenant, et de très loin, la faveur de la jurisprudence et de la pratique des États. Bien sûr, il faut éviter une corrélation entre les deux, de sorte qu'il serait erroné de penser que la circonstance géographique favorise l'équidistance, notamment quand les côtes sont opposées plutôt qu'adjacentes, tandis qu'une méthode autre assurerait un résultat équitable dans les cas où prévalent des circonstances non géographiques.

Ajoutons que les parties elles-mêmes proposent au tribunal la ligne, et même parfois une ligne alternative – le tribunal pouvant rejeter chacune de ces lignes ou en retenir une. Dans certains cas, il n'est pas demandé au tribunal de tracer la frontière mais seulement d'indiquer aux parties quels sont les principes et critères devant les inspirer pour qu'elles procèdent ensuite elles-mêmes à la délimitation, comme dans l'arrêt *RFA/Pays-Bas et RFA/Danemark*[432] de 1969.

Bref, la CNUDM ne prévoit qu'une seule méthode de délimitation maritime, celle de l'équidistance pour la mer territoriale, encore que cette méthode ne s'applique pas s'il existe des titres historiques ou d'autres circonstances spéciales, la Convention ne précisant pas non plus quelles pourraient être ces circonstances. Or, il faut reconnaître que le droit de la délimitation maritime est un droit largement jurisprudentiel – qui inspire la pratique des États – puisque les divers tribunaux internationaux (CIJ, CPA et TIDM) se sont chargés d'élaborer des méthodes autres que l'équidistance stricte et même des combinaisons de méthodes, outre qu'ils ont examiné la question de savoir si, dans un cas particulier, telle ou telle circonstance spéciale (géographique, historique, économique, géopolitique ou autre)

---

[430] Prescott, Victor and Schofield, Clive (2005) *op. cit.*, 2nd edition ; Nations Unies (2001) *Manuel sur la délimitation des frontières maritimes* ; Legault, L. and Hankey, B. (1993) Method, Oppositeness and Adjacency, and Proportionality, p. 206-214, *in* Charney, J.I. *et al.*, eds (1993) *op. cit.*, vol. 1.

[431] Voir notamment Anderson, David (1993) The Legal Regime of Maritime Boundary Agreements, p. 63-67, *in* Charney, J.I. *et al.*, eds (1993) *op. cit.*, vol. 1.

[432] *Plateau continental de la mer du Nord*, arrêt, CIJ Recueil 1969.

devrait être prise en compte pour que la délimitation produise un résultat équitable.

Et si, dans la plupart des délimitations par voie d'accord ou de règlement juridictionnel, on observe, en Asie comme ailleurs, que les circonstances géographiques ont prédominé et que l'équidistance, stricte ou modifiée, a été généralement utilisée et assortie ou non d'une zone conjointe d'exploitation, de nombreuses frontières ont été tracées autrement. Par exemple, en Asie : la frontière Arabie saoudite/Bahreïn[433] (accord du 22 février 1958) suit une ligne d'équidistance, un arc de cercle et est assortie d'une zone commune ; Arabie saoudite/Iran[434] (24 octobre 1968) une équidistance et un arc de cercle ; Birmanie/Inde[435] (23 décembre 1986) une équidistance et un parallèle de latitude ; Brunei/Malaisie[436] (1958) une équidistance et une perpendiculaire à la direction générale des côtes ; Bangladesh/Myanmar[437] (sentence du 14 mars 2012) et Bangladesh/Inde[438] (arrêt du 7 juillet 2014) des azimuts.

Les frontières-lignes expriment une approche traditionnelle et leur utilité première est de départager avec précision les espaces maritimes à l'égard desquels les États voisins exercent leur juridiction. Distinguons entre l'équidistance stricte ou simplifiée (*sous-section 1.5.1*), l'équidistance modifiée (*1.5.2*), la perpendiculaire à la direction générale des côtes (*1.5.3*), la ligne astronomique (*1.5.4*), la ligne géométrique (*1.5.5*), le prolongement de la frontière terrestre ou celui de la mer territoriale (*1.5.6*), la ligne du thalweg ou du principal chenal navigable (*1.5.7*) et, à défaut ou en sus d'une délimitation formelle, la frontière-zone (*1.5.8*).

1.5.1 L'équidistance stricte ou simplifiée

La ligne tracée selon l'équidistance est établie strictement si elle « s'opère par application du principe de l'équidistance des points les plus proches des lignes de base à partir desquelles est mesurée la largeur de la mer territoriale de chacun de ces États[439] ». Cette ligne est dite d'équidistance si elle est tracée entre des côtes qui sont adjacentes, et qualifiée de médiane si celles-ci se font face.

---

433 Bahrain-Saudi Arabia boundary agreement.

434 Agreement concerning the sovereignty over the islands of Al-Arabiyah and Farsi and the delimitation of the boundary line separating submarine areas between the Kingdom of Saudi Arabia and Iran.

435 Accord entre la République socialiste de Birmanie et la République indienne sur la délimitation de la frontière maritime dans la mer d'Andaman, dans le détroit de Coco et dans le golfe du Bengale.

436 British Orders in Council, UK Statutory Instruments, 1958, nº 1517-1518.

437 *Délimitation de la frontière maritime dans le golfe du Bengale (Bangladesh/Myanmar)*, arrêt, TIDM Recueil 2012.

438 *The Bay of Bengal Maritime Boundary Arbitration between Bangladesh and India*, Award, Case No. 2010-16, PCA.

439 Convention sur le plateau continental, art. 6.

Seule méthode qui ait été consacrée par le droit conventionnel[440], elle a été utilisée dans la pratique des États dans un très grand nombre de cas et souvent par les tribunaux, mais elle ne constitue pas pour autant une règle coutumière. Dans l'affaire *Libye/Malte*, la CIJ dit ne pouvoir admettre que la méthode de l'équidistance, même comme étape provisoire de délimitation, « doive forcément être utilisée[441] ». D'ailleurs, les tribunaux n'ont retenu la méthode de l'équidistance que dans quelques cas seulement. Dans *Libye/Malte*, la Cour n'a pas jugé pertinents des arguments fondés sur la géologie et la géomorphologie, puisque dans ce cas elle a dit que le droit applicable se fondait « sur le principe d'adjacence mesurée par la distance[442] ». La Cour a ensuite ajusté la médiane stricte pour tenir compte d'une circonstance géographique importante, soit la très grande disparité dans les longueurs des côtes respectives des deux États.

Dans l'affaire *Érythrée/Yémen*, le tribunal d'arbitrage, dans sa sentence de 1999, a également tracé une médiane, sauf que celle-ci fait abstraction de certaines formations insulaires parce qu'elles sont inhospitalières ou éloignées de la côte. Il a aussi rejeté des arguments fondés sur l'histoire et, plus particulièrement, des titres historiques, mais il a par ailleurs entériné, à la demande même des Parties, l'existence d'un régime traditionnel de pêche.

Dans l'affaire *Cameroun c. Nigeria*, la CIJ estime que si l'emplacement de puits de pétrole peut révéler un consensus des Parties quant à la répartition des domaines maritimes, les puits « ne sauraient en eux-mêmes être considérés comme des circonstances pertinentes[443] » susceptibles de justifier l'ajustement d'une ligne médiane (ou d'une équidistance) d'abord tracée à titre provisoire.

1.5.2 L'équidistance modifiée

La solution adoptée en pareils cas est alors plus drastique : il ne s'agit plus de simplifier la ligne, mais, après avoir envisagé une ligne d'équidistance stricte, l'ajuster ou la déplacer. Cette méthode de l'équidistance modifiée est fréquente, aussi bien dans la jurisprudence que dans la pratique des États, notamment quand on tient compte de la disproportion entre les longueurs des côtes respectives.

Généralement, une tendance paraît s'établir nettement dans la jurisprudence à l'effet que le tribunal tracera provisoirement, dans un premier temps, un ligne d'équidistance stricte, examinera ensuite, dans un second temps, la question de savoir si cette ligne aboutit à un résultat équitable, et, dans le cas contraire, le tribunal verra s'il existe des circonstances pertinentes ou

---

440 À la suite d'une recommandation de la Commission du droit international.

441 *Plateau continental (Libye/Malte)*, arrêt, CIJ Recueil 1985, par. 43.

442 *Idem*, par. 61.

443 *Frontière terrestre et maritime entre le Cameroun et le Nigéria*, arrêt, CIJ Recueil 2002, par. 304.

spéciales, par exemple la disproportion dans les longueurs des côtes respectives, les configurations particulières du littoral, la présence de petites îles sises « du mauvais côté » de la médiane et ayant un effet disproportionné sur le tracé de la ligne, etc., auxquels cas il ajustera ou déplacera, dans un troisième temps, la ligne d'équidistance tracée provisoirement.

1.5.3 La perpendiculaire à la direction générale des côtes

Bien sûr, cette méthode ne peut être utilisée que dans les cas où les côtes respectives de deux États sont dans une situation d'adjacence plutôt que d'opposition.

Dans l'arbitrage *Guinée/Guinée-Bissau*[444], le tribunal expliquera que cette méthode peut être envisagée à une échelle macro- ou micro-géographique quand il s'agit d'établir la direction générale des côtes, les juges choisissant l'échelle macro-géographique, puisque la perpendiculaire s'appuie à une droite qui relie des points sur les côtes de deux États tiers : la pointe des Almadies au Sénégal et le cap Shilling en Sierra Leone.

Parfois la perpendiculaire a été retenue non seulement, ou peut-être même non principalement, pour ses vertus intrinsèques dans un cadre géographique particulier, mais aussi parce qu'elle constitue une limite *de facto* adoptée à d'autres fins. Ainsi, la CIJ a tracé, dans l'affaire *Libye/Tunisie*, le premier segment de la frontière selon un méridien qui a un angle de 26° et qui date d'une ligne *de facto* tracée par l'Italie et visant à repousser vers l'ouest les prétentions de la France en Tunisie. Cette ligne *de facto* observée tacitement pendant des années, dit la Cour, concrétise la manière dont les deux Parties ont octroyé des permis de recherche ou d'exploitation pétrolière.

Outre la difficulté que comporte le choix d'une échelle géographique, la méthode de la perpendiculaire suppose que la configuration du littoral soit telle qu'on puisse en rechercher la direction générale sans refaire la géographie, ce qui paraît exclure les cas de côtes fortement convexes ou concaves.

Les deux frontières maritimes Brunei/Malaisie sont inspirées de cette méthode et ont été décidées, le 11 septembre 1958, par des ordres-en-conseil[445] du gouvernement britannique. La méthode de la perpendiculaire a été également utilisée pour les deux frontières Chypre/Royaume-Uni aux termes d'un échange de notes[446] le 16 août 1960.

---

[444] *Délimitation de la frontière maritime entre la Guinée et la Guinée-Bissau*, sentence, RSA, vol. 20, p. 119-213.

[445] British Orders in Council, UK Statutory Instruments, 1958, n° 1517-1518.

[446] Exchange of notes (with Declaration) between the United Kingdom of Great Britain and Northern Ireland and Cyprus concerning the administration of the Sovereign Base Areas referred to in Article 1 of the above-mentioned Treaty ; Exchange of notes between the United

1.5.4 La ligne astronomique

Commune en matière terrestre, la ligne astronomique correspond alors à un parallèle de latitude, un méridien de longitude ou un azimut. Elle peut se rapprocher de l'équidistance ou de la perpendiculaire, ou bien s'en écarter considérablement.

Des parallèles de latitude ont été adoptés dans les accords de délimitation Birmanie/Inde[447] (23 décembre 1986), Arabie saoudite/Yémen[448] (12 juin 2000), Arabie saoudite/Koweït[449] (2 juillet 2000) et Indonésie/Philippines[450] (23 mai 2014) ; de même que dans le second arbitrage *Érythrée/Yémen*[451] (17 décembre 1999). Un méridien de longitude a été choisi aux termes de l'accord Russie/États-Unis[452] (1er juin 1990).

Quant à la ligne d'azimut, assez fréquente dans la pratique des États et la jurisprudence, elle paraît être arbitrairement choisie pour des raisons de commodité pratique, tout comme le méridien et le parallèle. Pourtant, cette ligne d'azimut peut coïncider avec la perpendiculaire à la direction générale des côtes, comme dans l'arbitrage *Guinée/Guinée-Bissau*[453] (14 février 1985). On a aussi utilisé la méthode des azimuts dans l'accord Oman/Iran[454] (26 mai 2015) ; de même que dans plusieurs affaires décidées par des tribunaux, notamment les suivantes : *Libye/Tunisie*[455], dans un arrêt de la CIJ (24 février 1982) ; *Qatar c. Bahreïn*[456] dans un autre arrêt de la CIJ (16 mars 2001) ; *Bangladesh/Myanmar*[457], dans un arrêt du TIDM (14 mars 2012) ; enfin, *Bangladesh c. Inde*[458], dans une sentence arbitrale (7 juillet 2014).

Kingdom of Great Britain and Northern Ireland and Cyprus concerning the future of the Sovereign Base Areas referred to in article 1 of the above-mentioned Treaty.

[447] Accord entre la République socialiste de Birmanie et la République indienne sur la délimitation de la frontière maritime dans la mer d'Andaman, dans le détroit de Coco et dans le golfe du Bengale.

[448] International Border Treaty between the Republic of Yemen and the Kingdom of Saudi Arabia.

[449] Agreement between the Kingdom of Saudi Arabia and the State of Kuwait concerning the submerged area adjacent to the divided zone.

[450] Agreement between the Republic of the Philippines and the Republic of Indonesia Concerning the Delimitation of the Exclusive Economic Zone Boundary.

[451] *Maritime Delimitation*, Award, Case No. 1996-04, PCA.

[452] Agreement between the United States of America and the Union of Soviet Socialist Republics on the maritime boundary.

[453] *Délimitation de la frontière maritime entre la Guinée et la Guinée-Bissau*, sentence, RSA, vol. 19.

[454] Agreement on the delimitation of the maritime boundary in the Sea of Oman between the Sultanate of Oman and the Islamic Republic of Iran.

[455] *Plateau continental*, arrêt, CIJ Recueil 1982.

[456] *Délimitation maritime et questions territoriales entre Qatar et Bahreïn*, fond, arrêt, CIJ Recueil 2001.

[457] *Délimitation de la frontière maritime dans le golfe du Bengale*, arrêt, TIDM Recueil 2012.

[458] *The Bay of Bengal Maritime Boundary Arbitration between Bangladesh and India*, Award, Case No. 2010-16, PCA.

Ces lignes astronomiques possèdent un avantage indiscutable : elles sont très faciles à tracer, outre le fait qu'on ne peut imaginer de méthodes qui soient plus simples. Sont-elles pour autant équitables ? Tout dépend, bien sûr, du contexte géographique dans lequel elles s'inscrivent.

1.5.5 La ligne géométrique

Cette méthode consiste à tracer un arc de cercle, notamment quand une île se trouve « du mauvais côté » de la ligne d'équidistance et souvent quand la souveraineté territoriale sur cette île a été jusque-là disputée. La ligne suivant un arc de cercle a pour effet d'enclaver partiellement une formation insulaire, et ses rayons, d'une longueur de 3, 6, 12 ou 24 milles marins, correspondent aux largeurs extérieures reconnues à cette formation pour sa mer territoriale, sa zone contiguë ou sa zone de pêche. Cette méthode été retenue dans certains accords bilatéraux, notamment en Asie : Arabie saoudite/Iran[459] (24 octobre 1968), Iran/Émirats arabes unis[460] (31 août 1974), Émirats arabes unis/Qatar[461] (30 mars 1969) et Iran/Oman[462] (25 juillet 1974) ; de même que dans l'affaire *Bangladesh/Myanmar*[463], dans un arrêt du TIDM (14 mars 2012).

Une autre méthode, la bissectrice, a été utilisée, notamment par la CIJ dans ses arrêts *Libye/Tunisie*[464] (24 février 1982) et *Canada/États-Unis* (12 octobre 1984)[465], de même que dans l'accord Corée du Nord/Russie[466] du 22 janvier 1986.

1.5.6 La ligne prolongeant la frontière terrestre ou la mer territoriale

Le prolongement peut être réalisé suivant la même direction ou la direction générale de la ligne. Dans l'affaire *Libye/Tunisie*, le premier segment de la ligne soumise par la Libye était orienté franc nord et voulait rendre compte du prolongement dans cette direction de la masse terrestre du continent africain dans son ensemble. S'il est vrai que « le facteur de perpendicularité par rapport

---

459 Agreement concerning the sovereignty over the islands of Al-Arabiyah and Farsi and the delimitation of the boundary line separating submarine areas between the Kingdom of Saudi Arabia and Iran.

460 Offshore Boundary Agreement between Iran and Dubai.

461 Agreement between Qatar and Abu Dhabi on the settlement of maritime boundaries and ownership of islands.

462 Agreement concerning Delimitation of the Continental Shelf between Iran and Oman.

463 *Délimitation de la frontière maritime dans le golfe du Bengale*, arrêt, TIDM Recueil 2012.

464 *Plateau continental*, arrêt, CIJ Recueil 1982.

465 *Délimitation de la frontière maritime dans la région du golfe du Maine*, arrêt, CIJ Recueil 1984.

466 Agreement between the United States of America and the Union of Soviet Socialist Republics on the maritime boundary.

à la côte et la notion de prolongement de la direction générale de la frontière terrestre constituent, de l'avis de la Cour, des critères pertinents...[467] », elle rejette néanmoins l'argument libyen en disant que la notion de prolongement naturel n'est utile aux fins d'une délimitation que dans la mesure où l'une des caractéristiques invoquées marquerait une rupture telle qu'elle constituerait incontestablement la limite de deux prolongements naturels distincts.

1.5.7 La ligne du thalweg ou du principal chenal navigable

Lorsque la frontière correspond à la ligne des plus grandes profondeurs, on dit qu'il s'agit de la ligne du thalweg, mais on peut adopter aussi une ligne qui s'y rapproche, celle du chenal navigable ou du principal chenal navigable. Cette méthode peut être appropriée pour diviser la mer territoriale entre États qui partagent des côtes adjacentes et qui ont pour frontière terrestre (ou plutôt fluviale) un cours d'eau dont le thalweg se prolonge à son embouchure. Toujours est-il que cette méthode a été abondamment discutée dans certaines affaires mais n'a pas eu encore la faveur de la jurisprudence, par exemple dans l'affaire *Libye/Tunisie* de 1982 dans laquelle la Cour a ignoré la présence du sillon tripolitain.

Dans l'affaire *Cameroun c. Nigéria*, la CIJ, dans son arrêt de 2002, examine un vieux traité colonial et dit que l'« ancrage » terrestre de la frontière maritime se trouve à l'intersection de la ligne droite joignant Bakassi Point et King Point avec le milieu du chenal navigable de la rivière Akwayafé, selon l'Accord anglo-allemand du 11 mars 1913[468].

Dans l'arbitrage *Guinée/Guinée-Bissau* de 1985, un problème similaire confronta le tribunal, qui, ayant observé la migration d'un cours d'eau à son embouchure, établit un point fixe (A) au large et précisa que la frontière s'étendrait dans la direction du thalweg : « Comme le thalweg du Cajet peut en pratique subir des déplacements au fil des ans, le tribunal a fait partir la délimitation des territoires maritimes de l'intersection de ce thalweg avec un méridien approprié, sans indiquer une latitude plus précise. (...) Sur la carte, il n'a pas fait dessiner un tracé définitif (...) mais il a fait indiquer en trait fin un tracé potentiel destiné à illustrer la continuité de la ligne de délimitation à tout moment sans correspondre forcément au tracé réel dans une période donnée[469] ».

Le principal chenal navigable a été retenu comme facteur de délimitation dans le traité Indonésie/Singapour[470] du 25 mai 1973, de même que dans

---

[467] *Plateau continental*, arrêt, CIJ Recueil 1982, par. 120.

[468] *Frontière terrestre et maritime entre le Cameroun et le Nigéria*, arrêt, CIJ Recueil 2002, par. 268.

[469] *Délimitation de la frontière maritime entre la Guinée et la Guinée-Bissau*, sentence, RSA, vol. 19, par. 129.

[470] Traité entre la République de Singapour et la République d'Indonésie relatif à la délimitation des mers territoriales des deux pays dans le détroit de Singapour.

l'accord Malaisie/Singapour[471] du 7 août 1995, lequel référait à un vieil instrument conclu le 19 octobre 1927[472] entre la Grande-Bretagne et Johore.

Mentionnons aussi un autre accord qui s'inspire des réalités géomorphologiques sous-marines, celui intervenu entre l'Indonésie et l'Australie[473], le 9 octobre 1972, au sujet de la fosse de Timor. Hormis quelques cas où la présence d'un thalweg n'a d'effet qu'à proximité des côtes, les caractères géomorphologiques – en l'occurrence des fosses tectoniques – ont inspiré le tracé de la ligne dans d'autres situations, certaines en-deçà, d'autres au-delà des 200 milles.

1.5.8 La frontière-zone

À défaut d'entente entre deux États sur l'adoption de la totalité ou d'une partie de la ligne de délimitation, ou s'ils conviennent de gérer et d'exploiter en commun un espace maritime – concurremment ou comme alternative à l'établissement de cette ligne –, ils peuvent instaurer une zone où il s'agit d'administrer les ressources halieutiques et/ou minérales. Cette solution, qui paraît plus conforme aux réalités du milieu marin et qui exprime l'évidence d'une interdépendance de plus en plus grande, serait fort appropriée dans les cas où la ligne de division envisagée a pour effet de « couper » des secteurs où abondent poissons et/ou hydrocarbures.

On peut distinguer entre divers types de zones : zone indivise ou divise de partage, comme dans les arbitrages *Érythrée/Yémen*[474] (9 octobre 1998 et 17 décembre 1999) ; de même que les accords de l'Arabie saoudite avec Bahreïn[475] (22 février 1958) et le Koweït[476] (2 juillet 2000) ; ceux de la Malaisie avec la Thaïlande[477] (24 octobre 1979) et Brunei[478] (11 septembre

---

[471] Agreement between the Government of Malaysia and the Government of the Republic of Singapore to Delimit Precisely the Territorial Waters Boundary in Accordance with the Straits Settlements and Johore Territorial Waters Agreement.

[472] Agreement concluded between His Majesty and the Sultan of the State and Territory of Johore.

[473] Accord entre le Gouvernement du Commonwealth d'Australie et le Gouvernement de la République d'Indonésie instituant certaines lignes délimitant les fonds marins dans la zone des mers de Timor et d'Arafura, complétant l'accord du 18 mai 1971.

[474] *Territorial Sovereignty and Scope of the Dispute* ; *Maritime Delimitation.* Awards, Case No. 1996-04, PCA.

[475] Continental Shelf Boundary : Bahrain/Saudi Arabia.

[476] Agreement between the Kingdom of Saudi Arabia and the State of Kuwait concerning the submerged area adjacent to the divided zone.

[477] Memorandum of Understanding between the Kingdom of Thailand and Malaysia on the delimitation of the continental shelf boundary between the two countries in the Gulf of Thailand.

[478] CLCS : https://www.un.org/depts/los/clcs_new/submissions_files/preliminary/brn2009preliminaryinformation.

1958) ; ceux de l'Australie avec l'Indonésie[479] (11 décembre 1989) et le Timor oriental[480] (2 mai 2002, 6 mars 2003 et 12 janvier 2006) ; ceux du Viet Nam avec la Thaïlande[481] (9 août 1997) et la Chine[482] (25 décembre 2000) ; outre l'accord Corée du Sud/Japon[483] (30 janvier 1974). Mentionnons enfin un cas rarissime sinon unique, celui d'une zone « en profondeur », telle que celle prévue dans l'accord Arabie saoudite/Soudan[484] (16 mai 1974) pour l'exploitation en commun au-delà de l'isobathe des 1 000 mètres.

1.6 Conclusion

Il semble bien, et cela est clair depuis au moins la sentence dans l'arbitrage de l'*Île de Palmas* de 1928, que l'occupation effective – celle qui permet à la puissance étatique de contrôler et de conserver le territoire à la « date critique » – constitue le mode privilégié d'acquisition territoriale, parmi tous ceux qui sont distingués par la doctrine, et cette occupation doit prédominer sur les revendications concurrentes, le cas échéant, fondées sur d'autres modes, tels que la découverte, la conquête, la continuité et la contiguïté. Le rôle des tribunaux internationaux, fondamental en cas de litiges qui n'ont pu être réglés par les autres voies de règlement pacifique[485], vient confirmer et cristalliser le meilleur titre – celui de l'occupant effectif. Pourtant, force est de constater que cette approche traditionnelle ne saurait rendre compte des questions de souveraineté territoriale dans des zones inhospitalières et d'accès difficile.

Les zones maritimes sous juridiction nationale (eaux intérieures, eaux archipélagiques, mer territoriale, zone contiguë, zone économique exclusive et plateau continental) doivent être établies en conformité avec la CNUDM, mais elles sont décidées unilatéralement par l'État côtier, qui peut même ne pas se prévaloir de ses droits. Aussi, peut-on parler, dans l'histoire récente,

---

[479] Treaty between Australia and the Republic of Indonesia on the zone of Cooperation in an Area between the Indonesia Province of East Timor and Northern Australia.

[480] Timor Sea Treaty between the Government of East Timor and the Government of Australia; Agreement between the Government of Australia and the Government of the Democratic Republic of Timor-Leste relating to the Unitization of the Sunrise and Troubadour fields ; Treaty on Certain Maritime Arrangements in the Timor Sea.

[481] Accord du 9 août 1997 entre le Gouvernement du Royaume de Thaïlande et le Gouvernement de la République socialiste du Viet Nam sur la délimitation de la frontière maritime entre les deux pays dans le golfe de Thaïlande.

[482] Agreement on Fishery Co-operation in the Tonkin Gulf between the Government of the People's Republic of China and the Government of the Socialist Republic of Vietnam.

[483] Agreement between Japan and the Republic of Korea concerning Joint Development of the Southern Part of the Continental Shelf Adjacent to the Two Countries.

[484] Arabie saoudite/Soudan (16 mars 1974) Accord entre le gouvernement de la République démocratique du Soudan et le gouvernement du Royaume d'Arabie Saoudite relatif à l'exploitation conjointe de ressources naturelles du fond et du sous-sol de la mer Rouge dans la zone commune.

[485] Charte des Nations Unies, art. 33.

d'une territorialisation des espaces maritimes dont on ne sait pas très bien où et quand elle va s'arrêter.

Si l'on connaît le passé en matière de territorialisation des zones maritimes sous juridiction nationale, bien malin qui pourrait lire dans l'avenir en devinant ce qui va advenir non seulement des droits invoqués jusqu'ici, à tort ou à raison, comme historiques pour revendiquer des baies du même nom ou pour faire valoir la validité de certaines lignes de base droites, mais aussi des soumissions devant la CLPC.

Cet avenir incertain ne concerne pas que les limites de la marge continentale, mais aussi celles de la zone économique exclusive qui, dans le contexte d'une réduction dramatique des stocks, risquent d'être repoussées à plus de 200 milles. La mer territoriale elle-même, actuellement limitée à une largeur de 12 milles marins, ne risque-t-elle pas d'être élargie en contravention avec l'instrument de 1982, compte tenu des nouvelles menaces qui planent à l'horizon, notamment le terrorisme ? Bref, il n'est pas interdit de penser, compte tenu de la brève histoire de la territorialisation des espaces maritimes, que ce mouvement d'expansion, loin d'être arrêté, va se poursuivre au gré des besoins ou des égoïsmes nationaux. En tout cas, c'est ainsi que progresse le droit, car des actes unilatéraux, illégaux aujourd'hui, peuvent être répétés et donner naissance à une nouvelle coutume, cristallisée ensuite dans le droit conventionnel.

Là où l'État côtier n'a plus juridiction, c'est-à-dire au-delà même des zones sous juridiction nationale (la haute mer – ouverte à tous les États – et la Zone internationale des grands fonds marins – patrimoine commun de l'humanité), l'avenir est tout aussi incertain, car si ces espaces sont déjà réglementés par la CNUDM et bien d'autres instruments, leurs usages sont à peine amorcés, notamment dans la Zone, où seulement quelques États y exercent des activités, alors que cet espace a été pensé en bonne partie pour les États en développement, notamment les États africains[486].

Mais dans toutes les situations et toutes les régions, le règlement des différends relatifs à la souveraineté territoriale, notamment sur les îles, constitue une condition presque *sine qua non* à la délimitation maritime, encore que dans certains cas, les parties ont eu la sagesse de laisser en suspens un litige territorial mineur pour assurer la majeure partie de cette délimitation, ainsi que l'ont fait le Canada et les États-Unis dans le golfe du Maine (île Machias Seal) quand ils ont conclu un compromis en 1981 pour saisir la CIJ[487], de même que le Canada et le Danemark dans le détroit de Nares (île de Hans)

---

486 Egede, Edwin (2009) African States and Participation in Deep Seabed Mining : Problems and Prospects, *IJMCL*, vol. 24, n° 4, p. 683-712.

487 *Délimitation de la frontière maritime dans la région du golfe du Maine*, arrêt, CIJ Recueil 1984.

aux termes de leur accord de délimitation de 1973[488], ou encore l'Iran et les Émirats arabes unis dans leur traité de 1974[489].

Les décisions des tribunaux, d'autant plus précieuses qu'elles sont peu nombreuses, notamment en Asie, ont reconnu expressément que « chaque cas est un *unicum* ». C'est là constater les difficultés de résoudre les conflits par l'application de règles normatives et générales à l'infinie variété des faits géographiques. D'ailleurs les juges ont fait remarquer à maintes reprises que le rôle du droit n'est pas de refaire la géographie – cette affirmation ayant été réitérée dans l'affaire *Ghana/ Côte d'Ivoire* quand la Chambre spéciale du TIDM, dans son arrêt de 2017, « souligne – tout en étant consciente que toute délimitation peut avoir pour effet dans une certaine mesure de refaire la nature – que la délimitation ne doit pas refaire entièrement la géographie ou rectifier les inégalités de la nature » (par. 409)[490].

Parmi tous les facteurs (géographiques, géomorphologiques, environnementaux, historiques, économiques, géopolitiques et, enfin, relatifs à la conduite des parties), seuls ceux du premier type ont véritablement retenu l'attention des tribunaux en matière de délimitation des frontières maritimes. Les juges ont en effet insisté sur l'importance cardinale de la géographie, notamment de la géographie côtière. Il faut donc reconnaître que tout argument qui n'est pas de nature strictement géographique est susceptible d'être écarté comme étant non pertinent. Pourtant, les juges eux-mêmes ont précisé qu'ils ne doivent pas être rejetés *a priori*. Une certaine doctrine accorde d'ailleurs une place non négligeable aux arguments historiques et économiques, avec raison, croyons-nous.

Il faut pourtant conclure que les facteurs d'ordre strictement géographique sont de loin les plus importants, sinon les seuls : « Non geographic considerations, such as (...) economic use or dependence, play a subsidiary role in maritime boundary delimitation. Such considerations allow for minor variances from a line determined solely by reference to geographic factors only in exceptional situations[491] ».

Quant à la pratique des États, telle qu'elle est exprimée par les accords bilatéraux, qui sont de loin les principaux instruments de la délimitation maritime, le contenu de ces accords ne révèle que rarement les facteurs qui ont été tenus pour pertinents dans le processus de délimitation, et il est par conséquent difficile d'affirmer que les seules considérations qui ont guidé les parties étaient d'ordre exclusivement géographique. On peut penser au contraire que ces accords, qui sont inspirés par l'opportunité politique,

488 Accord entre le Gouvernement du Royaume du Danemark et le Gouvernement du Canada relatif à la délimitation du plateau continental entre le Groenland et le Canada.

489 Offshore Boundary Agreement between Iran and Dubai.

490 *Différend relatif à la délimitation de la frontière maritime entre le Ghana et la Côte d'Ivoire dans l'océan Atlantique*, arrêt, TIDM Recueil 2017.

491 Collins, E. and Rogoff, M. (1982) The International Law of Maritime Boundary Delimitation, *MLR*, vol. 34, p. 61-62.

résultent de diverses considérations qui ne visent pas nécessairement un résultat équitable, contrairement à la mission des tribunaux.

Sauf l'équidistance, prévue expressément dans la CNUDM pour la délimitation de la mer territoriale, aucune autre méthode n'est mentionnée dans cet instrument, lequel incite par ailleurs les États à s'entendre par voie bilatérale. Les accords de délimitation sont déjà très nombreux, qui retiennent diverses méthodes, et même parfois des méthodes combinées, la plus utilisée demeurant certes celle de l'équidistance. Quant aux tribunaux internationaux, à défaut de règles précises en droit conventionnel, ils ont su puiser dans leurs propres précédents et ont pris connaissance de la riche pratique des États en élaborant diverses méthodes ou combinaisons de méthodes, cette diversité rendant compte des particularités géographiques de chaque cas d'espèce.

En cette ère de diminution dramatique des stocks halieutiques, la zone de protection est certes une solution fort appropriée et pourrait être envisagée comme solution dans les océans et les mers, même si elle ne satisfait pas les tenants de l'approche traditionnelle qui consiste à diviser les espaces maritimes selon des lignes bien précises. La notion de zone de protection a été examinée en 2015 par le tribunal constitué à la suite d'une procédure d'arbitrage instituée par le demandeur dans l'affaire *Maurice c. Royaume-Uni* au sujet de la « zone marine protégée » de l'archipel des Chagos[492].

Par ailleurs, et s'agissant de la haute mer, il faut saluer la conclusion d'un nouvel accord[493], adopté le 19 juin 2023 par les États membres de l'ONU – un instrument juridiquement contraignant qui vise à assurer la gestion des océans, au nom des générations actuelles et futures, notamment par la conservation du milieu marin, de même qu'une meilleure protection des stocks de poissons et la lutte contre la pollution chimique et l'acidification des eaux marines.

---

492 *Sentence arbitrale relative au différend entre Maurice et le Royaume-Uni de Grande-Bretagne et d'Irlande du Nord concernant l'aire marine protégée des Chagos*, sentence du 18 mars 2015, RSA, vol. 31, p. 359-606.

493 Accord se rapportant à la Convention des Nations Unies sur le droit de la mer et portant sur la conservation et l'utilisation durable de la diversité biologique marine des zones ne relevant pas de la juridiction nationale.

Chapitre 2

LE GOLFE PERSIQUE

Appelé aussi golfe Arabo-Persique puisqu'il baigne à la fois l'Iran et plusieurs pays arabes, le golfe Persique est juridiquement une mer semi-fermée entourée de huit États (*figure 4*), et c'est sans compter les entités membres de la fédération des Émirats arabes unis. Sauf quelques segments *omni-fonctionnels* à proximité de côtes adjacentes, toutes les frontières *réelles* sont *uni-fonctionnelles,* d'ailleurs délimitées pour la plupart avant la CNUDM, mais on peut présumer, même à défaut de révision, que ces délimitations concernent également la ZÉE ou la zone de pêche.

Nonobstant des relations politiques difficiles sinon inexistantes, les États baignés par le golfe Persique ont conclu depuis déjà plusieurs décennies de nombreux accords de délimitation maritime[494]. Si la délimitation est avancée dans cette mer, certaines zones ont résisté au tracé entier ou partiel des frontières, notamment parce que la souveraineté territoriale sur certaines îles est disputée, par exemple entre l'Iran et les Émirats arabes unis concernant l'île Abu Musa à proximité du très stratégique détroit d'Ormuz[495]. À l'autre extrémité du golfe subsistent aussi des zones non encore délimitées parce que persistent des séquelles des guerres et des différends relatifs aux frontières terrestres elles-mêmes – et l'on pense bien sûr aux disputes entre l'Iran et l'Irak, de même qu'entre l'Irak et le Koweït.

À défaut d'accords de délimitation, ou même en sus de tels accords, quelques zones d'exploitation commune ont été convenues, notamment par l'Arabie saoudite avec Bahreïn en février 1958 et avec le Koweït en juillet 2000. Quant aux mésententes résultant de l'effet – nul, partiel ou total – à donner à une formation insulaire sur le tracé d'une frontière adoptée selon une ligne d'équidistance, quelques États ont adopté la méthode consistant à tracer autour de l'île un arc de cercle, comme l'ont fait l'Arabie saoudite et l'Iran dans leur accord d'octobre 1968, de même que le Qatar et les Émirats en mars 1969.

---

[494] Pour un tableau général de la situation dans le golfe Persique, consulter notamment : Tshiyemba, Boniface (2024) *L'analyse géopolitique de la crise du golfe Persique* ; Aubry, Émilie et Tétart, Frank (2024) *Le dessous des cartes. La puissance et la mer*, p. 134-140 ; Gioia, Andres (2020) Persian Gulf, *MPEIL* ; Carleton, Chris (2005) Red Sea/Persian Gulf, *in* Colson, David A. and Smith, Robert W., eds, *IMB*, vol. 5 ; Alexander, Lewis M. (1993) Persian Gulf Maritime Boundaries, p. 315-320, *in* Charney, Jonathan I. and Alexander, Lewis M., eds, *IMB*, vol. 2.

[495] Gafaiti, Kevan (2022) *La crise du détroit d'Ormuz de 2018 à nos jours* : *Une victoire iranienne ?* ; Berthevas, Owen (2024) La République islamique d'Iran au pourtour du détroit d'Ormuz : enjeux sécuritaires et stratégies navales, *Diploweb.com : La revue géopolitique*.

L'Iran[496], qui occupe toute la façade nord du golfe Persique, a conclu depuis longtemps avec des États d'en face de nombreux accords portant essentiellement sur la délimitation du plateau continental selon la méthode de l'équidistance. Le premier de ces accords est conclu avec l'Arabie saoudite (*section 2.1*) en octobre 1968, puis un second est signé avec le Qatar (*2.2*) en septembre1969, un autre avec Bahreïn (*2.3*) en juin 1971, suivi de deux autres avec Oman (*2.4*) signés respectivement en juillet 1974 et mai 2015. Entre-temps, en août 1974, l'Iran concluait un accord avec les Émirats (Dubaï) (*2.5*).

À l'instar de l'Iran, l'Arabie saoudite signe plusieurs accords de délimitation, outre ceux avec l'Iran et le Koweït : d'abord avec Bahreïn (*section 2.6*) en février 1958, outre l'instauration d'une zone commune d'exploitation ; puis avec le Qatar (*2.7*) en décembre 1965, cet accord étant suivi de minutes en mars 2001, puis de minutes supplémentaires en juillet 2008 ; entre-temps, l'Arabie saoudite concluait un traité avec les Émirats en août 1974, mais on peut douter de la validité juridique de cet instrument, notamment parce qu'il n'a été rendu public qu'après de nombreuses années et que les Émirats ne l'ont pas reconnu. En mars 1969, le Qatar concluait un accord de délimitation avec les Émirats (Abu Dhabi) (*2.8*), de même qu'il réglait dans ce même instrument un litige relatif à la souveraineté territoriale sur des îles disputées.

En mai 1993, la frontière délimitant la mer territoriale entre l'Irak et le Koweït (*section 2.9*) était démarquée par une commission internationale établie aux termes de la résolution 687 (1991) du Conseil de sécurité de l'ONU. Cette frontière fera l'objet par la suite de divers accords ou autres actes juridiques. Quant à la frontière délimitant le plateau continental entre le Koweït et l'Arabie saoudite (*2.10*), elle sera convenue par accords conclus en juillet 2000 et décembre 2019.

Outre les délimitations effectuées par accords bilatéraux, il faut rappeler l'arrêt de 2001 dans l'affaire *Qatar c. Bahreïn* (*section 2.11*), laquelle, à l'instar de l'affaire *Érythrée/Yémen*, concerne à la fois la souveraineté territoriale et la délimitation maritime, mais contrairement à la première, il s'agit non plus d'un différend porté devant des arbitres mais devant la CIJ, sans compter que dans ce dernier cas la Cour rendra une seule et même décision. Au terme d'une instance qui aura duré dix ans, la CIJ rend son arrêt en mars 2001. S'agissant de la souveraineté territoriale, le différend portait principalement sur l'archipel des Hawar, de même que sur une région terrestre – Zubarah – naturellement rattachée au Qatar.

---

[496] IILSS (2024) Analyzing Iran's Maritime Matters in Law of the Seas and Security, *in CMI* : https://iilss.net/analyzing-irans-maritime-matters-in-law-of-the-seas-and-security/.

Mentionnons aussi un cas inusité, celui de la délimitation terrestre et celle du plateau continental Dubaï/Sharjah[497], établies en octobre 1981 par un tribunal d'arbitrage[498]. Il convient enfin de souligner un autre cas inusité, celui de la frontière maritime entre l'Arabie saoudite et les Émirats arabes unis, laquelle a été évoquée dans un accord de 1974 qui prévoyait la modification de leur frontière terrestre d'une façon telle que l'Arabie saoudite aurait désormais un accès à la mer à l'est de la péninsule du Qatar.

2.1 Iran / Arabie saoudite

Le litige irano-saoudien relatif à la délimitation du plateau continental se trouva cristallisé par une déclaration saoudienne, en 1963, selon laquelle la concession pétrolière de 1958 – consentie par l'Iran à la société Iran Pan-American Oil Company – constituait un empiètement sur une concession saoudienne accordée en 1948 à la Arabian American Oil Company[499].

À l'instar du traité conclu dix ans plus tôt entre l'Arabie saoudite et Bahreïn, l'accord[500] irano-saoudien du 24 octobre 1968, outre qu'il établit la délimitation du plateau continental, règle un conflit concernant deux îles inhabitées et sises au milieu du golfe, dont la souveraineté avait été jusque-là disputée : Farsi, plus rapprochée des côtes iraniennes que des saoudiennes, étant attribuée à l'Iran ; et Al-Arabiyah, du côté de l'Arabie saoudite, étant dévolue à celle-ci. L'accord prévoit en outre qu'une ceinture de mer territoriale de 12 milles marins[501] sera reconnue à chacun des deux États, et la ligne de délimitation décrit en conséquence un arc de cercle, sauf dans la zone où les ceintures se chevauchent, auquel cas la méthode de l'équidistance a été retenue[502].

De part et d'autre des îles, cette frontière est déterminée par des lignes droites joignant 14 points dont les seules coordonnées géographiques sont spécifiées à l'accord. Cette frontière, qui s'étire sur 138 milles marins – la plus longue dans le golfe Persique –, suit d'assez près, dans sa partie

---

[497] IILSS (2022) The 1981 Arbitration concerning the Border between the Emirates of Dubai and Sharjah : https://iilss.net/the-1981-arbitration-concerning-the-border-between-the-emirates-of-dubai-and-sharjah/ ; Charney, Jonathan I. and Alexander, Lewis M. (1998) Dubai-Sharjah, *in IMB*, vol. 3, p. 2385.

[498] *Award in the Matter of an Arbitration Concerning the Border Between the Emirates of Dubai and Sharjah*, Judgment of 19 October 1981, *ILR*, vol. 91, p. 543-701.

[499] El-Hakim, Ali A. (1979) *The Middle Eastern States and the Law of the Sea*, p. 91.

[500] Agreement concerning the sovereignty over the islands of Al-Arabiyah and Farsi and the delimitation of the boundary line separating submarine areas between the Kingdom of Saudi Arabia and Iran.

[501] L'Arabie saoudite et l'Iran ont décrété une mer territoriale de cette largeur en 1958 et 1959 respectivement.

[502] International Mapping (2024) *Sovereign Limits* : https://sovereignlimits.com/boundaries/iran-saudi-arabia-maritime.

méridionale, une ligne d'équidistance stricte[503], mais elle s'en éloigne dans sa partie septentrionale, étant donné qu'un demi-effet a été attribué à l'île de Kharg – une formation de 12 milles carrés située à 17 milles marins des côtes iraniennes. La ligne ainsi déviée a pour effet d'attribuer à l'Iran une souveraineté exclusive sur le champ pétrolifère de Fereydoon, tandis qu'une médiane stricte aurait placé ce champ du côté de l'Arabie saoudite, outre celui de Marjan. Cette médiane stricte avait d'ailleurs fait l'objet d'un premier accord, en 1965, qui ne fut pourtant jamais ratifié par l'Iran pour le motif que de nouvelles ressources ayant été découvertes, la ligne aurait opéré, de l'avais iranien, un partage inéquitable[504]. La médiane ajustée paraît offrir un partage approximativement égal entre les deux États.

Comme l'existence des deux champs pétrolifères était déjà connue au moment de la conclusion de l'accord – contrairement à ce qui s'est passé à la même période en mer du Nord –, on peut se demander si la méthode du demi-effet a été choisie *in abstracto* – avec d'avantageuses conséquences pour l'Iran, ou si elle a été plutôt retenue pour avoir précisément l'effet de lui attribuer l'un des deux champs. L'accord stipule l'interdiction de forer à l'intérieur d'une zone de 500 mètres, de part et d'autre de la ligne de délimitation. L'instauration de cette zone d'exclusion vise à empêcher la pratique du forage « directionnel » qui consiste à vider le champ du voisin à partir d'un côté de la ligne[505].

2.2 Iran / Qatar

Six mois après la signature de l'accord Qatar/Abu Dhabi, le Qatar[506] conclut avec l'Iran, le 20 septembre 1969, un accord[507] de délimitation du plateau continental ratifié le 10 mai 1970.

La ligne, d'une longueur de 131 milles marins entre des côtes opposées, est basée sur le principe de l'équidistance entre les masses continentales des deux États, tout en ignorant la présence de chacune des îles[508]. Le point terminal de la ligne à l'est coïncide avec le point le plus au large de la ligne

---

503 Plusieurs îles sises à moins de 12 milles de la côte saoudienne ont été ignorées, alors qu'elles se trouvent pourtant à l'intérieur de la ligne de base saoudienne. El Hakim, Ali A. (1979) *op. cit.*, p. 95.

504 *Idem*, p. 92.

505 Gault, Ian Townsend (1988) Offshore Boundary Delimitation in the Arabian/Persian Gulf, *in* Johnston and Saunders, eds (1988) *Ocean Boundary-Making* : *Regional Issues and Development*, p. 213.

506 IILSS (2023) Qatar Maritime Matters in Law of the Seas and Security, *in CMI* : https://iilss.net/qatar-maritime-matters-in-law-of-the-seas-and-security/.

507 Agreement concerning the boundary line dividing the continental shelf between Iran and Qatar.

508 International Mapping (2024) *op. cit.* : https://sovereignlimits.com/boundaries/iran-qatar-maritime.

Qatar/Abu Dhabi, tandis que le point terminal de la ligne à l'ouest n'a pu être défini puisque la frontière Qatar/Bahreïn n'était pas délimitée.

L'accord prévoit une interdiction de forer, sauf de consentement mutuel, à moins de 125 mètres de part et d'autre de la frontière commune, dans le cas où un champ pétrolifère s'étendant de chaque côté pourrait être exploité par des opérations menées de l'autre côté de la frontière.

2.3 Iran / Bahreïn

La plus courte des frontières maritimes conclues à ce jour dans le golfe Persique (28,8 milles marins) a été constatée par accord[509] entre les deux États le 17 juin 1971, peu de temps après l'abandon par l'Iran de ses revendications territoriales à l'égard de Bahreïn[510].

Le point terminal de la ligne à l'ouest coïncide avec celui de la ligne à l'est entre l'Arabie saoudite et l'Iran, tandis que le point terminal de la ligne à l'est correspond à celui de la ligne à l'ouest entre le Qatar et l'Iran. Ces deux points paraissent plus rapprochés du territoire iranien (île de Nakhilu) que celui de Bahreïn (îlot de Muharraq). Les points 2 et 3 seraient par ailleurs basés sur l'application de la méthode de l'équidistance, bien que l'îlot de Muharraq – relié par une jetée à Bahreïn – ait été ignoré, tandis qu'un effet entier a été attribué à des îles iraniennes de plus faibles dimensions et plus éloignées de la côte.

L'interdiction de forer à moins de 125 mètres, prévu dans l'accord Iran/Qatar, a été reprise presque mot à mot dans l'accord Bahreïn/Iran (art. 2).

2.4 Iran / Oman

Signé le 25 juillet 1974 et ratifié le 25 mai 1975, un premier accord[511] établit une frontière de 125 milles entre des côtes essentiellement opposées à travers le détroit d'Ormuz au large de la péninsule de Musandam – une exclave d'Oman[512]. Peu de temps avant la conclusion de cet instrument, les deux États avaient émis un communiqué conjoint[513] par lequel ils déclaraient souhaiter la stabilité dans la région et le libre passage dans le détroit. À l'instar des autres accords concernant le golfe Persique, seules sont déterminées les coordonnés géographiques des points établissant le

[509] Agreement concerning Delimitation of the Continental Shelf between Iran and Bahrain.
[510] International Mapping (2024) *op. cit.* : https://sovereignlimits.com/boundaries/bahrain-iran-maritime.
[511] Agreement concerning Delimitation of the Continental Shelf between Iran and Oman.
[512] International Mapping (2024) *op. cit* : https://sovereignlimits.com/boundaries/iran-oman-maritime.
[513] Charney, J.I. and Alexander, L.M., eds (1993) *op. cit,* vol. 2, p. 1503-1510.

tracé de la ligne, la méthode de l'équidistance n'étant pas mentionnée, mais on peut présumer qu'elle a été retenue par plusieurs de ces points[514].

Un effet entier a été reconnu à certaines îles, notamment les îles iraniennes de Queshm et Larak, l'accord prévoyant dans ce dernier cas que la ligne qui relie les points 9 et 10 coïncide avec les limites extérieures de la mer territoriale établies à 12 milles : il s'agit par conséquent d'un arc de cercle. Dans d'autres cas, on leur a accordé plutôt un demi-effet, par exemple l'île omanaise Umm al Fayarin pour la définition du point 18. Elle a été par ailleurs ignorée pour le point 19. Parfois, la ligne s'écarte de la médiane, ainsi en son point terminal 21 puisqu'elle est plus rapprochée de 4,4 milles du territoire omanais que de l'iranien.

Les deux points terminaux de la ligne demeureront indéterminés tant et aussi longtemps que n'auront pas été formellement établies et reconnues les frontières Oman/Émirats arabes unis dans le golfe Persique et dans le golfe d'Oman. Il faut mentionner par ailleurs qu'une importante base de données des Nations Unies[515] laisse entendre qu'un accord aurait été conclu, mais, loin d'indiquer, contrairement à son habitude, le titre et le contenu d'un tel accord, cette base le mentionne comme étant « not available ».

En tout cas, dans une note du ministre émirati des Affaires étrangères adressée le 12 novembre 2009 au Secrétaire général des Nations Unies, il est affirmé que son ministère « does not recognize for the Kingdom any maritime zones or sovereign rights beyond the median line separating the territorial sea...[516] ». Beaucoup plus tard, dans une lettre datée du 11 janvier 2023, le représentant d'Oman « fait part du désaccord du Sultanat d'Oman au sujet des coordonnées émiriennes et insiste sur la souveraineté d'Oman sur ses eaux territoriales, conformément à l'Accord de frontière entre le Sultanat d'Oman et les Émirats arabes unis relatif aux secteurs limitrophes de l'est d'Ouqeïdat au Dara, signé le 22 juin 2002[517] ». Entre-temps, un second accord[518] Oman/Iran aura été conclu, en 2015, concernant la délimitation dans le golfe d'Oman.

---

[514] Prescott, J.R.V. (1985) *The Maritime Political Boundaries of the World*, p. 171.

[515] MSMZMD : https://www.un.org/depts/los/LEGISLATIONANDTREATIES/STATEFILES/ARE.htm.

[516] https://www.un.org/depts/los/LEGISLATIONANDTREATIES/PDFFILES/communications/are_note_12112009.pdf

[517] https://documents.un.org/doc/undoc/gen/n23/019/31/pdf/n2301931.pdf?token=2DkeRA2fbFuGqwfo5K&fe=true.

[518] Voir la section Oman/Iran au chapitre consacré à l'océan Indien.

2.5 Iran / Émirats arabes unis (Dubaï)

Trois semaines après la conclusion de l'accord Iran/Oman, l'Iran et les Émirats arabes unis délimitent une partie du plateau continental en vertu d'un accord[519] signé le 31 août 1974, mais non encore en vigueur, faute par les Émirats de l'avoir ratifié.

La frontière est donc *inachevée* puisqu'elle ne divise le plateau qu'au large de Dubaï. Elle demeure donc *virtuelle* au large des côtes d'Abu Dhabi, de Sharjah et d'Umm al Qaywayn[520]. Le contentieux entre les deux États est particulièrement sévère, étant donné le différend territorial entre les Émirats et l'Iran concernant l'île Abu Musa, occupée par l'Iran depuis le 30 novembre 1971, le jour même de la déclaration d'indépendance des Émirats, et quelques heures à peine après qu'un protocole d'entente eut été signé entre l'Iran et Sharjah. Le gendarme faisait aussi valoir, outre les fondements historiques de sa revendication territoriale, des préoccupations de nature stratégique exacerbées par une dispute entre Sharjah et Umm al Qaywayn au sujet de leurs concessions pétrolières respectives avant la fédération. Le concessionnaire de Sharjah, Buttes Gas and Oil, pouvait exercer ses activités dans les trois milles marins de la mer territoriale d'Abu Musa, tandis que le concessionnaire d'Umm al Qaywayn, Occidental Petroleum, détenait des droits d'exploitation sur l'ensemble de la zone au large de cet émirat.

Or, à la suite d'une découverte prometteuse, faite par Umm al Qaywayn, à neuf milles marins d'Abu Musa, Sharjah élargit à douze milles la mer territoriale autour de l'île. Le gouvernement britannique, alors responsable des relations extérieures des Émirats, envoie la marine royale pour empêcher Occidental de procéder à une installation dans la zone en litige. Le protocole d'entente, conclu sans préjudice des revendications territoriales concurrentes, prévoira que les revenus tirés des hydrocarbures dans une zone de trois milles autour d'Abu Musa seront partagés entre l'Iran et Sharjah, mais que l'Iran cessera ses paiements lorsque les revenus de Sharjah auront atteint une somme annuelle de six millions de dollars. On a émis des doutes sur la validité de cet accord, notamment la capacité juridique de Sharjah de conclure[521].

La courte frontière *uni-fonctionnelle*[522] (39,25 milles marins) est approximativement à équidistance des côtes respectives des deux États. On a ignoré l'existence des lignes de base droites de l'Iran, ainsi que toutes les îles, tant celles à proximité des côtes que celles au large, y compris Sir Abu Nu'Ayr, qui appartient à Sharjah, de même que l'île iranienne Sirri. Par

---

[519] Offshore Boundary Agreement between Iran and Dubai.

[520] International Mapping (2024) *op. cit.* : https://sovereignlimits.com/boundaries/iran-uae-maritime.

[521] Gault, I.T. (1988) *op. cit.*, p. 218-219.

[522] Lewis Alexander est d'avis que la frontière divise aussi la zone de pêche de l'Iran et la ZÉE des Émirats (Charney, J.I. and Alexander, L.M., eds,1993, *op. cit.*, vol. 2, report 7-8, p. 1533-1536).

ailleurs, la partie orientale de la frontière coïncide avec la limite extérieure de la mer territoriale de Sirri (arc de cercle d'un rayon de douze milles marins). Quant à sa partie occidentale, la ligne d'équidistance aurait été déplacée du côté des Émirats, compte tenu de la présence d'installations pétrolières[523].

2.6 Arabie saoudite / Bahreïn

Pour la première fois dans le golfe Persique et la cinquième dans le monde[524], un accord de délimitation du plateau continental[525] était signé et ratifié, le 22 février 1958, entre Bahreïn[526] et l'Arabie saoudite qui en avaient tous les deux prévu auparavant l'exploitation aux termes de leurs proclamations respectives en mai et juin 1949.

L'accord intervenait peu de temps avant l'adoption de la Convention de Genève de 1958 sur le plateau continental, mais cet instrument prévoyait déjà la méthode de délimitation adoptée dans ce traité, puisqu'il mentionne expressément que la frontière est délimitée « sur la base de la ligne médiane » (art. 1)[527].

La ligne, dont le point initial est à équidistance des côtes de Bahreïn, de l'Arabie saoudite et du Qatar (point de tri-jonction), se poursuit sur 98,5 milles marins entre des côtes d'abord opposées puis, au large, adjacentes[528]. Aux termes mêmes de l'accord, les points 1 à 7 et 10 et 11 sont décrits comme étant équidistants des côtes (ou des îles). Pourtant, les points 4 et 7 paraissent avoir été établis sans la prise en compte de la présence de petites îles à proximité des côtes de Bahreïn. Les points 8 et 9 prennent leur appui sur les deux îles Lubainah dont la souveraineté est attribuée respectivement à Bahreïn et à l'Arabie saoudite mais auxquelles on n'a pas accordé de mer territoriale, étant donné l'exiguïté de l'espace[529]. Les points 12 à 14, définis dans l'accord selon leurs seules coordonnées géographiques, impriment à la ligne une direction nord-est qui diverge de toute évidence d'une ligne médiane et place du côté de l'Arabie la totalité d'un important gisement, le dépôt Fasht Bu Saafa.

L'accord mentionne par ailleurs les coordonnées d'un hexagone de 358 milles carrés – approximativement deux fois la superficie de Bahreïn – qui

---

523 Jayewardene, H. W. (1990) *The Regime of Islands in International Law*, p. 406.

524 Des accords de délimitation maritime avaient été conclus auparavant entre le Royaume-Uni (Trinité et Tobago) et le Venezuela en 1942, le Chili et le Pérou en 1952, l'Équateur et le Pérou en 1952 et la Norvège et l'URSS en 1957.

525 Selon H. Dipla (1984) *Le régime juridique des îles dans le droit international de la mer*, p. 137, l'accord concerne aussi la mer territoriale.

526 IILSS (2023) Exploring Bahrain's Maritime Matters in the Law of the Seas and Security, *in CMI* : https://iilss.net/exploring-bahrains-maritime-matters-in-the-law-of-the-seas-and-security/.

527 Traduction libre. Continental Shelf Boundary : Bahrain/Saudi Arabia.

528 International Mapping (2024) *op. cit.* : https://sovereignlimits.com/boundaries/bahrain-saudi-arabia-maritime.

529 El-Hakim, Ali A. (1979) *op. cit.*, p. 86.

circonscrit la zone, et il stipule que « l'exploitation des ressources pétrolières dans cette zone sera menée de la façon choisie par sa Majesté [le roi d'Arabie saoudite] à la condition que ce dernier accorde au gouvernement de Bahreïn la moitié du revenu net échéant au gouvernement d'Arabie saoudite et provenant de cette exploitation, étant entendu que cela ne préjudicie en rien du droit de souveraineté et d'administration du gouvernement d'Arabie saoudite sur la zone ci-haut mentionnée[530] » (art. 2).

Le 20 février 2024, la mission permanente de Bahreïn aux Nations Unies adresse au Secrétaire général une lettre l'informant que Bahreïn ne reconnaît pas la validité d'un triple point avec le Qatar : « Le Royaume de Bahreïn déclare ne pas avoir donné son assentiment à l'emplacement de ce point, ni à celui de toute ligne de délimitation maritime entre le Royaume de Bahreïn et l'État du Qatar dont tous deux n'auraient pas encore convenu[531] ».

2.7 Arabie saoudite / Qatar

Le 5 juillet 2008, l'Arabie saoudite et le Qatar rédigent un procès-verbal conjoint[532] qui complète un accord de délimitation terrestre et maritime[533] conclu en décembre 1965 et prévoyant notamment que la frontière dans la baie Dawhat Salwa suivrait une ligne d'équidistance entre les lignes de base droites[534]. Ce procès-verbal, entré en vigueur le 16 décembre 2008, comporte une disposition assez inusitée selon laquelle la délimitation « doit être parachevée et les effets de cette délimitation doivent être déterminés, de façon que les frontières maritimes entre les deux pays soient conformes à la carte marine ci-jointe et aux coordonnées ci-après » (art.1) – lesquelles sont au nombre de 9.

Le procès-verbal décrit aussi une zone selon des coordonnées géographiques et dans laquelle il est convenu que les ressources naturelles de ses fonds marins appartiennent à l'État du Qatar et que ce dernier est habilité à en protéger les installations et puits pétroliers. Il est prévu par ailleurs, dans le cas où des navires ne seraient pas en mesure de traverser cette zone, que les autorités du Qatar feront le nécessaire pour que ces navires puissent atteindre la haute mer depuis le port saoudien, ou l'inverse, à condition que soient désignées les voies maritimes nécessaires. Le procès-verbal contient une autre

---

530 Traduction libre.

531 https://www.un.org/depts/los/doalos_publications/LOSBulletins/bulletinfr/LOSBulletin114WebFre.pdf.

532 Procès-verbal conjoint du 5 juillet 2008 sur les frontières terrestres et maritimes, complétant l'Accord du 4 décembre 1965 entre l'État du Qatar et le Royaume d'Arabie saoudite sur la délimitation des frontières maritimes et terrestres.

533 Agreement on the Delimitation of the Offshore and Land Boundaries between the Kingdom of Saudi Arabia and Qatar.

534 Lathrop, Coalter, ed. (2016) Report 7-14 (2) Qatar-Saudi Arabia, *in IMBO*, vol. 7.

disposition assez inusitée selon laquelle ce qui y est convenu « constitue un accord final sur les frontières terrestres et maritimes entre les deux pays » (art. 6).

2.8 Qatar / Émirats arabes unis (Abu Dhabi)

Depuis le point d'intersection des limites extérieures des mers territoriales respectives d'Abu Dhabi[535] et du Qatar (trois milles marins) jusqu'au point d'équidistance (tri-jonction) entre Abu Dhabi, le Qatar et l'Iran, la frontière a une longueur de 115 milles entre des côtes parfois adjacentes, parfois opposées[536]. Elle est constituée de segments de droites qui relient quatre points dont les seules coordonnées sont indiquées dans un accord[537] signé et ratifié le 30 mars 1969. Seuls les deux points marquant les extrémités de la ligne sont équidistants, encore que le point *c* semble posséder aussi cette qualité. Ce dernier, qui coïncide avec la localisation du puits n° 1 du champ pétrolifère Al-Bunduq, aurait pourtant été choisi sans tenir compte de la méthode de l'équidistance et dans le seul but d'éviter un litige sur sa propriété.

L'accord stipule d'ailleurs que les Parties « auront des droits égaux de propriété », outre qu'elles ont convenu de « se consulter en toute matière relative à son exploitation[538] » (art. 6). L'accord prévoit aussi que les profits tirés de cette exploitation seront partagés en parts égales, sauf que cette exploitation sera menée par l'ADMA (Abu Dhabi Marine Areas Co.), conformément aux conditions rattachées à la concession qui lui a été consentie par le dirigeant d'Abu Dhabi (art. 7). L'accord va donc plus loin que celui conclu entre l'Arabie saoudite et Bahreïn prévoyant que les seuls profits – à l'exclusion de la propriété – sont partagés. Enfin, le point *c* coïncide avec le point d'intersection des segments de lignes tirés respectivement des points *b* et *d*.

À l'instar des accords Arabie saoudite/Bahreïn et Arabie saoudite/Iran, l'accord Abu Dhabi/Qatar règle aussi un différend concernant la souveraineté territoriale sur des îles, notamment Halul, située à 61 milles marins des côtes du Qatar, ainsi que Dayyinah, sise tout près d'une ligne d'équidistance stricte et autour de laquelle un arc de cercle d'une longueur de 15 milles marins a été tracé pour lui reconnaître une mer territoriale de 3 milles – solution qui avait été retenue par l'Iran et l'Arabie saoudite.

---

535 IILSS (2023) Maritime Matters in UAE : Law of the Seas and Security, *in CMI* : https://iilss.net/maritime-matters-in-uae-law-of-the-seas-and-security/.

536 International Mapping (2024) *op. cit.* : https://sovereignlimits.com/boundaries/qatar-uae-maritime.

537 Agreement between Qatar and Abu Dhabi on the settlement of maritime boundaries and ownership of islands.

538 Traduction libre.

2.9 Irak / Koweït

L'histoire de la délimitation terrestre et maritime entre l'Irak et le Koweït remonte à la Convention de 1913 entre l'Empire ottoman – dont l'Irak faisait alors partie – et la Grande-Bretagne – qui contrôlait le Koweït. Cet instrument décrivait en termes généraux et imprécis la frontière, encore qu'il plaçait clairement du côté du Koweït les îles Warbah et Bubiyan. À la suite de la première guerre du Golfe, une commission des Nations Unies a été chargée de démarquer la frontière terrestre et la frontière maritime. Le premier mandat a été complété en novembre 1992 et le second le 20 mai 1993, lorsque la commission a remis son rapport[539].

La frontière maritime part du port d'Oumm Qasr. À partir de ce point sont attribuées à l'Irak les eaux du bras de mer (environ 1 km) entre son territoire et l'île de Warbah, la frontière suivant la laisse de basse mer de cette île – ce qui donne à l'Irak un accès garanti à Oumm Qasr. La frontière suit alors une ligne médiane dans le Khôr 'Abd Allah, de sorte que le chenal creusé par l'Irak dans les années 1889-90 se trouve du côté du Koweït. Le tracé de la ligne, d'une longueur approximative de 25 milles marins[540], ne délimite qu'une partie de la mer territoriale et s'arrête à trois milles marins des côtes[541]. On a fait observer que l'Irak avait accepté cette frontière de mauvaise grâce et dans le seul but d'obtenir une levée partielle des sanctions imposées par l'ONU[542].

Cette frontière *inachevée* laisse donc indivis les espaces maritimes plus au large, lesquels devront être délimités, par les parties ou par un tribunal, avec l'Irak et, plus loin, avec l'Iran, d'autant que le Koweït a adopté dans sa législation interne les limites extérieures de sa mer territoriale et de sa zone contiguë à 12 et à 24 milles respectivement, de même que celles de sa ZÉE et de son plateau continental à une ligne hypothétique d'équidistance avec les voisins maritimes d'en-face[543]. Or, le très court littoral irakien, au fond du golfe Persique, constitue sans doute une circonstance spéciale susceptible d'écarter l'équidistance comme méthode de délimitation.

---

[539] Demarcation of the International Boundary between the Republic of Iraq and the State of Kuwait by the United Nations. Iraq-Kuwait Boundary Demarcation Commission : https://digitallibrary.un.org/record/175484.

[540] International Mapping (2024) *op. cit.* : https://sovereignlimits.com/boundaries/iraq-kuwait-maritime.

[541] IILSS (2023) Navigating the Law of the Seas in Iraq: Maritime Matters and Security, *in CMI* : https://iilss.net/navigating-the-law-of-the-seas-in-iraq-maritime-matters-and-security/ ; IILSS (2023) Kuwait Maritime : Navigating Law of the Seas and Security, *in CMI* : https://iilss.net/kuwait-maritime-navigating-law-of-the-seas-and-security/.

[542] Ortolland, Didier et Pirat, Jean-Pierre, dir. (2010) *Atlas géopolitique des espaces maritimes*, 2e éd., p. 135-136.

[543] Decree No (317) Concerning the Delimitation of the Marine Areas Pertaining to the State of Kuwait and its amendment: http://www.un.org/depts/los/LEGISLATIONANDTREATIES/PDFFILES/DEPOSIT/Kuwait_Decree_317-2014-E.pdf.

Le 29 avril 2012, les deux États adoptent un accord concernant la navigation maritime, la protection de l'environnement marin et la création d'une commission mixte de gestion dans la zone de Khôr 'Abd Allah[544]. Entré en vigueur le 5 décembre 2013, l'accord prévoit notamment que chaque Partie jouit de sa souveraineté territoriale sur la portion de la voie navigable située dans sa mer territoriale, sans préjudice du droit de passage inoffensif prévu à la Convention sur le droit de la mer et compte tenu des dispositions spéciales concernant le passage des navires de guerre et des garde-côtes de l'Irak et du Koweït.

Les relations politiques entre les deux États ne sont pas excellentes pour autant. Par exemple, le 5 septembre 2019, l'Irak a prié formellement le Conseil de sécurité d'intervenir en raison d'actes posés par le Koweït qui le priveraient, est-il allégué, de sa liberté de navigation. L'Irak accuse en effet le Koweït de procéder à l'installation de la plate-forme navale Fisht El-Eij comme faisant partie intégrante de la construction du port de Mubarak Al-Kabir, le Koweït rétorquant que cette plate-forme se trouve bel et bien dans sa mer territoriale[545].

Le 21 avril 2016, l'Iran, dans une note adressée à l'ONU, a réitéré ses réserves concernant l'accord bilatéral Arabie saoudite/Koweït du 2 juillet 2000, notamment les dispositions relatives à la zone submergée adjacente à la zone divisée entre les deux pays[546]. Le 27 décembre de la même année, l'Iran faisait parvenir à l'ONU une autre note[547] selon laquelle ses frontières avec l'Irak et le Koweït n'étaient pas encore délimitées, outre qu'il ne reconnaissait pas une quelconque ligne d'équidistance, l'Iran faisant observer qu'il avait le plus long littoral de tous les États du golfe Persique – étant sous-entendu que cela constituait une circonstance spéciale de nature à mettre de côté une frontière tracée selon la méthode de l'équidistance.

2.10 Arabie saoudite / Koweït

Deux semaines à peine après la conclusion de l'accord de délimitation avec le Yémen en mer Rouge, l'Arabie saoudite s'entend avec le Koweït, le 2 juillet

---

[544] Traité entre le Gouvernement de l'État du Koweït et le Gouvernement de la République d'Iraq sur la réglementation de la navigation maritime dans la zone de Khor Abdullah.

[545] (2019) Iraq, Kuwait at loggerheads over Maritime Border, *MENAFN*, 22 septembre : https://menafn.com/1099037085/Iraq-Kuwait%E2%80%8C-%E2%80%8Cat%E2%80%8C-%E2%80%8Cloggerheads%E2%80%8C-%E2%80%8Cover%E2%80%8C-Maritime-Border#.

[546] http://www.un.org/depts/los/LEGISLATIONANDTREATIES/PDFFILES/communications/irn_re_sau_kwt_Apr_2016f.pdf.

[547] Note verbale from the Permanent Mission of the Islamic Republic of Iran to the United Nations addressed to the Secretary-General : http://undocs.org/A/71/694.

2000, en vertu d'un traité[548] dont le titre même laisse présumer qu'il s'agit d'une frontière *uni-fonctionnelle* concernant exclusivement le plateau continental. Le préambule fait mention de l'accord du 7 juillet 1965 relatif à la partition de la zone neutre créée en 1922 entre les deux États, ainsi que de l'instrument du 18 décembre 1969 concernant une ligne médiane divisant cette zone.

La liste des coordonnées géographiques de la ligne, qui comporte quatre points de changement de direction, peut laisser supposer qu'il s'agit d'une équidistance. Il est d'ailleurs expressément mentionné dans l'accord que le point 1 se trouve à égale distance des côtes, tandis qu'à partir du point 4, la frontière coïncide avec un parallèle de latitude en direction est, sans mention de l'existence d'un tripoint à négocier avec un État tiers, en l'occurrence l'Iran[549], sauf qu'il est prévu dans l'accord que les deux Parties seront considérées comme une seule lors des négociations pour déterminer le point terminal de leur frontière. Il s'agit donc d'une frontière *composite*.

L'annexe 1 prévoit que les ressources naturelles seront la propriété commune des deux États et que ces ressources incluent les îles de Qaruh et Umm al-Maradim. Pourtant, cette disposition pose un problème d'interprétation à savoir si les Parties ont convenu ou non d'instaurer formellement une zone d'exploitation conjointe. Il est par ailleurs prévu dans l'accord que les deux Parties s'entendront sur les mesures à prendre au sujet de la pêche sportive. Enfin, il est stipulé que les dispositions de cet accord ne préjugent en rien de celles déjà contenues dans les accords de 1965 et de 1969.

Le 24 décembre 2019, les deux États concluent un nouvel accord venant préciser que la ligne divisant la zone neutre en 1969 constitue bel et bien une frontière délimitant la mer territoriale, la zone économique et le plateau continental[550]. L'accord précise en outre les coordonnées géographiques de la frontière terrestre. Les Parties conviennent aussi d'autoriser toute société de leur choix d'exercer, de leur côté respectif de la frontière, des activités d'exploration, de forage et d'exploitation des hydrocarbures. Les deux États signent le jour même un mémorandum d'accord concernant les activités des sociétés pétrolières impliquées et les responsabilités des ministres compétents[551].

---

[548] Agreement between the Kingdom of Saudi Arabia and the State of Kuwait concerning the submerged area adjacent to the divided zone.

[549] International Mapping (2024) *op. cit.* : https://sovereignlimits.com/boundaries/kuwait-saudi-arabia-maritime.

[550] Accord complémentaire de l'accord concernant le partage de la zone neutre et de l'accord relatif à la zone immergée contiguë à la zone partagée entre l'État du Koweït et le Royaume d'Arabie saoudite.

[551] Mémorandum d'accord entre le gouvernement de l'État du Koweït et le gouvernement du Royaume d'Arabie saoudite.

2.11 Qatar / Bahreïn

La seule délimitation effectuée par voie juridictionnelle dans le golfe Persique – l'affaire *Qatar c. Bahreïn*[552] – a fait l'objet de nombreux commentaires[553]. Rappelons d'abord les prétentions respectives du Qatar et de Bahreïn (*sous-section 2.11.1*), puis les faits historiques qui ont été amenés à la connaissance de la CIJ (*2*), l'arrêt de la Cour sur sa compétence (*3*), la question de la souveraineté territoriale sur la région de Zubarah (*4*), la souveraineté sur les îles (*5*), la délimitation maritime dans le secteur sud (*6*) et dans le secteur nord (*7*), ensuite le dispositif de l'arrêt (*8*), enfin les critiques et les dissidences (*9*). Il semble que l'arrêt ait donné dans cette affaire d'excellents résultats, alors que les questions principales examinées par la Cour (souveraineté territoriale et délimitation) prennent une importance considérable pour la stabilité et la sécurité de deux petits États très attachés à la production de la principale ressource de la région – l'or noir.

2.11.1 Les prétentions respectives des parties

Devant la Cour, les conclusions finales présentées à l'issue des audiences par le Qatar étaient que celui-ci détient la souveraineté sur les îles Hawar, de même que sur les hauts-fonds de Dibal et de Qit'at Jaradah, tandis que Bahreïn n'a pas souveraineté sur l'île de Janan, pas plus que sur Zubarah, et que toute demande de Bahreïn concernant des lignes de base archipélagiques et des zones de pêche à l'huître perlière et au poisson serait sans pertinence aux fins de la délimitation maritime. Le gouvernement du Qatar demande en conséquence au tribunal de tracer une limite maritime unique entre les espaces maritimes des deux États, de telle sorte que Zubarah, les îles Hawar et l'île de Janan soient attribuées au Qatar et que cette limite soit tracée notamment selon la ligne déterminée par la décision britannique du 23 décembre 1947 et se

---

552 *Délimitation maritime et questions territoriales entre Qatar et Bahreïn,* fond, arrêt, CIJ Recueil 2001. Ci-après cité : Arrêt de 2001.

553 Labrecque, Georges (2007) *Les différends internationaux en Asie*, p. 113-138 ; Al-Arayd, Jawad (2003) *A Line in the Sea* : *The Qatar v. Bahrain Border Dispute in the World Court* ; Kwiatkowska, Barbara (2003) The Qatar V. Bahrain Maritime Delimitation and Territorial Questions Case, *Maritime Briefings*, vol. 3, IBRU, number 6 ; Evans, Malcolm (2002) Case concerning Maritime Delimitation and Territorial Questions between Qatar and Bahrain (Qatar v Bahrain), *ICLQ*, vol. 51, issue 3, p. 709-718 ; Plant, Glen (2002) Maritime Delimitation and Territorial Questions between Qatar and Bahrain (Qatar v. Bahrain), *AJIL*, vol. 96, issue 1, p. 198-210 ; Decaux, Emmanuel (2001) Affaire de la *délimitation maritime et des questions territoriales entre Qatar et Bahreïn*, Fond (arrêt du 16 mars 2001 Qatar c. Bahreïn), *AFDI*, tome 47, p. 177-240 ; Mendelson, Maurice (2001) The Curious Case of *Qatar v. Bahrain* in the International Court of Justice, *BYBIL*, vol. 72, issue 1, p. 183-211 ; Reichel, Marla C. (1998) Maritime Delimitation and Territorial Questions between Qatar and Bahrain, *DJILP*, vol. 26, issue 4, p. 725-744 ; Rosenne, Shabtai (1995) The Qatar/Bahrain Case. What is a Treaty ? A Framework Agreement and the Seising of the Court, *LJIL*, vol. 8, issue 1, p. 161-182.

prolonge jusqu'au point S1 de l'accord de délimitation conclu en 1958 entre Bahreïn et l'Arabie saoudite. Quant à Bahreïn, ses conclusions finales sont qu'il a souveraineté sur Zubarah, de même que sur les îles Hawar, y compris Janan et Hadd Janan.

2.11.2 Les faits historiques

La Cour rappelle d'abord que la région du Golfe, qui se trouve sur l'une des routes commerciales vers l'Inde, sera un objet de convoitise de la part des puissances européennes et notamment du Portugal, à partir du début du XIVe siècle. Le quasi-monopole commercial dont jouit ce dernier est remis en cause, au début du XVIIe siècle, par la Grande-Bretagne, laquelle, entre 1797 et 1819, lance des expéditions punitives pour riposter aux actes de pillage et de piraterie perpétrés par des tribus arabes dirigées par les Qawasim contre des navires britanniques et locaux. À partir de 1819, elle conclut des accords séparés de paix avec les divers cheikhs de la région, notamment le traité du 31 mai 1861 avec le souverain indépendant de Bahreïn, qui renonçait à toute agression maritime, tandis que la Grande-Bretagne s'engageait à assister Bahreïn contre toute agression envers ses possessions. Mais le traité ne précise aucunement l'étendue de ces possessions. À la suite d'hostilités qui avaient éclaté en 1867 dans la péninsule du Qatar, le résident politique britannique signe avec le chef de Bahreïn un accord par lequel ce dernier reconnaît notamment que des actes de piraterie avaient été commis par son prédécesseur, et, « afin de sauvegarder la paix en mer et de prévenir la survenance d'autres troubles ainsi que pour tenir le résident politique informé de ce qui se passe[554] », il promet de désigner un représentant auprès de ce dernier.

Quant au chef du Qatar, il s'engage à des obligations similaires d'informations. Au cours des années suivantes, et tandis que la Grande-Bretagne accroît son influence à Bahreïn, les Ottomans font du Qatar l'une de leurs divisions administratives. Selon un accord conclu en mars 1892 entre le cheikh de Bahreïn et le résident politique de Grande-Bretagne, il est interdit au cheikh, de même qu'à ses héritiers ou à ses successeurs, de signer un traité et d'entretenir une correspondance avec une puissance autre que la Grande-Bretagne. Le cheikh s'engage en outre à ne pas permettre à un agent d'un autre gouvernement de résider à Bahreïn, ni à « céder, vendre, hypothéquer ou remettre pour occupation à un titre quelconque, aucune partie de son territoire sauf au gouvernement britannique[555] ». Un accord entre les Britanniques et les Ottomans est signé en juillet 1913, mais ne sera jamais ratifié. Après le départ de la dernière garnison ottomane, la Grande-Bretagne et le Qatar concluent, en novembre 1916, un accord similaire à celui que Bahreïn avait consenti auparavant.

---

[554] Arrêt de 2001, par. 40.
[555] *Idem*, par. 44.

Un premier accord de concession pétrolière est signé, en décembre 1925, par le souverain de Bahreïn à la société Eastern and General Syndicate Ltd, qui sera remplacée en 1930 par la Bahreïn Petroleum Company Ltd. Un permis d'exploration exclusif est alors conclu pour une période de deux ans. Il peut être reconduit et il porte sur l'ensemble des territoires placés sous le contrôle du souverain. De plus, l'accord prévoit que pendant la durée du permis d'exploration, ou même à l'expiration de celui-ci, sera accordé « un permis de prospection valable pour des zones qu'aurait choisies la compagnie avec son aval et au su du résident politique britannique ». En outre, la compagnie se voit consentir, à l'expiration du permis de prospection, un bail d'exploitation valable pour une superficie totale de 100 000 acres au maximum, lesquels sont divisés comme l'entend la compagnie. En mai 1935, le Qatar accorde à son tour une concession pétrolière. La société britannique Anglo-Persian Oil Company peut exercer ses activités n'importe où au Qatar. L'année suivante, un représentant de la Petroleum Concessions Ltd, laquelle avait repris la concession de l'Anglo Persian, attira par écrit l'attention de l'India Office britannique, alors responsable des relations avec les États protégés du Golfe, au sujet de l'accord de mai 1935, faisant alors observer que le souverain de Bahreïn revendiquait l'île Hawar dans le cadre des négociations qu'il entretenait avec la Petroleum Concessions Ltd. Sur la question de savoir auquel des deux émirats appartenait l'île, des fonctionnaires de l'India Office informèrent les autorités de Bahreïn que « sur la base des preuves alors à la disposition du gouvernement britannique, Hawar semblait appartenir au cheikh de Bahreïn et que la charge de réfuter cette revendication incomberait à tout demandeur éventuel[556] ». Pourtant, cette opinion ne fut pas portée à la connaissance du Qatar.

En 1937, les relations s'enveniment entre Bahreïn et le Qatar, quand ce dernier tente d'imposer la tribu des Naim établie à Zubarah, ce à quoi s'oppose Bahreïn en prétendant avoir des droits sur la région et en faisant valoir que le Qatar aurait anéanti à cet endroit des sujets bahreïnites pour le motif que ceux-ci y exerçaient des activités illicites. Par ailleurs, le Qatar reproche à Bahreïn d'avoir occupé clandestinement et sans droit les îles Hawar. Après avoir pris connaissance des doléances des deux cheikhs, le gouvernement britannique les informe, en juillet 1939, de sa décision que les îles Hawar appartiennent à Bahreïn. En mai 1946, la Bahrain Petroleum Company Ltd requiert la permission de forer dans des zones qui, de l'avis des Britanniques, pouvaient appartenir au Qatar. Le gouvernement de Sa Majesté, estimant que cette autorisation ne peut être accordée avant qu'il n'y ait délimitation des fonds marins, examine alors la question, puis, en décembre 1947, l'agent politique britannique à Bahreïn adresse aux souverains du Qatar et de Bahreïn deux lettres d'une même teneur, qui indiquent notamment la ligne que le gouvernement britannique considère « comme partageant les fonds marins en

[556] *Idem*, par. 54.

question selon des principes équitables. Il s'agit d'une ligne médiane fondée, d'une façon générale, sur la configuration du littoral de l'île principale de Bahreïn et de la péninsule du Qatar. Cette décision s'applique seulement aux fonds marins, et non aux eaux qui les recouvrent, et elle est sans préjudice des droits de navigation existants[557] ». Les lettres mentionnent en outre que Bahreïn a des droits souverains sur la région des hauts-fonds de Dibal et de Jaradah, lesquels, précise-t-on, ne doivent pas être considérés comme des îles possédant des eaux territoriales, ainsi que sur les îles du groupe des Hawar, étant entendu que l'île de Janan ne fait pas partie de ce dernier groupe.

À la faveur d'une médiation du résident politique, Bahreïn et le Qatar s'entendent, en 1950, sur le statut de Zubarah. Dans une lettre datée du 7 février qu'il fait parvenir au Foreign Office, le résident décrit l'entente comme suit : le souverain du Qatar consent à ce que le cheikh de « Bahreïn envoie ses partisans et les membres de sa tribu à Zubarah pour [s'y livrer au pacage] sans aucun passeport ou formalités de douane, ainsi qu'à laisser le fort inoccupé, à condition qu'en contrepartie, le cheikh de Bahreïn accorde aux marchandises à destination du Qatar les mêmes privilèges relatifs au paiement des droits de transit qu'aux marchandises destinées à l'Arabie Saoudite. Le cheikh Salman accepte et prend les mesures voulues pour envoyer de cent cinquante à deux cents de ses gens à Zubarah avec les rations nécessaires pour subvenir à leurs besoins[558] ».

Cet accord ne mit pas fin pour autant à l'ensemble du litige, et ce n'est qu'en juillet 1991 que le Qatar introduisit devant la CIJ une instance contre Bahreïn. Entre-temps, en 1971, le Qatar et Bahreïn cessaient d'être protégés par la Grande-Bretagne, et ils étaient, la même année, admis à l'Organisation des Nations Unies.

Dans la requête introductive d'instance que le Qatar a déposée au greffe de la Cour, il a été soutenu que la Cour était compétente pour connaître du différend en vertu de deux accords conclus par les Parties respectivement en décembre 1987 et en décembre 1990 ; selon le demandeur, l'objet et la portée de l'engagement ainsi pris en ce qui concerne la compétence de la Cour étaient déterminés par une formule proposée au Qatar par Bahreïn le 26 octobre 1988 et acceptée par le Qatar en décembre 1990[559]. Par lettres du 14 juillet 1991 et du 18 août 1991, Bahreïn a contesté la base de compétence invoquée par le Qatar.

---

[557] *Idem*, par. 61.
[558] *Idem*, par. 62.
[559] Dénommée ci-après la « formule bahreïnite ».

2.11.3 L'arrêt de la Cour sur sa compétence

Par arrêt[560] du 1er juillet 1994, la Cour a dit que les échanges de lettres entre le roi d'Arabie saoudite et l'émir du Qatar, datées des 19 et 21 décembre 1987, et entre le roi d'Arabie saoudite et l'émir de Bahreïn, datées des 19 et 26 décembre 1987, ainsi que le document intitulé « Procès-verbal », signé à Doha le 25 décembre 1990 par les ministres des Affaires étrangères de Bahreïn, du Qatar et de l'Arabie saoudite, constituaient des accords internationaux créant des droits et des obligations pour les Parties ; et qu'aux termes de ces accords celles-ci avaient pris l'engagement de soumettre à la Cour l'ensemble du différend qui les oppose, tel que circonscrit par la formule bahreïnite. Ayant noté qu'elle disposait seulement d'une requête du Qatar exposant les prétentions spécifiques de cet État dans le cadre de cette formule, la Cour a décidé de donner aux Parties l'occasion de lui soumettre l'ensemble du différend. Après que chacune des Parties eut déposé un document à ce sujet dans le délai fixé, la Cour, par arrêt[561] du 15 février 1995, a dit qu'elle avait compétence pour statuer sur le différend qui lui avait été soumis ; qu'elle était désormais saisie de l'ensemble du différend ; et que la requête de l'État du Qatar telle que formulée le 30 novembre 1994 était recevable.

Au cours de la procédure écrite sur le fond, Bahreïn a mis en cause l'authenticité de 82 documents produits par le Qatar en annexe à ses écritures. Chacune des Parties a présenté un certain nombre de rapports d'experts sur la question, et la Cour a rendu plusieurs ordonnances. Par sa dernière ordonnance du 17 février 1999 sur la question, la Cour, compte tenu de la coïncidence de vues entre les Parties sur la question du traitement à réserver aux documents contestés et de leur accord sur celle de la prorogation du délai pour le dépôt des répliques, a pris acte de la décision du Qatar de ne pas tenir compte, aux fins de la présente affaire, des 82 documents contestés par Bahreïn et a décidé que les répliques ne s'appuieraient pas sur ces documents. Après le dépôt de ces répliques, la Cour a décidé d'autoriser les Parties à présenter des documents supplémentaires. Des audiences publiques ont été tenues du 29 mai au 29 juin 2000.

Après l'examen des considérations historiques, le tribunal examine les arguments des Parties concernant la souveraineté territoriale sur trois secteurs géographiques distincts : Zubarah, les îles Hawar et l'île de Janan.

---

560 *Délimitation maritime et questions territoriales entre Qatar et Bahreïn, compétence et recevabilité*, arrêt, CIJ Recueil 1994.

561 *Délimitation maritime et questions territoriales entre Qatar et Bahreïn, compétence et recevabilité,* arrêt, CIJ Recueil 1995.

2.11.4 La souveraineté territoriale sur Zubarah

Bahreïn, à l'appui de sa revendication sur le secteur de Zubarah, prétend que « de 1783 à 1937, il avait un titre à part entière et internationalement reconnu sur cette région, au regard tant de la norme internationale qui exigeait une occupation effective dans la mesure où le contexte le permettait que de la norme régionale qui voulait que les habitants de Zubarah fassent acte d'allégeance au souverain bahreïnite[562] ». Bahreïn explique que les Al-Khalifah quittèrent la région qui est aujourd'hui le Koweït pour aller s'installer à Zubarah, laquelle devint florissante grâce à son commerce et à la pêche des perles. Quelques décennies plus tard et après avoir déplacé vers Bahreïn le siège de leur gouvernement, ils continuèrent à résider à Zubarah durant l'été. À la fin du XVIIIe siècle, un gouverneur fut nommé pour administrer cette province, puis Zubarah fut détruite et abandonnée en 1895, ce qui n'empêcha pas, prétend Bahreïn, de conserver la région sous l'autorité du cheikh de Bahreïn par l'intermédiaire d'une confédération de tribus dirigée par les Naim, partisans des Al-Kalifah. Bahreïn ajoute que les Naim furent expulsés par la force en 1937. Bahreïn en conclut que « même si Qatar a matériellement exercé le contrôle sur Zubarah de 1937 à ce jour, cette occupation de fait n'a pas donné naissance à un titre valable de souveraineté sur Zubarah[563] ».

Les prétentions de Bahreïn seront rejetées par le tribunal, qui fait observer que « s'il peut y avoir eu, à différentes époques, des liens d'allégeance personnelle entre certains membres des Naim et le souverain de Bahreïn, (...) il n'est pas prouvé que des membres du Naim aient exercé une autorité souveraine au nom du cheikh à Zubarah[564] ». Pour décider que la région de Zubarah doit revenir plutôt au Qatar, le tribunal examine notamment trois documents : l'accord de 1868, celui de 1913 et les lettres de 1937.

Les clauses mêmes de l'accord de 1868 entre la Grande-Bretagne et le cheikh de Bahreïn « montrent que les Britanniques n'eussent pas toléré que Bahreïn cherchât à appuyer ses revendications sur Zubarah par des actions militaires en mer », et que, par la suite, « les souverains de Bahreïn n'ont jamais été en mesure d'accomplir des actes directs d'autorité à Zubarah[565] ». Quant à la convention anglo-ottomane signée le 29 juillet 1913, l'article 11 décrit la ligne séparant Bahreïn et le Qatar, puis énonce notamment ce qui suit : « Le gouvernement impérial ottoman ayant renoncé à toutes ses réclamations concernant la presqu'île d'El-Katr, il est entendu entre les deux gouvernements que ladite presqu'île sera, comme par le passé, gouvernée par le cheikh Djassim-bin-Sani et par ses successeurs. Le gouvernement de Sa

---

[562] *Idem*, par. 73.
[563] *Idem*, par. 76.
[564] *Idem*, par. 78.
[565] *Idem*, par. 84

Majesté britannique déclare qu'il ne permettra pas au cheikh de Bahreïn de s'immiscer dans les affaires intérieures d'El-Katr, de porter atteinte à l'autonomie de ce pays ou de l'annexer[566] ».

Le tribunal observe donc que ni la Grande-Bretagne ni l'Empire ottoman n'avaient reconnu la souveraineté de Bahreïn sur la presqu'île, y compris Zubarah. Il est vrai que la convention de 1913 ne fut jamais ratifiée, mais il n'en demeure pas moins que, de l'avis du tribunal, « les accords signés mais non ratifiés peuvent constituer l'expression fidèle des vues communes des parties à l'époque de la signature[567] ». La Cour en conclut que la convention anglo-ottomane établit quelles étaient ces vues quant à l'étendue factuelle de l'autorité du souverain Al-Thani au Qatar jusqu'en 1913. Le tribunal ajoute par ailleurs que la ligne décrite dans la convention de 1913 est visée dans le traité anglo-ottoman du 9 mars 1914, dûment ratifié au cours de la même année.

En ce qui concerne certains incidents survenus à Zubarah en 1937 après une tentative du Qatar d'imposer les Naim, la Cour note que le résident politique en rendit compte, en mai, au secrétaire d'État pour les Indes, tout en lui mentionnant qu'il estimait personnellement que par le télégramme de juillet 1937, le secrétaire d'État britannique interpellait le résident politique pour lui demander d'informer le cheikh de Bahreïn que le gouvernement britannique regrettait de ne pouvoir intervenir dans le différend entre le cheikh du Qatar et les Naim.

2.11.5 La souveraineté territoriale sur les îles

Pour tous ces motifs, la Cour conclut que le Qatar a souveraineté sur Zubarah, puis elle en arrive à l'examen de la souveraineté territoriale sur les îles Hawar, en considérant tour à tour, si besoin est, la nature et la validité de la décision prise par la Grande-Bretagne en 1939, l'existence d'un titre originaire, les effectivités, enfin, l'applicabilité en l'espèce du principe de l'*uti possidetis juris*.

La prétention de Bahreïn est que la décision britannique de 1939 doit être considérée comme une sentence arbitrale passée en force de chose jugée. La Cour, poursuit Bahreïn, n'a donc pas compétence pour réexaminer une sentence rendue par un autre tribunal. La Cour est d'une opinion contraire : « (…) il n'existait aucun accord entre les parties pour se soumettre à un arbitrage rendu par des juges de leur choix et statuant soit en droit soit *ex æquo et bono*. Les parties étaient seulement convenues que la question serait tranchée par le gouvernement de Sa Majesté, mais elles laissaient à l'appréciation de ce dernier le soin de déterminer comment et par lesquels de ses fonctionnaires cette décision serait prise. Dès lors, la décision par laquelle

---

[566] *Idem*, par. 87.
[567] *Idem*, par. 89.

le Gouvernement britannique a estimé en 1939 que les îles Hawar appartenaient à Bahreïn ne constituait pas une sentence arbitrale internationale[568] ».

Pourtant, ajoute la Cour presque aussitôt, pareille affirmation n'implique pas que cette décision soit dépourvue d'effets juridiques, et la Cour de rappeler alors que ce principe avait été reconnu par le tribunal arbitral dans l'affaire *Sharjah/Dubaï*[569].

Quoi qu'il en soit, Bahreïn fait valoir que sa souveraineté sur les îles Hawar, acceptée par les habitants, a été, durant les deux derniers siècles, continue et ininterrompue, et que le Qatar n'a pas exercé d'autorité concurrente. S'agissant d'autorité, tant avant qu'après 1938-1939, Bahreïn invoque une multitude d'exemples d'exercice de cette autorité. Pour la période antérieure à 1938, Bahreïn cite notamment les cas suivants : permission accordée à la tribu des Dowasir de s'installer aux îles, sauvetage de soldats ottomans, arrestation et comparution forcée de résidents des Hawar devant des tribunaux de Bahreïn, témoignages d'anciens résidents des Hawar relatant les liens politiques et économiques avec Bahreïn, droits de pêche et protection de l'exercice de ces droits par Bahreïn, construction de barrages et de citernes d'eau, entretien de balises maritimes, délivrance de passeports. Après la décision de 1939, Bahreïn cite, notamment, les exemples suivants : patrouilles régulières effectuées par la gendarmerie maritime de Bahreïn à proximité des îles, dispositif de défense militaire, construction et entretien d'un réseau routier, installation de dessalement de l'eau de mer, réseau électrique intégré à celui de Bahreïn, cartes établies par l'armée britannique et la National Geographic Society montrant les Hawar comme partie intégrante de Bahreïn. Bahreïn s'oppose aussi à une prétention du Qatar selon laquelle les îles Hawar sont sous sa souveraineté grâce à la primauté de son titre originaire et à l'application du principe de proximité et d'unité territoriale.

D'un point de vue *macro-géographique*, explique le Qatar, les îles Hawar ont un lien étroit avec son territoire continental, et chacune d'elles se trouve plus rapprochée du Qatar que de l'île principale de Bahreïn. Le Qatar ajoute qu'à la suite des événements de 1867-1868, les autorités de Londres auraient reconnu son existence en tant qu'entité distincte et séparée de Bahreïn par la mer afin de préserver la paix maritime. À l'instar de Bahreïn, le Qatar invoque plusieurs cartes des XIXe et XXe siècles montrant les Hawar comme faisant partie de la péninsule du Qatar.

Bahreïn, contestant les arguments de proximité, d'adjacence ou de contiguïté, soutient qu'ils ont été démentis dans l'affaire de l'*Île de Palmas*[570],

---

568 *Idem*, par. 114.

569 *Award in the Matter of an Arbitration Concerning the Border Between the Emirates of Dubai and Sharjah*, Judgment of 19 October 1981, *ILR*, vol. 91, p. 543.

570 *Island of Palmas Case*, Award, Case No. 1925-01, PCA.

dans laquelle le titre de la contiguïté, en tant que base de la souveraineté territoriale, n'a aucun fondement en droit international. Bahreïn cite aussi, au même effet, l'affaire des *Minquiers et Ecréhous*[571] selon laquelle la proximité géographique est sans pertinence. Bahreïn ajoute que les faits ne confirment pas que le Qatar ait joui, au XIXe siècle et au début du XXe, d'un quelconque statut d'entité politique, et que, par conséquent, les cartes, quand bien même on les voudrait pertinentes, ne peuvent priver Bahreïn du titre qu'il a sur Hawar et qu'il a su conserver par son contrôle. Le Qatar soumet aussi qu'il n'a jamais consenti à ce que le gouvernement britannique décide de la question de la souveraineté sur les îles Hawar.

Après avoir examiné la correspondance avec le Qatar et avec Bahreïn, et notamment un échange de lettres durant le mois de mai 1938, la Cour en vient à la conclusion que Qatar avait non seulement accepté le rôle du gouvernement britannique, mais qu'il avait accepté également, tout comme le souverain de Bahreïn, de participer à la procédure qui devait conduire à la décision de 1939.

Qatar a soutenu par ailleurs que les fonctionnaires britanniques chargés de la décision étaient partiaux et que leur décision avait été arrêtée d'avance. En outre, les Parties n'auraient pas eu la possibilité de présenter leurs arguments sur un pied d'égalité et de façon équitable. Enfin, la décision prise n'aurait pas été motivée. La Cour rejette ces prétentions du Qatar : « S'il est exact qu'au cours de cette procédure les fonctionnaires britanniques chargés du dossier sont partis de la prémisse que Bahreïn possédait *prima facie* un titre sur les îles et que la charge de la preuve contraire reposait sur le souverain de Qatar, Qatar ne saurait soutenir qu'il ait été contraire à la justice de partir de cette prémisse dans la mesure où il en avait été informé avant de consentir à la procédure et où il n'en a pas moins consenti à ce qu'elle se déroule sur cette base[572] ».

Le souverain du Qatar avait en effet été informé, en mai 1938, par l'agent politique britannique, que, malgré le titre de Bahreïn, le gouvernement britannique « serait disposé à considérer attentivement toute revendication formelle », sous réserve d'un exposé complet des moyens de preuve[573]. Quelques jours après, ce même agent politique britannique informait le résident politique de ce qu'aucune preuve n'était apportée d'une occupation formelle par le Qatar, ou de l'exercice d'une fonction quelconque en matière d'impôts, de vente de droits de pêche ou d'exercice de l'autorité judiciaire.

La Cour ajoute que les deux Parties ont eu toute latitude pour présenter leur argumentation et elle note aussi que, si les motifs fondant la décision de 1939 n'ont pas été communiqués aux deux souverains, cette absence de motivation

---

[571] *Minquiers et Ecréhous*, arrêt, CIJ Recueil 1953.
[572] Arrêt de 2001, par. 141.
[573] *Idem*, par. 119.

n'entache pas la validité de la décision, car aucune obligation de motivation n'avait été imposée au gouvernement britannique.

Pour tous ces motifs, la Cour conclut que Bahreïn a souveraineté sur les îles Hawar et que, la décision britannique de 1939 étant valide et obligatoire, la Cour est ainsi dispensée de se prononcer sur l'argumentation des Parties tirée de l'existence d'un titre originaire, des effectivités ou de l'applicabilité en l'espèce du principe de l'*uti possidetis juris.*

La Cour examine ensuite les arguments du Qatar et de Bahreïn au sujet d'une île minuscule connue sous le nom de Janan. Elle note d'abord que les deux Parties divergent d'opinion sur la réalité même de cette formation. Selon le Qatar, il s'agit d'une île d'environ 700 mètres de long et 175 mètres de large, qui se trouve au large de la pointe sud-ouest de l'île Hawar proprement dite. Bahreïn considère que l'île de Janan vise de fait deux îles qui se trouvent à une distance de deux milles marins au large de la côte méridionale de Jazirat Hawar, et qui, à marée basse, ne forment plus qu'une île. Après avoir étudié les divers arguments, la Cour croit devoir considérer Janan et Hadd Janan comme une seule île.

La Cour se demande d'abord si la décision britannique de 1939, qui concerne la souveraineté sur les Hawar, s'applique à l'île de Janan, le problème étant qu'il n'était pas précisé ce qu'on entendait par les îles Hawar, et qu'aucune mention n'était faite de l'île de Janan. Ou bien Janan fait partie des Hawar, et alors la décision de 1939 s'y applique, ou, dans le cas contraire, cette décision n'est d'aucun secours pour décider de la souveraineté territoriale sur Janan. Le Qatar a fait valoir notamment une « décision » du gouvernement britannique de 1947 concernant la délimitation des fonds marins. Bahreïn a rappelé à la Cour qu'il avait soumis quatre listes au gouvernement britannique, en 1936, 1937,1938 et 1946, au sujet de la composition des îles Hawar.

La Cour constate qu'il n'y a pas identité entre les trois listes que Bahreïn a présentées au gouvernement britannique avant 1939. Par exemple, l'île de Janan n'est mentionnée expressément que sur une seule de ces trois listes. Par contre, la quatrième liste fait référence à l'île de Janan ; mais elle ne sera soumise au gouvernement britannique que plusieurs années après la décision de 1939. Ces listes sèment donc la confusion et ne sont pas utiles.

La Cour examine par ailleurs deux lettres identiques adressées le 23 décembre 1947 aux souverains du Qatar et de Bahreïn respectivement par l'agent politique britannique à Bahreïn. Les deux souverains sont alors informés du partage de leurs fonds marins par le gouvernement britannique. Les lettres précisent aussi que Bahreïn possède des droits souverains sur l'île Hawar, les îles du groupe des Hawar et les eaux territoriales qui en relèvent, mais que l'île de Janan n'est pas considérée comme faisant partie du groupe des Hawar. La Cour en conclut que le Qatar a souveraineté sur l'île de Janan y inclus Hadd Janan, sur la base de la décision prise par le gouvernement britannique en 1939, telle qu'elle a été interprétée en 1947.

2.11.6 La délimitation maritime dans le secteur sud

La Cour, qui a tranché sur la question des droits de souveraineté territoriale rattachés respectivement à Zubarah, aux îles Hawar et à l'île de Janan, examine ensuite le problème de la délimitation maritime entre le Qatar et Bahreïn, plus précisément celui de tracer une limite maritime unique, comme le souhaitaient les Parties selon la formule bahreïnite, adoptée en décembre 1990.

La Cour observe d'abord que les Parties sont d'accord pour qu'elle se prononce sur la délimitation conformément au droit international. Or, c'est le droit coutumier qui est applicable ici, puisque ni Bahreïn ni le Qatar ne dépendent des Conventions de Genève sur le droit de la mer du 29 avril 1958. Par ailleurs, Bahreïn a ratifié la Convention des Nations Unies sur le droit de la mer de 1982, alors que le Qatar l'a seulement signée. Les deux Parties reconnaissent pourtant que la plupart des dispositions de la Convention de 1982 qui sont pertinentes dans le présent cas reflètent le droit coutumier.

À l'instar des Parties, la Cour distingue deux secteurs géographiques : un secteur sud et un secteur nord. La Cour commencera par la délimitation du secteur sud. Dans la partie méridionale de l'aire à délimiter, les côtes de Qatar et de Bahreïn se font face et se trouvent à moins de 24 milles marins. Il s'agira donc pour la Cour de délimiter exclusivement leur mer territoriale. Par ailleurs, plus au nord, les côtes des deux États sont adjacentes, et la délimitation concernera le plateau continental et la zone économique exclusive. Comme il s'agit de tracer une ligne unique pour les différents objets de la délimitation, la Cour cite l'affaire *Canada/États-Unis* de 1984 : cette ligne 'ne saurait être effectuée que par l'application d'un critère ou d'une combinaison de critères qui ne favorise pas l'un de ces (...) objets au détriment de l'autre et soit en même temps susceptible de convenir également à une division de chacun d'eux[574]'. Le Qatar et Bahreïn conviennent que l'article 15 de la Convention de 1982, concernant la délimitation de la mer territoriale, fait partie du droit coutumier.

La Cour rappelle que la règle qui y est prévue est aussi connue comme celle de l'équidistance/circonstances spéciales. Comme la ligne d'équidistance ne peut être tracée que lorsque les lignes de base sont connues, et puisque ni le Qatar ni Bahreïn n'ont précisé ces lignes, pas plus d'ailleurs qu'ils n'ont produit de cartes marines officielles les représentant, la Cour aura donc à déterminer d'abord les côtes pertinentes à partir desquelles seront tracées ces lignes de base. À ce sujet, le Qatar a soutenu que la ligne d'équidistance devrait être tracée par application de la méthode dite de « calcul de masse terrestre à masse terrestre ». Cette méthode ignorerait les îles, sauf Hawar, qui se trouverait du côté du Qatar, et l'île principale de Bahreïn, bien sûr, de même

[574] *Idem*, par. 173. (*Délimitation de la frontière maritime dans la région du golfe du Maine*, arrêt, CIJ Recueil 1984, p. 327, par. 194).

que Al-Awal, Al-Muharraq et Sitrah ; *a fortiori*, les îlots, rochers, récifs et hauts-fonds découvrants ne seraient pas pris en compte. Toujours selon le Qatar, cette méthode impliquerait que la ligne d'équidistance doive être construite à partir de la laisse de haute mer.

Bahreïn a soutenu être « *de facto* un État archipel ou un État pluri-insulaire, caractérisé par une variété de formations maritimes de nature et de dimensions diverses. Toutes ces formations seraient étroitement liées entre elles et constitueraient ensemble l'État de Bahreïn ; réduire cet État à un nombre limité d'îles prétendument 'principales' reviendrait à remodeler la nature et à refaire la géographie[575] ». Bahreïn ajoute que les points de base pertinents sont situés sur l'ensemble de ces formations maritimes, et il soutient qu'en tant qu'État archipel *de facto*, il peut se prévaloir des dispositions relatives aux « lignes de base archipélagiques droites reliant les points extrêmes des îles les plus éloignées et des récifs découvrants de l'archipel[576] ». Bahreïn mentionne également que l'ensemble de ses formations insulaires satisfait au rapport terre/mer devant être compris entre 1 sur 1 et 1 sur 9. Il tient enfin à rappeler qu'il a déjà fait valoir son statut d'État archipélagique auprès d'autres États, et qu'il était d'ailleurs sur le point de se déclarer tel, « mais qu'il en a été empêché par l'engagement de ne pas modifier le *statu quo*, pris dans le cadre de la médiation du Roi d'Arabie saoudite[577] ». Le Qatar a contesté la prétention de Bahreïn selon laquelle celui-ci serait en droit de se déclarer État archipel au sens de la partie IV de la Convention de 1982.

La Cour constate à ce sujet que Bahreïn n'a pas fait de cette question l'une de ses conclusions formelles et que, par conséquent, elle n'est pas priée de prendre position. S'agissant de déterminer les côtes pertinentes à partir desquelles la largeur de la mer territoriale de chacune des Parties est mesurée, la Cour rappelle que la ligne de base est la laisse de basse mer le long de la côte, conformément à l'article 5 de la Convention de 1982. La Cour réfère aussi à des affaires antérieures (*Mer du Nord*[578] et *Mer Égée*[579]) dans lesquelles a été affirmé le principe selon lequel « la terre domine la mer ». Elle tient à préciser que les îles jouissent du même statut, quelles que soient leurs dimensions, et par conséquent des mêmes droits en mer que les autres territoires attachés au continent. Outre les îles Hawar et l'île de Janan, au sujet desquelles la Cour a déjà décidé qu'elles appartiennent respectivement à Bahreïn et au Qatar, d'autres îles peuvent être identifiées dans l'aire de délimitation et sont pertinentes aux fins de la délimitation dans le secteur sud : la Cour nomme Jazirat Mashtan et Umm Jalid qui, à marée haute, sont de très

---

575 Arrêt de 2001, par. 180.

576 Convention de 1982 sur le droit de la mer, art. 47.

577 Arrêt de 2001, par. 181.

578 *Plateau continental de la mer du Nord*, arrêt, CIJ Recueil 1969.

579 *Plateau continental de la mer Égée (Grèce c. Turquie)*, compétence de la Cour, arrêt, CIJ Recueil 1978.

petites îles, mais, à marée basse, de dimensions beaucoup plus étendues. Leur souveraineté, revendiquée par Bahreïn, n'est pas contestée par le Qatar.

Par contre, les Parties divergent d'opinion sur la question de savoir si la formation connue sous le nom de Fasht al Azm doit être considérée comme faisant partie de l'île de Sitrah ou s'il s'agit plutôt d'un haut-fond découvrant qui n'est pas relié naturellement à Sitrah. La Cour est informée que Bahreïn a entrepris, en 1982, des travaux de terrassement pour la construction d'une usine pétrochimique, et qu'un chenal artificiel a alors été dragué, faisant ainsi communiquer les eaux de chaque côté de Fasht al Azm.

Après avoir analysé les divers documents soumis par les Parties, la Cour a été dans l'incapacité d'établir s'il existait ou non un passage séparant de façon permanente Sitrah de Fasht al Azm avant les travaux d'aménagement. La Cour expliquera par ailleurs plus loin qu'elle est pourtant en mesure de procéder à la délimitation dans ce secteur, sans avoir à décider si Fasht al Azm constitue un haut-fond découvrant ou une partie de l'île de Sitrah. Le même type de problème a fait l'objet d'une opposition au sujet d'une formation connue sous le nom de Qit'at Jaradah. La Cour rappelle ici qu'une île est définie comme « une étendue naturelle de terre entourée d'eau qui reste découverte à marée haute[580] ». La Cour note qu'il s'agit d'une très petite île qui ne ferait, selon l'expert de Bahreïn, que 12 mètres sur 4 à marée haute, et à peine 600 mètres sur 75 à marée basse, son altitude, à marée haute, n'atteignant que 0,40 mètre ! Bahreïn fait valoir que cette formation se trouve sous sa souveraineté et qu'il y a exercé d'ailleurs son autorité en pratiquant diverses activités, comme la construction d'une balise, l'octroi d'une concession pétrolière, l'autorisation de poser des pièges à poissons et le forage d'un puits artésien. La Cour considère à ce sujet que si cette dernière activité peut être discutable en tant qu'acte accompli à titre de souverain, « la construction d'aides à la navigation, en revanche, peut être juridiquement pertinente dans le cas de très petites îles[581] ». La Cour conclut que Qit'at Jaradah est une île qui doit comme telle être considérée aux fins du tracé de la ligne d'équidistance.

Dans le cas de Fasht ad Dibal, le Qatar et Bahreïn sont d'accord pour considérer qu'il s'agit d'un haut-fond découvrant, mais ils sont opposés sur la question de savoir si ce haut-fond peut faire l'objet d'une appropriation, le Qatar soutenant que non, comme il l'avait fait pour Qit'at Jaradah, Bahreïn prétendant au contraire que de telles formations constituent des territoires susceptibles d'appropriation. Après avoir rappelé la définition de haut-fond découvrant, c'est-à-dire des « élévations naturelles de terrain qui sont entourées par la mer, découvertes à marée basse et recouvertes à marée haute[582] », et après avoir énoncé la règle selon laquelle l'État côtier a un droit

[580] Convention de 1958 sur la mer territoriale et la zone contiguë, art. 10, par. 1, et Convention de 1982, art. 121, par. 1.

[581] Arrêt de 2001, par. 197.

[582] Convention de 1958, art. 11, par. 1, et Convention de 1982, art. 13, par. 1.

de souveraineté territoriale sur les hauts-fonds qui se trouvent dans les limites de sa mer territoriale, la Cour considère que la question à résoudre dans le présent cas est de savoir si ce haut-fond est susceptible d'appropriation lorsqu'il se trouve dans une zone de chevauchement de deux mers territoriales : « Le droit international conventionnel est muet sur la question de savoir si les hauts-fonds découvrants peuvent être considérés comme des 'territoires'. À la connaissance de la Cour, il n'existe pas non plus de pratique étatique uniforme et largement répandue qui aurait pu donner naissance à une règle coutumière autorisant ou excluant catégoriquement l'appropriation des hauts-fonds découvrants[583] ».

La Cour ajoute que les quelques règles existantes ne permettent pas de considérer ces formations comme des territoires au même titre que les îles. Par ailleurs, la Cour rappelle la règle selon laquelle « les hauts-fonds découvrants situés au-delà des limites de la mer territoriale ne sont pas dotés d'une mer territoriale propre[584] ». Ils n'engendrent donc pas en tant que tels les mêmes droits qu'une île. La Cour en conclut que la laisse de basse mer des hauts-fonds découvrants situés dans une zone de chevauchement ne peut être utilisée comme ligne de base, et que, par conséquent, ces hauts-fonds ne doivent pas être pris en compte dans le tracé d'une ligne d'équidistance.

La Cour examine en outre la méthode des lignes de base droites que Bahreïn a tenté de faire valoir, laquelle ne peut être appliquée que si la côte est profondément échancrée et découpée, ou s'il existe un chapelet d'îles le long de cette côte, à proximité immédiate de celle-ci. Or, constate la Cour, les côtes des îles principales de Bahreïn ne sont pas profondément échancrées, ce que Bahreïn n'a d'ailleurs pas soutenu. Par contre, il a prétendu que les formations au large des côtes de ses îles principales pouvaient être considérées comme un chapelet d'îles formant un tout avec son territoire principal. La Cour estime au contraire qu'il ne s'agit pas d'un chapelet d'îles, celles-ci étant assez peu nombreuses : « Qui plus est, dans la présente affaire, il n'est possible de parler d'un 'amas d'îles' ou d'un 'système insulaire' qu'en prenant en considération les îles principales de Bahreïn[585] ». Il s'agit alors, explique la Cour, d'utiliser la méthode des lignes de base droites applicables à l'État archipel, ce qui n'est pas le cas de Bahreïn.

Pour ces raisons, les hauts-fonds sis dans la zone de chevauchement des mers territoriales ne devront pas être considérés dans le tracé de la ligne d'équidistance. La Cour estime cependant que Fasht al Azm constitue un cas spécial, car, selon qu'il fait ou non partie intégrante de l'île de Sitrah, les points de base nécessaires à la construction de l'équidistance pourraient ou non se trouver sur la laisse de basse mer de cette formation particulière. Puisque la

---

583 Arrêt de 2001, par. 205.

584 *Idem*, par. 207. La Cour paraphrase ici l'article 13, par. 2, de la Convention de 1982.

585 Arrêt de 2001, par. 214.

Cour a déjà renoncé à décider de cette question, elle tracera une double ligne d'équidistance qui reflète chacune de ces hypothèses.

La Cour se demande ensuite s'il existe des circonstances spéciales telles que la ligne d'équidistance, tracée à titre provisoire, devrait être ajustée afin d'obtenir un résultat équitable quant à la délimitation des mers territoriales. À ce sujet, elle examine tour à tour Fasht al Azm et Qit'at Jaradah. S'agissant de Fasht al Azm, la Cour estime que si cette formation fait partie de l'île de Sitrah, une ligne d'équidistance ne serait pas appropriée, car « compte tenu du fait que cette île ne reste découverte en permanence que sur moins de vingt pour cent de sa superficie, cette solution situerait la limite à une distance exagérément proche du territoire continental de Qatar[586] ». Si, à l'inverse, poursuit la Cour, cette formation devait être considérée comme un haut-fond découvrant, la ligne d'équidistance l'effleurerait et ne conviendrait donc pas non plus. La Cour conclut que dans un cas comme dans l'autre, des circonstances spéciales font que la ligne doit passer entre Fash al Azm et Qit'at Shajarah. Quant à Qit'at Jaradah, qui se trouve sous la souveraineté de Bahreïn, sise à peu près à mi-chemin entre l'île principale de Bahreïn et la péninsule du Qatar, la Cour observe qu'une ligne d'équidistance accorderait un effet disproportionné à cette île qu'elle qualifie de « formation maritime insignifiante ». Il s'agit en effet d'une île minuscule, sans végétation et inhabitée. La Cour rappelle des situations similaires où il s'agissait d'éliminer l'effet exagéré de petites îles, et elle nomme l'affaire de la *Mer du Nord*[587], de même que l'affaire *Libye/Malte*[588]. Il y a ici aussi, conclut la Cour, une circonstance spéciale qui fonde le choix d'une ligne passant immédiatement à l'est de Qit'at Jaradah.

La Cour a observé plus haut que, ne s'étant pas prononcée sur la question de savoir si Fasht al Azm faisait partie de l'île de Sitrah ou s'il s'agissait d'un haut-fond découvrant distinct, il convient de tracer à titre provisoire deux lignes d'équidistance. Si aucun effet n'est donné à Qit'at Jaradah, et dans l'hypothèse où l'on considère que Fasht al Azm fait partie de l'île de Sitrah, la ligne d'équidistance ainsi ajustée coupe Fasht ad Dibal, laissant la majeure partie de ce haut-fond du côté qatari. Si, en revanche, Faht al Azm est regardé comme un haut-fond découvrant, la ligne d'équidistance ajustée passe à l'ouest de Fasht ad Dibal. Compte tenu du fait que, dans ces deux hypothèses, Fasht ad Dibal se trouve, dans une large mesure ou en totalité, du côté qatari de la ligne d'équidistance ajustée, la Cour considère qu'il convient de tracer la ligne de délimitation entre Qit'at Jaradah et Fasht ad Dibal. Comme Fasht ad Dibal est ainsi situé dans la mer territoriale du Qatar, il relève pour ce motif de la souveraineté de cet État.

---

586 *Idem*, par. 218.
587 *Plateau continental de la mer du Nord*, arrêt, CIJ Recueil 1969.
588 *Plateau continental (Jamahiriya arabe libyenne/Malte)*, arrêt, CIJ Recueil 1985.

La Cour estime aussi qu'il y a lieu de simplifier, comme il est de pratique courante, ce qui serait autrement une ligne de délimitation très complexe dans la région des îles Hawar. Après avoir tracé à titre provisoire une ligne de délimitation selon la méthode de l'équidistance, et après avoir examiné certaines circonstances spéciales justifiant de déplacer cette ligne, la Cour décrit comme suit le tronçon de la frontière maritime unique délimitant les mers territoriales dans le secteur sud :

« (...) à partir du point d'intersection des limites maritimes respectives de l'Arabie saoudite d'une part et de Bahreïn et du Qatar de l'autre qui ne peut être fixé, la frontière se dirigera dans une direction nord-est, puis obliquera immédiatement en direction de l'est et passera ensuite entre Jazirat Hawar et Janan ; elle s'infléchira plus loin vers le nord pour passer entre les îles Hawar et la péninsule du Qatar et continuera en direction du nord, en laissant le haut-fond découvrant de Fasht Bu Thur et Fasht al Azm du côté de Bahreïn et les hauts-fonds découvrants de Qita'a el Erge et de Qit'at ash Shajarah du côté du Qatar ; enfin elle passera entre Qit'at Jaradah et Fasht ad Dibal, en laissant Qit'at Jaradah du côté de Bahreïn et Fasht ad Dibal du côté du Qatar[589] ».

Compte tenu de la première phase de la délimitation ainsi adoptée (celle des mers territoriales), la Cour note que le chenal reliant les espaces maritimes du Qatar situés au sud des îles Hawar et ceux situés au nord de ces îles est étroit et peu profond, en conséquence peu propice à la navigation. Comme Bahreïn, poursuit-elle, n'est pas fondé à appliquer la méthode des lignes de base droites réservée aux États archipélagiques, les eaux s'étendant entre les îles Hawar et les autres îles bahreïnites constituent, non pas des eaux intérieures, mais bien la mer territoriale de Bahreïn. La Cour croit approprié d'ajouter que les navires du Qatar, comme d'ailleurs ceux de tous les autres États, jouissent donc dans ces eaux du droit de passage inoffensif, tel qu'il est reconnu par le droit international coutumier. Il va sans dire que la réciproque est vraie, les navires de Bahreïn, comme d'ailleurs ceux de tous les autres États, jouissant de ce même droit dans la mer territoriale du Qatar[590].

La Cour, examinant ensuite la question de la délimitation, par ligne unique, du plateau continental et de la zone économique exclusive, procède comme elle l'a fait, et pour des motifs similaires, dans le cas de la délimitation des mers territoriales. Elle trace provisoirement une ligne d'équidistance pour rechercher ensuite des circonstances justifiant un ajustement de cette ligne. C'est ainsi qu'elle examinera tour à tour les questions suivantes : l'industrie perlière, les lettres de décembre 1947, la différence de longueur entre les côtes respectives, puis, l'effet à donner à Fasht al Jarim.

---

589 *Idem*, par. 222.

590 Cette observation de la Cour peut paraître surprenante dans la mesure où l'on peut se demander si les impératifs de la navigation sans entrave ont constitué un facteur pertinent dans la décision de la Cour de rejeter la méthode des lignes de base droites soumises par Bahreïn, encore que le tribunal ait expliqué sa décision. En d'autres termes, les juges ont-ils été touchés par des considérations d'ordre géopolitique ?

La Cour rejette d'abord une prétention de Bahreïn selon laquelle plusieurs bancs d'huîtres perlières, sis notamment au nord de la péninsule du Qatar, lui appartiendraient depuis des temps immémoriaux. Il ressort de l'ensemble de la preuve, dit la Cour, que cette activité a disparu depuis fort longtemps, mais en outre qu'elle était traditionnellement considérée comme un droit exercé en commun par les populations riveraines du Golfe, encore qu'elle ait été exploitée dans le passé de façon prédominante par des pêcheurs de Bahreïn. Quant aux lettres du 23 décembre 1947 adressées aux souverains de Bahreïn et du Qatar par l'agent politique britannique concernant la division des fonds marins, il suffit à la Cour de noter qu'aucune des Parties n'a accepté cette division comme étant obligatoire et qu'elle n'a pas à définir la valeur juridique de la « décision » contenue dans ces lettres. La Cour explique par ailleurs que la ligne tracée en 1947 aux fins de partager les fonds marins est sans pertinence dans le présent cas, où il s'agit de délimiter à la fois le plateau continental et la zone économique exclusive.

La Cour rejette aussi une prétention du Qatar selon laquelle il existe une différence de longueur entre ses façades côtières et celles des îles principales de Bahreïn, différence exprimée par un rapport de 1,59 à 1, ce à quoi Bahreïn rétorque en précisant que le calcul du Qatar suppose que les îles Hawar relèvent de sa souveraineté. Puisque la souveraineté sur les îles Hawar a déjà été décidée par la Cour en faveur de Bahreïn, celle-ci estime que la différence de longueur ne justifie pas un ajustement, mais la Cour ne précise pas de quel ordre est cette différence, s'il en est une.

2.11.7 La délimitation maritime dans le secteur nord

La Cour rappelle par ailleurs que, dans le secteur nord, les côtes respectives ne sont « pas très différentes quant à leur caractère ou à leur étendue ; (...) le relief est plat, marqué par une très légère déclivité », sauf, ajoute la Cour, Fasht al Jarim, « qui est comme un saillant de la côte de Bahreïn s'avançant loin dans le Golfe[591] ». Comme il s'agit d'une formation sise très au large et dont une partie infime serait découverte à marée haute, l'équité commande de ne pas donner d'effet à Fasht al Jarim quant à la délimitation, afin d'éviter des effets disproportionnés. Et la Cour de citer l'arbitrage rendu dans l'affaire *France/Royaume-Uni*[592]. La Cour déclare alors que « la limite maritime unique dans ce secteur sera constituée en premier lieu par une ligne qui, partant d'un point situé au nord-ouest de Fasht ad Dibal, rejoindra la ligne d'équidistance ajustée pour tenir compte de l'absence d'effet reconnu à Fasht

[591] Arrêt de 2001, par. 247

[592] *Ibidem*. Reconnaître un plein effet à ce saillant ferait « dévier la limite » et produirait « des effets disproportionnés » (*Délimitation du plateau continental entre le Royaume-Uni de Grande-Bretagne et d'Irlande du Nord et la République française*, RSA, vol. 18, p. 252, par. 244).

al Jarim. La limite suivra ensuite cette ligne d'équidistance ajustée jusqu'à ce qu'elle rencontre la ligne de délimitation des zones maritimes respectives de l'Iran d'une part et de Bahreïn et de Qatar de l'autre[593] ».

La Cour décrit ensuite la limite maritime unique divisant les différentes zones en précisant que cette limite est constituée par une série de lignes géodésiques reliant 42 points dont les coordonnées sont énumérées. La Cour ajoute qu'en deçà du point 1, « la limite maritime unique suivra, en direction du sud-ouest, une ligne loxodromique ayant un azimut de 234o16'53' », et ce jusqu'à sa rencontre avec les zones maritimes de l'Arabie saoudite[594]. Au-delà du point 42, la ligne maritime unique suivra, « en direction du nord-nord-est, une ligne loxodromique ayant un azimut de 12° 15'12''[595] », jusqu'aux frontières maritimes respectives avec l'Iran.

2.11.8 Le dispositif de l'arrêt

Le dispositif de ce jugement mentionne que l'unanimité des 17 juges a été obtenue quant aux questions suivantes : souveraineté du Qatar sur la région de Zubarah et le haut-fond découvrant de Fasht ad Dibal ; droit de passage inoffensif des navires de l'État du Qatar dans la mer territoriale de Bahreïn séparant les îles Hawar des autres îles bahreïnites. Par contre, les voix ont été partagées comme ci-après indiqué sur les questions suivantes : par 12 voix contre 5, Bahreïn a souveraineté sur les îles Hawar, de même que sur l'île de Qit' at Jaradah ; par 13 voix contre 4, le Qatar a souveraineté sur l'île de Janan, y compris Hadd Janan ; enfin, par 13 voix contre 4, « la limite maritime unique divisant les différentes zones maritimes de l'État de Qatar et de l'État de Bahreïn doit être tracée comme indiqué au paragraphe 250 du présent arrêt[596] », et comme nous l'avons mentionné ci-haut.

2.11.9 Critiques et dissidences

Parmi les critiques les plus dures du jugement se trouvent l'opinion dissidente commune des juges Bedjaoui, Ranjeva, et Koroma, de même que l'opinion dissidente du juge *ad hoc* Torres

Bernardez. Les trois premiers juges « font appel aux parties pour qu'elles tirent des inépuisables ressources que leur offre leur génie commun la volonté de transcender leurs frustrations par leur coopération », tout en espérant que « le règlement judiciaire aura réuni toutes les conditions pour une acceptabilité sociale de ses solutions et pourra ainsi pleinement exercer sa fonction

---

593 Arrêt de 2001, par. 249.

594 Une loxodromie est une ligne droite tracée sur une projection de Mercator. Un azimut est un angle formé par le plan vertical d'un astre et le plan méridien du point d'observation.

595 Arrêt de 2001, par. 250.

596 *Idem*, par. 252.

apaisante et pacificatrice » (par. 3). Les trois juges examinent notamment la question de la validité de la décision de 1939 et ils expriment l'opinion que les circonstances de l'affaire et le contexte historique révèlent que le consentement donné par une Partie, loin d'être éclairé et libre a été entaché d'éléments constitutifs d'un dol.

Le juge dissident Torres Bernardez est tout aussi clair quand il affirme : « Si la majorité n'a pas pu trouver de faille du consentement, sous forme d'erreur provoquée, de comportement frauduleux, de coercition dans les moyens de preuve soumis à la Cour en l'espèce, je crains qu'il ne soit plus guère possible, lors d'affaires ultérieures, de rapporter la preuve de tels vices » (par. 553).

S'agissant du droit de passage inoffensif dans la mer territoriale de Bahreïn, les trois juges, sensibles aux risques de conflits liés à la mise en oeuvre de ce droit, estiment que la Cour, bien que non saisie de la question, aurait dû, comme dans l'affaire *Botswana/Namibie*[597], envisager la conclusion d'un accord bilatéral assurant l'enclavement des îles Hawar et assorti d'un régime de servitude internationale.

2.12 Conclusion

Les relations politiques assez médiocres qui ont généralement prévalu entre les États du golfe Arabo-Persique n'ont pourtant pas constitué un obstacle insurmontable à l'adoption de plusieurs accords bilatéraux de délimitation maritime. Il va sans dire que les impératifs économiques dominent et rendent presque nécessaire le tracé de limites en mer pour que l'exploration et l'exploitation des hydrocarbures se fassent avec efficacité. Pourtant, certaines des frontières du golfe ne pourront être délimitées tant et aussi longtemps que perdureront les séquelles de sanglants conflits frontaliers terrestres, notamment entre Iran et Irak, Irak et Koweït. Ailleurs, la difficulté, l'impossibilité même, de la délimitation totale résulte d'un différend non résolu portant sur la souveraineté sur certaines îles, notamment entre l'Iran et les Émirats arabes unis. À l'inverse, des délimitations par voie d'accord bilatéral ont été réalisées grâce à l'abandon réciproque de revendications concurrentes et/ou à l'instauration de zones d'exploitation conjointe.

Si les accords bilatéraux de délimitation sont relativement nombreux dans le golfe Persique, une seule délimitation par voie juridictionnelle a été réalisée, celle dans l'affaire *Qatar c. Bahreïn.* La Cour, ainsi qu'elle l'a fait dans chacune des affaires asiatiques – sauf les affaires *Portugal c. Australie*[598] de

---

[597] La CIJ, dans cette affaire, a décidé que l'île disputée faisait partie du territoire du Botswana, puisque la frontière suivait la ligne des sondages les plus profonds dans le chenal nord du Chobe. La Cour conclut également, compte tenu d'un communiqué des Parties selon lequel elles s'étaient mutuellement garanti la liberté de navigation, que cette liberté sur les chenaux autour de l'île devait être assurée, sur pied d'égalité, pour les bateaux de leurs ressortissants battant pavillon national. (*Île de Kasikili/Sedudu*, arrêt, CIJ Recueil 1999, par. 100 à 104).

[598] *Timor oriental*, arrêt, CIJ Recueil 1995.

juin 1995 et *Pakistan c. Inde*[599] de juin 2000 – s'est déclarée compétente pour décider de cette affaire, dans laquelle elle était priée de régler *à la fois* la souveraineté territoriale *et* la délimitation maritime. S'agissant de souveraineté territoriale, la Cour distingue entre deux secteurs géographiques : la région de Zubarah, qui est rattachée à la péninsule de Qatar, et les îles, principalement Hawar, sises entre le Qatar et Bahreïn. Au sujet de Zubarah, la Cour est fidèle à sa propre jurisprudence en établissant une nette distinction entre les liens d'allégeance personnelle, qui ne confèrent pas la souveraineté, et les actes d'autorité exercés au nom du souverain. Appelée à déterminer qui, du Qatar ou de Bahreïn, est souverain territorial de Zubarah, la Cour recherche les titres dans trois documents et en arrive à la conclusion que, d'une part, ni la Grande-Bretagne ni l'empire ottoman n'ont reconnu la souveraineté de Bahreïn sur le Qatar et que, d'autre part, le gouvernement britannique s'est opposé à toute immixtion de Bahreïn au Qatar.

Il n'est pas interdit de penser que la décision de la Cour dans cette affaire pourra inspirer d'autres délimitations parmi celles qui restent à effectuer, dans un contexte marqué par ailleurs par de nombreuses difficultés souvent liées aux activités illégales déployées dans le golfe Persique, tandis que tout semble diviser ses pays riverains.

---

[599] *Incident aérien du 10 août 1999*, compétence de la Cour, arrêt, CIJ Recueil 2000.

Chapitre 3

LA MER ROUGE

Verrouillée par un détroit stratégique – le Bab-el-Mandeb – qui a été récemment le théâtre de plusieurs incidents maritimes, la mer Rouge (*figure 5*) est une importante voie de navigation qui, par ailleurs, baigne peu d'États, principalement l'Arabie saoudite à l'est, et l'Égypte, le Soudan et l'Érythrée à l'ouest[600].

En mai 1974, l'Arabie saoudite et le Soudan, à défaut de s'entendre sur une frontière maritime, concluent un accord créant une zone d'exploitation conjointe définie comme celle se trouvant au-delà de l'isobathe des 1000 mètres en mer Rouge (*section 3.1*). En janvier 1996, la Jordanie délimite sa mer territoriale avec celle d'Israël tout au fond du golfe d'Aqaba (*3.2*). En octobre 1998, une sentence arbitrale décide notamment de la souveraineté territoriale sur des îles disputées entre le Yémen et l'Érythrée, cette sentence étant suivie d'une seconde, en décembre 1999, qui procède à la délimitation de la frontière maritime du plateau continental et de la ZÉE (*3.3*). En juin 2000, l'Arabie saoudite conclut un accord avec le Yémen (*3.4*)[601]. En décembre 2007 et en avril 2016, l'Arabie saoudite signe deux autres accords : le premier avec la Jordanie dans le golfe d'Aqaba (*3.5*) ; le second avec l'Égypte dans le détroit de Tiran, les deux États convenant d'une longue frontière maritime qui va du fond du golfe d'Aqaba jusqu'au cœur de la mer Rouge au 22e parallèle[602], celui-là même qui délimite la frontière terrestre avec le Soudan, au sud du triangle de Halayeb (*3.6*).

3.1 Arabie saoudite / Soudan

À la suite de la découverte, dans les années 1960, de fosses riches en nodules polymétalliques, le Soudan et l'Arabie saoudite concluent, le 16 mars 1974, un accord[603] tout à fait exceptionnel, sinon unique, en ce qu'il s'agit

---

600 Aubry, Émilie et Tétart, Frank (2024) *Le dessous des cartes. La puissance et la mer*, p. 120-132 ; Makhlouf, Kais et Borer, Louis (2024) Quelle est la dimension maritime de la guerre à Gaza, de la mer Rouge à l'océan Indien ? *Diploweb.com : La revue géopolitique* ; Mommessin, Christophe (2024) Mer Rouge et liberté de navigation, *RDN*, n° 867, p. 7-14 ; IILSS (2023) About Red Sea, facts and maps, *in* WMBA : https://iilss.net/about-red-sea-facts-and-maps/ ; Lavergne, Marc et Rigoulet-Roze, David, dir. (2022) La mer Rouge : convoitises et rivalités sur un espace stratégique, *Orients stratégiques*, n° 13.

601 International Border Treaty between the Republic of Yemen and the Kingdom of Saudi Arabia.

602 International Mapping (2024) *Sovereign Limits*: https://sovereignlimits.com/boundaries/egypt-saudi-arabia-maritime.

603 Accord entre le gouvernement de la République démocratique du Soudan et le gouvernement du Royaume d'Arabie Saoudite relatif à l'exploitation conjointe de ressources naturelles du fond et du sous-sol de la mer Rouge dans la zone commune.

d'une *frontière-zone* exclusivement, laquelle est définie selon le critère de la bathymétrie. Les deux États ont choisi en effet d'établir une zone d'exploitation conjointe des ressources, qui est délimitée par la ligne des 1000 mètres de profondeur.

Pourtant, les promesses d'une exploitation commerciale rentable semblent lointaines[604], outre le fait que les coordonnées de la zone n'ont pas été précisées et que l'accord n'a pas été vraiment appliqué[605]. Autre difficulté : les limites latérales de la zone ne pourront être établies avec précision qu'en tenant compte de la délimitation des frontières maritimes entre le Soudan et ses deux voisins, l'Égypte et l'Érythrée. Or, les limites nord-ouest de la zone demeureront compliquées tant et aussi longtemps que subsistera le litige frontalier terrestre soudano-égyptien. Il faut rappeler ici qu'un accord anglo-égyptien, en 1899, avait fixé la frontière suivant le 22e parallèle N, mais en 1902, un arrêté en conseil établissait une frontière administrative de part et d'autre de laquelle l'Égypte pouvait exercer sa souveraineté sur des tribus au sud de ce parallèle, tandis que le Soudan contrôlait des tribus côtières au nord. Or, les points terminaux de ces deux lignes sur la côte sont à plus de 100 milles marins, outre le fait que se pose le problème de la souveraineté sur certaines îles côtières dans la région disputée.

3.2 Israël / Jordanie

Peu de temps après la conclusion d'un traité de délimitation terrestre qui mettait fin à un état de guerre de plus de quarante ans, Israël et la Jordanie ont conclu, le 18 janvier 1996, un accord de délimitation maritime[606] dans le très étroit golfe d'Aqaba qui leur donne accès à la mer Rouge. Le préambule de l'accord rappelle en effet le traité de paix du 26 octobre 1994, et la foi des Parties est réaffirmée dans leur désir de vivre en paix l'une avec l'autre, ainsi qu'avec les autres États, « within secure and recognized boundaries ».

La frontière, *omni-fonctionnelle*, est décrite comme débutant au pilier 0 sur le rivage – qui n'est pas déterminé au moment de l'accord – et se poursuivant selon une ligne droite, d'une longueur de 2,84 kilomètres, où elle rencontre alors la médiane dans le golfe[607]. De ce dernier point, la frontière coïncide avec cette médiane jusqu'au dernier point de la frontière avec les deux États, et sans mentionner l'existence d'un dernier point avec un État tiers. La frontière est donc *composite* puisqu'elle est constituée d'une ligne géométrique et d'une ligne d'équidistance. Il va sans dire que sa longueur

---

604 Prescott, J.R.V. (1985) *The Maritime Political Boundaries of the World,* p. 173-174.

605 Ortolland, Didier et Pirat, Jean-Pierre (2010) *Atlas géopolitique des espaces maritimes,* 2e éd., p. 130.

606 Maritime Boundary Agreement between the Government of the State of Israel and the Government of the Hashemite Kingdom of Jordan.

607 International Mapping (2024) *op. cit.*: https://sovereignlimits.com/boundaries/Israel-jordan-maritime.

totale est très faible, étant donné que sont très rapprochées les frontières terrestres, respectivement celle de l'Arabie saoudite avec la Jordanie et celle de l'Égypte avec Israël, qui possède le plus court littoral des quatre pays baignés par le golfe d'Aqaba. Il est en outre prévu dans l'accord qu'une commission mixte d'experts aura le mandat de déterminer la méthode pour définir cette médiane et fixer les coordonnées géographiques dont la liste « shall be binding and take precedence with regard to the location of the maritime boundary » (art. 1). Cette commission remettra son rapport en 1998.

On a fait observer à bon droit que la situation géographique dans le fond du golfe d'Aqaba rappelle celle de la République fédérale d'Allemagne, coincée entre les côtes convexes des Pays-Bas et du Danemark et défavorisée par son littoral concave, à l'instar d'Israël, dans le cas d'une délimitation par ligne d'équidistance, comme cela avait été expliqué par la CIJ dans son arrêt de 1969, la Cour disant notamment : « Un dernier élément à prendre en considération est le rapport raisonnable qu'une délimitation effectuée selon des principes équitables devrait faire apparaître entre l'étendue du plateau continental relevant des États intéressés et la longueur de leurs côtes ; on mesurerait ces côtes d'après leur direction générale afin d'établir l'équilibre nécessaire entre les États ayant des côtes droites et les États ayant des côtes fortement concaves ou convexes ou afin de ramener des côtes très irrégulières à des proportions plus exactes[608] ». Or, l'auteur de cette comparaison ajoute qu'Israël a néanmoins convenu d'une délimitation fondée en partie sur l'équidistance dans la mesure où ses intérêts stratégiques et ses droits de navigation étaient pris en compte, dans le contexte plus large d'un processus de paix dans la région[609].

Il est aussi stipulé que cet accord, qui entrera en vigueur 30 jours après sa signature, n'affecte en rien la position de l'une ou l'autre des Parties en ce qui concerne sa frontière maritime avec un autre État dans le golfe. L'accord contient une disposition assez inusitée selon laquelle le texte anglais prévaudra en cas de divergence d'interprétation entre les trois textes (hébreux, arabe et anglais).

3.3 Yémen / Érythrée

La délimitation entre les deux États revêt une grande importance pour plusieurs raisons : d'abord, il s'agit de la première frontière maritime, tous modes (bilatéral et juridictionnel) confondus, qui soit réglée en mer Rouge ; de plus, cette frontière l'a été par un tribunal d'arbitrage qui a procédé en deux phases, décidant, dans un premier temps, en octobre 1998, de la question de la souveraineté territoriale sur certaines îles et de la portée du différend, puis, dans un second temps, en décembre 1999, de la délimitation maritime

---

608 *Plateau continental de la mer du Nord*, arrêt, CIJ Recueil 1969, par. 98.
609 Charney, J.I. and Alexander, L.M., eds (1998) *IMB*, vol. 3, Report 8-12, p. 2458-2459.

proprement dite ; aussi, ce Tribunal confirme, nonobstant toute délimitation formelle, l'existence d'un régime traditionnel de pêche qui donne aux nationaux des deux pays un libre accès à l'ensemble de cette région.

Ainsi, le tribunal est-il amené à examiner, dans la première phase, les concepts de proximité géographique et d'unité naturelle, de même que les règles juridiques d'acquisition du territoire, notamment les titres et les effectivités, puis il procède, dans la seconde phase, à la délimitation, après avoir observé que la situation géographique générale est celle de côtes opposées, tout en distinguant cependant la présence de sous-groupes insulaires qui se trouvent dans trois secteurs différents et pour lesquels il s'agit de savoir si leur importance relative justifie de leur reconnaître un effet entier, partiel ou nul sur le tracé de la médiane.

L'affaire est également importante pour la raison que le règlement de ce conflit concerne une zone hautement stratégique, puisque certaines des îles disputées se trouvent à proximité du détroit de Bab-el-Mandeb, ce goulot d'étranglement d'une largeur d'à peine 30 kilomètres qui permet d'acheminer une partie importante du pétrole de la péninsule arabique et du golfe Persique. Si ces îles minuscules sont difficilement habitables et sans attraits, elles sont néanmoins sur l'une des routes de navigation les plus achalandées au monde depuis l'ouverture du canal de Suez en 1869. D'abord peu remarquées par les habitants des pays côtiers, sauf par les pêcheurs, elles reçurent par ailleurs une attention considérable de la part des puissances coloniales rivales, notamment la Grande-Bretagne et l'Italie, qui les occupèrent même temporairement.

La délimitation intervient entre deux nouveaux voisins, si l'on peut dire. En effet, l'Érythrée, d'une part, dans la corne de l'Afrique, n'a rejoint le concert des nations que récemment (24 mai 1993, date de son indépendance) et au prix d'une guerre très dure contre l'Éthiopie de laquelle elle a fait sécession. À l'inverse, le Yémen d'aujourd'hui, dans la partie sud-est de la péninsule arabique, est le produit de l'unification, le 22 mai 1990, du Yémen du Nord (qui avait obtenu lui-même son indépendance, en novembre 1918, de l'Empire ottoman) et du Yémen du Sud (indépendant du Royaume-Uni depuis le 30 novembre 1967).

Après avoir pris connaissance du compromis intervenu entre les parties (*sous-section 3.3.1*), le tribunal est appelé à examiner de nombreuses questions : les titres et les effectivités à propos desquels le Yémen et l'Érythrée divergent d'opinion (*2*), la pertinence des notions de proximité et d'unité naturelle (*3*), la distinction à établir entre les sous-groupes insulaires (*4*), les accords en matière pétrolière (*5*), la décision à rendre concernant la souveraineté territoriale (*6*), le régime traditionnel de pêche (*7*), la pertinence des cartes géographiques (*8*), l'économie des pêches (*9*), la méthode appropriée de délimitation (*10*), le tribunal passant enfin à la délimitation dans les trois secteurs à distinguer, soit le secteur nord (*11*), le secteur intermédiaire (*12*) et le secteur méridional (*13*).

3.3.1 Le compromis

Aux termes d'un accord[610] conclu le 21 mai 1996, les deux États, après avoir rappelé les initiatives et les efforts de l'Éthiopie et de l'Égypte pour les rapprocher, déclarent renoncer à l'usage de la force et décident de faire appel à un tribunal d'arbitrage. Il est expressément prévu que ce tribunal devra, en ce qui concerne les questions relatives à la souveraineté territoriale, décider en conformité avec les principes et pratiques du droit international, sur la base, notamment, des titres historiques.

Les deux États conviennent en outre de mandater la France pour assurer la surveillance, en particulier en exerçant la liberté de survol et de navigation. Le même jour, l'Érythrée et le Yémen émettent un communiqué conjoint par lequel les deux gouvernements, conscients de leurs responsabilités face à la communauté internationale, expriment leur désir de régler pacifiquement le conflit qui a mené aux incidents de 1995, en contribuant ainsi à la stabilité et à la paix dans la région.

3.3.2 Les prétentions relatives aux titres et les effectivités

Quelques jours après la première sentence[611] du 9 octobre 1998, le drapeau yéménite était hissé, le 1er novembre, sur l'île de la Grande Hanish, mettant ainsi un terme à un conflit entre deux peuples qui entretenaient depuis plusieurs siècles des relations amicales. Pourtant, l'Érythrée fondait ses revendications sur une chaîne de titres de plus de cent ans et sur le principe de l'occupation effective. S'agissant des titres, l'Érythrée a expliqué qu'ils lui avaient été dévolus, en 1993, lors de son accession à l'indépendance, l'Éthiopie ayant elle-même acquis ses titres de l'Italie, en dépit d'une période d'occupation militaire britannique durant la Seconde Guerre mondiale. L'Érythrée fait valoir, notamment, des accords conclus entre l'Italie et les chefs indigènes, les agissements de cette dernière depuis 1915, l'application des traités de Sèvres et de Lausanne, l'occupation effective de l'Italie sans protestation du Yémen, l'accord anglo-italien de 1938 confirmant le *statu quo*, la Constitution de l'Éthiopie qui inclut les îles dans le territoire national et le fait que celles-ci se trouvent à l'intérieur de la mer territoriale de l'Éthiopie, enfin, le contrôle effectif de l'Éthiopie, de 1953 à 1991.

Ainsi, affirme l'Érythrée, l'Éthiopie a fait valoir sa souveraineté par la surveillance aérienne et maritime, la vérification des passeports des travailleurs étrangers sur les îles, l'exercice de la juridiction criminelle, la

---

610 Agreement on Principles.

611 *Territorial Sovereignty and Scope of the Dispute,* Award, Case No. 1996-04, PCA. Ci-après citée : Sentence de 1998. Pour une analyse de cette décision dans sa première phase, consulter Distefano, Giovanni (2000) La sentence arbitrale du 9 octobre 1998 dans l'affaire du différend insulaire entre le Yémen et l'Érythrée, *AFDI*, vol. 46, p. 851-889.

réglementation en matière d'activités d'exploration pétrolière, la pêche, etc. S'agissant de pêche, l'Érythrée affirme que les pêcheurs érythréens dépendent de cette activité autour des îles pour la conservation de leur mode de vie. Enfin, prétend l'Érythrée, le Yémen n'a maintenu aucune présence officielle sur les îles, et ce n'est qu'en 1995, année des principales hostilités entre les deux États, que des patrouilleurs érythréens vont découvrir un petit contingent civil et militaire yéménite engagé dans l'aménagement d'un centre de villégiature sur la Grande Hanish. Les forces érythréennes occuperont alors cette île, tandis que les forces yéménites feront de même sur les îles Zuqar.

Le Yémen, pour sa part, fait valoir un titre défini comme étant original, historique et traditionnel, et il appuie ses prétentions sur les preuves cartographiques, les déclarations de l'iman et l'attitude des États tiers étalée sur une longue période. Le Yémen précise que le royaume existait déjà au VIe siècle avant Jésus-Christ et qu'il n'a pas été privé de son titre par son incorporation, entre 1538 et 1635, dans l'Empire ottoman, et de nouveau, de 1872 à 1918. Il ajoute que le *vilayet* ottoman du Yémen était reconnu, dans l'empire, comme une unité administrative et territoriale distincte qui incluait les îles, comme en font foi, prétend-il, les travaux cartographiques des XVIIe, XVIIIe et XIXe siècles. Il fait valoir aussi le principe de l'unité naturelle ou géographique, en arguant que cette doctrine est un corollaire du concept de titre traditionnel ou historique, lequel se trouve confirmé par des actes de souveraineté et l'existence de liens économiques et sociaux entre le continent et les îles.

Le tribunal fait remarquer que les dispositions mêmes de l'accord d'arbitrage requièrent, aux termes de cette première phase, une décision portant *sur* la souveraineté : « The result furthermore is to be an award 'on' territorial sovereignty not an award 'of' territorial sovereignty[612] ». Tout en se déclarant incapable d'accepter la proposition selon laquelle le droit en matière de territoire terrestre et celui concernant la délimitation maritime sont différents et sans pertinence l'un par rapport à l'autre, le tribunal déclare : « There can be no question of even prefiguring, much less drawing, any maritime boundary line, whether median or indeed a line based on equitable principles, in this first stage of the arbitration[613] ».

Concernant les prétentions basées sur les titres historiques, notamment par le Yémen qui allègue le traité de Lausanne de 1923 par lequel l'Empire ottoman a renoncé aux îles, le tribunal déclare avoir examiné ces prétentions avec attention, mais ne pas avoir été convaincu. Ainsi, précise-t-il : « Yemen certainly existed before the region came to be under the domination of the Ottomans. But there must be some question whether the Imam, who at that period dwelt in and governed a mountain fortress, had had sway over the islands. Further, there is the problem of the sheer anachronism of attempting to attribute to such a tribal, mountain and Muslim medieval society the modern

---

612 Sentence de 1998, par. 102.
613 *Idem*, par. 113.

Western concept of a sovereignty title, particularly with respect to uninhabited and barren islands used only occasionally by local, traditional fishermen[614] ».

Le tribunal rappelle à ce sujet les affaires du *Groenland oriental*[615] de 1933 et de l'*Île de Palmas*[616] de 1928, de même que celle des *Minquiers et Ecréhous*[617] de 1953 entre la France et le Royaume-Uni dans laquelle il a été décidé que l'usage et la possession doivent être appréciés dans l'histoire relativement récente. D'ailleurs, observe le tribunal, ni le Yémen ni l'Éthiopie n'ont eu, avant le départ des Britanniques en 1967, plusieurs occasions de faire valoir leurs ambitions sur les îles, alors que ces derniers veillaient à perpétuer les incertitudes du traité de Lausanne quant au statut juridique de ces îles.

3.3.3 Les notions de proximité et d'unité naturelle

Parmi les autres facteurs susceptibles d'éclairer ces incertitudes, le tribunal est amené à considérer la situation géographique de ces ensembles archipélagiques se trouvant dans une mer relativement étroite entre des côtes opposées. Les arbitres estiment qu'il existe une présomption selon laquelle une île à proximité d'une côte appartient à l'État côtier, à moins que l'autre État ne soit en mesure de prouver clairement un meilleur titre.

C'est ainsi que le tribunal est amené à examiner ce que le Yémen appelle le principe de l'unité naturelle ou géophysique, concept dont le tribunal ne conteste pas l'existence mais qu'il interprète dans les termes suivants : « Thus, the authorities speak of 'entity' or 'natural unity' in terms of a presumption or of probability and moreover couple it with proximity, contiguity, continuity, and such notions, well known in international law as not in themselves creative of title, but rather of a possibility or presumption for extending to the area in question an existing title already established in another, but proximate or contiguous, part of the same 'unity'[618] ».

Pourtant, et nonobstant ces théories relatives à l'unité naturelle, le tribunal, en ce qui concerne sa tâche première qui est de décider de la souveraineté, examine tour à tour cinq sous-groupes, puisque le poids de la preuve et l'argumentation des parties conduisent à des résultats différents selon les sous-groupes d'îles et même selon certaines des îles. C'est ainsi que le tribunal considère en premier lieu les Mohabbakahs, les Haycocks et les Zuqar-Hanish, puis deux autres sous-groupes situés plus au nord, les Jabal al-Tayr et les Zubayr.

---

614 *Idem*, par. 446.

615 *Statut juridique du Groenland oriental*, arrêt, CPJI, Série A/B, numéro 53.

616 *Island of Palmas Case*, Award, Case No. 1925-01, PCA.

617 *Minquiers et Ecréhous*, arrêt, CIJ Recueil 1953.

618 Sentence de 1998, par. 462.

3.3.4 Des sous-groupes insulaires à distinguer

En ce qui concerne les deux premiers sous-groupes, le tribunal, après avoir examiné les facteurs historiques et juridiques, en arrive à la conclusion qu'ils relèvent de la souveraineté de l'Érythrée. Dans le cas du troisième sous-groupe, celui des Zuqar-Hanish, le tribunal estime que le Yémen a fait une démonstration plus convaincante de sa présence et de son autorité sur les îles, notamment par l'expédition Ardoukoba menée sous l'égide du gouvernement, par la construction en 1993 d'une piste d'atterrissage pour assurer des activités récréatives aux employés de la société pétrolière Total, de même que par l'émission en 1995 à une compagnie yéménite d'un permis d'aménagement touristique sur la Grande Hanish aux fins de la plongée sous-marine. Le tribunal déclare être conforté dans sa décision par la preuve révélant que les îles se trouvaient sous la juridiction de la côte arabe durant la période de l'Empire ottoman, outre des documents du Foreign Office démontrant une expectative persistante selon laquelle les îles retourneraient ultimement sous le contrôle arabe.

Quant aux deux derniers sous-groupes, qui non seulement se trouvent au nord à une distance considérable, mais aussi éloignés entre eux, et tout à la fois loin des côtes, encore que plus rapprochés du Yémen, le tribunal constate que les actes d'autorité sont plus rares sur ces ensembles isolés. Pourtant, le tribunal les attribue au Yémen, principalement pour deux raisons : ce dernier, invité à Londres à l'occasion d'une conférence tenue en 1989 concernant les îles munies de phares, a accepté les responsabilités relatives à ces phares, sans pour autant en revendiquer alors formellement la souveraineté. Le tribunal rappelle la grande importance que ces phares ont jouée au XIXe siècle et même au XXe, et il précise que cette acceptation de l'offre yéménite constitue une preuve de confiance et la présomption que cette offre donnera lieu à une présence continue. Et le tribunal ajoute : « Repute is also an important ingredient for the consolidation of title[619] ».

3.3.5 Les accords pétroliers

L'autre raison concerne deux accords pétroliers, sans opposition de l'Éthiopie, conclus par le Yémen respectivement en 1973 avec Shell et en 1985 avec Hunt. S'agissant d'activités pétrolières dans l'ensemble de la région, le tribunal a eu l'occasion de constater que l'Éthiopie et l'Érythrée avaient également conclu des accords avec certaines sociétés, mais contrairement au Yémen qui juge important ce type d'activités pour établir sa souveraineté, l'Érythrée considère ces accords comme peu pertinents.

---

[619] *Idem*, par. 516.

Le tribunal estime que ces contrats, bien que d'importantes quantités d'hydrocarbures n'aient pas été découvertes dans la région, méritent la considération des arbitres dans la mesure où ils peuvent révéler certaines effectivités : « The offshore petroleum contracts entered into by Yemen, and by Ethiopia and Eritrea, fail to establish or significantly strengthen the claims of either party to sovereignty over the disputed islands. Those contracts however lend a measure of support to a median line between the opposite coasts of Eritrea and Yemen, drawn without regard to the islands, dividing the respective jurisdiction of the parties[620] ».

3.3.6 La décision concernant la souveraineté territoriale

En rendant cette décision relative à la souveraineté territoriale, le tribunal ne perd pas de vue qu'il existe dans la région un régime traditionnel en matière de pêche, et que la sentence doit être rendue en conformité avec le vœu exprimé par les parties dans leur communiqué conjoint du 21 mai 1996, lorsqu'elles souhaitaient une sentence de nature à établir à nouveau et à développer une coopération bilatérale durable et fondée sur la confiance. Le tribunal rappelle l'importance de tenir compte des traditions juridiques dans la région, compte tenu du fait que les idées occidentales sur la souveraineté territoriale sont étrangères à ces peuples : « In making this award on sovereignty, the Tribunal has been aware that Western ideas of territorial sovereignty are strange to peoples brought up in the Islamic tradition and familiar with notions of territory very different from those recognized in contemporary international law[621] ».

À l'unanimité, le tribunal en arrive à la conclusion générale que la souveraineté territoriale appartient à l'Érythrée sur les îles, îlots, rochers et hauts-fonds découvrants formant les Mohabbakah, de même que les Haycock et les South West Rocks, tandis que le Yémen détient la souveraineté sur l'ensemble des Zuqar-Hanish, ainsi que sur l'île de Jabal al-Tayr et l'ensemble des Zubayr. Les deux États concluent, quelques jours à peine après la première sentence, un accord établissant un comité conjoint pour une coopération bilatérale[622].

---

620 *Idem*, par. 436-437.
621 *Idem*, par. 526.
622 Treaty Establishing the Joint Yemeni-Eritrean Committee for Bilateral Cooperation between the Government of the Republic of Yemen and the Government of the State of Eritrea.

3.3.7 Le régime traditionnel de pêche

Lors de la deuxième phase portant sur la délimitation[623], le tribunal rappelle d'abord qu'il lui a été demandé, aux termes de l'accord relatif à l'arbitrage, de trancher en tenant compte de la Convention des Nations Unies sur le droit de la mer et de tout autre facteur pertinent, tout en considérant sa propre opinion sur les questions concernant la souveraineté territoriale. Celui-ci rappelle aussi que l'Érythrée et le Yémen proposent tous deux des lignes basées sur la médiane, mais ces lignes, loin de coïncider, divergent beaucoup, notamment dans le secteur nord, alors qu'elles sont rapprochées dans le secteur sud, là où la mer accuse une moins grande largeur. L'Érythrée propose une médiane qui se trouve à équidistance des deux côtes sans tenir compte des îles, ainsi qu'une autre ligne, appelée médiane historique, qui prend en compte les îles de l'Érythrée mais non celles du Yémen qui se trouvent au milieu de la mer. Quant à la ligne proposée par ce dernier, elle est à équidistance entre la côte continentale de l'Érythrée (y inclus certains points sur les îles Dahlak) et les côtes de toutes les îles du Yémen.

Avant d'examiner les méthodes de délimitation qu'il décide d'appliquer, le tribunal a l'occasion de considérer les prétentions des parties en ce qui concerne la valeur des cartes géographiques, de même que l'importance économique à l'égard des pêches en tant que circonstance pertinente à la délimitation.

3.3.8 Le dossier cartographique

Comme dans bien d'autres affaires soumises devant les tribunaux, les deux parties ont produit un important dossier cartographique, en se livrant une véritable guerre sur l'interprétation de ces cartes et se reprochant mutuellement d'avoir mené des campagnes systématiques pour indiquer les îles comme leur appartenant.

Le tribunal estime que les cartes doivent être considérées et qu'elles sont, à titres divers, pertinentes dans la présente affaire, encore que, ajoute-t-il, elles doivent être utilisées avec circonspection : « Although the Tribunal must be wary of this evidence in the sense that it cannot be used as indicative of legal title, it is nonetheless 'important evidence of general opinion or repute' in the sense advanced by Yemen. (...) The evidence is, as in all cases of maps, to be handle with great delicacy[624] ».

---

623 *Maritime Delimitation*, Award, Case No. 1996-04, PCA. Ci-après citée : Sentence de 1999. Pour une analyse de cette décision dans sa seconde phase, consulter Yoshifumi, Tanaka (2001) Reflections on the Eritrea/Yemen Arbitration of 17 December 1999 (Second Phase : Maritime Delimitation), *NILR*, vol. 47, n° 2, p. 197-225.

624 Sentence de 1999, par. 388.

3.3.9 L'économie des pêches

Comme pour la preuve cartographique, le tribunal a l'occasion de constater une confusion sinon une contradiction dans la preuve relative à l'économie des pêches. Par ailleurs, les arbitres font observer que les arguments avancés de part et d'autre par chacune des parties visent directement à établir que la délimitation doit respecter les pratiques historiques, qu'elle doit éviter d'avoir un effet catastrophique sur l'économie locale ou la santé de la population. Le tribunal déclare ne pas avoir la possibilité ni éprouver la nécessité de parvenir à la conclusion que le Yémen ou l'Érythrée accuse une dépendance telle qu'une ligne de délimitation particulière devrait être suggérée. Et le tribunal de conclure : « For the above reasons, the evidence and arguments advanced by the Parties in the matter of fishing and fisheries could have no significant effect on the Tribunal's determination of the delimitation that would be appropriate under international law in order to produce an equitable solution between the Parties[625] ».

En ce qui concerne le régime traditionnel de pêche, le tribunal a l'occasion d'apporter certaines précisions quant à l'application de ce régime, non sans avoir d'abord rappelé que l'islam consacre un droit inhérent aux besoins nutritionnels assurés par la pêche d'une côte à l'autre avec un libre accès de chaque côté, et que ce droit à l'égalité entre les pêcheurs vaut également pour les États dans leurs relations mutuelles. Ce régime traditionnel de pêche inclut la collecte des perles et des coquillages, mais ne concerne que les activités artisanales des pêcheurs qui peuvent utiliser les îles pour s'abriter temporairement et faire sécher les produits de leur pêche et les vendre, sans discrimination, dans les ports de l'un ou l'autre des deux pays. Il va sans dire que ce régime ne bénéficie pas aux nationaux d'États tiers.

3.3.10 La méthode appropriée de délimitation

Passant ensuite à la délimitation maritime, le tribunal réitère une observation faite maintes fois par les tribunaux et les commentateurs à l'effet que la méthode de l'équidistance convient mieux *a priori* et aboutit à des résultats équitables lorsqu'elle est tracée entre des côtes qui sont opposées. Le tribunal décide donc de retenir cette méthode de la médiane entre les côtes continentales des deux États, d'autant que les contrats en matière pétrolière favorisent cette solution, comme le tribunal a déjà eu l'occasion de l'observer lors de la première phase. Il décrit ensuite ce tracé de façon plus précise, en distinguant, du nord au sud, les différents secteurs.

---

625 *Idem*, par. 74.

3.3.11 La délimitation dans le secteur nord

Le tribunal identifie, dans ce secteur, trois problèmes principaux : la présence des îles Dahlak du côté de l'Érythrée ; l'existence de l'île isolée de Jabal al-Tayr au milieu de la mer ; enfin, la multitude d'îles et de rochers le long des côtes du Yémen. En ce qui concerne les Dahlak, le tribunal constate que ce tapis d'îles, pour utiliser une expression de l'Érythrée, est très peuplé et forme une partie intégrante de la configuration côtière, si bien que les eaux entre ces îles constituent des eaux intérieures et que la ligne de base de la mer territoriale se trouve à la frange externe de ce système insulaire[626]. Le tribunal note que le Yémen semble convenir que les Dahlak constituent une formation appropriée pour l'établissement de lignes de base, et il décide que les points de base seront sur la ligne des basses eaux de certaines de ces îles, côté large.

Quant aux îles Jabal al-Tayr et Zubayr, le tribunal estime qu'elles ne doivent pas être prises en compte, isolées et inhospitalières qu'elles sont, loin des côtes du Yémen. Comme ces formations ne peuvent être utilisées pour le tracé de la médiane, le tribunal se demande alors quels points retenir sur la côte du Yémen. Il note alors la présence de nombreuses îles côtières et de récifs, ainsi que de l'île de Kamaran, de dimensions relativement importantes et habitée, laquelle forme une baie. À n'en pas douter, explique le tribunal, voilà des formations qui font partie intégrante de la côte et qui doivent donc avoir un effet sur le tracé de la médiane. Quant aux îles au nord de Kamaran, dont celle de Tiqfash, elles semblent constituer un chapelet d'îles le long de la côte, ce qui est visé par les dispositions de la Convention des Nations Unies sur le droit de la mer, et donc avoir, elles aussi, un effet sur la médiane.

3.3.12 La délimitation dans le secteur intermédiaire

Le tribunal examine la situation dans ce secteur en commençant par la zone étroite qui se trouve entre l'extrémité sud-ouest des îles Hanish sous souveraineté yéménite et les îles érythréennes (Mohabbakahs, High Island, Haycocks et South West Rocks), là où se pose le problème du chevauchement des mers territoriales. Le tribunal rejette la proposition yéménite d'enclaver les îles érythréennes se trouvant à plus de 12 milles marins de ses côtes continentales, tout en faisant observer les difficultés pratiques d'une telle méthode dans l'environnement immédiat d'une voie importante de navigation maritime internationale.

Le tribunal songe aussi à des considérations économiques et stratégiques, en citant ici un passage de la sentence arbitrale rendue dans l'affaire *Guinée/Guinée-Bissau* de 1985 : 'As stated in the award, our principal concern has been to avoid, by one means or another, one of the Parties finding itself

---

[626] *Idem*, par. 139.

faced with the exercise of rights, opposite to and in the immediate vicinity of its coast, which might interfere with its right to development or put its security at risk[627] '.

Le tribunal retient donc la méthode de l'équidistance stricte, telle qu'elle est prévue à l'article 15 de la Convention de 1982 pour la délimitation des mers territoriales, sauf le cas de titre historique ou autres circonstances spéciales. Or, ajoute-t-il, non seulement il n'y en a pas qui justifierait un ajustement, mais aussi la méthode retenue aboutit à un résultat équitable.

Aux fins de la connexion entre la ligne délimitant les mers territoriales et la première qui a été tracée (entre les plateaux et les zones économiques exclusives), le tribunal choisit de délimiter selon deux segments de lignes géodésiques, pour éviter d'amputer la mer territoriale générée par le groupe Zuqar-Hanish, ce qui donne un tracé, dit le tribunal, très rapproché de la limite extérieure de la mer territoriale de ces îles.

3.3.13 La délimitation dans le secteur méridional

Quant au secteur sud, là où les mers territoriales cessent de chevaucher, la méthode retenue par le tribunal consiste dans une médiane stricte entre les deux côtes continentales, sauf en ce qui concerne la baie d'Assab, où la ligne de base droite fermant cette baie a été utilisée, puisqu'on est en présence d'eaux intérieures. Le point terminal sud de cette frontière, de même que le point nord, sont très rapprochés des points triples avec les États tiers respectifs, en l'occurrence Djibouti et l'Arabie saoudite, cette dernière délimitant sa frontière avec le Yémen, six mois après la sentence, par voie d'accord bilatéral.

Le tribunal examine enfin le principe de proportionnalité et rappelle à ce sujet certains passages de la jurisprudence, notamment dans les affaires de la *Mer du Nord* de 1969 et du *Plateau continental franco-britannique* de 1977. Dans ce calcul des ratios de la longueur des côtes respectives mesurée selon leur direction générale et des superficies maritimes dévolues, le tribunal estime que cette longueur inclut le contour extérieur de l'archipel des Dahlak. Selon les calculs des experts consultés, ajoute-t-il, le ratio des côtes du Yémen et de l'Érythrée est de 1 : 1.31 ; celui des zones maritimes étant de 1 : 1.09. Le tribunal en arrive donc à la conclusion que la frontière tracée par ses soins ne comporte pas de disproportion.

---

[627] *Idem*, par. 157.

3.4 Arabie saoudite / Yémen

Le 12 juin 2000, l'Arabie saoudite[628] et le Yémen[629] concluent un accord de délimitation qui porte à la fois sur les frontières maritimes et sur les frontières terrestres[630]. Le préambule invoque les normes et les principes de la foi islamique partagés par les deux peuples, de même qu'une histoire commune basée sur la solidarité, la coopération et la promotion de la sécurité, de la paix et de la tranquillité. Il est également mentionné dans ce préambule que les dispositions du traité de Taïf de 1934 sont considérées comme valides et lient les parties aux fins de retenir une solution permanente à l'avantage des générations présentes et futures.

Quant à la section de la frontière terrestre qui, dit le traité, n'était pas encore délimitée, il est convenu que cette section commence au jbel al-Tha'r et se termine au point de latitude 19 Nord et de longitude 52 Est. Il est en outre convenu que toute position militaire sera interdite à moins de cinq kilomètres de cette frontière.

Au sujet de la frontière maritime, de nature *composite*, il est mentionné que son point de départ se trouve sur la côte, « precisely at the sea wall, Ra's al-Mu'wajj Shami, Radif Qarad outlet », aux coordonnées 16^0 24' 14,8'' Nord et 42^0 46' 19,7'' Est. La frontière *multi-fonctionnelle* suit alors le parallèle de latitude jusqu'au point de coordonnées 16^0 24' 14,8'' Nord et 42^0 09' 00'' Est, après quoi la ligne bifurque en direction du sud-ouest jusqu'au point 16^0 17' 24'' Nord et 41^0 47' 00'' Est, puis suit de nouveau un parallèle de latitude en direction ouest jusqu'à l'extrémité de la frontière maritime entre les deux États, mais sans mentionner l'existence du triple point avec l'Érythrée.

3.5 Arabie saoudite / Jordanie

Un accord de délimitation[631] est conclu le 16 décembre 2007 et entré en vigueur le 10 juin 2010 entre l'Arabie saoudite et la Jordanie[632]. L'accord ne mentionne pas la méthode de délimitation adoptée, mais il est permis de présumer qu'il s'agit d'une ligne d'équidistance entre côtes adjacentes, étant donné que la ligne comporte trois points de changement de direction.

---

628 IILSS (2023) Navigating Saudi Arabia's Maritime Matters in the Law of the Seas, *in CMI* : https://iilss.net/navigating-saudi-arabias-maritime-matters-in-the-law-of-the-seas/.

629 IILSS (2023) Exploring Yemen's Maritime Matters in the Law of the Seas, *in CMI* : ilss.net/exploring-yemens-maritime-matters-in-the-law-of-the-seas/.

630 International Border Treaty between the Republic of Yemen and the Kingdom of Saudi Arabia.

631 Accord de délimitation des frontières maritimes dans le golfe d'Aqaba entre le Royaume d'Arabie saoudite et le Royaume hachémite de Jordanie.

632 Lathrop, Coalter G., ed. (2016) Report 8-23 Jordan - Saudi Arabia, *in IMBO,* vol. 7.

La frontière maritime a une orientation similaire à celle de la frontière terrestre et elle est nécessairement très courte (moins de cinq milles marins[633]), compte tenu de la situation géographique dans le fond du très étroit golfe d'Aqaba, occupé qu'il est à la fois par les littoraux d'Israël, de la Jordanie, de l'Égypte et de l'Arabie saoudite[634]. La frontière, *omni-fonctionnelle*, concerne donc la délimitation de la mer territoriale.

3.6 Arabie saoudite / Égypte

Un accord est conclu le 8 avril 2016, les deux chefs d'État « désirant consolider ces liens fraternels exceptionnels entre les deux pays frères, et souhaitant réaliser et pérenniser leurs intérêts communs afin de renforcer les relations de bon voisinage entre leurs deux pays[635] », ainsi qu'il est mentionné dans le préambule[636].

Entré en vigueur le 2 juillet 2017, l'accord décrit le tracé frontalier comme une ligne constituée de coordonnées géographiques de 61 points et débutant dans le golfe d'Aqaba au point de convergence des frontières maritimes saoudienne, égyptienne et jordanienne, point qui « fera l'objet ultérieurement d'une convention entre ces trois pays » (art. 1). L'accord ne précise pas s'il s'agit ou non d'une frontière délimitant aussi bien la zone économique exclusive que le plateau continental. La frontière suit généralement une ligne d'équidistance et va du fond du golfe d'Aqaba jusqu'en mer Rouge au 22e degré parallèle, lequel délimite la frontière terrestre avec le Soudan, au sud du triangle de Halayeb[637]. Pourtant, le Soudan, dans une lettre envoyée aux Nations Unies en 2017, s'objecte à l'accord Égypte/Arabie Saoudite, plus spécifiquement à la partie de la frontière constituée des points 55 à 61, soit au large de ce triangle dont le Soudan revendique la souveraineté[638].

Quelques jours avant la date d'entrée en vigueur de l'accord, deux îles – Sanafir et Tiran – étaient rétrocédées à l'Arabie saoudite à la suite d'une décision prise déjà en 2016 par le gouvernement égyptien. Ces îles stratégiques, situées à l'entrée du golfe d'Aqaba, avaient été occupées par Israël au cours de la guerre de 1956, puis rendues à l'Égypte aux termes d'un traité de paix subséquent avec Israël.

---

633 International Mapping (2024) *op. cit.* : https://sovereignlimits.com/boundaries/jordan-saudi-arabia-maritime.

634 Voir la carte : http://www.marineregions.org/eezmapper.php?line_id=1338.

635 Accord de délimitation maritime entre le Royaume d'Arabie Saoudite et la République arabe égyptienne.

636 Lathrop, Coalter G., ed. (2020), Report 6-32 Egypt - Saudi Arabia, *in IMBO*, vol. VIII.

637 International Mapping (2024) *op. cit.* : https://sovereignlimits.com/boundaries/egypt-saudi-arabia-maritime.

638 https://www.un.org/depts/los/LEGISLATIONANDTREATIES/PDFFILES/SDN_15_12_2017_en.pdf.

Pourtant l'accord de 2016 aura été annulé temporairement par la Cour administrative du Caire après avoir décidé que les deux îles étaient égyptiennes, outre que cet instrument violait un accord précédent de démarcation[639] et que ces îles avaient été transférées à l'Arabie saoudite en considération de prêts et d'investissements importants. Pourtant, l'accord sera approuvé par le Parlement au cours de juin 2017[640].

3.7 Conclusion

En mer Rouge, les frontières maritimes sont relativement peu nombreuses, compte tenu du fait que deux États – Égypte et Arabie saoudite – occupent à eux seuls la majeure partie du littoral. C'est d'abord la frontière Érythrée/Yémen qui a été délimitée par un tribunal d'arbitrage qui a, dans un premier temps, décidé de la souveraineté sur des îles disputées, puis a tracé la frontière en tenant compte non seulement de cette souveraineté mais aussi des effets qu'il fallait reconnaître à ces îles sur le tracé d'une équidistance stricte.

On a dit de la décision de délimitation maritime *Érythrée/Yémen* qu'elle comptait parmi les cas les plus importants de toute l'histoire juridictionnelle internationale de la délimitation maritime[641], notamment parce qu'elle confirme l'application de la méthode de la médiane entre États dont les côtes sont opposées et qu'elle règle un double différend, portant à la fois sur la souveraineté territoriale insulaire et la délimitation maritime.

Contrairement à la frontière *Érythrée/Yémen* qui a nécessité l'intervention d'un tribunal pour régler d'abord un différend relatif à la souveraineté sur des îles, la longue frontière Égypte/Arabie Saoudite a été délimitée par accord bilatéral, mais cet accord n'a pu être conclu qu'à la faveur de longues négociations, lesquelles concernaient, comme dans le cas *Érythrée/Yémen*, un différend relatif à la souveraineté territoriale sur des îles – différend d'autant plus sérieux pour les États de la région que ces formations sont à l'entrée du golfe d'Aqaba, qui ouvre une voie à Israël et à la Jordanie sur la mer Rouge.

À l'exception de ces deux frontières en mer Rouge, et abstraction faite de l'accord Soudan/Arabie saoudite qui ne constitue pas, à proprement parler, une question de délimitation maritime, les autres frontières maritimes demeurent *virtuelles* : Soudan/Égypte, les deux États se disputant la souveraineté territoriale sur le triangle de Halayeb ; Soudan/Érythrée, au large desquels l'existence d'îles à proximité d'une ligne d'équidistance constitue un imbroglio sur l'effet à leur accorder sur cette ligne ; Érythrée/Arabie saoudite,

---

[639] Weckel, Philippe (2016) Le détroit de Tiran et l'accord sur la frontière maritime entre l'Égypte et l'Arabie saoudite, *Sentinelle*, bulletin 481 du 26 juin.

[640] Chaumette, Patrick (2017) Tiran et Sanafir, îles entre Sinaï et péninsule Arabique, *Hypothèses*, 4 juillet 2017 : https://humansea.hypotheses.org/828.

[641] Kwiatkowska, Barbara (2000) Landmark Progress in the Acquisition of Territorial Sovereignty and Equitable Maritime Boundary Delimitation, IBRU *BSB*, vol. 8, n° 1, p. 66.

qui ne pourront délimiter leur frontière maritime qu'à la faveur de meilleures relations diplomatiques.

Quant aux trois frontières de Djibouti avec l'Érythrée, le Yémen et la Somalie respectivement, elles devront être tracées dans une zone hautement stratégique qui exacerbe les difficultés. Et c'est sans compter la frontière *inachevée* Érythrée/Yémen, puisque son point terminal septentrional et celui de la frontière Yémen/Arabie saoudite, loin de coïncider, laissent subsister un espace maritime à délimiter.

Chapitre 4

LA MÉDITERRANÉE ORIENTALE

Cette région maritime (*figure 6*), qualifiée en termes superlatifs, notamment pour les questions de délimitation, a été définie comme étant : « one of the most geographically and geopolitically complex seas in the world[642] ». Le Proche-Orient, baigné par la Méditerranée orientale et à la charnière de trois continents que tout semble séparer, est une zone de passage stratégique, meurtrie par de nombreux conflits entre certains des États de la région[643], qui ont une conception différente du droit (occupation territoriale, recours à la force, droit à l'autodétermination, droit international humanitaire et justice internationale). Quatre des treize[644] États côtiers de la planète qui ne sont pas parties à la CNUDM se trouvent dans la seule Méditerranée orientale (Libye, Turquie, Syrie et Israël), les autres étant les États-Unis, le Salvador, la Colombie, le Venezuela, le Pérou, l'Iran, les Émirats arabes unis, le Cambodge et la Corée du Nord[645].

Des relations politiques mauvaises sinon inexistantes, de même que des ressources énergétiques convoitées depuis plusieurs années[646], ont contribué à la difficulté de délimiter les frontières maritimes dans la partie orientale de la Méditerranée, et c'est sans compter la situation à Gaza et la question de savoir quelle serait l'étendue de ses zones maritimes sous juridiction nationale dans l'hypothèse d'une Palestine pleinement souveraine[647].

---

642 Yiallourides, Constantinos (2021) Maritime Boundary Delimitation in the Eastern Mediterranean Sea : Progress and Outstanding Legal Issues, *EMAM*, issue 2, p. 29-38 ; Acikgonul, Yunus Emre (2021) Equitable Delimitation of the Eastern Mediterranean Sea : A Compromise Between Maximalist Claims, *EMAM*, issue 2, p. 39-46.

643 Haski, Pierre (2024) *Une terre doublement promise. Israël-Palestine* : *un siècle de conflit* ; Filiu, Jean-Pierre (2024) *Comment la Palestine fut perdue. Et pourquoi Israël n'a pas gagné. Histoire d'un conflit (XIXe-XXIe siècle)* ; Araud, Gérard (2024) *Israël* : *le piège de l'histoire* ; Aubry, Émilie et Tétart, Frank (2024) *Le dessous des cartes. La puissance et la mer*, p. 76-81 ; Bensoussan, Georges (2023*) Les Origines du conflit israélo-arabe (1870-1950).*

644 Ou 15 si l'on inclut le Kazakhstan et le Turkménistan, riverains d'une mer fermée non soumise à la CNUDM.

645 https://treaties.un.org/pages/ViewDetailsIII.aspx?src=TREATY&mtdsg_no=XXI-6&chapter=21&Temp=mtdsg3&clang=_fr.

646 IISS (2023) *Turbulence in the Eastern Mediterranean. Geopolitical, Security and Energy Dynamics* : iiss_strategic-dossier-preview_turbulence-in-the-eastern-mediterranean.pdf ; Rebière, Noémie (2022) Le gaz en Méditerranée orientale, un déterminant dans la géopolitique régionale, *Confluences Méditerranée,* numéro 120, p. 121-133 ; Dipla, Haritini (2011) Ressources énergétiques et limites maritimes en Méditerranée orientale, *ADM*, tome 16, p. 63-86.

647 Gherari, Habib (2024) *Le conflit israélo-palestinien* : *Que dit le droit ?* ; Durrieu, Marie (2024) Comment comprendre le conflit israélo-palestinien de ses origines au 7 octobre 2023 ?

Quelques frontières ont cependant été tracées récemment, lesquelles impliquent notamment Chypre et, respectivement, l'Égypte en 2003 (*section 4.1*), le Liban en 2007 (*4.2*) et Israël en 2010 (*4.3*). On observe par ailleurs que certaines délimitations ne sont pas sans être l'objet de l'opposition d'États tiers, tout particulièrement l'accord intervenu en 2011 entre la Turquie et la République turque de Chypre du Nord (la RTCN) (*4.4*), de même que la frontière Turquie/Libye de 2019 (*4.5*). Plus récemment, l'Égypte et la Grèce ont conclu un accord en 2020 (*4.6*). Encore plus récemment, en 2022, Israël et le Liban (*4.7*) ont délimité leur frontière dans le cadre d'une médiation des États-Unis.

On rappellera par ailleurs que déjà en 1960, un traité et des échanges de notes intervenaient entre Chypre, le Royaume-Uni, la Grèce et la Turquie concernant la création d'une nouvelle République, de même que l'administration des bases militaires du Royaume-Uni à Chypre et leur délimitation maritime (*4.8*).

Outre ces délimitations effectuées par voie d'accords bilatéraux en Méditerranée orientale, une affaire judiciaire était portée devant la CIJ – *Grèce c. Turquie* –, engendrée notamment par plusieurs incidents sérieux qui s'étaient produits en mer Égée, tout particulièrement en mai 1974, quand un navire turc entreprit une exploration pétrolière dans des zones disputées par les deux États. En 1976, la Grèce saisit unilatéralement la Cour en lui demandant de délimiter elle-même le plateau continental selon la méthode de l'équidistance, mais la Cour estima que les questions relatives au plateau étaient de nature territoriale et que, pour ce motif, elle devait se déclarer non compétente, compte tenu d'une réserve déjà émise par la Turquie en matière territoriale[648]. La Cour rappela par ailleurs une règle importante, valable aussi bien pour les frontières maritimes que pour les frontières terrestres, selon laquelle toute délimitation comporte le même élément inhérent de stabilité et de permanence, de telle sorte qu'un traité de limites n'est pas affecté par un changement fondamental de circonstances[649]. Toujours est-il que la délimitation maritime Grèce/Turquie n'est pas encore conclue[650], la Turquie ayant de médiocres relations de voisinage avec la plupart des pays de la région. Pourtant, la Grèce et la Turquie se disaient, encore en 2023, désireux de

---

Diploweb.com : *La revue géopolitique* ; Ros, Nathalie (2021) Le droit international de la mer à l'épreuve en Méditerranée orientale, *ADMO*, tome 39.

648 Labrecque, Georges (2009) *Les différends territoriaux en Europe. Jurisprudence de la Cour internationale de Justice,* p. 193-205.

649 *Plateau continental de la mer Égée (Grèce c. Turquie)*, compétence de la Cour, arrêt, CIJ Recueil 1978.

650 Mongrenier, Jean-Sylvestre (2023) *Le monde vu d'Istanbul. Géopolitique de la Turquie et du monde altaique* ; Dalègre, Joelle (2022) *Un siècle de relations gréco-turques* ; IILSS (2021) Maritime boundaries between Greece and Turkey, *in WMBA* : https://iilss.net/maritime-boundaries-between-greece-and-turkey/.

poursuivre des négociations concernant leur contentieux en Méditerranée orientale[651].

Enfin, on évoquera, en conclusion, la volonté de la Palestine d'être reconnue comme un État doté d'un territoire, y compris des espaces maritimes au large des côtes de Gaza.

4.1 Chypre / Égypte

Le 17 février 2003, est conclu, entre Chypre et l'Égypte, un accord de délimitation maritime de la ZÉE qui entrera en vigueur le 7 mars de l'année suivante[652]. L'accord concerne deux États à côtes opposées et stipule la méthode de l'équidistance stricte, de même que la liste des coordonnées géographiques, celles-ci prévalant sur toute carte géographique et susceptibles d'être modifiées à la lumière de tout traité futur impliquant un État tiers, ainsi que le prévoit une annexe à l'accord. Cette équidistance stricte favorise de toute évidence Chypre, compte tenu du fait que ses côtes sont beaucoup moins longues que celles de l'Égypte.

L'accord contient aussi une disposition prévoyant que dans l'hypothèse de la négociation d'une autre frontière avec un tiers, notamment en ce qui concerne les deux points terminaux de la ligne, la partie impliquée dans cette négociation informera l'autre partie, la disposition visant au moins deux États (Turquie, Israël et peut-être aussi Gaza). À ce sujet, la Turquie a fait parvenir au Secrétaire général des Nations Unies une lettre de protestation contre cet accord en se prévalant du droit de la mer et en disant ne pas reconnaître la délimitation à l'ouest de la longitude 32 16' 18'', la Turquie ajoutant qu'il n'y a pas d'autorité, en droit ou en fait, compétente pour représenter conjointement Chypre dans son ensemble (celle des Turcs et celle des Grecs)[653]. La lettre turque a fait l'objet, le 28 décembre 2004, d'une réplique de la part de Chypre[654], qui a mentionné le fait que la Turquie n'était pas partie à la Convention sur le droit de la mer et qu'elle était le seul membre de la communauté internationale à prétendre que le gouvernement de Chypre n'existe pas.

L'accord prévoit également une disposition courante selon laquelle l'instauration d'une zone d'exploitation en commun dans l'hypothèse où des ressources naturelles, y compris des hydrocarbures, se trouveraient de part et d'autre de la ligne. Enfin, l'accord stipule que tout différend sur son interprétation devra être réglé par voie diplomatique, à défaut de quoi les parties s'engageront à soumettre ce différend à l'arbitrage. Par ailleurs,

---

[651] IBRU (2024) *Borderlines*, issue 22, p. 3.

[652] Agreement between the Republic of Cyprus and the Arab Republic of Egypt on the Delimitation of the Exclusive Economic Zone.

[653] Nations Unies (1983-) *BDM*, n° 54, p. 130-131.

[654] Nations Unies (1983-) *op. cit.*, n° 57, p. 126.

l'accord est muet quant aux droits en mer que pourrait avoir le Royaume-Uni – souverain territorial sur les bases militaires d'Akrotiri et de Dhekelia.

4.2 Chypre / Liban

C'est le 17 janvier 2007 que Chypre – membre de la zone euro depuis le 1er janvier 2008 – et le Liban concluent un accord de délimitation, mais cet instrument n'est pas entré en vigueur, faute de ratification par le parlement libanais. On a émis l'opinion que cette non-ratification « serait directement liée à la Turquie et au renforcement des liens, notamment économiques, entre les deux pays[655] ». Par ailleurs, le Liban a notifié à l'ONU, en juillet 2010, le tracé de sa frontière.

L'accord définit six points de coordonnées et paraît avoir adopté la méthode de l'équidistance stricte entre des côtes opposées et de longueurs comparables, tel qu'il appert de diverses cartes géographiques[656]. Les deux points terminaux sont susceptibles d'être modifiés à la lumière d'autres accords pouvant intervenir avec des États tiers concernés, en l'occurrence Israël et la Syrie.

Le 2 février 2017, Israël fera parvenir au Secrétaire général des Nations Unies une lettre dans laquelle il dénonce l'octroi par le Liban de permis d'exploration et d'exploitation des ressources naturelles dans une zone sous la juridiction d'Israël[657]. Le mois suivant, des heurts interviendront entre Israël et le Liban, qui se disputent en Méditerranée une zone triangulaire allant de leurs côtes jusqu'à équidistance approximative de celles de Chypre et connue en anglais sous le nom de 'Shebaa Farms of the sea' (voir la carte[658]) – ce qui n'est pas sans évoquer le conflit de ces deux États sur une parcelle territoriale où passe une Ligne rouge.

La Turquie, comme elle l'avait fait pour l'accord Chypre/Égypte, a aussi protesté contre l'accord Chypre/Liban, notamment pour le motif que ce dernier prend en considération l'ensemble de l'île chypriote – c'est-à-dire la partie grecque et la partie turque –, tandis qu'Ankara est le seul État à reconnaître l'existence de la République turque de Chypre du Nord.

---

[655] Drish, Jérémy (2013) Délimitation des espaces maritimes entre le Liban et Israël : vers une médiation américaine, *Sentinelle,* bulletin 329, 6 janvier.

[656] Ortolland, Didier et Pirat, Jean-Pierre, dir. (2010) *Atlas géopolitique des espaces maritimes,* 2e éd., p. 86-89.

[657]http://www.un.org/depts/los/LEGISLATIONANDTREATIES/PDFFILES/communications/isr_nv_02022017.pdf.

[658] Reed, John and Solomon, Erika (2017) Israel and Lebanon clash over the maritime border amid oil interest, *Financial Times*, 28 March, reproduit dans *IBRU Boundary News* : https://www.ft.com/content/0250eed4-1082-11e7-b030-768954394623.

4.3 Chypre / Israël

L'accord de délimitation entre Chypre et Israël[659] a été conclu le 17 décembre 2010, est entré en vigueur le 25 février 2011 et ne vise que la zone économique exclusive, ainsi que son titre l'indique. Son préambule rappelle la Convention de 1982 sur le droit de la mer, encore qu'Israël ne soit pas partie à cet instrument.

À l'instar des accords précédents conclus par Chypre avec l'Égypte et le Liban respectivement, l'accord Chypre/Israël concerne deux États à côtes opposées et stipule la méthode de l'équidistance, de même que la liste des coordonnées géographiques, celles-ci prévalant sur toute carte géographique et susceptibles d'être modifiées à la lumière de tout accord futur impliquant un État tiers, ainsi que le prévoit une annexe à l'accord. Ce dernier contient aussi d'autres dispositions similaires : informations en cas de négociations avec un tiers (Liban, Gaza et Égypte) – trois entités avec lesquelles Israël a de mauvaises relations politiques. Par exemple, le Liban adressera une lettre, le 20 juin 2011, au Secrétaire général des Nations Unies pour dénoncer l'accord Chypre/Israël, qui met en péril, selon le Liban, la paix et la sécurité internationale et qui « constitutes a flagrant attack on Lebanon's sovereign rights over that zone[660] ».

L'accord prévoit deux autres dispositions similaires à celles de l'accord Chypre/Égypte : instauration éventuelle d'une zone en commun d'exploitation des ressources naturelles et appel à l'arbitrage pour la solution d'un différend en cas d'échec des moyens diplomatiques.

4.4 Turquie / RTCN

Le 21 septembre 2011, le gouvernement de la Turquie et celui de la République turque de Chypre du Nord (RTCN) concluent un accord de délimitation du plateau continental. Cette frontière *uni-fonctionnelle*, définie par 27 points, est d'une longueur de 130 milles marins, le point occidental étant au large du point terminal de la ligne terrestre *de facto* divisant l'île en deux parties. La frontière maritime, convenue comme étant une solution équitable, est plus rapprochée des côtes chypriotes que des côtes turques et paraît coïncider, à l'est du méridien 34 E, à la limite extérieure de la mer territoriale de la RTCN[661].

---

[659] Agreement between the Government of the State of Israel and the Government of the Republic of Cyprus on the Delimitation of the Exclusive Economic Zone.

[660] http://www.un.org/depts/los/LEGISLATIONANDTREATIES/PDFFILES/communications/lbn_re_cyp_isr_agreement2010.pdf.

[661] International Mapping (2024) *Sovereign Limits* : https://sovereignlimits.com/boundaries/northern-cyprus-turkiye-maritime.

Or, la validité même de cet accord a été contestée[662], puisque la RTCN n'a été reconnue que par la seule Turquie. D'ailleurs cet accord n'a pas été publié dans les principales bases de données, notamment celles de l'ONU concernant le droit de la mer[663].

Rappelons aussi que dès le 18 novembre 1983, soit 3 jours après la déclaration d'indépendance de la RTCN, une résolution est adoptée par le Conseil de sécurité qui « 1. Déplore la proclamation des autorités chypriotes turques présentée comme déclaration de sécession d'une partie de la République de Chypre ; 2. Considère la proclamation susmentionnée comme juridiquement nulle et demande son retrait (...) 6. Demande à tous les États de respecter la souveraineté, l'indépendance, l'intégrité territoriale et le non-alignement de la République de Chypre ; 7. Demande à tous les États de ne pas reconnaitre d'autre État chypriote que la République de Chypre ; 8. Demande à tous les États et aux deux communautés chypriotes de s'abstenir de toute mesure qui pourrait aggraver la situation... » (CS rés 541). Cette résolution, adoptée par 13 voix contre 1 (Pakistan) avec une abstention (Jordanie), sera suivie, le 15 décembre 1983, d'une autre résolution par laquelle le Conseil de sécurité prolonge de nouveau le stationnement de la Force des Nations Unies chargée du maintien de la paix à Chypre, d'autant que le Conseil dit noter que le Gouvernement chypriote est convenu de la nécessité de maintenir cette Force, compte tenu de la situation régnant dans l'île (CS rés 544).

La « création » même de cette nouvelle république[664] et, *a fortiori*, son accord de délimitation maritime avec la Turquie, ont fait l'objet de nombreuses contestations officielles devant l'ONU de la part de Chypre. Par exemple, dans une lettre du 15 juin 2012, le représentant permanent de Chypre dénonce des décisions « selon lesquelles le Conseil des ministres turc accorde des licences d'exploration à la Turkish Petroleum Corporation dans des zones de la Méditerranée orientale, dont certaines sont situées entièrement ou

---

[662] Ètèvenaux, Jean (2024) *La Turquie jusqu'à Chypre : un empire millénaire, une république qui se cherche* ; Ioannides, Nicholas A. (2021) *Maritime claims and boundary delimitation : tensions and trends in the eastern Mediterranean Sea* ; Ioannides, Nicholas A. (2021) The Maritime Dispute between Cyprus and Turkey in the Eastern Mediterranean Sea, *EMAM*, issue 2, p. 9-14 ; IILSS (2021) maritime boundaries between Turkey and Cyprus, *in WMBA* : https://iilss.net/maritime-boundaries-between-turkey-and-cyprus/ ; Ioannides, Nicholas A. (2020) The "Predominant Interest" Concept in Maritime Boundary Delimitation, *ODIL*, vol. 51, issue 32, p. 217-240 ; Ioannidis, Nikolaos A. (2014) The Continental Shelf Delimitation Agreement Between Turkey and "TRNC", *EJIL*, May 26 : https://www.ejiltalk.org/the-continental-shelf-delimitation-agreement-between-turkey-and-trnc/.

[663] MSMZMD : https://www.un.org/depts/los/LEGISLATIONANDTREATIES/index.htm ; LSB : https://www.un.org/Depts/los/doalos_publications/Bulletin_repertory.htm#bilateral.

[664] Crawford, James (2007) *The Creation of States in International Law*, 2nd edition, p. 143-147 et 241-244.

partiellement dans la zone économique exclusive (ZÉE) et sur le plateau continental de la République de Chypre[665] ».

La Turquie n'a pas manqué non plus d'affirmer ses positions devant l'ONU. Par exemple, le 19 mai 2022, dans une lettre adressée au Secrétaire général, le représentant permanent de la Turquie a affirmé, après avoir évoqué l'accord de délimitation de 2011, que la RTCN était la seule autorité légale représentant le peuple chypriote turc : « Regarding the settlement of the Cyprus problem, I should point to the fact that negotiations have failed for more than 50 years due to the categorical rejection of the Greek Cypriot side to share power and wealth with the Turkish Cypriot side (...). The Greek Cypriot administration is not in a position to claim de jure and/or de facto jurisdiction or sovereignty over the maritime areas and land territory of the island, as the Republic of Cyprus ceased to exist as a legal entity in 1963[666] ».

Quelques semaines plus tard, le 3 aout 2022, le représentant permanent de Chypre répliquait, dans sa lettre au Secrétaire général : « Cyprus emerged into statehood in 1960 as a unitary State with one people, the Cypriot people, irrespective of ethnic origin. The subsequent portrayal of one of Cyprus' ethnic communities as a people, in order to feign a separate right of self determination, is not only legally invalid as ex post facto, it has no basis in historical reality. Clearly, such a fabrication is nothing more than a political tool, used by the kin state of the ethnic community in question, to invent an excuse for secession, because this is what is dictated by its own strategic interests[667] ». Le représentant permanent ajoutait par ailleurs que son pays était disposé, conformément au droit international, à conclure avec la Turquie un traité de délimitation maritime ou à en venir à un compromis pour saisir à ce sujet la Cour internationale de Justice.

4.5 Turquie / Libye

Le 27 novembre 2019, la Libye et la Turquie concluent un accord de délimitation[668] qui entrera en vigueur le 8 décembre de la même année[669]. L'accord prévoit qu'il s'agit d'une ligne d'équidistance et que la délimitation comprend la zone économique exclusive et le plateau continental. Cette frontière *multi-fonctionnelle* est très courte (18 milles marins), l'accord

---

[665] A/66/851 : https://documents.un.org/doc/undoc/gen/n12/382/26/pdf/n1238226.pdf.
[666] A/76/842-S/2022/405 :
https://documents.un.org/doc/undoc/gen/n22/355/63/pdf/n2235563.pdf.
[667] A/76/915-S/2022/599 :
https://documents.un.org/doc/undoc/gen/n22/452/36/pdf/n2245236.pdf.
[668] Mémorandum d'accord entre le Gouvernement de la République turque et le Gouvernement d'entente nationale de Libye sur la délimitation des zones de juridiction maritime en Méditerranée.
[669] Marghélis, Aris (2021) Les délimitations maritimes Turquie-Gouvernement d'entente nationale Libyen et Grèce-Égypte dans leur contexte régional, *ADMO,* tome 39, p. 67-100.

mentionnant que la ligne commence au point A (26° 19' E) et se termine au point B (26° 39' E)[670].

Il y est prévu que tout différend sera réglé selon l'article 33 de la Charte des Nations Unies. Si des ressources naturelles sont trouvées de part et d'autre de la frontière, les parties coopéreront pour atteindre un arrangement sur leur exploitation. Si l'une ou l'autre des parties est engagée dans des négociations sur sa ZÉE avec un autre État, cette partie consultera l'autre partie avant de conclure un accord définitif[671].

Cet accord entre la Libye et la Turquie n'a pas manqué de faire l'objet de nombreuses objections aux Nations Unies de la part de la Syrie, de Chypre et de la Grèce, notamment cette dernière qui, dans une lettre du 24 avril 2023, affirme que « [c]ette supposée frontière maritime orientale libyenne viole la zone économique exclusive grecque telle qu'elle a été délimitée, conformément au droit international », par l'accord du 6 août 2020 entre la Grèce et l'Égypte, les titulaires de la lettre ajoutant que « [c]es revendications de la partie libyenne constituent non seulement une violation flagrante du droit international mais aussi une menace contre la paix et la stabilité en Méditerranée[672] ».

4.6 Égypte / Grèce

L'Égypte, outre son accord de 2003 avec Chypre, conclut le 6 août 2020 un traité avec la Grèce[673], entré en vigueur le 2 septembre de la même année, lequel ne concerne que la seule délimitation de la zone économique exclusive, celle du plateau continental n'étant pas mentionnée[674], ainsi que le titre de cet instrument le montre clairement[675].

Il est indiqué dans l'accord qu'il s'agit d'une « partial delimitation » (art. 1a) et qu'elle sera complétée lorsque nécessaire et au terme de consultations ultérieures. Il est en outre prévu que les deux seuls points terminaux de la ligne de 104 milles marins (A et E) pourront être modifiés par les parties dans les cas de délimitations futures avec d'autres États voisins (art. 1d). Il est en outre prévu qu'une partie engagée dans des négociations concernant une délimitation devra consulter l'autre partie (art. 1e). Il est aussi mentionné que dans le cas de ressources transfrontalières, notamment en matière pétrolière,

---

670 International Mapping (2024) *op. cit.* : https://sovereignlimits.com/boundaries/libya-turkey-maritime.

671 Lathrop, Coalter G., ed. (2020) Report 8-24 Libya-Turkey, *in IMBO,* vol. 8.

672 A/77/865 : https://documents.un.org/doc/undoc/gen/n23/115/86/pdf/n2311586.pdf.

673 Accord entre le Gouvernement de la République arabe d'Égypte et le Gouvernement de la République hellénique sur la délimitation de la zone économique exclusive entre les deux pays.

674 International Mapping (2024) *op. cit.* : https://sovereignlimits.com/boundaries/egypt-greece-maritime.

675 Lathrop, Coalter G., ed. (2020) Report Number 8-25 Egypt-Greece, *in op. cit.* ; Marghélis, Aris (2021) *op. cit.*

les parties devront coopérer pour réaliser un accord en vue de l'exploitation de ces ressources (art. 2). Enfin, il est indiqué que l'accord ne peut être suspendu, dénoncé ou retiré (art. 4).

Il semble que la méthode de délimitation est une ligne d'équidistance modifiée, selon une carte jointe à l'accord, laquelle montre clairement que les points terminaux E et A de la ligne sont situés exactement et respectivement sur les méridiens 26 et 28 degrés de longitude nord et que, par conséquent, les voisins maritimes les plus directement intéressés sont la Libye et la Turquie. Cette dernière s'est d'ailleurs objectée dans une lettre du 21 août 2020 aux Nations Unies[676].

4.7 Israël / Liban

Après de longues négociations[677], et bien que ces deux États soient formellement en guerre depuis 1948 – année de la création de l'État d'Israël –, ils ont conclu, avec la médiation des États-Unis, un accord de délimitation maritime[678] par un échange de lettres du 18 octobre 2022, entré en vigueur le 27 du même mois. Le différend portait principalement sur l'exploration et l'exploitation de champs gaziers offshore[679].

Les parties conviennent que l'accord constitue « une résolution permanente et équitable de leur différend maritime[680] » (section 1B), mais le président

---

[676] A/74/997-S/2020/826 : https://documents.un.org/doc/undoc/gen/n20/219/16/pdf/n2021916.pdf.

[677] Hammoudi, Youssef (2023) *L'accord sur la délimitation de la frontière maritime entre le Liban et Israël : un seul accord, des dirigeants en désaccord* ; Yuval, Shany (2023) International Law of the Sea Meets Israeli Constitutional Law : The New Israeli-Lebanese Maritime Border Agreement, *Lawfare* ; Saab, Yara (2021) Lebanon's Southern Maritime Delimitation Efforts : A Lost Decade, *EMAM*, issue 2, p. 47-52 ; Rovri, Sébastien (2021) La négociation de la frontière maritime israélo-libanaise : droit international et intérêts géopolitiques, *Revue Défense Nationale*, p. 96-101 ; IBRU (2020) Israel and Lebanon to begin maritime border talks, *Boundary News*.

[678] Voir les articles suivants : Meier, Daniel (2023) La frontière maritime libano-israélienne, *Orients stratégiques,* n° 15 ; Amsellem, David (2023) L'accord frontalier israélo-libanais d'octobre 2022 : vers la normalisation diplomatique ?, *Idem* ; Yiallourides, Constantinos *et al.* (2022) Some Observations on the Agreement between Lebanon and Israel on the Delimitation of the Exclusive Economic Zone, *EJIL*, 26 October ; de même que le mémoire suivant : Hammoudi, Youssef (2023) *L'accord sur la délimitation de la frontière maritime entre le Liban et Israël : un seul accord, des dirigeants en désaccord.*

[679] Rebière, Noémie (2022) Le gaz en Méditerranée orientale, un déterminant dans la géopolitique régionale, *Confluences Méditerranée,* numéro 120, p. 121-133 ; Rovri, Sébastien (2021) La négociation de la frontière maritime israélo-libanaise : droit international et intérêts géopolitiques, *Revue Défense Nationale*, Hors-Série, p. 96-101.

[680] Lettre envoyée le 29 septembre 2020 par les États-Unis à laquelle ils ont rattaché six points reflétant leur accord donné aux termes de référence de ces négociations (traduction) : https://fr.timesofisrael.com/texte-integral-de-laccord-frontalier-conclu-entre-israel-et-le-liban/.

libanais a déclaré que les entretiens constituaient une fin positive, encore que cela ne pavait pas la voie à une normalisation des relations avec Israël[681]. Les parties reconnaissent qu'il existe un prospect d'hydrocarbures dont la viabilité commerciale est actuellement inconnue, mais elles s'engagent à ce que l'exploration et l'exploitation soient conformes aux lois et règlements applicables dans la région et qu'elles soient effectuées « conformément aux bonnes pratiques de l'industrie pétrolière en matière de conservation du gaz pour maximiser l'efficacité de la récupération, de la sécurité opérationnelle et de la protection de l'environnement… » (section 2B).

Israël et le Liban conviennent en outre que la personne morale compétente pour détenir les droits du Liban dans l'un de ses blocs « sera constituée d'une ou plusieurs sociétés internationales de bonne réputation, qui ne sont soumises à aucune sanction internationale, qui n'entraveraient pas la poursuite de la facilitation par les États-Unis et qui ne sont des sociétés ni israéliennes ni libanaises » (section 2C).

Le point terminal oriental de la frontière maritime est approximativement à trois milles marins des côtes – là où le point terminal de la frontière terrestre est disputé par les deux États. La frontière maritime a une longueur de 69 milles marins et s'arrête avant d'atteindre les deux frontières maritimes délimitées entre Chypre et Israël et le Liban respectivement[682].

La frontière est définie par quatre coordonnées convenues entre les parties, mais « sans préjuger du statut de la frontière terrestre » et une partie de cette frontière devra être délimitée par les États « dans le cadre de la démarcation de la frontière terrestre », étant entendu que le *statu quo* près du rivage « reste inchangé, malgré les positions juridiques divergentes des parties dans cette zone qui reste non délimitée ». Cette frontière terrestre est une frontière *de facto* – ligne Bleue – imposée par les Nations Unies en 2000 à la suite du retrait des forces israéliennes dans le sud du Liban. Cette ligne est présumée celle que la Grande-Bretagne et la France avait délimitée, au début des années 1920, entre la Palestine et l'entité Liban/Syrie[683].

4.8 Chypre / Royaume-Uni

À la fois maritimes et terrestres, les frontières entre Chypre et deux bases militaires du Royaume-Uni sont décrites dans un traité multilatéral[684] conclu

---

681 IBRU (2022) Israel and Lebanon agree to 'historic' deal to end maritime dispute, *Boundary News*, 14 October.

682 International Mapping (2024) *op. cit.* : https://sovereignlimits.com/boundaries/Israel-lebanon-maritime.

683 International Mapping (2024) *op. cit.* : https://sovereignlimits.com/boundaries/Israel-lebanon-land.

684 Treaty between the United Kingdom of Great Britain and Northern Ireland, the Hellenic Republic, the Republic of Turkey and the Republic of Cyprus concerning the Establishment of the Republic of Cyprus.

le 16 août 1960 par Chypre, la Turquie, la Grèce et le Royaume-Uni, de même que dans des échanges de notes[685]. Cet instrument constate la souveraineté territoriale de Chypre sur l'ensemble de l'île, à l'exception de deux zones définies en annexe, Akrotiri et Dhekelia, qui resteront sous souveraineté du Royaume-Uni (art. 1).

Chypre s'engage à coopérer pleinement à la sécurité et à l'efficacité des bases (art. 2), tandis que les quatre États parties au traité conviennent de se consulter et de coopérer à la défense commune de l'île (art. 3).

Les frontières maritimes, qui ne concernent que la seule mer territoriale, sont décrites en annexe comme quatre lignes constituées respectivement de deux ou trois segments dont les longueurs et les azimuts sont prévus, mais dont les points terminaux sont indéterminés. D'après une carte et une analyse du département d'État américain[686], leurs longueurs excèdent de quelques milles marins les limites extérieures de la mer territoriale, fixées depuis 1964 à 12 milles marins pour Chypre mais encore à 3 pour le Royaume-Uni. L'indétermination des points terminaux serait délibérée, compte tenu de l'éventualité d'établir les limites du plateau continental. Ces frontières *omni-fonctionnelles* sont donc *inachevées*.

Les lignes circonscrivant les espaces maritimes dévolus à Dhekelia convergent à une distance approximative de 32 milles marins, tandis que celles d'Akrotiri divergent. La méthode de délimitation, non explicitée au traité, pose des problèmes d'interprétation : selon le géographe du département d'État, ces lignes seraient des perpendiculaires à la direction générale des côtes, laquelle varie au fur et à mesure qu'on s'y éloigne ; par ailleurs, on a émis l'opinion[687] que les lignes du secteur oriental sont tracées selon l'équidistance, tandis que celles d'Akrotiri s'en écartent à l'avantage du Royaume-Uni.

4.9 Conclusion

Une première caractéristique de la Méditerranée orientale est celle de conflits violents qui ne paraissent pas être en voie de solution pacifique. Concernant la délimitation proprement dite, il est remarquable de constater, avons-nous dit, que quatre des treize États côtiers non signataires de la CNUDM sont dans cette région (Libye, Turquie, Syrie et Israël) – ce qui n'a pas empêché pourtant ce dernier État de conclure un accord de délimitation avec le Liban, ce qui prouve aussi que la délimitation maritime n'est pas une

---

[685] Exchange of notes (with Declaration) between the United Kingdom of Great Britain and Northern Ireland and Cyprus concerning the administration of the Sovereign Base Areas referred to in Article 1 of the above-mentioned Treaty ; Exchange of notes between the United Kingdom of Great Britain and Northern Ireland and Cyprus concerning the future of the Sovereign Base Areas referred to in article 1 of the above-mentioned Treaty.
[686] USDS (1972) *LS*, n° 49, p. 1-2.
[687] Charney, J.I. and Alexander, L.M., eds (1993) *IMB*, vol. 2, p. 1559-1563.

panacée à la solution de tous les problèmes puisque cette frontière ne parait pas contribuer par ailleurs à l'instauration ou au maintien d'une paix durable entre les parties.

On observe aussi que certaines délimitations entre États à côtes opposées ont été réalisées (par Chypre notamment), tandis qu'aucune ne l'a été entre États à côtes adjacentes, sauf la frontière Israël/Liban. Or, ces autres frontières maritimes à délimiter devront être le prolongement de frontières terrestres qui, elles, sont marquées par l'histoire turbulente des intérêts coloniaux. Par exemple, la frontière terrestre Israël/Égypte est constituée d'une ligne basée sur un accord de 1906 entre l'Empire ottoman et la Grande-Bretagne aux droits de l'Égypte, puis confirmée par le traité de paix de 1979 – frontière allant du tripoint *de facto* avec Gaza jusqu'au golfe d'Aqaba[688], sa partie sud ayant été reconfirmée par une sentence arbitrale le 29 septembre 1988[689].

Une autre caractéristique des pays riverains de la Méditerranée orientale consiste dans plusieurs différends relatifs à la souveraineté territoriale sur certaines zones, notamment des îles en mer Égée, la RTCN, le Golan et, bien sûr, la Palestine – partie à la CNUDM – qui revendique son droit à des espaces maritimes[690]. Dans ce dernier cas, on doit rappeler l'avis consultatif du 9 juillet 2004[691] dans lequel la CIJ écrivait :

> (…) L'édification du mur qu'Israël, puissance occupante, est en train de construire dans le territoire palestinien occupé, y compris à l'intérieur et sur le pourtour de Jérusalem-Est, et le régime qui lui est associé sont contraires au droit international ; (…)
>
> Israël est dans l'obligation de mettre un terme aux violations du droit international dont il est l'auteur ; il est tenu de cesser immédiatement les travaux d'édification du mur qu'il est en train de construire dans le territoire palestinien occupé, (…) de démanteler immédiatement l'ouvrage situé dans ce territoire et d'abroger immédiatement ou de priver immédiatement d'effet l'ensemble des actes législatifs et réglementaires qui s'y rapportent (…)

---

688 International Mapping (2024) *op. cit.* : https://sovereignlimits.com/boundaries/egypt-Israel-land.

689 *Affaire concernant l'emplacement des balises frontalières à Taba, sentence,* RSA, vol. 20, p. 1-118.

690 Qafisheh, Mutaz M. (2024) Eastern Mediterranean Maritime Boundary Delimitation : The Claims of the State of Palestine under UNCLOS, *ODIL*, vol. 55, issue 3, p.379-394 ; Areion Group (2024) Israël – Palestine : vers une crise régionale majeure ?, *Diplomatie*, n° 125 ; Collectif (2024) Israël : La guerre sans fin, *Conflits*, n° 49 ; Jaber, Safaa S. and Bantekas, Ilias (2023) The Status of Gaza as Occupied territory under International Law, *ICLQ*, vol. 72, issue 4, p. 1-20 ; Montaz, Djamchid (2015) La controverse sur le statut de la Palestine, p. 102-115, *in* Wolfrum, Rüdiger, Seršić, Maja and Šošić, Trpimir, eds, *Contemporary Developments in International Law. Essays in Honour of Budislav Vukas* ; Labrecque, Georges (2007) *Les différends internationaux en Asie*, p. 197-235.

691 *Conséquences juridiques de l'édification d'un mur dans le territoire palestinien occupé*, avis consultatif, CIJ Recueil 2004, par. 163.

Tous les États sont dans l'obligation de ne pas reconnaître la situation illicite découlant de la construction du mur et de ne pas prêter aide ou assistance au maintien de la situation créée par cette construction ; tous les États parties à la quatrième convention de Genève relative à la protection des personnes civiles en temps de guerre[[692]], du 12 août 1949, ont en outre l'obligation, dans le respect de la Charte des Nations Unies et du droit international, de faire respecter par Israël le droit international humanitaire incorporé dans cette convention (...)

L'Organisation des Nations Unies, et spécialement l'Assemblée générale et le Conseil de sécurité, doit (...) examiner quelles nouvelles mesures doivent être prises afin de mettre un terme à la situation illicite découlant de la construction du mur et du régime qui lui est associé (...)

Israël est dans l'obligation de réparer tous les dommages causés par la construction du mur dans le territoire palestinien occupé, y compris à l'intérieur et sur le pourtour de Jérusalem-Est (...) (par. 163).

Vingt ans après cet avis consultatif, la CIJ rend, le 19 juillet 2024, un autre avis[693] dans des termes similaires :

Est d'avis que la présence continue de l'État d'Israël dans le Territoire palestinien occupé est illicite (...)

Est d'avis que l'État d'Israël est dans l'obligation de mettre fin à sa présence illicite dans le Territoire palestinien occupé dans les plus brefs délais (...)

Est d'avis que l'État d'Israël est dans l'obligation de cesser immédiatement toute nouvelle activité de colonisation, et d'évacuer tous les colons du Territoire palestinien occupé (...)

Est d'avis que l'État d'Israël a l'obligation de réparer le préjudice causé à toutes les personnes physiques ou morales concernées dans le Territoire palestinien occupé (...)

Est d'avis que tous les États sont dans l'obligation de ne pas reconnaître comme licite la situation découlant de la présence illicite de l'État d'Israël dans le Territoire palestinien occupé et de ne pas prêter aide ou assistance au maintien de la situation créée par la présence continue de l'État d'Israël dans le Territoire palestinien occupé (...)

Est d'avis que les organisations internationales, y compris l'Organisation des Nations Unies, sont dans l'obligation de ne pas

---

[692] *RTNU*, vol. 75 : https://treaties.un.org/doc/Publication/UNTS/Volume%2075/volume-75-I-973-French.pdf.

[693] *Conséquences juridiques découlant des politiques et pratiques d'Israël dans le Territoire palestinien occupé, y compris Jérusalem-Est*, avis consultatif, CIJ Recueil 2024, par. 285.

reconnaître comme licite la situation découlant de la présence illicite de l'État d'Israël dans le Territoire palestinien occupé (...)

Est d'avis que l'Organisation des Nations Unies, et en particulier l'Assemblée générale, qui a sollicité le présent avis, et le Conseil de sécurité, doit examiner quelles modalités précises et mesures supplémentaires sont requises pour mettre fin dans les plus brefs délais à la présence illicite de l'État d'Israël dans le Territoire palestinien occupé (...).

Entre-temps, le 31 août 2015, le président de l'Autorité palestinienne a fait parvenir au Secrétaire général des Nations Unies une déclaration « au sujet de la délimitation des zones et frontières maritimes de l'État de Palestine[694] ». Le président dit référer à l'adhésion de l'État de Palestine à la CNUDM de 1982 et affirme les droits à une mer territoriale de 12 milles marins, une zone contiguë de 24 milles, une zone économique exclusive et un plateau continental.

Il est en outre mentionné dans la déclaration que dans les cas de chevauchement de ces zones avec d'autres États, et s'il existe une incapacité à parvenir à un accord, le recours à un tribunal ou à un organe international compétent devra être envisagé. Le président « demande à l'ensemble des États, des entreprises et des institutions de respecter les frontières maritimes de l'État de Palestine (...) et « exhorte également toutes les parties, y compris les entreprises et les institutions, à examiner leurs contrats et à s'abstenir de mener des travaux ou des activités à l'intérieur des frontières maritimes de l'État de Palestine sans avoir obtenu préalablement son aval ». De plus, il « se réserve le droit de réclamer des dédommagements en cas d'exploitation illégale de ses ressources naturelles et de toutes autres ressources exploitées au fil des ans (...), mais il se dit « disposé à coopérer avec les États et les institutions de la communauté internationale en vue de faire respecter la Convention des Nations Unies sur le droit de la mer et les autres règles de droit international, afin de prévenir toute violation du droit international sur son territoire ainsi qu'à l'intérieur de ses frontières maritimes et terrestres ».

Une carte jointe à un document émanant du ministre palestinien des Affaires extérieures, illustre, à l'intérieur d'un corridor, les droits revendiqués et circonscrits par deux lignes parallèles représentant les frontières avec Israël et l'Égypte respectivement[695].

Le 19 décembre 2024, l'Assemblée générale de l'ONU, demande à la CIJ, « à titre prioritaire et de toute urgence », un autre avis consultatif sur la question suivante :

---

[694] Déclaration de l'État de Palestine au sujet de ses frontières maritimes, conformément aux dispositions de la Convention des Nations Unies sur le droit de la mer : https://www.un.org/Depts/los/LEGISLATIONANDTREATIES/PDFFILES/PSE_2015_Declaration.pdf.

[695]https://www.un.org/Depts/los/LEGISLATIONANDTREATIES/PDFFILES/PSE_Deposit_09-2019.pdf.

Quelles sont les obligations d'Israël, en tant que puissance occupante et membre de l'Organisation des Nations Unies, en ce qui concerne la présence et les activités de l'Organisation, y compris ses organismes et organes, d'autres organisations internationales et d'États tiers dans le Territoire palestinien occupé et en lien avec celui-ci, y compris s'agissant d'assurer et de faciliter la fourniture sans entrave d'articles de première nécessité essentiels à la survie de la population civile palestinienne, ainsi que de services de base et d'une aide humanitaire et d'une aide au développement, dans l'intérêt de la population civile palestinienne et à l'appui du droit du peuple palestinien à l'autodétermination ?[696]

Bien sûr, dans l'état actuel des relations politiques entre la Palestine et ses deux voisins, la conclusion d'accords de délimitation maritime est improbable.

[696] *Obligations d'Israël en ce qui concerne la présence et les activités de l'Organisation des Nations Unies, d'autres organisations internationales et d'Etats tiers dans le Territoire palestinien occupé et en lien avec celui-ci.*

Chapitre 5

LA MER CASPIENNE

Avec une superficie de 371 000 km², la mer Caspienne (*figure 7*) est la plus vaste étendue d'eau enclavée dans le monde, où se jettent les fleuves russes Volga et Oural, outre qu'elle est connectée par quelques canaux, notamment le Don/Volga qui la relie à la mer Noire. Depuis la dissolution de l'URSS en 1991, la Caspienne baigne cinq États (la Russie, l'Iran, le Kazakhstan, le Turkménistan et l'Azerbaïdjan). Elle est une importante voie de communications entre ses États riverains – notamment ses principales villes portuaires que sont Astrakhan en Russie et Bakou en Azerbaïdjan, de même qu'Astara en Iran, Krasnovodsk au Turkménistan et Chevtchenko au Kazakhstan.

Dotée de grandes ressources pétrolières et gazières dont l'exploitation accentue ses problèmes environnementaux, elle a vu au cours des décennies s'accroître son importance économique et stratégique[697]. Au cœur de l'une des routes de la soie, la Caspienne est traversée par le corridor transcaspien entre Aktau (Kazakhstan) et Bakou (Azerbaïdjan). Ce corridor, qui s'étire depuis Khorgos (Kazakhstan), se divise, au-delà de cette mer, en deux bras à partir de Tbilissi (Arménie), l'un traversant la Turquie jusqu'à Istanbul, l'autre traversant la mer Noire depuis Poti (Géorgie) pour se diviser à nouveau, l'une des routes allant à Constanta (Roumanie), l'autre à Varna (Bulgarie). En 1881 avait débuté la construction du transcaspien qui, depuis la rive orientale de la Caspienne, atteignit Tachkent en 1898, une voie de plus de 1800 kilomètres qui « permit d'achever la pacification du Turkestan » d'alors, « puis fut le

---

[697] Aubry, Émilie et Tétart, Frank (2024) *Le dessous des cartes. La puissance et la mer*, p. 94-102 ; IILSS (2023) About Caspian Sea, facts and maps, *in* WMBA : https://iilss.net/about-caspian-sea-facts-and-maps/ ; Delanoë, Igor (2023) La mer Caspienne : une fenêtre eurasiatique russe sur l'Orient, p. 129-142, *in* Caucase-Asie centrale : cet au-delà moyen-oriental, *Confluences Méditerranée*, n° 124 ; Bouffet, Jean-Yves (2023) La mer Caspienne : Du lac irano-soviétique au carrefour géopolitique, *Conflits*, mars 2023 ; Cornell, Svante E. (2023) A New Spring for Caspian Transit and Trade, *AFPC*, October 18 ; Therme, Clément (2021) L'accord "historique" sur la mer Caspienne, symbole d'un recul iranien ?, *Diplomatie*, avril ; Poullada, S. Peter (2020) *Russian-Turkmen Encounters : The Caspian Frontier before the Great Game* ; Akiner, Shirin (2010) *The Caspian : politics, energy and security* ; Averland, Indra *et al.* (2010) *Caspian energy politics : Azerbaidjan, Kazakhstan and Turkmenistan* ; Joyner, C. and Walters, K. (2006) The Caspian conundrum : Reflections on the interplay between law, the environment and geopolitics, *IJMCL*, vol. 21, issue 2, p. 173-216 ; Lear, S.O. (2004) Resources and conflict in the Caspian Sea, *Geopolitics*, vol. 9, p. 161-186 ; Dekmejian, R. Hrair and Simonian, Hovann H. (2003) *Troubled Waters : The Geopolitics of the Caspian Region* ; Mehdiyoun, K. (2000) Ownership of oil and gas resources in the Caspian Sea, *AJIL*, vol. 94, issue 1, p. 179-189.

vecteur principal de sa colonisation et de sa mise en valeur[698] ». Beaucoup plus tard, l'administration Clinton considérera comme un objectif stratégique et commercial majeur cette région qui avait été jusque-là l'arrière-cour de la Russie[699].

La Caspienne est un espace maritime qui n'est pas soumis à l'application de la Convention des Nations Unies sur le droit de la mer (la CNUDM de 1982) et à laquelle l'Iran, le Kazakhstan et le Turkménistan ne sont pas parties. Pourtant, ses cinq États riverains ont signé, en 1998, une convention relative à son statut juridique, laquelle contient des dispositions similaires à celles de la CNUDM. Si l'ensemble de la Convention de 1982 ne s'applique pas à la Caspienne contrairement à la mer Noire[700], qu'en est-il plus précisément des accords de délimitation[701] conclus par tous les États riverains, à l'exception de l'Iran ? Les banques de données les plus importantes en la matière adoptent des approches différentes. La source d'information juridique la plus complète, publiée sous les auspices de l'American Society of International Law – *International Maritime Boundaries*[702] – accorde à cette question de la délimitation plusieurs développements, de même que certains atlas consacrés aux espaces maritimes – notamment *Atlas géopolitique des espaces maritimes*[703] et *Sovereign Limits*[704]. Par ailleurs, la Division du Droit de la mer des Nations Unies, qui publie les accords internationaux de délimitation maritime – *Maritime Space, Maritime Zones, Maritime Delimitation*[705] – ne recense aucun des accords en mer Caspienne, pas plus que le Département d'État des États-Unis qui a fait paraître, depuis 1970, 153 numéros dans la série *Limits in the Seas*[706].

Autour de la Caspienne, trois nouveaux États

À l'instar du territoire yougoslave, celui de l'URSS connaît une évolution territoriale marquée par deux grands mouvements, d'abord un accroissement territorial (qui commence en 1922), puis, à partir de 1990, une succession

---

698 Couteau-Bégarie, Hervé et Motte, Martin, dir. (2013) *Approches de la géopolitique. De l'Antiquité au XXIe siècle*, p. 276.

699 Cohen, Saul Bernard (2014) *Geopolitics. The Geography of International relations*, 3rd ed., p. 243-247.

700 Ortolland, Didier (2021) L'application du droit de la mer à la mer Noire et à la mer Caspienne, *Relations internationales*, nº 187, p. 11-26.

701 Zarei, Sedigheh (2022) What are the Applicable Norms and Principles of International Law Delimitation of the Caspian Sea?, *Law and World*, vol. 8, issue 1, p. 35-52.

702 Roach, J.A. and Smith, R.W. (2011) Regional Report Caspian Sea, p. 3537-3549, *in* Colson, David A. and Smith, Robert W., eds, *IMB*, vol. 6.

703 Ortolland, Didier et Pirat, Jean-Pierre, éd. (2010) *Atlas géopolitique des espaces maritimes*, 2e éd., p. 93-98.

704 International Mapping (2024) *Sovereign Limits* : https://sovereignlimits.com/boundaries.

705 MSMZMD : https://www.un.org/depts/los/LEGISLATIONANDTREATIES/index.htm.

706 USDS (1970-2024) : https://www.state.gov/limits-in-the-seas/.

rapide de sécessions qui mènent l'URSS à une complète dissolution, encore qu'on voie apparaître ensuite, dès décembre 1991, une réunification sous la forme d'une entité intergouvernementale et sans grands pouvoirs (la Communauté des États indépendants) [707], et constituée de onze des quinze anciennes Républiques – à l'exception notable des trois Républiques baltes – , deux autres s'étant retirées depuis : la Géorgie en 2008 à la suite de la guerre de l'Ossétie du Sud, et l'Ukraine en 2014 avec l'occupation de la Crimée par la Russie[708].

La formation territoriale de l'URSS est d'abord précédée de celle qui deviendra sa principale République, la Russie, laquelle plonge de lointaines racines au début du XIVe siècle avec la constitution de la Principauté de Moscou (la Moscovie), dont l'étendue va, en 1590, jusqu'à l'Arctique dans la région d'Arkhangelsk et à la mer Caspienne dans celle d'Astrakhan, tandis qu'elle est tout près du golfe de Finlande et de la mer d'Azov. Cette longue période, marquée par la conquête de l'accès aux mers, sera poursuivie en 1649 avec la fondation de la ville d'Okhotsk sur la mer du même nom. Au XVIIIe siècle, sont annexées, *grosso modo*, les régions de la Baltique, de même que la péninsule de Crimée en 1782. Au XIXe, sont à leur tour annexées les régions du Caucase, de même que celles de l'Asie centrale, du fleuve Amour, d'une partie de l'île de Sakhaline et de la péninsule du Kamtchatka (la ville de Vladivostok, terminal oriental du transsibérien, est fondée en 1860), tandis que la péninsule de l'Alaska est vendue aux États-Unis en 1867. Au début du XXe siècle, l'évolution territoriale de la Russie se poursuit avec l'annexion de quelques archipels dans l'Arctique, notamment celui de la Terre du Nord en 1913[709].

L'URSS est d'abord constituée, en 1922, de la Russie, de la Biélorussie et de l'Ukraine. En 1924, deux Républiques de l'Asie centrale, l'Ouzbékistan et le Turkménistan, se joignent à l'Union, suivies, en 1929, d'une voisine, le Tadjikistan. Le plus grand nombre arrive en 1936 avec les trois caucasiennes (Azerbaïdjan, Arménie et Géorgie), de même que le Kazakhstan et le Kirghizistan. En 1940, aux termes du pacte secret germano-soviétique, sont occupées et annexées la Moldavie et les trois baltes (Lettonie, Lituanie et Estonie).

La dissolution de l'URSS est amorcée avec les premières sécessions, celles des trois petites Républiques baltes, de mars à mai 1990. En août de la même année, c'est le tour de l'Arménie, l'une des trois Républiques du Caucase. Après une accalmie de plusieurs mois, une autre caucasienne, l'Arménie, fait sécession en août 1991, suivie, en quelques jours, de la Biélorussie (Bélarus),

---

[707] Le texte de cette section est tiré de Labrecque, Georges (2018) *Géopolitique*, p. 47-48.

[708] Voir le vidéo : Volochine, Elena (2017) En Crimée, les dissidents matés par Moscou, France 24, *Reporters*, 24 mars : http://www.france24.com/fr/20170321-video-reporters-crimee-russie-ukraine-poutine-dissidents-mates-moscou-tatars.

[709] Pour d'autres informations, voir : https://www.youtube.com/watch?v=eBaJF7zvkCM.

de la Moldavie, du Kirghizistan, de l'Ouzbékistan et du Tadjikistan. En octobre 1991, c'est l'Azerbaïdjan et le Turkménistan. Enfin, les deux dernières Républiques à faire sécession sont la Russie et le Kazakhstan en décembre. Il n'aura donc fallu qu'un peu moins de deux ans pour que toutes et chacune des quinze Républiques de l'URSS fassent sécession. Rapidement reconnues sur la scène internationale, toutes ces Républiques sont devenues membres de l'ONU en 1991 ou 1992, à l'exception de l'Ukraine et de la Biélorussie qui l'étaient depuis 1945.

La Convention sur le statut juridique de la mer Caspienne

Le statut juridique de la Caspienne, et particulièrement la convention qui la vise, ont fait l'objet de nombreux commentaires[710]. Déjà au cours de la Troisième Conférence des Nations Unies sur le droit de la mer (1973-1982) qui précéda l'adoption de la CNUDM – alors que seuls l'URSS et l'Iran y étaient baignés – il semble y avoir eu consensus chez les participants à l'effet que la CNUDM ne s'appliquait pas à la mer Caspienne puisqu'elle n'a pas d'accès direct aux mers semi-fermées et aux océans.

---

[710] Jahangirova, Zeynab (2023) *Statut juridique de la mer Caspienne* ; Janusz-Pawletta, Barbara (2021) *The Legal Status of the Caspian Sea, Current Challenges and Prospects for Future Development*, 2nd edition ; Kinik, Hulya and Erkan, Suleyman (2020) The Legal Status of the Caspian Sea : An Iranian Perspective, *The International Journal of Economic and Social Research*, vol. 16, nº 2, p. 443-459 ; Bajrektarevic, Anis *et al.* (2020) *The Caspian Sea : Status, Challenges, and Prospects* ; Hafeznia, Mohammadreza *et al.* (2019) Characterizing Geopolitical Factors Affecting Establishment of Legal Regime in Caspian Sea, *Geopolitics Quarterly*, vol 15, issue 53, p. 1-22 ; Karataeva, Elena (2020) The Convention on the Legal Status of the Caspian Sea : The Final Answer or an Interim Solution to the Caspian Question ?, *IJMCL*, vol. 35, issue 2, p. 232-263 ; Norton Rose Fulbright (2018) *The Convention on the Legal Status of the Caspian Sea - A sea or not a sea : that is still the question* ; Forteau, Mathias et Thouvenin, Jean-Marc, dir. (2017) *Traité de droit international de la mer*, p. 489-500 ; Labrecque, Georges (2015) *International Law of the Sea*, p. 57 ; Roach, J.A. and Smith, R.W. (2011) Regional Report Caspian Sea, *in* Colson, David A. and Smith, Robert W., eds, *IMB*, vol. 6 ; Zimnitskaya, H. and von Geldern, J. (2011) Is the Caspian Sea a sea and why does it matter, *Journal of Eurasian Studies*, vol. 2, p. 1-14 ; Jasnus, B. (2005) Current development of negotiations on the legal status of the Caspian Sea : Sovereignty, *International Studies Journal*, vol. 2, issue 3, p. 95-118 ; Sanei, Faraz (2001) The Caspian Sea Legal Regime, Pipeline Diplomacy, and the Prospects for Iran's Isolation from the Oil and Gaz Frenzy : Reconciling Tehran's Legal Options with its Geopolitical Realities, *VJTL*, vol. 34, issue 3, p. 681-846 ; Sievers, E. (2001) The Caspian, regional seas, and the case for a cultural study of law, *GIELR*, vol. 13, issue 2, p. 361-415 ; Tavernier, Paul (1999) Le statut juridique de la mer Caspienne : mer ou lac ? La pratique des États vue à travers les documents publiés par les Nations Unies, *Actualité et droit international* ; Allonsius, David (1997) *Le régime juridique de la mer Caspienne. Problèmes actuels de droit international public* ; Vinogradov, Sergei and Wouters, Patricia (1996) The Caspian Sea : Quest for a New Legal Regime, *LJIL*, vol. 9 issue 1, p. 87-98 ; Englefield, Greg (1995) A Spider's Web : Jurisdictional Problems in the Caspian Sea, IBRU *BSB*, vol. 3, issue 3, p. 30-34 ; Butler, W.E. (1971) *The Soviet Union and the Law of the Sea*.

Le 12 août 2018 à Aktau, Kazakhstan, les cinq États riverains de la Caspienne signaient une convention[711] relative au statut juridique de cet espace maritime. La conclusion de cet instrument n'était que le résultat de plusieurs réunions et sommets bilatéraux, trilatéraux et multilatéraux, tenus depuis 1992 et au cours desquels certains accords ou conventions avaient été adoptés, notamment celle du 4 novembre 2003 au sujet de l'environnement[712], celui du 18 novembre 2010 en matière de développement et de sécurité[713], de même que ceux du 29 septembre 2014 concernant respectivement les ressources biologiques[714] et les mesures d'urgence[715].

La Convention sur le statut juridique de la mer Caspienne ne comporte que 24 articles et est beaucoup moins détaillée que la CNUDM, mais elle s'en inspire de toute évidence à plusieurs égards, tout particulièrement en ce qui concerne les droits et obligations des parties, les limites des zones maritimes sous juridiction nationale, la liberté de navigation, le transit[716], la pose de pipelines et de câbles sous-marins, la protection de l'environnement, la délimitation de la zone de pêche et du plateau continental.

Par ailleurs, la Convention de 2018 exclut diverses activités des États non parties, tout en portant une attention spéciale aux situations d'urgence, aux questions de sécurité et aux activités militaires : « The Parties shall carry out their activities in the Caspian Sea in accordance with the following principles : (...) Non-presence in the Caspian Sea of armed forces not belonging to the Parties » (art. 3, par. 6). Et encore : « The Parties shall cooperate in combating international terrorism and financing thereof, trafficking in arms, drugs, psychotropic substances and their precursors, as well as poaching, and in preventing and suppressing smuggling of migrants by sea and other crimes in the Caspian Sea » (art. 17).

La Convention mentionne en son préambule qu'elle est basée sur les principes et les normes de la Charte des Nations Unies et du droit international, qu'il est tenu compte de l'atmosphère de coopération et de bonne entente entre les parties, que la Caspienne est d'une importance vitale pour les parties et qu'elles seules y ont des droits souverains, que la résolution des différends est de leur compétence exclusive, qu'elles ont la responsabilité d'assurer aux générations présentes et futures un développement pacifique et durable dans la protection et la conservation de l'environnement, compte tenu des changements géopolitiques intervenus dans la région, des arrangements

---

711 Convention on the Legal Status of the Caspian Sea.

712 Framework Convention for the Protection of the Marine Environment of the Caspian Sea.

713 Agreement on Cooperation in the Field of Security in the Caspian Sea.

714 Agreement on Conservation and Rational Use of the Aquatic Biological Resources of the Caspian Sea.

715 Agreement on Cooperation in Emergency Prevention and Response in the Caspian Sea.

716 Pecoraro, Alberto (2021) Free Access to and from the Ocean in the Convention on the Legal Status of the Caspian Sea : The Law of the Sea and the Caspian 'Body of Water', *ASJIL,* vol. 11, issue 2, p. 281-298.

existants entre les parties et, « in this regard, the need to strengthen the legal regime of the Caspian Sea ».

La Convention affirme aussi le non-usage de la force et de sa menace, le respect mutuel, la coopération et la non-ingérence dans les affaires intérieures des autres parties, mais aussi le droit d'accès, vers ou depuis la Caspienne, aux autres mers pour les navires battant pavillon des parties, dans le but de promouvoir le commerce international et le développement économique, de même que la liberté de transit par tous moyens de transport à travers les territoires des autres parties (art. 3).

La Convention définit la Caspienne comme un « body of water surrounded by the land territories of the Parties » (art. 1), ce qui permet d'éviter, a-t-on fait remarquer[717], la dichotomie mer/lac par l'usage d'un terme neutre – body – de sorte que ni la CNUDM ni le droit coutumier concernant les lacs ne seraient applicables. La Convention prévoit par ailleurs que les eaux de la Caspienne seront divisées en quatre zones : les eaux intérieures, la mer territoriale, la zone de pêche et « the common maritime space » (art. 5) – formule tout aussi neutre qui s'inspire de la définition énoncée à l'article 1 : « … a water area located outside the outer limits of fishery zones and open for use by all the Parties ».

En matière de souveraineté territoriale et d'inviolabilité des frontières, la Convention évoque des instruments précédents, par exemple d'anciens traités conclus entre l'Iran et l'URSS[718] les 26 février 1921 et 27 août 1935. En effet, parmi les *principes,* elle affirme en tout premier lieu « Respect for the sovereignty, territorial integrity, independence and sovereign equality of States » (art. 3, par. 1). À l'instar de la CNUDM, la Convention de 1998 reconnaît cette souveraineté dans la mer territoriale, y compris son sol, son sous-sol et son espace aérien sus-jacent (art. 6), sauf que ses limites extérieures maximales ne sont pas de 12 milles marins, mais de 15 (art. 7, par. 1).

Les navires battant pavillon d'une autre partie peuvent naviguer dans la mer territoriale aux fins de la traverser sans entrer dans les eaux intérieures ni faire escale dans une rade ou une autre installation portuaire située en dehors des eaux intérieures, ou pour se rendre dans les eaux intérieures ou en sortir, ou faire escale dans une rade ou installation portuaire ou la quitter (art. 11, par. 1). Par ailleurs, la Convention prévoit des dispositions spéciales concernant les navires de guerre et les sous-marins dont les conditions de passage sont déterminées par des accords entre les parties ou, à défaut, par la législation de l'État côtier (par. 2). Les sous-marins sont tenus de naviguer en surface et d'arborer pavillon (par. 5). L'État partie peut, dans sa mer territoriale,

---

717 Karataeva, Elena (2020) The Convention on the Legal Status of the Caspian Sea : The Final Answer or an Interim Solution to the Caspian Question ?, *IJMCL*, vol. 35, issue 2, p. 232-263.

718 Treaty of Friendship between Persia and the Russian Socialist Federal Soviet Republic ; Treaty of Establishment, Commerce and Navigation between Iran and the Union of Soviet Socialist Republics.

réglementer les activités de recherche scientifique et autoriser les navires battant pavillon des autres États parties à poursuivre ces recherches avec la permission écrite du souverain territorial et aux conditions qu'il peut établir (art. 13).

Dans tous les cas, le passage doit être continu, rapide et ne pas porter atteinte à la paix, au bon ordre ou à la sécurité de l'État côtier (art. 11, par. 3), notamment par menace ou usage de la force, exercice d'armes, collecte d'informations ou acte de propagande au préjudice de la défense ou de la sécurité de l'État côtier, pollution, activités de pêche, levés hydrographiques, infractions aux règles de santé, de douane, d'immigration ou de fiscalité, interférence avec les systèmes de communication (art. 6). L'État côtier peut d'ailleurs, là où c'est nécessaire à la sûreté de la navigation, prescrire des règlements pour le passage des navires et imposer des voies de circulation et des dispositifs de séparation du trafic (art. 11, par. 11). Le passage peut même être, sans discrimination, suspendu temporairement dans des zones spécifiques lorsque cela est nécessaire pour la protection et la sécurité de l'État côtier (par. 13).

Au-delà des limites de la mer territoriale, l'État côtier a juridiction exclusive en matière de pêche jusqu'à 10 milles marins (art. 9, par. 1). Par ailleurs, les parties pourront déterminer conjointement le volume total des prises admissibles « and divide it into national quotas » (par. 3), et si une partie est incapable de récolter l'entièreté de son quota, « it may grant access to the remainder of its quota in the total allowable catch to other Parties by way of concluding bilateral agreements or through other arrangements in accordance with its national legislation » (par. 4).

La Convention énonce des règles encore plus générales que celles de la CNUDM quant à la délimitation de la mer territoriale puisqu'elle ignore toute méthode, y compris celle de l'équidistance : « Delimitation of internal and territorial waters between States with adjacent coasts shall be effected by agreement between those States with due regard to the principles and norms of international law Treaty of Friendship between Persia and the Russian Socialist Federal Soviet Republic » (art. 7, par. 3). Quant à la délimitation des zones de pêche, la Convention se lit comme suit : « Delimitation of fishery zones between States with adjacent coasts shall be effected by agreement between those States with due regard to the principles and norms of international law » (art. 9, par. 2). L'expression plateau continental est ignorée dans la Convention : « Delimitation of the Caspian Sea seabed and subsoil into sectors shall be effected by agreement between States with adjacent and opposite coasts, with due regard to the generally recognized principles and norms of international law, to enable those States to exercise their sovereign rights to the subsoil exploitation and other legitimate economic activities related to the development of resources of the seabed and subsoil » (art. 8, par. 1).

Tout différend concernant l'interprétation et l'application de la Convention devra être réglé par des consultations et des négociations, à défaut de quoi une solution, « at the discretion of the Parties » (art. 21, par. 2), pourra être recherchée par les autres moyens de règlement pacifique en vertu du droit international. Enfin, la Convention contient une disposition inusitée quant à sa propre durée : « This Convention shall be of unlimited duration due to its nature » (art. 24).

Les accords de délimitation maritime

Avant même l'adoption de la Convention de 2018, quatre accords *uni-fonctionnels* de délimitation du plateau continental étaient conclus[719], tous contestés par l'Iran : d'abord entre le Kazakhstan et la Russie en juillet 1998 (*section 5.1*) ; puis entre l'Azerbaïdjan et le Kazakhstan en novembre 2001 (*5.2*) ; l'Azerbaïdjan et la Russie en septembre de l'année suivante (*5.3*) ; enfin, le Kazakhstan et le Turkménistan en décembre 2014, accord suivi en octobre 2021 d'un accord *omni-fonctionnel* de délimitation de la mer territoriale et de la zone de pêche (*5.4*).

5.1 Kazakhstan / Russie

À la suite de la dissolution de l'URSS en 1991, la Russie a généralement soutenu, sur la base d'anciens traités conclus avec l'Iran, que le régime du condominium s'appliquait à la Caspienne – argument non fondé, selon certains commentateurs qui estiment que les instruments invoqués n'ont pas établi un tel régime[720].

La Russie a été néanmoins la première, avec le Kazakhstan, à conclure un accord de délimitation[721] en Caspienne, le 6 juillet 1998. Cet instrument sera ratifié le 14 novembre 2002 par le Kazakhstan et le 7 avril 2003 par la Russie. Un protocole[722], conclu le 13 mai 2002, apportera des précisions quant aux

---

[719] Zarei, Sedigheh (2021) *Identifying the Applicable Law and Approach toward the Caspian Sea Delimitation* ; Bantekas, I. (2011) Bilateral delimitation of the Caspian Sea and the exclusion of third parties, *IJMCL*, vol. 26, issue 1, p. 47-58 ; Francks, Erik (2006) Maritime Delimitation in the Caspian Sea : Legal Issues, *COLR*, vol. 1, p. 1-38 ; Gramola, Mariangela (2004) State succession and delimitation of the Caspian Sea, *Italian Yearbook of International Law*, vol. 14, issue 1, p. 237-272.

[720] Roach, J.A. and Smith, R.W. (2011) Regional Report Caspian Sea, *in* Colson, David A. and Smith, R.W., eds, *IMB*, p. 3540-3541 ; Roach, J. A. and Smith, R.W. (2014) Kazakhstan-Russia (Report 11-1), *in IMB*, p. 4013-4033.

[721] Agreement between the Republic of Kazakhstan and the Russian federation on Demarcation of the Seabed in the Northern Caspian Sea for the Purpose of Exercising Sovereign Rights to the Use of Subsoil Resources.

[722] Protocol to the Agreement between the Republic of Kazakhstan and the Russian Federation on Demarcation of the Seabed in the Northern Caspian Sea for the Purpose of Exercising Sovereign Rights to the Use of Subsoil Resources.

coordonnées géographiques de la frontière et à l'exploitation de structures déterminées.

L'accord comporte un long préambule mentionnant notamment la prise en compte des changements géopolitiques dans la région et l'intérêt mutuel des parties à établir une base légale pour l'exercice de leurs droits souverains au développement de leurs ressources « in a spirit of mutual understanding and cooperation ». Les parties, qui se disent guidées par les principes et les règles du droit international, appellent de leurs vœux les autres États de la Caspienne à conclure, sur la base d'un consensus, une convention portant sur le statut juridique de la Caspienne. Le préambule mentionne aussi la responsabilité des États envers les générations présentes et futures pour la préservation de cet écosystème unique.

Il est stipulé que la délimitation sera effectuée « along a median line modified on the basis of the principle of equity and agreement of the Parties » (art. 1). La frontière, d'une longueur de 320 milles marins et constituée de 38 segments de droites, est effectivement une ligne d'équidistance, modifiée notamment pour tenir compte de la présence d'importants gisements[723], et tracée depuis le point terminal de la frontière terrestre jusqu'au tripoint avec le Kazakhstan[724].

Il est en outre prévu que l'exploration et l'exploitation seront menées conjointement dans les cas de gisements transfrontaliers (art. 2). Les parties conviennent d'agir conjointement pour le transport et l'acheminement des ressources via des pipelines et autres moyens, y compris pour la construction de navires (art. 4). Les questions relatives à la liberté de navigation et de survol seront régies par des accords bilatéraux et multilatéraux entre les États de la Caspienne après conclusion d'une convention portant sur le statut juridique de cette mer (art. 5). Les parties interdiront toute activité pouvant causer de graves dommages à l'environnement, et elles tenteront d'obtenir le plus tôt possible un accord à ce sujet avec les autres États (art. 6).

S'il survenait un différend quant à l'interprétation ou l'application de leur accord, « the Parties shall consult in order to resolve the dispute through negotiation, investigation, mediation, conciliation, arbitration, legal proceedings or such other peaceful means as they may choose » (art. 8) –

---

[723] « The median line was modified in such a way as to allocate known oil and gas deposits and existing geological structures to either Kazakhstan or Russia. Thus, under this delimitation, Kazakhstan could exercise sovereign rights over the Kurmangazy structure, whereas Russia gained ownership over the Tsentral'naya structure and the Khvalynskoe deposit » : Karataeva, Elena (2020) The Convention on the Legal Status of the Caspian Sea : The Final Answer or an Interim Solution to the Caspian Question ?, *IJMCL*, vol. 35, issue 2, p. 248.

[724] International Mapping (2024) *Sovereign Limits* : https://sovereignlimits.com/boundaries/kazakhstan-russia-maritime.

disposition qui n'est pas sans évoquer la Charte des Nations Unies[725] à l'article 33, par. 1.

Enfin, l'accord fait appel, une fois de plus, à une collaboration des autres États : « This Agreement shall not hamper the achievement of consensus among the Caspian States on the legal status of the Caspian and shall be regarded by the Parties as a part of their overall agreements » (art. 9).

Cet accord de délimitation maritime aura été conclu avant même que ne soit adopté, le 18 janvier 2005, un traité[726] complétant la délimitation d'une très longue frontière terrestre entre les deux États. Cet instrument est entré en vigueur le 12 janvier 2006.

5.2 Kazakhstan / Azerbaïdjan

Au lendemain de la dissolution de l'URSS, l'Azerbaïdjan est le principal explorateur et exploitant de pétrole et de gaz en mer Caspienne depuis sa capitale, Bakou, le Kazakhstan étant aussi très impliqué dans ces activités. Ces deux États signeront un accord de délimitation[727] et un protocole[728] le 29 novembre 2001. La frontière est une ligne médiane constituée de 24 segments de droites d'une longueur de 78 milles marins, qui va du tripoint convenu[729] le 14 mai 2003 avec la Russie (42^0 33.6' N et 49^0 53.3' E) jusqu'au tripoint à être établi avec le Turkménistan[730]. L'Iran a refusé de reconnaître cet accord[731].

L'accord Azerbaïdjan/Kazakhstan, similaire à celui de juillet 1998 mais moins élaboré, prévoit la délimitation selon une ligne d'équidistance (art. 1) et contient une disposition relative aux gisements transfrontaliers selon laquelle les parties concluront des accords additionnels (art. 3). Si des différends survenaient, ils devront être réglés pacifiquement (art. 4), la

---

725 « Les parties à tout différend dont la prolongation est susceptible de menacer le maintien de la paix et de la sécurité internationales doivent en rechercher la solution, avant tout, par voie de négociation, d'enquête, de médiation, de conciliation, d'arbitrage, de règlement judiciaire, de recours aux organismes ou accords régionaux, ou par d'autres moyens pacifiques de leur choix ».

726 Treaty between the Republic of Kazakhstan and the Russian Federation on the Kazakh-Russian border.

727 Agreement between the Republic of Kazakhstan and the Republic of Azerbaijan on Delimitation of the Seabed of the Caspian Sea between the Republic of Kazakhstan and the Republic of Azerbaijan.

728 Protocol to the Agreement between the Republic of Kazakhstan and the Azerbaijani Republic on Delimitation of the Caspian Seabed.

729 Agreement between the Russian Federation, the Republic of Azerbaijan and the Republic of Kazakhstan Concerning the Trijunction Point of the Delimitation of Adjacent Sectors of the Caspian Seabed.

730 International Mapping (2024) *op. cit.* : https://sovereignlimits.com/boundaries/azerbaijan-kazakhstan-maritime.

731 UN doc. A/56/850. (1er mars 2002) : https://documents.un.org/doc/undoc/gen/n02/269/77/pdf/n0226977.pdf.

disposition ne faisant pas mention des différends modes de résolution. Il est prévu par ailleurs que l'accord pourra être amendé par consentement mutuel (art. 6)[732].

5.3 Azerbaïdjan / Russie

Conclu le 23 septembre 2002, l'accord de délimitation du plateau continental[733] entre l'Azerbaïdjan et la Russie[734] consiste dans une ligne constituée d'un seul segment de droite d'une longueur de 72 milles marins qui va du point terminal de la frontière terrestre jusqu'au tripoint avec le Kazakhstan[735], lequel sera établi, a-t-il été mentionné, par un nouvel accord[736] le 14 mai 2003.

La méthode de délimitation est la ligne médiane, « modified with the consent of the Parties and made proceeding from the points at equal distance, with consideration of universally recognized principles of international law and practice existing in the Caspian Sea » (art. 1, par. 1). L'accord n'affecte pas les droits et obligations des parties déjà prévus dans d'autres traités internationaux (art. 3).

À l'instar des ententes Kazakhstan/Russie et Azerbaïdjan/Kazakhstan, cet accord ne constitue pas un obstacle à la conclusion d'une convention multilatérale sur le statut juridique de la mer Caspienne : « The Parties shall assist in reaching a common accord by the Caspian littoral states on delimitation of the Caspian seabed considering the provisions of this Agreement » (art. 6).

5.4 Kazakhstan / Turkménistan

Le Turkménistan a partagé, à partir de 1998, l'opinion de l'Iran mais sa position a évolué au cours des quelques années suivantes, cet État estimant désormais qu'il pouvait reconnaître « either the sectoral approach or the concept of the common seas[737] ».

---

[732] Roach, J. A. and Smith, R.W. (2014) Azerbaijan-Kazakhstan (Report 11-3), *in IMB*, p. 4042-4055.

[733] Roach, J. A. and Smith, R.W. (2014) Azerbaijan-Russia (Report 11-2), *in IMB*, p. 4034-4041.

[734] Agreement between the Russian Federation and the Republic of Azerbaijan on the Delimitation of Adjacent Areas on the Caspian Seabed.

[735] International Mapping (2024) *op. cit.* : https://sovereignlimits.com/boundaries/azerbaijan-russia-maritime.

[736] Roach, J. A. and Smith, R.W. (2014) Azerbaijan-Kazakhstan-Russia (Report 11-4), *in IMB*, p. 4055-4057.

[737] UN doc. A/55/309 (22 août 2000).

Toujours est-il que le Turkménistan a conclu avec le Kazakhstan deux accords de délimitation, le premier, le 2 décembre 2014[738], qui concerne le plateau continental suivant une ligne de 57 milles constituée de 5 segments de droites et partant du point terminal de la frontière terrestre jusqu'au tripoint à être convenu avec l'Azerbaïdjan – la frontière étant entre-temps *inachevée*. En octobre 2021, après l'adoption de la convention multilatérale de 2018, un nouvel accord entre les deux États sera conclu concernant la délimitation *omni-fonctionnelle* de la mer territoriale et celle de la zone de pêche[739] – un précédent en Caspienne. Aucun changement naturel, y inclus des fluctuations dans le niveau de la Caspienne, ne pourront être invoqués pour une modification à l'accord.

Ces accords de délimitation maritime étaient précédés d'un traité de délimitation et de démarcation terrestre[740] conclu à Astana, le 5 juillet 2001, entre le Turkménistan et le Kazakhstan.

5.5 Conclusion

Était-il prévu par les États riverains de la Caspienne de se conformer à la règle de l'intangibilité des frontières, à l'instar de ce que les nouveaux États africains avaient convenu le 25 mai 1963 en adoptant la Charte de l'OUA[741], puis, les 17-21 juillet 1964, la résolution du Caire ?[742] En tout cas, le 1er août 1975, sera conclu par les membres de l'OSCE l'Acte final d'Helsinki[743], signé par 35 États, notamment l'URSS et la Turquie qui tiennent mutuellement pour inviolables toutes leurs frontières et s'abstiennent contre elles de tout attentat, principes qui seront réaffirmés dans la Déclaration d'Helsinki[744], les 5-9 juillet 2015.

Par ailleurs, les chefs d'État du Bélarus, de la Russie et de l'Ukraine, réunis à Minsk le 8 décembre 1991, conclurent un accord qui prévoit notamment que les frontières existantes sont inviolables[745] (art. 5). Quelques jours plus tard, soit le 21 décembre, réunies à Alma Alta, huit autres Républiques (Azerbaïdjan, Arménie, Kazakhstan, Kirghizistan, Moldavie, Tadjikistan, Turkménistan et Ouzbékistan) signèrent un protocole à l'Accord de Minsk et

---

738 Agreement between the Republic of Kazakhstan and Turkmenistan on Delimitation of the Seabed of the Caspian Sea between the Republic of Kazakhstan and Turkmenistan.

739 International Mapping (2024) *op. cit.* : https://sovereignlimits.com/boundaries/kazakhstan-turkmenistan-maritime.

740 Treaty between the Republic of Kazakhstan and Turkmenistan on delimitation and the process of demarcation of the Kazakhstan-Turkmen State border.

741 Charte de l'Organisation de l'unité africaine.

742 Litiges entre États africains au sujet des frontières.

743 Conférence sur la Sécurité et la Coopération en Europe (Acte Final D'Helsinki).

744 https://www.oscepa.org/en/meetings/annual-sessions/2015-annual-session-helsinki.

745 Agreement Establishing the Commonwealth of Independent States.

rendirent une déclaration affirmant des principes similaires[746]. Le 22 janvier 1993, les nouvelles Républiques adoptaient une Charte qui prévoyait l'application des mêmes principes et l'interdiction de l'occupation illégale de territoires[747].

Des approches différentes n'ont pas empêché la conclusion d'accords de délimitation dans la partie nord de la Caspienne, mais il en va autrement dans la partie sud, puisque certains différends persistent entre l'Azerbaïdjan et le Turkménistan, de même qu'entre l'Iran avec le Turkménistan et l'Azerbaïdjan, notamment sur l'effet à accorder aux îles sur une ligne d'équidistance. Ainsi, l'une des pommes de discorde entre l'Azerbaïdjan et le Turkménistan consiste effectivement dans l'effet à donner (entier, partiel ou nul) à la péninsule azerbaïdjanaise d'Apchéron et à certaines îles au large desquelles se trouvent de nombreux gisements en exploitation, le Turkménistan proposant d'attribuer à ces formations azéries un demi-effet sur une ligne d'équidistance, ce qui mettrait du côté turkmène d'importants gisements (notamment Kyapaz, Chiraz et Karabakh)[748].

Entre le Turkménistan et l'Iran, un différend similaire persiste quant à l'effet de l'île Ogurjaly au sud de la presqu'île de Hazar. Plus fondamentalement, l'Iran fait valoir à l'encontre du Turkménistan et de l'Azerbaïdjan que le principe de l'équidistance devrait céder le pas au principe d'égalité. Il est vrai que le littoral concave de l'Iran est *victime* de cette méthode, comme cela avait été plaidé par la RFA devant la Cour internationale de Justice[749] dans l'affaire *RFA/Pays-Bas et RFA/Danemark*[750] de 1969. La Cour, dans son arrêt du 20 février 1969, décida que le principe de l'équidistance ne constituait pas une règle de droit international coutumier : « Ce qui est inacceptable en l'espèce est qu'un État ait des droits considérablement différents de ses voisins sur le plateau continental du seul fait que l'un a une côte de configuration plutôt convexe et l'autre une côte de configuration fortement concave, même si la longueur de ces côtes est comparable. Il ne s'agit donc pas de refaire totalement la géographie dans n'importe quelle situation de fait mais, en présence d'une situation géographique de quasi-égalité entre plusieurs États, de remédier à une particularité non essentielle d'où pourrait résulter une injustifiable différence de traitement » (p. 50, par. 91).

L'Iran estime que, pour être valide, chacun des accords de délimitation conclus en Caspienne selon la méthode de l'équidistance devrait être reconnu

---

746 Protocol to the Agreement Establishing the Commonwealth of Independent States (Accord d'Alma Alta).

747 Charter of the Commonwealth of Independent States.

748 Ortolland, Didier et Pirat, Jean-Pierre, éds. (2010) *Atlas géopolitique des espaces maritimes*, 2e éd., p. 93-98 ; Harris, Andrew (1997) The Azerbaijan Turkmenistan Dispute in the Caspian Sea, in IBRU, *BSB 1997-98*, p. 56-62.

749 Labrecque, Georges (2009) *Les différends territoriaux en Europe*, p. 173-192.

750 *Plateau continental de la mer du Nord*, arrêt, CIJ Recueil 1969.

par tous et chacun des cinq États riverains. L'Iran ajoute que cette méthode ne lui laisserait qu'à peine 15% du plateau continental de la Caspienne, tandis que le principe d'égalité lui accorderait 20%, soit une part égale pour chacun des cinq États riverains. *A fortiori*, l'Iran rejette la ligne de 1935 Astara-Hassan-Kuli le séparant de l'URSS, ligne qui joignait dans la Caspienne les points terminaux de ses frontières terrestres respectives avec l'Azerbaïdjan et le Turkménistan[751].

Il faut rappeler que la méthode de l'équidistance, retenue dans les accords de délimitation en mer Caspienne, a été ignorée par ailleurs dans la Convention de 2018, laquelle met en évidence l'influence de traités précédents conclus entre l'ancienne URSS et l'Iran, tout en recherchant le compromis entre les États riverains : « The Caspian Sea legal status under this instrument falls under neither the 'enclosed sea' nor the 'international lake' category. Many provisions of the Caspian Convention reflect the unique historic, geographical and political character of the region. Accordingly, under this instrument, the Caspian Sea would remain closed to non-party States, as it was under the old Soviet-Iranian treaties of 1921 and 1940. Moreover, freedom of navigation in common waters is to be preserved (…). Thus, 'common central waters' is a rudimentary element of the condominium solution advocated by Russia and Iran in the 1990s », le même auteur ajoutant plus loin : « … this instrument represents somewhat of a vague compromise, which has to be complemented by further agreements between the States (…) a legal phenomenon in the international arena »[752].

---

[751] Papin, Delphine et Tertrais, Bruno (2021) *L'atlas des frontières,* p. 49.

[752] Karataeva, Elena (2020) The Convention on the Legal Status of the Caspian Sea : The Final Answer or an Interim Solution to the Caspian Question ?, *IJMCL*, vol. 35, issue 2, p. 259-263.

Chapitre 6

L'OCÉAN INDIEN

On a récemment soulevé la question : « L'océan Indien est-il indien ?[753] », en rappelant que l'Inde s'y est historiquement peu intéressée, tout en reconnaissant par ailleurs l'importance croissante de cet espace maritime marqué par la piraterie et le terrorisme[754], dans un contexte où New Delhi cherche à préciser sa stratégie face au développement de l'influence chinoise. On a aussi qualifié cet océan (*figure 8*) de « nouveau centre de la croissance mondiale[755] » et encore de « pierre angulaire des stratégies indo-pacifiques[756] ».

L'Inde[757], au cœur de l'océan du même nom[758], a signé de nombreux accords avec des voisins maritimes[759], outre qu'elle a été impliquée dans deux importantes décisions rendues respectivement en mars 2012 dans l'affaire *Bangladesh/Myanmar* (*section 6.12*) et en juillet 2014 dans l'affaire *Bangladesh c. Inde* (*6.13*).

Quant aux accords bilatéraux de délimitation, l'Inde conclut le premier en juin 1974 avec le Sri Lanka concernant les eaux historiques dans le détroit de Palk, suivi d'un second instrument, en mars 1976, qui porte sur la délimitation

---

[753] Loïzzo, Clara (2024) L'océan Indien est-il indien ?, p. 94-95, *Diplomatie*, n° 78.

[754] Guifoyle, D. (2016) International Law and Counter-Piracy in the Indian Ocean, p. 96-112, *in Routledge Handbook of Maritime Regulation and Enforcement* ; Weldemichael, A.T. *et al.*, eds (2015) *Maritime Terrorism and Piracy in the Indian Ocean Region.*

[755] Gave, Charles (2023) L'océan indien : Le nouveau centre de la croissance mondiale, *Conflits*, n° 43.

[756] Granger, Serge (2024) L'Inde, pierre angulaire des stratégies indo-pacifiques, p. 66-69, *Diplomatie*, n° 78.

[757] Varma, Tara (2023) Politique étrangère de l'Inde : la bascule vers le multi-alignement, *RIS*, n° 130, p. 67-74 ; Menon, Shivshankar (2021) *India and Asian Geopolitics* : *The Past, Present.*

[758] Pour une étude générale de l'océan Indien, consulter notamment : Baruah, Darshana M., *et al.* (2023) *Mapping the Indian Ocean Region* ; Lanfranchi, Marie-Pierre (2021) La territorialisation de l'océan Indien : questions juridiques autour de l'extension du plateau continental des États riverains, *Carnets de Recherches de l'océan Indien, Mutations et transitions dans l'océan Indien*, n° 7, p. 217-241 ; Bonafé, Béatrice I. (2017) Maritime Delimitation in the Indian Ocean, *AJIL*, vol. 111, issue 3, p. 725-731 ; Prescott, Victor (2005) Indian Ocean, *in* Colson, David A. and Smith, Robert W., eds, *IMB*, vol. 5 ; Forbes, Vivian L. (1995) *The Maritime Boundaries of the Indian Ocean Region* ; Prescott, Victor (1993) Indian Ocean and South East Asian Maritime Boundaries, p. 305-314, *in* Charney, J.I. and Alexander, L.M., eds, *IMB*, vol. 2.

[759] IILSS (2023) India's Maritime Matters and Their Impact on Law of the Seas and Security, *in CMI* : https://iilss.net/indias-maritime-matters-and-their-impact-on-law-of-the-seas-and-security/.

dans le golfe de Mannar et le golfe du Bengale[760], puis d'un troisième, en novembre de la même année, prolongeant les limites établies précédemment (*section 6.1*). Entre-temps, en août 1974, l'Inde signait un traité avec l'Indonésie, suivi d'un second, en janvier 1977, prolongeant la frontière entre les îles Nicobar et l'île de Sumatra (*6.3*). Un mois auparavant, en décembre 1976, l'Inde concluait un accord avec les Maldives dans la mer d'Arabie[761] (*6.2*), puis en juin 1978 avec la Thaïlande dans la mer d'Andaman[762] entre les îles Nicobar et la côte thaïlandaise (*6.4*), enfin, avec la Birmanie (ou Myanmar) en décembre 1986 entre les îles Andaman et la côte birmane (*6.5*).

Tout aussi active que l'Inde dans la diplomatie des négociations maritimes, et avant même l'Inde, la Thaïlande, outre son accord avec cette dernière, avait conclu, en décembre 1971, un accord trilatéral avec l'Indonésie (*section 6.6*) et la Malaisie (*6.7*) dans la partie nord du détroit de Malacca, suivi d'un autre en décembre 1975, puis d'un autre encore en juillet 1980 avec la Birmanie entre leurs côtes adjacentes dans la mer d'Andaman (*6.8*).

Dans la partie occidentale de l'océan Indien, Oman et le Yémen signaient un accord en octobre 1992, suivi d'un autre en décembre 2003, concernant la délimitation de la mer territoriale, de la ZÉE et du plateau continental (*section 6.10*). Entre-temps, en juin 2000, Oman s'entendait avec le Pakistan (*6.9*), puis, en mai 2015 avec l'Iran (*6.11*). En avril 2023, le TIDM rendra un jugement sur le fond concernant la délimitation maritime entre les Maldives et Maurice (*6.14*).

6.1 Inde / Sri Lanka

La frontière *multi-séquentielle* entre l'Inde et le Sri Lanka[763] a été établie en trois étapes : en 1974, délimitation des eaux intérieures – historiques – dans la baie et le détroit de Palk, outre la résolution d'un différend territorial insulaire ; en 1976, délimitation des eaux historiques dans le golfe de Mannar, de même que de la mer territoriale, de la ZÉE et du plateau continental dans le golfe de Mannar au sud-ouest et dans le golfe du Bengale au nord-est ; en 1976, prolongement de la frontière dans le golfe de Mannar et détermination

---

760 IILSS (2023) About Bay of Bengal, facts and maps, *in WMBA* : https://iilss.net/about-bay-of-bengal-facts-and-maps/; Ramnath, Kalyani (2022) Making Maritime Boundaries in the Bay of Bengal, *Law and History Review*, vol. 40, issue 3, p. 561-578 ; Serdy, Andrew (2021) Seabed Boundaries in the Northern Bay of Bengal : The Unclear Role of the Commission on the Limits of the Continental Shelf in Paving the Way to Resource Exploitation, *ASJIL*, vol. 11, issue 1, p. 118-145.

761 IILSS (2023) About Arabian Sea, facts and maps, *in WMBA* : https://iilss.net/about-arabian-sea-facts-and-maps/.

762 IILSS (2023) About Andaman Sea, facts and maps, *in WMBA* : https://iilss.net/about-andaman-sea-facts-and-maps/.

763 IILSS (2023) Sri Lanka Maritime : Law of the Seas & Security, *in CMI* : https://iilss.net/sri-lanka-maritime-law-of-the-seas-security/.

du point de tri-jonction avec les Maldives. Sur la totalité de son parcours et hormis quelques ajustements, cette frontière *multi-fonctionnelle* est tracée selon la méthode de l'équidistance entre des côtes parfois opposées, parfois adjacentes. Enfin, cette frontière pourrait être prolongée, compte tenu des revendications respectives des parties concernant le plateau continental élargi.

Le titre même de l'accord conclu les 26 et 28 juin 1974 ne laisse aucun doute quant à la volonté de considérer comme eaux historiques la baie et le détroit de Palk[764]. L'historicité de la baie, qui mesure 74 milles marins dans son axe nord-sud et 76 dans sa largeur maximale, a été décidée en 1903 par la Haute Cour de justice de l'Inde, qui avait à se prononcer sur les droits d'exploitation des perles. La Cour notait que la baie, entourée de territoires britanniques jusqu'à concurrence des huit neuvièmes de sa circonférence, était effectivement occupée depuis des siècles par les habitants des côtes de l'Inde et du Ceylan et que cette occupation avait été reconnue par les autres nations[765]. L'établissement de la frontière résulterait d'un ajustement approprié d'une ligne de division des pêches, déterminée en 1921 mais non ratifiée[766]. Dans la mesure où la première frontière *de facto* n'a subi que des modifications mineures, la frontière de 1974 est *exogène* puisque l'Inde et le Ceylan n'ont accédé à la souveraineté territoriale qu'en 1947 et 1948 respectivement.

La frontière en est une d'*attribution*, puisque la souveraineté du Sri Lanka est reconnue sur l'île de Kachchativu, encore que « les pêcheurs et pèlerins indiens [y] auront accès (...) comme jusqu'à maintenant et ne seront pas obligés par le Sri Lanka d'obtenir des documents de voyage ou visas à cette fin » (art. 5). Dans le calcul de l'équidistance, il n'a pas été tenu compte de cette petite formation insulaire inhabitée de moins d'un demi mille carré, mais la ligne a été repoussée d'un mille marin vers l'ouest pour permettre au Sri Lanka d'y exercer efficacement un contrôle administratif en matière de douane, d'immigration et de pêche. Auraient été également ignorées les îles d'un secteur de hauts-fonds, appelé Adams Bridge, qui se meut à la faveur des moussons, des courants et des marées[767]. Comme résultat global, la ligne d'équidistance modifiée partage à peu près également les 2 100 milles marins carrés – et on peut se demander s'il s'agit d'une intention commune ou d'un hasard inhérent à la géographie[768].

Mentionnons par ailleurs une disposition de l'accord de 1974 concernant la pêche et selon laquelle les navires sri-lankais et indiens « jouiront dans les eaux des deux pays des mêmes droits que ceux dont ils ont joui traditionnellement » (art. 6). Quant à l'exploitation des gisements

---

[764] Accord entre le Sri Lanka et l'Inde relatif à la détermination des limites dans les eaux historiques entre les deux pays et aux questions connexes.
[765] USDS (1975) *LS*, n° 66, p. 3-6.
[766] Jagota, S.P. (1985) *Maritime Boundary*.
[767] Jayewardene, H. (1990) *The Regime of Islands in International Law*, p. 514, note 632.
[768] Charney, J.I. and Alexander, L.M., eds (1993) *op. cit.*, vol. 2, p. 1412.

transfrontaliers, les parties sont tenues de se concerter, cette obligation s'appliquant également au sable et au gravier (art. 7).

Aux termes d'un second accord[769], conclu le 23 mars 1976, les deux États prolongent leur frontière jusqu'à 200 milles marins dans le golfe du Bengale et à 185 dans le golfe de Mannar, cette frontière restant *inachevée* dans la mesure où les parties entendent exercer, conformément à l'annexe 2 de la CNUDM[770], leurs droits souverains au-delà des 200 milles, compte tenu des sédiments de la marge continentale par-delà le glacis.

De part et d'autre de la baie de Palk, l'absence d'îles au large a facilité le choix d'une ligne d'équidistance, mais plus compliquée a été la négociation de l'accès par les pêcheurs sri-lankais au banc de Wadge, situé à 25 milles marins au sud du cap Comorin. Aux termes d'un échange de lettres[771], le jour même de la signature de l'accord, l'Inde s'engage à laisser au Sri Lanka l'accès au banc pour une période de trois ans à compter de la date où elle aura décrété une ZÉE, soit le 15 janvier 1977. À l'expiration du terme, l'Inde autorise le Sri Lanka à prendre 2 000 tonnes annuellement, sauf que les espèces, la qualité et le prix doivent être négociés entre les deux gouvernements.

Quatre mois après la signature du second accord, les deux États concluent, les 23, 24 et 31 juillet 1976, un accord trilatéral impliquant les Maldives[772] et fixant le point de tri-jonction à 200 milles marins des côtes respectives. Cet accord sera suivi, le 22 novembre de la même année, d'un quatrième et dernier instrument entre les deux États, aux termes duquel la frontière sera prolongée de 15 milles marins jusqu'à ce point de tri-jonction[773].

Concernant les revendications relatives au plateau continental au-delà des 200 milles marins, le Sri Lanka a déposé à la CLPC une soumission le 8 mai 2009[774], et l'Inde a fait de même 3 jours plus tard[775]. Par ailleurs, l'Inde, le 10 mai 2010, s'est adressée au Secrétaire général des Nations Unies dans une lettre indiquant qu'elle avait pris note de la soumission sri-lankaise attestant qu'elle était faite « without prejudice to the delimitation of maritime boundaries » et qu'elle était « without prejudice to any future agreement between India and Sri Lanka[776] ». Au 1er janvier 2025, la Commission n'avait

---

769 Accord entre le Sri Lanka et l'Inde relatif à la détermination des limites maritimes entre les deux pays dans le golfe de Mannar et le golfe du Bengale et aux questions connexes.

770 Commission des limites du plateau continental.

771 Charney, J.I. and Alexander, L.M., eds (1993) *op. cit.*, vol. 2, p. 1428-1430.

772 Accord entre le Sri Lanka, l'Inde et les Maldives relatif à la détermination du point de jonction des limites maritimes des trois pays dans le golfe de Mannar.

773 Accord supplémentaire entre le Sri Lanka et l'Inde sur l'extension des limites maritimes entre les deux pays dans le golfe de Mannar de la position 13 m au point de jonction des limites maritimes entre le Sri Lanka, l'Inde et les Maldives.

774 https://www.un.org/depts/los/clcs_new/submissions_files/submission_lka_43_2009.htm.

775 https://www.un.org/depts/los/clcs_new/submissions_files/submission_ind_48_2009.htm.

776 https://www.un.org/depts/los/clcs_new/submissions_files/lka43_09/clcs_43_2009_los_ind.pdf.

pas encore formulé ses recommandations à l'une ou l'autre de ces deux soumissions.

6.2 Inde / Maldives

Un mois après le prolongement de la frontière Inde/Sri Lanka, un accord de délimitation est signé, le 28 décembre 1976, entre l'Inde et les Maldives[777] – le plus petit État d'Asie du Sud avec ses 300 kilomètres carrés et ses 200 000 habitants, qui échelonne, sur près de 350 milles marins du nord au sud, ses 2 000 îles et ses 20 atolls.

Face au géant indien, l'archipel a su pourtant négocier une ligne tracée selon la méthode de l'équidistance, un effet entier ayant été reconnu aux formations insulaires, si petites fussent-elles. Cette approche ne défavorise pas l'Inde puisque l'île Minicoy (une formation d'à peine 4,4 kilomètres carrés à l'extrémité méridionale de l'archipel Laccadive) contrôle à elle seule 43% des 496 milles d'une frontière *uni-séquentielle* et *multi-fonctionnelle* qui passe dans le canal du Huitième parallèle – cette importante voie de navigation internationale entre Aden et Colombo.

L'accord prévoit d'ailleurs une disposition concernant les droits de navigation dans la mer territoriale et dans la ZÉE (art. 4). Dans le cas des Maldives, celle-ci est unique au monde, constituée qu'elle est d'un périmètre qui lui-même emboite un « rectangle constitutionnel » décrété en 1972. Le périmètre, de légalité fort douteuse, embrasse une zone maritime de 326 000 milles marins carrés, ses deux points terminaux étant à plus de 300 milles du territoire des Maldives, ce qui aura compliqué la délimitation de la frontière avec l'archipel des Chagos – désormais sous la souveraineté de Maurice.

6.3 Inde / Indonésie

La frontière *multi-séquentielle* entre l'archipel indien de Nicobar et l'île indonésienne de Sumatra a été établie en deux étapes : délimitation du plateau continental en 1974 ; prolongement, en 1977, de cette frontière *uni-fonctionnelle*, à la fois dans l'océan Indien et dans la mer d'Andaman. La frontière est tracée selon une ligne d'équidistance.

Aux termes de l'accord signé le 8 août 1974[778], à peine un mois après la conclusion du premier accord Inde/Sri Lanka, un premier segment de la frontière est établi sur une longueur de 48 milles marins selon une ligne d'équidistance tracée indifféremment à la présence d'un chenal atteignant une profondeur de plus de 1 500 mètres, cette ligne attribuant un effet entier à

---

[777] Agreement between India and Maldives on Maritime Boundary in the Arabia Sea and Related Matters.

[778] Accord entre le Gouvernement de la République de l'Inde et le Gouvernement de la République d'Indonésie relatif à la délimitation du plateau continental entre les deux pays.

toutes les îles, y compris les plus petites, mais elle ignore les lignes de base droites indonésiennes. Comme elle se trouve entre des côtes opposées et qu'elle divise des territoires insulaires alignés selon un même axe, la méthode a semblé équitable en dépit du fait que la superficie de Sumatra est 57 fois plus grande que celle des archipels Nicobar et Andaman réunis[779].

En vertu du second accord[780], conclu le 14 janvier 1977, la frontière est prolongée, en mer d'Andaman, jusqu'à proximité du tripoint avec la Thaïlande, lequel sera déterminé avec précision l'année suivante[781], tandis que dans l'océan Indien, le point terminal de la frontière est situé à 183 milles des côtes[782], ce qui est au-delà du pied du talus continental mais en-deçà de ce que permet la CNUDM. La frontière pourrait être de nouveau prolongée à la suite de la soumission[783] du 16 juin 2008 de l'Indonésie à la CLPC, laquelle a formulé des recommandations[784] le 23 mars 2011.

6.4 Inde / Thaïlande

Le jour même de l'accord aux termes duquel l'Inde, la Thaïlande et l'Indonésie déterminent le point de tri-jonction, l'Inde et la Thaïlande concluent, le 22 juin 1978, un accord de délimitation[785] du plateau continental[786].

---

779 Charney, J.I. and Alexander, L.M., eds (1993) *op. cit.*, vol. 2, p. 1364-1367.

780 Accord entre le Gouvernement de la République de l'Inde et le Gouvernement de la République d'Indonésie relatif au prolongement de la délimitation convenue en 1974 du plateau continental dans la mer d'Andaman et l'océan Indien.

781 Accord entre le Gouvernement du Royaume de Thaïlande, le Gouvernement de la République de l'Inde et le Gouvernement de la République d'Indonésie concernant la détermination du point de jonction et la délimitation des fonds marins des trois pays dans la mer d'Andaman.

782 Selon Jayewardene, Hiran W., 1990 (*The Regime of Islands in International Law,* p. 448), la frontière a été prolongée jusqu'à 200 milles, et elle diviserait la zone économique exclusive tout à la fois. Les deux pays auraient d'ailleurs décidé, après la signature de l'accord, que la frontière du plateau continental séparerait la ZÉE sitôt que celle-ci serait décrétée, ce qui fut fait par l'Inde en 1977 et l'Indonésie en 1980 (Charnev, J.I. and Alexander, L.M., eds, 1993, *op. cit.*, vol. 2, p. 1372). La frontière serait donc *multi-fonctionnelle*, mais nous la classons comme divisant le plateau continental exclusivement, à l'instar de *Limits in the Seas*, n° 108, p. 13 ; de même que Legault, L. and Hankey, B. (1993) Method, Oppositeness and Adjacency, and Proportionality, *in* Charney, J.I. and Alexander, L.M., eds, *op. cit.*, p. 229 et 231. D'ailleurs, l'accord de 1977, loin de mentionner que la frontière s'applique à d'autres fonctions, utilise l'expression « démarcation des fonds marins » (art. 1 et 2).

783 https://documents.un.org/doc/undoc/gen/n09/307/59/pdf/n0930759.pdf.

784 https://documents.un.org/doc/undoc/gen/n11/318/88/pdf/n1131888.pdf.

785 Accord entre le Gouvernement de la République de l'Inde et le Gouvernement du Royaume de Thaïlande relatif à la délimitation des fonds marins entre les deux pays dans la mer d'Andaman.

786 Charney, J.I. and Alexander, L.M. (1998) India-Myanmar (Burma)-Thailand, *in IMB*, vol. 3, p. 2363-2375 ; (1998) India-Thailand, *in IMB*, vol. 3, p. 2377-2381.

Cette frontière *uni-fonctionnelle* est constituée en majeure partie d'une ligne d'équidistance donnant plein effet aux îles, y compris les Similan – une chaîne insulaire sise à une trentaine de milles marins des côtes thaïlandaises.

Par ailleurs, le point terminal méridional de la frontière – point de tri-jonction avec l'Indonésie – est équidistant de l'Inde et de l'Indonésie, mais plus rapproché (31,5 milles) de l'Inde que de la Thaïlande. Voilà pourquoi le premier segment de la ligne bifurque vers le nord-est pour atteindre le point de tri-jonction équidistant. Quant au point terminal septentrional – point de tri-jonction à être déterminé avec la Birmanie –, il se trouve approximativement à trois milles marins d'une équidistance stricte entre l'Inde et la Thaïlande, cet ajustement mineur ayant été convenu pour des motifs de navigation.

6.5 Inde / Birmanie

Plus de huit ans après la signature d'un accord avec la Thaïlande, l'Inde conclut, avec la Birmanie le 23 décembre 1986, son dernier accord de délimitation maritime[787], qui résulte de longues négociations, entreprises depuis 1976, et de concessions réciproques, la Birmanie renonçant à considérer sa ligne de fermeture du golfe de Martaban, de même que ses revendications territoriales sur les îles Narcondam et Barren, l'Inde acceptant que ces formations ne se voient attribuer qu'un effet partiel ou nul pour le tracé d'une ligne qui, si elle avait été d'équidistance stricte, aurait accru de 6 225 milles marins carrés la superficie maritime de l'Inde. Cette frontière *multi-fonctionnelle* est de 600 milles marins.

La ligne de fermeture du golfe de Martaban date d'une proclamation birmane de 1968 aux termes de laquelle des lignes de base droites seront utilisées « là où c'est nécessaire en raison des conditions géographiques prévalant le long des côtes et afin d'assurer les intérêts économiques vitaux des habitants des régions côtières[788] ». D'une longueur de 222 milles marins – record absolu à travers le monde –, la ligne ferme la totalité du golfe, lequel baigne des côtes fortement concaves. Elle viole donc la lettre et l'esprit de l'article 7 de la CNUDM, notamment pour le motif que cette ligne « ne doit pas s'écarter sensiblement de la direction générale de la côte[789] ». On a émis

[787] Accord entre la République socialiste de Birmanie et la République indienne sur la délimitation de la frontière maritime dans la mer d'Andaman, dans le détroit de Coco et dans le golfe du Bengale.

[788] Traduction libre du texte cité dans Kittichaisaree, Kriangsak (1987) *The Law of the Sea and Maritime Boundary Delimitation in South-East Asia*, p. 13-14.

[789] L'un des points de la ligne se trouve à 75 milles marins des côtes, ce qui représente un écart de 14 degrés avec leur direction générale (Kittichaisaree, K., 1987, *op. cit.*, p. 14). La superficie des eaux en-deçà de la ligne représente 14 300 milles marins carrés, soit l'équivalent du Danemark ! (USDS, 1992, *LS*, n° 112, p. 20).

par ailleurs l'opinion que le golfe de Martaban pourrait être considéré comme une baie historique[790].

La frontière en est une d'*attribution* dans la mesure où l'accord met fin aux revendications birmanes concernant Narcondam, une petite île volcanique de 7 kilomètres carrés et occupée par un détachement de police et deux opérateurs radio. L'accord stipule que chaque partie « exerce sa souveraineté sur les îles existantes et sur toutes îles pouvant émerger de son côté de la frontière maritime » (art. 5). Cette précaution vise à la fois la formation d'îles alluviales[791] dans le delta de l'Irrawaddy et d'îles volcaniques dans l'archipel des Andaman.

La majeure partie de la ligne s'écarte de l'équidistance stricte au profit de la Birmanie. Dans la mer d'Andaman, on aurait convenu d'un effet nul ou limité à l'île pour les motifs suivants : sa taille et son éloignement de l'île principale, la concavité du littoral birman dans le golfe de Martaban, ainsi que la disproportion dans la longueur des côtes respectives – celles de la Birmanie ayant été estimées plus de trois fois plus importantes que celles de l'archipel indien[792].

Au nord de l'île de Narcondam, la frontière emprunte un parallèle. Dans ce secteur, une ligne d'équidistance stricte aurait placé du côté indien une partie du delta submergé de l'Irrawaddy, potentiellement riche en hydrocarbures, exploré d'ailleurs dans les années 1970 en vertu de concessions birmanes s'étendant jusqu'à une ligne d'équidistance stricte qui donnait plein effet à la ligne de fermeture du golfe de Martaban. Au nord de l'île principale d'Andaman et à proximité immédiate de celle-ci, la ligne frontalière passe dans le canal de Coco et elle se trouve à équidistance de l'île birmane petit Coco et de l'île d'Andaman ou celle de Land Fall – minuscule formation frangée de récifs coralliens. La ligne emprunte ensuite une direction nord-est, son point terminal se trouvant à 200 milles des côtes. Par ailleurs, l'accord précise que « l'extension de la frontière maritime au-delà [de ce point] se fera ultérieurement » (art. 9).

Compte tenu de l'importance de la marge continentale dans le golfe du Bengale et étant donné la concavité du littoral bengali qui lui donne un plateau continental « enclavé », la frontière *inachevée* entre la Birmanie et l'Inde pourrait être prolongée, selon le critère de l'épaisseur des sédiments, au-delà de son point terminal actuel, qui se trouve déjà à plus de 60 milles marins du talus[793]. D'ailleurs, la Birmanie a présenté, le 16 décembre 2008, une

---

790 Prescott, J.R.V. (1985) *The Maritime Political Boundaries of the World*, p. 166.

791 La délimitation de la frontière Inde/Bangladesh se trouve compliquée par la formation d'une île au large du delta du Gange (*idem*, p. 176).

792 Opinion de John Cooper, rapportée dans Charney, J.I. and Alexander, L.M., eds (1993) *op. cit.*, vol. 2, p. 1335.

793 *Ibidem.*

soumission[794] à la CLPC qui, au 1er janvier 2025, n'avait pas encore formulé ses recommandations.

6.6 Thaïlande / Indonésie

La délimitation de la frontière du plateau continental entre la Thaïlande et l'Indonésie est *multi-séquentielle* : un premier accord, conclu en 1971, sera suivi, quatre jours plus tard, d'un accord tripartite prolongeant la frontière vers le sud-est et fixant le point de tri-jonction avec la Malaisie ; un troisième accord, conclu en 1975, prolongera la frontière dans la mer d'Andaman ; enfin, un accord tripartite de 1978 avec l'Inde complétera l'extension de la frontière tout en déterminant le point de tri-jonction.

Le premier segment[795], établi le 17 décembre 1971, est constitué d'une « droite » de 89 milles marins reliant deux points qui se trouvent à équidistance respective des côtes opposées. Les formations insulaires, nombreuses du côté thaïlandais, se sont vu attribuer un plein effet, y compris Racha Noi, une île sise à 15 milles marins au sud de celle de Phuket et dont on ne sait si elle est habitée en permanence. Du côté indonésien, on a utilisé comme point d'appui l'île Weh, de dimensions plus importantes, à cinq milles seulement de la côte et habitée en permanence.

Le premier segment de cette frontière *uni-fonctionnelle*, qui s'écarte de l'équidistance à l'avantage de l'Indonésie, traverse un bassin riche en hydrocarbures. Le point terminal méridional se trouve à l'isobathe des 100 mètres, tandis que le point septentrional est à plus de 1 000 mètres.

Le 21 décembre 1971, la frontière est prolongée de 25 milles approximativement, et ce jusqu'au point de tri-jonction avec la Malaisie. Ce point n'est pas équidistant et il accroît de 240 kilomètres carrés la superficie maritime dévolue à la Thaïlande[796].

Aux termes d'un accord[797] conclu le 11 décembre 1975, la frontière est prolongée par une droite de 75 milles marins, son point terminal septentrional se trouvant à 27 milles plus près des côtes de l'Indonésie que de celles de la Thaïlande. Cet écart à la ligne d'équidistance accroît de 2 750 kilomètres carrés la superficie maritime dévolue à la Thaïlande. Pareille concession aurait

[794] https://documents.un.org/doc/undoc/gen/n09/536/22/pdf/n0953622.pdf.

[795] Agreement between the Government of the Kingdom of Thailand and the Government of the Republic of Indonesia relating to the Delimitation of a Continental Shelf Boundary between the two Countries in the Northern Part of the Straits of Malacca and in the Andaman Sea.

[796] Charney, J.I. and Alexander, L.M., eds (1993) *op. cit.*, vol. 2, p. 1443-1449.

[797] Agreement between the Government of the Kingdom of Thailand and the Government of the Republic of Indonesia relating to the Delimitation of the Seabed Boundary between the two Countries in the Andaman Sea.

été faite par l'Indonésie pour des raisons inhérentes à la géomorphologie[798], l'isobathe des 1 000 mètres se trouvant à 10 milles marins seulement de l'île de Sumatra, tandis qu'elle est à 130 milles des côtes de la Thaïlande[799]. Il serait par ailleurs surprenant que l'Indonésie accepte que cette frontière devienne *multi-fonctionnelle*, la ligne de division de la zone économique exclusive coïncidant alors avec celle qui sépare le plateau continental.

La frontière sera complétée aux termes de l'accord tripartite conclu, le 22 juin 1978, entre l'Inde, l'Indonésie et la Thaïlande[800]. La frontière sera prolongée sur une très courte distance (1,6 mille marin) jusqu'au point de tri-jonction, qui n'est pas équidistant et qui favorise la Thaïlande puisqu'il se trouve à 132 milles de ses côtes et à 104 de celles de l'Indonésie et de l'Inde.

Quant aux gisements transfrontaliers, l'accord de 1978 est plus explicite que les trois précédents, car il stipule, outre l'obligation de rechercher une entente « sur l'exploitation la plus efficace », celle d'échanger toutes les informations disponibles et d'assurer « la répartition équitable des bénéfices » (art. 3).

6.7 Thaïlande / Malaisie

Aux termes de l'accord tripartite du 21 décembre 1971 impliquant l'Indonésie, la Malaisie et la Thaïlande délimitent la frontière du plateau continental, décrite comme étant formée de trois « droites » qui relient le point de tri-jonction au point terminal oriental (art. 1). Seul ce dernier est équidistant de la grande île malaysienne Langkawi et de l'îlot thaïlandais Pin.

On a émis l'opinion[801] que les premiers segments de la frontière coïncideraient avec ceux qui figurent sur une carte malaisienne, publiée en 1979, illustrant l'étendue de la mer territoriale et du plateau continental, laquelle carte serait basée sur une carte précédente annexée au protocole à l'accord conclu en 1909 entre la Thaïlande et la Malaisie. Aux termes de ce protocole, le point terminal de la frontière terrestre est fixé au point le plus avancé du banc nord dans l'estuaire de la rivière Perlis. En outre, le protocole prévoyait que seraient dévolues à la Grande-Bretagne toutes les îles sises au sud du parallèle de longitude qui traverse ce banc nord. L'île Butang se trouve ainsi du côté thaïlandais, tandis que le rocher Perak, à 80 milles marins des côtes, est dévolu à la Malaisie. Dans la mesure où l'accord de 1909 est reconnu

---

798 Jagota, S.P. (1985) *op. cit.*, p. 84 ; Highet, K. (1993) The Use of Geophysical Factors in the Delimitation of Maritime Boundaries, *in* Charney, J.I. and Alexander, L.M., eds (1993) *op. cit.*, vol. 1, p. 188-189.

799 Charney, J.I. and Alexander, L.M., eds (1993) *op. cit.*, vol. 2, p. 1465-1469.

800 Agreement between the Government of the Kingdom of Thailand, the Government of the Republic of India and the Government of the Republic of Indonesia concerning the Determination of the Trijunction Point and the Delimitation of the Related Boundaries of the three Countries in the Andaman Sea.

801 Charney, J.I. and Alexander, L.M., eds (1993) *op. cit.*, vol. 2, p. 1443-1449.

comme établissant une frontière maritime, une partie de la frontière maritime est *attributive* et *exogène*.

La frontière, qui s'écarte considérablement d'une ligne d'équidistance, favorise la Malaisie à proximité des côtes et la Thaïlande plus au large. Au total, cette dernière gagne sur la Malaisie une superficie maritime de 1 166 kilomètres carrés.

6.8 Thaïlande / Birmanie

Aux termes d'un accord[802] conclu le 25 juillet 1980, la Birmanie et la Thaïlande délimitent la frontière de la mer territoriale (*omni-fonctionnelle*) et du plateau continental (*uni-fonctionnelle*). Ces deux entités sont visées explicitement dans l'accord qui ajoute, « au cas où la Thaïlande établirait sa zone économique exclusive, la même ligne constituera aussi la frontière entre la zone économique exclusive » des deux pays (art. 3). Cette frontière *prévisionnelle* deviendra *multi-fonctionnelle* le 23 février 1981, date de l'instauration par la Thaïlande de sa zone économique exclusive.

D'une longueur de 145 milles marins, la frontière a son point terminal occidental à proximité du point de tri-jonction avec l'Inde, lequel « fera l'objet d'un accord ultérieur » (art. 4). Quant au point terminal oriental, il se trouve à équidistance entre deux îles au large, Christie du côté de la Birmanie et Ko Sindarar Nua en Thaïlande. Ce point terminal est à 47 milles marins de l'embouchure de la rivière Pakchan, laquelle marque la frontière fluviale entre les deux pays. Quant à la ligne joignant ce point à l'embouchure du cours d'eau, son statut est incertain. Elle apparaît sur une carte annexée à un échange de notes[803] entre le Siam et la Grande-Bretagne en avril et juillet 1868, aux fins de régler, selon le critère de la proximité, un problème de souveraineté territoriale concernant trois îles désignées à l'embouchure de la Pakchan. Cette méthode, couramment utilisée par les puissances coloniales à la fin du XIXe siècle, visait à trancher les litiges de souveraineté, sans pour autant établir une véritable frontière maritime. Parmi les hypothèses émises, mentionnons celle selon laquelle un accord ultérieur aurait désigné la ligne tracée sur la carte comme étant celle de la mer territoriale[804]. Toujours est-il qu'on doit présumer de la dénonciation de cet accord, le cas échéant, puisque la Birmanie et la Thaïlande se disputent, depuis 1933, la souveraineté sur trois îles minuscules qui n'avaient été désignées ni sur la carte de 1868, ni dans l'échange de notes[805].

---

[802] Accord entre le Gouvernement du Royaume de Thaïlande et le Gouvernement de la République socialiste de l'Union birmane sur la délimitation de la frontière maritime entre les deux pays dans la mer d'Andaman.

[803] Cet échange de notes est reproduit dans Charney, J.I. and Alexander, L.M., eds (1993) *op. cit.*, vol. 2, p. 1449-1550.

[804] *Idem*, p. 1343.

[805] Kittichaisaree, Kriangsak (1987) *op. cit.*, p. 36-37.

L'accord de 1980 stipule que la frontière est tracée selon une ligne d'équidistance (art. 1), un plein effet étant attribué aux îles et aux rochers. Bien que la frontière se trouve entre des côtes adjacentes, la méthode retenue est appropriée, puisque les formations insulaires sont de dimensions comparables, alignées selon un même axe et à même proximité du littoral.

Le 27 octobre 1993, un accord entre la Birmanie, la Thaïlande et l'Inde viendra déterminer le point de tri-jonction entre ces trois pays[806].

6.9 Oman / Pakistan

Le 12 juin 2000, le sultanat d'Oman et le Pakistan[807] concluent un accord de délimitation[808] prévoyant expressément la méthode de l'équidistance[809] et qui fournit la liste des coordonnées géographiques de neuf points en mer d'Oman, mais cet instrument est muet quant aux tripoints éventuels avec l'Inde et l'Iran.

Dans le cas de ressources minérales transfrontalières, il est mentionné dans cet accord *multi-fonctionnel* que les parties devront chercher une entente pour un partage selon la justice et l'équité. Par ailleurs, on a convenu d'une zone d'interdiction d'une largeur de 250 mètres (125 de chaque côté de la ligne). L'accord stipule aussi que les cartes de l'Amirauté britannique sur lesquelles est tracée la frontière font partie intégrante de l'accord et ont la même validité légale. Enfin, il est prévu que le texte anglais prévaudra en cas de divergence d'interprétation des deux textes (anglais et arabe).

Compte tenu du chevauchement présumé de leurs plateaux continentaux élargis, le Pakistan a fait, le 30 avril 2009, une soumission à la CLPC[810] qui a formulé ses recommandations[811] le 13 mars 2015. Par ailleurs, si l'on en croit une source digne de foi[812], Oman aurait fait également une soumission le 15 avril 2009 précédent, mais cette information n'apparaît pas au site des Nations Unies[813]. Les deux États auraient alors un chevauchement de leurs plateaux

---

806 Agreement between the Government of the Union of Myanmar, the Government of the Republic of India and the Government of the Kingdom of Thailand on the determination of the trijunction point between the three countries in the Andaman Sea.

807 IILSS (2023) Pakistan Maritime Matters : Law of the Seas & Security, *in CMI* : https://iilss.net/pakistan-maritime-matters-law-of-the-seas-security/.

808 Muscat Agreement on the Delimitation of the Maritime Boundary between the Sultanate of Oman and the Islamic Republic of Pakistan.

809 International Mapping (2024) *Sovereign Limits* : https://sovereignlimits.com/boundaries/oman-pakistan-maritime.

810 https://www.un.org/depts/los/clcs_new/submissions_files/submission_pak_29_2009.htm.

811 https://www.un.org/Depts/los/LEGISLATIONANDTREATIES/PDFFILES/mzn_s/mzn122.pdf.

812 Ortolland, Didier et Pirat, Jean-Pierre, dir. (2010) *Atlas géopolitique des espaces maritimes*, 2e éd., p. 122.

813 https://www.un.org/depts/los/clcs_new/commission_submissions.htm.

continentaux respectifs, et la frontière délimitée serait susceptible d'être prolongée.

6.10 Oman / Yémen

Précédé d'un accord frontalier terrestre[814] conclu le 1er octobre 1992, le traité de délimitation maritime entre Oman et le Yémen en mer d'Arabie[815], signé le 14 décembre 2003 et entré en vigueur à peine quatre mois plus tard (le 3 juillet 2004)[816], mentionne expressément que la frontière maritime délimite à la fois la mer territoriale, la ZÉE et le plateau continental (art. 1). Cette frontière *omni-fonctionnelle* est constituée de lignes géodésiques reliant 17 points dont les coordonnées sont mentionnées dans l'accord. La ligne, d'une longueur totale de 345 milles marins, est d'abord équidistante et orientée sud-est à l'instar de la frontière terrestre, puis elle bifurque vers l'est, un effet partiel ayant été attribué à l'île yéménite Socotra[817].

L'accord contient une disposition inusitée selon laquelle la délimitation « est considérée comme finale et définitive et aucune des Parties n'a le droit de demander une extension du plateau continental chevauchant la frontière de l'autre Partie » (art. 3). Dans le cas de gisements transfrontaliers, il est prévu dans l'accord qu'aucun puits ne peut être foré à moins de 125 mètres de la frontière, à moins d'entente entre les Parties (art. 4, par. 1). S'il survient un différend concernant l'interprétation ou l'application de l'accord, les deux États « s'efforcent de régler à l'amiable (…) par des contacts directs ou par toute autre méthode raisonnable convenue entre les Parties » (art. 5).

6.11 Oman / Iran

Plus de quarante ans après la délimitation du plateau continental dans le détroit d'Ormuz, Oman et l'Iran concluent un nouvel accord[818], le 26 mai 2015, portant cette fois sur la délimitation dans le golfe d'Oman[819]. Cette frontière est *discontinue*, étant donné la délimitation qui reste à faire entre l'Iran et les Émirats arabes unis[820]. L'accord énumère 55 coordonnées

---

[814] International boundary agreement between the Sultanate of Oman and the Republic of Yemen.

[815] Accord relatif à la délimitation de la frontière maritime entre le sultanat d'Oman et la République du Yémen.

[816] Colson, D.A. and Smith, R.W. (2005) Oman-Yemen Report 6-21, *in IMB*, vol 5.

[817] International Mapping (2024) *op. cit.* : https://sovereignlimits.com/boundaries/oman-yemen-maritime.

[818] Agreement on the delimitation of the maritime boundary in the Sea of Oman between the Sultanate of Oman and the Islamic Republic of Iran.

[819] Lathrop, Coalter G., ed. (2020) Iran-Oman Report 6-31, *in IMBO*, vol. 8.

[820] International Mapping (2024) *op. cit.* : https://sovereignlimits.com/boundaries/iran-oman-maritime.

géographiques reliées par une ligne géodésique qui paraît être, selon la carte jointe au texte, une ligne d'équidistance, sauf que cette ligne, au-delà du point 55, suit un azimut de 313 degrés. Il s'agit d'une frontière *multi-fonctionnelle* puisque l'accord mentionne expressément qu'il s'agit d'une délimitation du plateau continental et de la ZÉE.

En matière d'exploration des ressources naturelles, il est stipulé que chaque partie peut exercer ces activités en-deçà de 250 mètres de la frontière à la condition toutefois de les notifier à l'autre partie au moins un mois à l'avance, outre qu'aucune de ces activités dans les 125 mètres ne sera permise sans une entente mutuelle[821].

Cet accord Oman/Iran a fait l'objet d'une contestation de la part des Émirats arabes unis qui ont fait parvenir aux Nations Unies, le 27 septembre 2017, une lettre dans laquelle ils ne reconnaissent pas une partie de cette frontière (des points 51 à 55), y compris le tripoint[822].

6.12 Bangladesh / Birmanie

Le 8 octobre 2009, le Bangladesh[823] engageait contre le Myanmar[824], appelé aussi Birmanie, une procédure d'arbitrage concernant la délimitation de leur frontière maritime. Le Tribunal international du droit de la mer (le TIDM), constitué en application de l'annexe VII de la CNUDM, rendit son arrêt[825] le 14 mars 2012, après une visite des lieux, en disant notamment qu'il avait compétence pour établir cette délimitation tant pour la mer territoriale (*sous-section 6.12.1*), que pour la ZÉE et le plateau continental, aussi bien au-delà (*2* et *4*) qu'en-deçà (*2* et *3*) de la limite des 200 milles marins)[826]. Il s'agit donc d'une frontière *omni-fonctionnelle*. En outre, le Tribunal examine la question d'une zone grise (*5*), de même que celle de la souveraineté territoriale sur l'île de Saint-Martin (*6*).

---

821 IILSS (2023) The Law of the Seas and Oman Maritime Security, *in CMI* : https://iilss.net/the-law-of-the-seas-and-oman-maritime-security/ ; IILSS (2023) About Gulf of Oman, facts and maps, in *WMBA* : https://iilss.net/about-gulf-of-oman-facts-and-maps/.

822 http://www.un.org/depts/los/LEGISLATIONANDTREATIES/PDFFILES/communications/UAE_NV_Sept_27_2017.pdf.

823 IILSS (2023) Maritime Matters of Bangladesh : Law of the Seas and Security, *in CMI* : https://iilss.net/maritime-matters-of-bangladesh-law-of-the-seas-and-security/.

824 IILSS (2023) Myanmar Maritime : Law of Seas & Security, *in CMI* : https://iilss.net/myanmar-maritime-law-of-seas-security/.

825 *Délimitation de la frontière maritime dans le golfe du Bengale*, arrêt, TIDM Recueil 2012, p. 4.

826 Oude Elferink, Alex G. (2015) Itlos's Approach to the Delimitation of the Continental Shelf beyond 200 Nautical Miles in the *Bangladesh/Myanmar* Case : Theoretical and Practical Difficulties, p. 230-249, *in* Wolfrum, Rüdiger, Seršić, Maja and Šošić, Trpimir, eds, *Contemporary Developments in International Law. Essays in Honour of Budislav Vukas*.

Si les deux Parties reconnaissaient cette compétence du Tribunal, elles étaient en désaccord sur la délimitation au-delà des 200 milles, le Bangladesh disant que cette compétence comprenait la partie du plateau continental située au-delà, tandis que le Myanmar estimait que le Tribunal, dans le présent cas, n'avait compétence que pour la zone en-deçà.

6.12.1 La délimitation de la mer territoriale

Le Tribunal conclut que certains documents (procès-verbaux de 1974 et de 2008) ne constituent pas un accord au sens de l'article 15 de la CNUDM et que le Bangladesh n'a pas fait la preuve de l'existence d'un accord tacite ou *de facto* portant sur une frontière. Il trace donc une ligne d'équidistance à partir de la laisse de basse mer tout en accordant un plein effet à l'île de Saint-Martin puisqu'elle ne doit pas être considérée comme une circonstance spéciale.

6.12.2 La méthode équitable de délimitation

Au-delà de la mer territoriale, le Myanmar affirme que la méthode de l'équidistance est équitable, ce que réfute le Bangladesh, étant donné notamment la configuration concave particulière de sa côte dans le nord du golfe de Bengale. Le Tribunal, suivant la jurisprudence, adopte la méthode équidistance/circonstances pertinentes et l'approche en trois étapes (ligne d'équidistance provisoire, recherche de l'existence de circonstances pertinentes justifiant un ajustement de cette ligne provisoire, vérification de la proportionnalité entre le rapport des longueurs respectives des côtes et le rapport des zones maritimes pertinentes attribuées à chacune des Parties), le Tribunal estimant que le rapport entre les longueurs de ces côtes est d'environ 1:1,42 en faveur du Myanmar.

Après avoir tracé sa ligne d'équidistance provisoire, le Tribunal est d'avis que cette ligne produit un effet d'amputation sur la projection maritime du Bangladesh, étant donné la concavité de sa côte, et que cette ligne doit être ajustée pour éviter un résultat inéquitable, ainsi que la CIJ l'observait déjà dans son arrêt de la *Mer du Nord*[827] du 20 février 1969. Aussi, le Tribunal décide que l'ajustement de la ligne d'équidistance provisoire commencera au point 1, là où cette ligne commence à amputer la projection, vers le sud, de la côte du Bangladesh.

---

[827] *Plateau continental de la mer du Nord*, arrêt, CIJ Recueil 1969, par. 89.

6.12.3 La délimitation en-deçà des 200 milles

La ligne du Tribunal commence au point 9, point d'intersection de l'enveloppe d'arcs de la limite des 12 milles marins de la mer territoriale autour de l'île de Saint-Martin et de la ligne d'équidistance provisoire. À partir de ce point 9, la frontière suit une ligne géodésique jusqu'au point 10, puis une autre ligne géodésique jusqu'au point 11, point où l'ajustement de la ligne commence à prendre effet. À partir du point 11, la frontière suit une ligne géodésique avec un azimut initial de 215° jusqu'à la limite des 200 milles marins des lignes de base.

6.12.4 La délimitation au-delà des 200 milles

Le Tribunal rappelle la sentence arbitrale *Barbade/Trinité-et-Tobago*[828] du 11 avril 2006 et fait observer que l'article 76 de la CNUDM « consacre la notion de plateau continental unique », tandis que l'article 77, paragraphes 1 et 2, reconnaît à l'État côtier l'exerce des droits souverains exclusifs sur ce plateau dans sa totalité, « sans qu'aucune distinction ne soit établie entre le plateau en-deçà de 200 milles marins et le plateau au-delà de cette limite », et l'article 83 qui concerne la délimitation « n'établit pas davantage une distinction de cet ordre » (par. 361). Le Tribunal rappelle aussi les dispositions de l'article 76 selon lesquelles la Commission des limites du plateau continental (la CLPC) a pour fonction d'adresser aux États côtiers des recommandations concernant ces limites, « mais elle le fait sans préjudice des questions de délimitation des espaces maritimes » (par. 376).

Quant à l'opération de délimitation comme telle, le Tribunal estime que la méthode de délimitation ne diffère pas de celle utilisée en-deçà de cette distance et que la méthode équidistance/circonstances pertinentes reste donc d'application pour délimiter le plateau au-delà de 200 milles marins. La concavité de la côte du Bangladesh continue par conséquent d'être une circonstance pertinente. Le Tribunal décide que la ligne d'azimut se poursuit dans la même direction « jusqu'à ce qu'elle atteigne la zone où les droits d'États tiers peuvent être affectés » (par. 462), en l'occurrence l'Inde et le Sri Lanka. La frontière maritime, dans son ensemble, est donc *composite* puisque constituée selon diverses méthodes : équidistance (stricte et ajustée), arc de cercle et azimut[829].

---

[828] *Barbados v. Trinidad and Tobago,* Award, Case No. 2004-02, PCA.

[829] Pour des analyses critiques de l'arrêt du TIDM, voir notamment : Scovazzi, Tullio (2019) Delimitation of the Maritime Boundary in the Bay of Bengal (Bangladesh/Myanmar), *MPEIL* ; Lathrop, Coalter G., ed. (2016) Report 6-24 Bangladesh - Myanmar (Add. 1), *in IMBO,* vol. VII ; Kaldunski, Marcin (2015) A Commentary on Maritime Boundary Arbitration between Bangladesh and India Concerning the Bay of Bengal, *LJIL*, vol. 28, issue 4, p. 799-848 ; Tassin, Virginie, J.M. (2014) La contribution au droit international de l'affaire de délimitation maritime Bangladesh/Inde dans la baie du Bengale, *AFDI*, vol. 40, p. 109-132 ;

6.12.5 la « zone grise »

Le Tribunal observe que la délimitation du plateau continental au-delà des 200 milles marins engendre une petite « zone grise » sise au-delà des 200 milles marins de la côte du Bangladesh mais en-deçà des 200 milles de la côte du Myanmar, qui se trouve pour autant du côté de la ligne de délimitation sous la juridiction du Bangladesh. Les Parties ayant des points de vue divergents quant à son statut, le Tribunal fait observer : « La zone grise est une conséquence de la délimitation. Toute délimitation peut engendrer des problèmes juridiques et pratiques complexes, tels ceux liés à la présence de ressources transfrontières. Il n'est pas inhabituel dans ces cas que les États concluent des accords ou des accords de coopération pour traiter des problèmes résultant de la délimitation » (par. 472).

Le Tribunal rappelle à ce sujet les dispositions de la CNUDM selon lesquelles les droits de l'État côtier concernant les fonds marins et le sous-sol de la ZÉE (art. 56, par. 3) s'exercent conformément à la partie VI de la Convention, qui inclut l'article 83. Le Tribunal ajoute que, par suite de la délimitation maritime, la situation peut résulter dans l'existence de droits concurrents d'un autre État côtier sur la ZÉE et que chaque État exerce ses droits et s'acquitte de ses obligations, compte tenu de ceux de l'autre État, notamment par la conclusion d'accords spécifiques et la mise en place d'arrangements de coopération.

6.12.6 L'île de Saint-Martin

En octobre 2018, le Myanmar a fait paraître des cartes géographiques montrant l'île de Saint-Martin comme lui appartenant, contrairement à ce que le TIDM avait décidé, mais le Myanmar a reconnu ensuite qu'il s'agissait d'une erreur. L'île, qui faisait historiquement partie de l'Inde britannique, fut, lors de la partition de l'Inde, donnée au Pakistan puis au Bangladesh en 1971 au moment de l'indépendance. Le Myanmar reconnut d'ailleurs la souveraineté du Bangladesh aux termes d'un accord bilatéral conclu en 1974[830].

Arrese, Daniela (2014) Bay of Bengal Maritime Boundary Arbitration (Bangladesh and India), *MPEIL* ; Zhang, X. (2013) The ITLOS Judgment in the Bay of Bengal Case Between Bangladesh and Myanmar, *CJIL*, vol. 12, issue 3, p. 255-280 ; Weckel, P. et Couma, T. (2012) TIDM. Arrêt du 14 mars 2012. Frontière maritime dans le golfe du Bengale (Bangladesh c. Myanmar), *RGDIP*, p. 711-726 ; Kim, Hyun Jung (2012) La délimitation de la frontière maritime dans le golfe du Bengale : courir deux lièvres à la fois avec succès dans le règlement de la délimitation maritime, *AFDI*, vol. 58, p. 443-469.

[830] IBRU (2018) Myanmar claims Bangladesh Island of St Martin's as their own in online maps, *Boundary News*, 16 October:

6.13 Bangladesh / Inde

Un peu plus de deux ans après l'arrêt du TIDM dans l'affaire de la frontière maritime Bangladesh/Myanmar, un tribunal d'arbitrage rendait une décision, le 7 juillet 2014, dans une autre affaire similaire, cette fois contre l'Inde[831]. Le tribunal examina d'abord la question du point terminal de la frontière terrestre (*sous-section 6.13.1*), puis les lignes proposées par les parties (*2*), à la suite de quoi il décida des méthodes de délimitation (*3*), enfin, de la question de la zone grise (*4*).

6.13.1 Le point terminal de la frontière terrestre

Le tribunal d'arbitrage, après une visite des lieux et une consultation auprès d'un expert hydrographe, décida qu'il avait juridiction dans cette affaire pour identifier le point terminal de la frontière terrestre et pour délimiter à la fois la mer territoriale, la ZÉE et le plateau continental (aussi bien au-delà qu'en-deçà de la limite des 200 milles marins).

Les parties s'entendaient pour dire que la sentence Radcliffe avait déterminé le point terminal de la frontière terrestre, mais divergeaient d'opinion sur son interprétation et sur la localisation de ce point. Cette sentence était connue sous le nom du président d'une commission qui avait procédé à la démarcation de la frontière entre les parties occidentale et orientale du Bengale en 1947.

6.13.2 Les lignes soumises par les parties

Le Bangladesh préconisait une frontière maritime qui, du point terminal de la frontière terrestre, suit une ligne avec un azimut de 180° jusqu'à la limite des 200 milles marins et bifurque alors pour suivre un azimut de 214°, parallèle à la frontière avec le Myanmar, jusqu'à ce que cet azimut rencontre la limite extérieure de son plateau continental, telle que soumise le 25 février 2011 à la CLPC[832], tandis que la ligne proposée par l'Inde était tracée selon la méthode de l'équidistance et s'arrêtait, au-delà des 200 milles, à la frontière Bangladesh/Myanmar.

---

https://www.dur.ac.uk/ibru/news/boundary_news/?itemno=35964&rehref=%2Fibru%2Fnews%2F&resubj=Boundary+news+Headlines.

[831] *The Bay of Bengal Maritime Boundary Arbitration between Bangladesh and India*, Award, Case No. 2010-16, PCA.

[832] http://www.un.org/depts/los/clcs_new/submissions_files/bgd55_11/Executive%20summary%20final.pdf.

6.13.3 Les méthodes de délimitation décidées par le tribunal

Le tribunal décida de tracer la frontière selon une ligne d'équidistance stricte jusqu'au point 3, puis selon une ligne d'azimut initial de 177° 30′ 00″ jusqu'à ce qu'elle rencontre la frontière Bangladesh/Myanmar. Le tribunal estima en effet qu'à partir de ce point 3, la ligne d'équidistance tracée provisoirement devait être ajustée pour éviter l'effet d'amputation produit par la concavité du littoral du Bangladesh, ainsi que l'avait fait le TIDM pour la frontière Bangladesh/Myanmar. Le tribunal crut par ailleurs que la ligne d'azimut offrait l'avantage de la simplicité puisqu'elle évitait les changements de direction et s'avérait plus facile pour la gestion et l'administration de la frontière. Enfin le tribunal se dit satisfait du test de proportionnalité puisque le rapport des côtes pertinentes est de 1 à 1,42, alors que celui des superficies des zones est de 1 à 1,54.

6.13.4 La « zone grise »

Le tribunal observa par ailleurs que la frontière créait une « zone grise », c'est-à-dire une zone située à la fois au-delà des 200 milles marins de la côte du Bangladesh et à l'intérieur des 200 milles de la côte de l'Inde, tout en s'étendant à l'est de la ligne de délimitation. Le tribunal ajouta que, dans cette zone, le Bangladesh avait un droit potentiel sur le plateau continental mais non sur la ZÉE, tandis que l'Inde avait ce droit sur les deux zones. Aussi, le tribunal décida que la frontière, dans cette zone, délimitait uniquement le plateau continental et ne limitait pas les droits de l'Inde à la ZÉE dans les eaux surjacentes[833].

Cette frontière *omni-fonctionnelle* est aussi *composite* puisqu'elle est tracée selon plus d'une méthode : équidistance stricte et azimut.

6.14 Maldives / Maurice

Une longue histoire juridictionnelle implique les deux États[834]. Une sentence est d'abord rendue, le 18 mars 2015, par un tribunal d'arbitrage qui décide notamment que « the United Kingdom's undertaking to return the

[833] Pour une étude de la décision, voir : Lathrop, Coalter G., ed. (2016) Report 6-23 Bangladesh - India (Add.1), *in IMBO,* vol. VII ; Tassin, Virginie, J.M. (2014) La contribution au droit international de l'affaire de délimitation maritime Bangladesh/Inde dans la baie du Bengale, *AFDI,* vol. 40, p. 109-132 ; Arrese, Daniela (2014) Bay of Bengal Maritime Boundary Arbitration (Bangladesh and India), *MPEIL.*

[834] Labrecque, Georges (2019) *Le recours à la force contre les États,* p. 151-170 ; Jamal, Sarah (2019) L'analyse de la décolonisation de Maurice sous l'angle du droit à l'autodétermination : entre apports et insuffisances (*Cour internationale de Justice, Effets juridiques de la séparation de l'archipel des Chagos de Maurice en 1965, avis consultatif, 25 février 2019*), *AFDI,* vol. 65, p. 137-158.

Chagos Archipelago to Mauritius when no longer needed for defence purposes is legally binding[835] ».

Ensuite, la CIJ, dans son avis consultatif du 25 février 2019, dit que « le Royaume-Uni est tenu, dans les plus brefs délais, de mettre fin à son administration de l'archipel des Chagos », étant donné que, « au regard du droit international, le processus de décolonisation de Maurice n'a pas été validement mené à bien lorsque ce pays a accédé à l'indépendance en 1968 à la suite de la séparation de l'archipel des Chagos »[836]. Maurice se voit donc reconnaître une zone maritime immense, d'autant plus qu'il a soumis, le 26 mars 2019, des informations à la CLPC au sujet de la partie méridionale de l'archipel des Chagos, puis, le 12 avril 2022, une autre soumission concernant la partie nord de cet archipel[837].

Quelques mois à peine après l'avis consultatif, le TIDM est saisi par compromis de Maurice et des Maldives, le 24 septembre 2019, requérant la délimitation maritime. Le 28 janvier 2021, une Chambre spéciale du TIDM rendra un arrêt sur des exceptions préliminaires soulevées par les Maldives (*sous-section 6.14.1*), puis, le 28 avril 2023, un jugement sur le fond décidera de la délimitation, celle en-deçà des 200 milles (*2*), celle au-delà (*4*), de même que du statut juridique d'un État archipel (*3*), ce jugement incluant des déclarations jointes à la décision (*5*).

6.14.1 Les exceptions préliminaires

Dans son arrêt sur les exceptions préliminaires[838] soulevées par les Maldives, la Chambre spéciale rejette à l'unanimité la première exception « selon laquelle le Royaume-Uni est une tierce partie indispensable à la présente instance », de même qu'elle rejette par 8 voix contre 1 la deuxième exception « selon laquelle la Chambre spéciale n'a pas compétence pour statuer sur la question contestée de la souveraineté sur l'archipel des Chagos » – une approche qui a été récemment critiquée[839]. Elle rejette par 8 voix contre 1 la troisième exception concernant les articles 74 et 83 de la CNUDM. La Chambre rejette à l'unanimité la quatrième exception « sur le fondement de la non-existence d'un différend entre les Parties ». Elle rejette aussi à l'unanimité

---

835 *Sentence arbitrale relative au différend entre Maurice et le Royaume-Uni de Grande-Bretagne et d'Irlande du Nord concernant l'aire marine protégée des Chagos*, sentence, RIAA, 2015, vol. 31, par. 547 B (2).

836 *Effets juridiques de la séparation de l'archipel des Chagos de Maurice en 1965*, avis consultatif, CIJ Recueil 2019, par. 183.

837 https://www.un.org/Depts/los/clcs_new/submissions_files/submission_mus1_82_2019.html.

838 *Délimitation de la frontière maritime entre Maurice et les Maldives dans l'Océan Indien*, exceptions préliminaires, arrêt, TIDM Recueil 2020-2221, par. 354.

839 Qi, Xu (2023) Reviving the *Monetary Gold* Principle ? A Case Note on the Judgment of Preliminary Objections in the *Mauritius/Maldives* Case, *ODIL*, vol. 54, issue 1, p. 1-25.

la cinquième exception sur le fondement d'un abus de procédure. Elle dit par ailleurs par 8 voix contre 1 qu'elle est compétente « pour statuer sur le différend dont les Parties l'ont saisie concernant la délimitation de leur frontière maritime dans l'océan Indien et que la demande présentée par Maurice à cet égard est recevable », mais elle renvoie à la procédure sur le fond « les questions relatives à la mesure dans laquelle la Chambre spéciale peut exercer sa compétence, y compris les questions se posant au regard de l'article 76 de la Convention ». Enfin, la Chambre, à l'unanimité, « réserve pour examen et décision au stade de la procédure sur le fond les questions de compétence et de recevabilité relatives à la demande de Maurice formulée au paragraphe 28 de sa notification concernant les obligations énoncées à l'article 74, paragraphe 3, et à l'article 83, paragraphe 3, de la Convention ».

6.14.2 La délimitation en-deçà des 200 milles

Dans son arrêt sur le fond[840], la Cour examine en effet les arguments des Parties relativement au plateau continental. Ainsi, de l'avis de Maurice, dans sa réplique[841], « lorsque les Parties jouissent de titres égaux sur le plateau continental sur le fondement de leurs prolongements naturels respectifs, la solution équitable exigée par l'article 83 1) de la Convention consiste à partager la zone de façon égale ». Les Maldives[842], qui avaient déposé une soumission devant la CLPC le 26 juillet 2010[843], font plutôt valoir dans leur duplique[844] que la revendication par Maurice d'un plateau continental au-delà de 200 milles des lignes de base doit être rejetée pour défaut de compétence de la Chambre spéciale et/ou irrecevabilité.

La Chambre, qui examine d'abord la question de la délimitation en deçà de 200 milles marins, rappelle les articles 74 et 83 de la Convention et fait observer que les Parties « conviennent que ces dispositions régissent la délimitation de la zone économique exclusive et du plateau continental entre elles » (par. 89). La Chambre ajoute que le but à atteindre est une « solution équitable », encore que ces articles « sont muets sur la méthode à suivre pour y parvenir » (par. 95). La Chambre rappelle aussi certaines affaires[845],

---

840 *Différend relatif à la délimitation de la frontière maritime entre Maurice et les Maldives dans l'océan Indien*, arrêt, TIDM Recueil 2023.

841 https://www.itlos.org/fileadmin/itlos/documents/cases/28/Merits_Pleadings/A28_Maurice_Replique.pdf.

842 Pavlopoulos, Niko (2022) Delimitation of the Maritime Boundary between Mauritius and Maldives in the Indian Ocean (Mauritius/Maldives), *MPEIL*.

843 https://www.un.org/depts/los/clcs_new/submissions_files/submission_mdv_53_2010.htm.

844 https://www.itlos.org/fileadmin/itlos/documents/cases/28/Merits_Pleadings/A28_Maldives_Duplique.pdf.

845 *Arbitrage concernant la frontière maritime dans le golfe du Bengale (Bangladesh c. Inde)*, sentence, 7 juillet 2014, RSA, vol. 32, p. 105, par. 339 ; *Délimitation de la frontière maritime*

notamment des affaires africaines, aux termes desquelles « [i]l est désormais bien établi que la méthode à appliquer (…) est la méthode ‘équidistance/circonstances pertinentes’, à moins qu’il ne soit ni possible ni approprié d’y recourir », et bien que non obligatoire, elle « aboutit à une solution équitable dans la plupart des cas et constitue également un gage de transparence et de prévisibilité du processus de délimitation » (par. 96).

La Chambre spéciale fait observer aussi que dans l’application de la méthode équidistance/circonstances pertinentes à la délimitation, la jurisprudence internationale a développé l’approche en trois étapes : d’abord, tracé d’une ligne d’équidistance provisoire qui tienne compte de calculs mathématiques et de la géographie côtière des parties ; ensuite, recherche de l’existence de circonstances pertinentes requérant un ajustement de la ligne d’équidistance provisoire afin de parvenir à une solution équitable ; enfin, vérification que la ligne ne comporte pas une disproportion marquée entre le rapport des longueurs respectives des côtes et le rapport des zones maritimes attribuées à chaque partie[846], la Chambre citant d’autres affaires[847].

6.14.3 Les règles relatives au statut d’État archipel

La Chambre note d’ailleurs que les Parties reconnaissent que cette approche en trois étapes convient, et elle ne relève elle-même ni circonstance ni facteur qui rendrait son application inappropriée ou impossible. Encore faut-il que les Parties s’entendent sur les emplacements à des points de base pour la construction de la ligne d’équidistance provisoire. Or, la Chambre observe qu’elles s’accordent tant sur les points choisis sur la côte de Maurice que sur celle des Maldives, sauf les quatre points retenus par Maurice sur le récif de Blenheim. Voici donc la question fondamentale divisant les Parties, et la Chambre se demande par conséquent si ce récif peut servir pour le tracé de la ligne provisoire.

La Chambre note l’avis des Parties qui s’accordent sur le fait que Blenheim est un récif découvrant au sens de l’article 47, paragraphe 1, mais elle observe aussi que les Parties divergent notamment d’opinion sur l’effet que ce récif doit avoir pour la délimitation de la ZÉE et du plateau continental. Maurice est d’avis que les points d’inflexion archipélagiques autour du récif sont également des points de base pour le tracé de la ligne d’équidistance provisoire et qu’ils doivent par conséquent avoir un plein effet sur la délimitation. Les

---

dans l’océan Atlantique (Ghana/Côte d’Ivoire), arrêt, TIDM Recueil 2017, p. 86, par. 281 ; *Délimitation maritime dans l’océan Indien (Somalie c. Kenya)*, arrêt, CIJ Recueil 2021, p. 251-252, par. 128.

[846] Ishii, Yurika (2020) Relevant Coasts and Relevant Area in the Maritime Delimitation in the EEZ and Continental Shelf, *ODIL*, vol. 51, issue 4, p. 283-306.

[847] *Délimitation maritime en mer Noire (Roumanie c. Ukraine),* arrêt, CIJ Recueil 2009, p. 101-103, par. 115-122 ; *Délimitation de la frontière maritime dans le golfe du Bengale (Bangladesh/Myanmar),* arrêt, TIDM Recueil 2012, p. 67-68, par. 240.

Maldives estiment plutôt que le statut de récif découvrant de Blenheim n'a aucune pertinence pour la délimitation.

La Chambre fait observer que Maurice et les Maldives font partie du groupe des 22 États qui se sont déclarés États archipels conformément à l'article 46 de la Convention. Aussi, la Chambre se demande si le régime de ces États est d'une quelconque pertinence pour la délimitation de la ZÉE et du plateau continental entre deux États archipels. La Chambre examine le contenu de la Partie IV de la Convention de 1982 consacrée à ces États, l'État archipel étant défini comme « un État constitué entièrement par un ou plusieurs archipels et éventuellement d'autres îles », alors que l'archipel est « un ensemble d'îles, y compris des parties d'îles, les eaux attenantes et les autres éléments naturels qui ont les uns avec les autres des rapports si étroits qu'ils forment intrinsèquement un tout géographique, économique et politique, ou qui sont historiquement considérés comme tels » (art. 46).

La Convention de 1982 prévoit aussi que l'État archipel « peut tracer des lignes de base archipélagiques droites reliant les points extrêmes des îles les plus éloignées et des récifs découvrants de l'archipel à condition que le tracé de ces lignes de base englobe les îles principales et définisse une zone où le rapport de la superficie des eaux à celle des terres, atolls inclus, soit compris entre 1 à 1 et 9 à 1 » (art. 47 par. 1), mais la longueur de ces lignes de base ne doit pas dépasser 100 milles marins, encore que 3 % au maximum du nombre total de ces lignes de base entourant un archipel peuvent mesurer un maximum de 125 milles. Leur tracé « ne doit pas s'écarter sensiblement du contour général de l'archipel » (par. 3), outre que ces lignes « ne peuvent être tirées vers ou depuis des hauts-fonds découvrants, à moins que des phares ou des installations similaires émergées en permanence n'y aient été construits ou que le haut-fond ne soit situé, entièrement ou en partie, à une distance de l'île la plus proche ne dépassant pas la largeur de la mer territoriale » (par. 4).

La méthode de ce tracé ne peut être appliquée « d'une manière telle que la mer territoriale d'un autre État se trouve coupée de la haute mer ou d'une zone économique exclusive » (par. 5). La largeur de la mer territoriale, de la zone contiguë, de la ZÉE et du plateau continental « est mesurée à partir des lignes de base archipélagiques conformément à l'article 47 » (art. 48).

Concernant la construction de la ligne d'équidistance provisoire, la Chambre conclut que le récif de Blenheim ne peut servir d'emplacement à des points de base, mais elle estime que le haut-fond découvrant de ce récif, situé entièrement ou partiellement dans les 12 milles de l'île Takamaka, peut être utilisé comme ligne de base pour mesurer la limite des 200 milles marins de Maurice.

Examinant ensuite la deuxième étape en se demandant s'il existe des circonstances pertinentes requérant un ajustement de la ligne d'équidistance provisoire afin d'aboutir à une solution équitable, la Chambre observe que les deux Parties s'entendent pour dire qu'il n'existe pas de telles circonstances, sauf qu'elles divergent d'opinion concernant l'impact du récif de Blenheim sur la ligne provisoire s'il était accepté comme emplacement de points de base.

La Chambre note que la jurisprudence internationale a rarement placé des points de base sur un fond découvrant, mais elle estime que l'effet d'un tel point sur Blenheim « ne serait certainement pas insignifiant » (par. 244), que le fait de l'ignorer complètement n'aboutirait pas à une solution équitable et que, par conséquent, le récif de Blenheim constitue une circonstance pertinente qui requiert un ajustement de la ligne d'équidistance provisoire. La Chambre estime donc qu'elle doit accorder un demi-effet au récif.

La Chambre trace la ligne de délimitation en-deçà de 200 milles, laquelle commence au point 1, à l'intersection des limites des 200 milles de Maurice et des Maldives, mesurées à partir de leurs lignes de base archipélagiques. La ligne de délimitation se poursuit vers l'est jusqu'au point X (point 37), puis jusqu'au point Y (point 38) qui est le point d'intersection des limites des 200 milles de Maurice et des Maldives à l'est, sauf que pour le récif de Blenheim, la limite des 200 milles est mesurée depuis le point d'intersection septentrional de la laisse de basse mer de ce récif avec la limite des 12 milles mesurée depuis la laisse de basse mer de l'île Takamaka.

La Chambre examine enfin la troisième et dernière étape du processus de délimitation, laquelle consiste à vérifier s'il existe ou non une disproportion marquée entre le rapport des longueurs respectives des côtes de Maurice et des Maldives et le rapport des zones qui leur sont dévolues. Il ne s'agit pas, ajoute la Chambre, d'exiger une précision mathématique mais de vérifier si une telle disproportion « rendrait la délimitation inéquitable » (par. 252). Or, constate la Chambre, le rapport entre les longueurs des côtes pertinentes est de 1 à 1,033 en faveur de Maurice, alors que le rapport entre les superficies attribuées est de 1 à 0,960 en faveur des Maldives, ce qui permet de conclure à l'absence de disproportion marquée.

6.14.4 La délimitation au-delà des 200 milles

Après avoir décidé de la délimitation de la ZÉE et du plateau continental en-deçà de 200 milles marins, la Chambre examine la revendication par les Maldives d'un titre sur un plateau continental au-delà de 200 milles[848] et dans la limite de 200 milles de Maurice, revendication contestée par Maurice. Elle examine d'abord la question de savoir si les Parties ont des titres sur un plateau continental au-delà de 200 milles et, dans l'affirmative, si ces titres se chevauchent. Si ce n'est pas le cas, la Chambre spéciale ne sera pas en mesure de procéder à la délimitation. Pour ce faire, elle rappelle que cette question du titre sur un plateau continental au-delà de 200 milles relève de l'interprétation

---

[848] Gao, Jianjun (2020) The Delimitation Method for the Continental Shelf Beyond 200 Nautical Miles : A Reflection on the Judicial and Arbitral Decisions, *ODIL*, vol. 51, issue 2, p. 116-142.

et de l'application de l'article 76 de la Convention, lequel se lit notamment comme suit :

> 1. Le plateau continental d'un État côtier comprend les fonds marins et leur sous-sol au-delà de sa mer territoriale, sur toute l'étendue du prolongement naturel du territoire terrestre de cet État jusqu'au rebord externe de la marge continentale, ou jusqu'à 200 milles marins des lignes de base à partir desquelles est mesurée la largeur de la mer territoriale, lorsque le rebord externe de la marge continentale se trouve à une distance inférieure. (...)
>
> 8. L'État côtier communique des informations sur les limites de son plateau continental, lorsque celui-ci s'étend au-delà de 200 milles marins des lignes de base à partir desquelles est mesurée la largeur de la mer territoriale, à la CLPC constituée en vertu de l'annexe II sur la base d'une représentation géographique équitable. La commission adresse aux États côtiers des recommandations sur les questions concernant la fixation des limites extérieures de leur plateau continental. Les limites fixées par un État côtier sur la base de ces recommandations sont définitives et de caractère obligatoire. (...)
>
> 10. Le présent article ne préjuge pas de la question de la délimitation du plateau continental entre des États dont les côtes sont adjacentes ou se font face.

La Chambre observe que les deux Parties ont déposé une demande à la CLPC et que leurs revendications se chevauchent, mais que la Commission n'a pas encore formulé de recommandations à leur sujet. La Chambre estime que la situation est comparable à celle dans l'affaire *Bangladesh/Myanmar*[849] dans laquelle le Tribunal, dans son arrêt du 14 mars 2012, a appliqué le critère de l'« incertitude substantielle » pour déterminer la présence d'une marge continentale au-delà de 200 milles, même si les demandes présentées par les Parties à la Commission indiquaient l'existence de zones de chevauchement. La Chambre rejette par conséquent la demande de Maurice et décide donc, quoique compétente, de faire preuve de prudence et de ne pas procéder à la délimitation du plateau continental au-delà de 200 milles, la Chambre rappelant à ce sujet que « les cours et tribunaux internationaux s'abstiennent de délimiter des zones où les droits d'autres États côtiers pourraient être affectés », d'autant que « [l]'application du critère de l'incertitude substantielle accorde une protection similaire aux intérêts de la communauté internationale dans la Zone et au principe du patrimoine commun » (par. 452).

Dans sa décision rendue à l'unanimité, la Chambre dit que la frontière maritime unique délimitant les ZÉE et les plateaux continentaux des Parties en-deçà de 200 milles marins (*multi-fonctionnelle*) s'étend d'ouest en est entre les intersections des limites respectives des 200 milles et se compose de lignes

---

[849] *Délimitation de la frontière maritime dans le golfe du Bengale,* arrêt, TIDM Recueil 2012, par. 443.

géodésiques reliant 38 points. La Chambre dit aussi avoir compétence pour délimiter le plateau continental au-delà de 200 milles mais ne pas être en mesure de déterminer le titre de Maurice sur ce plateau dans la région septentrionale de l'archipel des Chagos[850].

6.14.5 Les déclarations jointes à la décision

À cette décision sont jointes trois déclarations, notamment celle du juge *ad hoc* Schrijver, particulièrement intéressante, qui rappelle que certaines des formations maritimes de faible élévation sont vulnérables au réchauffement et à l'acidification des océans et sont exposées à un risque non négligeable d'élévation du niveau de la mer sous l'effet des conséquences néfastes du changement climatique[851]. De l'avis du juge, il n'est pas improbable qu'une formation qualifiée actuellement d'île et définie par la Convention de 1982 comme « étendue naturelle de terre entourée d'eau qui reste découverte à marée haute » (art. 121, par. 1) devienne un haut-fond découvrant, c'est-à-dire des « élévations naturelles de terrain qui sont entourées par la mer, découvertes à marée basse et recouvertes à marée haute » (art. 13, par. 1).

Le juge note que pareil changement de statut géographique d'une formation maritime naturelle comporte de grandes conséquences juridiques puisque « le jugement gèle, pour ainsi dire, la réalité physique à la date de la délimitation et fixe la frontière sur la base des preuves contemporaines, quels que soient les changements géographiques qui peuvent se produire ultérieurement » (p. 2, par. 4), le juge ajoutant que « les décisions judiciaires contribuent à la stabilité et à la permanence des frontières de la même manière que les accords de délimitation frontalière, qui échappent à la règle du changement fondamental de circonstances » (*ibidem*), le juge faisant ici référence à l'article 62, par. 2a, de la Convention de Vienne de 1969 sur le droit des traités.

6.15 Conclusion

La délimitation maritime est très avancée dans l'océan Indien, qui présente notamment la particularité de compter à lui seul deux des trois frontières maritimes exclusivement asiatiques délimitées par voie juridictionnelle : Bangladesh/Birmanie en 2012 et Bangladesh/Inde en 2014, l'autre frontière étant Bahreïn/Qatar dans le golfe Persique en 2001, et c'est sans compter les

---

[850] *Idem*, dispositif, par. 466.

[851] Savadogo, Louis (2023) Incidences juridiques de la hausse du niveau de la mer sur les frontières maritimes, *RGDIP*, tome 127, numéro 2 ; Nations Unies (2023) *Sixième Commission : face à l'élévation du niveau de la mer, la Convention sur le droit de la mer reste un gage de stabilité pour éviter des conflits* ; Kerbrat, Yann (2022) Les conséquences de l'élévation du niveau de la mer sur les frontières terrestres et maritimes, *QIL*, p. 83-97.

deux frontières interrégionales Érythrée/Yémen (1999) et Maldives/Maurice (2023). En outre, ces deux délimitations sont relativement récentes, par rapport aux neuf autres qui ont été effectuées par voie d'accords bilatéraux, six de ces neuf l'ayant été en 1980 ou avant, les trois autres en 2000 ou avant.

Ces deux demandes de délimitations juridictionnelles au-delà des 200 milles sont non seulement récentes mais elles sont parmi les toutes premières à travers le monde, les deux autres étant *Côte d'Ivoire/Ghana*[852] en 2017 et *Somalie c. Kenya*[853] en 2021, tandis que la demande du Nicaragua a été rejetée en 2023 dans l'affaire *Nicaragua c. Colombie*[854]. Rappelons incidemment que quelques frontières délimitées par voie d'accords bilatéraux (États-Unis/URSS[855] en 1990 et Norvège/Russie[856] en 2010) ont leur point terminal au-delà des 200 milles marins.

Par ailleurs, d'autres frontières déjà délimitées par voie d'accords bilatéraux dans l'océan Indien (Inde/Sri Lanka[857] en 1974 et 1976, Inde/Birmanie[858] en 1986 et Oman/Pakistan[859] en 2000) seront éventuellement prolongées au-delà des 200 milles marins à la lumière des recommandations de la CLPC.

On observe aussi une distinction entre les États qui ont conclu plus d'un accord de délimitation avec des voisins maritimes et un autre État, le Pakistan, qui n'a délimité qu'une seule de ses trois frontières, celle avec Oman. Par exemple l'Inde a délimité ses frontières maritimes avec cinq États (Sri Lanka, Indonésie, Maldives, Thaïlande et Birmanie), outre sa frontière avec le Bangladesh.

Le Pakistan n'a délimité aucune de ses deux frontières maritimes latérales. Celle avec l'Inde, son voisin nucléaire, est en aval d'une frontière terrestre et fluviale turbulente marquée par de nombreux conflits, notamment sur la limite

---

852 *Délimitation de la frontière maritime dans l'océan Atlantique*, arrêt, TIDM Recueil 2017.

853 *Délimitation maritime dans l'océan Indien*, arrêt, CIJ Recueil 2021.

854 *Question de la délimitation du plateau continental entre le Nicaragua et la Colombie au-delà de 200 milles marins de la côte nicaraguayenne,* arrêt, CIJ Recueil 2023.

855 Agreement between the United States of America and the Union of Soviet Socialist Republics on the maritime boundary.

856 Treaty between the Kingdom of Norway and the Russian Federation concerning Maritime Delimitation and Cooperation in the Barents Sea and the Arctic Ocean.

857 Accord entre le Sri Lanka et l'Inde relatif à la détermination des limites dans les eaux historiques entre les deux pays et aux questions connexes ; Accord entre le Sri Lanka et l'Inde relatif à la détermination des limites maritimes entre les deux pays dans le golfe de Mannar et le golfe du Bengale et aux questions connexes ; Accord supplémentaire entre le Sri Lanka et l'Inde sur l'extension des limites maritimes entre les deux pays dans le golfe de Mannar de la position 13 m au point de jonction des limites maritimes entre le Sri Lanka, l'Inde et les Maldives (point T).

858 Accord entre la République socialiste de Birmanie et la République indienne sur la délimitation de la frontière maritime dans la mer d'Andaman, dans le détroit de Coco et dans le golfe du Bengale.

859 Muscat Agreement on the Delimitation of the Maritime Boundary between the Sultanate of Oman and the Islamic Republic of Pakistan.

de l'estuaire de Sir Creek (Ban Ganga), l'Inde la situant dans le thalweg, le Pakistan sur la rive du côté indien, et d'autres différends, certains ayant fait l'objet d'affaires portées devant des tribunaux internationaux, notamment une affaire introduite le 19 août 2016 par le Pakistan devant la Cour permanente d'arbitrage qui a rendu, le 6 juillet 2023, une décision relative à sa compétence et concernant un traité du 19 septembre 1960 sur les eaux de l'Indus[860], un fleuve constituant une partie de leur frontière. Quant à la frontière maritime du Pakistan avec l'Iran, elle risque de demeurer non délimitée aussi longtemps que subsisteront les conflits dans la région frontalière du Balouchistan[861].

On mentionnera enfin un litige Oman/ÉAU[862], qui montre la difficulté d'établir une frontière maritime non pas à cause de différends frontaliers terrestres comme dans les cas du Pakistan avec l'Inde et l'Iran, mais plutôt dans le contexte d'une dispute portant sur les lignes de base droites. En effet, dans une lettre du 11 janvier 2023, adressée à l'ONU, Oman fait part de son désaccord au sujet des coordonnées émiriennes, lesquelles, dit-il, empiètent sur ses zones maritimes, et il insiste sur sa souveraineté sur ses eaux territoriales, conformément à un accord de frontière[863] signé le 22 juin 2002. Les EAU, dans une lettre datée du 24 janvier 2024, répliqueront en rejetant les allégations des ÉAU[864].

---

[860] *Indus Arbitration (Waters Treaty Pakistan v. India),* Award on the Competence of the Court, Case No. 2023-01, PCA.

[861] https://www.france24.com/en/live-news/20240118-baluchistan-explosive-region-on-iran-pakistan-borderland.

[862] Le traité est mentionné comme non disponible selon MSMDMZ : https://www.un.org/depts/los/LEGISLATIONANDTREATIES/STATEFILES/OMN.htm.

[863] Accord de frontière entre le Sultanat d'Oman et les Émirats arabes unis relatif aux secteurs limitrophes de l'est d'Uqaidat au Darah.

[864] A/78/736 : https://documents.un.org/doc/undoc/gen/n24/022/86/pdf/n2402286.pdf.

Chapitre 7

LES MERS D'ASIE DU SUD-EST

De très nombreuses études, notamment en matière de délimitation, ont été consacrées à l'Asie du Sud-Est (*figure 9*) en général[865] et à la mer de Chine méridionale en particulier[866], et plus particulièrement encore aux droits

---

[865] Facal, Gabriel et Samuel, Jérôme, dir. (2024) *L'Asie du Sud-Est 2024. Bilan, enjeux et perspectives* ; Ortolland, Didier (2024) *Les mers de Chine. Géopolitique, confrontation et droit international* ; Fau, N. *et al.* (2024) *La région Asie du Sud-Est. Une mutation des territoires* ; Ahmadi, Mohammad Shahab (2023) Political geography of disputes in the South China Sea, *International Quarterly of Geopolitics*, vol. 19, issue 71, November 2023, p. 382-415 ; Malaya, J. Eduardo (2023) Maritime Dispute Settlement in Southeast Asia : Bargaining under the Shadow of the LOSC, *IJMCL*, vol. 38, issue 2, p. 350-362 ; Boquet, Yves (2022) L'Asie du Sud-Est : quelles géographies ?, *in Bulletin de l'association de géographes français* ; Fau, Nathalie (2022) Les frontières maritimes : quelles spécificités ? L'exemple des mers d'Asie du Sud-Est, *in Bulletin de l'association de géographes français* ; Pratomo, Eddy and Kwik, Jonathan (2020) Good agreements make good neighbours. Settlements on maritime boundary disputes in South East Asia, *MP*, vol. 117 ; De Koninck, Rodolphe (2019) *L'Asie du Sud-Est*, 4e édition ; De Koninck, Rodolphe (2019) *L'imprévisible Sud-Est asiatique* ; Schaeffer, Daniel (2019) Mers de Chine : un droit de la mer souvent en berne, *ADM*, tome 24, p. 273-310 ; Gerstl, Alfred and Strasakova, Maria (2017) Law of the Sea - *Unresolved Border, Land and Maritime Disputes in Southeast Asia* : *Bi- and Multilateral Conflict Resolution Approaches and ASEAN's Centrality*.

[866] Eudeline, Hugues (2024) Mer de Chine méridionale : vers une aggravation des tensions avec la thalassocratie chinoise, *Diplomatie,* n° 82, octobre/novembre, p. 52-55 ; Bonnet, François-Xavier et Luquin, Elisabeth (2024) Inflation et tensions en mer de Chine méridionale, *in* Facal, Gabriel et Samuel, Jérôme, dir., *L'Asie du Sud-Est 2024. Bilan, enjeux et perspectives* ; Roche, Yann et Cherrouk, Raïhan (2024) La mer de Chine méridionale, l'autre versant de la rivalité sino-américaine en Asie, *in* Collectif, *Indo-Pacifique : Région stratégique* ; Véron, Emmanuel (2023) La mer de Chine méridionale au service des ambitions stratégiques et nationalistes de Pékin, *Diplomatie,* n° 124, novembre/décembre, p. 38-42 ; Ahmadi, Mohammad Shahab (2023) Political geography of disputes in the South China Sea, *Geopolitics Quarterly*, vol. 19, issue 71, November 2023, p. 382-415 ; Frazier, Kevin (2023) Closing a Commons : How a Novel Property Regime can Promote Peace and Efficient Extraction of Deep Sea Resources in the South China Sea, *OCLJ*, vol. 28, issue 1, p. 37-94 ; IILSS (2023) About South China Sea, facts and maps *in WMBA* : https://iilss.net/about-south-china-sea-facts-and-maps/ ; Areion Group (2023) Mer de Chine : poudrière internationale ?, *Diplomatie*, novembre/décembre, n° 124 ; Seo, Youngmin (2022) Regime Creation for the South China Sea Dispute : the Feasibility of the Creation of the South China Sea Council, *APJOLP*, vol. 7, issue 2, p. 169-196 ; Journoud, Pierre, dir. (2022) *La mer de Chine méridionale au prisme du soft power. Nouvelles approches franco-vietnamiennes d'un vieux conflit maritime* ; Strating, Rebecca and Wallis, Joanne (2022) Maritime Sovereignty and territorialisation : Comparing the Pacific Islands and South China Sea, *MP*, vol. 141 ; Hwang, Yih-Jye and Frettingham, Edmund, eds (2022) *Maritime and Territorial Disputes in the South China Sea : faces of power and law in the age of China's rise* ; Canonne, Charles-Eric (2022) *La stratégie de Pékin en mer de Chine* ; Chemiller-Gendreau, Monique (2022) L'état du droit international en matière de souveraineté territoriale et son application aux formations émergées de la mer de Chine du Sud, p. 223-234, *in* Journoud, Pierre, dir., *op. cit.* ; Tanaka, Yoshifumi (2021) *The South China Sea arbitration* ; *toward an international legal order in the oceans* ; Wu, S., Valencia, Mark and Hong, Nong (2020) *UN Convention on the Law of the Sea and the South China Sea* ; Rothwell, Donald R. and Letts,

historiques invoqués à tort ou à raison dans cette mer[867], outre les études portant sur l'arbitrage *Philippines c. Chine*[868]. La majorité des accords de délimitation maritime en Asie du Sud-Est portent sur la mer de Chine méridionale, mais on en trouve aussi dans les mers de Célèbes, de Timor et d'Arafura.

Baignée par plusieurs mers, se trouve l'Indonésie – le plus grand État archipélagique de la planète, constitué de plusieurs milliers d'îles et traversé ou bordé par des détroits internationaux importants, y compris le très stratégique détroit de Malacca, qui sépare l'archipel de la cité-État de Singapour. Il n'est donc pas étonnant que l'Indonésie[869] soit l'État qui a conclu dans cette région le plus grand nombre d'accords de délimitation maritime.

Elle signe avec la Malaisie plusieurs traités[870] (*section 7.1*) : octobre 1969, plateau continental dans le détroit de Malacca et la mer de Chine méridionale ; mars 1970, mer territoriale dans le détroit de Malacca ; décembre 1971, établissement du point de tri-jonction avec la Thaïlande ; juin 2023, délimitations partielles des mers territoriales dans le détroit de Singapour et dans la mer de Célèbes respectivement. L'Indonésie conclut aussi des accords avec Singapour (*7.3*) : mai 1974, mars 2009 et septembre 2014, mer

---

David, eds (2021) *Law of the Sea in South East Asia. Environmental, Navigational and Security* Challenges ; Franckx, Erik and Benatar, Marco (2017) Introduction : The South China Sea : An International Law Perspective, *IJMCL*, vol. 32, issue 2, p. 193-197 ; Huang, J. and Billo, A., eds (2015) *Territorial Disputes in the South China Sea* ; Jayakumar, S. and Koh, T. (2014) *The South China Sea Disputes and Law of the Sea* ; Beckman, Robert (2013) The UN Convention on the Law of the Sea and the Maritime Disputes in the South China Sea, *AJIL*, vol. 107, issue 1, p. 142-163 ; Hong, Nong, LI, Jianwei and Chen, Pingping (2013) The Concept of Archipelagic State and the South China Sea : UNCLOS, State Practice and Implication, *COLR*, issue 1, p. 209-239 ; Valencia, M. (1981) Southeast Asian Seas : National Marine Interests, Transnational Issues, and Marine Regionalism, p. 302-354, *in* Sien, Chia and MacAndrews, Colin, eds, *Southeast Asian Seas* : *Frontiers for Development.*

867 Kardon, Isaac (2023) China's Law of the Sea : The New Rules of Maritime Order ; LI, Jinming (2022) *China's Maritime Boundaries in the South China Sea. Historical and International Law Perspectives* ; USDS (2022) People's Republic of China : Maritime Claims in the South China Sea, *LS*, n° 150 ; Symmons, C. (2020) Historic Waters and Historic Rights in the South China Sea : A Critical Appraisal ; Hayton, B. (2018) The Modern Creation of China's 'Historic Rights' Claim in the South China Sea, *Asian Affairs*, vol. 49, issue 3, p. 370-382 ; USDS (2014) China : Maritime Claims in the South China Sea, *LS*, n° 143 ; Dupuy, Florian and Dupuy, Pierre-Marie (2013) A Legal Analysis of China's Historical Rights Claim in the South China Sea, *AJIL* vol. 107, issue 1, p. 124-141.

868 Ma, Xinmin (2018) Merits Award Relating to Historic Rights in the South China Sea Arbitration : An Appraisal, *ASJIL* , vol. 8 , issue 1 , p. 12-23 ; NISCSS (2018) A Legal Critique of the Award of the Arbitral Tribunal in the *Matter of the South China Sea Arbitration*, *AYBIL*, vol. 24, p. 151-293 ; Copela, Sophia (2017) Historic Titles and Historic Rights in the Law of the Sea in the Light of the South China Sea Arbitration, *ODIL*, vol. 48, issue 2, p. 181-207.

869 IILSS (2023) Indonesia's Maritime Matters in Law and Security, *in CMI* : https://iilss.net/indonesias-maritime-matters-in-law-and-security/.

870 Nurdin, Amin, Atmoredjo, Sudjito and Arsana, I. Made Andi (2024) Examining the Negotiation Model of the Disputed Boundary Between Indonesia and Malaysia on Sebatik Island, *IJIL*, vol. 21, issue 2, p. 399-434.

territoriale dans le détroit de Singapour. L'Indonésie signe avec l'Australie les accords suivants de délimitation (*7.6*) : mai 1971, octobre 1972, février 1973 et mars 1997, plateau continental ; octobre 1981, ligne provisoire de surveillance des pêches ; décembre 1989, établissement d'une zone de coopération. L'Indonésie, en décembre 1980, conclut un traité avec la Papouasie-Nouvelle-Guinée concernant le plateau continental et la ZÉE (*7.7*). L'Indonésie, en juin 2003, s'entend avec le Viet Nam au sujet du plateau continental, puis elle signe avec lui, en décembre 2022, un accord portant sur la ZÉE (*7.8*). Enfin, l'Indonésie, en mai 2014, conclut un traité avec les Philippines au sujet de la ZÉE (*7.9*).

Singapour, outre ses accords avec l'Indonésie, conclut des traités en août 1995 et avril 2005 avec la Malaisie (*section 7.2*), ces deux États ayant été par ailleurs parties dans deux affaires relatives à la souveraineté territoriale, lesquelles ont été tranchées respectivement en septembre 2005 et en mai 2008.

L'Australie, outre sa délimitation avec l'Indonésie, conclut avec le Timor oriental, en mars 2018, un accord de délimitation *multi-fonctionnel* (*section 7.10*). La Malaisie a signé avec la Thaïlande, en octobre 1979, un accord de délimitation de la mer territoriale et du plateau continental, outre qu'il y est prévu l'établissement d'une zone conjointe d'exploitation (*7.4*). La Malaisie a conclu aussi avec Brunei, en 1958 et 2009, des accords concernant la délimitation des frontières de la mer territoriale et d'une partie du plateau continental (*7.5*). Le Viet Nam signait un accord de délimitation du plateau continental et de la ZÉE avec la Thaïlande en août 1997 (*7.11*).

Quant à la Chine[871], baignée par la partie nord de la mer de Chine méridionale, elle a conclu avec le Viet Nam divers accords, notamment en octobre 1993, en décembre 2000 et en octobre 2011, l'accord de 2000 concernant la délimitation partielle de la mer territoriale, du plateau continental et de la ZÉE, outre la création d'une zone conjointe de pêche (*section 7.12*), tandis que persistent au contraire de nombreux contentieux avec les autres États riverains de cette mer, notamment à cause de sévères différends quant à la souveraineté territoriale sur de nombreux îlots et rochers, par exemple celui qui a fait l'objet de deux sentences arbitrales, en octobre 2015 et juillet 2016, dans l'affaire *Philippines c. Chine*.

---

[871] Kardon, Isaac (2023) China's Law of the Sea : The New Rules of Maritime Order ; USDS (2022) People's Republic of China : Maritime Claims in the South China Sea, *LS*, n° 150.

7.1 Indonésie / Malaisie

Une première délimitation[872] intervient, le 27 octobre 1969, qui concerne le plateau continental dans le détroit de Malacca, selon une ligne d'équidistance entre les lignes de base droites décrétées précédemment par les deux États. La frontière, d'une longueur de 432 milles marins, est essentiellement entre côtes opposées, ses points terminaux étant situés de façon à ne pas empiéter sur les revendications thaïlandaises au plateau continental et singapouriennes à la mer territoriale.

Un autre segment de la frontière, en mer de Chine méridionale, s'étend sur une longueur de 315 milles et s'allonge jusqu'au point de tri-jonction avec le Viet Nam. Ce segment, tracé aussi à équidistance des lignes de base droites, a été négocié indépendamment des revendications respectives des deux États concernant le plateau.

Un troisième segment de 259 milles est tracé entre des côtes parfois adjacentes et parfois opposées jusqu'à l'isobathe des 100 brasses, au rebord extérieur de la marge continentale. Constitué de quatre droites, ce dernier segment s'éloigne largement d'une équidistance stricte, puisqu'on a attribué à l'archipel indonésien de Natuna un effet partiel, compte tenu de son étendue relativement réduite, de son éloignement de Sumatra et de Bornéo, enfin, de l'absence de formation insulaire correspondante du côté de la Malaisie[873].

Un accord trilatéral interviendra[874], le 17 décembre 1971, établissant le point de tri-jonction Malaisie/Indonésie/Thaïlande et prolongeant de 35,5 milles marins la délimitation du plateau continental Malaisie/Indonésie dans le détroit de Malacca. Ce segment diverge d'une ligne d'équidistance pour favoriser la Malaisie.

Outre la délimitation du plateau continental, et bien que l'Indonésie ne soit pas partie à la Convention du 29 avril 1958 sur la mer territoriale et la zone contiguë, un troisième accord est conclu le 17 mars 1970 concernant la délimitation de la mer territoriale[875], là où les lignes de base droites sont à moins de 24 milles marins dans la partie la plus étroite du détroit de Malacca. La ligne délimitant la mer territoriale coïncide en grande partie avec celle déjà établie concernant le plateau continental[876]. Cette frontière *omni-fonctonnelle* est aussi *multi-séquentielle*.

---

[872] Agreement between the Government of Malaysia and the Government of Indonesia on the delimitation of the continental shelves between the two countries.

[873] Jayewardene, Hiran W. (1990) *The Regime of Islands in International Law*, p. 418-419.

[874] Agreement between the Government of the Republic of Indonesia, the Government of Malaysia and the Government of the Kingdom of Thailand Relating to the Delimitation of the Continental Shelf Boundaries in the Northern Part of the Strait of Malacca.

[875] Treaty between the Republic of Indonesia and Malaysia on Determination of Boundary Lines of Territorial Waters of the two Nations at the Strait of Malacca.

[876] USDS (1973) *LS*, n° 50.

Enfin, il appert de la source International Mapping que deux traités auraient été conclus en 2023 concernant les délimitations partielles des mers territoriales dans le détroit de Singapour et dans la mer de Célèbes respectivement, mais aucune précision n'a été formulée[877]. Par ailleurs d'autres sources[878] ont confirmé cette information en précisant que de telles délimitations ont fait l'objet de deux traités[879] signés le même jour, le 8 juin 2023.

Si la délimitation du plateau continental et de la mer territoriale est très avancée, la délimitation de leur zone économique exclusive n'est pas encore établie formellement, encore que les deux États aient émis, ce même 8 juin 2023, un communiqué conjoint concernant l'entrée en vigueur de dispositions légales en matière de pêches, notamment un mémorandum[880] daté du 27 janvier 2012.

S'agissant du traité relatif aux Célèbes, on a fait observer[881] que persistait un différend frontalier terrestre[882] relatif à l'île Sebatik : « In respect of the Sulawesi Sea Treaty, remaining land boundary 'issues' which could be of interest to maritime delimitation include in respect of the maritime feature of Pulau Sebatik, such as 'the intertidal area in the east of Pulau Sebatik' and 'the gap from the low water line to Point M' ».

7.2 Malaisie / Singapour

Au moment de son indépendance politique en 1957, la fédération de Malaisie hérite de la frontière tracée par Londres et le sultan de Johor en 1927 dans le détroit de Johor[883], laquelle était définie alors comme la ligne suivant le chenal principal de navigation[884], plus précisément « an imaginary line following the centre of the deep-water channel in Johore Strait, between the

---

[877] International Mapping (2024) *Sovereign Limits* : https://sovereignlimits.com/boundaries/indonesia-malaysia-maritime.

[878] Notamment *De Maribus,* 12 juin 2023 : https://demaribus.net/2023/06/12/malaysia-indonesia-two-maritime-delimitation-agreements-signed/.

[879] Treaty between Malaysia and the Republic of Indonesia Relating to the Delimitation of the Territorial Seas of the Two Countries in the Southernmost Part of the Straits of Melaka ; Treaty between Malaysia and the Republic of Indonesia Relating to the Delimitation of the Territorial Seas of the Two Countries in the Sulawesi Sea.

[880] Memorandum of Understanding Between the Government of Malaysia and the Government of the Republic of Indonesia in Respect of the Common Guidelines Concerning Treatment of Fisherman by Maritime Law Enforcement Agencies of Malaysia and the Republic of Indonesia.

[881] *De Maribus*, *op. cit.*

[882] Nurdin, Amin, Atmoredjo, Sudjito and Arsana, I. Made Andi (2024) *op. cit.*, p. 399-434.

[883] Agreement concluded between His Majesty and the Sultan of the State and Territory of Johore.

[884] Mangone, Gerard J. (1989) Demarcation of International Straits, *in* Dalmeyer, D.G. and De Vorsey, L., eds, *Rights in Oceanic Resources. Deciding and Drawing Maritime Boundaries*, p. 103.

mainland of the State and Territory of Johore on the one side and the Northern Shores of the Islands of Singapore (...) on the other side » (art. 1).

S'ensuivit une étude hydrographique conjointe dont le rapport fut adopté par les parties en 1985 et qui fit l'objet de négociations pour en arriver à une plus grande précision quant au thalweg, d'où un accord[885] conclu le 7 août 1995, lequel décrit la ligne de délimitation comme étant constituée de droites joignant 72 points dont les coordonnées géographiques sont énumérées en annexe.

La frontière, d'une longueur approximative de 50 milles marins, s'éloigne d'une ligne d'équidistance à chacune des deux extrémités du détroit de Johor, favorisant Singapour à l'extrémité orientale et la Malaisie à l'extrémité occidentale, tel qu'il appert d'une carte[886]. L'accord contient une disposition intitulée « Finality of Boundary » qui se lit comme suit : « There shall be no alteration to the territorial waters boundary... » (art. 2) – ce qui implique que la frontière ne peut être modifiée à la suite d'un déplacement du thalweg. L'accord prévoit par ailleurs que ce dernier prévaudra en cas de divergence avec l'instrument de 1927 quant à la description de la frontière (art. 4) et que tout différend concernant son interprétation ou son application « shall be settled by consultation or negotiation » (art. 3) – les autres moyens pacifiques de résolution, tel le règlement juridictionnel, n'étant pas invoqués.

Cette frontière *omni-fonctionnelle* et *exogène* sera dévolue aussi à Singapour, probablement en 1959, alors que Londres lui reconnaît une autonomie interne, certainement en 1965 lors de sa pleine indépendance. Dans la première des hypothèses, cette frontière internationale sera *interne* de 1963 à 1965, période au cours de laquelle Singapour est rattachée à la nouvelle fédération de Malaisie.

Bien que la cité-État insulaire ait été reliée depuis à la côte malaisienne par une jetée qui supporte une route et une voie ferrée, la frontière n'a pas perdu pour autant son caractère maritime, reconnue qu'elle est par les deux États, encore que des négociations soient en cours pour établir un tracé définitif faisant fi de la mobilité du thalweg.

Par ailleurs, la frontière est *inachevée* sur une longueur de 17 milles marins, étant donné un contentieux territorial qui concerne deux îles, Batu Putish et Pisan situées respectivement à chacune des deux extrémités du détroit de Singapour. La Malaisie affirme que ces deux formations se trouvent à l'intérieur de sa mer territoriale, tandis que Singapour[887] prétend avoir

---

[885] Agreement between the Government of Malaysia and the Government of the Republic of Singapore to Delimit Precisely the Territorial Waters Boundary in Accordance with the Straits Settlements and Johore Territorial Waters Agreement 1927 : Charney, J.I. and Alexander, L.M., eds (2004) *IMB,* vol. 3, p. 2351-2353.

[886] Charney, J.I. and Alexander, L.M, eds (2004) *op. cit.,* p. 2350.

[887] IILSS (2023) Navigating Singapore Maritime Matters in the Law of the Seas, *in CMI* : https://iilss.net/navigating-singapore-maritime-matters-in-the-law-of-the-seas/.

administré depuis des années les phares qui les surmontent[888]. Si le différend n'est pas très envenimé, il n'en demeure pas moins important pour Singapour, puisque sa souveraineté sur Batu Putish accroîtrait de 240 milles marins carrés la zone maritime de ce petit État géographiquement désavantagé. Par ailleurs, la souveraineté de Singapour sur cette île impliquerait une renégociation de la frontière Malaisie/Indonésie dans cette zone[889].

Au-delà des segments établis par un accord du 7 août 1995 – lui-même fondé sur l'accord précédent de 1927 qui retenait la ligne du centre du chenal navigable –[890], la délimitation maritime complète entre la Malaisie et Singapour[891] a été compliquée par deux différends territoriaux, le premier concernant le détroit de Johor, l'autre des îles et îlots en mer de Chine méridionale, mais les deux pays semblent avoir passé outre à ces différends puisqu'ils ont entamé, en avril 2019, des négociations relatives à leur frontière.

D'abord, la Malaisie a poursuivi Singapour à la suite de travaux de poldérisation dans la zone du détroit de Johor, et le 8 octobre 2003, le Tribunal international du droit de la mer rendait une ordonnance en mesures conservatoires, appelant notamment Singapour à ne pas conduire de travaux susceptibles de causer un tort irréparable aux droits de la Malaisie ou de nuire à l'environnement marin[892]. Le 1er septembre 2005, un tribunal d'arbitrage rendait une sentence finale contraignante pour les parties et conforme aux termes établis dans l'Accord de règlement qu'elles avaient conclu, notamment la disposition suivante : « The Parties agree that the issue pertaining to the maritime boundaries be resolved through amicable negotiations, without prejudice to the existing rights of the Parties under international law to resort to other pacific means of settlement[893] ».

Quant au différend relatif à des formations insulaires en mer de Chine méridionale[894], la CIJ, dans son jugement du 23 mai 2008, décide que la souveraineté sur Pedra Branca/Pulau Batu Puteh appartient à Singapour et que Middle Rocks relève de la Malaisie, tandis que la souveraineté sur South

---

888 Kittichaisaree, K. (1987) *The Law of the Sea and Maritime Boundary Delimitation in South-East Asia*, p. 138.

889 Prescott, J.R.V. (1985) *The Maritime Political Boundaries of the World*, p. 226.

890 Agreement between the Government of Malaysia and the Government of the Republic of Singapore to Delimit Precisely the Territorial Waters Boundary in Accordance with the Straits Settlements and Johore Territorial Waters Agreement 1927.

891 Charney, J. I. and Alexander, L. M. (1998) Malaysia (Johor)-Singapore, *in IMB*, vol. 3, p. 2345-2356.

892 *Travaux de poldérisation à l'intérieur et à proximité du détroit de Johor (Malaisie c. Singapour)*, mesures conservatoires, ordonnance du 8 octobre 2003, TIDM Recueil 2003.

893 Reproduit au paragraphe 23 de la sentence : *Affaire relative à la Réclamation territoriale de Singapour à l'intérieur et à proximité du détroit de Johor (Malaisie c. Singapour)*, RSA, vol. 27.

894 Labrecque, Georges (2015) *International Law of the Sea*, p. 286-291.

Ledge « appartient à l'État dans les eaux territoriales duquel il est situé[895] ». La Malaisie s'adressera ensuite à la Cour avec deux demandes similaires (l'une en revision, le 2 février 2017[896] ; l'autre en interprétation, le 20 juin suivant[897], au sujet de l'arrêt de 2008, mais ces affaires seront toutes deux rayées du rôle par ordonnance de la Cour[898], le 29 mai 2018, étant donné un désistement par accord des parties.

Entre les décisions de ces deux affaires judiciaires, les deux États auraient conclu, le 26 avril 2005, un accord de délimitation de la mer territoriale dans chacune des deux extrémités du détroit de Johor, respectivement dans le détroit de Malacca et dans le détroit de Singapour, les deux lignes s'écartant de l'équidistance[899].

Le 9 avril 2019, les deux États ont annoncé qu'ils entamaient des négociations relatives à la frontière maritime, qu'ils suspendaient leurs projets respectifs de prolonger leurs limites portuaires et qu'ils souhaitaient en venir à une entente relative à leurs espaces aériens respectifs[900]. En janvier 2020, ils réitéraient leur volonté de négocier leur frontière maritime[901]. Pourtant, en novembre 2023, la Malaisie déclarait que l'accord de 1995 demeurait applicable[902].

7.3 Indonésie / Singapour

La délimitation de la mer territoriale Indonésie/Singapour[903], dans le très étroit et très achalandé détroit de Singapour, a fait l'objet de plusieurs accords

---

895 *Souveraineté sur Pedra Branca/Pulau Batu Puteh, Middle Rocks et South Ledge (Malaisie/Singapour)*, arrêt, CIJ Recueil 2008, par. 300.

896 *Demande en revision de l'arrêt du 23 mai 2008 en l'affaire relative à la Souveraineté sur Pedra Branca/Pulau Batu Puteh, Middle Rocks et South Ledge (Malaisie/Singapour) (Malaisie c. Singapour)*, ordonnance du 29 mai 2018, CIJ Recueil 2018.

897 *Demande en interprétation de l'arrêt du 23 mai 2008 en l'affaire relative à la Souveraineté sur Pedra Branca/Pulau Batu Puteh, Middle Rocks et South Ledge (Malaisie/Singapour) (Malaisie c. Singapour),* ordonnance du 29 mai 2018, CIJ Recueil 2018.

898 https://www.icj-cij.org/files/case-related/167/167-20180529-ORD-01-00-FR.pdf.

899 Ortolland, Didier et Pirat, Jean-Pierre, dir. (2010) *Atlas géopolitique des espaces maritimes*, 2e éd., p. 201.

900 IBRU (2019) Malaysia and Singapore to start talks on maritime boundary delimitation, *Boundary News*, 9 April : https://www.dur.ac.uk/ibru/news/boundary_news/?itemno=38553&rehref=%2Fibru%2Fnews%2F&resubj=Boundary+news+Headlines. Voir aussi IBRU (2018) Malaysia and Singapore maritime boundary dispute, *Boundary News*, 18 December: https://www.dur.ac.uk/ibru/news/boundary_news/?itemno=37037&rehref=%2Fibru%2Fnews%2F&resubj=Boundary+news+Headlines.

901 https://www.straitstimes.com/singapore/singapore-kl-to-begin-talks-on-borders-around-pedra-branca.

902 https://www.nst.com.my/news/nation/2023/11/978940/govt-has-no-plans-remap-maritime-boundary-between-tebrau-and-singapore.

903 Lathrop, Coalter G., ed. (2016) Reports 5.11 (2) and (3) Indonesia-Singapore, *in IMBO,* vol. VII.

successifs, le premier ayant été conclu le 25 mai 1973[904]. La mer territoriale de l'Indonésie avait été étendue à 12 milles marins en 1960, tandis que celle de Singapour paraît être encore limitée à 3. Par ailleurs, Singapour annonçait dès 1980 son intention de la porter à 12 milles, ce qui représenterait de toute façon un accroissement insignifiant, étant donné sa situation géographique.

Cette frontière *multi-séquentielle* et *omni-fonctionnelle*, d'une longueur de 24,55 milles marins, traverse des eaux dont la profondeur varie de 12 à 25 brasses et elle est constituée d'une ligne d'équidistance stricte, sauf dans sa partie occidentale où la ligne est tracée à l'avantage de Singapour, étant donné que les lignes de base archipélagiques de l'Indonésie n'ont qu'un effet partiel, cet effet étant même nul entre l'île singapourienne Satumu et l'île indonésienne Takong-besar, à trois milles à peine l'une de l'autre. Qui plus est, cette frontière *dissymétrique* traverse les eaux archipélagiques indonésiennes[905]. Cette concession inusitée viserait à faire taire les objections singapouriennes à des lignes indonésiennes qui incluent des eaux jadis de haute mer et en partie les eaux d'un détroit d'une importance vitale pour Singapour[906]. D'ailleurs, la frontière suit essentiellement le chenal principal de navigation, y compris dans la zone où elle traverse les eaux archipélagiques indonésiennes.

Cette importance vitale a d'ailleurs été reconnue par la conclusion d'un accord exemplaire, signé en 1977 par les deux États et la Malaisie, lequel établit les dispositifs de séparation du trafic. Cet instrument, adopté la même année par l'Organisation maritime internationale, est à l'origine de l'article 41 de la CNUDM[907].

La libre circulation suppose aussi que soit réprimée la piraterie, particulièrement active dans le canal Philips dont l'étroitesse (1,3 kilomètre) contraint les gros navires à réduire leur vitesse à 10 nœuds. À ce sujet les deux États publient un accord, le 30 juillet 1992, lequel vise à coordonner leurs efforts pour lutter contre ce fléau.

Le 10 mars 2009, l'Indonésie et Singapour concluent un nouvel accord et complètent la délimitation maritime de la mer territoriale dans la partie occidentale du détroit de Singapour[908]. Entré en vigueur le 30 août 2010, l'accord, dans son préambule, mentionne que les côtes des deux pays se font

---

904 Traité entre la République de Singapour et la République d'Indonésie relatif à la délimitation des mers territoriales des deux pays dans le détroit de Singapour.

905 USDS (1974), *LS*, n° 60, p. 1-5.

906 Jayewardene, Hiran W. (1990) *op. cit.*, p. 374 et 389.

907 Cette disposition prévoit notamment que « les États riverains de détroits peuvent, lorsque la sécurité des navires dans les détroits l'exige, désigner des voies de circulation et prescrire des dispositifs de séparation du trafic » (par. 1).

908 Traité conclu entre la République de Singapour et la République d'Indonésie portant délimitation des mers territoriales entre les deux pays dans la partie occidentale du détroit de Singapour.

face dans le détroit de Singapour et que la frontière doit suivre la ligne de démarcation définie dans le traité du 25 mai 1973.

L'accord de 2009 précise les coordonnées géographiques des trois points de cette ligne qui paraît être d'équidistance ajustée – sur la carte jointe à l'accord –, mais il est aussi mentionné que l'emplacement exact de ces points « sera déterminé selon des méthodes choisies d'un commun accord par les autorités compétentes des deux pays » (art. 1, al. 3). Il est en outre prévu que tout différend sur l'interprétation ou l'application de cet instrument sera réglé à l'amiable par voie de consultations ou de négociations.

Un nouvel accord intervient le 3 septembre 2014 et entre en vigueur le 10 février 2017, qui prévoit la délimitation de la mer territoriale dans la partie orientale du détroit de Singapour[909]. Le préambule de ce traité contient une disposition inusitée mentionnant que les côtes respectives des parties se font face au niveau du détroit, et le traité décrit la frontière comme étant composée de lignes droites qui relient trois points dont les coordonnées sont indiquées. Le traité contient aussi une disposition habituelle selon laquelle tout différend quant à son interprétation ou son application « est réglé à l'amiable au moyen de consultations ou de négociations » (art. 3). Ce troisième et dernier accord porte à 67,3 kilomètres la longueur de la partie délimitée de la frontière[910].

7.4 Malaisie / Thaïlande

Les deux États concluent, le 24 octobre 1979, deux instruments de délimitation, l'un concernant la mer territoriale[911] dans le détroit de Malacca et le golfe de Thaïlande[912], l'autre portant sur une partie du plateau continental[913] dans le golfe de Thaïlande. Là où le plateau continental reste dans l'indivision, les parties conviennent de l'instauration d'une zone d'exploitation conjointe des ressources minérales. Onze ans plus tard, un nouvel accord[914] visera à rendre exécutoires les dispositions du mémorandum de 1979.

---

909 Traité entre la République de Singapour et la République d'Indonésie relatif à la délimitation de la mer territoriale des deux pays dans la partie orientale du détroit de Singapour.

910 (2017) Singapore, Indonesia submit third sea border treaty to UN, *The Straits Times*, 27 September : https://www.straitstimes.com/asia/se-asia/singapore-indonesia-submit-third-sea-border-treaty-to-un.

911 Traité relatif à la délimitation de la mer territoriale des deux pays.

912 IILSS (2023) About Gulf of Thailand, facts and maps, *in WMBA* : https://iilss.net/about-gulf-of-thailand-facts-and-maps/ ; IILSS (2023) Maritime Law and Security in Thailand, *in CMI* : https://iilss.net/maritime-law-and-security-in-thailand/.

913 Memorandum of Understanding between the Kingdom of Thailand and Malaysia on the delimitation of the continental shelf boundary between the two countries in the Gulf of Thailand.

914 Agreement between the Government of Malaysia and the Government of the Kingdom of Thailand on the Constitution and Other Matters Relating to the Establishment of the Malaysia-Thailand Joint Authority.

La mer territoriale est divisée par une droite reliant deux points dont les coordonnées géographiques sont mentionnées dans l'accord (art. 2). La difficulté de déterminer le point initial de la ligne est inhérente aux dispositions de l'accord de 1909 entre le Siam et la Grande-Bretagne, qui établissait la frontière terrestre dans le thalweg de la rivière Golok. Or, celui-ci est mobile, et les deux pays envisagent la possibilité d'ériger une structure permanente marquant le point initial de la frontière maritime. La ligne séparant la mer territoriale a une longueur de 12 milles marins et est tracée selon l'équidistance.

La ligne séparant une partie du plateau continental s'écarte très légèrement d'une ligne d'équidistance après avoir fait un zig-zag minuscule – imperceptible sur une carte à petite échelle. L'un des points d'inflexion de ce zig-zag « est anciennement l'emplacement de Kuala Tabar en vertu du protocole frontalier » annexé au traité de 1909 (art. 1). Le point terminal septentrional de cette frontière *uni-fonctionnelle* et *inachevée* se trouve à 29 milles marins à peine des côtes. Les gouvernements des deux États poursuivront leurs négociations en vue de fixer complètement la délimitation du plateau continental » (art. 3), car ils n'arrivent pas à s'entendre sur l'effet à donner au rocher thaïlandais Losin – une petite formation sise à 39 milles marins des côtes et qui émerge de 5 pieds à marée haute[915]. Selon qu'on lui attribue un effet entier (position thaïlandaise) ou un effet nul (position malaisienne), la zone de chevauchement représente une superficie différente de 2 100 milles marins carrés.

La difficulté de prolonger la frontière est accrue du fait de l'octroi thaïlandais de concessions pétrolières à l'intérieur de la zone de chevauchement. Pourtant le mémorandum de 1979 réglera provisoirement le litige en considérant cette zone de chevauchement comme zone d'exploitation conjointe, puisqu'il est « dans le meilleur intérêt des deux pays d'exploiter les ressources du plateau (…) aussitôt que possible[916] ».

Les activités menées dans la zone sont supervisées par l'Autorité Conjointe, laquelle est constituée de membres des deux pays en nombre égal, les coûts et les bénéfices étant partagés dans la même proportion. Les droits et responsabilités de l'Autorité n'affectent d'aucune manière la validité des concessions déjà octroyées par l'un ou l'autre des gouvernements. Les droits exercés par chacun en matière de pêche, de navigation, de recherche océanographique et de protection de l'environnement marin s'étendent à l'ensemble de la zone (art. 3 et 4). Par ailleurs, en ce qui concerne la juridiction pénale, les deux États conviennent de diviser la zone, étant entendu par ailleurs que l'établissement de cette ligne ne peut être interprété comme étant une délimitation du plateau continental (art. 5).

---

[915] Kittichaisaree, Kriangsak (1987) *op. cit.*, p. 100-101.

[916] Préambule du mémorandum, traduction libre.

La zone d'exploitation conjointe est instaurée pour une durée de 50 ans qui sera prolongée si, à l'expiration du terme, les deux pays ne se sont pas entendus sur la délimitation de la frontière. Dans le cas où un accord de délimitation interviendrait avant l'expiration du terme, les dispositions relatives à l'exploitation de la zone seront abrogées, à moins que la Malaisie et la Thaïlande n'en décident autrement.

Ce mémorandum, qui rappelle à certains égards l'accord conclu entre le Japon et la Corée du Sud en 1973, ne sera rendu opératoire qu'aux termes d'un accord subséquent[917], conclu en 1990, beaucoup plus détaillé, notamment en ce qui concerne le partage des profits, la taxation et les droits douaniers (art. 8, 16 et 17).

7.5 Malaisie / Brunei

L'année suivant l'indépendance politique de l'actuelle Malaisie péninsulaire, deux arrêtés-en-conseil de 1958 du gouvernement britannique[918] procèdent à la délimitation des frontières de la mer territoriale et d'une partie du plateau continental entre le sultanat de Brunei[919] et les territoires du Sarawak et du Bornéo septentrional[920]. La découverte, dès 1910, de pétrole *inshore* à Brunei, notamment à Seria, donnait une nette indication que les ressources s'étendaient *offshore*, si bien que le sultanat revendique, en 1954, sa souveraineté sur le plateau continental.

Fait inusité, ces lignes ne sont pas définies selon des coordonnées géographiques, mais par une succession de droites avec mention de leurs longueurs et de leurs azimuts respectifs. La frontière centrale, d'une longueur de 18 milles marins, « ferme » selon une ligne d'équidistance la vallée de la rivière Limbang, qui coupe en deux parties le territoire de Brunei. Les deux frontières (occidentale et orientale) sont tracées aussi suivant une ligne d'équidistance, sauf que, dans le cas de cette dernière frontière et à 5 milles de la côte, cette méthode a été remplacée par une perpendiculaire à la direction générale des côtes, ce qui avantage Brunei de 300 milles marins carrés, tout en plaçant de part et d'autre de la ligne deux têtes de puits se trouvant à 0,75 mille l'une de l'autre[921].

---

[917] Agreement between the Government of Malaysia and the Government of the Kingdom of Thailand on the Constitution and Other Matters Relating to the Establishment of the Malaysia-Thailand Joint Authority.

[918] The North Borneo Orders in Council, Statutory Instruments 1958, n° 1517 and 1518.

[919] IILSS (2023) Maritime Security & the Law of the Seas : Brunei's Stake, *in CMI* : https://iilss.net/maritime-security-the-law-of-the-seas-bruneis-stake/.

[920] International Mapping (2024) *op. cit.* : https://sovereignlimits.com/boundaries/brunei-malaysia-maritime.

[921] Si le tracé de la ligne a effectivement ce résultat, il n'est pas certain pour autant que son choix a été inspiré délibérément *pour* avoir ce résultat (Charney, J.I. and Alexander, L.M., eds, 1993, *op. cit.*, vol. 1, p. 919).

Le point terminal septentrional de la frontière occidentale, de même que celui de la frontière orientale, se trouvent à l'isobathe des 100 brasses et à peine à 40 milles des côtes, ce qui laisse Brunei et la Malaisie dans l'indivision quant à la majeure partie du plateau continental.

Il appert d'une carte publiée en 1979 par la Malaisie que cette dernière reconnaît comme frontières internationales les frontières maritimes établies unilatéralement par le gouvernement britannique en 1958, tandis que la position de Brunei paraît moins claire[922]. Quoi qu'il en soit, les deux États semblent avoir respecté ces frontières *exogènes*[923].

Dans le meilleur des scenarios du point de vue de Brunei, le prolongement des frontières s'établirait selon les azimuts déjà déterminés : les lignes étant presque parallèles (316^0 et 314^0), les frontières s'étendraient à 255 milles marins des côtes de Brunei, à équidistance avec celles du Viet Nam, la zone de la Malaisie se trouvant ainsi coupée, à l'instar du territoire de Brunei. La seule formation alors dévolue à Brunei serait le récif Louisa, entièrement submergé à marée haute, de l'avis de certaines autorités. Par ailleurs, quelques formations de la pointe méridionale des Spratley (notamment les cayes Amboyna et Mariveles) sont incontestablement des îles au sens de la CNUDM – ce qui leur procure un plateau continental et une zone économique exclusive propres[924].

Or, ces îles sont revendiquées par tous les États riverains de la mer de Chine méridionale (Taïwan, Chine, Philippines, Viet Nam, y compris la Malaisie qui a agrandi artificiellement l'une de celles-là en 1983, imitée par Brunei en 1992[925]). Une ligne d'équidistance, calculée non plus entre les côtes de Brunei et celles du Viet Nam mais plutôt entre les côtes de Brunei et l'une ou l'autre de ces îles sous une autre souveraineté, rétrécirait d'autant les espaces maritimes du sultanat. Son plateau continental se trouvant alors quasi enclavé, sa ZÉE enclavée, et compte tenu de son littoral très court et de son accès à une mer semi-fermée, Brunei pourrait tenter de se voir reconnaître un statut d'État géographiquement désavantagé.

Dans l'état actuel des choses, les frontières Brunei/Malaisie risquent d'être encore longtemps *inachevées*. Par ailleurs, et depuis le développement de la pêche dans la région, Brunei et la Malaisie ont tout intérêt à convenir d'une ligne divisant la ZÉE. Or, il paraît peu probable que la Malaisie consente à ce que la frontière occidentale devienne *multi-fonctionnelle*, puisqu'elle avantage, disions-nous, Brunei. Les deux États pourraient alors s'inspirer de la solution adoptée par l'Australie et l'Indonésie en instaurant une frontière *dédoublée*.

---

[922] On a émis l'opinion que Brunei contestait la validité de ces frontières (Legault, L. and Hankey, B. (1993) p. 223, *in* Charney, J.I. and Alexander, L.M., eds, *op. cit.*).

[923] Haller-Trost, R. (1994) The Brunei-Malaysia Dispute over Territorial and Maritime Claims in International Law, *Maritime Briefing*, vol. 1, n° 3.

[924] Prescott, J.R.V. (1985) *op. cit.*, p. 227-228.

[925] Lacoste, Yves, dir. (1993) *Dictionnaire de géopolitique*, p. 1424.

Un accord de délimitation aurait été conclu, mais non publié, en 2009 par les deux États, si l'on en croit International Mapping[926] qui ne donne pourtant pas de détails, tandis qu'une importante source d'informations des Nations Unies indique la mention « No agreements available[927] ». En outre, Brunei, dans son information préliminaire communiquée le 12 mai 2009 à la Commission des limites du plateau continental[928], affirme qu'une délimitation avec la Malaisie a bel et bien été conclue par un échange de lettres concernant à la fois la mer territoriale, la ZÉE et le plateau continental (y compris au-delà des limites de 200 milles marins).

On a par la suite estimé que cet échange de lettres contribuait à la résolution de plusieurs différends, outre celui de la délimitation : l'établissement d'une zone conjointe de développement des ressources pétrolières (connue sous le nom de Commercial Arrangement Area) ; l'instauration d'un service de surveillance des frontières malaisiennes dans la zone du district de Limbang, presque enclavée par les deux zones terrestres de Brunei ; enfin, la résolution des droits de transit des nationaux des deux États dans les eaux intérieures[929].

7.6 Indonésie / Australie

Le 18 mai 1971, l'Indonésie et l'Australie (*figure 10*) concluent un premier accord de délimitation[930] dans la mer d'Arafura[931]. Le point le plus oriental de la ligne se trouve à 22 milles marins du point terminal de la frontière terrestre entre la province indonésienne d'Irian Jaya et la Papouasie-Nouvelle-Guinée alors administrée par l'Australie, tandis que le point le plus occidental intersecte l'isobathe des 200 mètres. Ces deux points sont reliés par une ligne d'équidistance se poursuivant sur une longueur de 528 milles marins et divisant un plateau continu, uniforme et de faible profondeur. Cette ligne d'équidistance est indifférente aux lignes de base archipélagiques de l'Indonésie. L'accord de 1971 délimite aussi une partie du plateau au nord de

---

926 International Mapping (2024) *op. cit.* : https://sovereignlimits.com/boundaries/brunei-malaysia-maritime.

927 MSMZMD : https://www.un.org/depts/los/LEGISLATIONANDTREATIES/STATEFILES/BRN.htm.

928 CLCS : https://www.un.org/depts/los/clcs_new/submissions_files/preliminary/brn2009preliminaryinformation.pdf.

929 Smith, Jeffrey (2013) Brunei and Malaysia Resolve Outstanding Maritime Boundary Issues, *ASIL Law of the Sea Reports*, vol. 1 : https://papers.ssrn.com/sol3/papers.cfm?abstract_id=2296908.

930 Accord entre le Gouvernement du Commonwealth d'Australie et le Gouvernement de la République d'Indonésie établissant certaines lignes délimitant les fonds marins.

931 D'une superficie approximative de 650 000 km², la mer d'Arafura est située entre le détroit de Torres, à l'est, et l'île de Timor, à l'ouest. À l'exception de la fosse d'Aru au nord-ouest (3 650 m), elle recouvre un plateau qui se trouve à une profondeur variant de 50 à 80 m. USDS (1979) *LS*, n° 87, p. 3.

l'île de Nouvelle-Guinée. La ligne, d'une longueur de 27 milles seulement, part du point terminal de la frontière terrestre et est tracée selon l'équidistance, étant entendu que « [t]out segment visant à prolonger cette ligne vers le nord selon le même principe, aucune disposition du présent article ne doit être interprétée comme portant atteinte à un accord qui pourra être conclu par la suite (...) en vue de définir la limite latérale séparant les mers territoriales » (art. 4). Cela ouvre donc la possibilité que l'Indonésie ou la Papouasie-Nouvelle-Guinée revendique un plateau continental dont une partie serait sous la mer territoriale de l'autre pays !

Le 9 octobre 1972, l'Indonésie et l'Australie concluent un second accord[932] prolongeant, en mer de Timor[933], la frontière de 1971. Ce nouvel instrument est muet quant à la méthode de délimitation retenue – puisqu'il ne mentionne que les coordonnées géographiques des points utilisés pour la construction de 12 droites –, mais le géographe du Département d'État américain est d'avis que l'équidistance a été ignorée au profit de deux critères spécifiques : l'existence de concessions pétrolières australiennes, de même que l'importance de la fosse de Timor[934] (plus de 3 000 mètres), « accident tectonique de la même famille que les autres grands accidents arqués typiques du monde insulaire indonésien, et qu'annonce une structure mobile totalement différente de la structure massive et sans grands reliefs de la plate-forme de Sahul[935] ». À l'est de la discontinuité se trouvant au large du Timor oriental, la ligne mesure 327 milles marins. Du côté occidental, elle accuse une longueur de 188 milles, et elle est interrompue, dans le bassin de Roti, à cause de la divergence des deux pays sur l'effet à attribuer aux récifs australiens Cartier et Ashmore, l'Australie tenant à leur attribuer un plein effet, l'Indonésie soumettant plutôt que la ligne d'équidistance devrait les ignorer complètement – ce qui représente une zone disputée de 52 120 milles marins carrés. La ligne de 1972 favorise, de toute évidence, l'Australie, puisqu'elle se trouve de 20 à 65 milles au nord de la ligne des plus grandes profondeurs – un effet partiel seulement ayant donc été attribué à la géomorphologie.

Le 12 février 1973, un troisième accord[936] sera conclu aux fins de préciser la démarcation de la frontière terrestre et de compléter la délimitation du plateau sur une longueur de 21 milles marins à partir du point terminal de la frontière terrestre au sud. La détermination de ce point soulevait des difficultés, étant donné la mobilité de l'embouchure du fleuve Bensbach qui sert de frontière dans une région marécageuse. Ici aussi, la méthode de

---

[932] Accord entre le Gouvernement du Commonwealth d'Australie et le Gouvernement de la République d'Indonésie instituant certaines lignes délimitant les fonds marins dans la zone des mers de Timor et d'Arafura, complétant l'accord du 18 mai 1971.

[933] Située entre l'île du même nom et l'Australie, la mer de Timor, d'une superficie de 450 000 km^2, recouvre deux provinces géologiques distinctes : la fosse de Timor, orientée nord-ouest sud-est, et la plate-forme de Sahul au sud-est. USDS (1979) *op. cit.*, p. 3.

[934] L'importance du critère géomorphologique a été soulignée par Prescott (1985) *Australia's Maritime Boundaries*, p. 103-118.

[935] Guilcher, André (1984) Les arguments de la géomorphologie et de la géologie sous-marines dans les débats de délimitation des 'zones économiques exclusives', *Hérodote*, n° 32, p. 109-122.

[936] Agreement between Indonesia and Australia Concerning Certain Boundaries between Indonesia and Papua New Guinea.

l'équidistance a été retenue, compte tenu du fait qu'on ne trouve pas, au large de ces côtes adjacentes, de formations insulaires susceptibles de compliquer le parcours de la ligne. Une disposition de l'accord prévoit que la frontière délimitant les mers territoriales et les zones de pêche exclusives « shall so far as they extend coincide with the seabed boundary lines » établies aux termes de ce même accord, de même que celui de 1971.

En novembre 1979, l'Australie instaurera une zone de pêche de 200 milles, la limite de celle-ci étant constituée, dans les secteurs de chevauchements, d'une ligne d'équidistance stricte donnant plein effet aux récifs Cartier et Ashmore. Or, l'Indonésie estime que cette ligne devrait ignorer ces récifs inhabités et être alors à équidistance des côtes. Les deux pays en viendront à un compromis en signant, le 29 octobre 1981, un mémorandum[937] aux termes duquel on trace une ligne provisoire de surveillance des pêches, laquelle place du côté de l'Indonésie 70% de la superficie disputée. À l'est du méridien 125^0, elle est à équidistance des lignes de base droites et elle coïncide, dans le secteur oriental, avec la frontière du plateau continental ; à l'ouest de ce même méridien, elle attribue un effet partiel au récif Ashmore en traçant autour un arc de cercle de 12 milles marins.

Cette frontière *multi-fonctionnelle* et *multi-séquentielle* est *dédoublée* et *dissymétrique* quant à la ligne de surveillance des pêches, puisqu'elle sépare la zone économique exclusive de l'Indonésie et la zone de pêche de l'Australie.

La ligne provisoire est tracée sans préjudice des droits des pêcheurs traditionnels indonésiens dans la zone de pêche et sur le plateau continental australiens, tel que cela avait été convenu dans un mémorandum précédent[938]. Quant à la pêche des espèces sédentaires, elle doit être exercée en conformité avec le tracé de la ligne divisant le plateau continental.

Toujours incapables de s'entendre sur la division du plateau au large des côtes de l'ex-Timor portugais[939], l'Australie et l'Indonésie instaureront par ailleurs une zone de coopération, aux termes d'un accord[940] fort complexe, signé le 11 décembre 1989, qui contient diverses dispositions concernant l'autorité conjointe et les responsabilités du conseil ministériel, la surveillance, la taxation, la sécurité, le sauvetage, la recherche scientifique, la protection de l'environnement et l'exploitation minière. La zone de

---

[937] Memorandum of Understanding between the Government of the Republic of Indonesia and the Government of Australia Concerning the Implementation of a Provisional Fisheries Surveillance and Enforcement Arrangement.

[938] « By 'traditional fishermen' is meant the fishermen who have traditionally taken fish and sedentary organisms in Australia waters by methods which has been the tradition over decades of time ». Mémorandum de novembre 1974, article 1, reproduit dans Charney, J.I. and Alexander, L.M., eds, (1993) *op. cit.*, vol. 2, p. 1239-1240.

[939] IILSS (2023) Maritime Security and Law of the Seas in Timor-Leste, *in CMI* : https://iilss.net/maritime-security-and-law-of-the-seas-in-timor-leste/.

[940] Treaty between Australia and the Republic of Indonesia on the zone of Cooperation in an Area between the Indonesia Province of East Timor and Northern Australia.

coopération, d'une superficie totale de 16 129 milles marins carrés, est divisée en 3 secteurs (identifiés comme a, b et c) qui couvrent respectivement 9 375, 5 178 et 1 576 milles carrés. La limite septentrionale de la zone c correspond à une représentation simplifiée de l'axe de la fosse de Timor, tandis que la limite méridionale de la zone b coïncide avec la ligne de 200 milles tracée à partir de l'Indonésie. Quant à la limite entre les zones a et c, elle suit grossièrement l'isobathe de 1 500 mètres.

Dans la zone c, dont l'exploration et l'exploitation pétrolières seront soumises au régime juridique de l'Indonésie, 10% des revenus seront payés à l'Australie, et vice versa dans la zone b ; seule la zone a, estimée être la plus prometteuse[941], est administrée par un conseil conjoint (art. 3 et 4).

L'accord, d'une durée de 40 ans, peut être renouvelé pour des périodes successives de 20 ans, tant et aussi longtemps que la délimitation du plateau continental ne sera pas complétée de façon permanente (art. 33).

Le 14 mars 1997, les gouvernements de l'Australie et de l'Indonésie se déclarent « convaincus que l'établissement de lignes de délimitation complètes (...) encouragera et stimulera le développement durable des ressources marines ». Les deux États concluent en effet un autre accord[942] prévoyant une extension vers l'ouest de la délimitation des fonds marins selon des méthodes *composites* (lignes géodésiques, méridiens, arcs de cercle de 24 milles marins de rayon par rapport aux îles Ashmore). Dans le secteur situé entre l'archipel indonésien et l'Australie continentale, la délimitation des zones économiques exclusives est effectuée selon des méthodes tout aussi composites.

On peut souligner par ailleurs un échange de notes constituant un accord conclu le 10 février 2000 entre l'Australie et l'Administration transitoire des Nations Unies au Timor Oriental concernant l'application de l'accord de 1989, étant donné que celui-ci « serait avantageux pour la population » mais sans préjudice de la non-reconnaissance de l'ATNUTO de l'intégration du Timor dans l'Indonésie[943]. Le 20 mai 2002, un échange de notes, cette fois entre l'Australie et le Timor Oriental, viendra préciser que ce dernier ne reconnaît pas la validité de ce traité concernant la zone de coopération[944].

---

941 Johnston, D.M. and Valencia, M.J. (1990) *Pacific Ocean Boundary Problems* : *Status and Solutions*, p. 71-72.

942 Traité entre le Gouvernement australien et le Gouvernement de la République d'Indonésie établissant la limite de la zone économique exclusive et certaines autres lignes de délimitation des fonds marins.

943 Nations Unies (2000) *BDM*, n° 42, p. 186-187.

944 Exchange of Notes constituting an Agreement between the Government of Australia and the Government of the Democratic Republic of Timor-Leste concerning Arrangements for Exploration and Exploitation of Petroleum in an Area of the Timor Sea between Australia and East Timor.

7.7 Indonésie / Papouasie-Nouvelle-Guinée

Indépendante en 1975, la Papouasie-Nouvelle-Guinée hérite de deux frontières délimitées respectivement en 1971 et en 1973 entre l'Australie et l'Indonésie. De ces deux frontières *exogènes*, la courte ligne dans l'océan Pacifique sera prolongée jusqu'à la limite des 200 milles marins, aux termes d'un accord[945] conclu le 13 décembre 1980 entre l'Indonésie et la Papouasie-Nouvelle-Guinée. Le point terminal de la ligne est établi sans préjudice des droits des deux pays de prolonger la frontière jusqu'au rebord externe du plateau continental (art. 3). L'accord stipule (art. 2) que la méthode de délimitation est celle déjà prévue à l'accord de 1971 – en l'occurrence l'équidistance. Entre ces côtes adjacentes, la ligne attribue un plein effet aux îles, y compris les minuscules formations papouasiennes que sont Wuvulu et Aua. Les lignes de base archipélagiques des deux pays ont influé sur le tracé de la ligne.

À l'instar de la ligne de surveillance des pêches entre l'Australie et l'Indonésie, la frontière est établie sans préjudice des droits traditionnels des pêcheurs des deux pays, lesquels droits seront déterminés par accord entre les parties (art. 5). Celles-ci conviennent de coopérer dans la conservation et la gestion des ressources biologiques, notamment pour ce qui concerne les espèces hautement migratoires et la participation des États tiers dans l'exploitation de ces ressources (art. 6).

En dépit de certaines opinions contraires[946], on pourrait qualifier de *multi-fonctionnelles* les deux frontières entre l'Indonésie et la Papouasie-Nouvelle-Guinée, compte tenu de l'accord de 1980 et de son préambule : « Taking account of the recent developments in the Law of the Sea regarding the regime of the continental shelf and exclusive economic zone » ; en outre, l'article 4 stipule que la ligne tracée conformément au présent accord et à ceux de 1972 et 1973 « shall, so far as it might be relevant, be the boundary of the exclusive economic zone or fishing zone between the Republic of Indonesia and Papua New Guinea which either Government might establish in accordance with international law ». Or, ils ont instauré tous les deux une zone économique exclusive, respectivement en mars 1980 et en mars 1978.

---

945 Agreement between the Government of Indonesia and the Government of Papua New Guinea Concerning the Maritime Boundary between the Republic of Indonesia and Papua New Guinea and Cooperation on related Matters.

946 Ces frontières ne diviseraient que le seul plateau continental, selon Legault, L. and Hankey, B. (1993) p. 236, *in* Charney, J.I. and Alexander, L.M., eds, *op. cit.*

7.8 Indonésie / Viet Nam

L'accord de délimitation du 26 juin 2003 entre l'Indonésie et le Viet Nam[947] ne concerne que le plateau continental et donne la liste des coordonnées de cinq points reliés par des lignes géodésiques entre côtes opposées où l'équidistance paraît avoir été adoptée entre la côte vietnamienne et les îles indonésiennes Natuna. L'accord, entré en vigueur le 29 mai 2007, prévoit par ailleurs que l'emplacement exact de ces points et de ces droites sera déterminé selon des méthodes choisies d'un commun accord par les autorités compétentes.

Une clause assez inusitée mentionne que cet accord n'affectera aucunement un traité éventuel pouvant être signé quant à la délimitation de la ZÉE. Les parties conviennent de se consulter en vue d'une coordination de leur politique quant à la protection de l'environnement marin, notamment dans le cas de ressources minérales transfrontalières, de leur exploitation et du partage des bénéfices. Enfin, le règlement de tout différend sera résolu pacifiquement par voie de consultation ou de négociation.

Le 22 décembre 2022, les deux États ont annoncé, après de longues négociations, qu'ils avaient convenu de la délimitation de la zone économique exclusive, en sus de la délimitation de 2003 relative au plateau continental. Les deux parties ne s'entendaient pas sur le tracé de la ligne, le Viet Nam estimant que cette nouvelle délimitation devait coïncider avec celle du plateau continental, tandis que l'Indonésie, étant d'avis qu'une autre ligne était appropriée, soutenait la méthode de la ligne médiane entre l'île indonésienne Natuna et l'île vietnamienne Con Dao[948].

7.9 Indonésie / Philippines

Après une vingtaine d'années de négociations, les deux principaux États archipélagiques de la planète, l'Indonésie[949] et les Philippines[950], concluent, le 23 mai 2014, un accord de délimitation relatif à la zone économique exclusive[951] dans les mers des Philippines et de Célèbes[952]. Ainsi, les

[947] Accord entre le Gouvernement de la République socialiste du Viet Nam et le Gouvernement de la République d'Indonésie relatif à la délimitation de la frontière du plateau continental.

[948] IBRU (2014) *Borderlines*, issue 22, p. 3.

[949] USDS (2014) Indonesia : Archipelagic and other Maritime Claims and Boundaries, *LS*, n° 141.

[950] IILSS (2023) Analyzing Philippines Maritime Matters in Law of the Seas and Security, *in CMI* : https://iilss.net/analyzing-philippines-maritime-matters-in-law-of-the-seas-and-security/ ; Lathrop, Coalter G., ed. (2016) Report 5-41 Indonesia – Philippines, *in IMBO*, vol. VII ; USDS (2014) Philippines : Archipelagic and other Maritime Claims and Boundaries, *LS*, n° 142.

[951] Agreement between the Republic of the Philippines and the Republic of Indonesia Concerning the Delimitation of the Exclusive Economic Zone Boundary.

[952] Lathrop, Coalter G., ed. (2016) Reports 5.11 (2) and (3) Indonesia-Singapore, *in IMBO*, vol. VII.

Philippines renonçaient à leurs revendications concernant un « rectangle » qui avait été décrit aux termes du Traité de Paris de 1898, lequel mettait fin à la guerre Espagne/États-Unis.

La frontière, d'une longueur totale de 627.51 milles marins, comporte 8 points reliés par des lignes géodésiques. En mer de Célèbes, elle est à équidistance des lignes de base archipélagiques respectives, tandis qu'au large des côtes en mer des Philippines, elle suit un parallèle de latitude jusqu'à 200 milles des côtes. Le point 1 de la ligne se trouve au large d'une zone appelée Ambalat disputée par l'Indonésie et la Malaisie et dans laquelle les deux États entretiennent un différend territorial concernant deux îles (Pulau Ligitan et Pulau Sipadan), la Cour internationale de Justice[953] décidant pourtant, en décembre 2002, que la souveraineté territoriale appartenait à la Malaisie[954].

Dans l'accord de 2014, l'Indonésie et les Philippines, outre la délimitation, conviennent de coopérer en vue de la gestion et de la préservation des ressources. L'accord stipule être conclu sans préjudice de la position des parties sur toute délimitation du plateau continental[955]. Ratifié en 2017, l'accord est entré en vigueur le 1er août 2019[956]. Cette frontière est *uni-fonctionnelle* et *composite*.

7.10 Timor oriental / Australie

Le 2 mai 2002, le jour même où le Timor oriental, dans un échange de notes, dit ne pas reconnaître le traité de 1989 conclu entre l'Australie et l'Indonésie concernant une zone d'exploitation conjointe en mer de Timor, un accord similaire et très détaillé est signé entre le Timor oriental et l'Australie concernant le Joint Petroleum Development Area (JPDA) – les deux États touchant respectivement 90% et 10% des revenus[957]. Cet instrument, entré en vigueur le 2 avril 2003, mentionne expressément que l'article 83 de la Convention sur le droit de la mer requiert des États leur coopération en vue de conclure des arrangements pratiques en attendant la conclusion d'un accord formel de délimitation. Il est également stipulé que cet accord de 2002 est adopté sans préjudice de la position des parties quant à la délimitation du plateau continental.

---

[953] *Souveraineté sur Pulau Ligitan et Pulau Sipadan (Indonésie/Malaisie)*, arrêt, CIJ Recueil 2002.

[954] Labrecque, Georges (2007) *Les différends internationaux en Asie*, p. 139-166.

[955] (2014) NAMRIA draws PH-Indonesia EEZ Boundary Map, *Newscoop 2014*, 28 May : http://namria.gov.ph/Downloads/Publications/NewsScoop/2014mayNo34.pdf.

[956] IBRU (2019) Indonesia and Philippines treaty to delimit maritime EEZ, *Boundary News*, 19 August : https://www.dur.ac.uk/ibru/news/boundary_news/?itemno=39500&rehref=%2Fibru%2Fnews%2F&resubj=Boundary+news+Headlines.

[957] Timor Sea Treaty between the Government of East Timor and the Government of Australia.

Cette clause « sans préjudice » sera reprise lors d'un autre accord similaire, conclu le 6 mars 2003, concernant une zone extérieure à la JPDA, les gisements Sunrise et Troubadour – les revenus étant partagés à 50/50%[958]. Le 12 janvier 2006 est conclu un autre traité, le CMATS[959], prévoyant également un partage à parts égales, de même qu'un moratoire de 50 ans quant à toute négociation sur une quelconque délimitation maritime.

Le 11 avril 2016, le Timor oriental a introduit une procédure de conciliation contre l'Australie en vertu de l'article 298 et de l'annexe V de la Convention sur le droit de la mer. Le 19 septembre suivant, une commission de conciliation a rejeté les objections de l'Australie à sa compétence[960] et amorcé une procédure de conciliation sur la délimitation maritime entre les deux États, mais cette conciliation ne sera pas légalement contraignante. Les positions des parties sont difficiles à concilier puisque l'Australie réitère que le traité 2006 ne peut être renégocié avant 50 ans de sa conclusion, tandis que le Timor estime que cet instrument est non seulement inéquitable mais aussi invalide, étant donné notamment que des espions australiens, au cours des négociations de cet instrument, auraient surveillé des officiels timorais[961]. Le Timor préconise une ligne d'équidistance entre les côtes, alors que l'Australie estime qu'une telle ligne désavantagerait le Timor lui-même[962].

Le 30 août 2017, les deux États concluent un projet de traité de délimitation frontalière[963]. Le 6 mars 2018, grâce à une commission de conciliation sous les auspices de la CPA[964], le Timor et l'Australie signent un accord de délimitation *multi-fonctionnelle* (plateau continental et ZÉE), lequel remplace les instruments précédents (2002, 2003 et 2006), et qui prévoit par ailleurs des dispositions relatives au statut juridique d'un champ gazier – le Greater Sunrise – et à son développement, ses revenus étant partagés dans une proportion de 70/30, ou de 80/20 en faveur du Timor si le développement est assuré par gazoduc par le Timor ou par l'Australie[965]. L'Australie, qui proposait une ligne suivant le plateau continental et plus rapprochée du Timor,

---

[958] Agreement between the Government of Australia and the Government of the Democratic Republic of Timor-Leste relating to the Unitization of the Sunrise and Troubadour fields.

[959] Treaty on Certain Maritime Arrangements in the Timor Sea.

[960] *Conciliation between The Democratic Republic of Timor-Leste and The Commonwealth of Australia,* Decision on Australia's Objections to Competence, Case No 2016-10, PCA. Voir aussi Weckel, Philippe (2016) La procédure de conciliation dans le différend sur la délimitation maritime en 2016 entre l'Australie et Timor-Leste, *Sentinelle*, 10 février.

[961] (2016) Hague Court to Hear East Timor Boundary Dispute, *The Maritime Executive*, 26 September : http://www.maritime-executive.com/article/hague-court-to-hear-east-timor-boundary-dispute.

[962] (2016) Court to arbitrate East Timor-Australia maritime dispute, *BBC News*, 27 September : http://www.bbc.com/news/world-australia-37426653.

[963] Comprehensive Package Agreement.

[964] Pour une analyse, consulter notamment Jianjun, Gao (2018) The Timor Sea Conciliation (Timor-Leste v. Australia) : A Note on the Commission's Decision on Competence, *ODIL*, vol. 49, issue 3, p. 208-225.

[965] https://www.pcacases.com/web/sendAttach/2303.

a fait une importante concession puisque l'accord prévoit la délimitation suivant une ligne d'équidistance entre les côtes[966]. De part et d'autre de cette ligne, la frontière est constituée de deux segments latéraux connectant les frontières Australie/Indonésie du plateau continental (1971) et de la ZÉE (1997)[967].

7.11 Thaïlande / Viet Nam

Dix-huit ans après avoir conclu avec la Malaisie deux accords de délimitation et un mémorandum instaurant une zone d'exploitation conjointe, la Thaïlande signe, le 9 août 1997, cette fois avec le Viet Nam, un accord[968] aux fins de « fixer la frontière maritime entre les deux pays dans la partie du golfe de Thaïlande où leurs secteurs respectifs du plateau continental se chevauchent » (préambule). Il s'agit d'une frontière *multi-fonctionnelle*, comme l'indique l'article 1, par. 5 de l'accord, lequel stipule clairement que la ligne divise à la fois les deux plateaux continentaux et les deux zones économiques exclusives.

La frontière est définie comme une droite reliant deux points (C et K), le point C étant défini comme le point le plus septentrional de la zone d'exploitation commune établie par le mémorandum conclu en 1979 par la Malaisie et la Thaïlande, tandis que le point K se trouve « situé sur la frontière maritime » entre le Viet Nam et le Cambodge « qui est constitué par la ligne droite équidistante des îles Tho Chu et Poulo Wai » (art. 1, par. 3). Dans le cas où une formation géologique (pétrole, gaz ou autre gisement) se trouverait de part et d'autre de la frontière, les parties s'engagent à communiquer toute information à ce sujet, et elles s'efforceront de parvenir à une entente quant au partage équitable des profits. L'accord prévoit aussi qu'elles entameront des négociations avec la Malaisie afin d'en arriver à un règlement « concernant la zone tripartite de chevauchement des secteurs du plateau continental » de la Thaïlande, du Viet Nam et de la Malaisie qui se trouve dans le périmètre de la zone commune de développement définie dans le mémorandum de 1979 (art. 2). Enfin, l'accord prévoit qu'en cas de divergence entre les textes (thaï, vietnamien et anglais), ce dernier prévaudra.

Dans une note du 13 mars 1998 communiquée par sa mission permanente auprès de l'ONU, le Cambodge déclare n'avoir jamais souscrit à l'accord

---

[966] IBRU (2018) Australia and Timor-Leste sign historic maritime treaty to define border, *Boundary News*, 12 March : https://www.dur.ac.uk/ibru/news/boundary_news/?itemno=33983&rehref=%2Fibru%2Fnews%2F&resubj=Boundary+news+Headlines.

[967] International Mapping (2024) *op. cit.* : https://sovereignlimits.com/boundaries/australia-timor-leste-maritime.

[968] Accord du 9 août 1997 entre le Gouvernement du Royaume de Thaïlande et le Gouvernement de la République socialiste du Viet Nam sur la délimitation de la frontière maritime entre les deux pays dans le golfe de Thaïlande.

Thaïlande/Viet Nam, cet instrument constituant à son avis « une violation de la souveraineté du Cambodge et de ses droits tant sur sa zone économique exclusive que sur son plateau continental dans cette partie du golfe de Thaïlande[969] ». Le Cambodge réserve en conséquence sa position sur toute délimitation maritime, dans cette partie du golfe, qui a été ou pourrait être opérée sans son accord. Le Cambodge se déclare néanmoins disposé à concourir de manière positive avec ses voisins pour que « la question fasse l'objet le plus tôt possible d'un arrangement provisoire de caractère pratique ou d'un règlement définitif ».

7.12 Chine / Viet Nam

Le 19 octobre 1993, la Chine[970] et le Viet Nam[971] concluent un accord concernant les principes de base sur lesquels doit reposer le règlement de leurs questions frontalières et territoriales[972]. Ces principes sont énumérés dans l'accord comme étant « le respect du territoire et de la souveraineté de chacun, la non-agression, la non-ingérence dans les affaires intérieures respectives, l'égalité, l'avantage mutuel et la coexistence pacifique » (art. 1).

Le 25 décembre 2000, les deux États concluent un accord de délimitation *omni-fonctionnelle* de la mer territoriale, de la ZÉE et du plateau continental[973] dans le golfe du Tonkin, entre l'île chinoise de Hainan et les côtes du Viet Nam[974]. Cet accord est signé un an après la conclusion, le 30 décembre 1999, d'un accord[975] portant sur la délimitation de leur frontière terrestre[976] où les

---

969 IBRU (1998) *BSB*, nº 37 p. 103.

970 Eudeline, Hugues (2024) *Géopolitique de la Chine. Une nouvelle thalassocratie* ; Kardon, Isaac B. (2023) *China's Law of the Sea : The New Rules of Maritime Order* ; IILSS (2023) Exploring China's Maritime Matters in Law of the Seas and Security, *in CMI* : https://iilss.net/exploring-chinas-maritime-matters-in-law-of-the-seas-and-security/ ; USDS (2022) People's Republic of China : Maritime Claims in the South China Sea, *LS*, nº 150 ; Li, Jinming (2022) *China's Maritime Boundaries in the South China Sea. Historical and International Law Perspectives* ; Zhao, Wei (2013) Resolving Maritime Delimitation Disputes by Agreement : Practices of States Bordering the South China Sea and Their Implication for China, *COLR*, issue 1, p. 156-181.

971 Dung, Tran Thu, dir. (2024) *La Mer Orientale et la souveraineté du Vietnam* ; IILSS (2023) Maritime Matters in Vietnam : The Law of the Seas and Security, *in CMI* : https://iilss.net/maritime-matters-in-vietnam-the-law-of-the-seas-and-security/ ; Lathrop, Coalter G., ed. (2016) Report 5-25 China - Vietnam (Add. 1), *in IMBO*, vol. VII.

972 Accord sur les principes de base applicables au règlement des questions frontalières et territoriales entre la République socialiste du Viet Nam et la République populaire de Chine.

973 Accord entre la République Populaire de Chine et la République Socialiste du Viet Nam relatif à la délimitation des mers territoriales, des zones économiques exclusives et des plateaux continentaux des deux pays dans le golfe Beibu/golfe Bac Bo.

974 Lathrop, Coalter G., ed. (2020) Report 6-20 (5) Australia - Timor-Leste, *in IMBO*, vol. VIII.

975 The Vietnam-China land border treaty.

976 Nguyen, Hong Thao (2000) The China-Vietnam border delimitation treaty of 30 December 1999, IBRU (2000) *BSB*, p. 87-90.

intérêts territoriaux sont assez minimes (227 km^2 de territoire disputé, 117 étant reconnus au Viet Nam et 113 à la Chine)[977], mais où plusieurs incidents s'étaient produits à la suite de la seconde guerre d'Indochine, notamment en février 1979[978].

L'accord de 2000 énumère les coordonnées géographiques de 21 points reliés par des lignes géodésiques qui sont à équidistance des côtes, sauf qu'on a attribué à l'île vietnamienne de Bach Long Vy (2,5 km^2, à 60 milles marins du Viet Nam et à 70 de la Chine) un effet partiel (un quart)[979]. Ainsi, le Viet Nam a dû abandonner une vieille revendication selon laquelle il faisait valoir une ligne de méridien (108^0 03' 13'') mentionnée au traité de 1887 aux fins d'allocation des îles au large de la frontière entre la Chine et l'Indochine française.

L'accord contient une disposition inusitée selon laquelle la délimitation de la mer territoriale comprend celles du sol, du sous-sol et de l'espace aérien – ce qui va de soi, étant donné les dispositions pertinentes de la Convention sur le droit de la mer. Une autre disposition inusitée prévoit que tout changement topologique des points 1 à 7 n'affectera pas la frontière, à moins d'accord entre les parties. En cas de ressources minérales transfrontalières, les parties conviennent de se consulter. Quant aux ressources biologiques, la Chine et le Viet Nam s'engagent à coopérer pour assurer leur conservation et leur développement durable. La conclusion de cet accord est sans préjudice des positions respectives des parties quant aux normes du droit international. Enfin, tout différend relatif à l'interprétation ou à l'application de l'accord devra être réglé par des consultations et des négociations amicales.

Le jour même de la conclusion de l'accord de délimitation de 2000, les deux États signent un autre accord instaurant dans le golfe du Tonkin une zone de pêche commune[980] au sud du parallèle de 20^0 N. Cet instrument concerne divers sujets, notamment les suivants : application de l'accord à des parties des ZÉE et à des parties des mers territoriales (art. 1), protection de l'environnement marin (art. 5), respect du principe de l'égalité et du bénéfice mutuel (art. 6), surveillance et inspection des navires de pêche (art. 9), les petits navires jouissant d'une protection particulière : « The Contracting Parties shall establish the buffer zone in order to avoid disputes caused by illegal entry by mistake of small fishing boats of one party to the territorial sea of the other ».

---

[977] Pelletier, Philippe, dir. (2012) *Géopolitique de l'Asie*, 3e éd., p. 131.

[978] Joyaux, François (1991) *Géopolitique de l'Extrême-Orient*, tome II, p. 92-103.

[979] On a estimé qu'il s'agissait d'une équidistance modifiée afin de produire un résultat équitable, les zones maritimes attribuées étant grossièrement égales aux longueurs des côtes respectives : International Mapping (2024) *op. cit.* : https://sovereignlimits.com/boundaries/china-vietnam-maritime.

[980] Agreement on Fishery Co-operation in the Tonkin Gulf between the Government of the People's Republic of China and the Government of the Socialist Republic of Vietnam.

Par ailleurs, une soumission conjointe du Viet Nam et de la Malaisie est déposée à la Commission des limites du plateau continental (la CLPC) le 6 mai 2009[981], puis une autre le lendemain par le Viet Nam[982], une autre encore par ce dernier le 17 juillet 2024[983], la Chine répliquant quelques jours plus tard, soit le 24, en affirmant notamment : « China has indisputable sovereignty over Nanhai Zhuado and the adjacent waters (…) The position of the Chinese Government is consistent and clear, and is widely known by the international community, including the Government of Viet Nam (…) Viet Nam claim over the continental shelf beyond 200 nautical miles (…) seriously infringes on China's sovereignty, sovereign rights and jurisdiction in the South China Sea[984] ».

Bien qu'un accord de délimitation ait été conclu en 2000, la Chine et le Viet Nam signent un autre accord[985] le 11 octobre 2011. Entré en vigueur le jour même de sa signature, l'accord de 2011 fait référence à celui de 1993 mais ne dit pas un mot de celui de 2000. L'accord de 2011 contient une disposition inusitée qui fait référence au droit international et notamment à la Convention sur le droit de la mer, et qui se lit comme suit : « Dans le respect total des éléments de preuve juridiques, prenant en compte les autres facteurs comme l'histoire ainsi que les préoccupations raisonnables de chacun et souhaitant maintenir une attitude constructive, les deux côtés s'emploieront à développer leur compréhension commune, aplanir les différences et promouvoir continuellement les négociations » (art. 2). Il est également mentionné dans l'accord que les parties « s'emploieront à régler successivement les questions maritimes, en commençant par les plus faciles » (art. 5) et à accélérer les négociations relatives à la délimitation dans l'embouchure du golfe du Tonkin, tout en examinant la question de la coopération pour un développement conjoint dans cette zone. Bien sûr, la délimitation actuelle est *inachevée*.

Les relations diplomatiques entre les deux États demeurent néanmoins fragiles, notamment à cause de leur différend relatif à la souveraineté territoriale sur les îles Paracel et Spratley, comme en témoignent les nombreuses lettres du Viet Nam et de la Chine envoyées au Secrétaire général des Nations Unies, par exemple celle du Viet Nam du 21 décembre 2017 : « … le Viet Nam dispose de preuves historiques et d'une base juridique suffisantes pour affirmer sa souveraineté sur les archipels Hoang Sa (îles Paracel) et Truong Sa (îles Spratley). Les faits historiques montrent que le Viet Nam est le premier pays à avoir occupé ces archipels de manière

---

981 https://www.un.org/depts/los/clcs_new/submissions_files/submission_mysvnm_33_2009.htm.

982 https://www.un.org/depts/los/clcs_new/submissions_files/submission_vnm_37_2009.htm.

983 https://www.un.org/depts/los/clcs_new/submissions_files/submission_vnm_95_2024.htm.

984 https://www.un.org/depts/los/clcs_new/submissions_files/vnm95_24/20240729ChnNvUn001E.pdf.

985 Accord sur les principes de base applicables au règlement des questions maritimes entre la République socialiste du Viet Nam et la République populaire de Chine.

effective, manifeste et pacifique, et à avoir établi un titre de souveraineté sur eux deux, puisqu'ils étaient jusque-là *terra nullius*[986] ».

La Chine répliquait dans sa lettre du 2 avril 2018 en affirmant notamment : « … China has indisputable sovereignty over Nanhai Zhudao (the South China Sea Islands), including Xisha Qundao and Nansha Qundao, and their adjacent waters, which is supported by ample historical and legal evidence. China is the first to have discovered, named, and explored and exploited Nanhai Zhudao and relevant waters, and the first to have continuously, peacefully and effectively exercised sovereignty and jurisdiction over them, establishing China's sovereignty and relevant rights and interests in the South China Sea[987] ».

7.13 Conclusion

Plusieurs accords de délimitation maritime ont été conclus dans les mers et détroits qui baignent l'Asie du Sud-Est (mers de Célèbes et de Timor, détroits de Malacca et de Singapour). Par ailleurs, en mer de Chine méridionale, la délimitation est assez peu avancée, notamment avec la Chine qui n'a conclu un accord de délimitation qu'avec le seul Viet Nam, et qui n'a pas reconnu la décision d'un tribunal d'arbitrage dans l'affaire *Philippines c. Chine*, affaire qui, par ailleurs, ne concernait pas une question de délimitation maritime.

Certains États d'Asie du Sud-Est, notamment l'Indonésie, la Thaïlande et la Malaisie, ont conclu jusqu'à maintenant plusieurs accords de délimitation avec des voisins maritimes, tandis qu'un autre, le Cambodge – non partie à la CNUDM –, n'a délimité aucune de ces trois frontières maritimes avec la Thaïlande, la Malaisie et le Viet Nam respectivement. L'Indonésie arrive au premier rang avec des frontières délimitées avec sept voisins (Singapour, l'Australie, la Papouasie-Nouvelle-Guinée, le Viet Nam et les Philippines, et même la Thaïlande et l'Inde dans l'océan Indien). La Thaïlande, elle aussi active, a signé des accords avec cinq États (l'Indonésie, la Malaisie, la Birmanie (dans l'océan Indien), de même qu'avec la Malaisie et le Viet Nam. La Malaisie a conclu des traités avec quatre pays (la Thaïlande, l'Indonésie, Singapour et Brunei).

Quant aux arbitrages *Philippines c. Chine,* une première sentence a été rendue, le 29 octobre 2015, relative à la compétence du tribunal, puis une seconde au mérite, le 12 juillet 2016. Dans sa première décision[988], le tribunal, constitué sous l'Annexe VII de la CNUDM, a fait observer que cette Annexe prévoit que l'absence d'une partie ou son défaut de faire valoir une défense ne l'empêche pas de procéder, que le recours à l'arbitrage ne constitue pas un

---

986 A/72/692 : https://undocs.org/A/72/692.

987 A/72/818 : https://undocs.org/en/A/72/818.

988 *The South China Sea Arbitration,* Award on Jurisdiction and Admissibility, Case No. 2017-06, PCA.

abus de procédures de la part des Philippines, qu'il n'existe pas de tierces parties dont l'absence prive le tribunal de sa juridiction, enfin que le recours au règlement des différends sous la Partie XV de la Convention n'est pas empêché par certaines déclarations des parties ou accords tels que le Code de conduite Chine/ASEAN en mer de Chine méridionale, le Traité d'amitié et de coopération en Asie du Sud-Est ou la Convention sur la diversité biologique. Le tribunal a donc examiné d'abord les questions relatives à sa propre juridiction, puis s'est assuré que les revendications des Philippines étaient bien fondées en droit et en fait. Ainsi, le tribunal a décidé, le 29 octobre 2015, qu'il avait juridiction pour entendre l'affaire au mérite, conformément à l'article 288 de la CNUDM.

La deuxième décision[989], rendue à l'unanimité par le tribunal d'arbitrage, concernait notamment la notion de droits historiques, le statut juridique de certaines formations en mer de Chine méridionale et les titres qu'elles génèrent, de même que la légalité de diverses activités menées par la Chine dans cette mer. Or, la Chine a fait valoir à de nombreuses reprises qu'elle n'acceptait ni ne reconnaissait ces arbitrages.

Dans sa décision de juillet 2016, le tribunal d'arbitrage a décidé, sans préjudice des questions de souveraineté territoriale et de délimitation maritime, que les revendications de la Chine sur les eaux de la mer de Chine méridionale n'incluaient pas ses droits « historiques » dans le sens de l'article 298(1) de la CNUDM. Concernant ces droits souvent invoqués par la Chine et notamment le tracé de sa « Nine-Dash line », le tribunal a fait observer que la protection de soi-disant droits historiques préexistants avait été examinée au cours de la troisième Conférence sur le droit de la mer (1973-1982) mais n'avait pas été reconnue par la CNUDM et que de tels droits sont périmés dans la mesure où ils sont incompatibles avec ceux attachés à la notion de zone économique exclusive. Le tribunal a noté également que la preuve ne révélait pas que la Chine, pas plus que d'autres États dans la région, avait exercé historiquement un contrôle exclusif sur les eaux ou leurs ressources, y compris dans la zone se trouvant en-deçà de la « Nine-Dash line », même si certaines îles avaient été utilisées par des navigateurs et des pêcheurs.

Le tribunal a aussi décidé que plusieurs formations géographiques (telles que Mischief et Thomas) ne sont pas des îles mais des hauts-fonds découvrants ; que les réclamations de terre et/ou constructions d'îles artificielles, installations et structures (telles que les récifs Cuarteron, Fiery Cross, Gaven Reef, Johnson, Hughes Reef et d'autres) ne constituent pas des « activités militaires » au sens de l'article 298 et que plusieurs ont causé des dommages à l'écosystème des coraux ; que le moratoire décrété en 2012 par la Chine en matière de pêche contrevient à l'article 56 de la CNUDM et aux droits traditionnels de pêche appartenant à plusieurs pays de la région ; que des pêcheurs de navires battant pavillon chinois se sont engagés dans des

---

989 *The South China Sea Arbitration,* Award, Case No. 2013-19, PCA.

activités au détriment de la protection d'espèces menacées et ont agi contre la protection de l'environnement marin. Or, la Chine a réitéré qu'elle rejetait la juridiction de ces arbitrages[990], tandis que le président philippin, en avril 2017, ordonnait à ses troupes d'occuper des îles et des récifs dans la zone contestée (voir la photo et la carte[991]).

Il va sans dire que les deux sentences arbitrales ont fait l'objet de nombreux commentaires et critiques[992], notamment parce que le tribunal, de l'avis de

---

[990] https://www.bing.com/videos/search?q=arbitrage+chine+philippines&&view=detail&mid=A786D41820FC6A0AFA5CA786D41820FC6A0AFA5C&rvsmid=61EDA5DF376852C22D0261EDA5DF376852C22D02&fsscr=0&FORM=VDQVAP.

[991] BBC (2017) South China Sea : Philippines' Duterte sends troops to unoccupied islands, *BBC News*, 6 april :
http://www.bbc.com/news/world-asia-39519160.

[992] Schofield, Clive and Freestone, David (2024) The Legal Regime of Islands after the *South China Sea* Award. Orphaned or Influential ? An Essay in Honor of Ted L. McDorman, *ODIL*, vol. 55, issue 4, p. 565-578 ; USDS (2024) *Eighth Anniversary of the Philippines-PRC South China Sea Arbitral Tribunal Ruling,* Press Statement, July 11; Kodama, Yoshinori (2023) Judicialization in and around the South China Sea, *IJIL*, vol. 21, issue 1, p. 145-206 ; Talmon, Stefan (2022) *The South China Sea Arbitration : Jurisdiction, Admissibility, Procedure* ; Nguyen, Hong Thao (2022) La sentence du Tribunal d'arbitrage en 2016 sur les problèmes de la Chine méridionale, et ses conséquences, p. 245-272, *in* Journoud, Pierre, dir., *La mer de Chine méridionale au prisme du soft power. Nouvelles approches franco-vietnamiennes d'un vieux conflit maritime* ; Schultheiss, Christian (2021) "One of the First Matters to be Addressed but Distinct" or "Distinct but Inseparable"? The Distinction Between Maritime Entitlement and Sea Boundary Delimitation in the Philippines v. China Arbitration, *ASJIL*, vol. 11, issue 1, p. 24-35 ; Eisemann, Pierre Michel (2020) Qu'est-ce qu'un rocher au sens de la Convention de Montego Bay de 1982 ? Observations sur la sentence arbitrale du 12 juillet 2016 relative à la mer de Chine méridionale, *RGDIP*, tome 124, n° 3-4, p. 7-38 ; Miron, Alina (2018) The Archipelagic Status Reconsidered in light of the South China Sea and Duzgit Integrity Awards, *IJIL*, vol. 15, issue 3 : https://scholarhub.ui.ac.id/ijil/vol15/iss3/2 ; Phan, Hao Duy and Nguyen, Lan Ngoc (2018) The South China Sea Arbitration : Bindingness, Finality, and Compliance with UNCLOS Dispute Settlement Decisions, *ASJIL*, vol. 8, issue 1, p. 36-50 ; Whomersley, Chris (2017) The Award on the Merits in the Case Brought by the Philippines against China Relating to the South China Sea : A Critique, *CJIL*, vol.16, issue 3, p. 387-423 ; Sheng-ti Gau, Michael (2017) The Jurisdictional Rulings of the South China Sea Arbitration : Possible Errors in Fact and in Law, *OYB*, vol. 31, issue 1, p. 197-249 ; Oegroseno, Arif Havas (2017) State Practices in Southeast Asia : Possible Collaboration amongst Claimants in the South China Sea Dispute, *IJMCL*, vol. 32, issue 2, p. 364-372 ; Cogliati-Bantz, V. (2016) The South China Sea Arbitration (The Republic of the Philippines v. The Peoples's Republic of China). Current Legal Developments, *IJMCL*, p. 759-776 ; Roy, Nalanda (2016) *The South China Sea disputes : past, present, and future* ; Chan, Steve (2016) China's troubled waters : maritime disputes in theoretical perspective ; Noyes, J. (2016) *In re* Arbitration between the Philippines ands China, *AJIL*, vol. 110, issue 1, p. 102-108 ; Rao Pemmaraju, Sreenivasa (2016) The South China Sea (The Philippines v. China) : Assessment of the Award on Jurisdiction and Admissibility, *CJIL*, vol. 15, p. 265-307 ; Beckman, R.C. (2015) The Philippines v. China Case and the South China Sea Disputes, *in* Huang, J. and Billo, A., eds, *Territorial Disputes in the South China Sea* ; Batongbacal, Jay L. (2015) Extended Continental Shelf Claims in the South China Sea : Implications for Future Maritime Boundary Delimitations, *OYB*, vol. 29, issue 1, p. 21-43 ; Zou, Keyuan and Liu, Xinchang (2015) The Legal Status of the U-shaped Line in the South China Sea and Its Legal Implications for Sovereignty, Sovereign Rights and Maritime Jurisdiction, *CJIL*, vol. 14, issue 1, p. 57-77.

certains auteurs, n'a pas tenu compte de la pratique des États en donnant une interprétation restrictive de l'article 121 de la CNUDM. Le tribunal rappelle d'ailleurs les dispositions de cet article selon lesquelles « [u]ne île est une étendue naturelle de terre entourée d'eau qui reste découverte à marée haute », et « [l]es rochers qui ne se prêtent pas à l'habitation humaine ou à une vie économique propre n'ont pas de zone économique exclusive ni de plateau continental ». Le tribunal tient à préciser que cette disposition concerne la capacité objective d'une formation naturelle à soutenir ou bien une communauté humaine stable indépendante de ressources extérieures ou bien une activité économique autre qu'exclusivement extractive. Le tribunal dit que les Spratley, par exemple, ont été historiquement fréquentées par de petits groupes de pêcheurs et que l'exploitation du guano y fut tentée, mais ces activités, ajoute-t-il, ne répondent pas aux critères de l'article 133 :

> In such circumstances, the Tribunal considers that the most reliable evidence of the capacity of a feature will usually be the historical use to which it has been put. Humans have shown no shortage of ingenuity in establishing communities in the far reaches of the world, often in extremely difficult conditions. If the historical record of a feature indicates that nothing resembling a stable community has ever developed there, the most reasonable conclusion would be that the natural conditions are simply too difficult for such a community to form and that the feature is not capable of sustaining such habitation. In such circumstances, the Tribunal should consider whether there is evidence that human habitation has been prevented or ended by forces that are separate from the intrinsic capacity of the feature. War, pollution, and environmental harm could all lead to the depopulation, for a prolonged period, of a feature that, in its natural state, was capable of sustaining human habitation. In the absence of such intervening forces, however, the Tribunal can reasonably conclude that a feature that has never historically sustained a human community lacks the capacity to sustain human habitation (par. 549).

Depuis cet arbitrage, les Philippines et le Viet Nam ont soumis à la Commission des limites du plateau continental (la CLPC) des soumissions qui ont été contestées dans les jours suivants – ce qui ne laisse augurer rien de bon pour le règlement pacifique et rapide des différends de délimitation en mer de Chine méridionale. En effet, le 14 juin 2024, les Philippines présentaient une soumission partielle concernant la partie ouest des Palawan[993]. Or la Chine écrivait, dans une lettre adressée quatre jours plus tard au Secrétaire général de l'ONU : « China has indisputable sovereignty over Nanhai Zhudao and the adjacent waters, and enjoys sovereign rights and jurisdiction over the relevant waters as well as the seabed and the subsoil thereof. The above positions (…)

---

[993] https://www.un.org/depts/los/clcs_new/submissions_files/phl1/2023PhlEsDoc001Secured.pdf

are consistent and clear, and are known by the international community, including the Government of the Philippines[994] ». Le 19 août suivant, la Chine adressait une autre lettre à l'ONU en affirmant que ses droits historiques étaient conformes au droit international, y inclus la Charte des Nations Unies et la CNUDM : « China has historic rights in the South China Sea. China's territorial sovereignty and maritime rights and interests in the South China Sea have been established in the long course of history », la Chine poursuivant quant à la sentence arbitrale : « The temporary Arbitral Tribunal (...) violated the principle of state consent. It exercised its jurisdiction *ultra vires*, and rendered an award in disregard of law. The award is illegal, null and void, and has no binding force[995] ».

Outre la Chine, la Malaisie, dans sa lettre du 27 juin 2024, rejetait catégoriquement la soumission des Philippines en affirmant que cette soumission était basée sur une projection de la marge continentale depuis les lignes de base de Sabah, territoire faisant partie intégrale de la Malaisie depuis la formation de la fédération, le 16 septembre 1963 : « The Republic of the Philippines' claim to sovereignty over Sabah is incompatible with its *erga omnes* obligation to recognize and uphold the legitimate exercise of the right to self-determination by the people of Sabah in 1963[996] ». De même, le Viet Nam, dans sa lettre du 17 juillet 2024, s'opposait à la soumission des Philippines dans la mesure où une partie de leur revendication chevauche le plateau continental élargi revendiqué par le Viet Nam dans sa soumission conjointe du 6 mai 2009 avec la Malaisie[997], de même que dans sa soumission individuelle du 7 mai 2009[998].

---

[994] https://www.un.org/depts/los/clcs_new/submissions_files/phl1/20240618ChnNvUnEng.pd.
[995] https://www.un.org/depts/los/clcs_new/submissions_files/phl1/20240819ChnNvUn002eng.pdf.
[996] https://www.un.org/depts/los/clcs_new/submissions_files/phl1/20240627MysNvUn001.pd.
[997] https://www.un.org/depts/los/clcs_new/submissions_files/submission_mysvnm_33_2009.htm.
[998] https://www.un.org/depts/los/clcs_new/submissions_files/submission_vnm_37_2009.htm.

Chapitre 8

LES MERS D'ASIE DU NORD-EST

L'Asie du Nord-Est (*figure 11)* est baignée par plusieurs mers et détroits (principalement mer de Chine orientale[999], mer Jaune, mer du Japon, mer d'Okhotsk, mer de Béring, détroits de Taïwan, de Corée, de La Pérouse, des Kouriles et de Béring). On n'y dénombre que trois délimitations maritimes, étant donné la persistance d'importants conflits de délimitation terrestre (entre les deux Corées) et de souveraineté territoriale (notamment sur Taïwan et les Kouriles)[1000].

Quant à la délimitation maritime, intervient d'abord celle entre la Corée du Sud[1001] et le Japon[1002] qui concluent, en janvier 1974, deux accords en mer du Japon : délimitation du plateau continental, instauration d'une zone d'exploitation conjointe (*section 8.1*). Ensuite, l'URSS et la Corée du Nord signeront, en avril 1985, un traité portant sur la frontière terrestre et la mer territoriale, puis les parties en concluent un autre en janvier 1986 concernant la zone économique exclusive et le plateau continental (*8.2*). L'URSS – un peu plus d'un an avant sa dissolution – sera de nouveau impliquée en matière maritime quand elle signera avec les États-Unis, en juin 1990, un traité de délimitation du plateau continental et de la ZÉE en mer de Béring et en Arctique (*8.3*).

8.1 Corée du Sud / Japon

Deux accords sont conclus en janvier 1974 entre la Corée du Sud[1003] et le Japon[1004], l'un portant sur la délimitation du plateau continental dans le détroit de Corée[1005], l'autre prévoyant l'instauration d'une zone

---

[999] IILSS (2023) About East China Sea, facts and maps, *in WMBA* : https://iilss.net/about-east-china-sea-facts-and-maps/.

[1000] Lee, Seokwoo (2024) Evolution of the Law of the Sea and Ocean Policy in Northeast Asia, *ODIL*, vol. 55, issue 4, p. 501-512 ; Yamazaki, Takashi (2024) Contextualizing Borders in East Asia : An Introduction, *Geopolitics,* 02 January ; Park, Choon-Ho (1993) Central Pacific and East Asian Maritime Boundaries, p. 297-304, *in* Charney, J.I. and Alexander, L.M., eds, *IMB,* vol. 1.

[1001] Documentation française, éd. (2024) Les deux Corées, *Questions internationales*, n° 123.

[1002] IILSS (2023) Maritime Matters in Japan : Law of the Seas and Security, *in CMI* : https://iilss.net/maritime-matters-in-japan-law-of-the-seas-and-security/ ; IILSS (2023) About Sea of Okhotsk, facts and maps, *in WMBA* : https://iilss.net/about-sea-of-okhotsk-facts-and-maps/.

[1003] USDS (2005) Straight Baseline and Territorial Sea Claims : South Korea, *LS,* n° 121.

[1004] USDS (1998) Straight Baseline and Territorial Sea Claims : Japan, *LS,* n° 120.

[1005] Accord entre le Japon et la République de Corée relatif à l'établissement de la ligne de délimitation dans la partie septentrionale du plateau continental adjacent aux deux pays.

d'exploitation conjointe des ressources minérales[1006]. En novembre 1998, les deux États établiront une zone provisoire de pêche[1007].

L'accord du 30 janvier 1974 prévoit une ligne qui divise le plateau continental, d'une longueur de 275 milles marins et tracée selon l'équidistance, parfois stricte, parfois corrigée[1008], attribuant un plein effet à l'île japonaise Tsushima pourtant plus rapprochée des côtes coréennes et, partant, « du mauvais côté » de la médiane[1009]. Une disposition de l'accord de délimitation, devenue commune à ce type d'instruments, précise que les parties s'efforceront de conclure une entente dans le cas où « une structure géologique ou un gisement contenant des ressources minérales s'étendraient dans le sous-sol du fond de la mer, de part et d'autre de la ligne de délimitation et où la partie de cette structure ou ce gisement qui est situé d'un côté de ladite ligne pourrait être exploitée, totalement ou partiellement, à partir de l'autre côté de la ligne...[1010] ».

Au nord, le point terminal de la ligne est à 71 milles marins des îlots de Liancourt (appelés Taka-shima au Japon et Tok-do en Corée), deux rochers inhabités dont la souveraineté est disputée depuis 1952 et occupés par la Corée depuis 1970. Sans intérêt stratégique important et situés dans une zone où la profondeur de l'eau rend l'exploitation difficile, ces rochers n'auraient pour les intéressés qu'une valeur symbolique. Comme ils ne répondent pas aux critères de définition d'une île – qui a droit, outre la mer territoriale, à une zone économique exclusive et à un plateau continental –, on a proposé, comme solution à une délimitation prolongée, que ces rochers fassent l'objet d'une enclave de 12 milles avec un accès égal pour les deux pays, quitte à régler ultérieurement le différend concernant la souveraineté. Les mêmes auteurs ont suggéré que la ligne, au-delà des rochers, soit de nouveau à équidistance, laquelle coïnciderait, précisent-ils, avec la ligne, déjà en vigueur, qui délimite une zone de recherche conjointe en matière halieutique[1011]. Tant que cette délimitation prolongée n'aura pas été établie, les deux pays resteront dans

[1006] Agreement between Japan and the Republic of Korea concerning Joint Development of the Southern Part of the Continental Shelf Adjacent to the Two Countries.

[1007] Ortolland, Didier et Pirat, Jean-Pierre, éd. (2010) *Atlas géopolitique des espaces maritimes,* 2e éd., p. 156-159.

[1008] Dipla, Haritini (1984) *Le régime juridique des îles dans le droit international de la mer*, p. 157.

[1009] Des 35 points de changement de direction de la ligne, 8 seraient à équidistance stricte, les autres étant plus rapprochés de l'une ou de l'autre des côtes, et, dans la plupart des cas, à moins de 0,5 mille marin. USDS (1977) *LS*, nº 75, p. 6-10.

[1010] Article 2 de l'accord. Cette clause a été fréquemment utilisée, notamment par les pays riverains du golfe Persique et de la Méditerranée.

[1011] Johnston, D.M. and Valencia, M.J. (1990) *Pacific Ocean Boundary Problems* : *Status and Solutions*, p. 114-115.

l'indivision de 16 000 milles marins carrés, en supposant que la méthode de l'équidistance soit adoptée par les pays riverains de la mer du Japon[1012].

Au sud du point terminal de cette frontière *uni-fonctionnelle*, l'instauration d'une zone d'exploitation en commun a mis fin à une dispute qui remontait à 1968, quand la Corée accordait des concessions à des sociétés d'exploitation pétrolière. Or, l'un des districts attribués aux fins de concessions s'étendrait à moins de 12 milles marins des îles japonaises de Tori-shima, séparées du plateau continental du Japon – prétendait la Corée – par la fosse d'Okinawa[1013], qui atteint une profondeur de 1 300 mètres. Celle-ci sera effectivement reconnue comme « facteur significatif[1014] » dans la délimitation de la zone, qui se trouve, dans sa presque totalité, du côté japonais d'une ligne hypothétique d'équidistance. Par ailleurs, l'un des segments délimitant la zone coïncide avec la ligne d'équidistance Japon/Chine, qui demeurera hypothétique tant et aussi longtemps que la Chine n'aura pas renoncé à ses revendications sur un plateau continental « chinois » qui s'étend très au-delà de l'équidistance[1015].

La zone d'exploitation conjointe – qui paraît assez peu prometteuse – couvre une superficie totale de 24 092 milles marins carrés. Divisée en 9 sous-zones (6 depuis 1987[1016]), elle a été instaurée pour une période de 50 ans. L'accord prévoit en outre que les concessionnaires des deux pays auront droit à une part égale des ressources extraites de la zone et que les dépenses afférant à l'exploration et à l'exploitation seront encourues dans la même proportion (art. 9). Des dispositions sont par ailleurs prévues concernant la lutte contre la pollution (art. 20) et la protection de la navigation et des pêcheries (art. 27).

Le 28 novembre 1998, le Japon et la Corée du Sud concluront un troisième accord qui concerne une zone provisoire de pêche au nord de la frontière en mer du Japon.

8.2 Russie / Corée du Nord

En moins d'un an d'intervalle, l'URSS et la Corée du Nord[1017] concluent deux accords, l'un, en avril 1985, concernant à la fois la frontière terrestre et

---

[1012] USDS (1977) Continental Shelf Boundary and Joint Development Zone : Japan-Republic of Korea, *LS*, n° 75, p. 6.

[1013] Prescott, J.R.V. (1985) *The Maritime Political Boundaries of the World*, p. 249.

[1014] Rhee, Sang-Myon and Macaulay, James (1988) Ocean Boundary Issues in East Asia : The Need for Practical Solutions, p. 98, *in* Johnston, D.M. and Saunders, P.M., eds (1988) *Ocean Boundary Making* : *Regional Issues and Developments*.

[1015] USDS (1977) *op. cit.*, p. 11.

[1016] Aux termes d'un échange de notes, le 24 mai 1987, il a été convenu entre les deux pays que le nombre de puits passerait de 11 à 7, selon Jayewardene, Hiran W. (1990) *The Regime of Islands in International Law*, p. 363.

[1017] Morillot, Juliette et Malovic, Dorian (2024) *La Corée du Nord* : *l'obsession nucléaire en 100 questions.*

la délimitation de la mer territoriale[1018], l'autre, en janvier 1986, la zone économique exclusive et le plateau continental[1019]. Une partie de cette frontière *multi-séquentielle* est donc *omni-fonctionnelle,* l'autre *multi-fonctionnelle*. Lors de la dissolution de l'Union soviétique, cette frontière deviendra *exogène* quant à la Russie. En septembre 1990, ils concluent un nouvel accord concernant la démarcation de la frontière terrestre et fluviale[1020].

En conformité avec le préambule du premier accord, signé le 17 avril 1985, la Corée du Nord[1021] et l'URSS se déclarent désireuses de démarquer avec une plus grande précision leur frontière terrestre internationale, décrite comme étant la ligne qui suit le milieu du chenal principal du fleuve Tumen (Tumannaya) depuis le tripoint d'intersection avec la frontière chinoise jusqu'au point médian d'une droite tracée à l'embouchure du fleuve (art. 1).

L'accord mentionne expressément certaines îles fluviales dévolues à l'un ou à l'autre des États voisins (annexe) et il stipule que tout changement naturel de cours du chenal sera sans effet sur la ligne frontalière (art. 2). Aux termes de cet accord, il est prévu que la frontière terrestre, d'une longueur de 39,13 kilomètres (y inclus les 16,93 dans le fleuve), sera prolongée en mer sur une distance de 22,2 kilomètres (art. 1 et annexe).

La méthode de délimitation de la mer territoriale, qui n'est pas mentionnée dans l'accord, consiste non pas dans le tracé d'une ligne d'équidistance mais plutôt dans un segment de droite favorisant l'ex-Union soviétique. On a émis l'opinion[1022] que cette concession aurait été consentie en considération de la reconnaissance par les Russes de la ligne de base droite de la Corée du Nord, qui, sur une longueur de plus de 300 milles marins et au mépris du droit international, ferme la totalité des côtes. Autre décision exceptionnelle, la Corée du Nord a décrété une zone militaire d'une largeur de 50 milles marins mesurés depuis les lignes de base droites.

Quant à la ligne de base droite de la Russie, d'une longueur de 107 milles, elle n'est pas non plus conforme à la CNUDM de 1982, mais stratégie oblige

---

1018 Agreement between the Union of the Soviet Socialist Republics and the Democratic People's Republic of Korea on the Delimitation of the Soviet-Korean National Border.

1019 Agreement between the Union of Soviet Socialist Republics and the Democratic People's Republic of Korea on the Delimitation of the Economic Zone and the Continental Shelf.

1020 Agreement between the Government of the Union of Soviet Socialist Republics and the Government of the Democratic People's Republic of Korea concerning the Regime of the Soviet-Korean State Frontier.

1021 IILSS (2023) North Korea's Maritime Matters in Law of the Seas & Security, *in CMI* : https://iilss.net/north-koreas-maritime-matters-in-law-of-the-seas-security/ ; IILSS (2023) About Sea of Japan, facts and maps, *in WMBA* : https://iilss.net/about-sea-of-japan-facts-and-maps/ ; IILSS (2023) About Yellow Sea, facts and maps, *in WMBA* : https://iilss.net/about-yellow-sea-facts-and-maps/.

1022 Charney, J.I. and Alexander, L.M. (1998) North Korea-Soviet Union (Territorial Sea), *in IMB,* vol. 3, p. 2299-2321; Charney, J.I. and Alexander, L.M., eds (1993) *IMB*, vol. 1, p. 1137-1138.

puisqu'elle ferme la baie de Pierre le Grand où est située la ville de Vladivostok – la plus importante base navale de l'ex-Union soviétique. L'une et l'autre de ces lignes ne sont pas reconnues par le Japon, et compte tenu de l'effet qu'elles exerceraient sur une ligne d'équidistance entre côtes opposées, elles rendent encore plus difficiles les négociations nécessaires à la réalisation de toutes les frontières maritimes en mer du Japon.

Le second accord, conclu le 22 janvier 1986, établit la délimitation de la zone économique exclusive et du plateau continental. La ligne est constituée de deux segments, l'un coupant l'angle de 142^0 dans une proportion de 78/64 à l'avantage de la Russie, l'autre étant équidistant. Le point terminal de la ligne est approximativement équidistant de l'île sud-coréenne de Ullung-do et de l'île japonaise de Hekura au large de la péninsule de Noto. On aurait ignoré les rochers Liancourt, qui sont sous le contrôle de la Corée du Sud mais revendiqués par le Japon.

Le 3 septembre 1990, ils concluent un nouvel accord concernant la démarcation de la frontière terrestre et la migration du fleuve Tumen[1023] : « In the event of any natural change which may occur in the main channel of the River Tumannaya (Tumen) in individual sections thereof, the frontier line shall remain unchanged until the Parties agree otherwise » (art. 3, par. 1).

8.3 Russie / États-Unis

L'histoire des négociations concernant la délimitation de la frontière Russie/États-Unis (*figure 12*) remonte à la conclusion du traité[1024] du 30 mars 1867 aux termes duquel la Russie tsariste cédait, en considération de la somme de 7 200 000 $ en or, l'ensemble du territoire qu'elle possédait en Amérique du Nord, y compris les îles adjacentes – c'est-à-dire l'Alaska actuelle.

Le traité mentionne la localisation de trois points par lesquels doit passer la ligne : un premier, à mi-chemin entre les îles de Ratmanova et l'île de Krusenstern ; un second, à mi-chemin entre la pointe du cap Choukotski et l'île de Saint-Laurent ; un troisième, à l'extrémité du chapelet insulaire des Aléoutiennes, à mi-chemin entre les îles Madnyy et Att. L'accord prévoit aussi que la ligne se prolongera, à partir du premier point, « due north, without limitation, into the same Frozen Ocean » (art. 1).

Pourtant, cette ligne décrite dans le traité ne constitue pas, à proprement parler, une frontière maritime mais plutôt « une ligne d'allocation de

[1023] Agreement between the Government of the Union of Soviet Socialist Republics and the Government of the Democratic People's Republic of Korea concerning the Regime of the Soviet-Korean State Frontier.
[1024] Treaty concerning the Cession of the Russian Possessions in North America by his Majesty the Emperor of all the Russias to the United States of America.

territoires terrestres et plus précisément une technique cartographique visant à simplifier la description des terres impliquées[1025] ».

À l'instar des nouvelles tendances observées dans la pratique des États en matière de pêche, l'Union soviétique et les États-Unis décréteront, respectivement en décembre 1976 et en janvier 1977, leur juridiction dans une zone de 200 milles marins, puis, en 1983 et en 1984, dans une zone économique exclusive. Afin d'éviter une situation de chevauchement, ils conviendront, peu de temps après, que la ligne de 1867 vaut comme frontière maritime, eu égard à leur juridiction concernant la pêche, dans les zones où les côtes sont à moins de 400 milles l'une de l'autre[1026]. Au milieu de la mer de Béring subsiste alors un segment virtuel de 225 milles traversant une zone de haute mer.

Par ailleurs, la mésentente règne au sujet de la délimitation du plateau continental, les Soviétiques rejetant l'argument selon lequel la ligne de 1867 devrait valoir aussi comme délimitation du plateau, tandis que les États-Unis lui reconnaissent cette fonction, mais jusqu'au 72^0 N seulement, puisqu'ils rejettent la théorie des secteurs.

Enfin, les deux États concluront, le 1er juin 1990, un accord[1027] stipulant que « la limite occidentale » visée par le traité de 1867 constitue la frontière maritime (art. 1) – ce qui a été qualifié de « précédent juridique hautement dangereux[1028] ». Mais cette limite occidentale est précisée par une succession de coordonnées géographiques définies par référence au Système géodésique mondial de 1984, les lignes les joignant étant des lignes géodésiques (art. 2) – position américaine durant les négociations, tandis que l'URSS décrivait la limite comme étant constituée de lignes de rhumb. Or, la divergence représentait 21 000 milles marins carrés dans la seule mer de Béring. L'accord, mis en vigueur provisoirement le 15 juin 1990 pour une durée indéterminée, instaure une frontière *multi-fonctionnelle* puisque la « 'juridiction de l'État côtier' désigne la souveraineté, les droits souverains et toute autre forme de juridiction sur les eaux, les fonds marins et leurs sous-sols » (art. 5). Cependant, le segment qui traverse la zone de haute mer ne peut être qu'*uni-fonctionnel.*

L'accord instaure aussi quatre « zones spéciales » (trois à l'est de la frontière et une à l'ouest). Dans les zones à l'ouest qui sont à moins de 200 milles des côtes russes mais à plus de 200 des côtes américaines,

---

[1025] Traduction libre d'une opinion de S.W. Boggs, dans *International Boundary Study*, 1965, nº 14 (revised), p. 1.

[1026] Feldman, M.B. and Colson, D. (1981) The Maritime Boundaries of the United States, *AJIL*, vol. 75, issue 4, p. 752.

[1027] Agreement between the United States of America and the Union of Soviet Socialist Republics on the maritime boundary.

[1028] Traduction libre. Saguirian, A.A. (1992) Russia and Some Pending Law of the Sea Issues in the North Pacific : Controversies over Higher Seas Fisheries Regulation and Delimitation of Marine Spaces, *ODIL*, vol. 23, issue 1, p. 10.

l'URSS renonce au profit des États-Unis aux droits souverains et aux prérogatives qui sont les attributs de la juridiction sur la zone économique exclusive, qu'elle serait en droit d'exercer en vertu du droit international en l'absence d'accord entre les parties sur la frontière maritime (art. 3). Une concession analogue est consentie par les États-Unis sur la zone ouest.

Le point terminal méridional de la frontière maritime URSS/États-Unis est sur le méridien 172^0, tandis que son point septentrional se trouve au parallèle 72^0 à la limite des 200 milles marins – une longueur totale de 1 600 milles marins, ce qui constitue un record mondial absolu. Par rapport à une ligne d'équidistance stricte, l'URSS est avantagée dans l'Arctique, tandis que les États-Unis y gagnent en mer de Béring. Hormis le segment dans l'Arctique, qui suit le méridien 168^0 58' 37'', et deux très courts segments au nord de la zone de haute mer qui sont constitués par des arcs des arcs de cercle dont les rayons ont 200 milles, la frontière n'est pas facile à qualifier. On a déjà noté par ailleurs que quelques points étaient à équidistance des îles.

Si, disions-nous, la longueur de la frontière est de 1 600 milles marins, c'est dans l'hypothèse où le plateau continental ne dépasse pas les 200 milles marins dans l'Arctique. Puisque l'accord stipule que la frontière se prolonge aussi loin que le permet le droit international – son point terminal n'étant pas connu –, les deux États pourraient prolonger la ligne, compte tenu de la présence éventuelle du rebord extérieur de la marge continental au-delà des 200 milles.

Au moment de la dissolution de l'URSS, cette frontière deviendra *exogène* quant à la Russie. Cette dernière – premier État du monde à présenter une soumission à la Commission des limites du plateau continental (la CLPC) –, a adressé à cette dernière, le 20 décembre 2001, une demande[1029] que les États-Unis ont qualifiée, le 28 février 2002, comme étant « entachée de plusieurs vices de fond », leur gouvernement tenant « à faire remarquer que la demande russe est fondée sur la frontière établie dans l'Accord du 1er juin 1990 », ce même gouvernement rappelant en outre les dispositions de l'article 9 de l'annexe II de la Convention, « qui dispose que les actes de la Commission ne préjugent pas les questions relatives à l'établissement des limites entre États dont les côtes sont adjacentes ou se font face »[1030].

Le 3 août 2015, la Russie présente à la CLPC une soumission révisée[1031] à laquelle répondent les États-Unis[1032], le 30 octobre suivant : « … the Government of the United States confirms that it does not object to the request made by the Russian Federation that the Commission consider the data and other material in the partial revised submission and make its recommendation

1029 https://www.un.org/depts/los/clcs_new/submissions_files/submission_rus.htm.

1030 https://www.un.org/depts/los/clcs_new/submissions_files/rus01/CLCS_01_2001_LOS__USAtext_fr.pdf.

1031 https://www.un.org/depts/los/clcs_new/submissions_files/submission_rus_rev1.htm.

1032 https://www.un.org/depts/los/clcs_new/submissions_files/rus01_rev15/2015_11_02_US_NV_RUS_001_en.pdf.

on the basis of this information, to the extent that such recommendations are without prejudice to the establishment of the outer limits of the continental shelf by the United States of America, or to the delimitation of the continental shelf between the Russian Federation and the United States of America[1033] ».

Les États-Unis, qui ne sont pas parties à la CNUDM, ont par ailleurs reconnu que les dispositions relatives au plateau continental étaient applicables à titre de droit coutumier, mais ils n'ont encore fait aucune soumission formelle. Par ailleurs, ils ont annoncé[1034], le 19 décembre 2023, les limites de leur plateau continental en conformité avec l'article 76[1035]. Or, une minime portion de la zone identifiée par les États-Unis chevaucherait à la fois celles de la Russie et du Canada selon les recommandations de la CLPC[1036] du 6 février 2023 à la suite de la soumission révisée de la Russie[1037] du 3 août 2015.

8.4 Conclusion

Tout aussi compliquées qu'en mer de Chine méridionale, les relations politiques et diplomatiques en mer de Chine orientale – cette « mer de discorde[1038] » – et en mer du Japon sont empoisonnées par de nombreux différends relatifs à la souveraineté territoriale, l'exemple le plus frappant étant celui de Taïwan[1039], qui non seulement revendique sa souveraineté mais réclame des droits en mer[1040], tandis que la Chine considère l'île comme une province chinoise. Il va sans dire que la frontière maritime entre les deux pays n'est pas délimitée, pas plus que celles entre la Corée du Sud et la Corée du Nord[1041]. On rappellera aussi ce contentieux persistant et sévère entre la Russie et le Japon relatif aux îles Kouriles, lesquelles sont revendiquées par le Japon mais occupées par la Russie depuis 1945. Là aussi, bien sûr, la délimitation maritime ne pourra être possible qu'une fois réglée la question de la

---

1033 https://www.un.org/depts/los/clcs_new/submissions_files/rus01_rev15/2015_08_04_UN_NV_AS_001.fre.pdf.

1034 https://www.state.gov/wp-content/uploads/2023/12/ECS_Executive_Summary.pdf.

1035 IBRU (2024) *Briefing Notes for the IBRU Arctic Map Series* : https://www.dur.ac.uk/media/durham-university/research-/research-centres/ibru-centre-for-borders-research/maps-and-databases/arctic-maps-2024-january/Briefing-notes-for-IBRU-Arctic-map-series-January-2024.pdf.

1036 https://documents.un.org/doc/undoc/gen/n23/094/61/pdf/n2309461.pdf.

1037 https://documents.un.org/doc/undoc/gen/n16/108/88/pdf/n1610888.pdf.

1038 Shimono, Yosuke (2024) Mer de Chine orientale : vers une conflictualité navale entre Pékin et Tokyo ?, *Diplomatie*, n° 82, p. 56-57.

1039 Gravereau, Jacques (2023) *Taïwan, une obsession chinoise* ; Niquet, Valérie (2023) Taïwan: point nodal des enjeux de l'Indopacifique, *Conflits*, n° 44, p. 58-59 ; IILSS (2023) Exploring Taiwan's Maritime Matters in Law and Security, *in CMI* : https://iilss.net/exploring-taiwans-maritime-matters-in-law-and-security/.

1040 USDS (2005) Taiwan's Maritime Claims, *LS,* n° 127.

1041 Documentation française, éd. (2024) Les deux Corées, *Questions internationales*, n° 123, 130 p.

souveraineté territoriale. Or, les entretiens sur la conclusion d'un traité de paix ont été rompus par la Russie quand le Japon lui a imposé des sanctions à la suite de « l'opération militaire spéciale » en Ukraine[1042].

À la suite des sentences arbitrales *Philippines c. Chine* qui n'ont pas été reconnues par cette dernière, il n'est pas dit pour autant que d'autres contentieux – souveraineté et/ou délimitation maritime – ne pourraient être réglés si les parties s'en remettaient à la sagesse d'un tribunal[1043].

En dépit des difficultés inhérentes aux questions de souveraineté, quelques accords de délimitation, ou, à défaut, d'exploitation commune, ont néanmoins été conclus dans la région, d'abord entre le Japon et la Corée, concernant une zone provisoire de pêche, de même que la délimitation partielle du plateau continental dans le détroit de Corée et l'instauration d'une zone commune d'exploitation en mer de Chine orientale – instruments qui ont été salués comme des modèles[1044] –, et il faut souhaiter qu'ils sachent inspirer d'autres voisins maritimes, dans une région où les différends territoriaux sont nombreux.

L'URSS et la Corée du Nord, après avoir conclu un accord relatif à leur frontière terrestre, signent ensuite un traité de délimitation de la ZÉE et du plateau continental, puis un nouvel accord concernant la démarcation de la frontière terrestre et fluviale. Quant à l'URSS et les États-Unis, un accord de délimitation du plateau continental est conclu en mer de Béring et dans l'Arctique.

[1042] https://www.dur.ac.uk/research/institutes-and-centres/ibru-borders-research/news-and-events/boundary-news/russia-stops-peace-treaty-talks-with-japan-over-disputed-kuril-islands/.

[1043] Olorundami, Fayokemi (2017) Revisiting the Libya/Malta Decision and Assessing its Relevance (or otherwise) to the East China Sea Dispute, *CJIL*, vol.15, issue 4, p. 717-740.

[1044] Johnston, D.M. and Valencia, M.J. (1990) *op. cit*, p. 66.

CONCLUSION GÉNÉRALE

Le droit international de la délimitation maritime est un droit largement jurisprudentiel, mais on observe qu'en Asie le recours juridictionnel (CIJ, TIDM et tribunal arbitral) est fortement critiqué par des juges dissidents et est à la fois récent et peu utilisé par les États côtiers de ce continent, qui ont jusqu'à maintenant privilégié les accords bilatéraux de délimitation, celle-ci étant très avancée dans quelques régions (golfe Persique et océan Indien) mais assez peu dans d'autres (notamment dans les mers d'Asie du Nord-Est), alors qu'une meilleure coopération régionale est à souhaiter pour favoriser la réalisation de cette délimitation et en assurer l'efficacité dans la lutte contre les activités illicites comme la piraterie et le terrorisme. Car ce sont de bonnes relations politiques et économiques entre États, outre l'apport des grandes organisations internationales, qui favorisent la négociation pour la résolution des différends en matière de délimitation comme en toute autre matière.

La délimitation par voie juridictionnelle n'est pas à l'abri des critiques

En Asie comme partout dans le monde, les décisions judiciaires ou arbitrales ne constituent qu'un « moyen auxiliaire de détermination des règles de droit », comme l'affirme le Statut de la Cour internationale de Justice (art. 38). Et s'il est vrai que la mission d'un tribunal est de dire le droit, non pas de le créer, il n'en demeure pas moins qu'on ne saurait nier le rôle primordial des tribunaux dans l'élaboration du droit international de la délimitation maritime – l'apport des conventions internationales étant fort modeste en la matière, y compris celui de la CNUDM qui renvoie aux sources du droit, tout en insistant sur l'importance d'en venir à un accord sur la délimitation de la ZÉE et du plateau continental « afin d'aboutir à une solution équitable » (art. 74 et 83).

On a souvent reproché, à tort ou à raison, cette grande généralité de ces deux dispositions conventionnelles, lesquelles ne sont par ailleurs que le résultat du débat entre partisans de l'équidistance et partisans de l'équité dans le cadre de la troisième Conférence des Nations Unies sur le droit de la mer, tenue de 1973 à 1982, et dont résulte la CNUDM. Ce silence sur la méthode de délimitation, sauf l'équidistance pour la mer territoriale, explique en partie pourquoi les États ont choisi jusqu'à maintenant de délimiter leurs espaces maritimes par accord bilatéral beaucoup plus souvent que par recours à une instance juridictionnelle. Pourtant, il suffit de consulter la liste des affaires portées, au cours des dernières décennies, devant les divers tribunaux pour constater l'importance qui leur est reconnue pour la solution des différends en matière de délimitation maritime.

S'il est vrai que le droit international de la délimitation maritime est un droit largement jurisprudentiel, ce mode éminent de règlement frontalier, qui intervient souvent quand tous les autres – notamment la médiation – ont échoué, n'est pas à l'abri des critiques, qui commencent bien souvent, dans les affaires asiatiques comme ailleurs, par des opinions dissidentes jointes aux décisions judiciaires ou arbitrales, outre les ouvrages et articles de doctrine consacrés à ce domaine du droit international. Aucune dissidence n'a été jointe aux deux sentences arbitrales *Érythrée/Yémen*[1045] (9 octobre 1998 et 17 décembre 1999), mais on en trouve dans d'autres affaires de délimitation maritime, de même que de souveraineté territoriale.

Dans *Qatar c. Bahreïn*[1046], affaire tranchée le 16 mars 2001 par la CIJ, 4 juges ont été dissidents dont les juges Bedjaoui, Ranjeva et Koroma, qui estiment, dans leur opinion commune, que la ligne unique de délimitation a été tracée sur la base de deux cartes contradictoires, l'une américaine pour le secteur sud, l'autre britannique pour le nord, alors que la meilleure carte, celle qui offrait les données les meilleures et les plus récentes, était la carte bathymétrique britannique de 1994, laquelle « fait bien apparaître quant à elle la continuité géographique entre les Hawar et Qatar, qui sont d'un seul tenant et qui ensemble constituent la presqu'île qatarie » (par. 205).

Dans l'affaire *Bangladesh/Myanmar*[1047] du 14 mars 2012 du TIDM, constituée de 22 juges, un seul a exprimé une dissidence, le juge Lucky, qui écrit : « Je ne souscris pas à la conclusion selon laquelle le 'procès-verbal approuvé' ne constitue pas un accord juridiquement contraignant (…). Je ne partage pas la conclusion selon laquelle les déclarations sous serment ne constituent pas des moyens de preuve convaincants (…). Je ne suis pas d'accord avec l'établissement d'une ligne selon la méthode équidistance/circonstances pertinentes et à son ajustement pour arriver à une solution équitable ; je suis partisan en l'espèce de la méthode de la bissectrice » (p. 235).

Dans *Bangladesh c. Inde*[1048], affaire décidée par un tribunal d'arbitrage le 7 juillet 2014 et constitué de cinq juges, un seul, le juge Rao, a formulé sa dissidence en critiquant la méthode de délimitation adoptée par le tribunal : « For the reasons explained above, I consider that the line of adjustment constructed by the majority is not supported by the general principles governing delimitation on the basis of equity ; it is also not in conformity with the international law governing the sovereign rights of coastal States within 200 nm. As regards the ITLOS decision in *Bangladesh/Myanmar*, I differ with its reasoning and cannot share the view of the majority on its persuasiveness. Any decision on maritime boundaries should help a neat and final allocation

---

[1045] *Sovereignty and Scope of the Dispute* ; *Maritime Delimitation.* Awards, Case No. 1996-04, PCA.

[1046] *Délimitation maritime et questions territoriales entre Qatar et Bahreïn*, fond, arrêt, CIJ Recueil 2001.

[1047] *Délimitation de la frontière maritime dans le golfe du Bengale,* arrêt, TIDM Recueil 2012.

[1048] *The Bay of Bengal Maritime Boundary Arbitration between Bangladesh and India*, Award, Case No. 2010-16, PCA.

of the maritime areas to the parties involved, and avoid the creation of the potential for conflict » (par. 38).

Il faut rappeler par ailleurs l'arbitrage *Guinée-Bissau/Sénégal*[1049] du 31 juillet 1989, qui ne concerne pas l'Asie mais qui est important, car le juge Bedjaoui, unique dissident des trois juges, examine le principe de l'*uti possidetis* et affirme qu'on ne devrait pas l'appliquer à la délimitation maritime, puisque les différences de milieux sont à la fois patentes et irréductibles, si bien que la notion de souveraineté et ce qui en découle, notamment l'inviolabilité territoriale, « n'ont pas, ou pas encore, leur place dans les espaces maritimes », de telle sorte que l'État côtier n'est pas fondé à empêcher indistinctement, dans les zones qui relèvent de sa juridiction exclusive, toute activité légitime. Le juge rappelle ici une règle de bon sens selon laquelle on ne crée des règles, pour protéger un héritage, que si cet héritage existe. Or, dit-il, les pères fondateurs des institutions politiques africaines « pouvaient d'autant moins songer à légiférer sur la question de l'intangibilité des frontières maritimes que celles-ci n'existaient pratiquement pas. En fait, il n'y avait tout simplement pas d'héritage colonial à préserver en matière de frontières maritimes ! » (par. 29).

Outre les affaires de délimitation maritime, on trouve aussi de nombreuses dissidences dans des affaires asiatiques de souveraineté territoriale et/ou de délimitation terrestre. Comme le dit Max Huber dans sa sentence arbitrale dans l'affaire *Pays-Bas/États-Unis*[1050] du 4 avril 1928 : « ... ce n'est qu'avec la plus grande prudence qu'on peut tenir compte des cartes géographiques pour trancher une question de souveraineté (...). Si l'arbitre est satisfait par rapport à l'existence de faits juridiques notoires qui contredisent les données des cartographes dont les sources d'information ne sont pas connues, il ne peut attacher aucun poids aux cartes géographiques, (...) une carte géographique ne donne qu'une indication – et encore très indirecte – et, à moins qu'elle ne soit annexée à un instrument juridique, elle n'a pas la valeur d'un instrument de cette nature impliquant la reconnaissance ou l'abandon de droits » (p. 852-854).

Dans son arrêt du 12 avril 1960 dans l'affaire *Portugal c. Inde*[1051], la CIJ a décidé que le Portugal avait en 1954 un droit de passage entre ses enclaves territoriales en territoire indien pour les personnes privées, les fonctionnaires civils et les marchandises en général, sauf que le Portugal n'avait pas ce droit pour les forces armées. Des 6 dissidences exprimées parmi les 15 juges, celle du juge Moreno Quintana affirme qu'un tel droit n'existe ni pour les civils ni pour les militaires : « Un droit de passage n'est pas une construction abstraite.

[1049] *Délimitation de la frontière maritime Guinée-Bissau/Sénégal*, sentence du 31 juillet 1989, RSA, vol. 20.

[1050] Traduction libre. *Island of Palmas case (Netherlands/USA)*, Award, Case No. 1925-01, PCA.

[1051] *Droit de passage sur territoire indien*, exceptions préliminaires et fond, arrêt, CIJ Recueil 1960.

Il ne peut être défini d'une manière aussi instable et imprécise, et selon des modalités juridiques qui s'opposent les unes aux autres, tel que le fait le demandeur. Ce droit existe ou n'existe pas dans l'ordre juridique. Son existence ne peut être soumise à des fluctuations, à des nuances qu'imposeraient les circonstances » (p. 89).

Dans l'arrêt *Cambodge c. Thaïlande*[1052] de la CIJ du 15 juin 1962, l'un des trois dissidents parmi les douze juges, le même juge Moreno Quintana écrit : « Prendre une décision du cas d'espèce sur des présomptions ou des hypothèses pour trancher la question posée ne paraît pas très conforme aux normes qui président le règlement judiciaire. Aucune preuve concluante n'a pu établir une reconnaissance tacite de la Thaïlande au sujet de la prétendue souveraineté du Cambodge sur ladite région. Ce sont les faits, et des faits clairs, qui doivent entrer en ligne de compte » (p. 67).

Dans son arrêt du 17 décembre 2002 dans l'affaire *Indonésie/Malaisie*[1053], la CIJ, constituée de 17 juges, a décidé que les îles disputées appartenaient à la Malaisie[1054]. Le juge *ad hoc* Franck, qui a signé la seule opinion dissidente, reproche à la décision son interprétation des effectivités : « Le dossier de cette affaire abonde en ambiguïtés. Ce n'est la faute de personne : tel est le destin de l'histoire dans les lieux obscurs (...). Pour surmonter cette difficulté liée aux circonstances de l'espèce, la Cour n'était pourtant pas contrainte d'émettre des conjectures sur des fragments d'effectivités alors qu'elle aurait pu, au lieu de cela, recourir à des présomptions de droit bien établies applicables à l'interprétation du texte et du contexte de la convention de 1891 » (par. 3).

Dans l'affaire *Malaisie/Singapour*[1055], la CIJ, dans son arrêt du 23 mai 2008, était constituée de 16 juges, 3 dissidences ayant été formulées[1056]. Dans leur opinion dissidente commune, les juges Simma et Abraham écrivent notamment au sujet des effectivités territoriales : « Après avoir énoncé des principes bien fondés en droit, même si leur formulation a souffert d'une certaine approximation, la Cour s'est, dans leur mise en œuvre, peu à peu éloignée d'eux. Elle a raisonné plus ou moins comme elle l'aurait fait si, en l'absence de titre originaire, elle avait dû mesurer les effectivités concurrentes des Parties. Ce faisant, elle a suivi une pente qui ne pouvait la conduire qu'à une conclusion que nous tenons pour erronée » (par. 30).

Outre les critiques formulées dans les opinions dissidentes, de nombreux commentateurs ont examiné les décisions des tribunaux dans des ouvrages et des articles, par exemple le traité dirigé par Forteau et Thouvenin :

1052 *Temple de Préah Vihéar*, fond, arrêt, CIJ Recueil 1962.

1053 *Souveraineté sur Pulau Ligitan et Pulau Sipadan*, arrêt, CIJ Recueil 2002

1054 Labrecque, Georges (2007) *Les différends internationaux en Asie. Règlement judiciaire,* p. 139-166.

1055 *Souveraineté sur Pedra Branca/Pulau Batu Puteh, Middle Rocks et South Ledge*, CIJ Recueil 2008.

1056 Labrecque, Georges (2015) *International Law of the Sea*, p. 286-291.

« L'évolution caractérisant le rôle de la jurisprudence dans la délimitation maritime n'est pas entièrement libre de difficultés à son stade contemporain (…). En fait, tout en cherchant à trouver des formules qui puissent satisfaire l'intérêt des parties en litige, la jurisprudence cherche, parfois, à identifier des méthodes qui s'écartent de l'évolution décrite et menacent d'un recul dans le temps[1057] ». Plus spécifiquement, les mêmes auteurs estiment que dans l'affaire *Tunisie/Libye*[1058] du 24 février 1982, « la CIJ continua d'entretenir 'l'état de confusion' créé par son arrêt de 1969[[1059]] en s'enfermant dans le cercle vicieux principes équitables/solution équitable », les auteurs ajoutant que, dans *Libye/Malte*[1060] du 3 juin 1985, « [c]ette affirmation totalement inopérationnelle fut réitérée …[1061] ».

Au sujet de l'affaire *Qatar c. Bahreïn* ci-haut citée, Weckel estime que la Cour avait été « invitée à pratiquer une micro-chirurgie des espaces » et que cet arrêt pouvait être considéré comme « un chef d'oeuvre de concision et de simplification, encore que 'l'arbre de la concision masque la forêt de la complexité diront certains'. Comment se fait-il que 'le scalpel du chirurgien a tranché net entre deux approches, celle du titre juridique' et celle du 'titre historique' ?[1062] » Et encore :

> Dans le but d'assurer la sécurité maritime dans la région, la puissance européenne a favorisé la concentration de l'autorité tribale des dynasties et la transformation très progressive de ces entités politiques en structures étatiques. La situation était ainsi caractérisée par l'absence d'occupation coloniale et par la longue gestation des États locaux. À quel moment les deux principautés arabes se sont-elles 'territorialisées' ? Sans doute, l'attribution des concessions pétrolières a-t-elle concrétisé la transformation en imposant, à côté de la relation personnelle traditionnelle dans le monde musulman, l'autorité réelle sur les espaces caractéristiques de l'État. Dans ce contexte l'élément intentionnel de la juridiction territoriale reste insaisissable ou incertain. L'exploration des titres historiques devient aventureuse et faute d'*animus occupandi*, les effectivités anciennes manquent de pertinence[1063].

[1057] Forteau, Mathias et Thouvenin, Jean-Marc, dir. (2017) *Traité de droit international de la mer*, p. 93.
[1058] *Plateau continental*, arrêt, CIJ Recueil 1982, par. 50.
[1059] *Plateau continental de la mer du Nord*, arrêt, CIJ Recueil 1969.
[1060] *Plateau continental*, arrêt, CIJ Recueil 1985, par. 28-29.
[1061] Forteau, Mathias et Thouvenin, Jean-Marc, dir. (2017) *op. cit.*, p. 595, note 2628.
[1062] Weckel, Philippe (2001) Arrêt du 16 mars 2001 (fond), *RGDIP*, tome 105, n° 2, p. 443.
[1063] *Idem*, p. 445.

Bien sûr, le droit international de la délimitation maritime n'est qu'une partie du droit international général dont on a aussi souligné les limites[1064] et même les échecs[1065] :

> Par ailleurs, on peut s'interroger sur l'efficacité réelle et le rôle véritable de la justice internationale. Incapable de décider sur le fond quand la Cour se déclare incompétente, incapable de fournir toutes les réponses quand elle est compétente, souvent très divisée sur des questions cruciales quand elle a des réponses, (...) la justice est en effet limitée quand le recours judiciaire n'a pas l'appui ou n'agit pas de concert avec les autres modes de règlement pacifique des conflits (négociation, médiation, conciliation, enquête, arbitrage, recours aux organisations régionales et à l'ONU) et dans la mesure où le droit, que la Cour a la mission de dire, est un droit sans gendarme, lui-même limité par le champ de la politique, enfin, parce que la justice internationale a été longtemps perçue, à tort ou à raison, comme une justice *européo-centriste*. Pourtant, la paix, faut-il le rappeler, constitue le souverain bien et la valeur suprême de la société des États, la justice demeurant certes l'un des instruments éminents pour en assurer les conditions et le maintien[1066].

Une préférence pour l'accord bilatéral

Bien des solutions sont offertes à la résolution des différends frontaliers maritimes, ainsi que le prévoit la Charte des Nations Unies à l'article 33 (négociation et autres modes), de même que la CIJ à l'article 287 de la CNUDM (procédure devant les divers tribunaux). Puisque la négociation est nommée en tout premier lieu dans la liste des modes de règlement pacifique des conflits, on ne saurait trop insister sur son importance, d'autant que le recours juridictionnel « n'est qu'un succédané au règlement direct et amiable » entre les parties, comme le rappelait la Cour permanente de Justice internationale dans une affaire ancienne [1067].

Le recours juridictionnel pour la délimitation des frontières est très peu utilisé, notamment en Asie, ainsi que l'affirment plusieurs commentateurs, par exemple le suivant : « It is often suggested that a distinctive attitude to international dispute settlement prevails among Asian States, an attitude characterized by reluctance to submit such disputes to decision by a third

[1064] Goldsmith, Jack L. and Posner, Eric A. (2005) *The Limits of International Law.*

[1065] Martin, Pierre-Marie (1996) *Les échecs du droit international.*

[1066] Labrecque, Georges (2008) *La force et le droit. Jurisprudence de la Cour internationale de Justice*, 4e de couverture.

[1067] *Trafic ferroviaire entre la Lituanie et la Pologne*, CPJI, avis consultatif du 15 octobre 1931, série A/B nº 42, p. 116.

party…[1068] ». En tout cas, force est de constater que le nombre de délimitations maritimes par voie juridictionnelle en Asie est plus faible que dans les autres parties du monde, sauf en Océanie.

Un procureur-général de Singapour a rappelé comment les États membres de l'ASEAN avaient évolué depuis des références rudimentaires jusqu'à un règlement des différends aux termes de nouveaux instruments juridiques, notamment le protocole du 8 avril 2010[1069], ce dernier prévoyant la capacité de soumettre les différends aux modes de résolution énumérés à l'article 33 de la Charte des Nations Unies[1070] : « However, we do have today authoritative assessments of evolving attitudes to international adjudication among a group of South East Asian States as reflected in their declared aim of creating 'a sense that each (…) belongs to a family of countries (…) interlinked economically, politically and culturally', and seeking to establish a ·formal dispute settlement mechanism offering 'a way of resolving disagreements without being disagreeable' », le procureur-général ajoutant cependant : « Although ASEAN countries appear to move ever closer to a complete mandatory system of dispute resolution, it is evident that some of ASEAN's members still prefer to resolve disputes by less formal means, and non-legal avenues to dispute settlement such as consultation and negotiation rather than a formal process. In any event, the better view appears to be that, for the time being, ASEAN is 'not ready for a court'[1071] ».

Dans le protocole de Manille du 20 décembre 2019 sur le règlement des différends[1072], entré en vigueur le 20 juin 2022, il n'y a aucune référence explicite aux moyens énumérés à l'article 33 de la Charte des Nations Unies, mais le recours aux bons offices, à la conciliation ou à la médiation y est mentionné (art. 4), de même que l'arbitrage mais non le recours judiciaire : « Expeditious arbitration within the ASEAN Economic Community as an alternative means of dispute settlement can facilitate the solution of certain disputes that concern issues that are clearly defined by both parties. Except as otherwise provided in this Protocol, resort to arbitration shall be subject to mutual agreement of the parties, which shall agree on the procedures to be followed". (art. 19, par. 1 et 2).

Ces observations et ces dispositions relatives aux États membres de l'ASEAN s'appliquent généralement à l'ensemble de l'Asie, si l'on consulte

---

[1068] Pinto, M.C.W. (2015) Asia and Dispute Settlement : The Law of the Sea, p. 755-769, *in* Wolfrum, Rüdiger *et als*.

[1069] Protocol to the ASEAN Charter on Dispute Settlement Mechanisms.

[1070] « 1. Les parties à tout différend dont la prolongation est susceptible de menacer le maintien de la paix et de la sécurité internationales doivent en rechercher la solution, avant tout, par voie de négociation, d'enquête, de médiation, de conciliation, d'arbitrage, de règlement judiciaire, de recours aux organismes ou accords régionaux, ou par d'autres moyens pacifiques de leur choix. 2. Le Conseil de sécurité, s'il le juge nécessaire, invite les parties à régler leur différend par de tels moyens ».

[1071] Woon, Walter (2013) Dispute Settlement in ASEAN, *KJICL*, vol. 1, issue 1, p. 92-104.

[1072] Protocol on Enhanced Dispute Settlement Mechanism.

le document de la CIJ qui recense, pays par pays, les affaires interétatiques portées devant elle depuis sa création en 1946[1073]. En effet, quand on compare, toutes matières confondues, le nombre d'affaires contentieuses différentes introduites par requête unilatérale ou par compromis des deux parties, les chiffres sont éloquents : au premier rang arrivent les États-Unis avec 10 affaires, suivis du Royaume-Uni et du Nicaragua avec 9, la France et l'Allemagne 6, l'Iran et la Libye 5 ; tandis qu'aucune affaire n'a été introduite par la Chine, le Japon, le Viet Nam, les Philippines, la Russie, (de même que l'URSS) et la Turquie. Par ailleurs, 16 États d'Asie figurent sur la liste : la Malaisie, l'Inde, le Pakistan, Bahreïn et le Qatar avec 2 affaires respectivement ; l'Indonésie, le Timor oriental, Singapour, Israël, la Palestine[1074], les Émirats arabes Unis, l'Arabie saoudite, la Géorgie, l'Arménie, l'Azerbaïdjan et le Cambodge avec 1.

On note par ailleurs des différences entre les régions maritimes d'Asie, les États du golfe Persique étant impliqués dans de nombreuses délimitations, mais ceux des mers d'Asie du Nord-Est dans très peu. Quant aux affaires portées devant le TIDM[1075], les États d'Asie sont encore sous-représentés avec seulement 6 affaires (2 par le Japon, et 1 par le Bangladesh, le Myanmar, la Malaisie et la Russie) sur un total de 33 affaires.

Des États réfractaires à la délimitation, d'autres non

Toutes régions maritimes asiatiques confondues, les écarts sont importants entre certains États qui ont été très actifs en matière de délimitation (par exemple l'Indonésie, la Malaisie et l'Iran), tandis que d'autres l'ont été très peu ou même pas du tout (la Chine, la Syrie et le Cambodge). L'Iran, baigné par deux mers, n'a signé aucun accord en Caspienne mais plusieurs dans le golfe Persique. Ces écarts entre États en Asie ne sont pas spécifiques à ce continent puisqu'on peut les observer ailleurs, par exemple en Afrique où le Maroc n'a délimité jusqu'à maintenant aucune de ses huit frontières maritimes (avec l'Algérie, l'Espagne, le Portugal et la Mauritanie[1076]), tandis que la Tunisie l'a fait pour chacune de ses trois frontières (avec l'Algérie, l'Italie et la Libye).

[1073] https://www.icj-cij.org/fr/affaires-par-pays.

[1074] Outre trois procédures consultatives concernant la Palestine : *Conséquences juridiques de l'édification d'un mur dans le territoire palestinien occupé*, CIJ Recueil 2004 ; *Conséquences juridiques découlant des politiques et pratiques d'Israël dans le Territoire palestinien occupé, y compris Jérusalem-Est*, CIJ Recueil 2024 ; et, le 19 décembre 2024, l'avis consultatif demandé au sujet des *Obligations d'Israël en ce qui concerne la présence et les activités de l'Organisation des Nations Unies, d'autres organisations internationales et d'Etats tiers dans le Territoire palestinien occupé et en lien avec celui-ci.*

[1075] https://www.itlos.org/fr/main/affaires/affaires-contentieuses/.

[1076] Abstraction faite d'un accord conclu en 1976, qui n'a jamais été ratifié et qui opérait la partition du Sahara occidental. Labrecque, Georges (2024) *Les frontières maritimes en Afrique*, p. 143-144.

Dans le golfe Persique, où le processus de délimitation est non seulement relativement ancien mais aussi très avancé, l'Irak, qui a deux voisins maritimes, a vu sa frontière délimitée partiellement avec le Koweït par les Nations Unies mais n'a pas encore conclu d'accord de délimitation avec l'Iran, tandis que ce dernier, sauf avec trois États (Irak, Koweït et Pakistan), a signé des traités de délimitation partielle ou totale avec cinq États (Arabie saoudite, Qatar, Bahreïn, Oman et Émirats arabes unis).

En mer Caspienne, le Kazakhstan a signé des accords avec chacun de ses trois voisins maritimes (Russie, Azerbaïdjan et Turkménistan), alors que l'Iran, disions-nous, n'en a signé aucun (avec l'Azerbaïdjan et le Turkménistan).

En Méditerranée orientale, la Syrie – État non-partie à la CNUDM – n'a délimité aucune de ses trois frontières (avec le Liban, la RTC ou Chypre et la Turquie), tandis que Chypre a conclu des accords avec quatre États (Royaume-Uni, Égypte, Liban et Israël).

Dans l'océan Indien, le Pakistan n'a délimité que l'une seule (avec Oman) de ses trois frontières maritimes (les deux autres avec l'Inde et l'Iran), tandis que l'Inde a conclu des accords, sauf avec le Pakistan, avec plusieurs États (Sri Lanka, Maldives, Indonésie, Thaïlande, Birmanie, Bangladesh, et peut-être aussi Oman à la suite de sa soumission du 9 mai 2009 à la Commission des limites du plateau continental qui n'a pas encore formulé ses recommandations).

Dans les mers d'Asie du Sud-Est, l'Indonésie a conclu de nombreux accords (avec la Malaisie, Singapour, l'Australie, la Papouasie-Nouvelle-Guinée, le Viet Nam et les Philippines), tandis que le Cambodge n'a délimité aucune de ses trois frontières maritimes (avec la Thaïlande, le Viet Nam et la Malaisie) ; et la Chine, qui possède plusieurs frontières virtuelles (avec les deux Corées, le Japon, les Philippines et sans compter le cas particulier de Taïwan), n'a jusqu'à maintenant conclu qu'un seul accord de délimitation (avec le Viet Nam), encore que partiellement.

Toutes mers confondues, y compris celles qui ne concernent pas l'Asie, la Russie et avant elle l'URSS ont délimité, à l'exception du Japon et de l'Ukraine, leurs nombreuses frontières maritimes : en Asie du Nord-Est, avec la Corée du Nord ; dans l'Arctique, avec les États-Unis et la Norvège[1077] ; en mer Caspienne, avec le Kazakhstan et l'Azerbaïdjan ; en mer Baltique, avec

[1077] Agreement between the Royal Norwegian Government and the Government of the Union of Soviet Socialist Republics concerning the sea frontier between Norway and the USSR in the Varangerfjord ; Descriptive Protocol relating to the sea frontier between Norway and the Union of Soviet Socialist Republics in the Varangerfjord ; Agreement between the Russian Federation and the Kingdom of Norway on the Maritime Delimitation in the Varangerfjord area ; Treaty between the Kingdom of Norway and the Russian Federation concerning Maritime Delimitation and Cooperation in the Barents Sea and the Arctic Ocean.

la Pologne[1078], la Finlande[1079] la Suède[1080], la Lituanie[1081] et l'Estonie[1082] ; en mer Noire, avec la Turquie[1083].

La délimitation maritime en Asie et ailleurs dans le monde

Approximativement, on dénombre 475 frontières maritimes à travers le monde, dont 200 ont été jusqu'à présent délimitées en partie ou en totalité (42% de l'ensemble). En comparant, continent par continent, les proportions de frontières délimitées par voie juridictionnelle plutôt que par accords bilatéraux – abstraction faite des délimitations intercontinentales[1084] mais en incluant les deux affaires pendantes devant la CIJ au 1er janvier 2025[1085] –, on arrive aux chiffres suivants : l'Asie, qui compte approximativement 68

1078 Protocol between the Government of the Polish People's Republic and the Government of the Union of Soviet Socialist Republic's concerning the Delimitation of Polish and Soviet Territorial Waters in the Gulf of Gdansk of the Baltic Sea ; Treaty between the Polish People's Republic and the Union of Soviet Socialist Republics concerning the boundary of the continental shelf in the Gulf of Gdansk and the south-eastern part of the Baltic Sea ; Agreement between the Polish People's Republic and the Union of Soviet Socialist Republics on delimitation of the territorial sea (territorial waters), the economic zone, the maritime fishing zone and the continental shelf in the Baltic Sea.

1079 Agreement between the Government of the Republic of Finland and the Government of the Union of Soviet Socialist Republics concerning the boundaries of sea areas and of the continental shelf in the Gulf of Finland ; Agreement between the Government of the Republic of Finland and the Government of the Union of Soviet Socialist Republics concerning the boundary of the continental shelf between Finland and the Soviet Union in the north-eastern part of the Baltic Sea ; Agreement between the Government of the Republic of Finland and the Government of the Union of Soviet Socialist Republics regarding the Delimitation of the Areas of Finnish and Soviet Jurisdiction in the Field of Fishing in the Gulf of Finland and the North-Eastern Part of the Baltic Sea ; Agreement between the Government of the Republic of Finland and the Government of the Union of Soviet Socialist Republics regarding the delimitation of the economic zone, the fishing zone and the continental shelf in the gulf of Finland and in the North-Eastern part of the Baltic Sea.

1080 Agreement on Principles for the Delimitation of the Sea Areas in the Baltic Sea between the Kingdom of Sweden and the Union of Soviet Socialist Republics ; Agreement between the Government of the Kingdom of Sweden and the Government of the Union of Soviet Socialist Republics concerning the delimitation of the continental shelf and of the Swedish fishing zone and the Soviet economic zone in the Baltic Sea.

1081 Treaty between the Republic of Lithuania and the Russian Federation on the Delimitation of the Exclusive Economic Zone and the Continental Shelf in the Baltic Sea.

1082 Agreement between the Russian Federation and the Republic of Estonia regarding the delimitation of sea area in the Gulf of Narva and in the Gulf of Finland.

1083 Agreement between the Government of the Republic of Turkey and the Government of the Union of Soviet Socialist Republics concerning the Delimitation of the Continental Shelf Between the Republic of Turkey and the Union of Soviet Socialist Republics in the Black Sea ; Exchange of Notes constituting an Agreement on the Delimitation of the USSR and Turkey Economic Zone in the Black Sea.

1084 *Érythrée/Yémen*, en 1999 par un tribunal d'arbitrage, et *Maurice/Maldives*, en 2023 par le TIDM.

1085 *Guatemala/Belize*, introduite en 2019, et *Gabon/Guinée équatoriale,* en 2021.

frontières maritimes, en a délimité 41 (60%) dont seulement 3 par voie juridictionnelle (7%) ; l'Afrique, de ses 71 frontières, en compte 31 qui sont délimitées (44%) dont 7 par voie juridictionnelle (23%) ; l'Amérique a délimité 56 de ses 102 frontières maritimes (55%), dont 10 par voie juridictionnelle (18%) ; l'Europe, qui compte 68 frontières maritimes, a réalisé 56 délimitations (82%), dont 8 par voie juridictionnelle (14%) en incluant les frontières Allemagne/Pays-Bas et Allemagne/Danemark établies toutes deux par accord en 1971 à la suite d'un arrêt de 1969 par la CIJ qui n'a pas tracé *stricto sensu* les frontières puisqu'elle n'a fait qu'indiquer aux parties, conformément à leurs voeux, les principes devant être appliqués pour en arriver à une délimitation équitable ; enfin, en Océanie, où l'on dénombre approximativement 38 frontières, 16 ont été délimitées (42%), aucune ne l'ayant été par voie juridictionnelle (0%).

Si, toutes juridictions confondues (CIJ, TIDM, tribunal d'arbitrage), on classe les affaires de délimitation maritime par continent, sauf l'Océanie, en comparant leurs années d'introduction devant un tribunal, on peut observer que les affaires asiatiques, peu nombreuses disions-nous, sont par ailleurs relativement récentes. En effet, on ne compte qu'une seule des trois affaires intracontinentales qui ait été introduite avant l'an 2000 : *Qatar c. Bahreïn*[1086], CIJ (1991-2001) ; tandis qu'on en dénombre quatre sur sept en Afrique : *Libye/Tunisie*[1087], CIJ (1978-1982) ; *Guinée/Guinée-Bissau*[1088], tribunal d'arbitrage (1983-1985) ; *Guinée-Bissau/Sénégal*[1089], tribunal d'arbitrage (1985-1989) ; *Cameroun c. Nigéria*[1090], CIJ (1994-2002) ; quatre sur dix en Amérique : *Argentine/Chili*[1091], arbitrage (1971-1977) ; *Canada/États-Unis*[1092], CIJ (1981-1984) ; *Canada/France*[1093], arbitrage (1989-1992) ; *(Nicaragua c. Honduras*[1094], CIJ (1999-2007) ; et six sur huit en Europe : *Norvège/Suède*[1095], arbitrage (1908-1909) ; *RFA/Pays-Bas*[1096], CIJ (1967-1969) ; *RFA/Danemark*[1097], CIJ (1967-1969) ; *France/Royaume-Uni*[1098],

---

1086 *Délimitation maritime et questions territoriales entre Qatar et Bahreïn.*

1087 *Plateau continental.*

1088 *Délimitation de la frontière maritime entre la Guinée et la Guinée-Bissau.*

1089 *Affaire de la délimitation de la frontière maritime entre la Guinée-Bissau et le Sénégal.*

1090 *Frontière terrestre et maritime entre le Cameroun et le Nigeria.*

1091 *Affaire concernant un litige entre la République argentine et la République du Chili relatif au canal de Beagle.*

1092 *Délimitation de la frontière maritime dans la région du golfe du Maine.*

1093 *Délimitation des espaces maritimes entre le Canada et la République française.*

1094 *Différend territorial et maritime entre le Nicaragua et le Honduras dans la mer des Caraïbes.*

1095 *Affaire des Grisbadarna. Délimitation d'une certaine partie de la frontière maritime entre la Norvège et la Suède.*

1096 *Plateau continental de la mer du Nord.*

1097 *Plateau continental de la mer du Nord.*

1098 *Délimitation du plateau continental entre le Royaume-Uni de Grande-Bretagne et d'Irlande du Nord et la République française.*

arbitrage (1975-1978) ; *Grèce c. Turquie*[1099], CIJ (1976-1978) ; *Danemark c. Norvège*[1100], CIJ (1988-1993).

Des activités illicites au mépris de la délimitation et les obligations des États

Autant la délimitation maritime permet aux États d'exercer concurremment leurs juridictions respectives dans de meilleures conditions, autant les activités illicites en mer[1101] posent des problèmes de plus en plus difficiles à circonscrire, particulièrement dans quelques régions d'Asie (et plus particulièrement encore en mer de Chine méridionale et dans certains passages stratégiques[1102]) où sévissent l'arraisonnement de navires étrangers et l'arrestation de leur équipage, la piraterie, le terrorisme et d'autres activités – nonobstant les conventions qui les interdisent –, et c'est sans compter des phénomènes qui semblent d'ores et déjà inexorables comme le réchauffement climatique, la hausse du niveau des mers et l'extinction de certaines espèces.

L'immobilisation de navires

Elle peut intervenir dans diverses situations telles que la pêche illégale, le différend territorial, la manifestation pour l'environnement…

Une demande de prompte mainlevée peut être demandée à certaines conditions, comme le prévoit la CNUDM, notamment aux dispositions suivantes : « 1. Lorsque les autorités d'un État Partie ont immobilisé un navire battant pavillon d'un autre État Partie et qu'il est allégué que l'État qui a immobilisé le navire n'a pas observé les dispositions de la Convention prévoyant la prompte mainlevée de l'immobilisation du navire ou la mise en liberté de son équipage dès le dépôt d'une caution raisonnable ou d'une autre garantie financière, la question de la mainlevée ou de la mise en liberté peut être portée devant une cour ou un tribunal… » (art. 292). La mainlevée[1103] a été demandée dans plusieurs cas par ou contre des États d'Afrique[1104], mais l'Asie a aussi été impliquée, en demande ou en défense, dans les affaires

---

[1099] *Plateau continental de la mer Égée.*

[1100] *Délimitation maritime dans la région située entre le Groenland et Jan Mayen.*

[1101] Tephany, Yann (2024) La CNUDM et la lutte contre les activités illicites en mer, p. 315-334, *in* Lanfranchi, Marie-Pierre, dir., *La Convention des Nations Unies sur le droit de la mer. Bilan et perspectives.*

[1102] Biaggi, Catherine et Carroué, Laurent (2024) Les grands détroits et canaux internationaux dans la géopolitique des mers et océans, un système très hiérarchisé sous tensions multiformes, *Géoconfluences*, juin 2024.

[1103] Forteau, M. et Thouvenin, J.-M., dir. (2017) *op. cit.*, p. 81-87 et 1015-1017.

[1104] *« Heroic Idun » (Îles Marshall c. Guinée équatoriale), « San Padre Pio » (Suisse c. Nigéria), « ARA Libertad » (Argentine c. Ghana), « Virginia G » (Panama/Guinée-Bissau), « Juno Trader » (Saint-Vincent-et-les Grenadines c. Guinée-Bissau), « Monte Confurco » (Seychelles c. France), « SAIGA » (Saint-Vincent-et-les Grenadines c. Guinée).*

suivantes devant le TIDM : *Nouvelle-Zélande c. Japon*[1105] en 1999, *Panama c. Yémen*[1106] en 2001, *Fédération de Russie c. Australie*[1107] en 2002, deux affaires *Japon c. Fédération de Russie*[1108] en 2007, *Pays-Bas c. Fédération de Russie*[1109] en 2013, *Italie c. Inde*[1110] en 2015 et *Ukraine c. Russie*[1111] en 2019. Dans cinq de ces huit affaires, ce sont des États non asiatiques qui sont en demande. La Russie à elle seule est impliquée dans cinq de ces huit affaires et le Japon dans trois.

Dans l'affaire *Japon c. Fédération de Russie,* le Hoshinmaru, un navire de pêche battant pavillon japonais, autorisé par la Fédération de Russie à exercer ses activités dans trois secteurs différents de sa ZÉE au large de la côte est de la péninsule du Kamtchatka, a reçu d'un patrouilleur russe l'ordre de stopper, puis est arraisonné le 1er juin 2007, notamment pour avoir dissimulé une partie de la prise autorisée, et, le 3 juin 2007, le navire a été escorté vers le port de Petropavlovsk-Kamtchatskii aux fins d'une procédure judiciaire. Le TIDM, dans son arrêt du 6 août 2007, dit que « le défendeur n'a pas respecté les dispositions (...) de la Convention relatives à la prompte mainlevée de l'immobilisation du Hoshinmaru et à la prompte libération de son équipage lorsqu'une caution ou une garantie suffisante a été fournie » (par. 102, 3), le Tribunal fixant cette caution à 10 millions de roubles.

Dans *Ukraine c. Fédération de Russie*, le demandeur, le 16 avril 2019, soumet au TIDM une demande en prescription de mesures conservatoires contre la Russie en alléguant notamment que le différend est né de la saisie, de l'immobilisation et de la détention illicites, par la Russie, de trois navires de guerre ukrainiens et de leur équipage, alors que ces navires étaient en mer Noire et s'éloignaient des côtes de Crimée en direction d'Odessa, leur port d'attache. Quelques semaines plus tard, le Tribunal accueille la demande et dit : « La Fédération de Russie doit procéder immédiatement à la libération des navires militaires ukrainiens (...) et les remettre sous la garde de l'Ukraine (...). La Fédération de Russie doit procéder immédiatement à la libération des 24 militaires ukrainiens détenus et les autoriser à rentrer en Ukraine » (par. 124 a et b).

Quelques années précédant l'affaire *Ukraine c. Fédération de Russie*, le défendeur était impliqué dans une autre affaire devant le TIDM, *Pays-Bas c. Fédération de Russie*, alors que le 18 septembre 2013, Greenpeace

---

[1105] *« Thon à nageoire bleue »*, ordonnance du 3 août 1999, TIDM Recueil 1999, p. 262.
[1106] *« Chaisiri Reefer 2 »*, ordonnance du 13 juillet 2001, TIDM Recueil 2001, p. 82.
[1107] *« Volga »*, prompte mainlevée, arrêt, TIDM Recueil 2002, p. 10.
[1108] *« Tomimaru »* et *« Hoshinmaru »*, promptes mainlevées, arrêt, TIDM Recueil 2005-2007, p. 18 et 74.
[1109] *« Arctic Sunrise »*, mesures conservatoires, ordonnance du 22 novembre 2013, TIDM Recueil 2013, p. 230.
[1110] *« Enrica Lexie »*, mesures conservatoires, ordonnance du 24 juillet 2015, TIDM Recueil 2015, p. 176.
[1111] *Immobilisation de trois navires militaires ukrainiens,* ordonnance du 25 mai 2019, TIDM Recueil 2019.

International déployait le navire Arctic Sunrise pour une manifestation contre une plateforme fixe dans la ZÉE russe en mer de Barents. Le lendemain, le navire est arraisonné et son capitaine arrêté. Le 22 novembre suivant, le Tribunal accueille la demande en prescription de mesures conservatoires et décide : « …a) La Fédération de Russie doit procéder immédiatement à la mainlevée de l'immobilisation du navire Arctic Sunrise et à la mise en liberté de toutes les personnes qui ont été détenues, dès que les Pays-Bas auront déposé auprès de la Fédération de Russie une caution ou autre garantie financière d'un montant de 3 600 000 euros sous forme de garantie bancaire ; b) Dès le dépôt de la caution ou autre garantie financière visée ci-dessus, la Fédération de Russie fait en sorte que le navire Arctic Sunrise et toutes les personnes qui ont été détenues soient autorisés à quitter le territoire et les zones maritimes relevant de sa juridiction » (par. 105, 1).

La piraterie

Objet de plusieurs études[1112], la piraterie est définie par la CNUDM comme étant « …tout acte illicite de violence ou de détention ou toute déprédation commis par l'équipage ou des passagers d'un navire ou d'un aéronef privé, agissant à des fins privées, et dirigé : i) contre un autre navire ou aéronef, ou contre des personnes ou des biens à leur bord, en haute mer… » (art. 101 a).

On a rapporté à l'OMI[1113], au cours de la seule année 2023, 150 incidents, produits ou attentés, liés à la piraterie, les régions les plus touchées étant le détroit de Malacca et la zone de Singapour (85 incidents), l'Afrique de l'Ouest (22), la mer de Chine méridionale (14), le Pacifique en Amérique du Sud (14), l'océan Indien (5), les Caraïbes (4), la mer d'Arabie (2), l'Afrique de l'Est (2),

---

1112 Muffat, Sophie (2025) *Géopolitique de la piraterie* ; ICC (2024) Live Piracy & Armed Robbery Report 2024 ; Borer, Louis (2023) Piraterie maritime : quels récents développements d'une menace bien ancrée ?, *in Diploweb : La revue géopolitique,* 26 février ; Guifoyle, D. (2016) International Law and Counter-Piracy in the Indian Ocean, p. 96-112, *in Routledge Handbook of Maritime Regulation and Enforcement* ; Win, K.H. *et als* (2016) Suppressing Piracy and Armed Robbery against Ships in the Malacca Straits : a Critical Analysis, *The Malayan Law Journal*, p. lxv-lxxx ; Weldemichael, A.T. *et als*, eds (2015) *Maritime Terrorism and Piracy in the Indian Ocean Region* ; Papastavridis, E.D. et Trapp, K.N., dir. (2014) *La criminalité en mer/Crimes at Sea* ; Zasova, S. (2012) Les sociétés militaires et de sécurité privées embarquées et la lutte contre la piraterie maritime : développements récents, *ADM*, tome 17, p. 61-82 ; Woolley, C.R. (2010) Piracy and Sovereign Rights : Addressing Piracy in the Straits of Indonesia and Malaysia, *Santa Clara Journal of International Law*, p. 447-472 ; Ortolland, Didier et Pirat, Jean-Pierre, éd. (2010) *Atlas géopolitique des espaces maritimes,* 2e éd., p. 156-159 ; Sylvestre, Daniel (2010) La piraterie maritime, p. 243-252, *in* Ortolland, Didier et Pirat, Jean-Pierre, *op. cit.* ; Yanai, S. (2006) La coopération régionale contre la piraterie en Asie, *AFDI*, p. 391-399 ; Ronzitti, N. (1990) *Maritime Terrorism and International Law.*

1113 OMI, *Reports on Acts of Piracy and Armed Robbery Against Ships*, Annual Report 2023, MSC.4/Circ.268, 7 June 2024:https://wwwcdn.imo.org/localresources/en/OurWork/Security/Documents/MSC.4-Circ.268_Annual%202023%20(1).pdf.

l'Atlantique en Amérique du Sud (1) et la Méditerranée (1). Les mers d'Asie à elles seules représentaient donc 106 incidents, soit 70% de tous les incidents à travers le monde.

Le terrorisme

Activité multiforme et souvent associée à d'autres types d'activités, notamment la piraterie, le terrorisme maritime a fait l'objet de nombreuses études[1114] et est visé dans plusieurs instruments juridiques internationaux[1115] sans toutefois y être toujours défini ni même mentionné, notamment la Convention du 10 mars 1988 et son protocole du même jour[1116]. Par ailleurs, les États riverains de la mer Caspienne dénoncent clairement le terrorisme dans leur Convention du 12 août 1998 : « The Parties shall cooperate in combating international terrorism and financing thereof...[1117] » (art. 17).

Cette activité est explicitement prohibée dans plusieurs résolutions du Conseil de sécurité des Nations Unies, notamment dans le préambule de celle du 30 janvier 2004 : « Réaffirmant la nécessité de combattre par tous les moyens, conformément aux dispositions de la Charte des Nations Unies et du droit international, les menaces à la paix et à la sécurité internationales causées par les actes de terrorisme... » (S/RES 1526). Et encore dans la résolution du

---

1114 Loïzzo, Clara (2024) La crise en mer Rouge, révélatrice de la vulnérabilité des grandes routes maritimes mondiales, *in Géoconfluences*, janvier ; Vrey, François et Blaine, Mark (2024) *Les attaques en mer Rouge et dans l'océan Indien révèlent la vulnérabilité maritime de l'Afrique* ; Descamps, Adeline (2024) Mer Rouge : les houthis réintégrés dans la liste des organisations terroristes, les attaques s'intensifient, *JMM*, janvier ; Bouffet, Jean-Yves (2023) La mer Caspienne : du lac irano-soviétique au carrefour géopolitique, *Conflits*, mars ; Terrom, Hélène (2018) La lutte contre le terrorisme NRBC en mer, *Revue Défense Nationale,* n° 810, p. 121-124 ; Garcia Caceres, Danilo (2018) Piraterie et/ou terrorisme maritime ?, *Hypothèses* ; Abaigar Marticorena, Ainhoa (2017) *Terrorisme maritime : un défi pour le droit international* ; Guifoyle, D. (2016) International Law and Counter-Piracy in the Indian Ocean, p. 96-112, *in Routledge Handbook of Maritime Regulation and Enforcement* ; Labrecque, Georges (2015) *Le recours à la force contre les États*, p. 6-8 ; Weldemichael, A.T. *et als*, eds (2015) *Maritime Terrorism and Piracy in the Indian Ocean Region* ; Daguzan, Jean-François (2009) Le terrorisme maritime : éléments de réflexions sur une menace (majeure?) *Sécurité globale*, n° 8, p. 115-128 ; Weldemichael, A.T. *et als*, eds (2015) *Maritime Terrorism and Piracy in the Indian Ocean Region* ; Houry, Christophe (2014) *La piraterie maritime au regard du droit international : incertitudes et évolutions contemporaines* ; Eudeline, Hugues (2012) Le terrorisme maritime contemporain, *Stratégique*, n° 100-101 ; Daguzan, Jean-François (2009) Le terrorisme maritime : éléments de réflexions sur une menace (majeure?) *Sécurité globale*, n° 8, p. 115-128 ; Kane, Solomon et Martin, Francis (2005) *Pirates et terroristes en mer d'Asie : Un maillon faible du commerce mondial.*

1115 En 1994, Déclaration sur les mesures visant à éliminer le terrorisme international ; en 1999, Convention internationale pour la répression du financement du terrorisme.

1116 Convention pour la répression d'actes illicites contre la sécurité de la navigation maritime; Protocole pour la répression d'actes illicites contre la sécurité des plateformes fixes situées sur le plateau continental.

1117 Convention sur le statut juridique de la mer Caspienne.

22 décembre 2006 quand le Conseil de sécurité réaffirme que « tous les actes de terrorisme, quels qu'ils soient, sont criminels et injustifiables, quels qu'en soient les motivations, l'époque et les auteurs » (S/RES 1735). Dans sa résolution du 12 février 2015, le Conseil de sécurité affirme une fois de plus que « le terrorisme ne peut et ne saurait être associé à aucune religion, nationalité ou civilisation… » (S/RES 2199).

Entre-temps, l'Assemblée générale des Nations Unies réitérait cette interdiction dans sa résolution du 20 décembre 2006 : « Notant avec préoccupation la persistance du problème de la criminalité transnationale organisée et des activités qui compromettent la sûreté et la sécurité de la navigation maritime, telles que (…) les actes terroristes contre des navires, des installations au large et d'autres intérêts maritimes, et notant les effets déplorables de ces activités que sont les pertes en vies humaines et les répercussions sur le commerce international, la sécurité énergétique et l'économie mondiale » (A/RES/61/22).

Dans son arrêt du 31 janvier 2024, la CIJ dit, dans l'affaire *Ukraine c. Fédération de Russie*[1118], que la Russie, « en s'abstenant de prendre des mesures pour enquêter sur les faits portés à sa connaissance par l'Ukraine concernant les auteurs présumés d'une infraction visée à l'article 2 de la convention internationale pour la répression du financement du terrorisme, a manqué à l'obligation que lui impose (…) ladite convention » (par. 404, 1).

Autres activités illicites

La CNUDM vise d'autres activités illicites : trafic de stupéfiants, migrations clandestines[1119], transport d'esclaves et émissions diffusées.

Quant aux stupéfiants en haute mer, la Convention affirme : « Tous les États coopèrent à la répression du trafic illicite de stupéfiants et de substances psychotropes auquel se livrent, en violation des conventions internationales, des navires naviguant en haute mer. (…) Tout État qui a de sérieuses raisons de penser qu'un navire battant son pavillon se livre au trafic illicite de stupéfiants ou de substances psychotropes peut demander la coopération d'autres États pour mettre fin à ce trafic » (art. 108). Par ailleurs, en ce qui concerne la mer territoriale, la CNUDM contient une disposition générale

---

[1118] *Application de la convention internationale pour la répression du financement du terrorisme et de la convention internationale sur l'élimination de toutes les formes de discrimination raciale*, arrêt, CIJ Recueil 2024.

[1119] Piotrowicz, R. et Redpath-Cross, J. (2014) Traite des personnes et trafic illicite de migrants, *in* Opeskin, B. *et als*, *Le droit international de la migration* ; Klein, Nathalie (2014) Migration internationale par mer et par air, *in* Opeskin, B. *et als*, *op. cit.* ; Casado Raigon, R. (2011) Trafic illicite des personnes et criminalité transnationale organisée, *in* Sobrino Heredia, J.M., dir., *Sûreté maritime et violence en mer* ; United Nations (2011) *Issue Paper. Smuggling of Migrants by Sea*, UNODC ; Bastid-Burdeau, G. (2003) Migrations clandestines et droit de la mer, *in La mer et son droit.*

selon laquelle « [l]'État côtier ne devrait pas exercer sa juridiction pénale à bord d'un navire étranger passant dans la mer territoriale pour y procéder à une arrestation ou à l'exécution d'actes d'instruction à la suite d'une infraction pénale commise à bord pendant le passage... » (art. 27, par. 1). Mais la Convention prévoit des exceptions à cette règle, notamment « si ces mesures sont nécessaires pour la répression du trafic illicite des stupéfiants ou des substances psychotropes » (art. 27, par 1d).

S'agissant du transport d'esclaves en haute mer, la Convention prévoit : « Tout État prend des mesures efficaces pour prévenir et réprimer le transport d'esclaves par les navires autorisés à battre son pavillon et pour prévenir l'usurpation de son pavillon à cette fin. Tout esclave qui se réfugie sur un navire, quel que soit son pavillon, est libre *ipso facto* » (art. 99). Dans la mer territoriale, et contrairement à l'exception explicite relative aux stupéfiants, la CNUDM ne vise pas le transport d'esclaves mais prévoit que la règle générale ne s'applique pas « si les conséquences de l'infraction s'étendent à l'État côtier » (art. 27, par. 1a) – « ce qui est le cas si le transport d'esclaves a pour destination finale ou transitoire son espace terrestre[1120] ».

Enfin, la Convention énonce une règle fort générale : « Tous les États coopèrent à la répression des émissions non autorisées diffusées depuis la haute mer » (art. 109, par. 1).

Les changements climatiques et la pollution marine

Voilà d'autres sources d'inquiétude qui ont mobilisé les efforts de la Commission des petits États insulaires[1121], créée le 31 octobre 2021, laquelle, constituée de sept membres[1122], s'est adressée au TIDM, le 12 décembre 2022, pour lui présenter une demande d'avis consultatif fondée sur des dispositions de la CNUDM et à laquelle ont participé plusieurs États asiatiques[1123] au cours des procédures. Le Tribunal, qui a rendu son avis consultatif[1124] le 21 mai 2024, écrit notamment :

> k) En vertu de l'article 202 de la Convention, les États Parties ont l'obligation particulière d'aider les États en développement, en particulier les États en développement vulnérables, dans leurs efforts pour lutter contre la pollution marine résultant des émissions anthropiques de GES. Cet article impose l'obligation de fournir une

[1120] Forteau, Mathias et Thouvenin, Jean-Marc, dir. (2017) *op. cit.*, p. 1110.
[1121] Accord pour la création de la Commission des petits États insulaires sur le changement climatique et le droit international.
[1122] Niue, Palaos, Ste-Lucie, Vanuatu, Saint-Vincent-et-les Grenadines, Saint-Kitts-et-Nevis et Bahamas.
[1123] Japon, Chine, Indonésie, Singapour, Corée du sud, Égypte, Bangladesh, Viet Nam, Inde, Timor oriental.
[1124] *Demande d'avis consultatif soumise par la Commission des petits États insulaires sur le changement climatique et le droit international*, avis consultatif, TIDM Recueil 2024.

assistance appropriée, directement ou par l'intermédiaire des organisations internationales compétentes, en matière de renforcement des capacités, d'expertise scientifique, de transfert de technologie et dans d'autres domaines. (...)

e) En vertu des articles 61 et 119 de la Convention, les États Parties ont les obligations particulières de prendre les mesures nécessaires pour conserver les ressources biologiques marines menacées par les incidences du changement climatique et l'acidification des océans. Lorsqu'ils prennent ces mesures, les États Parties tiennent compte, entre autres, des meilleures connaissances scientifiques disponibles et des facteurs environnementaux et économiques pertinents. Cette obligation requiert l'application de l'approche de précaution et d'une approche écosystémique » (par. 441, al. 3 K et al. 4 E).

À l'instar de la Commission des petits États insulaires, l'Assemblée générale des Nations Unies, aux termes de sa résolution 77/276 du 29 mars 2023, s'adresse à la CIJ le 12 avril suivant pour avoir son avis consultatif concernant les obligations des États à l'égard des changements climatiques, la question suivante lui étant posée, eu égard à la Charte des Nations Unies et à d'autres instruments juridiques internationaux[1125] :

a) Quelles sont, en droit international, les obligations qui incombent aux États en ce qui concerne la protection du système climatique et d'autres composantes de l'environnement contre les émissions anthropiques de gaz à effet de serre pour les États et pour les générations présentes et futures ?

b) Quelles sont, au regard de ces obligations, les conséquences juridiques pour les États qui, par leurs actions ou omissions, ont causé des dommages significatifs au système climatique et à d'autres composantes de l'environnement, à l'égard : i) Des États, y compris, en particulier, des petits États insulaires en développement, qui, de par leur situation géographique et leur niveau de développement, sont lésés ou spécialement atteints par les effets néfastes des changements climatiques ou sont particulièrement vulnérables face à ces effets ? ii) Des peuples et des individus des générations présentes et futures atteints par les effets néfastes des changements climatiques ?[1126].

Le 15 août 2024, date d'expiration du délai fixé par la Cour, 62 observations écrites avaient été déposées au greffe de la Cour, y compris par la Commission des petits États insulaires sur les changements climatiques et le droit

[1125] Pacte international relatif aux droits civils et politiques ; Pacte international relatif aux droits économiques, sociaux et culturels ; Convention-cadre des Nations Unies sur les changements climatiques ; Accord de Paris ; Convention des Nations Unies sur le droit de la mer ; et Déclaration universelle des droits de l'homme.

[1126] *Obligations des États en matière de changement climatique.*

international, et par plusieurs États asiatiques[1127]. Les audiences publiques se sont tenues du 2 au 13 décembre 2024.

La coopération régionale favorise la délimitation

Bien sûr, la lutte contre ces menaces passe par une meilleure coopération entre les États, laquelle ouvre souvent la voie à des négociations relatives à la délimitation à la faveur des divers modes de règlement pacifique des différends, tels qu'ils sont énumérés à l'article 33 de la Charte des Nations Unies, notamment le « recours aux organismes ou accords régionaux », outre les modes « de négociation, d'enquête, de médiation, de conciliation, d'arbitrage, de règlement judiciaire... ».

À cet égard, plusieurs organisations ou accords régionaux portant sur divers sujets –, inviolabilité des frontières, protection de l'environnement marin, dénucléarisation, lutte contre la piraterie et le terrorisme, sécurité, urgence – ont été constitués ou conclus, certains avec des succès mitigés, notamment par des États de l'Asie du Sud-Est, de l'Asie centrale et du golfe Persique, qui regroupent exclusivement des pays d'Asie, d'autres débordant cette région, et qui évoquent souvent des instruments juridiques multilatéraux existants, par exemple, en matière de sécurité, l'OCS[1128] du 15 juin 2001 inspirée de la convention[1129] du 10 mars 1988 ; ou encore le traité de Singapour[1130] du 11 novembre 2004, qui porte sur la piraterie déjà visée par la CNUDM de 1982 aux articles 101 à 107 ; et, en matière générale de paix et de sécurité, la charte de Shanghai[1131], qui, référant aux buts et principes énoncés dans la Charte des Nations Unies, est adoptée le 7 juin 2002 à Saint-Pétersbourg par six États (Chine, Russie, Kazakhstan, Kirghizistan, Tadjikistan, Ouzbékistan qui s'est retiré par la suite), laquelle affirme notamment :

> Les principaux domaines de collaboration de l'Organisation sont les suivants : le maintien de la paix et le renforcement de la sécurité et de la confiance dans la région ; la recherche de positions communes pour les questions de politiques étrangères présentant un intérêt commun, notamment dans le cadre des organisations et conférences internationales ; l'élaboration et l'application de mesures communes visant à lutter contre le terrorisme, le séparatisme et l'extrémisme, ainsi que la vente illégale de stupéfiants et d'armes, les autres activités transnationales criminelles et les migrations illégales ; la coordination de l'action dans les domaines du désarmement et du contrôle des

---

[1127] Timor oriental, Arabie saoudite, Sri Lanka, Philippines, Japon, Iran, Pakistan, Viet Nam, Bangladesh et Égypte.
[1128] Organisation de coopération de Shanghai.
[1129] Convention pour la répression d'actes illicites contre la sécurité de la navigation maritime.
[1130] Regional Cooperation Agreement on Combating Piracy and Armed Robbery against Ships in Asia.
[1131] Charte de l'Organisation de Shanghai pour la coopération.

armements ; (…) L'exploitation rationnelle des ressources naturelles, notamment les ressources en eau de la région, et la mise en œuvre de programmes et projets communs de protection de l'environnement » (art. 3).

La charte de Shanghai sera suivie, le 16 août 2007, d'un traité de bon voisinage[1132] conclu par les mêmes six États et qui prévoit notamment : « Les Parties contractantes respectent le principe d'inviolabilité des frontières, et s'efforcent activement de renforcer la confiance dans la défense des zones frontalières, en se fondant sur la détermination de transformer leurs frontières communes en frontières de paix et d'amitié perpétuelles » (art. 5).

S'agissant de l'Asie du Sud-Est, on compte, parmi les organisations les plus importantes, l'ASEAN[1133] et ses 10 membres actuels, association créée en 1967 par 5 États (Indonésie, Malaisie, Singapour, Thaïlande et Philippines) et à laquelle se sont joints par la suite le Brunei (1984), le Viet Nam (1995), le Laos et la Birmanie (1997) et le Cambodge (1999). Cette organisation régionale a conclu de nombreux instruments juridiques, outre les protocoles du 8 avril 2010[1134] et du 20 décembre 2019[1135] déjà mentionnés, notamment les suivants : les déclarations du 27 novembre 1971[1136] et du 24 février 1976[1137], le protocole du 29 novembre 2004[1138], la charte du 20 novembre 2007[1139], de même que les accords du 13 octobre 2017[1140] et du 20 janvier 2023[1141]. Par exemple, en matière d'inviolabilité des frontières, la déclaration du 27 novembre 1971, adoptée à Kuala Lumpur, affirme en son préambule : « Inspired by the worthy aims and objectives of the United Nations, in particular by the principles of respect for the sovereignty and territorial integrity of all states, abstention from threat or use of force, peaceful settlement of international disputes, equal rights and self-determination and non-interference in affairs of States ».

Concernant les frontières, les 35 États membres de l'OSCE, dont l'URSS et la Turquie, concluent, le 1er août 1975, l'acte final d'Helsinki[1142], conviennent qu'elles sont inviolables et s'abstiennent de tout attentat contre

---

1132 Traité de bon voisinage, d'amitié et de coopération à long terme entre les États membres de l'Organisation de Shanghai pour la coopération.
1133 Association des Nations d'Asie du Sud-Est.
1134 Protocol to the ASEAN Charter on Dispute Settlement Mechanisms.
1135 Protocol on Enhanced Dispute Settlement Mechanism.
1136 Declaration on the Zone of Peace, Freedom and Neutrality.
1137 Declaration of ASEAN Concord.
1138 Vientiane Protocol for Enhanced Dispute Settlement Mechanism.
1139 Charte de l'Association des nations de l'Asie du Sud-Est, chapitre VIII, art. 22-28.
1140 ASEAN Framework Agreement on the Facilitation of Cross Border Transport of Passengers by Road Vehicles.
1141 ASEAN Agreement on Aeronautical and Maritime Search and Rescue Cooperation.
1142 Conférence sur la Sécurité et la Coopération en Europe.

elles, principes réaffirmés dans la déclaration d'Helsinki[1143], les 5 et 9 juillet 2015. Entre-temps, les chefs d'État du Bélarus, de la Russie et de l'Ukraine, réunis à Minsk le 8 décembre 1991, signèrent un accord par lequel ils s'engageaient à respecter les frontières existantes[1144], et quelques jours plus tard, à Alma Ata, huit autres Républiques (Azerbaïdjan, Arménie, Kazakhstan, Kirghizistan, Moldavie, Tadjikistan, Turkménistan et Ouzbékistan) concluent un protocole à l'accord de Minsk en réitérant le même principe[1145], et encore par l'adoption, le 22 janvier 1993, de la charte de la CÉI[1146].

Quant à la protection du milieu marin, on peut mentionner la convention de Koweït[1147], signée le 24 avril 1978 et regroupant sept États du golfe Persique (Bahreïn, Iran, Irak, Koweït, Oman, Arabie saoudite et Émirats arabes unis). Les États riverains de la mer Caspienne ont conclu, les 4 novembre 2003[1148] et 29 septembre 2014[1149], des accords similaires à celui du golfe Persique. Par ailleurs, les pays de la Caspienne se sont entendus au sujet de la sécurité en signant un accord[1150] le 18 novembre 2010, puis un autre[1151] le 29 septembre 2014. Rappelons aussi qu'ils ont adopté une convention concernant le statut de la Caspienne[1152], le 12 août 2018, laquelle affirme le respect de l'égalité des États et celui de la souveraineté et de l'intégrité territoriales.

La protection du milieu marin est également l'un des objectifs de l'APEC[1153], devenue le principal forum économique dans la région de l'Asie-Pacifique, visant généralement à favoriser la croissance économique, son intégration régionale, le commerce, l'investissement et la prospérité durables dans la région, encore que certaines tensions ne manquent pas entre les protagonistes, notamment entre la Chine et les États-Unis. Cette organisation, qui a son siège social à Singapour, regroupe 21 membres, asiatiques pour la plupart. Elle a été créée le 31 janvier 1989 par 12 États (Australie, Brunei, Canada, Corée du Sud, États-Unis, Indonésie, Japon, Malaisie, Nouvelle-Zélande, Philippines, Singapour et Thaïlande), auxquels se sont joints, en 1991, la Chine, Hong Kong et Taïwan ; puis, en 1993, le Mexique et la

1143 https://www.oscepa.org/en/documents/annual-sessions/2015-helsinki/declaration-3/2978-2015-helsinki-declaration-fre/file.

1144 Agreement Establishing the Commonwealth of Independent States.

1145 Protocol to the Agreement Establishing the Commonwealth of Independent States.

1146 Charter of the Commonwealth of Independent States.

1147 Regional Convention for Co-operation on the Protection of the Marine Environment from Pollution.

1148 Framework Convention for the Protection of the Marine Environment of the Caspian Sea and its relevant protocols.

1149 Agreement on Conservation and Rational Use of the Aquatic Biological Resources of the Caspian Sea.

1150 Agreement on Cooperation in the Field of Security in the Caspian Sea.

1151 Agreement on Cooperation in Emergency Prevention and Response in the Caspian Sea.

1152 Convention on the Legal Status of the Caspian Sea.

1153 Asia-Pacific Economic Cooperation.

Papouasie-Nouvelle-Guinée ; ensuite le Chili en 1994 ; enfin, en 1998, le Pérou, la Russie et le Viet Nam. Au sein de l'APEC a été constitué en 2011 un groupe de travail, l'OFWG[1154], voué à la conservation du milieu marin et à la coopération dans l'économie bleue, lequel s'engage : « Take continued action to end illegal, unreported and unregulated (IUU) fishing, build capacity to address the negative impacts of IUU fishing on APEC Economies, sustainable fisheries, food security, and continue enacting measures to combat IUU (…). Make the aquaculture and fisheries sectors more resilient to climate change and mitigate their contribution to climate change through advancement of conservation and sustainable management regimes (…). Promote continued activities within APEC which are consistent with the common view of the blue economy...[1155] ». Parmi les très nombreux projets de recherche, mentionnons celui entamé en 2023 et consacré à la pêche illicite[1156].

Concernant l'instauration de zones dénucléarisées, le traité de Bangkok[1157], conclu le 15 décembre 1995, regroupe 10 membres exclusivement asiatiques : Brunei, Cambodge, Indonésie, Laos, Malaisie, Myanmar, Philippines, Singapour, Thaïlande et Viet Nam. Un instrument similaire, le traité de Semipalatinsk[1158], a été signé le 8 septembre 2006 par des États d'Asie centrale (Kirghizistan, Tadjikistan, Turkménistan, Kazakhstan et Ouzbékistan).

La sécurité régionale et la lutte contre le terrorisme sont des objectifs poursuivis par l'OCS[1159], créée à Shanghai le 15 juin 2001 et constituée actuellement de huit États membres (Chine, Russie, Inde, Pakistan, Kazakhstan, Kirghizistan, Ouzbékistan et Tadjikistan), de quatre États observateurs (Afghanistan, Bélarus, Iran et Mongolie) et de six « interlocuteurs » (Arménie, Azerbaïdjan, Turquie, Népal, Sri Lanka et Cambodge).

En matière de piraterie et de vol qualifié, le traité de Singapour[1160], conclu le 11 novembre 2004, regroupe 16 États dont 2 non asiatiques (Bangladesh, Brunei, Cambodge, Chine, Inde, Japon, Corée du Sud, Laos, Myanmar, Philippines, Singapour, Sri Lanka, Thaïlande, Viet Nam, Danemark et Norvège).

Mentionnons aussi la Ligue arabe, organisation régionale regroupant des États arabes du Moyen-Orient et de l'Afrique du Nord, formée au Caire le 22

[1154] APEC's Oceans and Fisheries Working Group.

[1155]https://www.apec.org/groups/som-steering-committee-on-economic-and-technical-cooperation/working groups/ocean-and-fisheries.

[1156] Exchange of Experiences in the Development and Implementation of a Fisheries and Aquaculture Traceability System to Strengthen the Traceability of Hydrobiological Resources or Products, and Combat Illegal Unreported and Unregulated (IUU) Fishing : https://aimp2.apec.org/sites/PDB/Lists/Proposals/DispForm.aspx?ID=3436.

[1157] Treaty on the South East Asia Nuclear Weapon Free Zone.

[1158] The Central Asian Nuclear-Weapon-Free Zone Treaty.

[1159] Organisation de coopération de Shanghai.

[1160] Regional Cooperation Agreement on Combating Piracy and Armed Robbery against Ships in Asia.

mars 1945. Elle est vouée à la lutte contre la pauvreté, au développement économique, à la résolution des différends et à la coordination d'objectifs politiques. Composée actuellement de 22 membres, la Ligue arabe a eu 7 sept membres fondateurs (Égypte, Syrie, Liban, Irak, Transjordanie, Arabie saoudite et Yémen) auxquels se sont joints la Libye (1953), le Soudan (1956), la Tunisie et le Maroc (1958), le Koweït (1961), l'Algérie (1962), Bahreïn, Oman, le Qatar et les Émirats arabes unis (1971), la Mauritanie (1973), la Somalie (1974), l'Organisation de libération de la Palestine (1976), Djibouti (1977) et les Comores (1993). La Ligue arabe compte en outre cinq États observateurs : Brésil (2002), Érythrée (2003), Venezuela (2006), Inde (2007) et Turquie (2011).

Outre ces accords régionaux qui ne manquent pas en Asie, il faut mentionner divers instruments *inter-régionaux*, comme le rappelle l'Assemblée générale de l'ONU dans une résolution adoptée le 1er septembre 2023 : « Consciente de l'action que l'Organisation de Shanghai pour la coopération mène afin de promouvoir la coopération avec d'autres organisations régionales, notamment l'Organisation du Traité de sécurité collective, la Communauté d'États indépendants, l'Association des nations de l'Asie du Sud-Est, la Conférence pour l'interaction et les mesures de confiance en Asie, l'Organisation de coopération économique, l'Union économique eurasiatique et la Ligue des États arabes , ainsi qu'avec le Comité international de la Croix-Rouge...[1161] », la résolution mentionnant plus particulièrement les ententes entre, d'une part, l'Organisation de Shanghai et, d'autre part, la Commission économique eurasienne (conclue à Douchanbé le 17 septembre 2021)[1162] et la Ligue des États arabes (signée à Samarcande le 16 septembre 2022)[1163].

Bien sûr, les accords régionaux ou interrégionaux n'empêchent pas les ententes bilatérales entre États, telle celle intervenue le 4 juillet 2024 entre les Philippines et le Japon concernant leur coopération en matière de défense. Le préambule de l'accord mentionne notamment : « Noting their mutual commitment to the peaceful settlement of international disputes and to the maintenance of international peace and security[1164] », les parties témoignant par ailleurs de leur réticence à régler les différends par recours juridictionnel : « Unless otherwise mutually determined by the Parties, any dispute regarding

---

[1161] A/77/L.107 : Coopération entre l'Organisation des Nations Unies et les organisations régionales ou autres ; Coopération entre l'Organisation des Nations Unies et l'Organisation de Shanghai pour la coopération.

[1162] Mémorandum d'accord entre le secrétariat de l'Organisation de Shanghai pour la coopération et la Commission économique eurasienne.

[1163] Mémorandum d'accord entre le secrétariat de l'Organisation de Shanghai pour la coopération et la Ligue des États arabes.

[1164] Agreement between Japan and the Republic of the Philippines Concerning the Facilitation of Reciprocal Access and Cooperation between the Self-Defense Forces of Japan and the Armed Forces of the Philippines : https://www.mofa.go.jp/files/100694772.pdf.

the interpretation or the implementation of this Agreement shall be resolved solely by consultation and negotiation between the Parties » (art. 28).

La coopération n'empêche pas les tensions entre États

Lors du 27e sommet de l'ASEAN+3 (Chine, Japon, Corée du Sud) tenu le 10 octobre 2024 à Vientiane, au Laos, en présence de ses principaux partenaires (notamment les États-Unis, l'Inde et la Russie), la déclaration suivante a été faite : « Promote sustainable and inclusive regional economic growth and integration through cooperation to strengthen supply chain connectivity, leveraging on new growth drivers such as digital transformation, green economy including promotion of transition finance, blue economy, and creative economy[1165] ».

Par ailleurs, le sommet de l'ASEAN+3 a révélé une fois de plus des intérêts divergents entre des puissances, notamment entre les États-Unis et la Chine, alors que le secrétaire d'État américain a fait le rapprochement entre les manœuvres maritimes et aériennes de la Chine près de Taïwan et l'invasion de l'Ukraine par la Russie, tandis que le ministre russe des Affaires étrangères, qualifiant de destructrice l'action des États-Unis en Asie du Sud-Est, a accusé notamment Washington d'inciter le Japon à la militarisation avec le projet de création d'une alliance régionale sur le modèle de l'Otan, en réponse aux rapprochements militaires entre la Corée du Nord et la Russie[1166].

De plus, le sommet a montré que les tensions persistent entre les principaux intéressés, notamment en ce qui concerne la mer de Chine méridionale, ce qui laisse entendre que sa délimitation maritime par voie d'accord bilatéral ou par recours juridictionnel n'est pas pour demain, à moins que la Chine n'adopte une approche différente de celle qui fut la sienne jusqu'à maintenant, notamment dans l'affaire *Philippines c. Chine,* elle qui est pourtant partie à la Convention des Nations Unies sur le droit de la mer pour l'avoir signée dès son adoption en décembre 1982, puis ratifiée en juin 1996, tout en y joignant par la suite une déclaration, le 25 août 2006, selon laquelle elle « procédera à des consultations avec les États dont les côtes sont adjacentes aux siennes ou leur font face afin de délimiter, sur la base du droit international et conformément au principe de l'équité, les zones sur lesquelles s'exerce respectivement leur juridiction maritime », la Chine ajoutant par ailleurs qu'elle « n'accepte aucune des procédures » obligatoires prévues à la section 2 de la Partie XV de la Convention à l'égard des différends mentionnés à

1165 ASEAN Plus Three Leaders' Statement on Strengthening the Connectivity of Regional Supply Chains : https://aseanplusthree.asean.org/asean-plus-three-leaders-statement-on-strengthening-the-connectivity-of-regional-supply-chains/.

1166 Radio France Internationale (2024) Sommet de l'Asean : la passe d'armes russo-américaine se fait dans un contexte tendu, 11 octobre : https://www.rfi.fr/fr/asie-pacifique/20241011-sommet-de-l-asean-la-passe-d-armes-russo-am%C3%A9ricaine-se-fait-dans-un-contexte-tendu.

l'article 298 et concernant notamment les baies ou titres historiques, de même que la délimitation maritime[1167]. En mer de Chine méridionale, la délimitation, déjà fragilisée par le contentieux entre la Chine et les Philippines, risque de l'être encore plus par la conclusion de certains accords bilatéraux comme celui de juillet 2024 entre les Philippines et le Japon, qui, s'il satisfait les deux parties, peut avoir pour effet d'exacerber les différends entre la Chine et le Japon[1168].

Outre l'arbitrage entre la Chine et les Philippines, des tensions ont été révélées à la suite de soumissions, individuelles ou conjointes, présentées à la Commission des limites du plateau continental[1169] par certains États de la région : Malaisie et Viet Nam le 6 mai 2009, Viet Nam les 7 mai 2009 et 17 juillet 2024, Philippines le 14 juin 2024 ; outre le Japon le 12 novembre 2008 et la Chine le 14 décembre 2012 concernant la mer de Chine orientale. Par exemple, la soumission des Philippines de 2024 a été contestée dans les semaines suivantes par le Viet Nam et la Malaisie dans leurs communications à la CLPC, de même que par la Chine qui, notamment le 19 août 2024, réaffirme que ses droits « historiques » sont conformes au droit international et que les sentences de 2015 et 2016 sont nulles et *ultra vires* – ce qui ne laisse augurer rien de bon pour le règlement pacifique et rapide des différends de délimitation en mer de Chine méridionale. Les États-Unis eux-mêmes écrivent, le 5 décembre 2024, en réplique aux communications de la Chine : « The views expressed by the PRC pertaining to its expansive maritime claims in the South China Sea are without a factual or legal basis. Such claims have been rejected as unlawful by the United States and many other countries, as reflected in communications by States...[1170] ».

Dans une Asie plurielle, une délimitation maritime qui progresse

Si la Chine n'a jamais été une partie devant la CIJ ou le TIDM, elle a par ailleurs affirmé sa volonté de négocier ses délimitations maritimes par consultation, comme en font foi sa déclaration du 25 août 2006, de même que la conclusion, le 25 décembre 2000, de son accord de délimitation partielle avec le Viet Nam[1171] et de son entente concernant une zone d'exploitation

1167 https://treaties.un.org/pages/ViewDetailsIII.aspx?src=TREATY&mtdsg_no=XXI-6&chapter=21&Temp=mtdsg3&clang=_fr#16.

1168 Rouiaï, N. (2024) Philippines : nation pivot de l'espace indo-pacifique ?, p. 4-5, *in Diplomatie*, nº 82 ; Shimono, Yosuke (2024) Mer de Chine orientale : vers une conflictualité navale entre Pékin et Tokyo ?, p. 56-57, *in Idem.*

1169 https://www.un.org/depts/los/clcs_new/submissions_files/submission_phl1_2024.htm.

1170 https://www.un.org/depts/los/clcs_new/submissions_files/phl1/20241205UsaNvUn001.pdf.

1171 Agreement between the People's Republic of China and the Socialist Republic of Viet Nam on the delimitation of the territorial seas, the exclusive economic zones and continental shelves in Beibu Bay/Bac Bo Gulf

conjointe[1172], outre l'accord subséquent du 11 octobre 2011 dans lequel les parties « s'emploieront à régler successivement les questions maritimes, en commençant par les plus faciles[1173] » (art. 5).

Il faut rappeler aussi que si la partie nord de la mer de Chine méridionale n'est pas encore délimitée pour des raisons qui tiennent en bonne partie à la Chine, la partie sud de cette mer a fait l'objet de plusieurs accords de délimitation : entre l'Indonésie et la Malaisie[1174], les 27 octobre 1969, 17 mars 1970 et 17 décembre 1971 ; la Malaisie et Singapour[1175], les 7 août 1995 et 26 avril 2005 ; l'Indonésie et Singapour[1176], les 25 mai 1973, 10 mars 2009 et 3 septembre 2014 ; la Malaisie et la Thaïlande[1177], le 24 octobre 1979 ; la Malaisie et Brunei[1178], 1958 ; l'Indonésie et le Viet Nam[1179], le 26 juin 2003 ; enfin, entre le Viet Nam et la Thaïlande[1180], le 9 août 1997.

La Chine, qui n'a délimité qu'une seule de ses frontières maritimes, et encore que très partiellement, paraît donc être, en Asie, l'une des quelques exceptions – notamment avec le Cambodge et la Syrie – qui confirment la règle générale, puisque presque partout ailleurs, dans les mers baignant ce

---

[1172] Agreement on Fishery Co-operation in the Tonkin Gulf between the Government of the People's Republic of China and the Government of the Socialist Republic of Vietnam.

[1173] Accord sur les principes de base applicables au règlement des questions maritimes entre la République socialiste du Viet Nam et la République populaire de Chine.

[1174] Agreement between the Government of Malaysia and the Government of Indonesia on the delimitation of the continental shelves between the two countries ; Agreement between the Government of the Republic of Indonesia, the Government of Malaysia and the Government of the Kingdom of Thailand Relating to the Delimitation of the Continental Shelf Boundaries in the Northern Part of the Strait of Malacca ; Treaty between the Republic of Indonesia and Malaysia on Determination of Boundary Lines of Territorial Waters of the two Nations at the Strait of Malacca.

[1175] Agreement between the Government of Malaysia and the Government of the Republic of Singapore to Delimit Precisely the Territorial Waters Boundary in Accordance with the Straits Settlements and Johore Territorial Waters Agreement 1927 ; Agreement between the Government of Malaysia and the Government of the Republic of Singapore to Delimit Precisely the Territorial Waters Boundary in Accordance with the Straits Settlements and Johore Territorial Waters Agreement 1927.

[1176] Traité entre la République de Singapour et la République d'Indonésie relatif à la délimitation des mers territoriales des deux pays dans le détroit de Singapour ; Traité conclu entre la République de Singapour et la République d'Indonésie portant délimitation des mers territoriales entre les deux pays dans la partie occidentale du détroit de Singapour ; Traité entre la République de Singapour et la République d'Indonésie relatif à la délimitation de la mer territoriale des deux pays dans la partie orientale du détroit de Singapour.

[1177] Traité relatif à la délimitation de la mer territoriale des deux pays ; Memorandum of Understanding between the Kingdom of Thailand and Malaysia on the delimitation of the continental shelf boundary between the two countries in the Gulf of Thailand.

[1178] The North Borneo Orders in Council, Statutory Instruments 1958, n° 1517 and 1518.

[1179] Accord entre le Gouvernement de la République socialiste du Viet Nam et le Gouvernement de la République d'Indonésie relatif à la délimitation de la frontière du plateau continental.

[1180] Accord du 9 août 1997 entre le Gouvernement du Royaume de Thaïlande et le Gouvernement de la République socialiste du Viet Nam sur la délimitation de la frontière maritime entre les deux pays dans le golfe de Thaïlande.

continent, le processus de délimitation est relativement avancé. En effet, l'Asie, avec un total approximatif de 68 frontières maritimes, a conclu jusqu'à maintenant 41 délimitations (60%) et n'est dépassée que par l'Europe, tout en figurant à l'avant-dernier rang avec 7% de frontières délimitées par voie juridictionnelle, mais on peut présumer que les trois récentes affaires impliquant des États d'Asie (*Bangladesh/Myanmar* en 2012, *Bangladesh c. Inde* en 2014 et *Maurice/Maldives* en 2023) auront pour effet d'encourager d'autres voisins maritimes asiatiques à choisir ce moyen pacifique de résolution des différends frontaliers.

Et s'il est vrai que la coopération régionale, de même que de bonnes relations diplomatiques et économiques entre États, n'assurent pas pour autant la conclusion d'accords bilatéraux de délimitation ou de compromis pour la saisine des tribunaux internationaux, ces efforts multilatéraux et bilatéraux conjugués favorisent la réalisation de cette délimitation maritime, laquelle, à son tour, facilite l'exercice ordonné des juridictions respectives des États conformément aux dispositions de la Convention des Nations Unies sur le droit de la mer, mais aussi contribue, en Asie comme ailleurs, à lutter contre les activités illicites et à rétablir ou à maintenir la paix, la stabilité et la sécurité régionales.

CHRONOLOGIE

1494 Traité de Tordesillas Espagne/Portugal, fixant la ligne séparant leurs possessions coloniales à 370 lieues à l'ouest des îles du Cap-Vert.

1609 Publication de *Mare liberum* par Hugo Grotius.

1635 Publication de *Mare clausum* par John Selden.

1703 Publication de *De dominio maris* par Cornelius van Bynkershoek.

1793 Promulgation par les États-Unis d'une mer territoriale de 3 milles marins.

1803 Le 30 avril, traité États-Unis/France au sujet de l'achat de la Louisiane.

1867 Le 30 mars, traité États-Unis/Russie sur l'achat de l'Alaska.

1887 Le 1er décembre, traité Chine/Portugal concernant Macao.

1888 Le 29 octobre, convention de Constantinople régissant la liberté des détroits.

1896 Le 15 janvier, accord France/Grande-Bretagne sur les zones d'influence (régions du Mékong et de la Ménam).

1898 Le 27 mars, convention Chine/Russie concernant Port-Arthur.
Le 9 juin, convention Chine/Royaume-Uni au sujet de Hong Kong.

1903 Les 16 et 23 février, accord Cuba/États-Unis concernant Guantanamo.
Le 18 novembre, traité États-Unis/Panama au sujet du canal.

1904 Le 8 avril, accord France/Grande-Bretagne concernant leurs zones d'influence en Asie.

1907 Le 31 août, traité Grande-Bretagne/Russie sur leurs zones d'influence en Perse et au Tibet.

1909 Promulgation par la Russie d'une mer territoriale de 12 milles marins.
Le 23 octobre, sentence de la CPA dans l'affaire *Grisbadarna* (Norvège/Suède).

1912 Le 8 juillet, accord Japon/Russie sur les zones d'influence en Mongolie intérieure.

1914 Le 24 juin, sentence dans l'affaire *Boundaries in the Island of Timor* (Pays-Bas/Portugal).

1916 Le 10 mai, accord France/Grande-Bretagne sur les zones d'influence dans le Levant.

1919 Le 25 janvier, résolution de la session plénière de la conférence de la paix prévoyant l'incorporation du Pacte de la Société des Nations dans les traités de paix.
Le 28 avril, adoption du Pacte.
Le 28 juin, Traité de Versailles.

1920 Le 10 janvier, constitution de la Société des Nations.
Le 10 août, signature du traité de Sèvres.

1921 Le 26 février, traité d'amitié entre l'URSS et la Perse.

1928 Le 4 avril, sentence arbitrale dans l'affaire *Island of Palmas* (Pays-Bas/États-Unis).
Le 26 septembre, Acte général pour le règlement pacifique des différends internationaux.

1935 Le 27 août, traité de commerce et de navigation entre l'URSS et la Perse.

1936 Le 20 juillet, Convention de Montreux concernant le régime des détroits.

1942 Le 26 février, premier accord de délimitation du plateau continental intervenu entre deux États (Venezuela et Royaume-Uni pour Trinité et Tobago).

1944 Le 7 décembre, Convention de Chicago relative à l'aviation civile internationale.

1945 Le 26 juin, Charte des Nations Unies.
Le même jour, Statut de la Cour internationale de Justice.
Les 27 et 28 septembre, proclamations Truman concernant le plateau continental et la zone de pêche des États-Unis.

1948 Le 6 mars, Convention portant création de l'OMI.
Le 25 mars, premier arrêt de la CIJ en matière maritime dans l'affaire du *Détroit de Corfou (Royaume-Uni c. Albanie).*

1952 Le 18 août, déclaration conjointe Pérou/Chili/Équateur par laquelle les trois États délimitent leurs espaces maritimes jusqu'à 200 milles de leurs côtes respectives.

1957 Le 15 février, accord de délimitation maritime Norvège/URSS.
Le 29 novembre, protocole de délimitation maritime Norvège/URSS.

1958 Le 22 février, accord de délimitation maritime Arabie saoudite/Bahreïn.
Le 24 février, ouverture de la première conférence des Nations Unies sur le droit de la mer.
Le 18 mars, protocole de délimitation maritime Finlande/URSS.
Le 29 avril, adoption de la Convention sur le plateau continental.
Le même jour, adoption de la Convention sur la haute mer.
Le même jour, adoption de la Convention sur la mer territoriale et la zone contiguë.
Le même jour, adoption de la Convention sur la pêche et la conservation des ressources biologiques de la haute mer.

1959 Le 1er décembre, Traité sur l'Antarctique.

1960 Le 17 mars, ouverture de la seconde conférence des Nations Unies sur le droit de la mer.
Le 12 avril, arrêt de la CIJ dans l'affaire du *Droit de passage sur territoire indien* (Portugal c. Inde).
Le 16 août, traité de délimitation maritime Grèce/Royaume-Uni/Turquie.
Le même jour, échange de notes Chypre/Royaume-Uni sur l'avenir des bases militaires.
Le 14 décembre, résolution 1514 (XV) de l'ONU concernant la Déclaration sur l'octroi de l'indépendance aux pays et aux peuples coloniaux.

1961 Le 17 juin, loi des Philippines sur les lignes de base de la mer territoriale.

1962 Le 15 juin, arrêt de la CIJ dans l'affaire du *Temple de Préah Vihéar* (Cambodge c. Thaïlande).

1965 Le 20 mai, accord de délimitation maritime Finlande/URSS.
Le 22 juin, accord de pêche Japon/Corée du Sud.
Le 8 juillet, convention sur le commerce de transit des États sans littoral.
Le 4 décembre, accord de délimitation maritime Arabie saoudite/Qatar.

1966 Le 16 décembre, Pacte international relatif aux droits civils et politiques.
Le même jour, Pacte international relatif aux droits économiques, sociaux et culturels.

1967 Le 5 mai, accord de délimitation maritime Finlande/URSS.
Le 8 août, création de l'ASEAN.

1968 Le 19 février, sentence arbitrale dans l'*Affaire de la frontière occidentale Inde/Pakistan.*
Le 24 octobre, accord de délimitation maritime Arabie saoudite/Iran.

1969 Le 20 mars, accord de délimitation maritime Émirats arabes unis/Qatar.
Le 23 mai, Convention de Vienne sur le droit des traités.
Le 28 août, traité de délimitation maritime Pologne/URSS.
Le 20 septembre, accord de délimitation maritime Iran/Qatar.
Le 27 octobre, accord de délimitation maritime Indonésie/Malaisie.

1970 Le 24 octobre, résolution 2625 (XXV) de l'ONU sur la Déclaration relative aux principes du droit international touchant les relations amicales et la coopération entre les États conformément à la Charte des Nations Unies.
Le 17 décembre, résolution 2749 de l'AGNU concernant la Déclaration des principes régissant le fond des mers et des océans, ainsi que leur sous-sol, au-delà des limites de la juridiction nationale.

1971 Le 18 mai, accord de délimitation maritime Australie/Indonésie.
Le 17 juin, accord de délimitation maritime Bahreïn/Iran.
Le 23 septembre, Convention pour la répression d'actes illicites dirigés contre la sécurité de l'aviation civile.
Le 27 novembre, déclaration de l'ASEAN concernant une zone de paix.
Le 21 décembre, accord de délimitation maritime Indonésie/Malaisie/Thaïlande.

1972 Le 15 février, adoption de la Convention sur la prévention de la pollution des mers résultant de l'immersion de déchets.
Le 9 octobre, accord de délimitation maritime Australie/Indonésie.

1973 Le 12 février, accord de délimitation maritime Australie/Indonésie.
Le 25 mai, traité de délimitation maritime Indonésie/Singapour.
Le 3 décembre, début de la troisième conférence des Nations Unies sur le droit de la mer.

1974 Le 30 janvier, accord Corée du Sud/Japon relatif à la délimitation maritime dans la partie septentrionale du plateau continental adjacent aux deux pays.

Le même jour, accord Corée du Sud/Japon relatif à la mise en valeur commune de la partie méridionale du plateau continental adjacent aux deux pays.
Le 16 mars, accord de délimitation maritime Arabie saoudite/Soudan.
Le 16 mai, accord d'exploitation conjointe Arabie saoudite/Soudan.
Les 26 et 28 juin, accord de délimitation maritime Inde/Sri Lanka.
Le 25 juillet, accord de délimitation maritime Iran/Oman.
Le 8 août, accord de délimitation maritime Inde/Indonésie.
Le 21 août accord de délimitation terrestre et maritime Arabie saoudite/ÉAU.
Le 31 août, accord de délimitation maritime Dubaï/Iran.
Le 1er novembre, convention internationale pour la sécurité maritime.

1975 Le 11 décembre, accord de délimitation maritime Indonésie/Thaïlande.

1976 Le 24 février, déclaration de l'ASEAN relative à la concorde.
Le 23 mars, accord de délimitation maritime Inde/Sri Lanka.
Le 22 novembre, autre accord de délimitation maritime Inde/Sri Lanka.
Le 28 décembre, accord de délimitation maritime Inde/Maldives.

1977 Le 14 janvier, accord de délimitation maritime Inde/Indonésie.
Le 7 septembre, accord États-Unis/Panama concernant le canal.

1978 Le 22 juin, accord de délimitation maritime Inde/Thaïlande.
Le 23 juin, accord de délimitation maritime Turquie/URSS.
Le 18 décembre, accord de délimitation maritime Australie/Papouasie-Nouvelle-Guinée.
Le 19 décembre, arrêt de la CIJ dans l'affaire du *Plateau continental de la mer Égée* (Grèce c. Turquie).

1979 le 24 octobre, traité de délimitation de la mer territoriale Malaisie/Thaïlande.
Le même jour, mémorandum sur la délimitation du plateau continental.

1980 Le 25 juillet, accord de délimitation maritime Birmanie/Thaïlande.
Le 13 décembre, accord de délimitation maritime Indonésie/Papouasie-Nouvelle-Guinée.

1981 Le 29 octobre, mémorandum Australie/Indonésie concernant la surveillance des pêches.
Le même jour, accord de délimitation maritime Australie/Indonésie.

1982 Le 10 décembre, Convention des Nations Unies sur le droit de la mer.
Le même jour, création du TIDM.

1985 Le 17 avril, accord de délimitation maritime Corée du Nord/URSS.

1986 Le 22 janvier, autre accord de délimitation maritime Corée du Nord/URSS.
Le 23 décembre, accord de délimitation maritime Birmanie/Inde.
Le 23 décembre, échange de notes Turquie/URSS sur la délimitation maritime.

1987 Le 6 février, échange de notes Turquie/URSS sur la délimitation maritime.

1988 Le 13 janvier, accord de délimitation maritime Suède/URSS.
Le 10 mars, convention concernant la sécurité maritime.
Le 18 avril, accord de délimitation maritime Suède/URSS.

Le 29 septembre, sentence arbitrale dans l'*Affaire concernant l'emplacement des balises frontalières à Taba* (Égypte/Israël).

1989 Le 11 décembre, accord de délimitation maritime Australie/Indonésie.

1990 Le 30 mai, traité de délimitation maritime Malaisie/Thaïlande.
Le 1er juin, accord de délimitation maritime États-Unis/Russie.
Le 3 septembre, accord de délimitation maritime Corée du Nord/Russie.

1991 Le 8 décembre, accord du Bélarus, de la Russie et de l'Ukraine établissant la CÉI.

1992 Le 1er octobre, accord de délimitation maritime Oman/Yémen.

1993 Le 22 janvier, Charte de la Communauté des États indépendants.
Le 19 octobre, accord de délimitation maritime Chine/Viet Nam.

1994 Le 29 juillet, accord relatif à l'application de la Partie XI de la CNUDM.
Le 26 octobre, traité de paix israélo-jordanien.
Le 16 novembre, entrée en vigueur de la CNUDM.
Le 9 décembre, résolution de l'Assemblée générale de l'ONU concernant le terrorisme.

1995 Le 30 juin, arrêt de la CIJ dans l'affaire du *Timor oriental* (Portugal c. Australie).
Le 4 août, accord aux fins de l'application des dispositions de la Convention des Nations Unies sur le droit de la mer du 10 décembre 1982 relatives à la conservation et à la gestion des stocks de poissons dont les déplacements s'effectuent tant à l'intérieur qu'au-delà de zones économiques exclusives (stocks chevauchants) et des stocks de poissons grands migrateurs.
Le 28 septembre, accord provisoire de délimitation maritime Israël/Gaza.

1996 Le 18 janvier, accord de délimitation maritime Israël/Jordanie.
Le 21 mai, accord de délimitation maritime Érythrée/Yémen.
Le 18 octobre, inauguration du TIDM.

1997 Le 14 mars, accord de délimitation maritime Australie/Indonésie.
Le 14 juillet, protocole de délimitation maritime Géorgie/Russie.
Le 9 août, accord de délimitation maritime Thaïlande/Viet Nam.
Le 24 octobre, traité de délimitation maritime Lituanie/Russie.

1998 Le 6 juillet, accord de délimitation maritime Kazakhstan/Russie.
Le 9 octobre, sentence arbitrale concernant la souveraineté territoriale sur certaines îles disputées dans l'affaire *Territorial Sovereignty* (Érythrée/Yémen) (première phase).
Le 16 octobre, traité de délimitation maritime Érythrée/Yémen.

1999 Le 9 décembre, convention visant à réprimer le terrorisme.
Le 17 décembre, sentence arbitrale dans l'affaire *Maritime Delimitation* (Érythrée/Yémen).

2000 Le 12 juin, traité de délimitation maritime Arabie saoudite/Yémen.
Le même jour, accord de délimitation maritime Oman/Pakistan.
Le 2 juillet, accord de délimitation maritime Arabie saoudite/Koweït.
Le 25 décembre, accord de délimitation maritime Chine/Viet Nam.

2001 Le 16 mars, arrêt de la CIJ dans l'affaire *Délimitation maritime et questions territoriales entre Qatar et Bahreïn* (Qatar c. Bahreïn).
Le 5 juillet, traité de délimitation terrestre Kazakhstan/Turkménistan.
Le 29 novembre, accord de délimitation maritime Azerbaïdjan/Kazakhstan.
Le 20 décembre, soumission de la Russie à la CLPC.

2002 Le 20 mai, échange de notes Australie/Timor oriental concernant l'exploration et l'exploitation d'une zone dans la mer de Timor.
Le même jour, traité d'exploitation conjointe Australie/Timor oriental.
Le 22 juin, accord frontalier terrestre Émirats arabes unis/Oman.
Le 27 juin, recommandations de la CLPC à la soumission de la Russie du 20 décembre.
Le 23 septembre, accord de délimitation maritime Azerbaïdjan/Russie.
Le 17 décembre, arrêt de la CIJ dans l'affaire de la *Souveraineté sur Pulau Ligitan et Pulau Sipadan* (Indonésie/Malaisie).

2003 Le 17 février, conclusion de l'accord de délimitation maritime Égypte/Chypre.
Le 6 mars, accord de délimitation maritime Australie/Timor oriental.
Le 14 mai, accord concernant le tripoint Azerbaïdjan/Kazakhstan/Russie.
Le 26 juin, accord de délimitation maritime Indonésie/Viet Nam.
Le 4 novembre, convention multilatérale sur la protection du milieu marin en Caspienne.
Le 14 décembre, accord de délimitation maritime Oman/Yémen.

2004 Le 9 juillet, avis consultatif de la CIJ concernant les *Conséquences juridiques de l'édification d'un mur dans le Territoire palestinien occupé*.
Le 15 novembre, soumission de l'Australie à la CLPC.

2005 Le 18 janvier, traité de délimitation et de démarcation terrestre Kazakhstan/Russie.
Le 18 mai, accord de délimitation maritime Estonie/Russie.
Le 1er septembre, sentence arbitrale dans l'affaire Land Reclamation by Singapore in and around the Straits of Johor (Malaisie c. Singapour).

2006 Le 12 janvier, traité Australie/Timor oriental relatif à certains arrangements en mer de Timor.

2007 Le 16 mars, création par le TIDM d'une chambre spéciale sur la délimitation maritime.
Le 11 juillet, accord de délimitation maritime Norvège/Russie.
Le 26 octobre, soumission d'Oman à la CLPC.
Le 16 décembre, accord de délimitation maritime Arabie saoudite/Jordanie.

2008 Le 15 janvier, traité France/Émirats arabes unis concernant une base militaire.
Le 23 mai, arrêt de la CIJ dans l'affaire de la *Souveraineté sur Pedra Branca/Pulau Batu Puteh, Middle Rocks et South Ledge* (Malaisie/Singapour).
Le 16 juin, soumission de l'Indonésie à la CLPC concernant la partie nord-ouest de l'île de Sumatra.
Le 5 juillet, minutes jointes à l'accord de délimitation terrestre et maritime Arabie saoudite/Qatar du 4 décembre 1965.
Le 12 novembre, soumission du Japon à la CLPC.
Le 16 décembre, soumission de la Birmanie à la CLPC.

2009 Le 10 mars, traité de délimitation maritime Indonésie/Singapour.
Le 20 mars, soumission du Yémen concernant la partie sud-est de l'île de Socotra.
Le 8 avril, soumission des Philippines à la CLPC.
Le 30 avril, soumission du Pakistan à la CLPC.
Le 6 mai, soumission conjointe de la Malaisie et du Viet Nam à la CLPC concernant la partie sud de la mer de Chine méridionale.
Le 7 mai, soumission du Viet Nam à la CLPC concernant la partie nord.
Le 8 mai, soumission du Sri Lanka à la CLPC.
Le 11 mai, soumission de l'Inde à la CLPC.
Le 26 mai, accord de coopération France/ Émirats arabes unis en matière de défense.
Le 4 décembre 2009, accord de délimitation maritime Brunei/Malaisie.

2010 Le 26 juillet, soumission des Maldives à la CLPC.
Le 15 septembre, traité de délimitation maritime Norvège/Russie.
Le 18 novembre, accord des États de la Caspienne en matière de coopération et de sécurité.
Le 17 décembre, accord de délimitation maritime Chypre/Israël.

2011 Le 25 février, soumission du Bangladesh à la CLPC.
Le 28 mars, recommandations de la CLPC à la soumission de l'Indonésie du 16 juin 2008.
Le 11 octobre, accord de délimitation maritime Chine/Viet Nam.

2012 Le 12 avril, recommandations de la CLPC à la soumission des Philippines du 8 avril 2009.
Le 14 mars, arrêt du TIDM dans l'affaire de la *Délimitation de la frontière maritime dans le golfe du Bengale* (Bangladesh/Myanmar).
Le 19 avril, recommandations de la CLPC à la soumission du Japon du 12 novembre 2008.
Le 29 avril, traité de délimitation maritime Koweït/Irak.
Le 14 décembre, soumission de la Chine à la CLPC concernant la mer de Chine orientale.
Le 26 décembre, soumission de la Corée du Sud à la CLPC.

2013 Le 28 février, soumission révisée de la Russie à la CLPC concernant la mer d'Okhotsk.
Le 11 novembre, arrêt de la CIJ dans l'affaire de la *Demande en interprétation de l'arrêt du 15 juin 1962 en l'affaire du* Temple de Préah Vihéar (Cambodge c. Thaïlande).
Le 20 décembre, sentence dans *Indus Waters Kishenganga Arbitration* (Pakistan c. Inde).

2014 Le 18 février, accord de délimitation maritime Estonie/Russie.
Le 11 mars 2014, recommandations de la CLPC à une soumission révisée de la Russie.
Le 23 mai, accord de délimitation maritime Indonésie/Philippines.
Le 7 juillet, sentence arbitrale dans *Bay of Bengal Maritime Boundary Arbitration between Bangladesh and India.*
Le 3 septembre, traité de délimitation maritime Indonésie/Singapour.
Le 29 septembre, accords des États riverains de la Caspienne concernant les ressources biologiques et les mesures d'urgence.
Le 2 décembre, accord de délimitation maritime Kazakhstan/Turkménistan.

2015 Le 13 mars, recommandations de la CLPC à la soumission du Pakistan du 30 avril 2009.
Le 26 mai, accord de délimitation maritime Iran/Oman.
Le même jour, accord de délimitation maritime Oman/Yémen.
Le 3 août, soumission révisée de la Russie à la CLPC concernant l'océan Arctique.

2016 Le 8 avril, accord de délimitation maritime Égypte/Arabie Saoudite.
Le 12 juillet, sentence dans *The South China Sea Arbitration* (Philippines c. Chine).

2018 Le 6 mars, traité de délimitation maritime Australie/Timor oriental.
Le 12 août, convention sur le statut juridique de la mer Caspienne.
Le 28 septembre, requête introductive d'instance devant la CIJ dans l'affaire du *Transfert de l'ambassade des États-Unis à Jérusalem* (Palestine c. États-Unis).

2019 Le 11 avril, soumission de l'Indonésie à la CLPC concernant la partie septentrionale de la Papouasie-Nouvelle-Guinée.
Le 27 novembre, mémorandum Libye/Turquie concernant la délimitation maritime.
Le 12 décembre, soumission de la Malaisie à la CLPC concernant la mer de Chine méridionale.
Le 24 décembre, accord de délimitation maritime Arabie saoudite/Koweït.

2020 Le 21 février, sentence arbitrale dans l'affaire *Dispute Concerning Coastal State Rights in the Black Sea, Sea of Azov, and Kerch Strait* (Ukraine c. Russie).
Le 28 décembre, soumission de l'Indonésie à la CLPC concernant la partie sud-ouest de Sumatra.

2021 Le 31 octobre, accord créant la Commission des petits États insulaires.

2022 Le 11 août, soumission de l'Indonésie à la CLPC concernant la partie méridionale de Java.

2023 Le 20 janvier, accord de l'ASEAN concernant la recherche et le sauvetage en mer.
Le 6 février, recommandations de la CLPC à une soumission révisée de la Russie.
Le 14 février, soumission révisée de la Russie à la CLPC concernant l'océan Arctique.
Le 28 avril, arrêt du TIDM dans l'affaire du *Différend relatif à la délimitation de la frontière maritime entre Maurice et les Maldives dans l'océan Indien* (Maurice/Maldives).
Le 8 juin, accords Malaisie/Indonésie de délimitation partielle des mers territoriales dans le détroit de Singapour et dans la mer de Célèbes.
Le 19 juin, adoption de l'accord se rapportant à la Convention des Nations Unies sur le droit de la mer et portant sur la conservation et l'utilisation durable de la diversité biologique marine des zones ne relevant pas de la juridiction nationale.
Le 6 juillet, sentence dans l'affaire *Indus Waters Treaty Arbitration* (Pakistan c. Inde).
Le 8 août, recommandations de la CLPC à une soumission révisée de la Russie.
Le 30 octobre, soumission révisée de la Russie à la CLPC concernant l'océan Arctique.

2024 Le 26 janvier, mesures conservatoires indiquées par la CIJ dans l'affaire de *l'Application de la convention pour la prévention et la répression du crime de génocide dans la bande de Gaza* (Afrique du Sud c. Israël).
Le 31 janvier, arrêt sur la compétence de la CIJ dans l'affaire de l'*Application de la convention internationale pour la répression du financement du terrorisme et de la*

convention internationale sur l'élimination de toutes les formes de discrimination raciale (Ukraine c. États-Unis).
Le 2 février, arrêt de la CIJ sur les exceptions préliminaires dans l'affaire des *Allégations de génocide au titre de la convention pour la prévention et la répression du crime de génocide* (Ukraine c. Russie*)*.
Le 21 mai, avis consultatif du TIDM à la suite de la *Demande soumise par la Commission des petits États insulaires sur le changement climatique et le droit international.*
Le 14 juin, soumission des Philippines à la CLPC concernant la partie orientale de la province de Palawan.
Le 19 décembre, demande d'avis consultatif à la CIJ sur les *Obligations d'Israël en ce qui concerne la présence et les activités de l'Organisation des Nations Unies, d'autres organisations internationales et d'Etats tiers dans le Territoire palestinien occupé et en lien avec celui-ci.*
Le 17 juillet, avis consultatif de la CIJ sur les *Conséquences juridiques découlant des politiques et pratiques d'Israël dans le Territoire palestinien occupé, y compris Jérusalem-Est.*
Les 10 et 11 septembre, procédure d'expertise neutre devant la CPA dans l'affaire *Indus Waters Treaty Arbitration* (Pakistan c. Inde).
Le 12 novembre, arrêts de la CIJ sur les exceptions préliminaires dans les affaires de l'*Application de la convention internationale sur l'élimination de toutes les formes de discrimination raciale* (Arménie c. Azerbaïdjan) (Azerbaïdjan c. Arménie).
Le 13 décembre, fin des audiences publiques consacrées à la demande d'avis consultatif sur les *Obligations des États en matière de changement climatique.*
Le 19 décembre, demande d'avis consultatif à la CIJ sur les *Obligations d'Israël en ce qui concerne la présence et les activités de l'Organisation des Nations Unies, d'autres organisations internationales et d'Etats tiers dans le Territoire palestinien occupé et en lien avec celui-ci.*

BIBLIOGRAPHIE

Sites internet

CCHAIL : https://referenceworks.brillonline.com/browse/the-hague-academy-collected courses.

CLPC : https://www.un.org/Depts/los/clcs_new/commission_submissions.htm.

Convention sur le droit de la mer :
https://www.un.org/Depts/los/convention_agreements/texts/unclos/unclos_f.pdf.

Cour internationale de Justice : www.icj-cij.org.

Cour permanente d'arbitrage : www.pca-cpa.org.

Cour permanente de Justice internationale : https://www.icj-cij.org/fr/cpji.

IBRU : https://www.durham.ac.uk/research/institutes-and-centres/ibru-borders-research/.
International Legal Materials : https://www.asil.org/resources/international-legal materials.

International Maritime Boundaries :
https://referenceworks.brillonline.com/browse/international-maritime-boundaries.

MPEIL : https://opil.ouplaw.com/home/mpil.

Permanent Court of Arbitration : www.pca-cpa.org.

RIAA : https://legal.un.org/riaa/states/#m.

RSA : https://legal.un.org/riaa/cases/vol_XXX/491-542.pdf.

USDS (1970-) Limits in the Seas : https://www.state.gov/limits-in-the-seas/.

Marine Regions : https://www.marineregions.org/eezsearch.php.

Maritime Space : Maritime Zones and Maritime Delimitation :

https://www.un.org/depts/los/LEGISLATIONANDTREATIES/index.htm.

Organisation des Nations Unies : www.un.org.

Sovereign Limits : https://sovereignlimits.com/boundaries.

Tribunal international du droit de la mer : https://www.itlos.org/fr/main/affaires/.

Recueils de documents

ABASS, Ademola (2014) *International Law : Text, Cases and Materials*, 2nd edition, OUP, Oxford, 776 p.

AMERICAN SOCIETY OF INTERNATIONAL LAW (1962-) *International Legal Materials*, Washington.

BROWNLIE, Ian (2002) *Basic Documents in International Law*, 5th edition, Oxford, OUP, 341 p.

CPJI (1922-1931) *Série B : Recueil des avis consultatifs,* Leiden, A.W. Sijthoff.

CPJI (1923-1931) *Série A : Recueil des arrêts*, Leiden, A.W. Sijthoff.

CPJI (1931-1939) *Série A/B* : *Recueil des arrêts, ordonnances et avis consultatifs*, Leiden, A.W. Sijthoff.

De LAPRADELLE, A. et POLITIS, N. (1905-1954) *Recueil des arbitrages internationaux*, 3 vol., Paris, Pedone et Éditions internationales.

DIXON, Martin and Mc CORQUODALE, Robert (2011) *Cases and Materials on International Law*, 5th edition, Oxford, OUP.

DUPUY, P.M. et KERBRAT, Y. (2022) *Les Grands textes de droit international public*, 11e édition, Paris, Dalloz, 1200 p.

ESPALIU BERDUD, Carlos (2006) *Le passage inoffensif des navires de guerre étrangers dans la mer territoriale,* Bruxelles, Bruylant, 162 p.

EVANS, Malcolm (2021) *Blackstone's International Law Documents*, 15th edition, Oxford, OUP, 608 p.

GREENWOOD, Christopher and LEE, Karen, eds (2023) *International Law Report,* Cambridge, CUP, 804 p.

HARRIS, David and SIVAKUMARAN, Sandesh (2020) *Cases and Materials on International Law*, 9th edition, London, Sweet & Maxwell, 944 p.

INTERNATIONAL SEABED AUTHORITY (2017) *The Law of the Sea* : *Compendium of Basic Documents,* 566 p.

NATIONS UNIES (1946-) *Recueil des traités*, New York.

NATIONS UNIES (1947-) *Recueil des arrêts, avis consultatifs et ordonnances*, Cour internationale de Justice, New York.

NATIONS UNIES (1948-) *Recueil des sentences arbitrales*, New York.

NATIONS UNIES (1985-) *The Law of the Sea* : *a select bibliography*, Office for Ocean Affairs and the Law of the Sea, New York.

NATIONS UNIES (1989) *Le droit de la mer. Législations nationales concernant le plateau continental*, New York, 314 p.

NATIONS UNIES (1989) *Le droit de la mer. Les accords de délimitation des frontières maritimes (1970-1984)*, New York, 299 p.

NATIONS UNIES (1992) *Le droit de la mer. Les accords de délimitation des frontières maritimes (1942-1969),* Division des affaires maritimes et du droit de la mer, New York, 98 p.

NATIONS UNIES (1992) *Le droit de la mer. Les accords de délimitation des frontières maritimes (1985-1991)*, New York, 109 p.

NATIONS UNIES (1993) *Le droit de la mer. Évolution récente de la pratique des États*, n° 3, Division des affaires maritimes et du droit de la mer, New York.

NATIONS UNIES (1995) *Le droit de la mer. Évolution récente de la pratique des États*, n° 4, Division des affaires maritimes et du droit de la mer, New York.

NATIONS UNIES (2024) *Maritime Space* : *Maritime Zones and Maritime Delimitation. State Practice on the Internet. Delimitation Treaties Infobase*, New York.

PATARAIA, David (2021) *International Law* : *Text, Cases and Materials*, Routledge, 1128 p.

SOHN, Louis B. and NOYES, John E. (2021) *Cases and Materials on the Law of the Sea,* Transnational Publishers, 874 p. : https://brill.com/display/title/14030.

UNITED NATIONS (1983-) *Law of the Sea Bulletins*, Division for Ocean Affairs and the Law of the Sea, New York.

UNITED NATIONS (2024) *CLCS.*

Dictionnaires et encyclopédies

BERNHARDT, R., dir. (1992-) *Encyclopedia of Public International Law*, 5 vol. (dans l'édition consolidée), sous les auspices du MPEPIL, Heidelberg.

FOX, James R. (2003) *Dictionary of International and Comparative Law*, 3rd edition, Dobbs Ferry, N.Y., Oceana Publications, 369 p.

FRANCALANCI, G. and SCOVAZZI, Tullio, eds (1994) *Lines in the Sea,* The Hague, Kluwer Law International, 288 p.

KDIR, M. (1997) *Dictionnaire juridique de la Cour internationale de Justice*, Bruxelles, Bruylant, 235 p.

LACOSTE, Yves, dir. (1993) *Dictionnaire de géopolitique*, Paris, Flammarion, 1680 p.

PARRY, Clive, GRANT, John P. and CRAIG BARKER, J. (2009) *Parry & Grant Encyclopaedic Dictionary of International Law*, Oxford, OUP, 691 p.

QUINDIMIL LOPEZ, Jorge Antonio (2017) *Maritime Delimitation, Oxford Bibliographies*, Oxford, OUP.

SALMON, J. dir. (2001) *Dictionnaire de droit international public*, Bruxelles, Bruylant, 1200 p.

Atlas et cartes

BILLARD, Hugo et ENCEL, Frédéric (2021) *Atlas des frontières. Retour des fronts, essor des murs*, coll. : Atlas Monde, Paris, Autrement, 96 p.

BLANC, Pierre et CHAGNOLLAUD, Jean Paul (2023) *Atlas du Moyen-Orient. Aux racines de la violence*, 3e édition, coll. : Atlas Monde, Paris, Autrement, 96 p.

BONIFACE, Pascal (2022) *Atlas des relations internationales*, Paris, Armand Colin, 164 p.

BONIFACE, Pascal et VÉDRINE, Hubert (2023) *Atlas géopolitique du monde global. 100 cartes pour comprendre un monde chaotique*, 5e édition, Paris, Armand Colin, 160 p.

CATTARUZZA, Amaël (2017) *Atlas des guerres et conflits. Un tour du monde géopolitique*, 3e édition, coll. : Atlas Monde, Paris, Autrement, 96 p.

CHALIAND, Gérard, RAGEAU, Nicolas et CHALIAND, Roc (2022) *Atlas géostratégique. De l'hégémonie au déclin de l'Occident,* coll. : Atlas pour tous, Paris, Autrement, 186 p.

COUPER, A.D. (1983) *Le grand atlas de la mer*, Paris, Ed. Albin Michel, 328 p.

ENCEL, Frédéric (2023) *Atlas géopolitique d'Israël,* 6e édition, coll. : Atlas Monde, Paris, Autrement, 96 p.

FMES (2024) *Atlas stratégique de la Méditerranée et du Moyen-Orient*, Toulon, 298 p.

HENRIOT, Carine et SANJUAN, Thierry (2023) *Atlas de la Chine. La puissance alternative*, 5e édition, coll. : Atlas Monde, Paris, Autrement, 96 p.

IILSS (2023) *World Maritime Boundaries Atlas* : https://iilss.net/category/world-maritime-boundaries-atlas/.

INFORMA UK LTD, ed. (2023) *Lloyd's Maritime Atlas of World Ports and Shipping Places 2024-2025,* 33rd ed., Routledge, 208 p.

INTERNATIONAL MAPPING (2024) *Sovereign Limits. Atlas of International Maritime Boundaries*, Ellicott City (MD).

LACOSTE, Yves (2022) *Atlas géopolitique. Pour comprendre le monde d'aujourd'hui*, coll. : Atlas, Paris, Larousse, 192 p.

LOUCHET, André *Atlas des mers et océans. Conquêtes, tensions, explorations*, coll. : Atlas Monde, Paris, Autrement, 96 p.

MARCHAND, Pascal (2020) *Atlas géopolitique de la Russie*, 4e édition, coll. : Atlas Monde, Paris, Autrement, 96 p.

MARGUERITTE, Laura et BAUTZMANN, Alexis (2023) *Atlas géopolitique mondial 2024*, Monaco, Éditions du Rocher, 208 p.

NAZET, Michel et NONJON, Alain, dir. (2018) *Géopolitique. Atlas des 160 lieux stratégiques du monde*, Paris, Ellipses, 334 p.

O'CONNELL, D.P. and SHEARER, I.A., eds (1982) *The International Law of the Sea*, vol. I, Oxford, Clarendon Press, 634 p.

ORTOLLAND, Didier and PIRAT, Jean-Pierre (2017) *Geopolitical Atlas of the Oceans*, Paris, Technip, 352 p.

ORTOLLAND, Didier et PIRAT, Jean-Pierre (2010) *Atlas géopolitique des espaces maritimes*, 2e édition, Paris, Technip, 333 p.

OXFORD (2023) *Atlas of the World*, 30th ed., Oxford University Press, 448 p.

PAPIN, Delphine, dir. (2022) *Atlas géopolitique de la Russie*, Paris, Les Arènes, 149 p.

PAPIN, Delphine et TERTRAIS, Bruno (2021) *L'atlas des frontières,* Paris, Les Arènes, 175 p. (2e édition en 2024).

PEYROULOU, Jean-Pierre (2014) *Atlas des décolonisations. Une histoire inachevée,* coll. : Atlas Mémoires, Paris, Autrement, 96 p.

RADVANYI, Jean et BEROUTCHACHVILI, Nicolas (2010) *Atlas géopolitique du Caucase, Russie, Géorgie, Arménie, Azerbaïdjan : un avenir commun possible* ? Paris, Autrement, 80 pages.

ROMAIN, Bertolino, ALEXANDRE, Negrus et NATO, Tardieu (2022) *Atlas géopolitique du monde contemporain*, Paris, Ellipses, 256 p.

ROYER, Pierre (2013) *Dico atlas des mers et des océans. Histoire, géographie et géopolitique,* Paris, Belin, 96 p.

NERARD, François-Xavier et REY, Marie-Pierre (2023) *Atlas historique de la Russie. D'Ivan III à Vladimir Poutine*, Paris, Autrement, 96 p.

SAINT-MÉZARD, Isabelle (2016) *Atlas de l'Inde. Une nouvelle puissance mondiale,* coll. : Atlas Monde, Paris, Autrement, 96 p.

SANJUAN, Thierry et HENRIOT, Carine (2023) *Atlas de la Chine*, 5e édition, coll. : Atlas Monde, Paris, Autrement, 96 p.

SCOVAZZI, Tullio (1989) *Atlas of the Straight Baselines*, A. Giuffrè, 233 p.

TERTRAIS, Bruno, dir. (2023) *Atlas militaire et stratégique*, 2e édition, coll. : Atlas Monde, Paris, Autrement, 96 p.

TERTRAIS, Hugues (2019) *Atlas de l'Asie du Sud-Est*, 2e édition, coll. : Atlas Monde, Paris, Autrement, 96.

TÉTART, Frank, dir. (2023) *Grand atlas 2024*, coll. : Atlas pour tous, Paris, Autrement, 144 p.

AUBRY, Émilie et TÉTART, Frank (2024) *Le dessous des cartes. La puissance et la mer*, Paris, Tallandier, 224 p.

TIMES ATLASES (2023) *The Times Comprehensive Atlas of the World*, 16th ed., London, Times Books, 528 p.

THE TIMES (2010) *Atlas of Asia,* London,Times Books, 144 p.

UNITED NATIONS (1989) *The Law of the Sea. Baselines* : *National Legislation with Illustrative Maps*, Office for Ocean Affairs and the Law of the Sea, New York, 390 p.

USDS (1970-2024) *International Boundary Study Series A,* numbers 1-153, Office of the Geographer, Bureau of Intelligence and Research (Bureau of Oceans and International Environmental and Scientific Affairs), Washington.

USDS (2017) *International Boundary Study*, numbers 151-165, Office of the Geographer, Bureau of Intelligence and Research, Washington.

Ouvrages et articles généraux

ABAIGAR MARTICORENA, Ainhoa (2017) *Terrorisme maritime : un défi pour le droit international*, Louvain, Faculté de droit et de criminologie :

ABENSOUR, Marc, PÉRON-DOISE, Marianne et VERZEROLI, Marc (2023) Indo-Pacifique : un même concept, des approches différenciées, *RIS*, n° 129, p. 41-52.

ACIKGONUL, Yunus Emre (2016) Reflections on the Principle of Non-Cut 0ff : A Growing Concept in Maritime Boundary Delimitation Law, *ODIL*, vol. 47, issue 1, p. 52-71.

ACIKGONUL, Yunus Emre and LUCAS, Edward R. (2020) Developments in Maritime Delimitation Law over the Last Decade : Emerging Principles in Modern Case Law, *ACDI*, vol. 57, p. 156-222.

ALLAND, Denis (2023) *Manuel de droit international public*, 10e éd., coll. : Droit fondamental, Paris, PUF, 372 p.

ALLÈS, Delphine et JAFFRELOT, Christophe, dir. (2024) *L'Indo-Pacifique* : *l'enjeu mondial,* Paris, Presses de Sciences Po, 191 p.

ALOUPI, Niki (2019) Les frontières maritimes russes, *RGDIP*, tome 123, no 1, p. 171-180.

AMILHAT SZARY, Anne-Laure et CATTARUZZA, Amaël (2017) Frontières de guerre, frontières de paix : nouvelles explorations des espaces et temporalités des conflits, *L'Espace Politique*, n° 33-3 : https://doi.org/10.4000/espacepolitique.4403.

AMILHAT SZARY, Anne-Laure et HAMEZ, Grégory, dir. (2020) *Frontières*, coll. : Horizons, Paris, Armand Colin, 384 p.

ANDERSON, David (2008) *Modern Law of the Sea. Selected Essays,* Leiden, Martinus Nijhoff, 623 p.

ANDERSON, David (2017) Some Aspects of the Regime of Islands in the Law of the Sea, *IJMCL*, vol. 32, issue 2, p. 316-331.

ANDO, Nisuke *et al.*, eds (2002) *Liber Amicorum Judge Shigeru Oda*, Springer, vol. 2, 1675 p.

ANTUNES, Nuno (2003) *Towards the Conceptualization of Maritime Delimitation. Legal and Technical Aspects of Political Process*, coll. : POD, n° 42, Leiden and Boston, Martinus Nijhoff, 684 p.

APOLLIS, G. (1979) *Les frontières maritimes en droit international. Mutations et perspectives*, Paris, Cnexo, 156 p.

AQUILINA, K. (2014) Territorial Sea and the Contiguous Zone, p. 26-70, *in* ATTARD, D. *et al.*, dir., *The IMLI Manual on International Maritime Law,* Oxford, OUP, 800 p.

AREION GROUP (2024) L'Indo-Pacifique à la croisée des puissances, *Les grands dossiers de Diplomatie,* n° 78, 100 p. : https://www.areion24.news/produit/les-grands-dossiers-de-diplomatie-n-78/.

ARNADOTTIR, S. (2016) Termination of Maritime Boundaries Due to a Fundamental Change od Circumstances, *Utrecht Journal of International and European Law*, vol. 32, issue 83, p. 52-71.

ÁRNADÓTTIR, Snjólaug (2021) *Climate Change and Maritime Boundaries. Legal Consequences of Sea Level Rise*, Cambridge, CUP, 248 p.

ATTARD, David, FITZMAURICE, Malgosia and MARTINEZ, Norman, eds (2014) *The IMLI Manual on International Maritime Law. The Law of the Sea,* OUP, Oxford, 752 p.

ATTIA, Islam (2023) Revisiting Jurisdiction of UNCLOS Courts and Tribunals Over Ancillary Sovereignty, *JTMS*, vol. 10, issue 2, p. 5-26.

AUST, Anthony (2010) *Handbook of International Law*, 2nd ed., Cambridge, CUP, 592 p.

AZNARD, M. (2014) The Contiguous Zone as an Archeological Maritime Zone, *IJMCL*, vol. 29, issue 1, p. 1-51.

BARDONNET, Daniel (1989) Frontières terrestres et frontières maritimes, *AFDI*, vol. 35, p. 1-64.

BARRETT, J. and BARNES, R. (2016) *Law of the Sea. UNCLOS as a Living Treaty*, BIICL, London, 489 p.

BARTENSTEIN, Kristin (2021) *Droit international public général*, Québec, PUL, 338 p.

BARUAH, Darshana M. *et al.* (2023) *Mapping the Indian Ocean Region,* Carnegie Endowment for International Peace : https://policycommons.net/artifacts/4307104/mapping-the-indian-ocean-region/5117475/.

BASTID-BURDEAU, G. (2003) Migrations clandestines et droit de la mer, *in La mer et son droit. Mélanges offerts à Laurent Lucchini et Jean-Pierre Quéneudec*, Paris, Pedone, 712 p.

BECKER-WEINBERG, Vasco (2020) Maritime Boundary-making and Improving Ocean Governance in Timor-Leste, *Ocean Yearbook*, vol. 34, issue 1, p. 113-135.

BIAGGI, Catherine et CARROUÉ, Laurent (2024) Les grands détroits et canaux internationaux dans la géopolitique des mers et océans, un système très hiérarchisé sous tensions multiformes, *Géoconfluences*, juin 2024 : https://geoconfluences.ens-lyon.fr/informations-scientifiques/dossiers-thematiques/oceans-etmondialisation/articles-scientifiques/passages-strategiques-maritimes-ppo-geopolitique.

BILLION, Didier et VENTURA, Christophe (2023) Vers une désoccidentalisation du monde ?, *RIS*, nº 130, p. 31-33.

BJORGE, Eirik and HÉBIÉ, Mamadou (2024) *in MPEPIL* : https://opil.ouplaw.com/display/10.1093/law-epil/9780199231690/law-9780199231690-e1011.

BLAKE, Gerald H., ed. (2002) *Maritime Boundaries* : *World Boundaries*, vol. 5, London, Routledge, 177 p.

BLAKE, Gerald, ed. (2020) *Maritime Boundaries and Ocean Resources*, Routledge : https://www.google.ca/books/edition/Routledge_Revivals_Maritime_Boundaries_a/BEfHygEACAAJ?hl=fr.

BONIFACE, Pascal et SÉNÉQUIER, Anne (2023) *La géopolitique tout simplement : comprendre le monde et les relations internationales*, Paris, Eyrolles, 327 p.

BORÉ EVENO, Valérie (2020) Les impacts de l'élévation du niveau de la mer sur les limites maritimes : du flou juridique aux éclairages de la pratique, *ADM*, tome 24, p. 57-90.

BORER, Louis (2023) Piraterie maritime : quels récents développements d'une menace bien ancrée ?, *in Diploweb : La revue géopolitique* : https://www.diploweb.com/Piraterie-maritime-quels-recents-developpements-d-une-menace-bien-ancree.html.

BOUCHEZ, Leo J. (1964) *The Regime of Bays in International Law*, A.W. Sythoff, 330 p.

BOUFFET, Jean-Yves (2021) Le terrorisme maritime : menace ou fantasme ?, *Conflits*, mars : https://www.revueconflits.com/terrorisme-maritime-attentats-jean-yves-bouffet/.

BOULANGER, Philippe (2023) *Introduction à la géostratégie*, coll. : Repères, Paris, La Découverte, 128 p.

BRAUMAN, Rony, BILLION, Didier et VERZEROLI, Marc (2023), Penser et dépasser le concept de désoccidentalisation, *RIS*, nº 130, p. 35-46.

BRIANT, Yohan, CHEMEL, Manon et NEGRUS, Alexandre (2024) *Géopolitique du XXIe siècle*, Paris, Ellipse, 336 p.

BRIOT, Ninon, BOURON, Jean-Benoît et LOSTIE, Pauline (2021) Carte à la une. Les frontières disputées et conflictuelles dans le monde, *Géoconfluences* : https://geoconfluences.ens-lyon.fr/informations-scientifiques/a-la-une/carte-a-la-une/conflits-differends-frontaliers.

BRISCHOUX, Maxence (2023) *Géopolitique des mers*, coll. : Géopolitiques, Paris, PUF, 168 p.

BROWN, Rebecca (2020) Dispute Settlement in the Seas : International Law Influences on the Australia-Timor-Leste Conciliation, *OYB*, vol. 34, p. 89-112.

BROWNLIE, Ian (2008) *Principles of Public International Law*, 7th ed., Oxford, OUP, 794 p.

BU, Lingjia (2024),The Role of Low-Tide Elevations in Maritime Delimitation Cases, *ODIL*, vol. 55, issue 1-2, p. 137-169.

BUSH, S.V. (2016) *Establishing Continental Limits beyond 200 Nautical Miles by the Coastal State* : *a Right of Involvement for Other States,* Leiden, Boston, Brill, Nijhohh, 451 p.

BUTLER, W.E. (1971) *The Soviet Union and the Law of the Sea*, Johns Hopkins Press, 245 p.

CAMINOS, Hugo, ed. (2001) *Law of the Sea*, Ashgate, Dartmouth, 570 p.

CARREAU, Dominique, HAMANN, Andrea et MARRELLA, Fabrizio (2022) *Droit international*, 13e édition, Paris, Pedone, 812 p.

CASADO RAIGON, R. (2011) Trafic illicite des personnes et criminalité transnationale organisée, *in* SOBRINO HEREDIA, J.M., dir., *Sûreté maritime et violence en mer*, coll. : Droit international, Bruxelles, Bruylant, 544 p.

CASADO RAIGON, R. (2023) La contribution des juridictions internationales au développement du droit de la mer, *RCADI*, tome 434, p. 215-511.

CASADO RAIGON, R. et CATALDI, G., éd. (2009) *L'évolution et l'état actuel du droit international de la mer. Mélanges de droit de la mer offerts à Daniel Vignes*, Bruxelles, Bruylant, 1024 p.

CASSESE, Antonio (2005) *International Law*, 2nd edition, Oxford, OUP, 558 p.

CASTELLINO, Joshua and ALLEN, Steve (2003) *Title to territory. A Temporal Analysis*, Aldershot, Ashgate, 254 p.

CASTILLO, L. del *et al.*, dir. (2016) *Law of the Sea, from Grotius to the International Tribunal for the Law of the Sea ; Liber Amicorum Judge Hugo Caminos*, Leiden, Boston, Brill Nijhoff, 764 p.

CAZALA, J. (2008) Retour sur les méthodes de délimitation juridictionnelle d'espaces maritimes mises en œuvre dans quelques affaires récentes, *AFDI*, vol. 54, p. 411-427.

CDI (1960) *Régime juridique des eaux historiques, y compris les baies historiques,* vol II, Document A/CN.4/126 : https://legal.un.org/ilc/documentation/french/a_cn4_143.pdf.

CHANDRA, Vivek (2023) *The Law of the Sea and Maritime Boundary Disputes in Areas of Hydrocarbon Potential. A Review of Global Hot Spots*, London, Routledge, 248 p.

CHARNEY, J.I., ALEXANDER, L.M. and SMITH, R.W., eds (1993-2002) *International Maritime Boundaries*, 4 vol., Dordrecht, Boston and London, Martinus Nijhoff.

CHAUMETTE, Patrick (2017) Tiran et Sanafir, îles entre Sina et péninsule Arabique, *Hypothèses*, 4 juillet 2017 : https://humansea.hypotheses.org/828.

CHENG, Chia-Jui, ed. (2016) *A New International Legal Order,* Series : Collected Courses of the Xiamen Academy of International Law, vol. 8, Leiden, Brill.

CHURCHILL, Robin, LOWE, Vaughan and SANDER, Amy (2022) *The law of the sea*, 4th ed., Manchester, Manchester University Press, 968 p.

CLARK, M.W. (1994) *Historic Bays and Waters* : *A Regime of Recent Beginnings and Continued Usage*, Oceana Publications, 250 p.

COHEN, Marcelo (2009) Uti possidetis and Maritime Delimitations, Institut de hautes études internationales et du développement, Genève :

COHEN, Saul Bernard (2014) *Geopolitics. The Geography of International relations*, 3rd edition, Rowman & Littlefield, 504 p.

COLLECTIF (1991) *Mélanges Michel Virally. Le droit international au service de la paix, de la justice et du développement*, Paris, Pedone, 511 p.

COLLECTIF (2024) *Indo-Pacifique : Région stratégique*, coll. : Rubicon, vol. 7, Paris, Éditions des Équateurs, 192 p.

COLLIER, J. and LOWE, A.V. (2000) *The Settlement of Disputes in International Law – Institutions and Procedures*, Oxford, OUP, 424 p.

COMBACAU, Jean et SUR, Serge (2004) *Droit international public*, 6e édition, Paris, Montchrestien, 809 p. (13e édition en 2019).

COOK, P.J. and CARLETON, C.M. (2000) *Continental Shelf Limits*, Oxford, OUP, 350 p.

CORNABAS, Baptist (2024) *Décrypter les grands enjeux géopolitiques du XXIème siècle*, Paris, Larousse, 352 p.

CORTEN, O. *et al.*, éd. (1999) *Démembrements d'États et délimitations territoriales : l'uti possidetis en question(s)*, Bruxelles, Bruylant, 455 p.

COTTIER, Thomas (2015) *Equitable Principles of Maritime Boundary Delimitation : The Quest for Distributive Justice in International Law*, Cambridge, CUP, 836 p.

COURCELLE-LABROUSSE, V. (2013) Le contrôle en zone contiguë : la notion de frontière territoriale au regard des pouvoirs de l'administration des douanes et de l'application de la loi pénale dans l'espace, *DMF*, p. 471-480.

COUTANSAIS, Cyrille P. (2013) *Géopolitique des océans. L'eldorado maritime*, Paris, Ellipses, 240 p.

COUTEAU-BÉGARIE, Hervé et MOTTE, Martin, dir. (2015) *Approches de la géopolitique. De l'Antiquité au XXIe siècle*, 2e édition, coll. : Bibliothèque stratégique, Paris, Economica, 784 p.

CRAWFORD, James (2007) *The Creation of States in International Law,* 2nd edition, Oxford, OUP, 870 p.

CRAWFORD, James (2019) *Brownlie's Principles of Public International Law*, 9th edition, Oxford, OUP, 888 p.

DAGUZAN, Jean-François (2009) Le terrorisme maritime : éléments de réflexions sur une menace (majeure?) *Sécurité globale*, n° 8, p. 115-128.

DAILLIER, Patrick, FORTEAU, Mathias et PELLET, Alain (2009) *Droit international public*, 8e édition, coll. : Traités, Paris, LGDJ, 1709 p. (9e édition en 2022).

DALLMEYER, D.G. and DE VORSEY, L., eds (1989) *Rights to Oceanic Resources. Deciding and Drawing Maritime Boundaries*, coll. : POD, vol. 13, Dordrecht, Martinus Nijhoff Publishers, 207 p.

DE BLIJ, H.J. and MULLER, Peter O. (2004) *Geography. Realms, Regions, and Concepts*, Wiley (17th edition in 2016).

DE HERDT, Sandrine W. (2020) Relationship Between the Delimitation of the Continental Shelf Beyond 200 nm and the Delineation of Its Outer Limits, *ODIL*, vol. 51, issue 3, p. 263-282.

DELAGE. Thomas (2024) Éditorial, p. 3, *in* L'Indo-Pacifique à la croisée des puissances, *Diplomatie*, n° 78, février-mars.

DESCAMPS, Adeline (2024) Mer Rouge : les houthis réintégrés dans la liste des organisations terroristes, les attaques s'intensifient, *JMM*, janvier : https://www.actu-transport-logistique.fr/journal-de-la-marine-marchande/conjoncture/mer-rouge-la-faction-houthie-reintegree-dans-la-liste-des-organisations-terroristes-les-attaques-sintensifient-886059.php.

DIPLA, H. (1984) *Le régime juridique des îles dans le droit international de la mer,* Paris, PUF, 248 p.

DISTEFANO, Giovanni (2000) La sentence arbitrale du 9 octobre 1998 dans l'affaire du différend insulaire entre le Yémen et l'Érythrée, *AFDI,* vol. 46, p. 851-889.

DISTEFANO, Giovanni (2002) *L'ordre international entre légalité et effectivité. Le titre juridique dans le contentieux territorial*, Paris, Pedone, 590 p.

DUPUIS, J.R. et VIGNES, D. (1985) *Traité du nouveau droit de la mer*, Paris et Bruxelles, Economica et Bruylant, 1447 p.

DUPUY, Pierre-Marie (1998) *Droit international public*, 4e édition, Paris, Dalloz, 684 p.

EDWARDS, T.M. (2000) Corporate Nations : A New Sovereignty Emerges, *in* PRATT, Martin and ALLISON-BROWN, Janet, eds, *Borderlands Under Stress*, coll. : International Boundary Studies, vol. 4, The Hague, Kluwer Law International, 480 p.

EMSI (2021) Maritime and Political Disputes in the Eastern Mediterranean, *EMAM*, issue 2.

ESPOSITO, Carlos and PARLETT, Kate, eds (2023) *The Cambridge Companion to the International Court of Justice*, Cambridge, CUP, 550 p.

ÉTÈVENAUX, Jean (2024) *La Turquie jusqu'à Chypre : un empire millénaire, une république qui se cherche*, Les Acteurs du savoir, 271 p.

EUDELINE, Hugues (2012) Le terrorisme maritime contemporain, *Stratégique*, n° 100-101.

EVANS, M.D. (1989) *Relevant Circumstances and Maritime Delimitation.* Oxford, OUP, 253 p.

EVANS, M.D. (2003) The Law of the Sea, *in* EVANS, M.D., ed., *International Law*, Oxford, OUP, 894 p.

EVANS, M.D., ed. (2006) *International Law*, 2nd edition, Oxford, OUP, 898 p.

FACAL, Gabriel (2023) Indonésie, l'ancrage d'une centralité en Indo-Pacifique, *RIS*, n° 129, p. 115-124.

FAU, Nathalie (2020) Frontières maritimes : le dernier cloisonnement du monde, p. 303-313, *in* AMILHAT SZARY, Anne-Laure et HAMEZ, Grégory, dir., *Frontières*, coll. : Horizons, Paris, Armand Colin, 384 p.

FELDMAN, M.B. and COLSON, D. (1981) The Maritime Boundaries of the United States, *AJIL*, vol. 75, issue 4, p. 729-763.

FERNANDEZ, Julian (2023) *Relations internationales*, 4e édition, coll. : Précis, Paris, Dalloz, 810 p.

FIETTA, Stephen and CLEVERLY, Robin (2016) *A Practitioner's Guide to Maritime Boundary Delimitation*, Oxford, OUP, 432 p.

FORBES, Vivian L. (1995) *The Maritime Boundaries of the Indian Ocean Region*, Singapore, National University of Singapore Press, 264 p.

FOREST, Patrick, dir. (2009) *Géographie du droit*, collection : Dikè, Québec, Presses de l'Université Laval, 286 p.

FORTEAU, Mathias et THOUVENIN, Jean-Marc, dir. (2017) *Traité de droit international de la mer*, Paris, Pedone, 1321 p.

FOUCHER, Michel (1991) *Fronts et frontières. Un tour du monde géopolitique*, Paris, Fayard, 691 p.

FRANCKX, E. et GAUTIER, P. (2003) *La zone économique exclusive et la Convention des Nations Unies sur le droit de la mer. Un premier bilan de la pratique des États*, Bruxelles, Bruylant, 250 p.

FRANCKX, Erik (2023) A single maritime boundary : from UNCLOS III to present-day developments, *MP*, vol. 148.

FREESTONE, D., dir. (2013) *The 1982 Law of he Sea Convention at 30 : Successes, Challenges and New Agendas*, Leiden, Nijhoff, 211 p.

GAO, Jianjun (2020) The Delimitation Method for the Continental Shelf Beyond 200 Nautical Miles : A Reflection on the Judicial and Arbitral Decisions, *ODIL*, vol 51, issue 2, p. 116-142.

GARCIA CACERES, Danilo (2018) Piraterie et/ou terrorisme maritime ?, *Hypothèses* : https://humansea.hypotheses.org/1356.

GAVER, Craig D. (2021) Dispute Concerning Delimitation of the Maritime Boundary Between Mauritius and Maldives in the Indian Ocean (Mauritius/Maldives) *AJIL*, vol. 115, issue 3, p. 519-526.

GIRAUDEAU, Geraldine (2013) *Les différends territoriaux devant le juge international. Entre droit et transaction*, coll. : Études de droit international, vol. 6, Leiden, Martinus Nijhoff, 547 p.

GOLDSMITH, Jack L. and POSNER, Eric A. (2005) *The Limits of International Law*, Oxford, OUP, 262 p.

GOODMAN, Camille (2022) *Coastal State Jurisdiction over Living Resources in the Exclusive Economic Zone*, OUP, Oxford, 432 p.

GOURDIN, Patrice (2010) *Géopolitiques : manuel pratique*, Paris, Choiseul, 735 p.

GREENFIELD, Jeanette (1993) *China's Practice in the Law of the Sea*, Oxford, Clarendon Press, 321 p.

GRIMA, Antoine (2023) *Sea Level Change and Maritime Boundaries*, Routledge, 248 p.

GUILCHER, André (1984) Les arguments de la géomorphologie et de la géologie sous-marines dans les débats de délimitation des « zones économiques exclusives », *Hérodote*, vol. 32, janvier-mars, p. 109-122.

GUILFOYLE, Douglas (2023) Litigation as Statecraft : Small States and the Law of the Sea, *BYBIL* : https://doi.org/10.1093/bybil/brad009.

GUILLAUME, Gilbert (2019) Îles, rochers et hauts-fonds découvrants en droit de la mer, *AFDI*, vol. 65, p. 513-526.

GUTIERREZ-CASTILLO, V.L. (2002) La zone contiguë dans la Convention des Nations Unies sur le droit de la mer, *ADM*, p. 149-164.

HAMZEH TARCHICHI, Mariam (2021) Le droit international de la délimitation des frontières, coll. : Logiques Juridiques, Paris, L'Harmattan, 506 p.

HARRISSION, J. (2011) *Making the Law of the Sea. A Study of Development in International Law of the Sea*, Cambridge, CUP, 316 p.

HERMAN, L. (1985) The Modern Concept of the Off-Lying Archipelago in International Law, *ACDI*, p. 172-199.

HORNA, Angel (2022) *Law of the Sea and Maritime Delimitation*, Routledge, 196 p.

HOURY, Christophe (2014) *La piraterie maritime au regard du droit international : incertitudes et évolutions contemporaines*, coll. : Le Droit aujourd'hui, Paris, L'Harmattan, 260 p.

HWANG, Yih-Jye and FRETTINGHAM, Edmund, eds (2022) *Maritime and Territorial Disputes in the South China Sea : faces of power and law in the age of China's rise*, Routledge, 230 p.

ICC (2024) Live Piracy & Armed Robbery Report 2024 : https://icc-ccs.org/index.php/piracy-reporting-centre/live-piracy-report.

IDA, Ryuichi (2002) The Role of Proportionality in Maritime Delimitation Revisited : The Origin and Meaning of the Principle from the Early Decisions of the Court, p. 1037-1053, *in* ANDO, Nisuke *et al.*, eds, *Liber Amicorum Judge Shigeru Oda*, Springer, vol. 2, 1675 p.

IILSS (2021) The Development of the Case Law of Maritime Delimitation : From Equity to Normativity : https://iilss.net/the-development-of-the-case-law-of-maritime-delimitation-from-equity-to-normativity/.

IILSS (2021) *Codification of Maritime Delimitation* : https://iilss.net/codification-of-maritime-delimitation/.

IILSS (2021) *Concept of Maritime Delimitation in Law of the Sea and Customary International Law* : https://iilss.net/concept-of-maritime-delimitation-in-law-of-the-sea-and-customary-international-law/.

IILSS (2021) *Delimitation of the Maritime Boundaries between the adjacent States* : https://iilss.net/delimitation-of-the-maritime-boundaries-between-the-adjacent-boundaries-between-the-adjacent-states/.

IILSS (2021) *Development of the Studies on Maritime Delimitation* : https://iilss.net/development-of-the-studies-on-maritime-delimitation/.IILSS (2021) *Equitable result in maritime delimitation and most acceptable law for delimitation process* : https://iilss.net/equitable-result-in-maritime-delimitation-and-most-acceptable-law-for-delimitation-process/.

IILSS (2021) *Geological and Geomorphological Factors as a Relevant Circumstances in delimitation process in law of the sea and customary international law* : https://iilss.net/geological-and-geomorphological-factors-as-a-relevant-circumstances-in-delimitation-process-in-law-of-the-sea-and-customary-international-law/.

IILSS (2021) *Historic Title and Historic Rights as a Relevant Circumstances in delimitation process in law of the sea and customary international law* : https://iilss.net/historic-title-and-historic-rights-as-a-relevant-circumstances-in-delimitation-process-in-law-of-the-sea-and-customary- -law/.

IILSS (2021) *Importance of Maritime Delimitation in International Law of the Sea* : https://iilss.net/importance-of-maritime-delimitation-in-international-law-of-the-sea/.

IILSS (2021) *Judicial Creativity in the Law of Maritime Delimitation* : https://iilss.net/judicial-creativity-in-the-law-of-maritime-delimitation/.

IILSS (2021) *Maritime boundaries between Turkey and Cyprus* : https://iilss.net/maritime-boundaries-between-turkey-and-cyprus/.

IILSS (2021) *What is the meaning of Historic Bays on the law of the sea and LOSC* : https://iilss.net/what-is-the-meaning-of-historic-bays-on-tle-law-of-the-sea-and-losc/.

IILSS (2022) *Approaches to Delimitation of Maritime Boundaries* : https://iilss.net/approaches-to-delimitation-of-maritime-boundaries/.

IISS (2023) *Turbulence in the Eastern Mediterranean. Geopolitical, Security and Energy Dynamics* :https://www.iiss.org/publications/strategic-dossiers/strategic-dossier-preview-turbulence-in-the-eastern-mediterranean/.

INDEMER (2004) *Le plateau continental étendu aux termes de la Convention des Nations Unies sur le droit de la mer du 10 décembre 1982*, Paris, Pedone, 263 p.

INSTITUT DE DROIT INTERNATIONAL (2023) *150 ans de contributions au développement du droit international,* coll. : AIDI, Paris, Pedone, 1054 p.

IOANNIDES, Nicholas A. (2020) The « Predominant Interest » Concept in Maritime Boundary Delimitation, *ODIL,* vol. 51, issue 32, p. 217-240.

IOANNIDES, Nicholas A. (2021) *Maritime claims and boundary delimitation : tensions and trends in the eastern Mediterranean Sea*, Routledge, 362 p.

IOANNIDES, Nicholas A. (2021) The Maritime Dispute between Cyprus and Turkey in the Eastern Mediterranean Sea, *EMAM*, issue 2, p. 9-14.

IOANNIDIS, Nikolaos (2014) The Continental Shelf Delimitation Agreement Between Turkey and «TRNC », *EJIL*, May 26 : https://www.ejiltalk.org/the-continental-shelf-delimitation-agreement-between-turkey-and-trnc/.

ISHII, Yurika (2020) Relevant Coasts and Relevant Area in the Maritime Delimitation of the EEZ and Continental Shelf, *ODIL*, vol. 51, issue 4, p. 307-329.

IVANOVA, Elena (2019) Intervention : International Tribunal for the Law of the Sea (ITLOS), *MPEIL.*

JAGOTA, S.P. (1985) *Maritime Boundary,* Dordrecht, Martinus Nijhoff, 388 p.

JAMAL, Sarah (2019) L'analyse de la décolonisation de Maurice sous l'angle du droit à l'autodétermination : entre apports et insuffisances (*Cour internationale de Justice, Effets juridiques de la séparation de l'archipel des Chagos de Maurice en 1965, avis consultatif, 25 février 2019*), *AFDI*, vol. 65, p. 137-158.

JAYEWARDENE, Hiran W. (1990) *The Regime of Islands in International Law*, Dordrecht, Boston and London, Martinus Nijhoff, 572 p.

JENNINGS, R.Y. (1963) *The Acquisition of Territory in International Law,* Manchester University Press,130 p.

JENSEN, O. (2014) *The Commission on the Limits of the Continental Shelf and Legitimacy*, Leiden, Boston, Brill, 316 p.

JOHNSTON, D.M. (1988) *The Theory and History of Ocean Boundary-Making*, Montréal et Kingston, McGill-Queen's University Press, 445 p.

JOHNSTON, D.M. and SAUNDERS, P.M. (1988) Ocean Boundary Issues and Developments in Regional Perspective, p. 313-349, *in* JOHNSTON, D.M. and SAUNDERS, P.M., eds (1988) *Ocean Boundary Making* : *Regional Issues and Developments*, London and New York, Croom Helm, 356 p.

JOHNSTON, D.M. and SAUNDERS, P.M., eds (1988) *Ocean Boundary Making : Regional Issues and Developments*, London and New York, Croom Helm, 356 p.

JOHNSTON, D.M. and VALENCIA, M.J. (1990) Pacific Ocean Boundary Problems : Status and Solutions, Series : POD, Martinus Nijhoff, 218 p.

KAMINSKI, Tomasz (2022) The Legal Status of Historic Bays in the Light of the Works of the League of Nations Committee of Experts for the Progressive Codification of International Law, *Journal of the History of International Law*, vol. 24, issue1, p. 36-61.

KAPOOR, D.C. and KERR, Adam J. (1986) *A Guide to Maritime Boundary Delimitation*, Toronto, Carswell, 123 p.

KERBRAT, Yann (2022) Les conséquences de l'élévation du niveau de la mer sur les frontières terrestres et maritimes, *QIL*, p. 83-97 : https://www.qil-qdi.org/wp-content/uploads/2022/07/06_Sea-Level-Rise_KERBRAT_FIN.pdf.

KITTICHAISAREE, Kriangsak (2021) *The International Tribunal for the Law of the Sea*, OUP, Oxford, 240 p.

KLABBERS, Jan (2021) *International Law*, 3rd edition, Cambridge, CUP, 412 p.

KLEIN, Nathalie (2014) Migration internationale par mer et par air, *in* OPESKIN, B. *et al.*, *Le droit international de la migration*, Montréal, Yvon Blais, 573 p.

KLEIN, Nathalie and PARLETT, Kate (2023) *Judging the Law of the Sea*, Oxford, OUP, 464 p.

KLEIN, Nathalie, ed. (2022) *Unconventional Lawmaking in the Law of the Sea*, OUP, Oxford, 464 p.

KOHEN, Marcelo G. (2004) La relation titres/effectivités dans le contentieux territorial à la lumière de la jurisprudence récente, *RGDIP*, tome 108, n° 4, p. 561-593.

KOHEN, Marcelo G. and HÉBIÉ, Mamadou (2021) Territory, Acquisition, *MPEIL.*

KOLB, Robert (2003) *Jurisprudence sur les délimitations maritimes selon l'équité*, La Haye, Kluwer Law International, 1184 p.

KOLB, Robert (2022) *Théorie du droit international*, 3e édition, coll. : Collection de droit international, Bruylant, Bruxelles, 728 p.

KOPELA, Sophia (2013) *Dependent Archipelagos in the Law of the Sea*, Series : POD, vol. 74, Dordrecht, Martinus Nijhoff, 340 p.

KUNOY, Bjorn (2010) Disputed Areas and the 10-Year Time Frame : A Legal Lacuna ?, *ODIL*, vol. 41, issue 1, p. 112-130.

KUNOY, Bjorn (2022) The Delimitation of Outer Continental Shelf Areas : A Critical Analysis of Courts' and Tribunals' Heterogeneous Approaches, *ACDI*, vol. 59, p. 200-232.

KWIATKOWSKA, B. (1997) Equitable Maritime Boundaries Delimitation, *ODIL*, vol. 91, issue 2.

KWIATKOWSKA, B. (2000) Landmark Progress in the Acquisition of Territorial Sovereignty and Equitable Maritime Boundary Delimitation, IBRU *BSB*, vol. 8, issue 1, p. 66.

KWIATKOWSKA, B. (2001) The Law of the Sea Related Cases in the International Court of Justice During the Presidency of Judge Stephen M. Schwebel (1997-2000) and Beyond, *IJMCL*, vol. 16, issue 1, p. 1-40.

KWIATKOWSKA, B. (2002) *Decisions of the World Court Relevant to the UN Convention on the Law of the Sea. A Reference Guide*, The Hague, Kluwer Law International, 288 p.

KWIATKOWSKA, Barbara (2000) Landmark Progress in the Acquisition of Territorial Sovereignty and Equitable Maritime Boundary Delimitation, IBRU *BSB*, vol. 8, nº 1, p. 66.

LABRECQUE, Georges (1995) *L'affaire du golfe du Maine. Contribution à l'étude systématique des frontières maritimes internationales*, coll. : Notes et Documents de recherche, numéro 33, Département de géographie, Université Laval, Québec, 247 p.

LABRECQUE, Georges (2004) *Les frontières maritimes internationales. Géopolitique de la délimitation en mer*, 2e édition, coll. : Raoul-Dandurand, Paris, L'Harmattan, 532 p.

LABRECQUE, Georges (2005) *Les différends territoriaux en Afrique. Règlement juridictionnel*, coll. : Logiques juridiques, Paris, L'Harmattan, 482 p.

LABRECQUE, Georges (2007) Les conflits frontaliers maritimes, *Diplomatie*, Hors-série numéro 2, août-septembre, p. 41-45.

LABRECQUE, Georges (2008) *La force et le droit. Jurisprudence de la Cour internationale de Justice*, Montréal/Bruxelles, Éditions Yvon Blais/Bruylant, 646 p.

LABRECQUE, Georges (2009) Le droit ne doit pas refaire la géographie, p. 269-281, *in* FOREST, Patrick, *Géographie du droit*, coll. : Dikè, Québec, Presses de l'Université Laval, 286 p.

LABRECQUE, Georges (2009) *Les différends territoriaux en Europe. Jurisprudence de la Cour internationale de Justice*, Montréal, Éditions Yvon Blais, 304 p.

LABRECQUE, Georges (2010) Aspects juridiques du blocus maritime, *Diplomatie*, Hors-série numéro 13, août-septembre, p. 46-50.

LABRECQUE, Georges (2012) *À qui l'Arctique ? Droit international des frontières maritimes*, Montréal, Éditions Yvon Blais, 680 p.

LABRECQUE, Georges (2015) *International Law of the Sea,* Toronto, Carswell, 595 p.

LABRECQUE, Georges (2018) *Géopolitique. Comprendre les enjeux territoriaux interétatiques*, coll. : Administration et aménagement du territoire, Paris, L'Harmattan, 441 p.

LABRECQUE, Georges (2019) *Le recours à la force contre les États. Jurisprudence récente de la Cour internationale de Justice*, Montréal, Éditions Yvon Blais, 304 p.

LABRECQUE, Georges (2019) *Les cours d'eau internationaux. Étude jurisprudentielle*, coll. : Le droit aujourd'hui, Paris, L'Harmattan, 327 p.

LABRECQUE, Georges (2024) *Les frontières maritimes en Afrique*, coll. : Inter-National, Paris, L'Harmattan, 310 p.

LAGONI, Rainer and VIGNES, Daniel, eds (2006) *Maritime Delimitation*, coll. : POD, vol. 53, Leiden, Brill, 241 p.

LALONDE, Suzanne (2002) *Determining Boundaries in a Conflicted World. The Role of* Uti possidetis, Montreal and Kingston, McGill-Queen's University Press, 347 p.

LALONDE, Suzanne (2015) The role of the *uti possidetis* principle in the resolution of maritime boundary disputes, p. 248-272, *in* CHINKIN, Christine and BAETENS, Freya, eds, *Sovereignty, Statehood and State Responsibility. Essays in Honour of James Crawford*, Cambridge, CUP, 527 p.

LANDO, Massimo (2019) *Maritime Delimitation as a Judicial Process*, Cambridge, CUP.

LANFRANCHI, Marie-Pierre (2021) La territorialisation de l'océan Indien : questions juridiques autour de l'extension du plateau continental des États riverains. *Carnets de Recherches de l'océan Indien, Mutations et transitions dans l'océan Indien*, 7, p. 217-241 : ff10.26171/carnets-oi_0714ff. ffhal03603620f.

LANFRANCHI, Marie-Pierre, dir. (2024) *La Convention des Nations Unies sur le droit de la mer. Bilan et perspectives*, coll. : Confluence des droits, vol. 23, Aix-en-Provence, DICE Éditions, 537 p.

LANZONI, Niccolo (2022) The Authority of ICJ Advisory Opinions as Precedents : The *Mauritius/Maldives* Case, *IRICL*, vol. 2, p. 296-322.

LATHROP, Coalter G., ed. (2016), Report Number 8-22 Cyprus - Israel, *in IMBO.*

LATHROP, Coalter G., ed. (2017), Report Number 8-15(2) Cyprus - Egypt, *in IMBO.*

LATHROP, Coalter G., ed. (2018), Report Number 6-32 Egypt - Saudi Arabia, *in IMBO.*

LATHROP, Coalter G., ed. (2020) Report Number 8-24 Libya - Turkey, *in IMBO.*

LATHROP, Coalter, ed. (2016-2020) *International Maritime Boundaries*, vol. 7 and 8, Leiden, Brill/Nijhoff.

LATHROP, Coalter, ed. (2023) *International Maritime Boundaries Online*, Leiden, Brill.

LATHROP, Coalter, ed. (2023) Report Number 8-26 Israel - Lebanon, in *IMBO.*

LATTION, R. (1984) *L'archipel en droit international*, Payot, Lausanne, 234 p.

LAUTERPACHT, Hersch (2011) *The Function of Law in International Community,* Oxford, OUP, 512 p.

LE FLOCH, Guillaume, dir. (2018) *Les 20 ans du Tribunal international du droit de la mer*, Paris, Pedone, 400 p.

LECOQ, Tristan *et al.* (2021) Géopolitique des océans, n°107-108, *in Questions internationales*, 184 p.

LEGAULT, L. and HANKEY, B. (1993) Method, Oppositeness and Adjacency, and Proportionality in Maritime Boundary Delimitation, p. 213-214, *in* CHARNEY, J.I. and ALEXANDER, L.M., eds, *International Maritime Boundaries*, vol. 1.

LEMEY, Marie *et al.* (2019) Le traitement statistique des territoires contestés dans la pratique des organisations internationales, *AFDI*, vol. 65, p. 330-344.

LIAO, Xuexia (2023) Delimitation methodology for the continental shelf beyond 200 nautical miles : Three-stage approach as a way forward ?, *LJIL*, vol. 36, issue 1, p. 1-21.

LOÏZZO, Clara (2024) L'océan Indien est-il indien ?, p. 94-95, *Diplomatie*, n° 78.

LOUCHET, André (2014) *La planète océane. Précis de géographie maritime*, coll. : U, Paris, Armand Colin, 560 p.

LUCCHINI, Laurent (2006) La Délimitation des Frontières maritimes dans la Jurisprudence Internationale : Vue d'ensemble, p. 1-18, *in* Lagoni, Rainer and Vignes, Daniel, eds, *Maritime Delimitation.*

LUCCHINI, Laurent et VOELCKEL, Michel (1996) *Droit de la Mer,* tome 2, vol. 1 : Délimitation, navigation et pêche, Paris, Pedone, 717 p.

LUCIA, Vito de, OUDE ELFERINK, Alex and NGOC NGUYEN, Lan, eds (2022) *International Law and Marine Areas beyond National Jurisdiction. Reflections on Justice, Space, Knowledge and Power*, series : POD, vol. 95, Leiden, Brill, 449 p.

LYTHGOE, Gail (2024) The *Rebirth of Territory*, series : CSCIL, Cambridge, CUP, 312 p.

MACNAB, Ron (2004) The Case for Transparency in the Delimitation of the Outer Continental Shelf in Accordance with UNCLOS Article 76, *ODIL*, vol. 35, issue 1, p. 1-17.

MACNAB, Ron (2008) Submarine Elevations and Ridges : Wild Cards in the Poker Game of UNCLOS Article 76, *ODIL*, vol. 39, issue 2, p. 223-234.

MANGONE, Gerard J. (1989) Demarcation of International Straits, p. 103, *in* DALMEYER, D.G. and DE VORSEY, L., eds, *Rights in Oceanic Resources : Deciding and Drawing Maritime Boundaries.*

MARFFY, A. de (2005) Les espaces marins au-delà des juridictions nationales : entre droit applicable et modernité, *ADM*, tome 10.

MARGHÉLIS, Aris (2021) Les délimitations maritimes Turquie – Gouvernement d'entente nationale Libyen et Grèce-Égypte dans leur contexte régional, *ADMO,* tome 39, Université de Nantes, p. 67-100 : https://hal.science/hal-03783356/document.

MARGHÉLIS, Aris (2024) La mer de Chine méridionale, la Méditerranée orientale et l'Arctique russe 40 ans après la Convention des Nations Unies sur le droit de la mer. Le droit de la mer à l'épreuve des relations internationales et de la géopolitique ?, p. 59-97, *in* LANFRANCHI, Marie-Pierre, dir. (2024) *La Convention des Nations Unies sur le droit de la mer. Bilan et perspectives*, coll. : Confluence des droits, vol. 23, Aix-en-Provence, DICE Éditions, 537 p.

MARTIN, Pierre-Marie (1996) *Les échecs du droit international*, coll. : Que sais-je ?, Paris, PUF, 128 p.

MAZZUCCHI, Nicolas (2024) *La confrontation en mer. L'avenir de la stratégie navale*, Monaco, Éditions du rocher, 300 p.

McDORMAN, T. L., BEAUCHAMP, K. P. and JOHNSTON, D. M. (1983) *Maritime Boundary Delimitation : An Annotated Bibliography*, Lexington, MA, Lexington Books, 207 p.

McLAUGHLIN Mitchell, and OWSIAK, Andrew P. (2023) Judicialization of the Sea : An Elaboration of Our Argument and Its Merits, *IJMCL*, vol. 38, issue 2, p. 326-349.

McLAUGHLIN, Mitchell and OWSIAK, Andrew P. (2021) Judicialization of the Sea : Bargaining in the Shadow of UNCLOS, *AJIL*, vol. 115, issue 4, p. 579-621.

MCNAIR, Arnold (1961) *The Law of Treaties*, Clarendon Press, 789 p.

McRAE, Don (1998) La délimitation des espaces maritimes, *ADMO*, vol. 15, p. 266.

McRAE, Don and YACOUBA, Cissé (2005) The Legal Regime of Maritime Boundary Agreements, *in* COLSON, David A. and SMITH, Robert W., eds, *International Maritime Boundaries*, vol. 5, Brill/Nijhoff.

MEESE, R. (2019) Le plateau continental au-delà des 200 milles et la CLPC, *ADM*, tome 44, p. 359-392.

MEIER, Daniel (2023) *Les frontières au-delà des cartes*, Paris, Le cavalier bleu, 168 p.

MELEDJE, Djedjro (1996) L'équité dans les délimitations marines, *ERM*, nº 10, p. 162-189.

MERRILLS, J.G. (2000) The International Court of Justice and the Adjudication of Territorial and Boundary Disputes, *LJIL*, vol. 13, p. 873-881.

MERRILLS, J.G. (2003) The Means of Dispute Settlement, *in* EVANS, Malcolm D., ed., *International Law*, Oxford, OUP, 894 p.

MIRASOLA, Christopher (2016) Historic Waters and Ancient Title : Outdated Doctrines for Establishing Maritime Sovereignty and Jurisdiction, *JMLC*, vol. 47, issue 1, p. 29-76.

MIYOSHI, Masahiro (2002) Considerations of Equity in Maritime Boundary Cases Before the International Court of Justice, p. 1087-1101, *in* ANDO, Nisuke *et al.*, eds, *Liber Amicorum Judge Shigeru Oda*, vol. 2.

MUFFAT, Sophie (2025) *Géopolitique de la piraterie*, coll. : Géopolitiques, Paris, PUF, 192 p.

MOSSOP, J. (2016) *The Continental Shelf Beyond 200 Nautical Miles : Rights and Responsibilities*, Oxford, OUP, 278 p.

MUHLENDAHL, Paul Von (2016) *L'équidistance dans la délimitation des frontières maritimes. Étude de la jurisprudence internationale*, coll. : Publications de la RGDIP, Paris, Pedone, 440 p.

MURPHY, D. (2017) International Law relating to Islands, *CCHAIL*, vol. 386.

NANDAN, Satya (2007) The International Seabed Authority and Its Promotion of Marine Scientific Research, p. 63-91, *in* Nordquist, Myron H. *et al.*, eds, *Law, Science & Ocean Management.*

NANDAN, Satya and DALAKER, Kristine E. (2020) *Reflections on the Making of the Modern Law of the Sea*, Singapore, National University of Singapore Press, 289 p.

NATIONS UNIES (2001) *Manuel sur la délimitation des frontières maritimes,* Bureau des affaires juridiques, New York, 187 pages.

NATIONS UNIES (2010) *Tableau des revendications de juridiction à des zones maritimes,* nº 73 : https://www.un.org/Depts/los/doalos_publications/LOSBulletins/bulletinfr/bull73fr.pdf.

NATIONS UNIES (2023) *Sixième Commission : face à l'élévation du niveau de la mer, la Convention sur le droit de la mer reste un gage de stabilité pour éviter des conflits*, AG/J/3701, 27 octobre : https://press.un.org/fr/2023/agj3701.doc.htm.

NGUYEN, Lan Ngoc (2023) *The Development of the Law of the Sea by UNCLOS Dispute Settlement Bodies*, Cambridge, CUP, 328 p.

NIQUET, Valérie et PÉRON-DOISE, Marianne (2024) *L'Indo-Pacifique. Nouveau centre du monde*, Paris, Tallandier, 256 p.

NORDQUIST, M.H. (2013) *The Regulation of Continental Shelf Development : Rethinking International Standards*, Leiden, Nijhoff, 374 p.

NORDQUIST, M.H. *et al.* (2004) *Legal and Scientific Aspects of Continental Shelf Limits*, Leiden, Nijhoff, 467 p.

NORDQUIST, M.H. *et al.*, eds (1985-2002) *United Nations Convention on the Law of the Sea 1982. A Commentary,* 6 vol., Martinus Nijhoff, Dordrecht.

NORDQUIST, M.H. *et al.*, eds (2007) *Law, Science & Ocean Management*, Series : Center for Oceans Law and Policy, Leiden, Brill, 868 p.

NURBINTORO, Gulardi (2024) International Tribunals Approach Toward Maritime Boundaries Delimitation of an Archipelagic State, *IJIL*, vol. 21, issue 2 : https://scholarhub.ui.ac.id/ijil/vol21/iss2/2.

OMI (2024) Reports on Acts of Piracy and Armed Robbery Against Ships, Annual Report 2023, MSC.4/Circ.268, 7 June :

OPESKIN, B. *et al.* (2014) *Le droit international de la migration*, Montréal, Yvon Blais, 573 p.

ORAL, Nilufer (2023) The Law of the Sea, p. 363-388, *in* ESPOSITO, Carlos and PARLETT, Kate, eds, *The Cambridge Companion to the International Court of Justice*, Cambridge, CUP, 550 p.

OSTHAGEN, Andreas (2020) Maritime boundary disputes : What are they and why do they matter ? *MP*, vol. 120 : https://doi.org/10.1016/j.marpol.

OSTHAGEN, Andreas (2022) *Ocean Geopolitics. Marine Resources, Maritime Boundary Disputes and the Law of the Sea*, Cheltenham, Edward Elgar, 160 p.

OUDE ELFERINK Alex G., *et al.* (2018) *Maritime Boundary Delimitation : The Case Law. Is it Consistent and Predictable ?*, Cambridge, CUP, 434 p.

PAGLIA, Morgan (2020) *Les bases de la puissance. Enjeux géopolitiques et stratégiques des bases militaires avancées*, Focus stratégique, n° 97, *IFRI*, 40 p.

PALESTINI, Lorenzo (2020) *La protection des intérêts juridiques de l'État tiers dans le procès de délimitation maritime*, coll. : Droit international, Bruxelles, Bruylant, 520 p.

PANCRACIO, Jean-Paul (2010) *Droit de la mer*, coll. : Précis Dalloz, Paris, Dalloz, 520 p.

PAPASTAVRIDIS, E.D. and TRAPP, K.N., dir. (2014) *La criminalité en mer/Crimes at Sea*, Leiden and Boston, Martinus Nijhoff, 733 p.

PARK, Choon-Ho (1993) Central Pacific and East Asian Maritime Boundaries, p. 297-304, *in* CHARNEY, J.I. and ALEXANDER, L.M., eds, *IMB*, vol. 1.

PASKOF, Roland (2010) *Les littoraux*, 3e édition, coll. U, Paris, Armand Colin, 260 p.

PAULSON, Colter(2004) Compliance with Final Judgments of the International Court of Justice since 1987, *AJIL*, vol. 98, issue 3, p. 434-461.

PAVLOPOULOS, Niko (2022) Delimitation of the Maritime Boundary between Mauritius and Maldives in the Indian Ocean (Mauritius/Maldives), *MPEIL*.

PETIT-PRÉVOST-WEYGAND, Éloïse (2020) Les îles en voie de submersion : le cas des petits États insulaires en développement, *ADM*, tome 24, p. 37-56.

PHARAND, D. (1988) *Canada's Arctic Waters in International Law*, Cambridge, CUP, 288 p.

PHARAND, D. (1989) *Droit international de la mer*, Ottawa, Presses de l'Université d'Ottawa.

PHARAND, D. and LEANZA, U., dir. (1993) *The Continental Shelf and the EEZ. Delimitation and Legal Regime*, Dordrecht, Nijhoff, 404 p.

PICHEL, Christine (2022) *Le régime des iles, rochers et hauts-fonds découvrants en droit international*, coll. : Droit international, Paris, Larcier, 560 p.

PIOTROWICZ, R et REDPATH-CROSS, J. (2014) Traite des personnes et trafic illicite de migrants, *in* OPESKIN, B. *et al.*, *Le droit international de la migration*, Montréal, Yvon Blais, 573 p.

POWELL, Emilia Justyna and WIEGAND, Krista Eileen (2023) *The Peaceful Resolution of Territorial and Maritime Disputes*, Oxford University Press, 273 p.

PRADEAU, Christian (1996) *Jeux et enjeux des frontières*, Bordeaux, Presses universitaires de Bordeaux, 362 p.

PRATT, Martin (1999) Boundaries and the Internet : A Surfer's Guide, IBRU *BSB*, vol. 7, n° 2, p. 94-101.

PRATT, Martin and ALLISON-BROWN, Janet, eds (2000) *Borderlands Under Stress*, coll. : International Boundary Studies, vol. 4, The Hague, Kluwer Law International, 480 p.

PRESCOTT, J.R.V. (1975) *Political Geography of the Oceans*, London, David & Charles Newton Abbot, 247 p.

PRESCOTT, J.R.V. (1985) *Australia's Maritime Boundaries*, Series : Canberra Studies in World Affairs, n° 16, Department of International Relations, Australian National University, 189 p.

PRESCOTT, J.R.V. (1985) *The Maritime Political Boundaries of the World*, London and New York, Methuen, 377 p.

PRESCOTT, Victor (2005) Indian Ocean, *in* COLSON, David A. and SMITH, Robert W., eds, *IMB*, vol. 5.

PRESCOTT, Victor and SCHOFIELD, Clive (2001) Undelimited Maritime Boundaries in the Asian Rim in the Pacific Ocean, IBRU, *Maritime Briefing*, vol. 3, issue 1.

PRESCOTT, Victor and SCHOFIELD, Clive (2004) *The Maritime Political Boundaries of the World*, 2nd edition, Brill, 666 p.

PRESCOTT, Victor and TRIGGS, Gillian (2005) Islands and Rocks and their Role in Maritime Delimitation, *in* COLSON, David A. and SMITH, Robert W., eds, *International Maritime Boundaries*, vol. 5, Brill/Nijhoff.

PRESCOTT, Victor and TRIGGS, Gillian (2008) *International Frontiers and Boundaries. Law, Politics and Geography*, Brill, 504 p.

PROELß, Alexander, ed. (2017) *The United Nations Convention on the Law of the Sea. A Commentary*, Bloomsbury Publishing, 1800 p.

PURCELL, Kate (2020) *Geographical Change and the Law of the Sea*, OUP, Oxford, 336 p.

QI, Xu (2023) Reviving the *Monetary Gold* Principle ? A Case Note on the Judgment of Preliminary Objections in the *Mauritius/Maldives* Case, *ODIL*, vol. 54, issue 1, p. 1-25.

RENARD, Jean-Pierre, dir. (1997) *Le géographe et les frontières*, L'Harmattan, Paris et Montréal, 299 p.

RÉVEILLARD, Christophe et GRANDPIERRON, Matthieu, dir. (2023) *La frontière. Espace et limite.* Paris, L'Harmattan, 454 p.

RICARD, Pascale (2019) *La conservation de la biodiversité dans les espaces maritimes internationaux. Un défi pour le droit international*, coll. : Institut du Droit Économique de la Mer, Paris, Pedone, 658 p.

RIDINGS, Penelope Jane (2023) The Influence of Scholarship on the Shaping and Making of the Law of the Sea, *IJMCL*, vol. 38, issue 1, p. 11-38.

RIVIER, Raphaële (2023) *Droit international public*, 4e édition, coll. : Thémis, Paris, PUF, 980 p.

ROACH, J. Ashley (2021) *Excessive Maritime Claims* 4th ed., series : POD, vol. 93, Leiden, Brill Nijhoff, 952 p.

ROACH, J. Ashley (2021) Historic Bays, Historic Waters and Historic Rights, p. 45-72, *in* ROACH, J.A., *Excessive Maritime Claims*, 4th ed., POD, vol. 93, Brill/Nijhoff, 952 p.

ROACH, J. Ashley and SMITH, Robert W. (2000) Straight Baselines : The Need for a Universally Applied Norm, *ODIL*, vol. 31, issue 1, p. 47-80.

ROCHE, Jean-Jacques (2023) *Relations internationales*, 10e édition, coll. : Manuels, Paris, LGDJ, 408 p.

RONZITTI, N. (1990) *Maritime Terrorism and International Law*, Martinus Nijhoff, Dordrecht, 185 p.

ROS, Nathalie (2021) Le droit international de la mer à l'épreuve en Méditerranée orientale, *ADMO*, tome 39, Université de Nantes.

ROSENNE, S. (1996) Geography in International Maritime Boundary-Making, *PG*, vol. 15, issues 3-4, p. 389-396.

ROSENNE, S. (2007) *Essays on International Law and Practice*, Leiden, Nijhoff, 682 p.

ROSENNE, S. (2007) Historic Waters in the Third U.N. Conference on the Law of the Sea, p. 497-511, *in* ROSENNE, S., *Essays on International Law and Practice*, Leiden, Nijhoff, 682 p.

ROSIÈRE, Stéphane (2017) Les frontières internationales entre matérialisation et dématérialisation, *Anti-atlas Journal*, n° 2 : https://www.antiatlas-journal.net/anti-atlas/02-les-frontieres-internationales-entre-materialisation-et-dematerialisation/.

ROSIÈRE, Stéphane (2020) *Frontières de fer. Le cloisonnement du monde*, coll. : Arguments et mouvements, Paris, Syllepse, 184 p.

ROTHWELL, Donald R. (2022) *Islands and International Law*, New York, Bloomsbury Publishing, 328 p.

ROTHWELL, Donald R. and STEPHENS, Tim (2023) *The International Law of the Sea*, 3rd edition, New York, Bloomsbury Publishing, 656 p.

ROTHWELL, Donald R., OUDE ELFERINK Alex G., SCOTT, Karen N. and STEPHENS, Tim, eds (2017) *The Oxford Handbook of the Law of the Sea*, OUP, Oxford, 1072 p.

ROUCHE, Isabelle (2017) L'influence des îles dans le processus de délimitation des frontières maritimes : repousser les limites de la souveraineté étatique, *ADM*, tome 22, p. 129-151.

ROUSSEAU, Charles (1967) *Droit international public,* coll. : Précis Dalloz, Paris, Dalloz, 411 p.

ROUSSEAU, Charles (1970-1983) *Droit international public*, 5 vol., Paris, Sirey.

ROYER, Pierre (2012) *Géopolitique des mers et des océans. Qui tient la mer tient le monde*, coll. : Major, Paris, PUF, 199 p.

ROYER, Pierre (2023) *Géopolitique des puissances maritimes*. Paris, Éditions La Découverte, 128 p.

ROZEMARIJN, J. and HOLST, Roland (2022) *Change in the Law of the Sea. Context, Mechanisms and Practice*, series : POD, vol. 96, Leiden, Brill/Nijhoff, 372 p.

RUSHWORTH, Dennis (1997-98) Mapping in Support of Frontier Arbitration : Maps as Evidence, *IBRU BSB*, Winter, p. 51-55.

SACOTTE, J.C. (2004) *Le processus de délimitation maritime, étude d'un cas fictif*, Paris, Pedone, 400 p.

SAGUIRIAN, A.A. (1992) Russia and Some Pending Law of the Sea Issues in the North Pacific : Controversies over Higher Seas Fisheries Regulation and Delimitation of Marine Spaces, *ODIL*, vol. 23, issue 1, p. 10.

SAKAMOTO, Shigeki (2015) *Historic Waters and Rights Revisited : UNCLOS and Beyond ?*, International Symposium on the Law of the Sea, Ministry of Foreign affairs of Japan : https://www.mofa.go.jp/ila/ocn/page3e_000320.html.

SANCHES RODRIGUEZ, Luis Ignacio (1997) L'*uti possidetis* et les effectivités dans les contentieux territoriaux et frontaliers, *RCADI*, vol. 263, p. 153-381.

SANDS, P. (2023) Colonialism : A Short History of International Law, *CCHAIL*, vol. 431.

SAVADOGO, Louis (2023) Incidences juridiques de la hausse du niveau de la mer sur les frontières maritimes, *RGDIP*, tome 127, numéro 2.

SCHACHTER, Oscar (2002) Linking Equity and Law in Maritime Delimitation, p. 1163-1168, vol. 2, *in* ANDO, Nisuke *et al.*, eds, *Liber Amicorum Judge Shigeru Oda*, Springer, vol. 2, 1675 p.

SCHOFIELD, Clive (2021) Options for Overcoming Overlapping Maritime Claims, *JTMS*, vol. 8, issue 2, p. 21-41.

SCHOFIELD, Clive (2021) The Regime of Islands Reframed : Developments in the Definition of Islands under the International Law of the Sea, *in Brill Research Perspectives in the Law of the Sea*, vol. 3, issue 1-2, p. 1-126 : https://brill.com/view/journals/rpls/3/1-2/article-p1_1.xml.

SCHWEBEL, Stephen M. (2011) *Justice in International Law. Further Selected Writings*, Cambridge, CUP, 373 p.

SCOVAZZI, T. (2000) The Evolution of International Law of the Sea : New Issues, New Challenges, *RCADI*, p. 39-243.

SHAW, Malcolm (1996) The Heritage of States : The Principle of « Uti Possidetis Juris » Today, *BYBIL*, vol. 67, p. 75-154.

SHAW, Malcolm (1997) Peoples, Territorialism and Boundaries, *EJIL*, vol. 8, issue 53, p. 478-507.

SHAW, Malcolm (2021) *International Law*, 9th edition, Cambridge, CUP, 1308 p.

SHAW, Malcolm (2023) A House of Many Rooms : The Rise, Fall and Rise Again of Territorial Sovereignty ?, *CCHAIL*, vol. 432, p. 45-78.

SHIMONO, Yosuke (2024) Mer de Chine orientale : vers une conflictualité navale entre Pékin et Tokyo ?, p. 56-57, *Diplomatie*, n° 82.

SLAGTER, Tracy H. and VAN DOORN, John D. (2023) *Fundamental Perspectives on International Law*, 7th edition, Cambridge, CUP, 722 p.

SLIM, H. (2004) La mer territoriale, p. 69-76, *in* INDEMER, *Le processus de délimitation maritime, étude d'un cas fictif*, Actes du colloque de Monaco, Paris, Pedone, 400 p.

SMITH, Robert W. (1982) A geographical Primer to Maritime Boundary-Making, *ODIL*, vol. 12, issues 1-2, p. 1-22.

SMITH, Robert W. (1989) Geographic Considerations in Maritime Boundary Delimitations, *in* Dallmeyer, D.G. and De Vorsey, L., eds, *Rights to Oceanic Resources. Deciding and Drawing Maritime Boundaries*, coll. : POD, vol. 13, Dordrecht, Martinus Nijhoff Publishers, 207 p.

SMITH, Robert W. and THOMAS, Bradford L. (1998) Island Disputes and the Law of the Sea : An Examination of Sovereignty and Delimitation Disputes, *Maritime Briefing*, vol. 2, n° 4, IBRU, Durham, University of Durham, 27 p.

SOHN, Louis (1993) Baseline Considerations, p. 153-161, *in* Charney, J.I. *et al.*, eds, *International Maritime Boundaries*, vol. 1, 1181 p.

SOHN, Louis *et al.* (2010) *The Law of the Sea in a Nutshell,* 2nd ed., West Academic Publishing, 613 p.

STOICA, Victor (2021) *Remedies before the International Court of Justice : A Systemic Analysis*, Cambridge, CUP, 288 p.

STRATING, Rebecca and WALLIS, Joanne (2022) Maritime Sovereignty and territorialisation : Comparing the Pacific Islands and South China Sea, *MP*, vol. 141 : https://doi.org/10.1016/j.marpol.2022.105110.

SUAREZ, S.V. (2008) *The Outer Limits of the Continental Shelf* : *Legal Aspects of their Establishment*, Berlin, Springer, 276 p.

SUEDI, Yusra (2023) Self-*determination in territorial disputes before the International Court of Justice : From rhetoric to reality ? LJIL*, vol. 36, issue 1, p. 161-177.

SYLVESTRE, Daniel (2010) La piraterie maritime, p. 243-252, *in* ORTOLLAND, Didier et PIRAT, Jean-Pierre, *Atlas géopolitique des espaces maritimes*, 2e éd., 333 p.

SYMMONS, C. (2019) *Historic Waters and Historic Rights in the Law of the Sea_: A Modern Re-Appraisal*, 2nd ed., vol. 89, POD, Brill/Nijhoff, 472 p.

TAMADA, Dai (2020) The Timor Sea Conciliation : The Unique Mechanism of Dispute Settlement, *EJIL*, vol. 31, issue 1, p. 321-344.

TANAKA, Yoshifumi (2001) Reflections on the Eritrea/Yemen Arbitration of 17 December 1999 (Second Phase : Maritime Delimitation), *NILR*, vol. 47, issue 2, p. 197-225.

TANAKA, Yoshifumi (2021) Between Stability and Change : The Concept of Historical Consolidation of Title in the Acquisition of Territory Revisited, *NILR*, vol. 68, p. 189-217.

TANAKA, Yoshifumi (2023) *The International Law of the Sea*, 4th ed., Cambridge, CUP, 650 p.

TASSIN, V. (2013) *Les défis de l'extension du plateau continental*, Paris, Pedone, 494 p.

TEPHANY, Yann (2024) La CNUDM et la lutte contre les activités illicites en mer, p. 315-334, *in* LANFRANCHI, Marie-Pierre, dir., *La Convention des Nations Unies sur le droit de la mer. Bilan et perspectives*, coll. : Confluence des droits, vol. 23, Aix-en-Provence, DICE Éditions, 537 p.

TERROM, Hélène (2018) La lutte contre le terrorisme NRBC en mer, *Revue Défense Nationale*, n° 810, p. 121-124.

TERTRAIS, Bruno (2023) *La Guerre des mondes. Le retour de la géopolitique et le choc des empires*, Paris, Éditions de l'Observatoire, 279 p.

THOUVENIN, Jean-Marc et JOLY HÉBERT, Jessica, dir. (2023) *La Cour internationale de Justice à 75 ans*, coll. : Cahiers internationaux, Paris, Pedone, 318 p.

TSHIYEMBE, Mwayila (2022) *Droit international public. Théorie générale et étude de cas jurisprudentiels*, coll. : Géopolitique mondiale, Paris, L'Harmattan, 192 p.

UNITED NATIONS (2000) *Handbook on the Delimitation of Maritime Boundaries*, Division for Ocean Affairs and the Law of the Sea Office of Legal Affairs, New York.

UNITED NATIONS (2011) *Issue Paper. Smuggling of Migrants by Sea*, UNODC, 71 p. https://www.unodc.org/documents/human-trafficking/Migrant-Smuggling/Issue-Papers/Issue_Paper_-_Smuggling_of_Migrants_by_Sea.pdf.

USDS (2014) Mauritius : Archipelagic and other Maritime Claims and Boundaries, *LS*, n° 140, p. 1-27.

VALLET, Elizabeth (2014) *Borders, Fences and Walls : State of Insecurity ?* Routledge, 298 p.

VASCIANNIE, Stephen C. (1990) *Land-Locked and Geographical Disadvantaged States in the International Law of the Sea*, Oxford, OUP, 244 p.

VASSILIADES, M. (1980) L'État-archipel, une notion plus politique que juridique, *Revue de défense nationale*, p. 99-110.

VERZIJL, J.H.W. (1968-1992) *International Law in Historical Perspective*, 11 vol., Leiden and Dordrecht, Sijhtoff and Nijhoff.

VIDAS, Davor and FREESTONE, David (2022) Legal Certainty and Stability in the Face of Sea Level Rise : Trends in the Development of State Practice and International Law Scholarship on Maritime Limits and Boundaries, *IJMCL*, vol. 37, issue 1, p. 1-53.

VINCENT, Philippe (2020) *Droit de la mer*, coll. : Droit international, Bruxelles, Bruylant, 414 p.

VREY, François et BLAINE, Mark (2024) *Les attaques en mer Rouge et dans l'océan Indien révèlent la vulnérabilité maritime de l'Afrique*, Centre d'études stratégiques de l'Afrique, 18 avril : https://africacenter.org/fr/spotlight/les-attaques-en-mer-rouge-et-dans-locean-indien-revelent-la-vulnerabilite-maritime-de-lafrique/.

VUKAS, Budislav (2004) *The Law of the Sea*, coll. : POD, n° 45, Leiden and Boston, Martinus Nijhoff, 350 p.WANI, Kentaro (2018) Development of the Law of the Sea and the Legal Status of International Strait in Time of International Armed Conflict, *JYBIL*, vol. 61, p. 39-80.

WEERTS, Laurence (1999) Heurts et malheurs du principe de l'*uti possidetis* : le cas du démembrement de l'URSS, p. 79-142, *in* CORTEN, O. *et al.*, éd., *Démembrements d'États et délimitations territoriales* : *l'uti possidetis en question(s)*, Bruxelles, Bruylant, 455 p.

WEIL, Prosper (1988) *Perspectives du droit de la délimitation maritime*, Paris, Pedone, 319 p.

WEIL, Prosper (1993) Geographic Considerations in Maritime Delimitation, p. 115-130, *in* CHARNEY, J.I. *et al.*, eds, *International Maritime Boundaries*, vol. 1, 1181 p.

WESTERMAN, G.S. (1987) *The Juridical Bay,* New York, OUP, 290 p.

WRIGHT, Glen, CREMERS, Klaudija and ROCHETTE, Julien (2023) Commentary. A High Seas Treaty on the Horizon : Progress and Prospects for the Intergovernmental Conference, *Ocean Yearbook*, vol. 37, issue 1, p. 30-36.

YEE, Sienho (2023) Between the « Standard Methodology » in Delimitation Dispute Settlement and the UNCLOS : Some 40th Anniversary Reflections, *CJIL*, vol. 22, issue 1, p. 1-9.

ZOU, K. (2001) Historic Rights in International Law and in China's Practice, *ODIL*, vol. 32, issue 2, p. 149-168.

Ouvrages et articles spécifiques à l'Asie

AHMADI, Mohammad Shahab (2023) Political geography of disputes in the South China Sea, *International Quarterly of Geopolitics*, vol. 19, issue 3, p. 382-415.

AKINER, Shirin (2010) *The Caspian : politics, energy and security*, Berlin/New York, Springer, 525 p.

AL-ARAYD, Jawad (2003) *A Line in the Sea : The Qatar v. Bahrain Border Dispute in the World Court*, Berkeley CA, Atlantic Books, 496 p.

AMER, Ramses (2001-2002) The Association of South-East Asian Nations and the Management of Territorial Disputes, IBRU *BSB*, vol. 9, n° 4.

ANDERSON, D.H. (2015) Bay of Bengal Maritime Boundary, *AJIL*, vol. 109, issue 1, p. 146-154.

ARAUD, Gérard (2024) *Israël : le piège de l'histoire,* Paris, Tallandier, 208 p.

AREION GROUP (2023) Mer de Chine : poudrière internationale ?, *Diplomatie*, n° 124, 100 p. : https://www.areion24.news/produit/diplomatie-n-124/.

AREION GROUP (2024) Israël – Palestine : vers une crise régionale majeure ?, *Diplomatie*, n° 125, 100 p. : https://www.areion24.news/produit/diplomatie-n-125/.

ARRESE, Daniela (2014) Bay of Bengal Maritime Boundary Arbitration (Bangladesh and India), *MPEIL* : https://opil.ouplaw.com/display/10.1093/law:epil/9780199231690/law-9780199231690-e2163.

ASSAF, Claude (2022) Accord sur la frontière maritime : un premier pas vers la normalisation ? *L'Orient Le Jour* : https://www.lorientlejour.com/article/1316096/un-premier-pas-vers-la-normalisation-.html.

AVERLAND, Indra *et al.* (2010) *Caspian energy politics : Azerbaïdjan, Kazakhstan and Turkmenistan*, Routledge, 208 p.

BAJREKTAREVIC, Anis *et al.* (2020) *The Caspian Sea : Status, Challenges, and Prospects*, Nova Science Publishers, 160 p.

BALARESQUE, N., dir. (2022) *Géopolitique de l'Asie*, Paris, Nathan, 383 p.

BANTEKAS, I. (2011) Bilateral delimitation of the Caspian Sea and the exclusion of third parties, *IJMCL*, vol. 26, issue 1, p. 47-58.

BATONGBACAL, Jay L. (2015) Extended Continental Shelf Claims in the South China Sea : Implications for Future Maritime Boundary Delimitations, *OYB*, vol. 29, issue 1, p. 21-43.

BAUTISTA, L.B. (2010) The legal status of the Philippine Treaty Limits in international law, *Aegean Review of the Law of the Sea and Maritime Law,* vol. 1, issue 1, p. 111-139.

BECKER-WEINBERG, Vasco (2020) Maritime Boundary-making and Improving Ocean Governance in Timor-Leste, *OYB*, vol. 34, p. 113-135.

BECKMAN, R.C. (2015) The Philippines v. China Case and the South China Sea Disputes, *in* HUANG, J. and BILLO, A., eds, *Territorial Disputes in the South China Sea,* London, Palgrave Macmillan : https://doi.org/10.1057/9781137463685_4.

BECKMAN, R.C. (2013) The UN Convention on the Law of the Sea and the Maritime Disputes in the South China Sea, *AJIL*, vol. 107, issue 1, p. 142-163.

BELL, Abraham and KONTOROVICH, Eugene (2016) Palestine, Uti Possidetis Juris, and the Borders of Israel, *Arizona Law Review*, vol. 58, p. 633-692 : https://arizonalawreview.org/pdf/58-3/58arizlrev633.pdf.

BENSOUSSAN, Georges (2023*) Les Origines du conflit israélo-arabe (1870-1950),* coll. : Que sais-je ?, Paris, PUF, 128 p.

BERTHEVAS, Owen (2024) La République islamique d'Iran au pourtour du détroit d'Ormuz : enjeux sécuritaires et stratégies navales, *Diploweb.com : La revue géopolitique* : https://www.diploweb.com/La-Republique-islamique-d-Iran-au-pourtour-du-detroit-d-Ormuz-enjeux-securitaires-et-strategies.html.

BOISSEAU DU ROCHER, Sophie (2000) *L'ASEAN et la construction régionale en Asie du Sud-Est*, coll. Logiques politiques, Paris, L'Harmattan, 310 p.

BONAFÉ, Beatrice I. (2017) Maritime Delimitation in the Indian Ocean, *AJIL*, vol. 111, issue 3, p. 725-731.

BONNET, François-Xavier et LUQUIN, Elisabeth (2024) Inflation et tensions en mer de Chine méridionale, *in* FACAL, Gabriel et SAMUEL, Jérome, dir., *L'Asie du Sud-Est 2024. Bilan, enjeux et perspectives,* Bangkok, IRASEC, 452 p.

BOQUET, Yves (2022) L'Asie du Sud-Est : quelles géographies ?, *in Bulletin de l'association de géographes français* : http://journals.openedition.org/bagf/7960.

BOUFFET, Jean-Yves (2023) La mer Caspienne : Du lac irano-soviétique au carrefour géopolitique, *Conflits*, mars : https://www.revueconflits.com/la-mer-caspienne-du-lac-irano-sovietique-au-carrefour-gceopolitique/.

CAI, Congyan (2019) *The Rise of China and International Law. Taking Chinese Exceptionalism Seriously*, Oxford, OUP, 376 p.

CANONNE, Charles-Éric (2022) *La stratégie de Pékin en mer de Chine*, coll. : Recherches asiatiques, Paris, L'Harmattan, 232 p.

CARIOU, Alain (2015) L'eau et l'aménagement du territoire en Asie centrale, *Cahiers d'Asie centrale*, vol. 25, p. 19-58.

CARLETON, Chris (2005) Red Sea/Persian Gulf, *in* COLSON, David A. and SMITH, Robert W., eds, *IMB*, vol. 5, Brill/Nijhoff.

CHAN, Steve (2016) *China's troubled waters : maritime disputes in theoretical perspective*, Cambridge, CUP, 248 p.

CHARNEY, Jonathan I. and ALEXANDER, Lewis M. (1998) Black Sea Update The Former Republics of the Soviet Union and Turkey, *in IMB*, vol. 3, p. 2443-2445.

CHARNEY, Jonathan I. and ALEXANDER, Lewis M. (1998) Cambodia-Vietnam, *in IMB*, vol. 3, p. 2357-2365.

CHARNEY, Jonathan I. and ALEXANDER, Lewis M. (1998) Dubai-Sharjah, *in IMB*, vol. 3, p. 2385.

CHARNEY, Jonathan I. and ALEXANDER, Lewis M. (1998) India-Myanmar (Burma)-Thailand, in *IMB*, vol. 3, p. 2363-2375.

CHARNEY, Jonathan I. and ALEXANDER, Lewis M. (1998) India-Thailand, *in IMB*, vol. 3, p. 2377-2381.

CHARNEY, Jonathan I. and ALEXANDER, Lewis M. (1998) Iraq-Kuwait, *in IMB*, vol. 3, p. 2387-2432.

CHARNEY, Jonathan I. and ALEXANDER, Lewis M. (1998) Israel-Jordan, *in IMB*, vol. 3, p. 2457-2461.

CHARNEY, Jonathan I. and ALEXANDER, Lewis M. (1998) Malaysia-Vietnam, *in IMB*, vol. 3, p. 2335-2344.

CHARNEY, Jonathan I. and ALEXANDER, Lewis M. (1998) North Korea-Soviet Union (Territorial Sea), *in IMB,* vol. 3, p. 2299-2321.

COLLECTIF (2024) Is**raël** : La guerre sans fin, *Conflits*, n° 49 : https://www.fnac.com/a19140840/Collectif-Conflits-n-49-Israël-la-guerre-sans-fin-Janvier-2024.

COPELA, Sophia (2017) Historic Titles and Historic Rights in the Law of the Sea in the Light of the South China Sea Arbitration, *ODIL*, vol. 48, issue 2, p. 181-207.

CORNELL, Svante E. (2023) A New Spring for Caspian Transit and Trade, *AFPC,* October 18 : https://www.afpc.org/publications/articles/a-new-spring-for-caspian-transit-and-trade1.

CRIBB, Robert and FORD, Michele, eds (2009) *Indonesia Beyond the Waters's Edge. Managing an Archipelagic State*, Iseas-Yusof Ishak Institute, 266 p.

CROSATO, Alfredo (2019) Conciliation between Timor-Leste and Australia, *MPIL. Current Challenges and Prospects for Future Development*, 2nd edition, Berlin, Heidelberg, Springer, 213 p.

DAGENAIS, Lucie France (2024) *La Chine et son Grand Ouest. Une périphérie sous tension d'hier à nos jours,* coll. : Recherches asiatiques, Paris, L'Harmattan, 180 p.

DALÈGRE, Joelle (2022) *Un siècle de relations gréco-turques*, coll. : Inter-National, Paris, L'Harmattan, 250 p.

DAVENPORT, Tara (2014) Southeast Asian Approaches to Maritime Boundaries, *ASJIL*, vol. 4, issue 2, p. 309-357.

DE KONINCK, Rodolphe (2019) *L'imprévisible Sud-Est asiatique*, coll. : Le monde en poche, Montréal, PUM, 64 p.

DE KONINCK, Rodolphe (2019) *L'Asie du Sud-Est*, Paris, Armand Colin, coll. U, 4e édition, 384 p.

DECAUX, Emmanuel (2001) Affaire de la *délimitation maritime et des questions territoriales entre Qatar et Bahreïn*, Fond (arrêt du 16 mars 2001 Qatar c. Bahreïn), *AFDI*, tome 47, p. 177-240.

DEKMEJIAN, R. Hrair and SIMONIAN, Hovann H. (2003) *Troubled Waters : The Geopolitics of the Caspian Region*, London, I.B. Tauris, 256 p.

DELANOE, Igor (2023) La mer Caspienne : une fenêtre eurasiatique russe sur l'Orient, p. 129-142, *in* Caucase-Asie centrale : cet au-delà moyen-oriental, *Confluences Méditerranée*, n° 124, Paris, L'Harmattan.

DENG, Niya (2023) Joint Development Between Australia and Timor-Leste, *CJIL*, vol. 22, issue 1, p. 123-132.

DIPLA, Haritini (2011) Ressources énergétiques et limites maritimes en Méditerranée orientale, *ADM*, tome 16, p. 63-86.

DRUCE, Stephen C. and BAIKOENI, Elfrid Yoni (2016) Circumventing Conflict : The Indonesia-Malaysia Ambalat Block Dispute, p. 137-156, *in* OISHI, Mikio, ed., *Contemporary Conflicts in Southeast Asia : Towards a New ASEAN Way of Conflict Management*, Springer, 216 p.

DUNG, Tran Thu, dir. (2024) *La Mer Orientale et la souveraineté du Vietnam*, Paris, L'Harmattan, 224 p.

DUPUY, Florian and DUPUY, Pierre-Marie (2013) A Legal Analysis of China's Historical Rights Claim in the South China Sea, *AJIL* vol. 107, issue 1, p. 124-141.

DURRIEU, Marie (2024) Comment comprendre le conflit israélo-palestinien de ses origines au 7 octobre 2023 ? *Diploweb.com : La revue géopolitique* : https://www.diploweb.com/Comment-comprendre-le-conflit-israelo-palestinien-de-ses-origines-au-7-octobre-2023.html.

EISEMANN, Pierre Michel (2020) Qu'est-ce qu'un rocher au sens de la Convention de Montego Bay de 1982 ? Observations sur la sentence arbitrale du 12 juillet 2016 relative à la mer de Chine méridionale, *RGDIP*, tome 124, n° 3-4, p. 7-38.

El-Hakim, Ali A. (1979) *The Middle Eastern States and the Law of the Sea*, Manchester, Manchester University Press, 293 p.

ENGLEFIELD, Greg (1995) A Spider's Web : Jurisdictional Problems in the Caspian Sea, IBRU *BSB*, vol. 3, issue 3, p. 30-34.

ERIE, Matthew S. (2023) The Soft Power of Chinese Law, *CJTL*, vol. 61, issue 1, p. 1-66.

EUDELINE, Hugues (2024) *Géopolitique de la Chine. Une nouvelle thalassocratie*, Paris, PUF, 224 p.

EUDELINE, Hugues (2024) Mer de Chine méridionale : vers une aggravation des tensions avec la thalassocratie chinoise, p. 52-55, *Diplomatie,* n° 82.

EVANS, Malcolm (2002) Case concerning Maritime Delimitation and Territorial Questions between Qatar and Bahrain (Qatar v Bahrain), *ICLQ*, vol. 51, issue 3, p. 709-718.

FACAL, Gabriel et SAMUEL, Jérome, dir. (2024) *L'Asie du Sud-Est 2024. Bilan, enjeux et perspectives*, Bangkok, IRASEC, 452 p.

FAU, Nathalie (2021) Régionalisation des espaces maritimes en Asie du Sud-Est, *Bulletin de l'Association de Géographes Français,* vol. 98, n° 1, p. 81-100.

FAU, Nathalie (2022) Les frontières maritimes : quelles spécificités ? L'exemple des mers d'Asie du Sud-Est, in *Bulletin de l'association de géographes français*, vol. 99, n° 1, p.150-173 : https://journals.openedition.org/bagf/9240.

FAU, Nathalie et FRANCK, Manuelle (2024) *La région Asie du Sud-Est : une mutation des territoires*, coll. U, Paris, Armand Colin, 479 p.

FILIU, Jean-Pierre (2024) *Comment la Palestine fut perdue. Et pourquoi Israël n'a pas gagné. Histoire d'un conflit (XIXe-XXIe siècle)*, Paris, Seuil, 432 p.

FORBES, Vivian L. (2016) *Indonesia's Delimited Maritime Boundaries*, Springer, 266 p.

FRANCKX, Erik (2006) Maritime Delimitation in the Caspian Sea : Legal Issues, *COLR*, vol. 1, p. 1-38 : https://core.ac.uk/download/pdf/41387864.pdf.

FRANCKX, Erik and BENATAR, Marco (2017) Introduction : The South China Sea : An International Law Perspective, *IJMCL*, vol. 32, issue 2, p. 193-197.

FRAZIER, Kevin (2023) Closing a Commons : How a Novel Property Regime can Promote Peace and Efficient Extraction of Deep Sea Resources in the South China Sea, *OCLJ*, vol. 28, issue 1, p. 37-94.

GAFAITI, Kevan (2022) *La crise du détroit d'Ormuz de 2018 à nos jours : Une victoire iranienne ?*, coll. : Comprendre le Moyen-Orient, Paris, L'Harmattan, 262 p.

GAU, M. (2012) The U-Shaped Line and a Categorization of the Ocean Disputes in the South China Sea, *ODIL*, vol. 43, issue 1, p. 57-69.

GAULT, Ian Townsend (1988) Offshore Boundary Delimitation in the Arabian/Persian Gulf, p. 204-228, *in* JOHNSTON, Douglas M. and SAUNDERS, Phillip M., eds (1988) *Ocean Boundary-Making* : *Regional Issues and Development,* London and New York, Croom Helm, 356 p.

GAVE, Charles (2023) L'océan indien : Le nouveau centre de la croissance mondiale, *Conflits*, n° 43.

GERSTL, Alfred and STRASAKOVA, Maria (2017) Law of the Sea - *Unresolved Border, Land and Maritime Disputes in Southeast Asia: Bi- and Multilateral Conflict Resolution Approaches and ASEAN's Centrality*, Leiden, Brill Nijhoff, 313 p.

GHERARI, Habib (2024) *Le conflit israélo-palestinien : Que dit le droit ?*, coll. : Comprendre le Moyen-Orient, Paris, L'Harmattan, 270 p.

GIOIA, Andres (2020) Persian Gulf, *MPEIL.*

GRAMOLA, Mariangela (2004) State succession and delimitation of the Caspian Sea, *Italian Yearbook of International Law*, vol. 14, issue 1, p. 237-272.

GRAVEREAU, Jacques (2023) *Taïwan, une obsession chinoise*, Paris, Hémisphères, 224 p.

GUIFOYLE, D. (2016) International Law and Counter-Piracy in the Indian Ocean, p. 96-112, *in* WARNER, Robin and KAYE, Stuart, eds, *Routledge Handbook of Maritime Regulation and Enforcement,* London, Routledge, 448 p.

GYU, Koo (2010) *Island Disputes and Maritime Regime Building in East Asia,* Dordrecht, Springer, 228 p.

HAFEZNIA, Mohammadreza *et al.* (2019) Characterizing Geopolitical Factors Affecting Establishment of Legal Regime in Caspian Sea, *Geopolitics Quarterly*, vol. 15, issue 53, p. 1-22.

HALLER-TROST, R. (1994) The Brunei-Malaysia Dispute over Territorial and Maritime Claims in International Law, *Maritime Briefing*, vol. 1, n° 3, IBRU, 63 p.

HALLER-TROST, R. (1998) *The Contested Maritime and Territorial Boundaries of Malaysia. An International Law Perspective,* series : International boundary studies, Cambridge, Kluwer Law International, 595 p.

HALLER-TROST, R. *et al.* (1995) *The Territorial Dispute between Indonesia and Malaysia over Pulau Sipadan and Pulau Ligitan in the Celebes Sea : A Study in International Law,* IBRU, 40 p.

HAMMOUDI, Youssef (2023) *L'accord sur la délimitation de la frontière maritime entre le Liban et Israël : un seul accord, des dirigeants en désaccord,* mémoire de maîtrise déposé à l'École d'études politiques de l'Université d'Ottawa, 76 p.

HARRIS, Andrew (1997) The Azerbaijan – Turkmenistan Dispute in the Caspian Sea, *in* IBRU *BSB 1997-98*, p. 56-62.

HASKI, Pierre (2024) *Une terre doublement promise. Israël-Palestine : un siècle de conflit,* Paris, Stock, 266 p.

HAYTON, B. (2018) The Modern Creation of China's 'Historic Rights' Claim in the South China Sea, *Asian Affairs*, vol. 49, issue 3, p. 370-382.

HENDERSON, Simon (2006) Map Wars : The UAE Reclaims Lost Territory from Saudi Arabia, *PolicyWatch #1069,* The Washington Institute for Near East Policy : https://archive.ph/20070707000419/http://www.washingtoninstitute.org/print.php?template=C05&CID=2431#selection-221.0-231.16.

HONG, Nong, LI, Jianwei and CHEN, Pingping (2013) The Concept of Archipelagic State and the South China Sea : UNCLOS, State Practice and Implication, *COLR*, issue 1, p. 209-239 : https://core.ac.uk/download/41377955.pdf.

HOULDEN, Gordon and HONG, Nong (2020) *Maritime order and the law in East Asia,* Routledge, 292 p.

HUANG, J. and BILLO, A., eds (2015) *Territorial Disputes in the South China Sea,* London, Palgrave Macmillan : https://doi.org/10.1057/9781137463685_4.

IBRU (2018) Malaysia and Singapore maritime boundary dispute, *Boundary News*, 18 December.

IBRU (2018) Myanmar claims Bangladesh Island of St Martin's as their own in online maps, *Boundary News*, 16 October.

IBRU (2019) Indonesia and Philippines treaty to delimit maritime EEZ, *Boundary News*, 19 August.

IBRU (2019) Malaysia and Singapore to start talks on maritime boundary delimitation, *Boundary News*, 9 April.

IBRU (2020) Israel and Lebanon to begin maritime border talks, *Boundary News*, 7 October.

IBRU (2022) Israel and Lebanon agree on Histoiric Deal to end the Maritime Dispute, *Boundary News*, 14 October.

IILSS (2023) *Analyzing Australia-Indonesia Maritime Disputes : Legal* Perspectives : https://iilss.net/category/countries-maritime-issues/.

IOANNIDES, Nicholas A. (2021) The Maritime Dispute between Cyprus and Turkey in the Eastern Mediterranean Sea, *EMAM*, issue 2, p. 9-14 : https://www.unic.ac.cy/emsi/wp-content/uploads/sites/14/2021/07/EMA-magazine-Issue-2_web.pdf.

ISHII, Yurika (2022) *Japanese Maritime Security and Law of the Sea*, series : *International Law in Japanese Perspective*, vol. 14, Brill/Nijhoff, 256 p.

JABER, Safaa S. and BANTEKAS, Ilias (2023) The Status of Gaza as Occupied territory under International Law, *ICLQ*, vol. 72, issue 4, p. 1-20.

JAIN, Vanshaj Ravi (2019) *Frozen frontier : uti possidetis and the decolonization of South Asia*, Refugee Studies Center, Oxford, University of Oxford, 29 p.

JANUSZ-PAWLETTA, Barbara (2021) *The Legal Status of the Caspian Sea. Current Challenges and Prospects for Future Development*, Springer, 213 p.

JAYAKUMAR, S. and KOH, T. (2014) *The South China Sea Disputes and Law of the Sea*, Cheltenham, Edward Elgar, 281 p.

JAYAKUMAR, S. *et al.*, dir. (2018) *The South China Sea Arbitration*, Cheltenham, Edward Elgar Publishing, 336 p.

JETIN, Bruno (2016) *L'Asean peut-elle transformer l'Asie du Sud-Est en région intégrée ?*, *in* PESSES, Abigaël, *L'Asie du Sud-Est 2016. Bilan, enjeux et perspectives,* IRASEC et Les Indes Savantes, Paris, Bangkok, 456 p.

JOURNOUD, Pierre, dir. (2022) *La mer de Chine méridionale au prisme du soft power. Nouvelles approches franco-vietnamiennes d'un vieux conflit maritime*, coll. : Inter-National, Paris, L'Harmattan, 440 p.

JOYAUX, François (1991) *Géopolitique de l'Extrême-Orient*, tome I, Espaces et politiques, coll. : Questions au XXe siècle, Bruxelles, Éditions Complexe, 226 p.

KANE, Solomon et MARTIN, Francis (2005) *Pirates et terroristes en mer d'Asie : Un maillon faible du commerce mondial*, Paris, Autrement, 126 p.

KARATAEVA, Elena (2020) The Convention on the Legal Status of the Caspian Sea : The Final Answer or an Interim Solution to the Caspian Question ?, *IJMCL*, vol. 35, issue 2, p. 232-263.

KARDON, Isaac B. (2023) *China's Law of the Sea : The New Rules of Maritime Order*, Yale University Press, 416 p.

KIM, Hyun Jung (2012) La délimitation de la frontière maritime dans le golfe du Bengale : courir deux lièvres à la fois avec succès dans le règlement de la délimitation maritime, *AFDI*, vol. 58, p. 443-469.

KIM, Suk Kyoon (2017) Maritime Boundary Negotiations between China and Korea : The Factors at Stake, *IJMCL*, vol. 32, issue 1, p. 69-94.

KINIK, Hulya and ERKAN, Suleyman (2020) The Legal Status of the Caspian Sea : An Iranian Perspective, *The International Journal of Economic and Social Research*, vol. 16, n°. 2, p. 443-459.

KITTICHAISAREE, Kriangsak (1987) *The Law of the Sea and Maritime Boundary Delimitation in South-East Asia*, Oxford, Oxford University Press, 209 p.

KODAMA, Yoshinori (2023) Judicialization in and around the South China Sea, *IJIL*, vol. 21, issue 1, p. 145-206.

KRETZMER, David (2024) *The principle of uti possidetis juris and the borders of Israel*, *in VerfBlog*, 2024/10/09 https://verfassungsblog.de/the-principle-of-uti-possidetis-juris-and-the-borders-of-israel/.

KWIATKOWSKA, Barbara (2003) The Qatar v. Bahrain Maritime Delimitation and Territorial Questions, *Maritime Briefings*, vol. 3, IBRU, n° 6, 44 p.

KYOON KIM, Suk (2017) Maritime Boundary Negotiations between China and Korea : The Factors at Stake, *IJMCL*, vol. 32, issue 1, p. 69-94.

KYOON KIM, Suk (2021) The Senkaku Islands Dispute Between Japan and China : A Note on Recent Trends, *ODIL*, vol. 52, issue 3, p. 260-273.

LA DOCUMENTATION FRANÇAISE, éd. (2024) Les deux Corées, *Questions internationales*, n° 123, 136 p. : https://www.vie-publique.fr/catalogue/292819-les-deux-corees.

LABRECQUE, Georges (2007) *Les différends internationaux en Asie. Règlement judiciaire*, coll. : Logiques juridiques, Paris, L'Harmattan, 308 p.

LATHROP, Coalter G., ed. (2016) Report 5-11 (2-3) Indonesia - Singapore, *in IMBO*.

LATHROP, Coalter G., ed. (2016) Report 5-41 Indonesia - Philippines, *in IMBO*.

LATHROP, Coalter G., ed. (2016) Report 5-25 China - Vietnam (Add. 1), *in IMBO*.

LATHROP, Coalter G., ed. (2016) Report 6-23 Bangladesh - India (Add.1), *in IMBO*.

LATHROP, Coalter G., ed. (2016) Report 6-24 Bangladesh - Myanmar (Add. 1), *in IMBO*.

LATHROP, Coalter G., ed. (2016) Report 7-14 (2) Qatar - Saudi Arabia, *in IMBO*.

LATHROP, Coalter G., ed. (2016) Report 8-23 Jordan - Saudi Arabia, *in IMBO*.

LATHROP, Coalter G., ed. (2020) Report 6-20 (5) Australia - Timor-Leste, *in IMBO*.

LATHROP, Coalter G., ed. (2020) Report 6-31 Iran - Oman, *in IMBO*.

LATHROP, Coalter G., ed. (2020) Report 6-32 Egypt - Saudi Arabia, *in IMBO*.

LATHROP, Coalter G., ed. (2020) Report 8-24 Libya - Turkey, *in IMBO*.

LAVERGNE, Marc et RIGOULET-ROZE, David, dir (2022) La mer Rouge : convoitises et rivalités sur un espace stratégique, *Orients stratégiques*, n° 13, Paris, L'Harmattan.

LEAR, S.O. (2004) Resources and conflict in the Caspian Sea, *Geopolitics*, vol. 9, p. 161-186.

LEE, Seokwoo (2024) Evolution of the Law of the Sea and Ocean Policy in Northeast Asia, *ODIL*, vol. 55, issue 4, p. 501-512.

LEE, Seokyoo, ed. (2022) *Encyclopedia of Ocean Law and Policy in Asia-Pacific*, Brill/Nijhoff, 739 p.

LI, Jinming (2022) *China's Maritime Boundaries in the South China Sea. Historical and International Law Perspectives*, Routledge, 234 p.

LOÏZZO, Clara (2024) La crise en mer Rouge, révélatrice de la vulnérabilité des grandes routes maritimes mondiales, *in Géoconfluences*, janvier : https://geoconfluences.ens-lyon.fr/actualites/veille/breves/mer-rouge-houthis.

MA, Xinmin (2018) Merits Award Relating to Historic Rights in the South China Sea Arbitration : An Appraisal, *ASJIL*, vol. 8 , issue 1 , p. 12-23 :
https://doi.org/10.1017/S2044251317000236.

MAHINGA, Jean-Grégoire (2021) *Les conflits de droit de la mer en mer de Chine*, coll. : Recherches asiatiques, Paris, L'Harmattan, 209 p.

MAKHLOUF, Kais et BORER, Louis (2024) Quelle est la dimension maritime de la guerre à Gaza, de la mer Rouge à l'océan Indien ? *Diploweb.com : La revue géopolitique* : https://www.diploweb.com/Quelle-est-la-dimension-maritime-de-la-guerre-a-Gaza-de-la-mer-Rouge-a-l-ocean-Indien.html.

MALAYA, J. Eduardo (2023) Maritime Dispute Settlement in Southeast Asia : Bargaining under the Shadow of the LOSC, *IJMCL*, vol. 38, issue 2, p. 350-362.

MCDORMAN, Ted (2005) Central Pacific, East Asia, Southeast Asia , *in* COLSON, David A. and SMITH, Robert W., eds, *IMB*, vol. 5, Brill/Nijhoff.

MEHDIYOUN, K. (2000) Ownership of oil and gas resources in the Caspian Sea, *AJIL*, vol. 94, issue 1, p. 179-189.

MEIER, Daniel (2023) La frontière maritime libano-israélienne, *Orients stratégiques* : https://www.editions-harmattan.fr/index.asp?navig=catalogue&obj=article&no=36798.MENDELSON, Maurice (2001) The Curious Case of *Qatar* v. *Bahrain* in the International Court of Justice, *BYBIL*, vol. 72, issue 1, p. 183-211.

MENON, Shivshankar (2021) *India and Asian Geopolitics : The Past, Present*, Washington, Brookings Institution Press, 416 p.

MIRON, Alina (2019) The Archipelagic Status Reconsidered in light of the South China Sea and Duzgit Integrity Awards, *Indonesian Journal of International Law*, vol. 15, issue 3, p. 306-340.

MOMMESSIN, Christophe (2024) Mer Rouge et liberté de navigation, *RDN*, n° 867, p. 7-14.

MONGRENIER, Jean-Sylvestre (2023) *Le monde vu d'Istanbul. Géopolitique de la Turquie et du monde altaïque*, Paris, PUF, 584 p.

MONTAZ, Djamchid (2015) La controverse sur le statut de la Palestine, p. 102-115, *in* WOLFRUM, Rüdiger, SERŠIĆ, Maja and ŠOŠIĆ, Trpimir, eds, *Contemporary Developments in International Law. Essays in Honour of Budislav Vukas*, Brill/Nijhoff, 952 p.

MORILLOT, Juliette et MALOVIC, Dorian (2024) *La Corée du Nord : l'obsession nucléaire en 100 questions*, Paris, Tallandier, 416 p.

MOTTET, Éric *et al.*, dir. (2017) *Géopolitique de la mer de Chine méridionale. Eaux troubles en Asie du Sud-Est*, coll. : Asies contemporaines, Québec, PUQ, 182 p.

NASU, Hitoshi and ROTHWELL, Donald R. (2014) Re-Evaluating the Role of International Law in Territorial and Maritime Disputes in East Asia, *ASJIL*, vol. 4, issue 1, p. 55-79.

NGUYEN, Hong Thao (1999) The China-Vietnam Border Delimitation Treaty of 30 December 1999, p. 87-90, *in* IBRU (2000) *BSB*, 4 p.

NGUYEN, Hong Thao (2022) La sentence du Tribunal d'arbitrage en 2016 sur les problèmes de la Chine méridionale, et ses conséquences, p. 245-272, *in* JOURNOUD, Pierre, dir., *La mer de Chine méridionale au prisme du soft power. Nouvelles approches franco-vietnamiennes d'un vieux conflit maritime,* coll. : Inter-National, Paris, L'Harmattan, 440 p.

NGUYEN, Lan Ngoc (2018) The UNCLOS Dispute Settlement System : What Role Can It Play in Resolving Maritime Disputes in Asia ?, *ASJIL*, vol. 8, issue 1, p. 91-115.

NI, Tingting, CHOI, Junghwan and QI, Jiancuo (2023) State Obligation in the East China Sea : Unilateral Activities and Countermeasures, *IJMCL*, vol. 39, issue 1, p. 1-27.

NIQUET, Valérie (2023) Taïwan : point nodal des enjeux de l'Indopacifique, *Conflits*, n° 44, p. 58-59.

NISCSS (2018) A Legal Critique of the Award of the Arbitral Tribunal in the *Matter of the South China Sea Arbitration*, *AYBIL*, vol. 24, p. 151-293 : https://doi.org/10.1163/9789004437784_009.

NORDQUIST, M. H. (2018) UNCLOS Article 121 and Itu Aba in the South China Sea Final Award : a correct interpretation ?, p. 176-204, *in* JAYAKUMAR, S. *et al*, dir., *The South China Sea Arbitration*, Cheltenham, Edward Elgar Publishing, 336 p.

NORTON ROSE FULBRIGHT (2018) *The Convention on the Legal Status of the Caspian Sea - A sea or not a sea : that is still the question* : https://www.nortonrosefulbright.com/en/knowledge/publications/5f222b95/the-convention-on-the-legal-status-of-the-caspian-sea---a-sea-or-not-a-sea-that-is-still-the-question.

NOYES, J. (2016) *In re* Arbitration between the Philippines ands China, *AJIL*, vol. 110, issue 1, p.102-108.

NURBINTORO, Gulardi (2023) The Timor Gap Treaty, *CJIL*, vol. 22, issue 1, p. 159-166.

NURDIN, Amin, ATMOREDJO, Sudjito and ARSANA, I. Made Andi (2024) Examining the Negotiation Model of the Disputed Boundary Between Indonesia and Malaysia on Sebatik Island, *IJIL*, vol. 21, issue 2 : https://scholarhub.ui.ac.id/ijil/vol21/iss2/7.

OEGROSENO, Arif Havas (2017) State Practices in Southeast Asia : Possible Collaboration amongst Claimants in the South China Sea Dispute, *IJMCL*, vol. 32, issue 2, p. 364-372.

OEGROSENO, Arif Havas (2009) Indonesia's Maritime Boundaries, p. 49-58, *in* CRIBB, Robert and FORD, Michele, eds, *Indonesia Beyond the Waters's Edge. Managing an Archipelagic State*, Iseas-Yusof Ishak Institute, 266 p.

OLORUNDAMI, Fayokemi (2017) Revisiting the Libya/Malta Decision and Assessing its Relevance (or otherwise) to the East China Sea Dispute, *CJIL*, vol. 15, issue 4, p. 717-740.

ONG, David M. (1999) International Court of Justice Case Between Indonesia and Malaysia Concerning Sovereignty Over Pulau Ligitan and Pulau Sipadan, *IJMCL*, vol. 14, issue 3, p. 399-414.

ORTOLLAND, Didier (2024) *Les mers de Chine. Géopolitique, confrontation et droit international*, coll. : Inter-National, Paris, L'Harmattan, 276 p.

ORTOLLAND, Didier (2021) L'application du droit de la mer à la mer Noire et à la mer Caspienne, *Relations internationales*, n° 187, p. 11-26.

OUDE ELFERINK, Alex G. (2015) Itlos's Approach to the Delimitation of the Continental Shelf beyond 200 Nautical Miles in the *Bangladesh/Myanmar* Case : Theoretical and Practical Difficulties, p. 230-249, *in* WOLFRUM, Rüdiger, SERŠIĆ, Maja and ŠOŠIĆ, Trpimir, eds, *Contemporary Developments in International Law. Essays in Honour of Budislav Vukas*, Brill/Nijhoff, 952 p.

PECORARO, Alberto (2021) Free Access to and from the Ocean in the Convention on the Legal Status of the Caspian Sea : The Law of the Sea and the Caspian "Body of Water", *ASJIL*, vol. 11, issue 2, p. 281-298.

PEKKANEN, Sadia M., RAVENHILL, John and FOOT, Rosemary, eds (2014) *The Oxford Handbook of the International Relations of Asia*, series : Oxford Handbooks, Oxford, OUP, 816 p.

PELLETIER, Philippe (2023) *Géopolitique du Japon. L'empire insulaire*, coll. : Géopolitiques, Paris, PUF, 251 p.

PELLETIER, Philippe, dir. (2012) *Géopolitique de l'Asie*, 3e édition, Paris, Nathan, 352 p.

PENG, Nian and BING NGEOW, Chow (2022) Managing the South China Sea Dispute : Multilateral and Bilateral Approaches, *ODIL*, vol. 53, issue 1, p. 37-59.

PETINOS, Charalambos (2022) La guerre du gaz en Méditerranée orientale. Les nouveaux pirates du Levant, coll. : Inter-National, Paris, L'Harmattan, 142 p.

PHAN, Hao Duy and NGUYEN, Lan Ngoc (2018) The South China Sea Arbitration : Bindingness, Finality, and Compliance with UNCLOS Dispute Settlement Decisions, *ASJIL*, vol. 8, issue 1, p. 36-50.

PICHEL, Christine (2022) The Unfortunate Wording of Article 121(3) of UNCLOS and Its Interpretation in the 2016 South China Sea Arbitration Award, *APJOLP*, vol. 7, issue 1, p. 53-90.

PINTO, M.C.W. (2015) Asia and Dispute Settlement : The Law of the Sea, p. 755-769, *in* WOLFRUM, Rüdiger, SERŠIĆ, Maja and ŠOŠIĆ, Trpimir, eds, *Contemporary Developments in International Law. Essays in Honour of Budislav Vukas*, Brill/Nijhoff, 952 p.

PLANT, Glen (2002) Maritime Delimitation and Territorial Questions between Qatar and Bahrain (Qatar v. Bahrain), *AJIL*, vol. 96, issue 1, p. 198-210.

POULLADA, S. Peter (2020) *Russian-Turkmen Encounters : The Caspian Frontier before the Great Game*, New York, Bloomsbury Academics, 192 p.

PRATOMO, Eddy and KWIK, Jonathan (2020) Good agreements make good neighbours. Settlements on maritime boundary disputes in South East Asia, *MP*, vol. 117.

PRESCOTT, Victor (2005) Indian Ocean, *in* COLSON, David A. and SMITH, Robert W., eds, *IMB*, vol. 5, Brill/Nijhoff.

QAFISHEH, Mutaz M. (2024). Eastern Mediterranean Maritime Boundary Delimitation : The Claims of the State of Palestine under UNCLOS, *ODIL*, vol. 55, issue 3, p. 379-394.

QI, Huaigao (2020) Delimitation Between China and North Korea in the North Yellow Sea, *ODIL*, vol. 51, issue 4, p. 358-385.

QI, Huaigao (2023) Maritime Delimitation Between China and South Korea in the South Yellow Sea, *ODIL*, vol. 54, issue 1, p. 26-62.

QIU, Wenxian and GULLETT, Warwick (2017) Quantitative analysis for maritime delimitation : Reassessing the Bay of Bengal delimitation between Bangladesh and Myanmar, *MP*, vol. 78, april, p. 45-54.

RAMNATH, Kalyani (2022) Making Maritime Boundaries in the Bay of Bengal, *Law and History Review*, vol. 40, issue 3, p. 561-578.

RAMON, Adrianus Adityo Vito (2018) Completing the Jigsaw : The Recent Development of the Maritime Boundaries in the Timor Sea, *IJIL*, vol. 15, issue 4 : https://doi.org/10.17304/ijil.vol15.4.737.

RAO PEMMARAJU, Sreenivasa (2016) The South China Sea (The Philippines v. China) : Assessment of the Award on Jurisdiction and Admissibility, *CJIL*, vol. 15, p. 265-307.

REBIÈRE, Noémie (2022) Le gaz en Méditerranée orientale, un déterminant dans la géopolitique régionale, *Confluences Méditerranée,* numéro 120, p. 121-133.

REED, John and SOLOMON, Erika (2017) Israel and Lebanon clash over the maritime border amid oil interest, *Financial Times*, 28 mars, reproduit dans *IBRU Boundary news* : https://www.ft.com/content/0250eed4-1082-11e7-b030-768954394623.

REICHEL, Marla C. (1998) Maritime Delimitation and Territorial Questions between Qatar and Bahrain, *Denver Journal of International Law and Policy*, vol. 26, issue 4, p. 725-744.

RHEE, Sang-Myon and MACAULAY, James (1988) Ocean Boundary Issues in East Asia : The Need for Practical Solutions, p. 74-108, *in* JOHNSTON, D.M. and SAUNDERS, P.M., eds (1988) *Ocean Boundary Making* : *Regional Issues and Developments*, London and New York, Croom Helm, 356 p.

ROACH, J. Ashley (2018) Offshore Archipelagos Enclosed by Straight Baselines : An Excessive Claim ?, *ODIL*, vol. 49, issue 2, p. 176-202.

ROACH, J. Ashley and SMITH, Robert W. (2014) Azerbaïdjan-Russia (Report 11-2), p. 4034-4042, *in IMB*, Leiden/Boston, Brill/Nijhoff.

ROACH, J. Ashley and SMITH, Robert W. (2014) Kazakhstan-Russia (Report 11-1), p. 4013-4033, *in IMB*, Leiden/Boston, Brill/Nijhoff.

ROACH, J. Ashley and SMITH, Robert W. (2014) Azerbaïdjan-Kazakhstan (Report 11-3), p. 4042-4055, *in IMB*, Leiden/Boston, Brill/Nijhoff.

ROACH, J. Ashley and SMITH, Robert W. (2014) Azerbaïdjan-Kazakhstan-Russia (Report 11-4), p. 4055-4057, *in IMB*, Leiden/Boston, Brill/Nijhoff.

ROACH, J. Ashley and SMITH, R.W. (2011) Regional Report Caspian Sea, p. 3537-3549, *in* COLSON, David A. and SMITH, Robert W., eds, *in IMB*, vol. 6, Leiden/Boston, Brill/Nijhoff.

ROCHE, Yann et CHERROUK, Raïhan (2024) La mer de Chine méridionale, l'autre versant de la rivalité sino-américaine en Asie, *in* Collectif, *Indo-Pacifique : Région stratégique*, coll. : Rubicon, vol. 7, Paris, Éditions des Équateurs, 192 p.

ROSENNE, Shabtai (1995) The Qatar/Bahrain Case. What is a Treaty? A Framework Agreement and the Seising of the Court, *LJIL*, vol. 8, issue 1, p. 161-182.

ROTHWELL, Donald R. and LETTS, David, eds (2021) *Law of the Sea in South East Asia. Environmental, Navigational and Security Challenges,* Routledge, 306 p.

ROUIAÏ, N. (2024) Philippines : nation pivot de l'espace indo-pacifique ?, p. 4-5, *in Diplomatie*, n° 82.

ROVRI, Sébastien (2021) La négociation de la frontière maritime israélo-libanaise : droit international et intérêts géopolitiques, *RDN*, Hors-Série, p. 96-101.

ROY, Nalanda (2016) The South China Sea Disputes : Past, Present, and Future, Lanham, Lexington Books, 172 p.

SAAB, Yara (2021) Lebanon's Southern Maritime Delimitation Efforts : A Lost Decade, *EMAM*, issue 2, p. 47-52.

SANEI, Faraz (2001) The Caspian Sea Legal Regime, Pipeline Diplomacy, and the Prospects for Iran's Isolation from the Oil and Gaz Frenzy : Reconciling Tehran's Legal Options with its Geopolitical Realities, *VJTL,* vol. 34, issue 3, p. 681-846.

SCHAEFFER, Daniel (2019) Mers de Chine : un droit de la mer souvent en berne, *ADM*, tome 24, p. 273-310.

SCHOFIELD, Clive and FREESTONE, David (2024) The Legal Regime of Islands after the *South China Sea* Award. Orphaned or Influential ? An Essay in Honor of Ted L. McDorman, *ODIL*, vol. 55, issue 4, p. 565-578.

SCHOFIELD, Clive (2014) Defining the 'Boundary' between Land and Sea : Territorial Sea Baselines in the South China Sea, p. 21-54, *in* JAYAKUMAR, S. *et al.*, dir., *The South China Sea Disputes and law of the Sea*, Cheltenham, Edward Elgar, 296 p.

SCHULTHEISS, Christian (2021) « One of the First Matters to be Addressed but Distinct » or « Distinct but Inseparable » ? The Distinction Between Maritime Entitlement and Sea Boundary Delimitation in the Philippines v. China Arbitration, *ASJIL*, vol. 11, issue 1, p. 24-35.

SCOVAZZI, Tullio (2005) Mediterranean/Black Sea, *in* COLSON, David A. and SMITH, Robert W., eds, *IMB*, vol. 5, Brill/Nijhoff.

SCOVAZZI, Tullio (2019) Delimitation of the Maritime Boundary in the Bay of Bengal (Bangladesh/Myanmar), *MPEIL*.

SEO, Youngmin (2022) Regime Creation for the South China Sea Dispute : the Feasibility of the Creation of the South China Sea Council, *APJOLP*, vol. 7, issue 2, p. 169-196.

SERDY, Andrew (2021) Seabed Boundaries in the Northern Bay of Bengal : The Unclear Role of the Commission on the Limits of the Continental Shelf in Paving the Way to Resource Exploitation, *ASJIL*, vol. 11, issue 1, p. 118-145.

SHAHABUDDIN. Mohammad, ed. (2021) *Bangladesh and International Law*, series : Routledge Contemporary South Asia, Abingdon, Oxfordshire/New York, Routledge, 340 p.

SHENG-TI GAU, Michael (2017) The Jurisdictional Rulings of the South China Sea Arbitration : Possible Errors in Fact and in Law, *OYB*, vol. 31, issue 1, p. 197-249.

SIEVERS, E. (2001) The Caspian, regional seas, and the case for a cultural study of law, *GIELR*, vol. 13, issue 2, p. 361-415.

SINGH, Ranjit (2020) *Indonesia-Malaysia dispute concerning sovereignty over Sipadan and Ligitan Islands : historical antecedents and the international Court of Justice judgment*, Singapore, ISEAS, Yusof Ishak Institute, 244 p.

SMITH, Jeffrey (2013) Brunei and Malaysia Resolve Outstanding Maritime Boundary Issues, *ASIL Law of the Sea Reports*, vol. 1 : https://papers.ssrn.com/sol3/papers.cfm?abstract_id=2296908.

SMITH, Robert and ROACH, Ashley (2005) *Caspian*, *in* COLSON, David A. and SMITH, Robert W., eds, *IMB*, vol. 5, Brill/Nijhoff.

SONG, Y. H. and TØNNESSON, S. (2013) The Impact of the Law of the Sea Convention on Conflict and Conflict Management in the South China Sea, *ODIL,* vol. 44, issue 3, p. 235-269.

SUAREZ. Suzette V. (2013) Sovereignty over Pedra Branca/Pulau Batu Puteh, Middle Rocks and South Ledge Case (Malaysia/Singapore), *MPEIL*.

SYMMONS, C. (2020) Historic Waters and Historic Rights in the South China Sea : A Critical Appraisal, *in* WU, S., VALENCIA, M. and NONG, Hong, eds, *UN Convention on the Law of the Sea and the South China Sea*, Routledge, 368 p.

TALMON, Stefan (2022) *The South China Sea Arbitration : Jurisdiction, Admissibility, Procedure*, Brill/Nijhoff, 407 p.

TANAKA, Yoshifumi (2021) *The South China Sea arbitration ; toward an international legal order in the oceans*, Hart Publishing, 312 p.

TASSIN, Virginie, J.M. (2014) La contribution au droit international de l'affaire de délimitation maritime Bangladesh/Inde dans la baie du Bengale, *AFDI*, vol. 40, p. 109-132.

TAVERNIER, Paul (1999) Le statut juridique de la mer Caspienne : mer ou lac ? La pratique des États vue à travers les documents publiés par les Nations Unies, *Actualité et droit international* : http://www.ridi.org/adi/199910a1.htm.

TAYLOR FRAVEL, M. (2014) Territorial and Maritime Boundary Disputes in Asia, p. 524-546, *in* PEKKANEN, Sadia M., RAVENHILL, John and FOOT, Rosemary, eds, *The Oxford Handbook of the International Relations of Asia.*

TERTRAIS, Bruno (2023) L'accumulation des contentieux frontaliers en Indopacifique, *Conflits*, n° 44.

THERME, Clément (2021) L'accord « historique » sur la mer Caspienne, symbole d'un recul iranien ?, *Diplomatie,* avril : https ://www.areion24.news/2021/04/12/laccord-historique-sur-la-mer-caspienne-symbole-dun-recul-iranien/.

THOREZ, Julien (2011) Les nouvelles frontières de l'Asie centrale : États, nations et régions en recomposition, *Cybergeo : Revue européenne de géographie* :
https://doi.org/10.4000/cybergeo.23707.

THOREZ, Julien (2011) Les nouvelles frontières de l'Asie centrale : États, nations et régions en recomposition, *Cyber geo : Revue européenne de géographie* :
https://doi.org/10.4000/cybergeo.23707.

THOUVENIN, Jean-Marc (1995) L'arrêt de la CIJ du 30 juin 1995 rendu dans l'affaire du Timor oriental (Portugal c. Australie), *AFDI*, vol. 41, p. 328-353.

TRÉGLODÉ, Benoît de (2016) Délimitation maritime et coopération sino-vietnamienne dans le golfe du Tonkin (1994-2016), *Perspectives chinoises*, n° 3, p. 33-41.

TRÉGLODÉ, Benoît de et FAU, Nathalie, dir. (2018) *Mers d'Asie du Sud-Est. Coopérations, intégration et sécurité*, Paris, CNRS, 402 p.

TSHIYEMBA, Boniface (2024) *L'analyse géopolitique de la crise du golfe Persique*, coll. : L'Iran en transition, Paris, L'Harmattan, 158 p.

USDS (1994) Iran's Maritime Claims, *LS*, n° 114.

USDS (1998) Straight Baseline and Territorial Sea Claims : Japan, *LS*, n° 120.

USDS (1998) Straight Baselines Claim : Pakistan, *LS*, n° 118.

USDS (2005) Maldives Maritime Claims and Boundaries, *LS*, n° 126.

USDS (2005) Straight Baseline and Territorial Sea Claims : South Korea, *LS*, n° 121.

USDS (2005) Taiwan's Maritime Claims, *LS*, n° 127.

USDS (2005) Thailand Straight Baseline Claims, *LS*, n° 122.

USDS (2014) Indonesia : Archipelagic and other Maritime Claims and Boundaries, *LS*, n° 141.

USDS (2014) Philippines : Archipelagic and other Maritime Claims and Boundaries, *LS*, n° 142.

VALENCIA, M. (1981) Southeast Asian Seas : National Marine Interests, Transnational Issues, and Marine Regionalism, p. 302-354, *in* CHIA, Lin Sien and MACANDREWS, Colin, eds, *Southeast Asian Seas : Frontiers for Development*, McGraw-Hill International Book Co., 375 p.

VARMA, Tara (2023) Politique étrangère de l'Inde : la bascule vers le multi-alignement, *RIS*, n° 130, p. 67-74.

VERLUISE, Pierre, dir. (2018) *Histoire, Géographie et Géopolitique de l'Asie : Les dessous des cartes, enjeux et rapports de force,* Diploweb, 300 p.

VÉRON, Emmanuel (2024) La mer de Chine méridionale au service des ambitions stratégiques et nationalistes de Pékin, *Diplomatie* : https://www.areion24.news/2024/02/12/la-mer-de-chine-meridionale-au-service-des-ambitions-strategiques-et-nationalistes-de-pekin/.

VINOGRADOV, Sergei and WOUTERS, Patricia (1996) The Caspian Sea : Quest for a New Legal Regime, *LJIL*, vol. 9 issue 1, p. 87-98.

VORAPETH, Kham (2022) *L'ASEAN de A à Z : histoire, géopolitique, concepts, personnages,* Paris, L'Harmattan, 419 p.

WECKEL, P. et COUMA, T. (2012) TIDM. Arrêt du 14 mars 2012. Frontière maritime dans le golfe du Bengale (Bangladesh c. Myanmar), *RGDIP*, tome 116, n° 4.

WECKEL, Philippe (2001) Arrêt du 16 mars 2001 (fond). Affaire de la délimitation maritime et des questions territoriales entre Qatar et Bahreïn (Qatar c. Bahreïn), Chronique de jurisprudence internationale, *RGDIP*, tome 105, n° 2.

WECKEL, Philippe (2002) Arrêt du 23 octobre 2001 (Requête des Philippines à fin d'intervention), Affaire relative à la souveraineté sur Pulau Ligitan et Pulau Sipadan (Malaisie/Indonésie). Chronique de jurisprudence internationale, *RGDIP*, tome 106, n° 1.

WECKEL, Philippe (2003) Chronique de jurisprudence internationale, *RGDIP*, tome 107, n° 1.

WECKEL, Philippe (2016) Le détroit de Tiran et l'accord sur la frontière maritime entre l'Égypte et l'Arabie saoudite, *Sentinelle*, bulletin 481 du 26 juin.

WELDEMICHAEL, A.T. *et al.*, eds (2015) *Maritime Terrorism and Piracy in the Indian Ocean Region*, London and New York, Routledge and Taylor & Francis Group, 123 p.

WHOMERSLEY, Chris (2017) The Award on the Merits in the Case Brought by the Philippines against China Relating to the South China Sea : A Critique, *CJIL*, vol. 16, issue 3, p. 387-423.

WILLIAMS Mark S. (2022) *The Politics of the Asia-Pacific : Triumphs, Challenges, and Threats,* Toronto, University of Toronto Press, 380 p.

WIN, K.H. *et al.* (2016) Suppressing Piracy and Armed Robbery against Ships in the Malacca Straits : a Critical Analysis, *The Malayan Law Journal*, p. 65-80.

WOOLLEY, C.R. (2010) Piracy and Sovereign Rights : Addressing Piracy in the Straits of Indonesia and Malaysia, *Santa Clara Journal of International Law*, p. 447-472.

WOON, Walter (2013) Dispute Settlement in ASEAN, *KJICL*, vol. 1, issue 1, p. 92-104.

WU, S. Valencia, M. and Nong Hong, eds (2020) *UN Convention on the Law of the Sea and the South China Sea*, Routledge, 368 p.

YAMAZAKI, Takashi (2024) Contextualizing Borders in East Asia : An Introduction, *Geopolitics,* 02 January : https://doi.org/10.1080/14650045.2023.2276202.

YANAI, S. (2006) La coopération régionale contre la piraterie en Asie, *AFDI*, p. 391-399.

YIALLOURIDES, Constantinos *et al* (2022) Some Observations on the Agreement between Lebanon and Israel on the Delimitation of the Exclusive Economic Zone, *EJIL*, October 26 : https://www.ejiltalk.org/some-observations-on-the-agreement-between-lebanon-and-Israel-on-the-delimitation-of-the-exclusive-economic-zone/.

YORGASON, Ethan (2017) Eastern Asia's revitalization of the state ideal through maritime territorial disputes, *PG*, vol. 61, p. 203-214.

YUVAL, Shany (2023) International Law of the Sea Meets Israeli Constitutional Law : The New Israeli-Lebanese Maritime Border Agreement, *Lawfare* :
https://www.lawfaremedia.org/article/international-law-sea-meets-Israeli-constitutional-law-new-Israeli-lebanese-maritime-border.

ZAREI, Sedigheh (2021) *Identifying the Applicable Law and Approach toward the Caspian Sea Delimitation,* World Maritime University, Malmo, Sweden, 78 p.

ZAREI, Sedigheh (2022) What are the Applicable Norms and Principles of International Law Delimitation of the Caspian Sea?, *Law and World,* vol. 8, issue 1, p. 35-52 :
https://doi.org/10.36475/8.1.3.

ZASOVA, S. (2012) Les sociétés militaires et de sécurité privées embarquées et la lutte contre la piraterie maritime : développements récents, *ADM*, tome 17, p. 61-82.

ZHANG, X. (2013) The ITLOS Judgment in the Bay of Bengal Case Between Bangladesh and Myanmar, *CJIL*, vol. 12, issue 3, p. 255-280.

ZHAO, Wei (2013) Resolving Maritime Delimitation Disputes by Agreement : Practices of States Bordering the South China Sea and Their Implication for China, *COLR*, issue 1, p. 156-181.

ZHU, F. and LI, L. (2021) China's South China Sea policies, p. 167-183, *in* ZOU, Keyuan, dir., *Routledge Handbook of the South China Sea*, London, Routledge, 540 p.

ZIMNITSKAYA, H. and VON GELDERN, J. (2011) Is the Caspian Sea a sea and why does it matter, *Journal of Eurasian Studies*, vol. 2, p. 1-14.

ZOU, Keyuan (2001) Historic Rights in International Law and in China's Practice, *ODIL*, vol. 32, issue 2, p. 149-168.

ZOU, Keyuan and LIU, Xinchang (2015) The Legal Status of the U-shaped Line in the South China Sea and Its Legal Implications for Sovereignty, Sovereign Rights and Maritime Jurisdiction, *CJIL*, vol. 14, issue 1, p. 57-77.

ZOU, Keyuan (2017) La coopération et les différends maritimes en Asie orientale. Développements récents et prospectives, p. 43-63, *in* MOTTET, Éric *et al.*, dir., *Géopolitique de la mer de Chine méridionale. Eaux troubles en Asie du Sud-Est*, coll. : Asies contemporaines, Québec, PUQ, 182 p.

ZOU, Keyuan, dir. (2021) *Routledge Handbook of the South China Sea*, London, Routledge, 540 p.

TEXTES INTERNATIONAUX BILATÉRAUX ET TRILATÉRAUX

Accords

Abu Dhabi/Qatar (20 mars 1969) Agreement between Qatar and Abu Dhabi on the settlement of maritime boundaries and ownership of islands. MSMZMD.

Allemagne (République fédérale d')/Danemark (28 janvier 1971) Treaty between the Kingdom of Denmark and the Federal Republic of Germany concerning the Delimitation of the Continental Shelf under the North Sea. *Idem*.

Allemagne (République fédérale d')/Pays-Bas (28 janvier 1971) Treaty between the Kingdom of the Netherlands and the Federal Republic of Germany concerning the Delimitation of the Continental Shelf under the North Sea. *Idem*.

Azerbaijan/Kazakhstan (29 novembre 2001) Agreement between the Republic of Kazakhstan and the Republic of Azerbaijan on Delimitation of the Seabed of the Caspian Sea between the Republic of Kazakhstan and the Republic of Azerbaijan. Colson, D. and Smith, R., eds (2005) *IMB*, vol. 5, p. 4048-4050.

Azerbaïdjan/Kazakhstan/Russie (14 mai 2003) Agreement between the Russian Federation, the Republic of Azerbaijan and the Republic of Kazakhstan Concerning the Trijunction Point of the Delimitation of Adjacent Sectors of the Caspian Seabed. *Idem*, p. 4055-4056.

Azerbaïdjan/Russie (23 septembre 2002) Agreement between the Russian Federation and the Republic of Azerbaijan on the Delimitation of Adjacent Areas on the Caspian Seabed. *Idem*, p. 4039-4041.

Arabie Saoudite/Bahreïn (22 février 1958) Bahrain-Saudi Arabia boundary agreement. *LS* n° 12, p. 1-5.

Arabie saoudite/Émirats arabes unis (21 août 1974) Accord entre le Royaume d'Arabie Saoudite et les Émirats arabes unis relatif à la délimitation des frontières. *RTNU*, vol. 1733.

Arabie Saoudite/Égypte (8 avril 2016) Accord de délimitation maritime entre le Royaume d'Arabie Saoudite et la République arabe égyptienne. *RTNU*, n° 54577.

Arabie saoudite/Iran (24 octobre 1968) Agreement concerning the sovereignty over the islands of Al-Arabiyah and Farsi and the delimitation of the boundary line separating submarine areas between the Kingdom of Saudi Arabia and Iran. MSMZMD.

Arabie saoudite/Jordanie (16 décembre 2007) Accord de délimitation des frontières maritimes dans le golfe d'Aqaba entre le Royaume d'Arabie saoudite et le Royaume hachémite de Jordanie. *RTNU*, vol. 2710.

Arabie saoudite/Koweït (24 décembre 2019) Accord complémentaire de l'accord concernant le partage de la zone neutre et de l'accord relatif à la zone immergée contiguë à la zone partagée entre l'État du Koweït et le Royaume d'Arabie saoudite. *RTNU*, traité n° I-56210.

Arabie saoudite/Koweït (24 décembre 2019) Mémorandum d'accord entre le gouvernement de l'État du Koweït et le gouvernement du Royaume d'Arabie saoudite : *RTNU*, traité n° I-56210.

Arabie saoudite/Koweït (2 juillet 2000) Agreement between the Kingdom of Saudi Arabia and the State of Kuwait concerning the submerged area adjacent to the divided zone. MSMZMD.

Arabie saoudite/Qatar (4 décembre 1965) Agreement on the Delimitation of the Offshore and Land Boundaries between the Kingdom of Saudi Arabia and Qatar. *Idem.*

Arabie saoudite/Qatar (5 juillet 2008) Procès-verbal conjoint du 5 juillet 2008 sur les frontières terrestres et maritimes, complétant l'Accord du 4 décembre 2005 entre l'État du Qatar et le Royaume d'Arabie saoudite sur la délimitation des frontières maritimes et terrestres. Nations Unies (1983-) *BDM*, n° 70, p. 48-53.

Arabie saoudite/Soudan (16 mars 1974) Accord entre le gouvernement de la République démocratique du Soudan et le gouvernement du Royaume d'Arabie Saoudite relatif à l'exploitation conjointe de ressources naturelles du fond et du sous-sol de la mer Rouge dans la zone commune. *RTNU*, vol. 952,1.

Australie/Indonésie (11 décembre 1989) Treaty between Australia and the Republic of Indonesia on the zone of Cooperation in an Area between the Indonesia Province of East Timor and Northtern Australia. *ILM*, vol. 29, n° 3.

Australie/Indonésie (12 février 1973) Agreement between Indonesia and Australia Concerning Certain Boundaries between Indonesia and Papua New Guinea. USDS (1979) *LS*, n° 87, annex 3.

Australie/Indonésie (14 mars 1997) Traité entre le Gouvernement australien et le Gouvernement de la République d'Indonésie établissant la limite de la zone économique exclusive et certaines autres lignes de délimitation des fonds marins. Nations Unies (1997) *BDM*, n° 35.

Australie/Indonésie (18 mai 1971) Accord entre le Gouvernement du Commonwealth d'Australie et le Gouvernement de la République d'Indonésie établissant certaines lignes délimitant les fonds marins. Nations Unies (1989) *Le droit de la mer. ADFM (1970-1984)*, p. 266-270.

Australie/Indonésie (9 octobre 1972) Accord entre le Gouvernement du Commonwealth d'Australie et le Gouvernement de la République d'Indonésie instituant certaines lignes délimitant les fonds marins dans la zone des mers de Timor et d'Arafura, complétant l'accord du 18 mai 1971. *Idem*, p. 271-274.

Australie/Timor oriental (20 mai 2002) Agreement between the Government of Australia and the Government of the Republic of Timor-Leste relating to the Unitization of the Sunrise and Troubadour fields. MSMZMD.

Australie/Timor oriental (6 mars 2003) Agreement between the Government of Australia and the Government of the Democratic Republic of Timor-Leste relating to the Unitization of the Sunrise and Troubadour fields. *Idem*.

Australie/Timor oriental (30 août 2017) Comprehensive Package Agreement. https ://pcacases.com/web/sendAttach/2349.

Bahreïn/Iran (17 juin 1971) Agreement concerning Delimitation of the Continental Shelf between Iran and Bahrain. MSMZMD.

Bélarus/Russie/Ukraine (8 décembre 1991) Agreement Establishing the Commonwealth of Independent States (Accord de Minsk). U.N. Document A/46/771 of December 13, 1991. Disponible aussi dans *ILM* (1992) vol. 31 , issue 1, p. 138-154.

Birmanie/Inde (23 décembre 1986) Accord entre la République socialiste de Birmanie et la République indienne sur la délimitation de la frontière maritime dans la mer d'Andaman, dans le détroit de Coco et dans le golfe du Bengale. Nations Unies (1990) *Évolution récente de la pratique des États*, n° 2, p. 203-205.

Birmanie/Thaïlande (25 juillet 1980) Accord entre le Gouvernement du Royaume de Thaïlande et le Gouvernement de la République socialiste de l'Union birmane sur la délimitation de la frontière maritime entre les deux pays dans la mer d'Andaman. Nations Unies (1989) p. 208-210.

Chine/Viet Nam (25 décembre 2000) Agreement on Fishery Co-operation in the Tonkin Gulf between the Government of the People's Republic of China and the Government of the Socialist Republic of Vietnam. FAO : https://faolex.fao.org/docs/pdf/bi-51872.pdf.

Chine/Viet Nam (11 octobre 2011) Accord sur les principes de base applicables au règlement des questions maritimes entre la République socialiste du Viet Nam et la République populaire de Chine. Nations Unies (2012) *RTNU*, vol. 2834.

Chine/Viet Nam (19 octobre 1993) Accord sur les principes de base applicables au règlement des questions frontalières et territoriales entre la République socialiste du Viet Nam et la République populaire de Chine. *Idem*, vol. 2834.

Chine/Viet Nam (25 décembre 2000) Accord entre la République Populaire de Chine et la République Socialiste du Viet Nam relatif à la délimitation des mers territoriales, des zones économiques exclusives et des plateaux continentaux des deux pays dans le golfe Beibu/golfe Bac Bo. *Idem*, vol. 2336.

Chypre/Égypte (17 février 2003) Agreement between the Republic of Cyprus and the Arab Republic of Egypt on the Delimitation of the Exclusive Economic Zone. MSMZMD.

Chypre/Israël (17 décembre 2010) Agreement between the Government of the State of Israel and the Government of the Republic of Cyprus on the Delimitation of the Exclusive Economic Zone. *RTNU*, vol. 2740.

Corée du Nord/Russie (17 avril 1985) Agreement between the Union of the Soviet Socialist Republics and the Democratic People's Republic of Korea on the Delimitation of the Soviet-Korean National Border. MSMZMD.

Corée du Nord/Russie (22 janvier 1986) Agreement between the Union of Soviet Socialist Republics and the Democratic People's Republic of Korea on the Delimitation of the Economic Zone and the Continental Shelf. *Idem.*

Corée du Nord/Russie (3 septembre 1990) Agreement between the Government of the Union of Soviet Socialist Republics and the Government of the Democratic People's Republic of Korea concerning the Regime of the Soviet-Korean State Frontier. *Idem.*

Corée du Sud/Japon (30 janvier 1974) Accord entre le Japon et la République de Corée relatif à l'établissement de la ligne de délimitation dans la partie septentrionale du plateau continental adjacent aux deux pays. Nations Unies (1987) *Les accords de délimitation des frontières maritimes (1970-1984)*, p. 285-288.

Corée du Sud/Japon (30 janvier 1974) Agreement between Japan and the Republic of Korea concerning Joint Development of the Southern Part of the Continental shelf Adjacent to the Two Countries. USDS (1977) *LS*, n° 75, p. 1-33.

Cuba/États-Unis (16 et 23 février 1903) Accord entre les États-Unis d'Amérique et la République de Cuba pour la location [lease] par les États-Unis de terres à Cuba afin d'y établir des bases navales et charbonnières. https://mjp.univ-perp.fr/constit/cu1903go.htm.

Dubaï/Iran (31 août 1974) Offshore Boundary Agreement between Iran and Dubai. *LS*, issue 63, p. 1-4.

Émirats arabes unis/France (26 mai 2009) Accord entre le Gouvernement de la République française et le Gouvernement des Émirats arabes unis relatif à la coopération en matière de défense. https://www.legifrance.gouv.fr/jorf/id/JORFTEXT000025705803.

Émirats arabes unis/Oman (22 juin 2002) Accord de frontière entre le Sultanat d'Oman et les Émirats arabes unis relatif aux secteurs limitrophes de l'est d'Uqaidat au Darah. *RTNU*, vol. 2350.

Émirats arabes unis/Qatar (30 mars 1969) Agreement between Qatar and Abu Dhabi on the settlement of maritime boundaries and ownership of islands. MSMZMD.

Érythrée/Yémen (21 mai 1996) Agreement on Principles. https://pca-cpa.org/fr/cases/81/.

Estonie/Russie (18 mai 2005) Agreement between the Russian Federation and the Republic of Estonia regarding the delimitation of sea area in the Gulf of Narva and in the Gulf of Finland. FAOLEX Database : https://faolex.fao.org/docs/pdf/bi-84497.pdf.

États-Unis/Russie (1er juin 1990) Agreement between the United States of America and the Union of Soviet Socialist Republics on the maritime boundary. MSMZMD.

Finlande/URSS (20 mai 1965) Agreement between the Government of the Republic of Finland and the Government of the Union of Soviet Socialist Republics concerning the boundaries of sea areas and of the continental shelf in the Gulf of Finland. *Idem.*

Finlande/URSS (5 mai 1967) Agreement between the Government of the Republic of Finland and the Government of the Union of Soviet Socialist Republics concerning the boundary of the continental shelf between Finland and the Soviet Union in the north-eastern part of the Baltic Sea. *Idem.*

Finlande/URSS (25 février 1980) Agreement between the Government of the Republic of Finland and the Government of the Union of Soviet Socialist Republics regarding the Delimitation of the Areas of Finnish and Soviet Jurisdiction in the Field of Fishing in the Gulf of Finland and the North-Eastern Part of the Baltic Sea. *Idem.*

Finlande/URSS (5 février 1985) Agreement between the Government of the Republic of Finland and the Government of the Union of Soviet Socialist Republics regarding the delimitation of the economic zone, the fishing zone and the continental shelf in the gulf of Finland and in the North-Eastern part of the Baltic Sea. *Idem.*

France/Grande-Bretagne (8 avril 1904) Accord franco-britannique du 8 avril 1904. https://mjp.univ-perp.fr/traites/1904entente.htm.

Inde/Indonésie (14 janvier 1977) Accord entre le Gouvernement de la République de l'Inde et le Gouvernement de la République d'Indonésie relatif au prolongement de la délimitation convenue en 1974 du plateau continental dans la mer d'Andaman et l'océan Indien. Nations Unies (1989) p. 235-236.

Inde/Indonésie (8 août 1974) Accord entre le Gouvernement de la République de l'Inde et le Gouvernement de la République d'Indonésie relatif à la délimitation du plateau continental entre les deux pays. *Idem*, p. 232-233.

Inde/Indonésie/Thaïlande (22 juin 1978) Agreement between the Government of the Kingdom of Thailand, the Government of the Republic of India and the Government of the Republic of Indonesia concerning the Determination of the Trijunction Point and the Delimitation of the Related Boundaries of the three Countries in the Andaman Sea. MSMZMD.

Inde/Maldives (28 décembre 1976) Agreement between India and Maldives on Maritime Boundary in the Arabia Sea and Related Matters. USDS (1978) *LS*, n° 78, p. 1-15.

Inde/Maldives/Sri Lanka (23, 24 et 31 juillet 1976) Accord entre le Sri Lanka, l'Inde et les Maldives relatif à la détermination du point de jonction des limites maritimes des trois pays dans le golfe de Mannar. Nations Unies (1989) *Le droit de la mer. ADFM (1970-1984),* p. 230-231.

Inde/Myanmar/Thaïlande (27 octobre 1993) Agreement between the Government of the Union of Myanmar, the Government of the Republic of India and the Government of the Kingdom of Thailand on the determination of the trijunction point between the three countries in the Andaman Sea. MSMZMD.

Indonésie/Papouasie-Nouvelle-Guinée (13 décembre 1980) Agreement between the Government of Indonesia and the Government of Papua New Guinea Concerning the Maritime Boundary between the Republic of Indonesia and Papua New Guinea and Cooperation on related Matters. *Idem.*

Inde/Sri Lanka (22 novembre 1976) Accord supplémentaire entre le Sri Lanka et l'Inde sur l'extension des limites maritimes entre les deux pays dans le golfe de Mannar de la position 13 m au point de jonction des limites maritimes entre le Sri Lanka, l'Inde et les Maldives (point T). Nations Unies (1989) *Le droit de la mer. ADFM (1970-1984),* p. 224.

Inde/Sri Lanka (23 mars 1976) Accord entre le Sri Lanka et l'Inde relatif à la détermination des limites maritimes entre les deux pays dans le golfe de Mannar et le golfe du Bengale et aux questions connexes. *Idem,* p. 222-223.

Inde/Sri Lanka (26 et 28 juin 1974) Accord entre le Sri Lanka et l'Inde relatif à la détermination des limites dans les eaux historiques entre les deux pays et aux questions connexes. *Idem*, p. 227-228.

Inde/Thaïlande (22 juin 1978) Accord entre le Gouvernement de la République de l'Inde et le Gouvernement du Royaume de Thaïlande relatif à la délimitation des fonds marins entre les deux pays dans la mer d'Andaman. *Idem*, p. 211-213.

Indonésie/Malaisie (27 octobre 1969) Agreement between the Government of Malaysia and the Government of Indonesia on the delimitation of the continental shelves between the two countries. MSMZMD.

Indonésie/Malaisie/Thaïlande (21 décembre 1971) Agreement between the Government of the Republic of Indonesia, The Government of Malaysia and the Government of the Kingdom of Thailand Relating to the Delimitation of the Continental Shelf Boundaries in the Northern Part of the Strait of Malacca. *LS,* n° 81, p. 1-6.

Indonésie/Papouasie/Nouvelle-Guinée (13 décembre 1980) Agreement between the Government of Indonesia and the Government of Papua New Guinea Concerning the Maritime Boundary between the Republic of Indonesia and Papua New Guinea and Cooperation on related Matters. MSMZMD.

Indonésie/Philippines (23 mai 2014) Agreement between the Republic of the Philippines and the Republic of Indonesia Concerning the Delimitation of the Exclusive Economic Zone Boundary. *RTNU*, vol. 3324.

Indonésie/Thaïlande (17 décembre 1971) Agreement between the Government of the Kingdom of Thailand and the Government of the Republic of Indonesia relating to the Delimitation of a Continental Shelf Boundary between the two Countries in the Northern Part of the Straits of Malacca and in the Andaman Sea. MSMZMD.

Indonésie/Thaïlande (11 décembre 1975) Agreement between the Government of the Kingdom of Thailand and the Government of the Republic of Indonesia relating to the Delimitation of the Seabed Boundary between the two Countries in the Andaman Sea. *Idem.*

Indonésie/Thaïlande (22 juin 1978) Accord entre le Gouvernement du Royaume de Thaïlande et le Gouvernement de la République d'Indonésie relatif à la délimitation de la frontière entre les deux pays dans le fond marin de l'archipel des Andaman. Nations Unies (1989) p. 203-205.

Indonésie/Viet Nam (26 juin 2003) Accord entre le Gouvernement de la République socialiste du Viet Nam et le Gouvernement de la République d'Indonésie relatif à la délimitation de la frontière du plateau continental. *RTNU*, n° 44165.

Iraq/Koweït (29 avril 2012) Accord entre le Gouvernement de l'État du Koweït et le Gouvernement de la République d'Iraq sur la réglementation de la navigation maritime dans la zone de Khor Abdullah. *RTNU*, vol. 2968.

Iran/Oman (25 juillet 1974) Agreement concerning Delimitation of the Continental Shelf between Iran and Oman. MSMZMD.

Iran/Oman (26 mai 2015) Agreement on the delimitation of the maritime boundary in the Sea of Oman between the Sultanate of Oman and the Islamic Republic of Iran. *RTNU*, vol. 3165.

Iran/Qatar (20 septembre 1969) Agreement concerning the boundary line dividing the continental shelf between Iran and Qatar. MSMZMD.

Israël/Jordanie (18 janvier 1996) Maritime Boundary Agreement Between the Government of the State of Israel and the Government of the Hashemite Kingdom of Jordan. *Idem.*

Israël/Liban (18 octobre 2022) Échange de lettres constituant un accord maritime entre l'État d'Israël et la République libanaise. *Idem.*

Kazakhstan/Russie (6 juillet 1998) Agreement between the Republic of Kazakhstan and the Russian federation on Demarcation of the Seabed in the Northern Caspian Sea for the Purpose of Exercising Sovereign Rights to the Use of Subsoil Resources. Colson, David A. and Smith, Robert W., eds (2005) *IMB*, vol. 5, p. 4022-4025.

Kazakhstan/Turkménistan (2 décembre 2014) Agreement between the Republic of Kazakhstan and Turkmenistan on Delimitation of the Seabed of the Caspian Sea between the Republic of Kazakhstan and Turkmenistan. The Ministry of Foreign Affairs, Republic of Kazakhstan.

Malaisie/Singapour (7 août 1995) Agreement between the Government of Malaysia and the Government of the Republic of Singapore to Delimit Precisely the Territorial Waters Boundary in Accordance with the Straits Settlements and Johore Territorial Waters Agreement,1927. MSMZMD.

Malaisie/Singapour (19 octobre 1927) Agreement concluded between His Majesty and the Sultan of the State and Territory of Johore.

https://sso.agc.gov.sg/Act/SSJTWAA1928?WholeDoc=1.

Norvège/URSS (15 février 1957) Agreement between the Royal Norwegian Government and the Government of the Union of Soviet Socialist Republics concerning the sea frontier between Norway and the USSR in the Varangerfjord. MSMZMD.

Norvège/Russie (11 juillet 2007) Agreement between the Russian Federation and the Kingdom of Norway on the Maritime Delimitation in the Varangerfjord area. *Idem.*

Oman/Pakistan (12 juin 2000) Muscat Agreement on the Delimitation of the Maritime Boundary between the Sultanate of Oman and the Islamic Republic of Pakistan. *Idem.*

Oman/Yémen (14 décembre 2003) Accord relatif à la délimitation de la frontière maritime entre le sultanat d'Oman et la République du Yémen. *RTNU* vol. 2309.

Oman/Yémen (1er octobre 1992) International boundary agreement between the Sultanate of Oman and the Republic of Yemen. MSMZMD.

Oman/Yémen (26 mai 2015) Accord relatif à la délimitation de la frontière maritime entre le sultanat d'Oman et la République du Yémen, *RTNU*, vol. 3165.

Pologne/URSS (17 juillet 1985) Agreement between the Polish People's Republic and the Union of Soviet Socialist Republics on delimitation of the territorial sea (territorial waters), the economic zone, the maritime fishing zone and the continental shelf in the Baltic Sea. MSMZMD.

Suède/URSS (13 janvier 1988) Agreement on Principles for the Delimitation of the Sea Areas in the Baltic Sea between the Kingdom of Sweden and the Union of Soviet Socialist Republics. *Idem.*

Suède/URSS (18 avril 1988) Agreement between the Government of the Kingdom of Sweden and the Government of the Union of Soviet Socialist Republics concerning the delimitation of the continental shelf and of the Swedish fishing zone and the Soviet economic zone in the Baltic Sea. *Idem.*

Thaïlande/Viet Nam (6 août 1997) Accord du 9 août 1997 entre le Gouvernement du Royaume de Thaïlande et le Gouvernement de la République socialiste du Viet Nam sur la délimitation de la frontière maritime entre les deux pays dans le golfe de Thaïlande. Nations Unies (1999) *BDM*, n° 39, p. 27-29.

Timor oriental/Australie (6 mars 2003) Agreement between the Government of Australia and the Government of the Democratic Republic of Timor-Leste relating to the Unitization of the Sunrise and Troubadour fields. MSMZMD.

Turquie/URSS (23 juin 1978) Agreement between the Government of the Republic of Turkey and the Government of the Union of Soviet Socialist Republics concerning the Delimitation of the Continental Shelf Between the Republic of Turkey and the Union of Soviet Socialist Republics in the Black Sea. *Idem.*

Conventions

États-Unis/Panama (18 novembre 1903) Convention for the Construction of a Ship Canal. Yale Law School.
https://avalon.law.yale.edu/20th_century/pan001.asp.

Grande-Bretagne/Russie (31 août 1907) Convention Between Great Britain and Russia. https://www.tibetjustice.org/materials/treaties/treaties12.html.

Chine/Royaume-Uni (9 juin 1898) Convention Between the United Kingdom and China respecting an Extension of Hong Kong Territory.
https://web.archive.org/web/20140308194043/http://ebook.lib.hku.hk/HKG/B36227845.pdf.

Chine/Russie (27 mars 1898) Convention between Russia and China for Lease to Russia of Port Arthur, Talienwan, and the Adjacent Waters. *AJIL* (1910) vol. 4, issue S4, p. 295-296.

Japon/Philippines (4 juillet 2024) Agreement between Japan and the Republic of the Philippines Concerning the Facilitation of Reciprocal Access and Cooperation between the Self-Defense Forces of Japan and the Armed Forces of the Philippines : https://www.mofa.go.jp/files/100694772.pdf.

Déclaration

France/Royaume-Uni (15 janvier 1896) Déclaration conjointe des gouvernements de France et du Royaume-Uni.
https://bibliotheque-numerique.diplomatie.gouv.fr/ark:/12148/bpt6k5810134b.texteImage.

Échanges de données et de notes

Australie/Timor oriental (20 mai 2002) Exchange of notes constituting an Agreement between the Government of Australia and the Government of the Republic of Timor-Leste concerning Arrangements for Exploration and Exploitation in an Area of the Timor Sea between Australia and East Timor. MSMZMD.

Chypre/Royaume-Uni (16 août 1960) Exchange of notes (with Declaration) between the United Kingdom of Great Britain and Northern Ireland and Cyprus concerning the administration of the Sovereign Base Areas referred to in Article 1 of the above-mentioned Treaty ; Exchange of notes between the United Kingdom of Great Britain and Northern Ireland and Cyprus concerning the future of the Sovereign Base Areas referred to in article 1 of the above-mentioned Treaty. *Idem.*

Géorgie/Turquie (23 décembre 1986-6 février 1987) Exchange of Notes constituting an Agreement on the Delimitation of the USSR and Turkey Economic Zone in the Black Sea. *Idem.*

Turquie/URSS (23 décembre 1986, 6 février 1987) Exchange of Notes constituting an Agreement on the Delimitation of the USSR and Turkey Economic Zone in the Black Sea. *Idem.*

Mémorandums

Australie/Indonésie (29 octobre 1981) Memorandum of Understanding between the Government of the Republic of Indonesia and the Government of Australia Concerning the Implementation of a Provisional Fisheries Surveillance and Enforcement Arrangement. Charney, J.I. and Alexander, L.M., eds (1993) *International Maritime Boundaries*, vol. 2, p. 1238-1243.

Australie/Timor oriental (20 mai 2002) Memorandum of Understanding between the Government of the Democratic Republic of East Timor and the Government of Australia concerning an International Unitization Agreement for the Greater Sunrise field. MSMZMD.

Indonésie/Malaisie (8 juin 2023) Memorandum of Understanding Between the Government of Malaysia and the Government of the Republic of Indonesia in Respect of the Common Guidelines Concerning Treatment of Fisherman by Maritime Law Enforcement Agencies of Malaysia and the Republic of Indonesia. *De Maribus : https://demaribus.net/.*

Libye/Turquie (27 novembre 2019) Mémorandum d'accord entre le Gouvernement de la République turque et le Gouvernement d'entente nationale de Libye sur la délimitation des zones de juridiction maritime en Méditerranée. Nations Unies (2022) *BDM,* n° 104, p. 17-20.

Malaisie/Thaïlande (24 octobre 1979) Memorandum of Understanding between the Kingdom of Thailand and Malaysia on the delimitation of the continental shelf boundary between the two countries in the Gulf of Thailand. MSMZMD.

Minutes

Arabie saoudite/Qatar (5 juillet 2008) Joint Minutes on the land and maritime boundaries to the Agreement of 4 December 1965 between the State of Qatar and the Kingdom of Saudi Arabia on the delimitation of the offshore and land boundaries. *RTNU*, vol. 2575.

Protocoles

Azerbaïdjan/ Kazakhstan (27 février 2003) Protocol to the Agreement between the Republic of Kazakhstan and the Azerbaijani Republic on Delimitation of the Caspian Seabed. Colson, D. and Smith, R., eds (2005) *IMB*, vol. 5, p. 4051-4054.

Géorgie/Turquie (17 avril 1973) Protocol between the Government of the Republic of Turkey and the Government of the Union of Soviet Socialist

Republics concerning the establishment of the Maritime Boundary between the Soviet and Turkish Territorial Waters in the Black Sea. MSMZMD.

Géorgie/Turquie (11 septembre 1980) Protocols and other relevant documents between the Government of the Republic of Turkey and the Government of the Union of Soviet Socialist Republics concerning the demarcation of the Maritime Boundary. *Idem.*

Géorgie/Turquie (14 juillet 1997) Protocol between the Government of the Republic of Turkey and the Government of Georgia on the Confirmation of the Maritime Boundaries between them in the Black Sea. *Idem.*

Kazakhstan/Russie (13 mai 2002) Protocol to the Agreement between the Republic of Kazakhstan and the Russian Federation on Demarcation of the Seabed in the Northern Caspian Sea for the Purpose of Exercising Sovereign Rights to the Use of Subsoil Resources. Colson, D. and Smith, R., eds (2005) *IMB*, vol. 5, p. 4026-4031.

Norvège/URSS (29 novembre 1957) Descriptive Protocol relating to the sea frontier between Norway and the Union of Soviet Socialist Republics in the Varangerfjord. MSMZMD.

Pologne/URSS (18 mars 1958) Protocol between the Government of the Polish People's Republic and the Government of the Union of Soviet Socialist Republic's concerning the Delimitation of Polish and Soviet Territorial Waters in the Gulf of Gdansk of the Baltic Sea. *Idem.*

Traités

Arabie Saoudite/Yémen (12 juin 2000) International Border Treaty between the Republic of Yemen and the Kingdom of Saudi Arabia. MSMZMD.

Australie/Indonésie (14 mars 1997) Traité entre le Gouvernement australien et le Gouvernement de la République d'Indonésie établissant la limite de la zone économique exclusive et certaines autres lignes de délimitation des fonds marins. Nations Unies (1997) *BDM,* n° 35, p. 112-128.

Australie/Indonésie (11 décembre 1989) Treaty between Australia and the Republic of Indonesia on the Zone of Cooperation in an Area between the Indonesia Province of East Timor and Northern Australia. *ILM*, vol. 29, n° 3, p. 419-ss.

Australie/Papouasie-Nouvelle-Guinée) Treaty between Australia and the Independent State of Papua New Guinea concerning sovereignty and maritime boundaries in the area between the two countries, including the area known as Torres Strait, and related matters. MSMZMD.

Australie/Timor oriental (6 mars 2018) Treaty between Australia and the Democratic Republic of Timor-Leste Establishing their Maritime Boundaries in the Timor Sea. Parliament of Australia :

https://www.aph.gov.au/Parliamentary_Business/Committees/Joint/Treaties/PeruFTA/Report_180/section?id=committees%2Freportjnt%2F024178%2F26096.

Australie/Timor oriental (12 janvier 2006) Treaty between Australia and the Democratic Republic of Timor-Leste on certain maritime arrangements in the Timor Sea. *RTNU*, vol. 2483.

Australie/Timor oriental (20 mai 2002) Timor Sea Treaty between the Government of East Timor and the Government of Australia. *Idem*, vol. 2258.

Bosnie-Herzégovine/Croatie (30 juillet 1999) Treaty on the State Border between the Republic of Croatia and Bosnia and Herzegovina. MSMZMD.

Chine/Portugal (1er décembre 1887).
https://history.state.gov/historicaldocuments/frus1888p1/d216.

Chine/Viet Nam (30 décembre 1999) The Vietnam-China Land Border Treaty. https://vietnamembassy-usa.org/news/2001/03/vietnam-china-continues-border-demarcation-process.

Cuba/ÉtatsUnis (29 mai 1934) Treaty of Relation Between Cuba and the United States. Library of Congress : https://www.loc.gov/item/2021667895/.

Érythrée/Yémen (16 Octobre 1998) Treaty Establishing the Joint Yemeni-Eritrean Committee for Bilateral Cooperation between the Government of the Republic of Yemen and the Government of the State of Eritrea. MSMZMD.

États-Unis/France (30 avril 1803) Traité d'achat de la Louisiane.
https://www.axl.cefan.ulaval.ca/amnord/louisianetxt.htm.

États-Unis/Russie (30 mars 1867) Treaty concerning the Cession of the Russian Possessions in North America by his Majesty the Emperor of all the Russias to the United States of America.
https://www.govinfo.gov/content/pkg/STATUTE-15/pdf/STATUTE-15-Pg539.pdf.

Grèce/Royaume-Uni/Turquie (16 août 1960) Treaty between the United Kingdom of Great Britain and Northern Ireland, the Hellenic Republic, the Republic of Turkey and the Republic of Cyprus concerning the Establishment of the Republic of Cyprus, *UNTS*, vol. 382.

Indonésie/Malaisie (8 juin 2023) Treaty between Malaysia and the Republic of Indonesia Relating to the Delimitation of the Territorial Seas of the Two Countries in the Southernmost Part of the Straits of Melaka. De Maribus : https://demaribus.net/.

Indonésie/Malaisie (8 juin 2023) Treaty between Malaysia and the Republic of Indonesia Relating to the Delimitation of the Territorial Seas of the Two Countries in the Sulawesi Sea. *Idem.*

Indonésie/Malaisie (17 mars 1970) Treaty between the Republic of Indonesia and Malaysia Relating to the delimitation of the Territorial Seas of the Two Countries in the Strait of Malacca. *LS*, n° 50, p. 2-4.

Indonésie/Malaisie (27 octobre 1969) Continental Shelf Boundary : Indonesia/Malaysia. *LS*, n° 1, p. 2-7.

Indonésie/Singapour (10 mars 2009) Traité entre la République d'Indonésie et la République de Singapour relatif à la délimitation des mers territoriales des deux pays dans la partie ouest du détroit de Singapour. *RTNU*, vol. 2713.

Indonésie/Singapour (25 mai 1973) Traité entre la République de Singapour et la République d'Indonésie relatif à la délimitation des mers territoriales des deux pays dans le détroit de Singapour : Nations Unies 2008) *BDM*, n° 68, p. 20-21.

Indonésie/Singapour (3 septembre 2014) Traité entre la République de Singapour et la République d'Indonésie relatif à la délimitation de la mer territoriale des deux pays dans la partie orientale du détroit de Singapour. *RTNU*, n° 54672.

Iran (Perse)/URSS (26 février 1921) Treaty of Friendship between Persia and the Russian Socialist Federal Soviet Republic. *RTNU*, vol. 9.

Iran/URSS (27 août 1935) Treaty of Establishment, Commerce and Navigation between Iran and the Union of Soviet Socialist Republics. *Idem*, vol. 176.

Israël/Jordanie (26 octobre 1994) Treaty of Peace Between the Hashemite Kingdom of Jordan and The State of Israel.

http://www.kinghussein.gov.jo/peacetreaty.html.

Kazakhstan/Russie (18 janvier 2005) Treaty between the Republic of Kazakhstan and the Russian Federation on the Kazakh-Russian border. Delimitation and Demarcation of State Border, The Ministry of Foreign Affairs, Republic of Kazakhstan.

Kazakhstan/Turkmenistan (5 juillet 2001) Treaty between the Republic of Kazakhstan and Turkmenistan on delimitation and the process of demarcation of the Kazakhstan-Turkmen State border. *Idem.*

Iraq/Koweït (29 avril 2012) Traité entre le Gouvernement de l'État du Koweït et le Gouvernement de la République d'Iraq sur la réglementation de la navigation maritime dans la zone de Khor Abdullah. *RTNU*, vol. 2968.

Lituanie/Russie (24 octobre 1997) Treaty between the Republic of Lithuania and the Russian Federation on the Delimitation of the Exclusive Economic Zone and the Continental Shelf in the Baltic Sea. MSMZMD.

Malaisie/Indonésie (17 mars 1970) Treaty between the Republic of Indonesia and Malaysia on Determination of Boundary Lines of Territorial Waters of the two Nations at the Strait of Malacca. *Idem.*

Malaisie/Thaïlande (24 octobre 1979) Traité relatif à la délimitation de la mer territoriale des deux pays, *RTNU*, vol. 1291.

Malaisie/Thaïlande (30 mai 1990) Agreement between the Government of Malaysia and the Government of the Kingdom of Thailand on the Constitution and Other Matters Relating to the Establishment of the Malaysia-Thailand Joint Authority. Centre for International Law, National University of Singapore.

Norvège/Russie (15 septembre 2010) Treaty between the Kingdom of Norway and the Russian Federation concerning Maritime Delimitation and Cooperation in the Barents Sea and the Arctic Ocean. MSMZMD.

Pologne/URSS (28 août 1969) Treaty between the Polish People's Republic and the Union of Soviet Socialist Republics concerning the boundary of the continental shelf in the Gulf of Gdansk and the south-eastern part of the Baltic Sea. *Idem.*

TEXTES INTERNATIONAUX MULTILATÉRAUX

Accords

(28 juillet 1994) Accord relatif à l'application de la Partie XI de la Convention des Nations Unies sur le droit de la mer du 10 décembre 1982, *RTNU*, vol. 1836.

(11 novembre 2004) Regional Cooperation Agreement on Combating Piracy and Armed Robbery against Ships in Asia. *UNTS*, vol. 2398.

(18 novembre 2010) Agreement on Cooperation in the Field of Security in the Caspian Sea. https://www.fao.org/faolex/results/details/en/c/LEX-FAOC174063/.

(29 septembre 2014) Agreement on Conservation and Rational Use of the Aquatic Biological Resources of the Caspian Sea.
https://www.fao.org/faolex/results/details/en/c/LEX-FAOC161945/.

(29 septembre 2014) Agreement on Cooperation in Emergency Prevention and Response in the Caspian Sea.
https://tehranconvention.org/system/files/web/er_2014.pdf.

(13 octobre 2017) ASEAN Framework Agreement on the Facilitation of Cross Border Transport of Passengers by Road Vehicles.
https://agreement.asean.org/media/download/20171208153146.pdf.

(31 octobre 2021) Accord pour la création de la Commission des petits États insulaires sur le changement climatique et le droit international. *RTNU*, n° I-56940.

(20 janvier 2023) ASEAN Agreement on Aeronautical and Maritime Search and Rescue Cooperation.
https://agreement.asean.org/media/download/20230202091719.pdf.

(19 juin 2023) Accord se rapportant à la Convention des Nations Unies sur le droit de la mer et portant sur la conservation et l'utilisation durable de la diversité biologique marine des zones ne relevant pas de la juridiction nationale. A/CONF.232/2023/4.

Actes

(26 février 1885) Acte général de la conférence de Berlin pour régler la liberté du commerce dans les bassins du Congo et du Niger ainsi que les occupations nouvelles de territoires sur la côte occidentale d'Afrique. https://treaties.fcdo.gov.uk/data/Library2/pdf/1919-TS0018.pdf.

(1er août 1975) Conférence sur la Sécurité et la Coopération en Europe (Acte Final D'Helsinki).
https://www.osce.org/files/f/documents/5/c/39502.pdf.

Chartes

(26 juin 1945) Charte des Nations Unies. CIJ (2021) *Actes et documents* n° 7, p. 2.

(25 mai 1963) Charte de l'Organisation de l'unité africaine. *RTNU*, vol. 479.

(22 janvier 1993) Charte de la communauté des États indépendants. *Idem,* vol. 1819.

(7 juin 2002) Charte de l'Organisation de Shanghai pour la Coopération. *Idem*, vol. 2896.

(20 novembre 2007) Charte de l'Association des nations de l'Asie du Sud-Est. *Idem*, vol. 2624.

Conventions

(12 août 1949) Convention de Genève relative à la protection des personnes civiles en temps de guerre. *RTNU*, vol. 75.

(29 avril 1958) Convention sur la mer territoriale et la zone contiguë. *Idem*, vol. 516.

(29 avril 1958) Convention sur le plateau continental. *Idem*, vol. 499.

(23 mai 1969) Convention de Vienne sur le droit des traités. *Idem*, vol. 1155.

(1er novembre 1974) Convention internationale de 1974 pour la sauvegarde de la vie humaine en mer. *Idem*, vol. 1185.

(24 avril 1978) Regional Convention for Co-operation on the Protection of the Marine Environment from Pollution. *Idem*, vol. 1140.

(23 août 1978) Convention de Vienne sur la succession d'États en matière de traités. *Idem,* vol. 1946.

(10 décembre 1982) Convention des Nations Unies sur le droit de la mer. *Idem*, vol. 1834.

(10 mars 1988) Convention pour la répression d'actes illicites contre la sécurité de la navigation maritime. *Idem*, vol. 1678.

(9 mai 1992) Convention-cadre des Nations Unies sur les changements climatiques, *Idem*, vol. 1771.

(9 décembre 1999) Convention internationale pour la répression du financement du terrorisme. *Idem*, vol. 2178.

(4 novembre 2003) Framework Convention for the Protection of the Marine Environment of the Caspian Sea and its relevant protocols. FAO :

https://faolex.fao.org/docs/pdf/mul63152E.pdf.

(12 août 2018) Convention on the Legal Status of the Caspian Sea. https://www.fao.org/faolex/results/details/en/c/LEX-FAOC198196/.

Déclarations

(10 décembre 1948) Déclaration universelle des droits de l'homme. https://www.un.org/fr/universal-declaration-human-rights/.

(27 novembre 1971) ASEAN Zone of Peace, Freedom and Neutrality Declaration. https://cil.nus.edu.sg/databasecil/1971-zone-of-peace-freedom-and-neutrality-declaration/.

(24 février 1976) Declaration of ASEAN Concord. https://asean.org/the-declaration-of-asean-concord-bali-indonesia-24-february-1976/.

(9 décembre 1994) Déclaration sur les mesures visant à éliminer le terrorisme international. https://legal.un.org/avl/pdf/ha/dot/dot_f.pdf.

(5-9 juillet 2015) Déclaration d'Helsinki. https://www.oscepa.org/en/documents/annual-sessions/2015-helsinki/declaration-3/2978-2015-helsinki-declaration-fre/file.

Mémorandums

(17 septembre 2021) Mémorandum d'accord entre le secrétariat de l'Organisation de Shanghai pour la coopération et la Commission économique eurasienne. A/77/L.107.

(16 septembre 2022) Mémorandum d'accord entre le secrétariat de l'Organisation de Shanghai pour la coopération et la Ligue des États arabes. *Idem.*

Pactes

(28 juin 1919) Pacte de la Société des Nations. Nations Unies. https://www.ungeneva.org/fr/about/league-of-nations/covenant.

(16 décembre 1966) Pacte international relatif aux droits civils et politiques. *RTNU*, vol. 999.

(16 décembre 1966) Pacte international relatif aux droits économiques, sociaux et culturels. *Idem*, vol. 993.

Protocoles

(10 mars 1988) Protocole pour la répression d'actes illicites contre la sécurité des plateformes fixes situées sur le plateau continental. *RTNU*, vol. 1678.

(21 décembre 1991) Protocol to the Agreement Establishing the Commonwealth of Independent States signed at Minsk on 8 December 1991 by the Republic of Belarus, the Russian Federation (RSFSR) and Ukraine. (Accord d'Alma Alta). U.N. Document A/47/60 of December 30, 1991. Disponible aussi dans *ILM* (1992), vol. 31, p. 148.

(29 novembre 2004) ASEAN Protocol on Enhanced Dispute Settlement Mechanism. https://cil.nus.edu.sg/databasecil/2004-asean-protocol-on-enhanced-dispute-settlement-mechanism/.
(8 avril 2010) Protocol to the ASEAN Charter on Dispute Settlement Mechanisms.
https://agreement.asean.org/media/download/20200128121018.pdf.
(20 décembre 2019) ASEAN Protocol on Enhanced Dispute Settlement Mechanism.
https://agreement.asean.org/media/download/20200128120825.pdf.

Résolutions de l'Assemblée générale des Nations Unies

(14 décembre 1960) Résolution 1514 (XV). Déclaration sur l'octroi de l'indépendance aux pays et aux peuples coloniaux.
https://documents.un.org/doc/resolution/gen/nr0/154/06/pdf/nr015406.pdf.
(20 décembre 1966) Résolution 2229 (XXI) Question d'Ifni et du Sahara espagnol.

https://documents.un.org/doc/resolution/gen/nr0/006/48/pdf/nr000648.pdf.
(24 octobre 1970) Résolution 2625 (XXV). Déclaration relative aux principes du droit international touchant les relations amicales et la coopération entre les États.
https://documents.un.org/doc/resolution/gen/nr0/350/22/pdf/nr035022.pdf.
(14 décembre 1973) Résolution 3162 (XXVIII), Question du Sahara espagnol.
https://documents.un.org/doc/resolution/gen/nr0/283/85/pdf/nr028385.pdf.
(13 décembre 1974) Résolution 3292 (XXIX), Question du Sahara espagnol.
file:///C:/Users/labre/Downloads/A_RES_3292 (XXIX)-FR%20(1).pdf.
(9 décembre 1994) Résolution 4960, Déclaration sur les mesures visant à éliminer le terrorisme international.
https://legal.un.org/avl/pdf/ha/dot/dot_ph_f.pdf.
(1er décembre 2006) Résolution 61/22. Droits du peuple palestinien.
https://documents.un.org/doc/undoc/gen/n06/495/76/pdf/n0649576.pdf.
(29 mars 2023) Résolution 77/276, Demande d'avis consultatif à la CIJ concernant le Territoire palestinien occupé.
https://documents.un.org/doc/undoc/ltd/n23/094/53/pdf/n2309453.pdf.
(19 décembre 2024) Résolution 79/232. Demande d'avis consultatif à la CIJ concernant le Territoire palestinien occupé.
https://documents.un.org/doc/undoc/gen/n24/410/87/pdf/n2441087.pdf.

Résolutions du Conseil de sécurité des Nations Unies

(22 novembre 1967) Résolution 242. Situation au Moyen-Orient. file:///C:/Users/labre/Downloads/S_RES_242(1967)-FR.pdf.

(18 novembre 1983) Résolution 541. République de Chypre. file :///C :/Users/labre/Downloads/S_RES_541(1983)-FR.pdf.

(15 décembre 1983) Résolution 544. République de Chypre. file :///C :/Users/labre/Downloads/S_RES_544(1983)-FR%20(1).pdf.

(9 août 1990) Résolution 662. Occupation du Koweït par l'Irak. https://documents.un.org/doc/resolution/gen/nr0/575/49/pdf/nr057549.pdf.

(3 avril 1991) Résolution 687. Souveraineté du Koweït. https://documents.un.org/doc/resolution/gen/nr0/596/65/pdf/nr059665.pdf.

(30 janvier 2004) Résolution 1526. Terrorisme. https://documents.un.org/doc/undoc/gen/n04/226/70/pdf/n0422670.pdf.

(22 décembre 2006) Résolution 1735. Terrorisme. https://documents.un.org/doc/undoc/gen/n06/680/15/pdf/n0668015.pdf.

(12 février 2015) Résolution 2199. Terrorisme. https://documents.un.org/doc/undoc/gen/n15/040/29/pdf/n1504029.pdf.

(28 août 2024) Résolution 2749. Hostilités au Liban. https://documents.un.org/doc/undoc/gen/n24/250/90/pdf/n2425090.pdf.

Statut et Règlement de la CIJ

(24 octobre 1945) Statut de la Cour internationale de Justice. https://legal.un.org/avl/pdf/ha/sicj/icj_statute_f.pdf.

(14 avril 1978) Règlement de la Cour internationale de Justice. https://www.icj-cij.org/fr/reglement.

Traités

(28 juin 1919) Traité de Versailles. https://www.herodote.net/Textes/tVersailles1919.pdf.

(10 août 1920) Traité de Sèvres. https://mjp.univ-perp.fr/traites/1920sevres.htm#III.

(24 juillet 1923) Traité de Lausanne. *RTSN* 1924, vol XXVIII, n° 701. https://treaties.un.org/doc/publication/unts/lon/volume%2028/v28.pdf.

(16 août 1960) Treaty between the United Kingdom of Great Britain and Northern Ireland, the Hellenic Republic, the Republic of Turkey and the Republic of Cyprus concerning the Establishment of the Republic of Cyprus. *UNTS*, vol. 382.

(24 février 1976) ASEAN Treaty of Amity and Concord. https://agreement.asean.org/media/download/20131230234315.pdf.

(15 décembre 1995) ASEAN Treaty on the South East Asia Nuclear Weapon Free Zone. https://asean.org/treaty-on-the-southeast-asia-nuclear-weapon-free-zone/.

(8 septembre 2006) The Central Asian Nuclear-Weapon-Free Zone Treaty. https://2009-2017.state.gov/t/isn/canwfz/.

(16 août 2007) Traité de bon voisinage, d'amitié et de coopération à long terme entre les États membres de l'Organisation de Shanghai pour la coopération. *RTNU*, vol. 2896.

JURISPRUDENCE

Cour internationale de Justice (CIJ)

(2024-) *Obligations d'Israël en ce qui concerne la présence et les activités de l'Organisation des Nations Unies, d'autres organisations internationales et d'Etats tiers dans le Territoire palestinien occupé et en lien avec celui-ci,* demande d'avis consultatif.

(2024-) *Manquements allégués à certaines obligations internationales relativement au Territoire palestinien occupé (Nicaragua c. Allemagne).*

(2023-) *Application de la convention pour la prévention et la répression du crime de génocide dans la bande de Gaza (Afrique du Sud c. Israël).*

(2023-) *Incident aérien du 8 janvier 2020 (Canada, Royaume-Uni, Suède et Ukraine c. Iran).*

(2023-) *Violations alléguées des immunités de l'État (Iran c. Canada).*

(2023-) *Application de la convention contre la torture et autres peines ou traitements cruels, inhumains ou dégradants (Canada et Pays-Bas c. Syrie).*

(2023-) *Obligations des États en matière de changement climatique,* demande d'avis consultatif.

(2022-) *Questions relatives aux immunités juridictionnelles de l'État et aux mesures de contrainte contre des biens appartenant à l'État (Allemagne c. Italie).*

(2022-) *Demande concernant la restitution de biens confisqués dans le cadre de procédures pénales (Guinée équatoriale c. France).*

(2022-) *Souveraineté sur les cayes de Sapodilla (Belize c. Honduras).*

(2022-) *Allégations de génocide au titre de la convention pour la prévention et la répression du crime de génocide (Ukraine c. Fédération de Russie).*

(2021-) *Application de la convention internationale sur l'élimination de toutes les formes de discrimination raciale (Arménie c. Azerbaïdjan).*

(2021-) *Application de la convention internationale sur l'élimination de toutes les formes de discrimination raciale (Azerbaïdjan c. Arménie).*

(2021-) *Délimitation terrestre et maritime et souveraineté sur des îles (Gabon/Guinée équatoriale).*

(2019-) *Revendication territoriale, insulaire et maritime du Guatemala (Guatemala/Belize).*

(2019-) *Application de la convention pour la prévention et la répression du crime de génocide (Gambie c. Myanmar).*

(2018-) *Sentence arbitrale du 3 octobre 1899 (Guyana c. Venezuela).*

(2018-) *Violations alléguées du traité d'amitié, de commerce et de droits consulaires de 1955 (Iran c. États-Unis).*

(2018-) *Transfert de l'ambassade des États-Unis à Jérusalem (Palestine c. États-Unis), avis consultatif.*

(2016-) *Certains actifs iraniens (Iran c. États-Unis).*

(1993-) *Projet Gabčíkovo-Nagymaros (Hongrie c. Slovaquie).*

(2023-2024) *Conséquences juridiques découlant des politiques et pratiques d'Israël dans le Territoire palestinien occupé, y compris Jérusalem-Est*, avis consultatif.

(2017-2024) *Application de la convention internationale pour la répression du financement du terrorisme et de la convention internationale sur l'élimination de toutes les formes de discrimination raciale (Ukraine c. Russie*), arrêt.

(2013-2023) *Question de la délimitation du plateau continental entre le Nicaragua et la Colombie au-delà de 200 milles marins de la côte nicaraguayenne,* arrêt.

(2016-2222) *Différend concernant le statut et l'utilisation des eaux du Silala (Chili c. Bolivie*), arrêt.

(1999-2022) *Activités armées sur le territoire du Congo, (République démocratique du Congo c. Ouganda),* arrêt.

(2019-2021) *Application de la convention internationale sur l'élimination de toutes les formes de discrimination raciale (Qatar c. Émirats arabes unis)*, arrêt.

(2014-2021) *Délimitation maritime dans l'océan Indien (Somalie c. Kenya)*, arrêt.

(2018-2020) *Appel concernant la compétence du Conseil de l'OACI en vertu de l'article II, section 2, de l'accord de 1944 relatif au transit des services aériens internationaux (Bahreïn, Égypte et Émirats arabes unis c. Qatar)*, arrêt.

(2018-2020) *Appel concernant la compétence du Conseil de l'OACI en vertu de l'article 84 de la convention relative à l'aviation civile internationale (Arabie Saoudite, Bahreïn, Égypte et Émirats arabes unis c. Qatar)*, arrêt.

(2016-2020) *Immunités et procédures pénales (Guinée équatoriale c. France)*, arrêt.

(2017-2018) Demande en interprétation de l'arrêt du 23 mai 2008 en l'affaire relative à la *Souveraineté sur Pedra Branca/Pulau Batu Puteh, Middle Rocks et South Ledge (Malaisie c. Singapour)*, désistement.

(2017-2018) Demande en revision de l'arrêt du 23 mai 2008 en l'affaire relative à la *Souveraineté sur Pedra Branca/Pulau Batu Puteh, Middle Rocks et South Ledge (Malaisie c. Singapour),* désistement. (2017-2018) *Frontière terrestre dans la partie septentrionale d'Isla Portillos (Costa Rica c. Nicaragua)*, arrêt.

(2014-2018) *Délimitation maritime dans la mer des Caraïbes et l'océan Pacifique (Costa Rica c. Nicaragua)*, arrêt.

(2013-2018) *Obligation de négocier un accès à l'océan Pacifique (Bolivie c. Chili)*, arrêt.

(2010-2018) *Certaines activités menées par le Nicaragua dans la région frontalière (Costa Rica c. Nicaragua)*, arrêt.

(2014-2016) *Obligations relatives à des négociations concernant la cessation de la course aux armes nucléaires et le désarmement nucléaire (Îles Marshall c. Pakistan, Royaume-Uni et Inde)*, arrêts.

(2013-2015) *Questions concernant la saisie et la détention de certains documents et données (Timor-Leste c. Australie)*, désistement.

(2010-2015) *Construction d'une route au Costa Rica le long du fleuve San Juan (Nicaragua c. Costa Rica)*, arrêt.

(2010-2012) *Jugement N° 2867 du Tribunal administratif de l'Organisation internationale du Travail sur requête contre le Fonds international de développement agricole*, avis consultatif.

(1999-2015) *Application de la convention pour la prévention et la répression du crime de génocide (Croatie c. Serbie*), arrêt.

(2010-2014) *Chasse à la baleine dans l'Antarctique (Australie c. Japon)*, arrêt.

(2008-2014 *Différend maritime (Pérou c. Chili)*, arrêt.

(2011-2013) *Demande en interprétation de l'arrêt du 15 juin 1962 en l'affaire du Temple de Préah Vihéar (Cambodge c. Thaïlande)*, arrêt.

(2010-2013) *Différend Frontalier (Burkina Faso/Niger)*, arrêt.

(2008-2013) *Épandages aériens d'herbicides (Équateur c. Colombie)*, désistement.

(2009-2012) *Questions concernant l'obligation de poursuivre ou d'extrader (Belgique c. Sénégal)*, arrêt.

(2001-2012) *Différend territorial et maritime (Nicaragua c. Colombie)*, arrêt.

(1998-2012) *Ahmadou Sadio Diallo (Guinée c. République démocratique du Congo)*, arrêt.

(2009-2011) *Compétence judiciaire et exécution des décisions en matière civile et commerciale (Belgique c. Suisse)*, désistement.

(2008-2011) *Application de l'Accord intérimaire du 13 septembre 1995 (ex-République yougoslave de Macédoine c. Grèce)*, arrêt.

(2008-2011) *Application de la convention internationale sur l'élimination de toutes les formes de discrimination raciale (Géorgie c. Fédération de Russie)*, arrêt.

(2009-2010) *Certaines questions en matière de relations diplomatiques (Honduras c. Brésil)*, désistement.

(2008-2010) *Conformité au droit international de la déclaration unilatérale d'indépendance relative au Kosovo,* avis consultatif.

(2006-2010) *Usines de pâte à papier sur le fleuve Uruguay (Argentine c. Uruguay)*, arrêt.

(2002-2010) *Certaines procédures pénales engagées en France (Congo c. France*), désistement.

(2008-2009) *Demande en interprétation de l'arrêt du 31 mars 2004 en l'affaire Avena et autres ressortissants mexicains (Mexique c. Etats-Unis)*, arrêt.

(2005-2009) *Différend relatif à des droits de navigation et des droits connexes (Costa Rica c. Nicaragua)*, arrêt.

(2004-2009) *Délimitation maritime en mer Noire (Roumanie c. Ukraine)*, arrêt.

(2006-2008) *Certaines questions concernant l'entraide judiciaire en matière pénale (Djibouti c. France),* arrêt.

(2003-2008) *Souveraineté sur Pedra Branca/Pulau Batu Puteh, Middle Rocks et South Ledge (Malaisie/Singapour)*, arrêt.

(1999-2007) *Différend territorial et maritime entre le Nicaragua et le Honduras dans la mer des Caraïbes (Nicaragua c. Honduras)*, arrêt.

(1993-2007) *Application de la convention pour la prévention et la répression du crime de génocide (Bosnie-Herzégovine c. Serbie-et-Monténégro)*, arrêt.

(2006) *Statut vis-à-vis de l'État hôte d'un envoyé diplomatique auprès de l'Organisation des Nations Unies (Dominique c. Suisse)*, désistement.

(2002-2006) *Activités armées sur le territoire du Congo (nouvelle requête : 2002) (République démocratique du Congo c. Rwanda)*, arrêt.

(2002-2005) *Différend frontalier (Bénin/Niger)*, arrêt.

(2002-2005) *Certains biens (Liechtenstein c. Allemagne)*, arrêt.

(2003-2004) *Avena et autres ressortissants mexicains (Mexique c. États-Unis)*, arrêt.

(2003-2004) *Conséquences juridiques de l'édification d'un mur dans le Territoire palestinien occupé*, avis consultatif.

(1999-2004) *Licéité de l'emploi de la force (Serbie-et-Monténégro c. Belgique, Portugal, Allemagne, France, Italie, Royaume-Uni, Pays-Bas* et *Canada)*, arrêts.

(2002-2003) *Demande en revision de l'arrêt du 11 septembre 1992 en l'affaire du* Différend frontalier terrestre, insulaire et maritime *(El Salvador c. Honduras)*, arrêt.

(1992-2003) *Questions d'interprétation et d'application de la convention de Montréal de 1971 résultant de l'incident aérien de Lockerbie (Libye c. Royaume-Uni* et *États-Unis)*, désistements.

(2002-2003) Demande en révision de l'arrêt du 11 septembre 1992 en l'affaire du *Différend frontalier terrestre, insulaire et maritime (El Salvador c. Honduras)*, arrêt.

(2001-2003) Demande en revision de l'arrêt du 11 juillet 1996 en l'affaire relative à l'*Application de la convention pour la prévention et la répression du crime de génocide (Yougoslavie c. Bosnie-Herzégovine)*, arrêt.

(1992-2003) *Plates-formes pétrolières (Iran c. États-Unis)*, arrêt.

(2000-2002) *Mandat d'arrêt du 11 avril 2000 (République démocratique du Congo c. Belgique)*, arrêt.

(1998-2002) *Souveraineté sur Pulau Ligitan et Pulau Sipadan (Indonésie/Malaisie),* arrêt.

(1994-2002) *Frontière terrestre et maritime entre le Cameroun et le Nigeria,* arrêt.

(1999-2001) *Activités armées sur le territoire du* Congo *(République démocratique du Congo c. Burundi* et *Rwanda),* désistements.

(1999-2001) *LaGrand (Allemagne c. États-Unis)*, arrêt.

(1991-2001) *Délimitation maritime et questions territoriales entre Qatar et Bahreïn,* arrêt.

(1999-2000) *Incident du 10 août 1999 (Pakistan c. Inde)*, arrêt.

(1998-1999) *Différend relatif à l'immunité de juridiction d'un rapporteur spécial de la Commission des droits de l'homme*, avis consultatif.

(1998-1999) Demande en interprétation de l'arrêt du 11 juin 1998 en l'affaire de la *Frontière terrestre et maritime entre le Cameroun et le Nigéria*, arrêt.

(1996-1999) *Île de Kasikili/Sedudu (Botswana/Namibie),* arrêt.

(1998) *Convention de Vienne sur les relations consulaires (Paraguay c. États-Unis*, désistement.

(1995-1998) *Compétence en matière de pêcheries (Espagne c. Canada)*, arrêt.

(1995-1996) *Licéité de l'utilisation des armes nucléaires par un État dans un conflit armé,* avis consultatif.

(1993-1996) *Licéité de la menace ou de l'emploi d'armes nucléaires*, avis consultatif.

(1989-1996) *Incident aérien du 3 juillet 1988 (Iran c. États-Unis)*, désistement.

(1991-1995) *Timor oriental (Portugal c. Australie),* arrêt.

(1991-1995) *Délimitation maritime entre la Guinée-Bissau et le Sénégal*, désistement.

(1990-1994) *Différend territorial (Libye c. Tchad),* arrêt.

(1989-1993) *Certaines terres à phosphates à Nauru (Nauru c. Australie)*, désistement.

(1988-1993) *Délimitation maritime dans la région située entre le Groenland et Jan Mayen (Danemark c. Norvège)*, arrêt.

(1991-1992) *Passage par le Grand-Belt (Finlande c. Danemark)*, désistement.

(1986-1992) *Actions armées frontalières et transfrontalières (Nicaragua c. Honduras)*, désistements.

(1986-1992) *Différend frontalier terrestre, maritime et insulaire (El Salvador/ Honduras),* arrêt.

(1989-1991) *Sentence arbitrale du 31 juillet 1989 (Guinée-Bissau c. Sénégal),* arrêt.

(1984-1991) *Activités militaires et paramilitaires au Nicaragua et contre celui-ci (Nicaragua c. États-Unis)*, désistement.

(1989) *Applicabilité de la section 22 de l'article VI de la convention sur les privilèges et immunités des Nations Unies*, avis consultatif.

(1987-1989) *Elettronica Sicula S.p.A. (ELSI) (États-Unis c. Italie)*, arrêt.

(1988) *Applicabilité de l'obligation d'arbitrage en vertu de la section 21 de l'accord du 26 juin 1947 relatif au siège de l'Organisation des Nations Unies*, avis consultatif.

(1987) *Demande de réformation du jugement no 333 du Tribunal administratif des Nations Unies*, avis consultatif.

(1983-1986) *Différend frontalier (Burkina Faso/Mali),* arrêt.

(1984-1985) *Demande en revision et en interprétation de l'arrêt du 24 février 1982 en l'affaire du Plateau continental (Tunisie c. Libye),* arrêt.

(1982-1985) *Plateau continental (Libye/ Malte),* arrêt.

(1981-1984) *Délimitation de la frontière maritime dans la région du golfe du Maine (Canada/États-Unis),* arrêt.

(1981-1982) *Demande de réformation du jugement n° 273 du Tribunal administratif des Nations Unies,* avis consultatif.

(1978-1982) *Plateau continental (Libye/Tunisie),* arrêt.

(1979-1981) *Personnel diplomatique et consulaire des Etats-Unis à Téhéran (États-Unis c. Iran)*, désistement.

(1980) *Interprétation de l'accord du 25 mars 1951 entre l'OMS et l'Égypte,* avis consultatif.

(1976-1978) *Plateau continental de la mer Égée (Grèce c. Turquie),* arrêt.

(1974-1975) *Sahara occidental*, avis consultatif.

(1973-1974) *Essais nucléaires (Nouvelle-Zélande* et *Australie c. France),* arrêts.

(1972-1974) *Compétence en matière de pêcheries (Allemagne* et *Royaume-Uni c. Islande*, arrêts.

(1973) *Procès de prisonniers de guerre pakistanais (Pakistan c. Inde),* désistement.

(1972-1973) *Demande de réformation du jugement no 158 du Tribunal administratif des Nations Unies*, avis consultatif.

(1971-1972) *Appel concernant la compétence du Conseil de l'OACI (Inde c. Pakistan)*, arrêt.

(1970-1971) *Conséquences juridiques pour les États de la présence continue de l'Afrique du Sud en Namibie (Sud-Ouest africain) nonobstant la résolution 276 (1970) du Conseil de sécurité,* avis consultatif.

(1962-1970) *Barcelona Traction, Light and Power Company, Limited (Belgique c. Espagne),* arrêt.

(1967-1969) *Plateau continental de la mer du Nord (RFA/Pays-Bas* et *RFA/Danemark),* arrêt.

(1960-1966) *Sud-Ouest africain (Éthiopie* et *Liberia c. Afrique du Sud),* arrêts.

(1961-1963) *Cameroun septentrional (Cameroun c. Royaume-Uni),* arrêt.

(1961-1962) *Certaines dépenses des Nations Unies (Article 17, paragraphe 2, de la Charte)*, avis consultatif.

(1959-1962) *Temple de Préah Vihéar (Cambodge c. Thaïlande),* arrêt.

(1959-1960) *Compagnie du port, des quais et des entrepôts de Beyrouth et Société Radio-Orient (France c. Liban)*, désistement.

(1959-1960) *Composition du Comité de la sécurité maritime de l'Organisation intergouvernementale consultative de la navigation maritime*, avis consultatif.

(1958-1960) *Sentence arbitrale rendue par le roi d'Espagne le 23 décembre 1906 (Honduras c. Nicaragua)*, arrêt.

(1957-1960) *Incident aérien du 27 juillet 1955 (États-Unis c. Bulgarie)*, désistement.

(1955-1960) *Droit de passage sur territoire indien (Portugal c. Inde),* arrêt.

(1959) *Incident aérien du 7 novembre 1954 (États-Unis c. URSS)*, radiation du rôle.

(1957-1959) *Souveraineté sur certaines parcelles frontalières (Belgique/Pays-Bas),* arrêt.

(1957-1959) *Incident aérien du 27 juillet 1955 (Israël c. Bulgarie)*, arrêt.

(1957-1959) *Incident aérien du 27 juillet 1955 (Royaume-Uni c. Bulgarie)*, arrêt.

(1957-1959) *Interhandel (Suisse c. États-Unis)*, arrêt.

(1958) *Incident aérien du 4 septembre 1954*, radiation du rôle.

(1957-1958) *Application de la convention de 1902 pour régler la tutelle des mineurs (Pays-Bas c. Suède)*, arrêt.

(1955-1957) *Certains emprunts norvégiens (France c. Norvège)*, arrêt.

(1955-1956) *Incident aérien du 7 octobre 1952 (États-Unis c. URSS)*, radiation du rôle.

(1955-1956) *Antarctique (Royaume-Uni c. Chili* et *Argentine)*, radiations du rôle.

(1955-1956) *Incident aérien du 10 mars 1953 (États-Unis c. Tchécoslovaquie)*, radiation du rôle.

(1955-1956) *Admissibilité de l'audition de pétitionnaires par le comité du Sud-Ouest africain*, avis consultatif.

(1955-1956) *Jugements du Tribunal administratif de l'OIT sur requêtes contre l'UNESCO*, avis consultatif.

(1954-1955) *Procédure de vote applicable aux questions touchant les rapports et pétitions relatifs au territoire du Sud-Ouest africain*, avis consultatif.

(1951-1955) *Nottebohm (Liechtenstein c. Guatemala),* arrêt.

(1953-1954) *Traitement en Hongrie d'un avion des Etats-Unis d'Amérique et de son équipage (États-Unis c. URSS* et *Hongrie)*, radiations du rôle.

(1953-1954) *Or monétaire pris à Rome en 1943 (Italie c. France, Royaume-Uni* et *États-Unis)*, arrêt.

(1953-1954) *Effet de jugements du Tribunal administratif des Nations Unies accordant indemnité*, avis consultatif.

(1953-1954) *Société Électricité de Beyrouth (France c. Liban)*, désistement.

(1951-1953) *Ambatielos (Grèce c. Royaume-Uni)*, arrêt.

(1951-1953) *Minquiers et Ecréhous (France/Royaume-Uni),* arrêt.

(1951-1952) *Anglo-Iranian Oil Co. (Royaume-Uni c. Iran)*, arrêt.

(1950-1952) *Droits des ressortissants des États-Unis d'Amérique au Maroc (France c. États-Unis)*, arrêt.

(1950-1951) *Haya de la Torre (Colombie c. Pérou),* arrêt.

(1950-1951) *Réserves à la convention pour la prévention et la répression du crime de génocide,* avis consultatif.

(1949-1951) *Pêcheries (Royaume-Uni c. Norvège),* arrêt.

(1950) *Demande d'interprétation de l'arrêt du 20 novembre 1950 en l'affaire du droit d'asile (Colombie c. Pérou),* arrêt.

(1949-1950) *Protection des ressortissants et protégés français en Égypte (France c. Égypte)*, désistement.

(1949-1950) *Droit d'asile (Colombie/Pérou)*, arrêt.

(1949-1950) *Compétence de l'Assemblée générale pour l'admission d'un État aux Nations Unies*, avis consultatif.

(1949-1950) *Statut international du Sud-Ouest africain*, avis consultatif.

(1949-1950) *Interprétation des traités de paix conclus avec la Bulgarie, la Hongrie et la Roumanie*, avis consultatif.

(1948-1949) *Réparation des dommages subis au service des Nations Unies*, avis consultatif.

(1947-1949) *Détroit de Corfou (Royaume-Uni c. Albanie),* arrêts.

(1947-1948) *Conditions de l'admission d'un État comme Membre des Nations Unies (article 4 de la Charte),* avis consultatif.

Cour permanente de Justice internationale (CPJI)

(1936-1938) *Phosphates du Maroc (Italie c. France)*, arrêt, série A/B, n° 74.

(1931-1933) *Délimitation des eaux territoriales entre l'île de Castellorizo et les Côtes d'Anatolie (Italie/Turquie),* radiation du rôle, série A/B, n° 51.

(1931-1933) *Statut juridique du Groenland oriental (Danemark c. Norvège),* arrêt, série A/B, n° 53.

(1929-1932) *Zones franches de Haute-Savoie et du Pays de Gex (France/Suisse)*, arrêt, série A, n°s 22 et 24, et A/B, n° 46.

(1932) *Interprétation du statut du territoire de Memel (Royaume-Uni, France, Italie* et *Japon/Lituanie),* arrêt, série A/B, n° 47.

(1931) *Trafic ferroviaire entre la Lituanie et la Pologne*, avis consultatif, série A/B, n° 48.

(1928-1929) *Juridiction territoriale de la Commission internationale de l'Oder (Empire allemand* et al.*/Pologne)*, arrêt, série A, n° 23.

(1926-1929) *Dénonciation du traité sino-belge du 2 novembre 1865*, ordonnances, série A, n°s 8, 14, 16 et 18.

(1927) *Lotus (France/Turquie)*, arrêt, série A, n° 10.

(1925) *Article 3, paragraphe 2, du traité de Lausanne (Frontière entre la Turquie et l'Irak)*, avis consultatif, série B, n° 12.

(1924) *Monastère de Saint Naoum (Frontière albanaise),* avis consultatif, série B, n° 9.

(1924) *Concessions Mavrommatis en Palestine (Grèce c. Royaume-Uni),* arrêt, série A, n° 2.

(1923) *Vapeur Wimbledon (Royaume-Uni* et al. *c. Empire allemand)*, arrêt, série C, n° 3.

(1922-1923) Décrets de nationalité promulgués en Tunisie et au Maroc, avis consultatif, série B, n° 4.

Tribunaux internationaux d'arbitrage (CPA, PCA, RIAA, RSA)

(2019-) *Dispute Concerning the Detention of Ukrainian Naval Vessels and Servicemen (Ukraine v. the Russian Federation),* Case No. 2019-28, PCA.

(2016-) *Indus Waters Treaty Arbitration (Pakistan v. India)*, Case No. 2023-01, PCA.

(2016-) *Dispute Concerning Coastal State Rights in the Black Sea, Sea of Azov, and Kerch Strait (Ukraine v. the Russian Federation),* Case No. 2017-06, PCA.

(2013-2019) *The Duzgit Integrity Arbitration (Malta v. São Tomé and Príncipe)*, Award, Case No. 2014-07, PCA.

(2013-2016) *The South China Sea Arbitration (The Republic of Philippines v. The People's Republic of China)*, Case No. 2013-19, Award, PCA.

(2012-2013) *The ARA Libertad Arbitration (Argentina v. Ghana)*, Award, Case No. 2013-11, PCA.

(2010-2015) *Chagos Marine Protected Area Arbitration (Mauritius v. United Kingdom)*, Award, Case No. 2011-03, PCA.

(2009-2017) *In the matter of an arbitration under the arbitration agreement between the Government of the Republic of Croatia and the Government of the Republic of Slovenia*, Award, Case No. 2012-04, PCA.

(2009-2014) *Bay of Bengal Maritime Boundary Arbitration (Bangladesh v. India),* Award, Case N° 2010-16, PCA.

(2004-2007) *Guyana/Suriname*, Award, Case No. 2004-04, PCA.

(2004-2006) *Barbados v. Trinidad and Tobago*, Award, Case No. 2004-02, PCA.

(1996-1999) *Maritime Delimitation (Eritrea/Yemen),* Award, Case No. 1996-04, PCA.

(1996-1998) *Territorial Sovereignty and Scope of the Dispute (Eritrea/Yemen),* Award, Case No. 1996-04, PCA.

(1989-1992) *Délimitation des espaces maritimes entre le Canada et la République française*, sentence, RSA, vol. 21, p. 265-341.

(1985-1989) *Affaire de la délimitation de la frontière maritime entre la Guinée-Bissau et le Sénégal,* sentence, RSA, vol. 20, p. 4-96.

(1983-1985) *Délimitation de la frontière maritime entre la Guinée et la Guinée-Bissau,* sentence, RSA, vol. 19, p. 149-196.

(1975-1978) *Délimitation du plateau continental entre le Royaume-Uni de Grande-Bretagne et d'Irlande du Nord et la République française*, sentence, RSA, vol. 18, p. 3-413 (y compris la décision du 14 mars 1978).

(1971-1977) *Affaire concernant un litige entre la République argentine et la République du Chili relatif au canal de Beagle*, sentence, RSA, vol. 21, p. 53-264.

(1910-1911) *Chamizal Arbitration (Mexico/United States)*, Award, RIAA, vol. 11, p. 309-347.

(1908-1909) *Affaire des Grisbadarna. Délimitation d'une certaine partie de la frontière maritime entre la Norvège et la Suède*, sentence, RSA, vol. 11, p. 147-166.

Tribunal international du droit de la mer (TIDM)

(2023-) A*ffaire du navire « Heroic Idun » (No. 2) (Îles Marshall/Guinée équatoriale)*, ordonnances, affaire n° 32.

(2019-) *Affaire relative à l'immobilisation de trois navires militaires ukrainiens (Ukraine c. Fédération de Russie),* mesures conservatoires, ordonnance du 25 mai 2019, affaire n° 26.

(2022-2024) *Demande d'avis consultatif soumise par la Commission des petits États insulaires sur le changement climatique et le droit international,* avis consultatif, affaire n° 31.

(2019-2023) *Différend relatif à la délimitation de la frontière maritime entre Maurice et les Maldives dans l'océan Indien*, arrêt, affaire n° 28.

(2022) *Affaire du navire « Heroic Idun » (Îles Marshall c. Guinée équatoriale),* prompte mainlevée, rayée du rôle, affaire n° 30.

(2019-2021) *Affaire du navire « San Padre Pio » (No. 2) (Suisse/Nigéria)*, rayée du rôle, affaire n° 29.

(2019) *Affaire du navire « San Padre Pio » (Suisse c. Nigéria), mesures conservatoires*, affaire n° 27.

(2014-2017) *Différend relatif à la délimitation de la frontière maritime entre le Ghana et la Côte d'Ivoire dans l'océan Atlantique*, arrêt, affaire n° 23.

(2013-2015) *Demande d'avis consultatif soumise par la Commission sous-régionale des pêches (CSRP)*, avis consultatif, affaire n° 21.

(2012) *Affaire de l'« ARA Libertad » (Argentine c. Ghana), mesures conservatoires*, affaire n° 20.

(2011-2014) *Affaire du navire « Virginia G » (Panama/Guinée-Bissau)*, arrêt, affaire n° 19.

(2009-2012) *Délimitation de la frontière maritime dans le golfe du Bengale (Bangladesh/Myanmar)*, arrêt, affaire n° 16.
(2004) *Affaire du « Juno Trader » (Saint-Vincent-et-les Grenadines c. Guinée-Bissau), prompte mainlevée*, arrêt, affaire n° 13.
(2000) *Affaire du « Monte Confurco » (Seychelles c. France),* prompte mainlevée, arrêt, affaire n° 6.
(1997) *Affaire du navire « SAIGA » (No. 2) (Saint-Vincent-et-les Grenadines c. Guinée)*, arrêt, affaire n° 2.

Tribunaux nationaux

(2001-2002) *Newfoundland and Labrador v. Nova Scotia,* Awards of the Tribunal in the First and Second Phases of an Arbitration Concerning Portions of the Limits of the Parties' Respective Offshore Areas :
https://www.cnsopb.ns.ca/sites/default/files/resource/phaseii_award_english.pdf.
(1985) *Alabama and Mississippi Boundary Case*, 470 U.S. 93, 99.
(1981) *Arbitration Concerning the Border Between the Emirates of Dubai and Sharjah, ILR*, vol. 91.
(1969) *Louisiana Boundary Case,* 394 U.S. 11, 36-38.
(1965) *United States v. California*, 381 U.S. 139, 167-169.

Conciliations

(2016-2018) *Conciliation between The Democratic Republic of Timor-Leste and The Commonwealth of Australia,* Case No. 2016-10, p. 1-101, PCA.
(1980-1981) *Commission de conciliation sur le plateau continental entre l'Islande et Jan Mayen,* rapport et recommandations aux gouvernements de l'Islande et de la Norvège, RSA, vol. 27, p. 1-34.

Figures

Figure 1 Les frontières maritimes en Asie

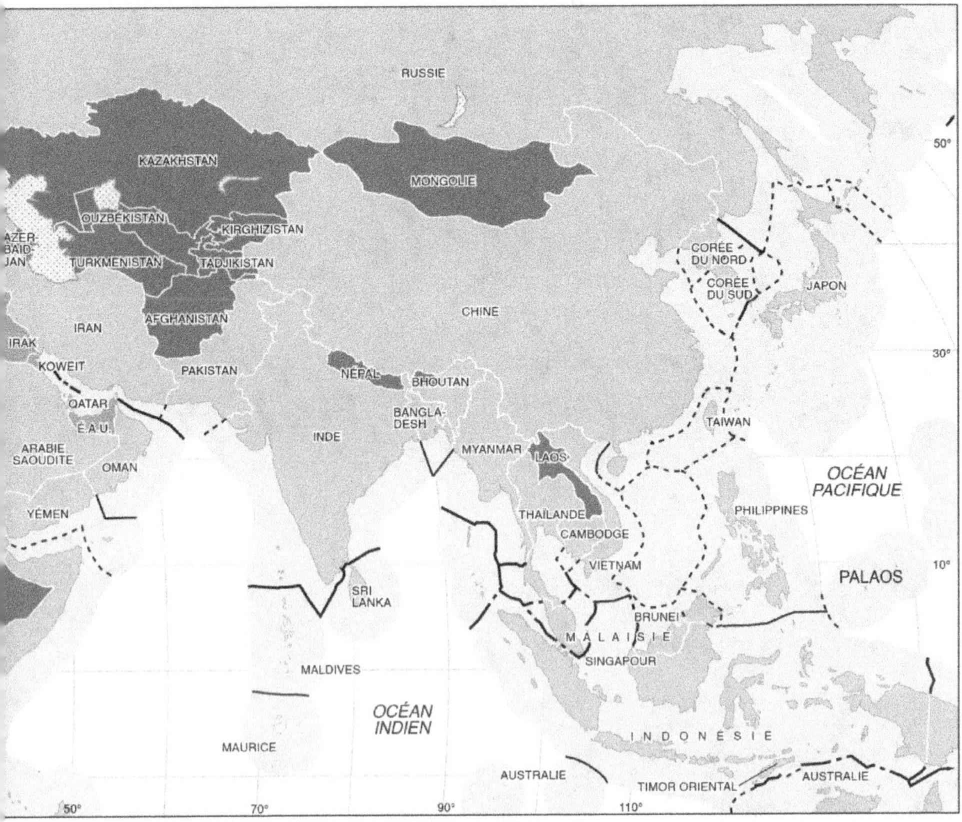

Source : Labrecque, Georges (2007) *Les différends internationaux en Asie*, p. 9.

Figure 2 **Les zones maritimes sous juridiction nationale**

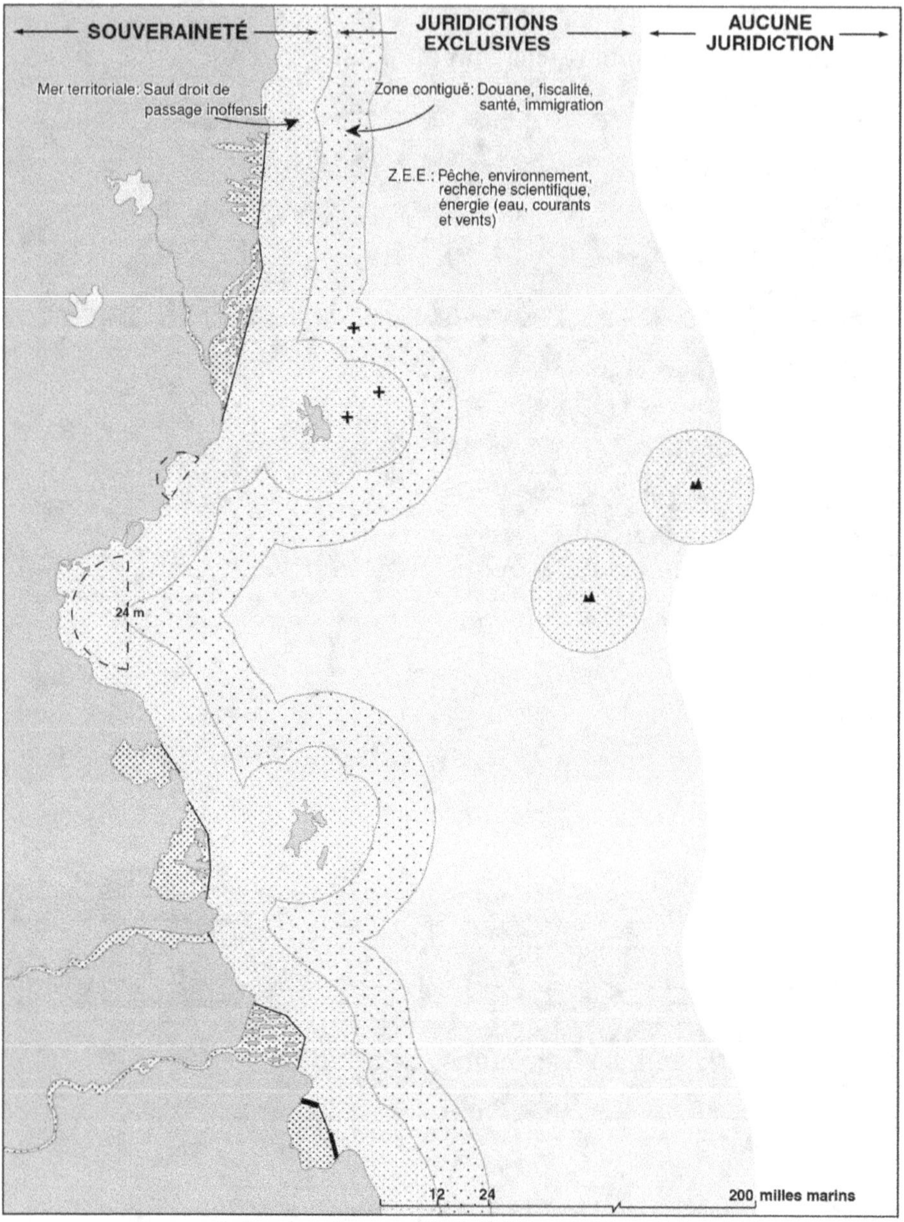

Source : Labrecque, Georges (1993) *C.G.Q.*, vol. 37, no 101, p. 186.

État côtier
Eaux intérieures
Mer territoriale
Zone contiguë
Zone économique exclusive
Haute mer
Delta
+ Haut-fond découvrant
Rocher
Infrastructure portuaire
Ligne de base droite

Figure 3 **Le plateau continental sous juridiction nationale**

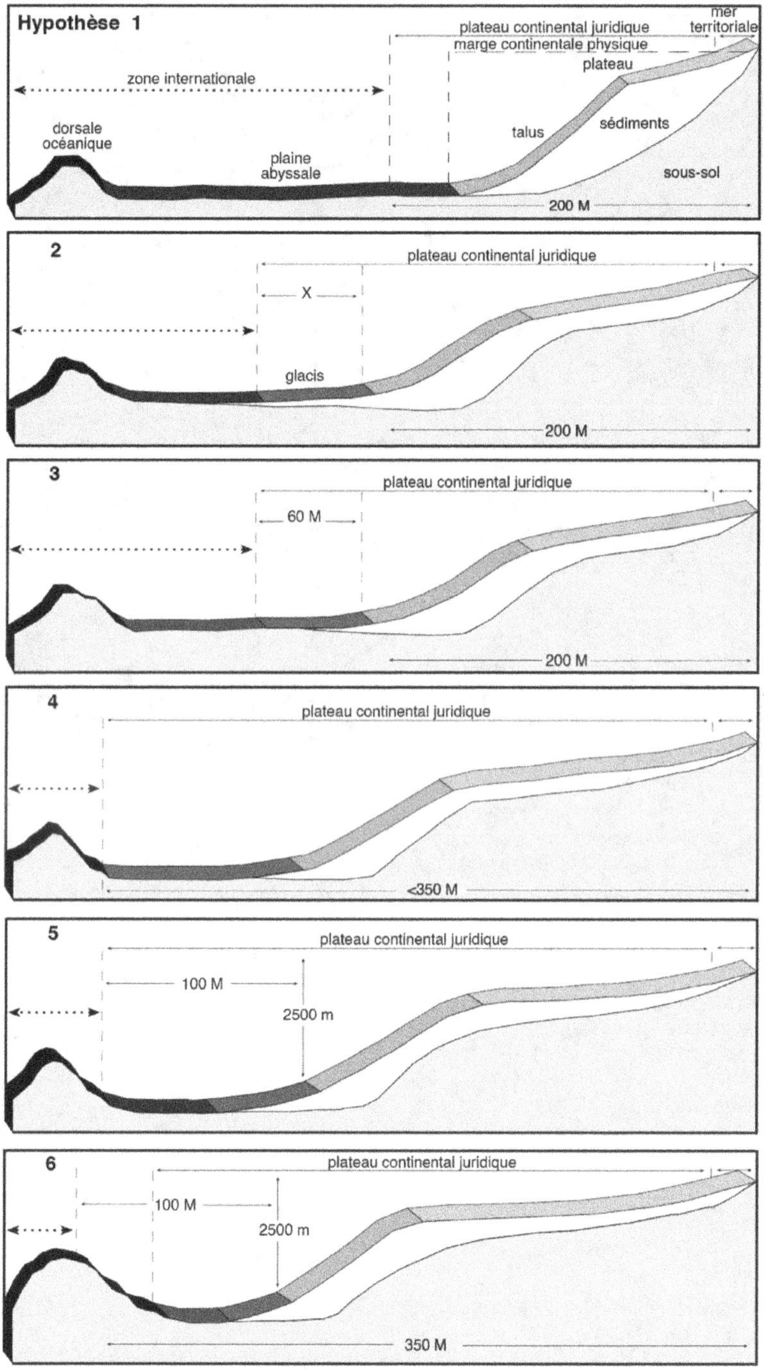

Source : Labrecque, Georges (1995) *L'affaire du golfe du Maine*, p. 9.

Figure 4 **Les frontières maritimes dans le golfe Persique**

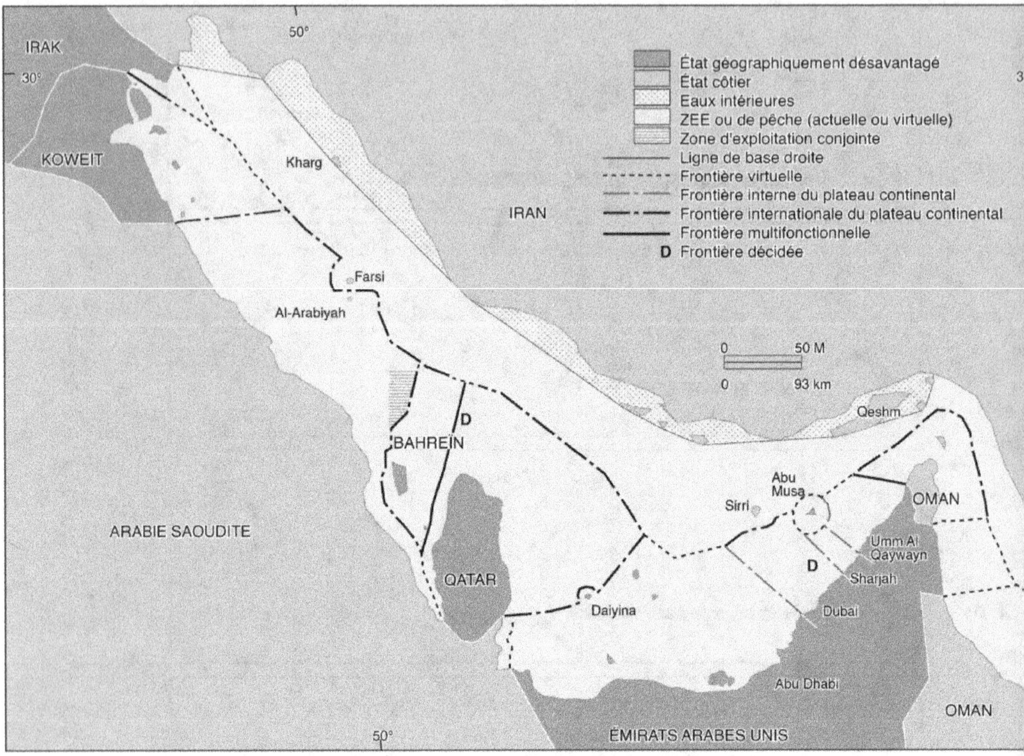

Source : Labrecque, Georges (2018) *Géopolitique*, p. 382.

Figure 5 **Les frontières maritimes en mer Rouge**

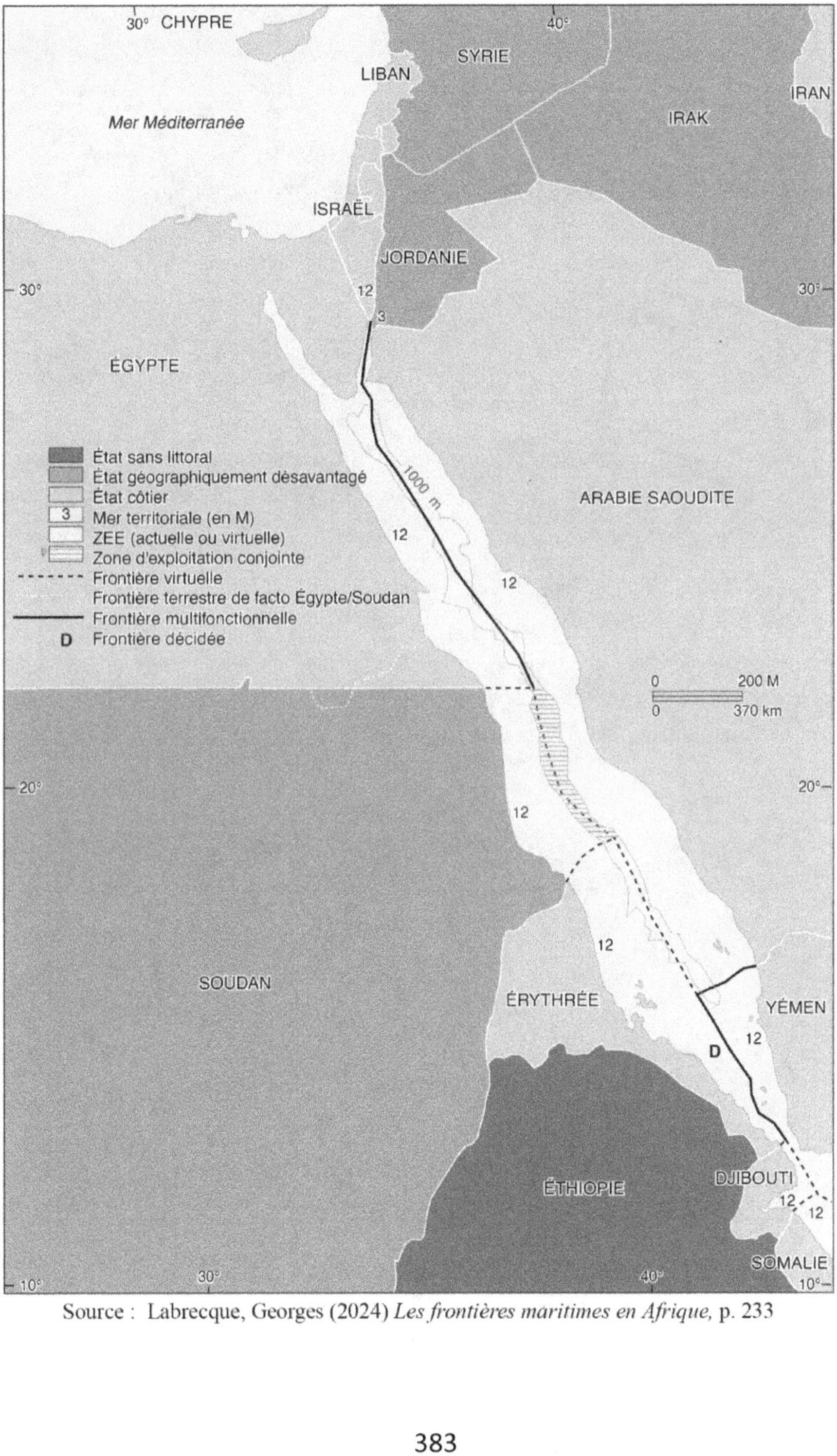

Source : Labrecque, Georges (2024) *Les frontières maritimes en Afrique,* p. 233

Figure 6 **Les frontière maritimes en Méditerranée orientale**

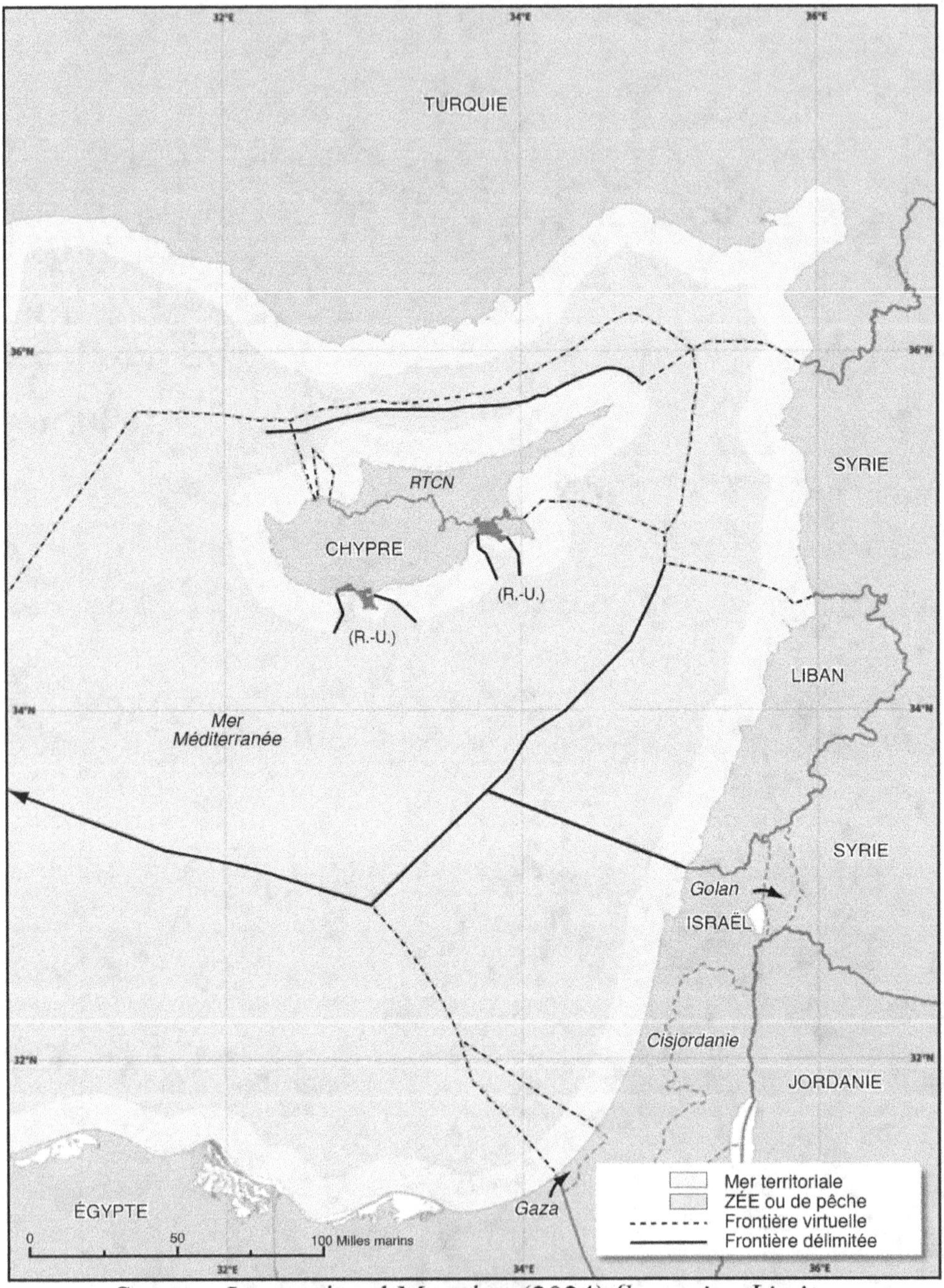

Source : International Mapping (2024) *Sovereign Limits.*

Figure 7 **Les frontières maritimes en mer Caspienne**

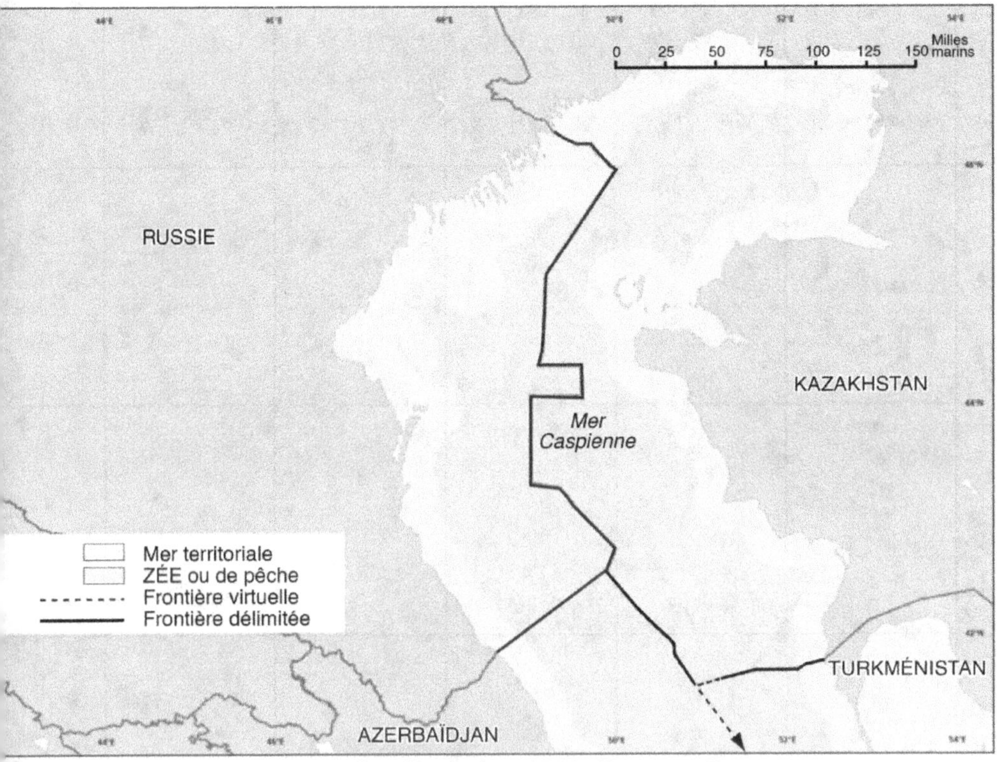

Source : International Mapping (2024) *Sovereign Limits.*

Figure 8 **Les frontières maritimes asiatiques dans l'océan Indien**

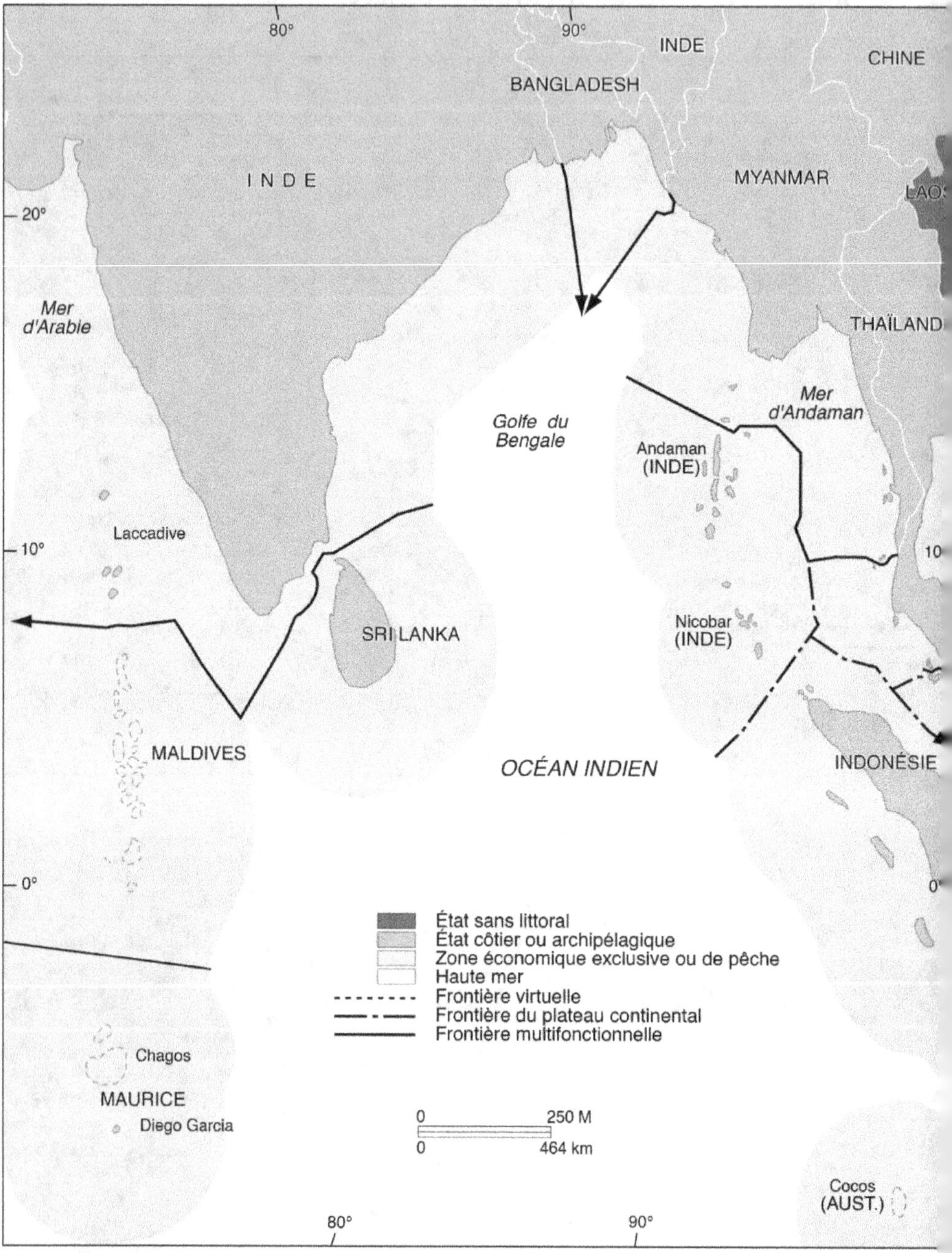

Source : Labrecque, Georges (2004) *Les frontières maritimes internationales,* p. 405.

Figure 9 **Les frontières maritimes en Asie du Sud-Est**

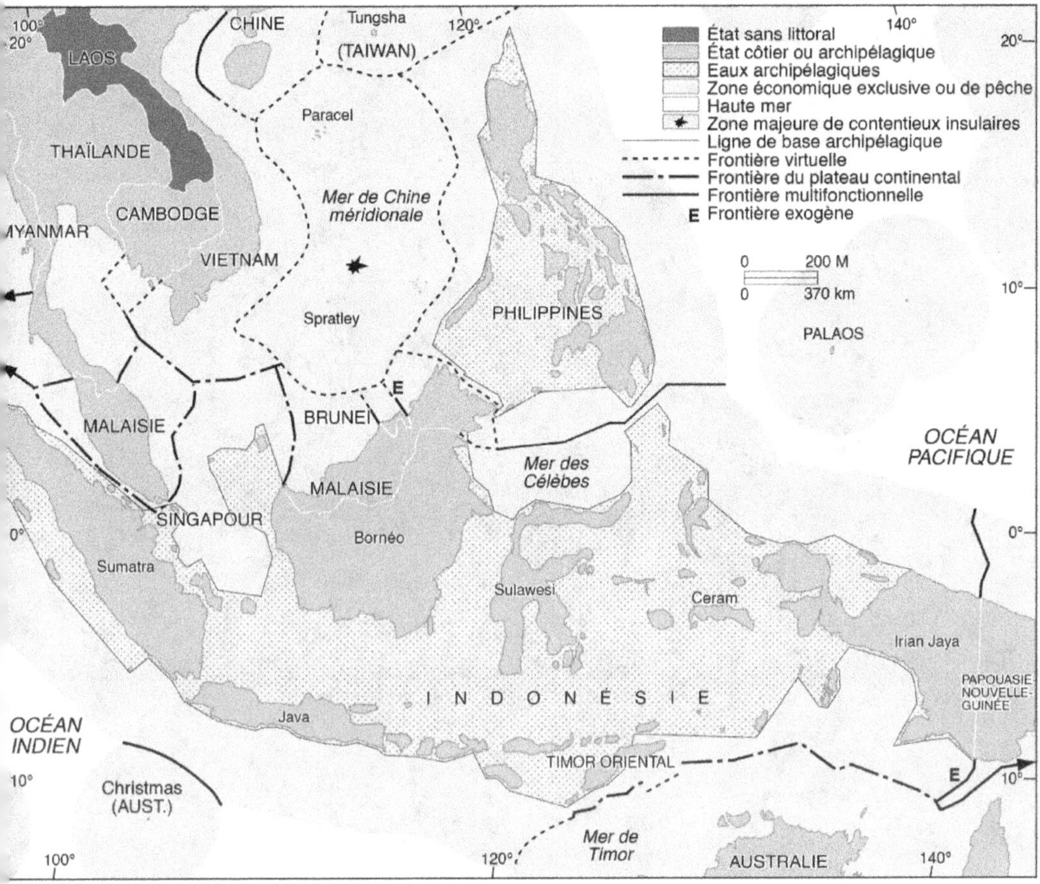

Source : Labrecque, Georges (2018) *Géopolitique*, p. 300.

Figure 10 La frontière maritime Indonésie/Australie

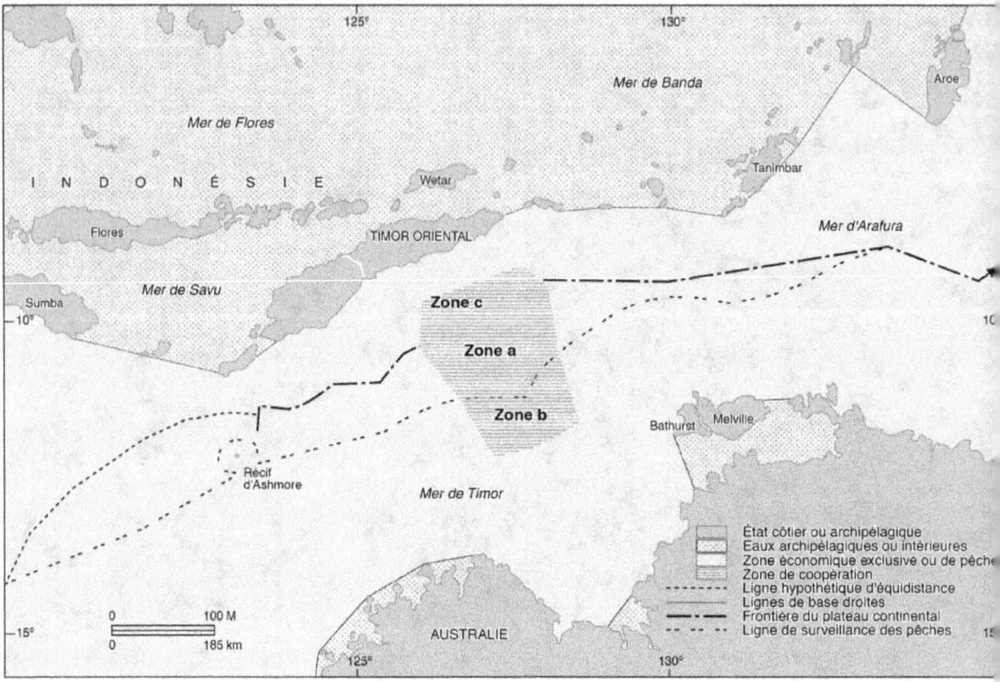

Source : Labrecque, Georges (2018) *Géopolitique*, p. 338.

Figure 11 **Les frontières maritimes en Asie du Nord-Est**

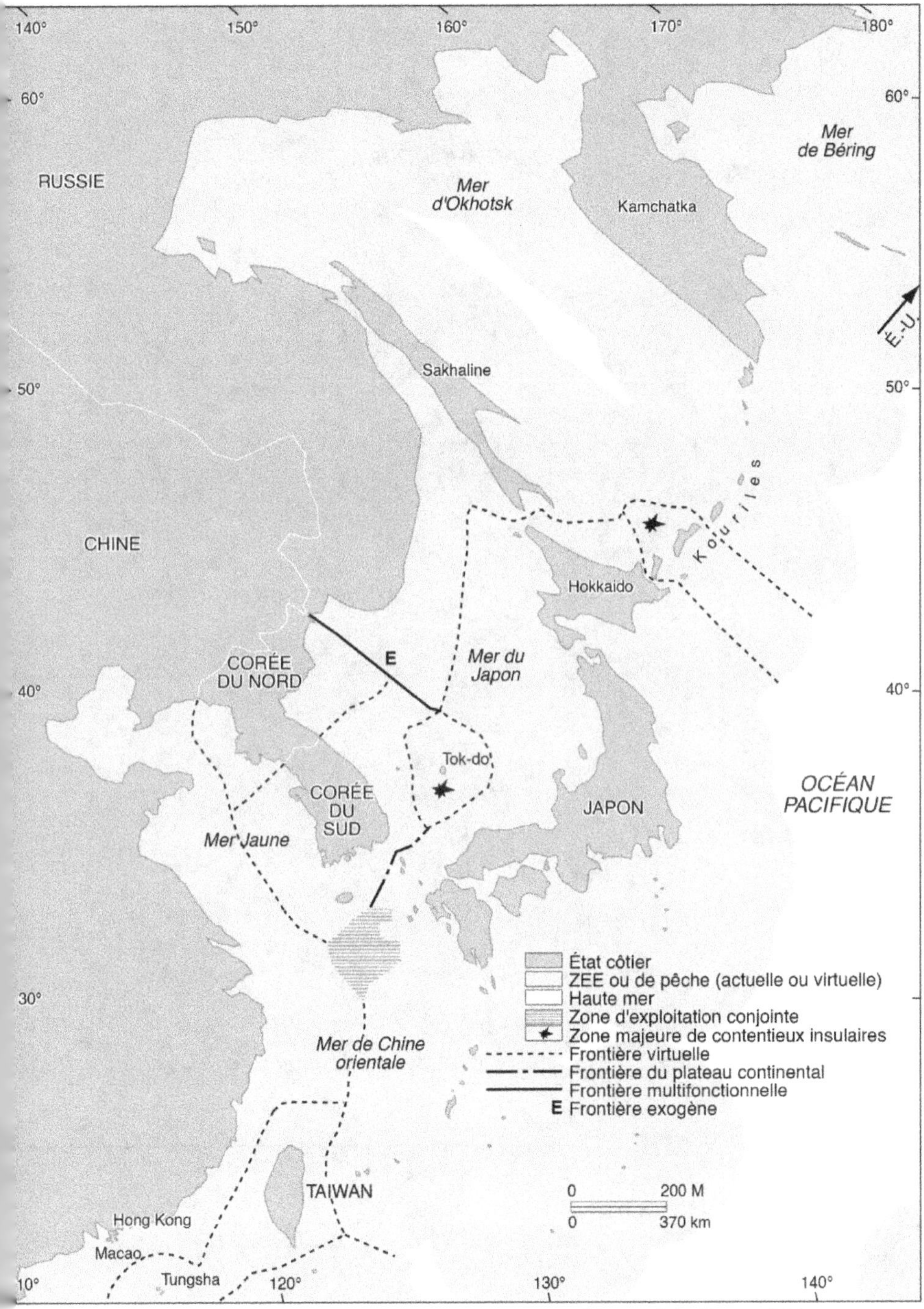

Source : Labrecque, Georges (2015) *International Law of the Sea*, p. 254.

Figure 12 **La frontière maritime Russie/États-Unis**

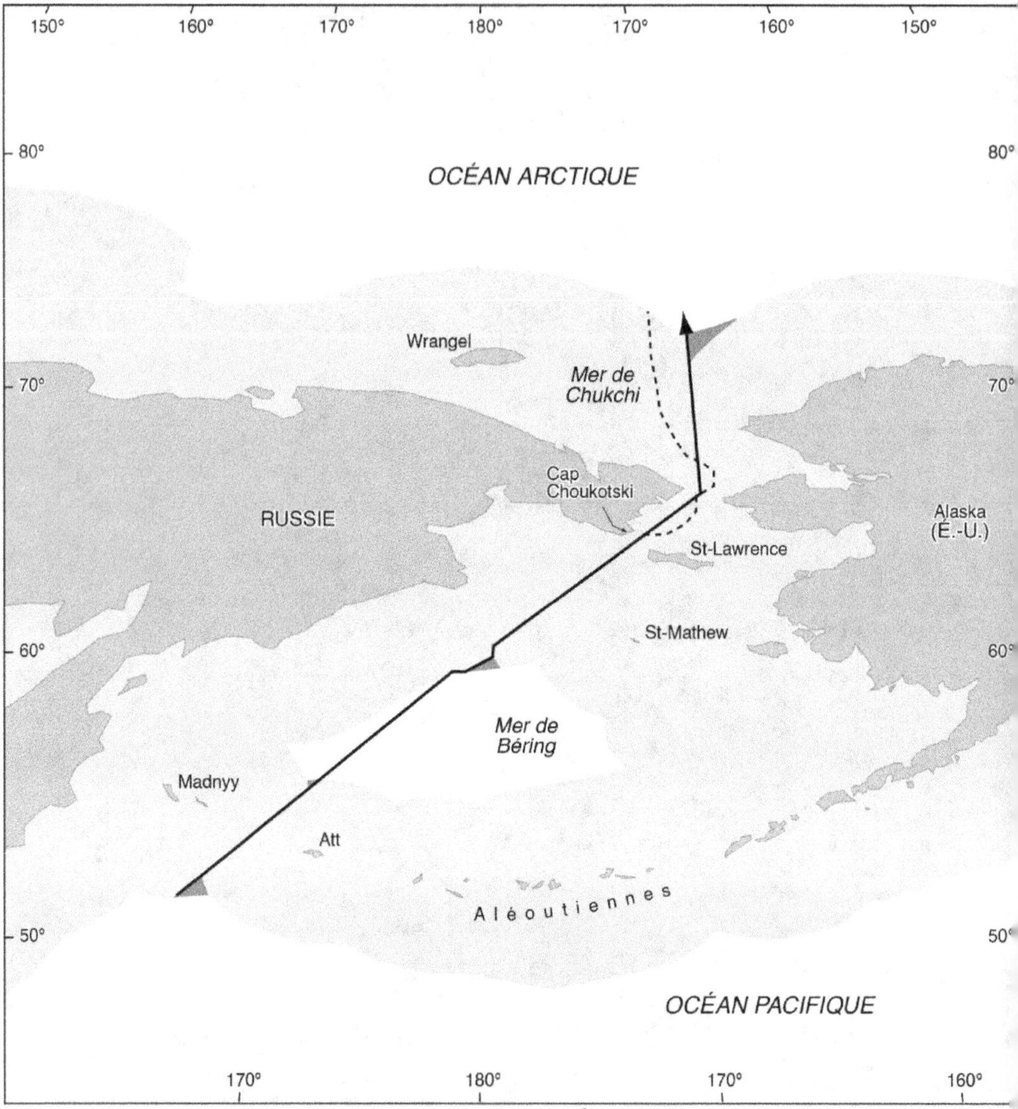

Source : Labrecque, Georges (2008) *À qui l'Arctique ?*, p. 367.

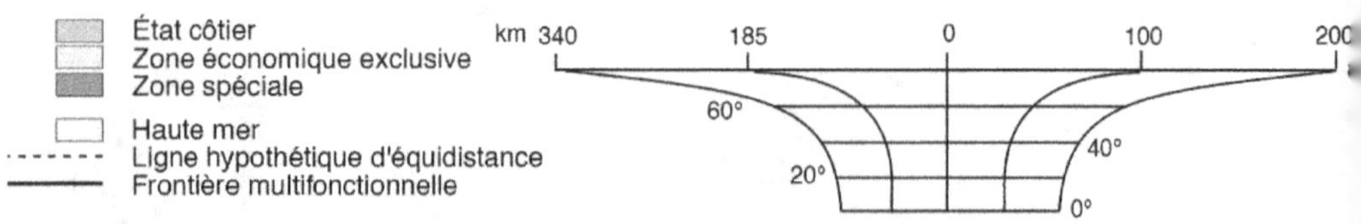

Table des matières

Structures éditoriales du groupe L'Harmattan

L'Harmattan Italie
Via degli Artisti, 15
10124 Torino
harmattan.italia@gmail.com

L'Harmattan Hongrie
Kossuth l. u. 14-16.
1053 Budapest
harmattan@harmattan.hu

L'Harmattan Sénégal
10 VDN SICAP AMITIE 3
BP 45034 Dakar-Fann
direction@senharmattan.com

L'Harmattan Cameroun
Tsinga/Derrière polyclinique FECAFOOT
BP 11486 Yaoundé
Jacques.koukam@harmattan.fr

L'Harmattan Burkina Faso
Villa 281, secteur 23 623, rue 14.32
Ouagadougou
zagbie@outlook.fr

L'Harmattan Guinée
Almamya, rue KA 028 OKB Agency
BP 3470 Conakry
harmattanguinee@yahoo.fr

L'Harmattan RDC
185, avenue Nyangwe
Commune de Lingwala – Kinshasa
matangilamusadila@yahoo.fr

L'Harmattan Congo
219, avenue Nelson Mandela
BP 2874 Brazzaville
deunovmikhael@gmail.com

L'Harmattan Mali
Immeuble Mgr Jean Marie Cissé
Aci Hamadallaye
BP 145 Bamako
syllaka@yahoo.fr

L'Harmattan Togo
Djidjole – Maison Amela
face EPP BATOME
02 BP 20680 Lomé
didieramela11@gmail.com

L'Harmattan Côte d'Ivoire
Résidence Karl – Cité des Arts
Abidjan-Cocody
03 BP 1588 Abidjan
harmattan.ivoire@gmail.com

L'Harmattan Bénin
Rue 604, (Immeuble à l'entrée
de la rue UCAO- Cite de Saint-Jean)
Cotonou
stepcorpus@gmail.com

Nos librairies en France

Librairie internationale
16, rue des Écoles
75005 Paris
librairie.internationale@harmattan.fr
01 40 46 79 11
www.librairieharmattan.com

Librairie des savoirs
21, rue des Écoles
75005 Paris
librairie.sh@harmattan.fr
01 46 34 13 71
www.librairieharmattansh.com